김금수 선집

노동
운동론

노동운동론
- 김금수 선집

초판 1쇄 | 2023년 10월 25일

김금수 지음

발행인 | 김유선
기획 | 김유선, 윤효원, 이주환
편집 | 이주환
제작 | 구도희, 박채은, 서수정, 양은숙

펴낸곳 | 한국노동사회연구소
등록 | 2011년 1월 31일 제312-2011-000005호
주소 | (03647) 서대문구 연희로 407(홍은동 217-6, 백련빌딩) 701호
전화 | 02-393-1457
팩스 | 02-393-4449
전자우편 | klsi1457@gmail.com
홈페이지 | www.klsi.org

디자인 | 화소

값 30,000원

ⓒ 한국노동사회연구소, 2023, Printed in Korea
ISBN 978-89-90497-38-3 (03300)

김금수 선집

노동운동론

김금수 지음

한국노동사회연구소

책을 내면서

1.

　1983년 11월 만 스물다섯 나이로 한국노총에 첫 출근을 했습니다. 그날이 첫 만남이었으니 김금수 선생과 인연도 사십 년이 되었습니다. 당시 김금수 정책실장은 사십 대 후반의 나이로 노총 내에서 신망이 두터웠습니다. 지방에서 올라오는 간부들이 임원실은 안 들려도 정책실은 들린다는 소문이 나돌 정도였습니다.
　1984년 봄부터 1985년 여름까지 유화 국면이 열리자 노동운동에도 짧은 봄날이 찾아왔습니다. 신규 노조가 200여 개 만들어지고, 구로지역 연대투쟁으로 이어졌습니다. 폐업에 맞서 한국노총에서 농성을 벌이던 대한마이크로전자노조 조합원들이 자진 해산하고 닭장차에 실려간 뒤, 한국노총에도 찬 바람이 불기 시작했습니다. 1985년 7월 김금수 정책실장 등 여섯 명이 해고되고, 천영세 교육부장과 저는 항의 사표를 제출했습니다.
　허구한 날 집에만 있기도 뭣하던 차라 1986년 봄에는 서대문구 홍

제동에 조그만 사무실을 냈습니다. 당시는 이 사무실이 〈한국노동교육협회〉의 출발점이 되리라곤 생각조차 못 했습니다. 1987년 6월 항쟁과 7~9월 노동자대투쟁이 터지자, 노조결성, 일상활동, 단체교섭 등 노동조합 교육과 상담으로 눈코 뜰 새 없이 바빠졌습니다. 한국노동교육협회 간판을 내걸었고, 1995년에는 〈한국노동사회연구소〉로 전환했습니다.

2.

김금수 선생이 우리 곁을 떠난 지도 어느덧 1년이 지났습니다. 김금수 선생은 한국노동조합총연맹 정책실장, 한국노동교육협회 대표, 한국노동사회연구소 이사장 이외에도, 전국노동조합협의회 지도위원, 전국민주노동조합총연맹 지도위원, 전태일기념사업회 이사장, 한국비정규노동센터 이사장, 경제사회발전노사정위원회 위원장, 세계노동운동사연구회 상임고문 등 노동계 안팎의 굵직굵직한 조직에서 큰 어른 노릇을 하셨습니다. 김금수 선생의 삶은 한국 노동운동의 산 역사라 해도 과언이 아닐 것입니다. 남들은 은퇴한다는 예순다섯부터 여든넷까지 20년 동안 『세계노동운동사』 집필에 마지막 열정을 불태우셨습니다.

3.

김금수 선생은 강의도 많이 하셨고, 글도 많이 쓰셨습니다. 글쓰기를 통해 과거를 돌아보고 현재를 살펴보고 미래를 가늠했습니다. 김금수 선생의 글은 함께하는 이들에게 노동운동은 단선적으로 발전하는 것이 아니라, 침체와 고양, 패배와 승리, 정체와 도약의 과정을 거치면서 나선형으로 발전한다는 사실을 일깨웠고, 긴 호흡과 낙관적 자세로 문제를 해결해 나가도록 북돋웠습니다. 이 책은 그러한 교감에 대한 그리움을 담아 김금수 선생이 남긴 글들을 추려 만든 것입니다.

1987년 노동자대투쟁을 전후해 단행본에 게재한 논문들, 한국노동교육협회 기관지 『노동조합의 길』과 한국노동사회연구소 기관지 『노동사회』에 쓴 시평들, 전태일 항거 50주년을 맞아 살아계실 때 마지막으로 쓴 글들입니다. 이 글들을 찬찬히 읽어나가면 김금수 선생이 노동운동에 관한 화두를 어떻게 발전시켰는지, 역사의 국면을 어떻게 평가했는지 갈무리할 수 있을 겁니다. 노동운동의 전망을 고민하는 이들에게 좋은 성찰과 숙고의 기회가 되리라고 생각합니다.

제1부는 1987년 노동자대투쟁 전후 시기에 작성된 논문들을 담았습니다. 노동운동의 역사와 상황을 거시적으로 살펴보고, 이로부터 현재 노동운동의 맥락과 조건, 전망과 과제를 제기한 글들입니다. 이 시기 글들은 김금수 선생의 노동운동에 관한 시각을 비교적 상세하게 기술하고 있습니다. 특히 노동운동이 경제투쟁과 정치투쟁을 결합해야 한다는 일관된 강조가 어떠한 사고체계에서 비롯하는지 밝히고 있습니다. 두어 편의 글은 개인과 시대의 조건을 고려하여 "김백산"이라는 필명을 사용하기도 했습니다.

제2부는 1988년부터 1994년까지 한국노동교육협회 시절 『노동조합의 길』에 실은 글들을 모았습니다. 노조활동가들을 대상으로 진행한 강의를 녹취한 글, 교육을 마친 뒤 소감을 담아 작성한 후기, 그리고 노동자대투쟁을 계기로 형성된 민주노조운동이 지향해야 할 이념과 노선 등을 모색한 글입니다. 이 시기 글들은 실천 경험을 바탕으로 산업 차원에서 단결과 현장조직 활성화의 중요성을 강조합니다. 1987년 노동

자대투쟁 이후 민주노총 건설에 이르기까지 노동운동의 역사를 재구성하는 좋은 사료가 될 것입니다.

제3부는 1995년부터 1999년까지 한국노동사회연구소에서 발간한 단행본과 『노동사회』에 실은 글들로 구성했습니다. 이 시기는 1996~97년 총파업과 1998년 IMF 경제위기로, 그 어느 때보다 노동운동의 목적의식적 대응이 요구되던 시기였습니다. 김금수 선생은 산별노조 건설과 노동자 정치세력화를 특히 강조합니다. 이러한 전략을 통해 노조 조직률을 제고하고 정책참가 틀을 구축해야 노동운동이 역사적 도전에 능동적으로 대응할 수 있다는 것입니다. 또한, 지도부의 과감한 선택을 통해, 그리고 아래로부터 논의를 통해 노동운동 발전 전략을 재구성해야 한다고 목소리를 높입니다. 오늘날에도 여전히 숙제로 느껴지는 요청입니다.

제4부는 21세기 들어 발표한 글들을 모았습니다. 노동운동 발전의 역사 과정을 반추하면서 그로부터 거시적인 전망과 과제를 제시하는 글들, 노동운동가들에게 활동의 기본 원칙에 충실할 것을 강조하는 글들이 많습니다. "파괴의 세기, 인간의 세기"인 20세기를 돌아보는 것으로 시작해서, 전태일 항거 50주년을 맞아 "한국 노동운동의 미래"를 가늠하는 것으로 마무리됩니다. 그 중심에는 노동운동이 끊임없이 자기 개혁을 이어가야 한다는 애정 어린 당부가 담겨 있습니다.

4.

김금수 선생은 돌아가시기 직전까지 활동가들과 정기적으로 만나 노동운동의 역사를 학습하고, 오늘의 세태를 논하고 새로운 활동 방향을 모색했습니다. 그리고 글을 썼습니다. 이렇게 다져진 습관이 김금수 선생이 평생 견지한 역사적 낙관주의의 밑거름이 되지 않았을까 생각합니다. 고난의 시기는 향후의 전진과 고양을 위한 역량 축적의 과정이 될 수 있습니다. 독자들이 그러한 역설의 진리를 행간에서 발견하고 자기 것으로 체화한다면, 책을 펴낸 이들에게는 더없는 보람이 될 것입니다.

김금수 선집 『노동운동론』이 만들어지기까지는 많은 분의 도움이 있었습니다. 이 책에는 〈돌베개〉, 〈미래사〉, 〈실천문학사〉, 〈전태일기념관〉, 〈정암사〉에서 출간한 논문이 실려 있습니다. 재수록을 기꺼이 허락해 준 출판사 관계자들께 감사드립니다. 또한 구도희, 박채은, 서수정, 양은숙, 윤효원, 이주환 등 이 책이 만들어지기까지 궂은일을 마다하지 않은 한국노동사회연구소 전현직 연구원들에게도 깊은 감사의 말씀을 드립니다.

2023년 10월 25일
한국노동사회연구소 이사장 김유선

차례

책을 내면서   5

I. 1987년 노동자대투쟁까지

1   노동운동 발전의 이론적 기초   16
2   한국 노동조합운동의 특성   42
3   80년대 노동운동의 단계적 상황과 발전을 위한 과제   71
4   한국 노동조합운동의 현 단계적 상황과 발전을 위한 과제   102

II. 민주노총 건설을 향하여

5   노동운동의 발전과 노동교육의 임무   136
6   '88년 임금인상 투쟁의 성격과 의의   145
7   민주노조 연대활동의 현 단계: 진주지역 사례연구   159
8   어려운 시기를 이렇게 극복합시다   174
9   7, 8월 일지의 몇 대목   192
10   노동조합운동의 새로운 도약을 이룩하자!   200
11   민주노조 총단결을 위한 조직형태의 발전   208
12   노동운동의 전진을 위한 현장조직 강화   225
13   수렁 속에서도 수레는 굴려야   234
14   1993년 임금투쟁이 남긴 교훈   240
15   투쟁의 전술 기조를 바로 세우자   249
16   민주노총 건설의 원칙과 경로   253

III. 산별노조 건설과 정치세력화

17	노동운동의 정책과제 해결을 위하여	276
18	민주노총 지역조직 강화해야	282
19	산별노조 건설의 원칙과 경로, 현재적 과제	288
20	공공부문 노조운동의 당면 과제와 조직형태 발전 방향	336
21	정치적, 대중적 총파업투쟁과 노동운동의 전진	362
22	노동사회의 새로운 발걸음	369
23	노동조합 정책참가의 올바른 추진을 위하여	374
24	21세기를 맞는 민주노조운동 -10년의 회고와 전망-	386
25	노동자 정치세력화, 이제부터다!	400
26	IMF 관리체제와 노동운동의 전략	404
27	모나면 멈추고 둥글면 구른다	414
28	화두(話頭)는 놓치면 망상이 된다	420
29	노동운동의 노선과 기조를 정립하자	426
30	노조 교육 운동의 새 지평을 열자	436
31	대담한 발상으로 나아가자	444
32	노동자계급 정치세력화는 시대적 책무다	449
33	지구전으로 가는가	459
34	역사의 굵은 목소리	464
35	노동운동의 개혁을 위하여	471

IV. 노동운동의 자기 개혁

36	파괴의 세기, 인간의 세기	482
37	민족통일의 세기를 열어가자	492
38	민주노총 새 지도부가 걸머진 무거운 책무	496
39	투쟁의 미학 그 실현을 위하여	501
40	평양의 8월 하늘: 2001년 8·15 민족통일 대축전 참관기	507
41	노동자계급의 자존심 회복을 위하여	525
42	물음을 떠올릴 때다	531
43	변화를 두려워하는가	535
44	87년 노동자대투쟁 20년과 노동운동 과제	545
45	학습과 토론은 모든 운동의 기본이자 출발이다	566
46	민중 주체의 민주화를 위해 다 함께 나설 때다	571
47	역사 앞에서 묻는다	576
48	노동운동사의 관점에서 본 한국 노동운동의 미래	581

"노동운동의 발전은 고난 속에서 이루어져 왔다고도 할 수 있다. 산업혁명 초기의 극심한 착취와 억압 속에서, 독점자본 형성기에는 거대 자본과 맞서 투쟁대열을 굳게 하면서, 전쟁과 파시즘 체제 아래서는 혁명의 깃발을 치켜들기도 하면서, 제2차세계대전 이후에는 사회세력화와 정치세력화를 밀고 나가면서 반동의 벽을 허물어 오늘에 이르렀다. 이렇게 본다면, 오늘의 위기 상황도 노동운동의 전진을 결코 막을 수는 없을 것이다. 낙관주의는 노동운동 발전에서 요구되는 운명과도 같은 것이다."

I.
1987년
노동자대투쟁까지

"전국적·전 산업적 범위에 걸친 노동자의 대투쟁은 그간 오랫동안 억눌려 왔던 노동자들의 불만과 요구가 잠세적인 형태로 존재해 오다가 거의 동시적으로 표출되었음을 반영해 주는 것이다. 그리고 1987년 하반기 노동자투쟁은 독점재벌의 대규모 주력 기업의 투쟁으로 전반적으로 주도되었다는 점에서 독점자본에 대한 항거라는 성격마저 띠고 있다."

출처 김금수, 박현채 외(1985), 『한국 노동운동론 1』, 미래사.

노동운동 발전의
이론적 기초

1. 문제 제기와 기본관점

　노동운동 발전의 밑바탕이 되는 조건은 다름 아닌 자본주의적 생산의 발전 그것이다. 자본주의적 생산의 발전, 자본의 축적과정은 생산과 노동의 '사회화'를 촉진하고 이와 더불어 노동자의 '수의 다수(多數)'를 실현하며, 또한 사회적 빈곤을 축적하게 됨으로써 노동자계급의 조직적 결집의 계기와 조건을 발전시키게 된다. 즉, 자본축적에 의한 노동의 사회화는 노동자 집단에 대한 빈곤, 억압, 예속, 타락, 지배를 심화시키고, 다른 한편으로는 부단히 팽창하면서 자본주의적 생산과정의 기구에 의해 훈련되고 결합되고 조직된 노동자계급의 저항 또한 증대시킨다. 노동운동은 이 같은 사실을 기초로 하여 자본주의적 생산의 발전이 귀결지은 객관적 조건들을 토대로 자본가 집단에 대한 노동자 집단의 제반 투쟁을 통해서 발전하게 된다.
　이러한 시각에서 볼 때, 노동운동의 발전에 대한 이론적 접근에 있어서는 자본주의적 생산의 발전과 노동운동 발전의 상호관련성에 대한 해명이 가장 우선적인 과제로 될 것이며, 여기에 있어서는 노동의 사회화와 노동운동 발전의 필연성에 대한 분석이 중심적인 대상으로 되어야 할 것으로 생각된다. 그런데 노동운동의 발전과정도 하나의 역사적인 과정인 한, 사회의 성장 및 발전의 기본 법칙에 종속될 수밖에 없다. 노동운동 발전의 합법칙성은 노동운동의 점진적이고 자연성장적인 발전을 통해서가 아니라 패배와 승리, 정체와 비약의 과정을 통해 이른바 '인류사의 변증법'에 의해 관철된다.

이 같은 관점에서 본다면, 노동운동은 단지 현재 존재하는 상태인 정지적(靜止的)인 것으로 볼 것이 아니라, 그것의 과거·현재·미래에 걸친 역동적(力動的)인 것으로, 변화를 계속하고 있는 것으로 파악하는 것이 매우 중요하다.

노동운동 발전의 합법칙성 관철을 노동운동의 '과거' 역사적 과정 전체 속에서 확인하고 정체와 비약의 국면들을 사회과학적으로 분석하여 노동운동의 계급적 조류와 투쟁의 방향성을 밝혀내는 일이야말로 노동자계급의 역사 발전 담당 주체로서 자기 형성에 관한 중요한 의의를 구명하는 일이라 할 수 있다. 전술한 바 있거니와, 자본주의적 생산과 노동운동의 상호관련적 발전은 하나의 역사적 과정이며 동시에 복잡하고 다면적인 요인들에 의해 규정되는 과정이다. 그렇다면 현대자본주의적 구체적 조건들 아래서 노동운동의 합법칙적 발전을 어떠한 시각에서, 그리고 어떠한 접근방식에 의해 파악할 것인가가 또한 중요한 분석 대상의 하나가 된다고 하겠다.

이에 관한 문제 제기의 의미는 노동 발전의 '현재' 상황에 대한 올바른 인식과 현대의 노동자계급을 둘러싼 이론적 문제들에 대한 해명에 있다. 여기에 있어서는 먼저 현대자본주의의 역사적 위치는 어떠한 것인가가 다루어져야 할 것이며, 그리고 노동운동의 발전과 관련하여 현대자본주의는 노동자계급의 사회적 세력을 부단히 팽창시킬 것인가, 현대자본주의는 노동자의 빈곤·억압·예속·타락·지배를 점차 증대시키고 있는 것인가, 그리고 현대자본주의 아래서 노동자급의 저항은 고양되고 있는가 등의 문제가 분석 및 검토되어야 할 것이다. 현대에 있어서 노동자계급을 둘러싼 이론적 제(諸) 문제는 주로 노동자계급의 형성과 내부 구성, 상태와 빈곤화, 조직과 운동론을 통해 더욱 구체적으로 논의될 수 있을 것이다.

그리고 노동운동의 '미래'와 관련해서는 개혁세력 결집의 조직자, 추진자로서 노동자계급의 자기 형성, 노동운동의 역사적 책무와 역할, 현대 노동운동 발전에 있어서 과학적 이론 정립의 중요성 등이 논리적으로 추구되어야 할 주요 과제라고 하겠다.

이상에서 제시된 노동운동의 발전에 관한 이론적인 분석을 설정해 보았거니와, 이 틀 속에서 다루어져야 할 분석 대상과 내용은 필자의 능력에 비추어서는 워낙 벅찬 과제임엔 틀림없다. 그러나 현재 우리의 경우에 있어서는 이 방면에 관한 연구 작업이 그리 활발한 상태에 있지 못한 가운데서도 노동운동의 발전에 대한 과학적인 인식의 정립은 크게 요구되고 있으므로, 이 논문이 비록 시론(試論)이나 해설의 성격을 벗어나지 못한다고 할지라도 노동운동 발전에 관한 보편적인 논리를 모색해 보고자 의도하는 것이다.

2. 자본주의적 생산의 발전과 노동운동의 전개

1) 자본주의적 경제체제의 특징

자본주의적 경제체제의 특징은 상품생산 경제, 생산의 무정부성(無政府性) 및 노동력의 상품화로 집약된다. 이와 같은 특징은 별개의 독립적인 게 아니라 통합적이고 상호 존립하는 것이다.

상품생산은 자연발생적인 사회적 분업과 생산수단의 사적(私的) 소유에 의한 생산을 기초로 한다. 여기서 말하는 사회적 분업이란 사회 속에서의 생산자들이 각각 사회에 필요한 노동생산물의 생산을 분담하여 그 일부만을 생산하지 않을 수 없다는 걸 말하며, 생산수단의 사적 소유는 생산에 필요한 모든 물적인 수단이 사회 전체의 공동소유가 아니라 생산자의 사적 소유로 되어 있음을 뜻하는 것이다.

이것은 생산이 본래 사회를 위한 생산이어야 하는데도, 생산수단의 사적 소유제 아래서 생산은 직접적으로는 사적인 생산이라는 것이며, 따라서 사적인 생산의 생산물은 상호교환됨으로써 비로소 사회적 생산물로서의 자태를 나타내게 된다는 것을 의미한다.

그와 같이 자연발생적인 사회적 분업으로 상품생산이 행해지면, 생산도, 교환도 다 같이 맹목적으로 행하여지며, 맹목적으로 작용하는 자연법칙의 지배를 받게 된다. 상품생산이 갖는 이러한 '사적 성격'과 교환에 의해 이루어지는 '사회적 성격'의 이중성은 상품에 내재하는 사용가치와 가치와의 모순으로 나타나게 되며, 맹목적으로 작용하는 자연법칙은 가치법칙이라는 형태를 취하게 된다. 상품에 내재하는 사용가치와 가치와의 모순은 구체적 유용노동과 추상적 인간노동의 대립으로 나타나게 되고 종국적으로는 자본가계급과 노동자계급의 대립으로 진전되게 된다.

그런데 자본주의적 상품·생산은 무정부적인 성격을 갖는다. 이것은 사회적 재생산의 과정이 사회적 의지에 의한 계획적 생산이 아니라 각 생산단위가 아무런 사전적 계획을 갖지 않은 채 자기 의지에 따라 개별적으로 생산을 한다는 것을 뜻한다.

상품생산에 있어서는 사회적 총자본의 재생산을 위한 사회적 총생산물의 독자적인 유통조건이 형성되고 개별자본의 재생산도 사회적 유통조건에 의해 규제된다. 각 개별자본의 행동은 직접적으로는 이윤추구에 의해 규정되고, 자본 상호 간 경쟁으로 형성되는 평균이윤율이 그들의 계속적인 활동을 결정하는 조건으로 된다.

이에 따른 생산력 발전에 수반되는 고정자본의 증대와 생산제 부문 간의 불균등 발전은 재생산의 조건들을 복잡하게 하고 경쟁을 격화시키는 것이다. 그것은 또한 전 사회적인 생산과 소비의 모순을 격화시키고 특히 생산의 무정부성을 심화시킨다.

한편, 초과이윤을 획득하기 위한 각종 자본 간의 경쟁은 개별 자본에게 더한층 발달한 사회적 생산력의 이용을 강요하게 되고, 거기에 필요한 자본이 점차 방대하게 됨으로써 자본가 측은 급속한 축적을 위한 자본의 집적·집중(集積·集中)을 강화하게 된다.

그와 같이 자본의 집적·집중에 따라 개별자본의 가속도적 거대화가 진행되는 것과는 반대로 노동자계급은 노동 강화, 실업, 빈곤화 등의 곤란을 강요당하게 됨으로써, 자본 측과 노동 측의 대립 관계가 격화되는 것이다.

앞에서 본 자본주의적 생산양식은 노동력의 상품을 기본요건으로 한다. 즉 자본주의적 경제체제는 노동자와 노동실현의 제(諸) 조건에 대한 소유의 분리를 전제로 한다. 자본주의가 생산조직으로서 형성·성숙하기 위해서는, 한편으로는 타인의 노동력을 구입하여 자신이 점유하고 있는 총가치의 증식을 시도하는 화폐·생산수단 및 생활수단의 '소유자=자본가'와, 다른 한편으로는 아무런 생산수단을 소유하고 있지 못한 노동력의 판매자인 자유로운 '노동자'라고 하는 극히 다른 두 가지 종류의 상품소유자가 상호 대응하고 또한 관계를 성숙시킬 수 있어야만 한다.

노동력 상품화의 조건은 노동자의 '인신적(人身的) 예속으로부터의 자유'와 '생산수단으로부터의 자유'이다. 이와 같은 이중의 의미에서의 자유로운 노동자(근대 프롤레타리아트)를 창출하기 위해서는 소(小)생산자 —농민이나 수공업자— 로부터 생산수단을 분리해, 한편으로는 생산수단을 자본으로 전화(轉化)시킴과 동시에 다른 한편으로는 생산수단에서 분리된 소생산자를 임금노동자로 전화시키는 역사적인 과정이 존재한 것이다.

그것은 자본의 본원적(本源的) 또는 원시적(原始的) 축적이라 불리는 폭력적·권력적 과정이다. 이와 같은 과정을 통해서 자본주의적 생산양식에 기초한 계급관계가 형성되고 계급 대립의 제반 양상이 전개되게 되었다.

2) 자본축적에 의한 노동의 사회화

자본주의적 경제체제의 특징적 조건을 기초로 한 노동운동 발전의 필연성은 자본축적에 의한 노동의 사회화 과정을 통해서 더한층 구체적으로 파악될 수 있다.

노동의 사회화란 생산의 사회화 과정에 있어서 생산수단의 존재 양태 변화에 대응하는 노동의 존재 양태 변화를 의미하는 개념이다. 더 구체적으로는 노동의 사회화는 노동의 사회적 결합 그것이며, 자본의 축적·집중·독점화에 의한 자본주의에서 노동의 사회화를 말한다.

여기서 가장 기본적인 형태와 내용은 자본축적에 의한 기계제 대공업의 발달과 더불어 점차 대규모화된 생산수단에 의해 결합·포섭되어 대량의 노동자가 집적·집중되는 노동의 결합 그것이다. 자본축적에 의한 이 노동의 사회화는 자본에 의한 잉여노동 취득의 확대·강화 과정이며, 자본에 의한 노동의 실질적인 포섭·지배 과정인 것이다.

이 과정은 필연적으로 여성 및 아동노동의 확대와 그들에 의한 성인 남성 노동의 대체, 노동력 가치의 분할과 저하, 노동일의 연장과 노동강화, 자본에 의한 노무지배와 억압의 강화, 노동자의 상대적 과잉화에 따른 실업과 고용불안의 창출 및 실질적인 임금의 저하 경향 등을 가져오게 된다.

이러한 것은 자본주의 생산관계·계급관계의 기본과정이라고 할 수 있는 잉여가치 생산에서 결과케 된 빈곤화의 과정 그것이다. 이러한 자본축적 과정에 있어서 노동자의 증대와 집중·집적, 그들의 생산과정에 있어서 조직성·규율성 발전은 자본에 의한 노동자 지배의 발전 결과이고 조건이지만, 동시에 그것은 노동자의 자주적인 조직화와 단체행동을 촉진하는 객관적 기초가 된다.

그런데 생산·노동의 사회화 과정은 독점자본주의 단계에 들어와서 더한층 발전하게 되고, 특히 국가독점자본주의적 체제하에서는 계급적 모순이 더욱 첨예화된다. 예컨대 국내적으로는 중화학 공업화와 독점적 거대기업을 중심으로 하는 생산과 노동의 집적·집중, '과학적 관리'에 의한 노동지배와 금융과두제(金融寡頭制)하에서의 생산·노동·자본 통제, 모든 분야에서의 정치적 억압 등이 강화된다.

또한 세계적 레벨에서는 국가독점자본주의에게 침략당하고 종속당한 여러 나라에서 노동자와 민중이 자본수출에 의해서 또는 국제적인 독점체에 의한 시장의 독점적 분할을 통해 가혹하게 수탈당하고 억압당하게 된다.

금융=독점자본에 의한 지배는 자본주의적 독점의 진전에 따른 생산·노동의 세계적인 사회화를 매개로 하여 전개되며, 이러한 사회의 발전은 노동자계급의 확대와 노동운동의 발전 및 반제(反帝)·반독점적 민중운동의 성장을 촉진한다.

3) 노동자계급의 성장과 노동운동의 발전

노동자계급은 자본축적에 의한 노동의 사회화를 기초로 하여 빈곤화와 자본 측의 공격에 대항하는 투쟁을 통하여 조직화를 추진하게 된다. 노동에 대한 자본의 지배와 착취의 강화, 거기에 기초한 사회적 폐해는 노동자들의 저항·투쟁을 촉진하게 만든다.

초기 단계에 있어서 노동자들의 투쟁은 자연발생적이고 분산적으로 행하여졌으나 점차 기계파괴운동(Luddite Movement, 1811~1817년)에서 보듯 집단적인 폭동으로 진전되었다. 기계의 도입은 실업을 증대시키고 노동자 사이의 경쟁을 격화시켰으며, 자본의 전제(專制)에 대한 저항을 꺾기 위한 무기로 되었다. 이에 따라 노동자들의 노동수단에 대한 격렬한 반역이 시작된 것이다.

그러나 이와 같은 방법이 저항의 목표를 달성하는 데 있어 효과적이질 못하고 큰 희생을 불러온다는 것을 인식한 노동자들은 일시적인 것이 아니라 지속적인 단결을 전개하게 되었고, 주요한 투쟁의 형태도 점차 노동쟁의로 전환되게 되었다.

노동자의 단결체인 노동조합의 맹아는 일찍이 16~17세기 영국에서 나타났으며, 조직이 보편화된 것은 18세기 말부터였다. 이와 같은 노동자의 단결에 대해 자본가와 국가는 철저한 탄압을 가했으나 노동자들의 투쟁과 노동조합의 발전을 결코 저지할 수는 없었다.

1824년의 「단결금지법」 철폐는 노동자의 조직화를 촉진했고 노동운동 발전에 있어 획기적인 계기로 되었다. 영국 이외의 나라들에서도 노동자의 단결권은 노동자들의 피어린 투쟁을 통해서 획득되게 된다.

　단결권을 쟁취한 노동자들은 기업·지역·직업의 테두리를 벗어나 노동조합의 전국적 결집을 시도하였다. 계급적 결집의 중심체로 된 노동조합은 경제투쟁을 발전시켰을 뿐만 아니라 정치투쟁을 전개하게 된다. 예컨대 노동조합에 대한 일체 탄압·제한의 철폐, 참정권의 획득, 노동자보호입법의 제정 등 사회개량적 목표의 실현과 사회개혁적 요구의 달성을 위한 투쟁이 그러한 것이다.

　영국에서는 성인 남자의 보통선거권을 요구한 차티스트운동(Chartist Movement, 1838~1848년)이 전개되어 탄압으로 실패로 끝나고 말았으나, 10시간노동법, 공장법, 탄광법 등의 중요한 양보를 받아내게 되었으며, 노동자들의 계급적 자각을 높여 노동자정당의 기초가 만들어지게 된다.

　유럽 대륙에 있어서도 노동자계급은 독자적인 투쟁을 전개하기 시작했는데, 특히 1848~49년 유럽 여러 나라에서의 혁명에서는 계급적인 적극성이 발휘되었다. 그리고 아시아, 아프리카, 라틴아메리카 제3세계 여러 나라에서는 제국주의 열강의 무자비한 경제적·정치적·군사적 압제 아래서 노동자계급은 19세기부터 외국 제국주의자, 봉건지주 및 자본가에 대항하여 조직적인 투쟁을 전개하게 되었으며, 제1차세계대전을 전후하여 근대적인 의미의 노동운동을 본격화하게 되었다. 제3세계 여러 나라 노동운동 전개에 있어서는 민족해방이 또 하나의 주요 과제로 되었다.

　한편, 유럽에서 자본주의의 발전과 노동운동의 발전을 배경으로 하여 1864년에는 국제적 노동조직인 〈제1인터내셔널〉이 창설되었고, 이 조직의 활동을 통하여 여러 나라에서의 다양한 조류의 노동운동이 통합 경향을 보여주게 되었으며, 진보적인 이데올로기의 영향 아래서 커다란 진보를 수행하게 되었다.

19세기 후반에 들어와서는 노동조합은 기계제 대공장의 발전과 더불어 증대하는 근대적 공장노동자에 의해 주도되었다. 그리하여 노동조합은 노동자계급의 기본 조직으로서 폭을 넓혀 나갔으며, 숙련 노동자뿐만 아니라 광범한 미숙련·반숙련 노동자들까지도 포용하는 진정한 대중조직으로 발전하였다.

노동운동의 발전은 영국의 〈노동조합회의(TUC, 1868년 창립)〉, 미국의 〈노동총연맹(AFL, 1886년)〉, 프랑스의 〈노동총연맹(CGT, 1895년)〉 등 각국에서 노동조합 중앙조직에 해당하는 전국조직의 결성을 가져오게 되었고, 국제적으로도 노동조합의 독자적 조직인 〈국제산별노련(ITS)〉이나 〈국제노동조합연맹(IFTU)〉이 창설되었다.

그 후 자본주의적 발전이 19세기 말부터 20세기 초에 걸쳐 독점단계에 들어섬에 따라 자본 측으로부터 노동운동에 대한 새로운 공격이 전개되기 시작했다. 그것은 독점자본이 국내외에서 획득한 막대한 초과이윤 일부를 사용하여 노동자계급의 상층부를 매수하여 이들을 노동귀족·노동관료로 육성하고 노동운동에 있어 전투성을 약화시켜 타협주의를 조장함과 동시에, 계급협조 체제를 유지·확충하는 데 적극적으로 협력하게 만드는 그러한 공격이었다. 그러나 그와 같은 공격은 노동자들의 급속하고 대규모적인 성장을 결코 억누를 수는 없는 것이었다.

한편, 이와 같은 외적인 공격으로 인한 노동조합운동 내부의 분열적 경향을 둘러싸고 이를 극복하기 위한 노력도 세차게 전개되었다. 노동운동은 노동자정당이나 여타 민중운동과의 통일전선 운동을 펴나가면서 상호 협력적 영향을 미치게 되었다.

또한 국제적인 연대활동이 몇몇 단계를 거치면서 더한층 강화되었다. 20세기에 들어와서는 자본주의의 전반적인 위기의 상황이 격화되고, 제1차세계대전과 제2차세계대전을 겪게 되는 대(大)격동의 시기에 있어 각국 노동운동과 국제노동운동은 도전과 대응, 분열과 통합, 자본에의 유착과 개혁 등의 복합적인 시련의 과정을 겪어야만 했다.

제2차대전 이후, 각국에서의 노동운동과 국제노동운동은 반(反)파시즘 투쟁의 승리를 배경으로 하여 비약적인 발전을 보게 되었다. 특히 제2차대전 이후 제3세계에서 민족해방투쟁 고양과 식민지 체제 붕괴는 노동운동 발전에 중요한 계기가 되었다. 각국에 있어서는 전국조직의 통일이 촉진되고 정치투쟁이 고양되었을 뿐만 아니라, 노동자계급의 통일행동이 국내적으로나 국제적으로 크게 발전하게 되었다.

그 후, 특히 1960년대 말 이후에 있어 선진자본주의 국가들에 있어서는 노동운동이 격심한 도전에 직면하게 되었고, 이 같은 상황을 주체적 조건의 성숙을 위한 계기로 전환하려는 노력 또한 강화되었다.

한편, 제3세계 여러 나라에서는 노동운동이 경제투쟁 외에도 신식민주의적 종속에서의 탈피와 관료적 권위주의에 기초한 노동통제의 타파를 목표로 한 정치투쟁을 전개하면서 독자적인 운동 논리를 탐색하게 되었다.

3. 노동운동 발전의 합법칙성

노동운동도 사회적인 운동이므로 사회의 성장 및 발전의 기본 법칙에 종속될 수밖에 없으며, 노동운동 발전에 있어서는 독자적인 법칙이 관찰된다. 이 같은 사실은 노동운동 발전에서의 제반 양상이나 국면을 통해서 여실히 확인되고 있다.

노동운동 발전에서도 점진적인 확대의 시기와 폭풍과 같은 급격한 성장의 시기가 상호 엇갈리면서 진전된다. 때로는 노동운동이 매우 느리게 전진하거나, 경우에 따라서는 후퇴하기도 하고, 때로는 급속하게 확대되기도 한다.

이와 같은 '급격한 발전의 시기'와 '완만한 발전의 시기'가 엇갈리는 것은 노동운동 발전의 일반적 법칙이다. 노동운동의 전개 과정에 있어 급속하게 발전하는 시기와 완만하게 발전하는 시기가 존재한다는 것은 노동자계급의 투쟁 의식이 높은 상태에 있느냐 또는 낮은 상태에 있느냐 하는 것과 직접적으로 관련된다.

일반적으로 노동자가 투쟁성을 주기적으로 발휘하게 되는 것은 노동자계급의 불만이나 요구가 오랜 기간에 걸쳐 축적되어 그것이 일시에 폭발적으로 고양되는 결과이다. 전쟁 발발, 실질임금의 급격한 저하, 경제공황 발생, 노동단체에 대한 탄압 심화, 파시즘의 위협 등의 경우에 이러한 사실은 더한층 명백히 드러난다.

그런데 노동운동의 발전은 점진적 성장과 강력하고 급진적인 성장이라는 두 가지 국면을 나타낸다. 어떠한 국면을 나타내느냐 하는 것은 노동자계급의 투쟁성에 의해 규정된다. 그러나 노동자들의 투쟁력이 강력하다 하더라도 노동운동의 승리를 반드시 보장하는 것은 결코 아니다.

거기에는 올바른 지도가 필요하며, 그것이 없이는 아무리 강력한 자연성장적 운동이더라도 암초에 부딪혀 패배로 끝나게 된다. 잘못된 지도로 실패를 경험하게 된 운동의 사례로는 1918년의 독일혁명, 1920년의 이탈리아 금속 노동자 파업, 1918년부터 1923년까지에 걸친 미국의 대파업, 1926년 영국에서 전국총파업이 거론될 수 있겠다.

일반적으로 격렬한 투쟁의 시기에 있어서는 노동자들은 강력한 노동조합 조직이 필요하다는 사실을 분명하게 의식하게 되고, 조합원 수가 확대되고 전체적인 힘이 증대되기 마련이다. 이 시기에 있어서는 또한 노동자들은 정치조직과 정치 활동 강화의 필요성을 절실하게 인식하며, 운동이념 발전도 급속하게 이루어지게 된다. 이 시기에 있어서는 올바른 지도가 수반된다면, 노동자들은 놀라울 정도의 용기를 발휘하며, 노동운동은 비약적인 발전을 이루게 된다.

그와 같은 노동운동 발전에 있어서 일반법칙은 노동운동의 구체적인 경험적 사례들에서 입증되고 있다. 노동운동의 발생지라고 할 수 있는 영국 노동운동의 역사는 그 전형이라 할 수 있다. 영국의 노동운동은 노동자들의 투쟁성이 가장 활발했던 시기에 최대의 진보를 달성할 수 있었다.

가장 중요한 사례는 1838년부터 1848년까지 걸친 차티스트운동 전개의 시기, 영국 직업별노동조합의 문호를 미숙련 노동자에게 개방한 1889년 런던항만 대파업, 1908년부터 1914년까지에 걸친 격렬했던 대중적 파업, 제1차대전 직후 세계적인 대중운동의 고양 속에서 진행된 활기찬 노동조합 활동, 1926년의 전국총파업과 관련된 여러 형태의 투쟁, 제2차대전 직후의 투쟁 확대와 노동조직 성장이 지적될 수 있다.

이러한 시기엔 노동조합 조합원이 크게 증대되었으며, 조직의 기구나 전술이 개선되었고, 자본 측으로부터 최대의 양보를 얻어냈으며, 노동자들이 정치 활동의 필요성을 명백하게 알게 되었고, 또한 노동자 대중이 노자협조의 관료적 지배를 타파하는 데 성공했을 뿐만 아니라, 투쟁 의식도 매우 고양되었다.

독일 노동운동 역사에서도 노동운동의 침체와 고양의 국면이 종합적으로 드러난다. 노동운동에 있어 매우 고양된 국면은 다음 세 시기에서 찾을 수 있다. 노동자의 격렬한 투쟁으로 1890년 「사회주의자진압법」이 타파된 후 노동조합이 급속하게 성장한 시기, 제1차대전 후 혁명적 정세 속에서 노동운동이 대규모로 확대된 시기, 제2차대전 후 노동조합이 재건되고 급속하게 확대된 시기가 그것이라 할 수 있다.

이탈리아의 노동운동도 첨예한 투쟁의 시기에 비약적인 발전을 달성한 경험이 있으며, 프랑스의 노동운동에서도 비슷한 양상들이 나타나게 되었다. 프랑스 노동운동 역사에 있어 그 절정을 이루었던 것은 1935년부터 1937년의 인민전선 투쟁 시기에 있어 노동자들이 적극적인 대중행동으로 파시즘의 대두를 저지하고 조합원의 대폭적인 확대를 이룩하여 대규모적인 전국총파업을 전개한 사례라고 할 수 있다.

미국 노동운동 역사도 노동운동 발전의 합법칙성 관철을 반영하고 있다. 미국 노동운동에 있어 그 발전이 매우 고양되었던 것은 다음 시기라고 볼 수 있다. 즉 1827년부터 1833년에 이르는 노동운동의 역사적 고양기, 남북전쟁 직후 투쟁과 노동조합 건설의 시기, 국가독점자본주의가 발전한 1877년부터 1896년에 이르는 기간의 투쟁과 조직의 급격한 발전, 제1차대전부터 전후(戰後)에 이르는 1918~1920년의 노동조합운동 확대 시기, 1933년에서부터 1948년에 이르는 노동조합의 급속한 성장과 투쟁의 시기가 그것이라 할 수 있다.

이상에서 우리는 주요 국가들에서의 경험을 통하여 노동운동 발전에서 합법칙성 관철 양태를 살펴보았거니와, 노동운동을 직접 지도하고 이끌어가는 지도자, 활동가들은 이에 관한 명확한 인식을 가질 필요가 있다. 노동운동에 있어 점진적인 성장의 시기와 비약적인 발전의 시기를 구분 못 하면 올바른 전략이나 전술을 수립할 수 없기 때문이다.

노동운동을 둘러싸고 있는 객관적인 제 조건과 노동자계급의 투쟁성을 비롯한 주체적 조건의 상호관련성이 정확히 파악되고 이를 기초로 과학적인 지도가 행하여질 때만이 노동운동의 비약적인 발전이 가능하다.

4. 현대자본주의와 노동운동의 발전

1) 전후 자본주의 발전과 지배형태 변화

제2차대전 이후 현대자본주의는 전후의 위기 상황에서 고도로 발달한 생산력과 자본의 세계적 집적·독점화를 토대로 하여 미국 자본주의가 지배력을 행사하는 독점의 체제를 구축함으로써 통일적인 세계체제를 확립하게 되었다.

〈국제통화기금(IMF)〉 등 국제적인 경제기구의 확립은 생산·유통의 사회화와 생산력의 국제화에 의한 세계적인 고도 발전을 촉진함으로써, 상품 및 자본의 세계시장을 통일적으로 개방하고 확대하게 되었다.

미국은 냉전 전략에 따라 세계적으로 군사기구와 군사동맹을 확장함과 동시에, IMF 체제를 통하여 국제통화를 지배하고 세계경제를 주도해 나가면서 거액의 반공적(反共的)인 원조와 군사비 지출과 결합한 중화학공업 확산을 국제적으로 전개했다.

미국 이외의 선진자본주의 제국의 국가=독점은 세계체제 속에서 생산·무역·금융·재정을 전개하고 기술혁신을 수반하는 설비투자를 추진하여, 전전(戰前)보다 훨씬 높은 수준의 경제성장과 자본축적을 실현했다.

한편, 현대자본주의는 국내에 있어서 국가독점자본주의적 행동 논리에 기초하여 새로운 지배 형태를 발전시키게 된다. 즉 현대자본주의는, ① 독점가격과 관리통화제도 아래서 항상적인 불환지폐(不換紙幣) 인플레이션을 진행시킴으로써, 노동계급에 대한 초과이윤 획득을 일상적으로 조직하고 자본을 강행적으로 축적한다.

② 한편으로는 대중과세의 강화, 공공요금과 사회보험료 등의 인상을 강행하면서, 다른 한편으로는 경제의 군사화, 국가에 의한 독점상품 구입, 독점자본에 대한 감면세, 감가상각의 과대평가 등을 추진하며, 동시에 교육·의료·주택·연금 등의 사회적 비용은 억제하거나 절감하는 방식을 취함으로써 독점자본이 국가기구를 통하여 막대한 초과이윤을 보장받게 된다.

③ 국가가 독자적으로 기업을 경영하고 투·융자(投融資)를 행하며 과학기술·자원·노동력 등을 독점하고 자본수출을 행함으로써, 노동자들에 대해 지배력을 행사하게 되며 금융과두제의 지배를 보완하게 된다.

④ '경제계획', '산업구조정책', '지역개발정책', '소득정책', '적극적 노동력정책' 등에 의해 노동력·지역·산업·금융 등을 재편성하게 되고, 사회생활의 전 부문을 독점자본의 이익에 합치되는 방향에서 통제하게 된다. 급속한 생산의 사회화를 기초로 하여 임금·노동조건은 물론 노동자의 생활조건을 전면적으로 통제하게 된다.

⑤ 생산과정에서 노동에 대한 지배·통제도 거대 독점기업을 주축으로 하여 사회적 규모로 조직되고, 노동자의 임금·노동조건 결정도 금융과두제의 지도·통제 아래서 이루어지게 된다.

⑥ 불합리한 노동정책 시행을 통해서 노동자·노동조합의 민주적인 제(諸) 권리를 제한하며, 다른 한편으로는 노동관료·노동귀족의 육성, 노동조합 간부의 매수, 노사협조의 제도화, 부분적인 사회개량에 의한 회유 등을 통하여 노동운동에 대한 독점자본의 지배를 강화하고 노동조합을 국가독점자본주의 지배기구의 일환으로 끌어들이려 시도한다.

여기에 있어서는 매스컴이 중요한 역할을 담당하게 된다.

⑦ 독점자본의 지배 대상을 확대하여 비(非)독점 제(諸) 계층을 지배 대상으로 재편성한다.

⑧ IMF, 〈세계은행(IBRD)〉, 〈경제협력개발기구(OECD)〉 등 국제기구의 활동이나 다국적기업의 활동을 통하여 지배체제를 점차 국제적 규모로서 확대·추진하게 된다.

위에서 본 바와 같이 현대자본주의는 생산·노동의 사회화의 세계적인 고도 발전을 토대로 하여 통일적인 세계체제를 취함과 동시에, 국내적인 지배 형태를 전환하고 강화함으로써 위기의 완화와 상대적인 안정을 실현하고 있으나, 결국 생산·노동의 세계적인 사회화를 촉진케 됨으로써 내재적인 모순의 현대적인 발현이 나타나게 된다.

2) 노동자계급의 성장을 둘러싼 이론적 제 문제

오늘날 현대 노동자계급의 성장과 노동운동의 발전과 관련하여, 계급구성론, 빈곤화론, 조직=운동론 분야에서 매우 활발한 논쟁이 전개되고 있다. 이러한 논쟁은 노동자계급의 역사 담당 주체로서 자기 형성에 관한 문제가 현대자본주의의 중요한 이론 문제로 제기되고 있음을 의미하는 것이다. 여기서는 현대 노동자계급을 둘러싸고 제기되는 이론적 문제 상황을 개략적으로 살펴보고자 한다.

가. 노동자계급의 형성과 내부 구성을 둘러싼 이론 상황

노동자계급의 형성과 내부 구성을 둘러싼 오늘날의 이론적 문제 상황에 있어서는 상호 관련되는 두 가지 점이 지적될 수 있겠다. 그 하나는 노동자계급의 사회적·경제적 경계선을 어떻게 설정할 것인가 등 노동자계급의 개념 규정에 관계되는 논쟁이며, 다른 하나는 노동자계급을 구성하는 '새로운 부류'의 임금노동자층 예컨대 기술, 관리, 사무, 전문적 직업노동자(교육노동자, 공무노동자, 기타) 등이 행하는 사회발전에서 역할, 특히 공무노동자나 관리·감독노동자의 역할에 관한 인식을 둘러싼 논쟁이다. 이러한 논쟁에 관련해서는 다음과 같은 점이 충분히 분석, 검토되어야 할 것이다.

첫째, 노동자계급의 경계 설정이나 개념 규정에 있어서는 직접 잉여가치를 생산하는 노동자, 즉 생산노동자라는 협의의 개념을 취할 것이 아니라, 생산수단을 소유하지 않고 생활수단의 획득을 위하여 자기 노동력을 판매하지 않을 수 없는 근대적인 임금노동자라는 광의의 개념을 보다 중시해야 하며, 노동자계급의 경계 영역은 자본의 축적과정에 따라 변동될 수밖에 없다는 점에 유의할 필요가 있다는 사실이다.

둘째, 공무노동자나 관리노동자 등 어떤 부류 노동자 집단을 논할 때는 노동자계급으로서의 보편성과 어떤 부류의 노동자 집단이 갖는 특수성을 통일적으로 검토하는 관점이 중요하며, 특정 부류의 노동자 집단이 할 수 있는 사회발전에서의 긍정적 역할을 도외시해서는 안 된다는 사실이다.

셋째, 사회계급의 구성에 관한 연구에 있어서는 여러 계급, 여러 계층의 존재 조건과 형태를 구체적으로 분석하고, 사회계급·계층 간의 대립과 갈등, 연대와 통일의 객관적 조건과 그 운동 방향을 해명하는 것이 매우 중요한 과제가 된다는 사실이다.

나. 노동자계급의 빈곤화를 둘러싼 이론 상황

노동자계급의 빈곤화를 둘러싼 논쟁과 관련해서는 우선 빈곤화의 일반적인 해소 양상이라는, 오래된 것이면서도 새로운 문제가 오늘날에 제기되고 있다. 다른 한편에 있어서는 빈곤화의 법칙적 필연성과 그 검증, 상대적 빈곤화와 절대적 빈곤화의 관련과 구별, '고전적 빈곤'과 '현대적 빈곤'의 관련과 구별, 자본주의의 경제법칙과 빈곤화의 관련, 국가독점자본주의와 빈곤화 문제 등에 관한 쟁점도 제기되고 있으며 논쟁의 범위도 확대되고 있다. 그러나 전반적으로 빈곤화에 관한 논쟁의 초점은 노동자계급의 빈곤화를 어떻게 계급적인 주체의 형성과 관련지을 것인가에 모이고 있다.

빈곤화와 주체 형성의 관련성을 해명함에 있어서는 다음과 같은 점이 중요한 관심 대상이 될 수 있겠다. 첫째, 노동자의 다면적인 생활 과정 전체 속에서 빈곤화와 주체 형성의 대항 관계와 상호 관련을 해명하는 일이다. 둘째, 주체 형성과 발전을 경제 과정의 결과로만 보는 것이 아니라, 노동생활에서 모순의 누적을 배경으로 한 다른 생활의 상태(예컨대 정치생활 상태)까지를 요인으로 취하는 일이다. 셋째, 빈곤화 문제에 관한 연구는 노동생활에 대해 경제법칙의 규정적 작용에 관한 범위에 머무를 것이 아니라, 주체 형성의 가능성과 그 주체적 계기를 해명하는 일이다.

다. 노동자계급 상태와 노동운동 발전의 관련을 둘러싼 이론 상황

노동운동론 분야에서는 노동자계급의 경제적 상태와 노동운동과 관련을 둘러싸고 여러 가지 측면에서 논의가 전개돼왔다. 예를 들면, 경제와 정치와의 관련에 대해 '경제환원주의' 경향의 극복이라는 과제가 제기됐으며, 또한 노동자계급의 빈곤화에다 노동운동의 출발점을 두는 견해나 노동운동 발전의 합법칙성 주장에 대해, 국가독점자본주의에 의한 노동자 '통합'을 강조하는 견해 간 논쟁이 활성화되고 있다.

그런데 자본주의의 발전은 노동자계급의 '수의 다수(多數)'를 형성시킴과 동시에, 그들의 사회적 빈곤화를 축적하게 된다. 이러한 '수의 힘'과 '빈곤화'를 그 계기와 조건으로 하는 노동자들의 조직적인 결집도 필연적으로 발전시키게 된다.

따라서 노동자계급 상태와 노동운동 발전의 관계를 둘러싼 이론 상황에 있어서는 노동자계급의 상태야말로 노동운동 발전의 토대라는 사실, 즉 노동운동의 합법칙적 발전을 규정하는 기초 조건은 다름 아닌 자본주의 생산의 발전과정 그것이라는 사실이 이론적인 기저가 되어야 할 것이다.

그러면서도 현실적인 노동운동 상황을 보면, 국가자본주의에 의한 노동자계급의 '통합'이나 독점적 대기업의 노동지배의 체제 역시 중시해야 한다는 것은 당연한 일이다. 국가독점자본주의나 독점적 대기업이 노동자나 노동운동을 매우 그럴싸한 명분이나 방법으로서 통합(포섭)하려 한다 해도, 이에 대한 올바른 인식 없이는 노동자계급의 조직과 운동의 전망을 수행할 수 없다는 것은 분명하다.

그러나 노동운동론이 이러한 통합의 조건을 지나치게 강조한 나머지, 자본축적에 따른 빈곤화와 통합조건 그 자체가 가져오는 제반 모순을 도외시한다면, 이것은 일면적인 것이 될 것이며 노동자계급의 조직과 운동의 방향을 제시하는 이론으로는 될 수 없을 것이다.

3) 현대자본주의와 노동운동의 합법칙적 발전

제2차대전 이후 새로운 정세 아래서 노동운동의 발전을 이론적으로 일반화한다는 것은 매우 중요하면서도 막중한 과제다. 여기서는 전후 현대자본주의와 노동운동의 합법칙적 발전에 대해 직접적으로 관련되는 기본 요소만을 검토하고자 한다.

첫째, 현대자본주의는 노동계급의 사회적 세력을 부단히 팽창시키는가 하는 문제다. 제2차대전 후 국가독점자본주의의 발전은 생산의 사회화와 생산력의 향상을 계속 진행하여 자본축적과 독점을 강화하고 노동의 사회화와 빈곤화를 심화했다.

또한 그것을 기본적 계기로 하여 노동자 수가 증대하고 계급의 구성이 변화했다. 특히 자본축적과 독점, 생산·노동의 사회화 및 노동생산성 향상의 고도 발전을 토대로 하여 모든 영역에서의 관리기구 확대, 기술혁신과 '합리화', 기업 내 분업=직종·직무편제 개편, 금융과두제 강화, 시장경쟁 격화, 운수·통신의 고도 발달, 사회적 필요=욕망의 발달과 다양화, 사치적 상품·서비스 확대, 다국적기업의 전개에 의한 생산적 노동의 개발도상국으로 부분적 이전 등으로 인해 기술·관리·사무·서비스·전문적 직업노동자 등 불생산적(不生産的) 노동자층의 상대적 증대가 현저하게 나타나게 되었다.

그와 같이 노동자계급의 사회적 세력의 증대는, 한편으로, 그 구성 면에서 다양한 형태로 소(小)부르주아적 요소를 침투시키면서 진행되고 있다. 이러한 상황이 노동운동의 기회주의적 경향을 심화시킬 가능성을 내재하고 있음은 주지의 사실이다. 그렇지만 이 과정에서 나타나는 쁘띠(小)부르주아 요소는 실은 노동자계급화 과정에서의 과도적 존재라는 사실에 유의할 필요가 있겠다.

둘째, 현대자본주의는 노동자의 빈곤, 억압, 예속, 타락, 지배를 점차 증대시키고 있는가 하는 문제다. 전후에 자본주의의 지속적인 고도 성장이 구가(謳歌)되는 가운데, 그 저류에서 사회적 빈곤이 어떠한 메커니즘 아래서 구성되고 있는가를 이론적으로 고찰한다는 건 매우 중요한 의의가 있다.

한편, 이 시기에는 사회의 표면에서 실질임금의 향상, 완전고용, 복지국가 등 '풍요로운 사회'가 구가되는 것 같은 현실적 상황이 존재했다. 그러나 1974~75년에 시작된 자본주의 세계경제 위기의 현재화는 모든 자본주의 국가들에 있어 '풍요로운 사회'에 대한 환상을 깨뜨리게 되었으며 현대적 빈곤화의 새로운 단계를 가져오게 하였다.

제2차대전 후 일정 기간에 걸친 자본주의 체제의 상대적 안정에도 불구하고 그 저류에 있어서는 노동자계급의 상태를 악화시키는 기초적 조건이 더한층 촉진되고 있었다. 자본의 축적과정은 독점기업의 거대화를 진전시켰을 뿐만 아니라, 잉여가치 생산의 방법을 더욱 발전시켜 자본의 노동에 대한 실질적 포섭과 전제적 지배의 정도를 점차 강화했다.

즉 자동화된 최신 기계와 장치의 자본주의적 도입 이용은, 그것의 거대한 생산력에 의해 노동자의 노동을 경감하고 생활의 질을 높이는 것이 아니라, 노동의 평준화·규격화·단조화(單調化)를 가져왔으며, 그로 인해 남아도는 인원을 최대한 감축하고 노동 강도를 대폭 강화하는 수단으로 되었다. 따라서 '사회적 노동의 자연력'인 협업과 분업을 기초로 한 작업조직은 자본의 전제적인 노동지배 수단으로 전화되었으며, 직장에서의 자유와 권리를 가일층 억압하는 메커니즘으로 활용되게 되었다.

그리고 과학과 기술의 진보 그 자체가 자본주의적 이윤 생산에 종속됨으로써, 인간을 기계 부품으로 만드는 방편으로 왜곡되고 있다. 나아가서는 토지의 사적·자본주의적 독점이 사회적 생산력의 정상적인 발전이나 사회적 공동 생활수단으로서 계획적인 정비·운용을 저해할 뿐 아니라, 대기나 수자원 등 귀중한 자연력의 독점과 남용이 자연의 생태계를 교란하고 인간의 생명을 해치는 환경파괴를 가져오게 되었다.

이와 같은 생산수단의 독점적 점유가 진행되는 것에 조응(照應)하여, 다른 한편에서는 빈곤, 억압, 예속, 타락, 지배가 증대되지 않을 수 없게 되는 것이다.

셋째, 현대자본주의에서 노동자계급의 저항은 증대되고 있는가 하는 문제다. 전후 자본주의 발전으로 거대한 노동자 집단이 사회적으로 형성되었고, 그와 같은 자본축적 과정에서 귀결된 사회적 빈곤화는 노동운동의 발전을 촉진하는 동인(動因)으로 작용했다. 이러한 동인이 현재 정세 전환의 주체적 조건을 담당해야 할 노동운동이 그러한 역할을 하도록 올려세우는 방향에서 작용하고 있는가 아닌가가 해명되어야 할 문제다. 이에 관해서는 다음과 같은 몇 가지 사실 살펴봄으로써 문제의 해답에 접근할 수 있을 것 같다.

① 시기적으로는 조금씩 다르지만 발달한 모든 자본주의 국가들에서 파업투쟁이 주요 산업 대부분을 포함한 부문에서 활발하게 제기되었다는 것, 특히 1967년 이후 자본주의 세계경제 상태가 악화되고 그것을 타개하기 위한 자본 측 공격이 격화됨에 따라 파업투쟁의 열기가 더 한층 높아졌다는 것, 1970년대 후반 이후에는 현상적으로는 파업투쟁의 물결이 다소 하강 국면을 나타내고 있는 것처럼 보이나 이는 보다 큰 고양 국면을 나타낼 수 있는 잠세적(潛勢的) 축적으로 해석될 수 있다는 것.

② 국가독점자본주의 지배 강화에 의한 긴박한 정세에 대응하여 노동자계급 사이에 매우 민감한 정치적 반응이 나타나게 되었으며, 그것이 노동운동의 영역에 반영되고 있다는 것.

③ 전후 40여 년간에 걸친 노동운동 경험에서부터 현대의 구체적인 제 조건에 합치되는 투쟁 조직과 투쟁 전술이 이론과 실천을 통해 확립돼 왔다는 것, 이와 동시에 투쟁 대상의 계급적·조직적 성격과 형태에 대해서도 노동운동 발전과 관련지어 한층 더 명확한 의식이 확립되어 왔다는 것.

④ 노동운동의 국제적·국내적 연대와 행동 통일을 촉진하는 조건들

이 더욱 성숙하고 있으며, 협조주의·분열주의·기회주의가 점차 고립되고 있다는 것.

⑤ 노동운동의 내부적인 영역에서 비단 많은 어려움을 겪고는 있으나, 조직적인 통일 노력이 강화되고 있으며 조직 내부의 개혁을 위한 움직임이 활발해지고 있다는 것.

이와 같은 사실들은 노동자계급의 저항이 현재적이든 잠세적이든 간에 점차 증대되고 있음을 나타내 주는 형태 규정이라 할 수 있겠다. 노동자계급의 저항이 어느 단계든 간에 그것은 전후 자본주의의 내적 모순의 성숙과 현재화를 근본 동기로 하고 있음은 물론이다.

5. 결론: 역사적 주체로서 자기 형성을 위하여

자본주의적 축적과 노동의 사회화를 그 기초로 하는 노동운동의 발전은 역사 담당 주체의 대중적 기반을 발전시키게 된다.

그 첫째 근거는 노동자계급 조직의 발전이다. 일상적인 경제투쟁이 노동자 대중의 조직화를 촉진한다는 것은 노동자들의 기본적인 대중조직인 노동조합 발전을 통해서도 명백해진다. 또한 경제투쟁으로부터 발전하는 정치운동에서도 노동자계급의 조직은 일층 발전한다. 정치운동을 통해서 발전하는 노동자계급의 조직에는 노동조합운동 그것의 정치적 발전, 그 정치적 조직의 성립 또는 기타 정치적인 각종 결사의 발전이 존재한다.

노동자계급의 조직화와 더불어 그들의 조직성과 규율성이라는 주체의 기본적 성격도 발전하게 된다. 기계제 대공업의 생산기구는 노동자들의 훈련·결합·조직을 촉진한다. 그 결과 노동자들은 자본의 생산과정에 있어서 기계제 대공업에 의한 노동의 직접적인 사회화를 통하여 조직성과 규율성을 체화하게 된다.

노동자계급의 객관적인 자질로서 체화된 조직성과 규율성은 집단적인 투쟁 속에서 노동자들의 대자적(對自的) 자각의 발전과 결합해 운동 주체로서 노동자계급의 주체적 속성으로 전환한다. 요컨대 노동운동의 조직성과 규율성 강화는 노동운동의 전진과 성공을 위한 필수적인 조건이며, 나아가 노동자계급을 역사발전 담당 주체로 성장시키는 기본조건이 된다고 할 것이다.

그리고 주체 형성의 대중적 기반으로서 중시해야 할 건 계급적 자각의 발전이다. 노동자들은 그들의 노동과 생활을 통하여, 그리고 그들의 각종 투쟁을 통하여 계급적 자각에 접근하게 된다. 이것이 역사 담당 주체의 대중적 기반이 되는 기본적 요소이다.

그러나 자연발생적인 계급적 자각이 곧바로 과학적 인식을 갖춘 계급적 의식으로까지 도달하는 것은 아니다. 과학적 인식은 다양한 형태의 부단한 실천, 그리고 더욱 광범한 정치적 역량 -지식인을 포함한- 과의 직접적인 상호침투·상호관련을 통해서 확립될 수 있는 것이다.

다시 말해서 노동자들은 이러한 과학적 인식에 기초한 정치적 영역에서의 강력한 역할 수행을 통해서만이 진정한 역사 담당 주체로서 성장할 수 있게 된다.

오늘날 주체 형성의 대중적 기반을 발전시켜 가고 있는 노동운동은 어느 자본주의 국가들에서든 나름대로 발전하고 있으며 또한 점차 거대한 힘으로 대두되고 있다. 노동운동이 그와 같은 발전을 이룩하게 된 것이 설사 자본주의적 생산 발전과정에 있어서는 필연적이라 할지라도, 그 필연성을 현실성으로 전화시키기 위해서는 집단적인 투쟁이 필요했다는 점과 그 투쟁에서 절대적인 역할을 담당한 것이 다름 아닌 과학적인 노동운동 이론이었다는 점을 결코 간과해서는 아니 될 것이다.
 이와 같은 과학적인 노동운동론은 현실적인 노동운동 전개를 통해 더한층 발전되고 구체화되어야 할 것이며, 그와 같은 이론은 노동운동의 발전을 촉진하는 강력한 무기로서 자기 역할을 충실히 수행할 수 있어야만 할 것이다.

출처 박현채, 김낙중 외(1985), 『한국자본주의와 노동문제』, 돌베개.

한국 노동조합운동의 특성

1. 노동조합의 보편적 성격과 임무

노동자계급 조직화에 있어 그 핵심적 존재인 노동조합의 성격과 임무는 고정·불변적인 것이 아니라 노동자계급의 성장이나 노동운동의 전개와 더불어 발전하는 것이다. 그 발생 초기에 노동조합은 자본에 대항하여 노동자 상호 간 경쟁을 배제하고 단결을 이룩함으로써 최소한 노예보다 나은 임금·노동조건 확보를 그 목적으로 했다. 그러나 노동조합이 노동자계급 조직화의 중심체로 된 것은 경제투쟁을 발전시켜가는 과정에서 그렇게 된 것이지, 당초부터 의식적으로 그렇게 되고자 노력했기 때문은 결코 아니었다.

노동조합은 기아임금, 장시간 노동 및 노동 강화를 통한 자본 측의 착취와 억압에 대항하여 노동자의 생활과 권리를 지키기 위해 피어린 투쟁을 하는 과정에서 비로소 자본가계급과 대립하는 노동자계급 전체의 공통적인 이익을 명확히 인식하게 되었다. 또한 노동조합은 그러한 투쟁 속에서 노동자 전체의 계급적 통일을 목적으로 직업별 또는 지역별로 분산되어 있었던 노동조합의 전국적인 결집을 추진하게 되었으며, 사회발전이라는 더욱 높은 차원의 목표를 실현하기 위해 투쟁을 전개하게 되었다.

그리하여 자신이 걸머지고 있는 위대한 역사적 임무를 자각하게 된 노동조합은 점차 조합원들만의 편협하고 이기적인 이익을 위해서만 아니라 노동자계급 전체의 이익을 위해서, 나아가서는 모든 피지배계급의 이익을 위해서 싸우게 되었고, 또한 노동자계급 조직화의 중심으로 뿐 아니라 사실상 민중세력 조직화의 중심으로 스스로 위치를 확립하게 되었으며 의식적으로 행동하게 되었다.

그런데 여기서 검토하고자 하는 것은 초기의 노동조합이 지니고 있었던 성격과 임무가 아니라 장기간에 걸친 노동조합 투쟁의 성과로서 이룩된 오늘날 노동조합의 성격과 임무다. 먼저, 현대 노동조합의 성격은 어떠한 것인가부터 살펴보기로 하겠다.

자본주의 사회에 있어서 자본과 노동 사이의 계약은 결코 공정하게 이루어질 수 없다. 왜냐하면 자본은 집적(集積)된 사회적 힘인 데 비해, 노동자가 처분할 수 있는 유일한 상품인 노동력은 사적(私的), 개인적 힘이므로, 노동 측의 힘은 자본 측보다 상대적으로 약할 수밖에 없기 때문이다. 그런데 노동자들이 가진 단 한 가지의 사회적 힘은, 그들이 다수(多數)라는 데서 비롯되기 때문에, 노동조합은 이 '다수'를 최대한으로 결집하여 하나의 거대한 역량으로 전환해내고자 하게 된다. 따라서 노동조합은 광범한 노동자를 결집하기 위해서는 철저한 대중조직이 되어야 한다. 단결하여 투쟁할 필요성을 자각한 노동자라면, 사상, 신조, 지지 정당, 성별, 신분, 국적 등에 상관없이 자유로이 가입할 수 있는 대중조직으로서 기본적 성격을 굳히게 된다.

그렇지만 노동자들이 원래부터 일치된 요구를 통해 단결될 수 있는 건 아니다. 자본주의적 생산체제 아래에서는 노동자 상호 간 경쟁과 단결 저해를 유발하는 제(諸) 조건이 존재하고 있으며, 그로 인해 노동자 각 계층 사이에 '목전(目前) 이익의 상이'가 나타나게 된다. 그러나 이러한 요소들이 결코 극복될 수 없는 대상은 아니다. 자본주의적 생산양식에 내재한 제 모순의 발전은 노동자들이 노동자계급의 공통적인 이익이 무엇인가를 명확하게 인식할 수 있게끔 조건을 제시하게 된다.

이에 따라 노동조합은 노동자들의 공통된 요구를 발전시켜 나감으로써 경쟁과 단결 저해를 극복하고 광범한 노동자의 통일과 단결을 확립해 가게 된다. 노동조합이 노동자계급의 대중조직으로서 다른 조직은 대행할 수 없는 적극적인 역할을 담당할 수 있는 것도, 앞에서 설명한 그러한 기본적 성격 때문이다.

노동조합은 이처럼 노동자계급의 대중조직일 뿐만 아니라 동시에 계급적 조직이다. 여기서 '계급적 조직'이란 규정은 노동조합이 자본 측의 지배에 대항하여 노동자의 계급적 이익을 위해 투쟁하는 것을 그 목적으로 하고 있음을 뜻한다. 노동조합은 공제조합이나 교육단체들과는 달리 자본에 대한 직접적인 저항을 조직하게 되고, 또한 대중행동을 통하여 노동자들의 계급적 자각을 높이고 단결을 강화해 나가게 된다. 이처럼 노동조합은 대중성과 계급성이라는 두 가지의 성격을 동시에 갖고 있으며, 이 두 가지의 기본성격은 상호 모순되는 것이 아니라 통일을 이룬 채 노동조합운동을 발전시키는 원동력이 되는 것이다.

노동조합 구성원의 계급적 자각이 높으면 높을수록 노동조합은 더욱 광범한 노동자를 결집하고 그것의 대중성을 높이게 되며, 노동조합의 대중성이 높고 노동자의 요구와 행동의 통일이 광범하게 달성되면 될수록 노동조합운동의 계급성은 높아지게 된다. 그렇게 함으로써 노동조합은 노동자계급 조직화의 중심이 되며 투쟁을 발전시키는 대중적 기본조직으로서 지위를 획득할 수 있게 되는 것이다.

다음으로, 노동조합의 기본적 임무에 관해 살펴보기로 하겠다. 노동조합의 임무는 첫째로, 자본의 지배와 억압에 대항하여 노동자들의 노동조건과 생활상태의 개선을 위한 투쟁, 즉 '경제투쟁'을 조직하고 수행하는 것이다. 경제투쟁은 노동운동 전체의 항상적인 현상의 하나이며, 자본주의 아래서는 언제나 필요하고 또한 어떠한 시기에도 없어서는 안 되는 투쟁 형태다.

만일 노동자계급이 자본의 침해에 대한 경제투쟁을 포기한다면, 그들은 구할 수 없는 패잔(敗殘)의 무리로 전락해버릴 뿐만 아니라 지적으로도 육체적으로도 파괴되고, 노동조합은 투쟁역량을 상실해 버리게 될 것이다. 노동조합의 경제투쟁에 의한 노동 및 생활조건의 개선은 노동 대중의 문화적 발전을 위해서뿐 아니라, 더욱 차원 높은 투쟁으로 발전을 위해서도 지극히 중요한 의의가 있다. 이 경제투쟁을 통하여 노동자계급은 자본의 노동지배에 입각한 사회체제를 인식하게 되고, 전체 노동자계급에 의한 단결의 필요와 의의를 깨닫게 되며, 노동자의 정치적 의식을 발전시키게 되는 것이다.

그러나 노동조합이 경제투쟁만으로 노동자의 생활상태를 근본적으로 또한 항구적으로 개선한다는 것은 불가능하다. 경제투쟁은 자본에 의한 지배의 결과에 대한 투쟁이지 지배제도 그것의 개혁을 위한 투쟁은 아니다. 따라서 노동조합은 그것의 임무를 경제투쟁에만 한정할 수는 없는 것이다.

이와 같은 논리에서 노동조합의 두 번째 임무는 '정치투쟁'으로 주어진다. 노동조합은 노동자계급의 사회적·정치적 지위의 향상, 민주주의적 자유와 권리의 옹호·확대, 반전(反戰)·평화 등의 정치적 요구 실현을 위해서뿐만 아니라, 노동자계급의 해방을 위해서도 정치투쟁을 전개해야만 한다. 노동조합이 정치투쟁을 발전시키지 않고서는 노동자의 진정한 지위 향상도, 질곡의 타파도 실현될 수 없기 때문이다.

노동조합의 정치투쟁에 의한 민주주의적 권리 확대는 경제투쟁을 발전시키기 위해서나 쟁취한 성과를 확고히 굳히기 위해서도 결정적으로 중요하다. 여기에 경제투쟁과 정치투쟁의 결합을 기초 짓는 하나의 조건이 제시된다.

그러나 노동조합은 경제투쟁을 유리하게 이끌기 위해서만 정치투쟁을 전개하는 건 아니다. 노동자계급의 역사적 사명이 억압되고 지배당하는 모든 노동자를 해방하는 것인 이상, 이러한 목표를 향해 정치적 과제를 수행해 간다는 것은 대중적 성격을 갖는 노동조합에 주어진, 보다 높은 차원의 임무라 하겠다.

그렇다고 할지라도 대중적 조직으로서 노동조합은 경제투쟁의 발전이야말로 노동자계급이 정치투쟁과 자기해방이라는 목표에 눈길을 주도록 만드는 기본적 토대임을 인식해야만 한다. 여기에 정치투쟁과 경제투쟁의 결합을 기초 짓는 또 하나의 조건이 제시된다.

이처럼 정치투쟁은 경제투쟁을 발전시키고, 경제투쟁은 노동자계급을 정신적·지적·정치적으로 고양시키며 정치투쟁의 토대를 확대해 나가게 된다. 또한 경제투쟁 그 자체도 개별적인 고용주에 대한 일상적인 작은 투쟁으로부터 산업별 자본가단체나 자본가계급 전체, 그리고 압제적 권력에 대한 투쟁으로 발전해감에 따라 필연적으로 정치투쟁으로 전화되기 마련이다. 따라서 경제투쟁의 정치투쟁으로 전화, 경제투쟁과 정치투쟁의 결합, 이것이야말로 노동자계급이 전개하는 투쟁에서 행동 원칙이고, 노동자계급의 해방을 목표로 하는 노동조합운동의 기본적 임무다.

한편, 노동조합은 경제투쟁과 정치투쟁이라는 기본임무 외에도 문화·사상 영역에서 투쟁과 피지배 집단으로서 민중의 해방을 위한 투쟁의 조직과 발전에 있어 중추적이고 선도적인 역할을 담당해야 한다는 역사적인 임무를 맡고 있기도 하다.

2. 한국 노동조합운동의 전개 과정

한국 노동조합운동의 특성을 정확히 파악하기 위해서는 현재의 그 것을 규정짓게 한 노동조합운동의 전개 과정을 살펴보지 않으면 안 될 것이다. 특히 노동조합운동의 이념적 기초와 운동 기조, 조직적 성격 및 운동의 형태를 중심으로 살펴볼 필요가 있겠다.

한국의 노동조합운동은 일본 독점자본의 침입에 의한 식민지적 공업화의 진전에 따른 임금노동자의 성장과 더불어 그 역사적 단초(端初)를 갖게 되었다. 기록상에 나타난 최초의 노동조합 조직은 1898년 5월 운반부 46명으로 조직된 〈성진본정부두노동조합〉이었으며, 이를 시초로 하여 전국 각지에 노동조합이 조직되었다. 그 이전에도 노동조직이 존재하였는데, 덕대제(德大制), 모작(募作), 계(稧) 등이 그것이었다. 자유노동자들은 편수(邊首·辨頭, 수공업 작업장의 우두머리) 혹은 십장(什長, 일꾼들을 감독하는 우두머리)을 중심으로 조직되기도 하였다. 이 당시의 노동조합은 그 이전의 노동조직과는 그 성격이 아주 다른 것으로 볼 수 있겠는데, 노동자 계몽단체로서 성격을 강하게 띠고 있었다.

1900년대에 들어와서는 개항장을 중심으로 많은 노동쟁의가 발생하였으며, 그 후 1910년대에 있어서는 노동쟁의가 전국적으로 확산했다. 이와 같은 노동쟁의는 자연발생적이고 분산적이었으며, 노동조직의 지도나 뒷받침에 의해 전개된 건 아니었다.

이처럼 1920년대 이전 노동조합운동은 운동이념에 있어서나 조직형태에 있어 전기적(前期的) 단계에 속하는 것이었으며, 근대적인 형태의 노동조합운동은 1920년 〈조선노동공제회(朝鮮勞動共濟會)〉나 〈노동대회〉와 같은 전국적 노동조직의 대두에서 출발했다고 볼 수 있다.

1920년 4월에 결성된 조선노동공제회는 그 목적을 ① 지식계발 ② 품위향상 ③ 저축장려 ④ 위생장려 ⑤ 환난구제(患難救濟) ⑥ 직업소개 ⑦ 기타 일반노동 상황의 조사연구 ⑧ 기관지 『공제』를 발간하여 일반노동문화를 보급할 것 등에 두고 있었다. 조선노동공제회는 그 목적에서 보듯 계몽적이며 노사협조적이며 개량주의적인 성격의 단체였으며, 그 간부들은 소시민적인 지식인이 많았고, 지방지회의 회원들은 노동자들이 대부분이었다.

조선노동공제회가 결성된 후 전국 각지의 주요 도시에서는 지회가 속속 결성되었는데, 이 지회들은 중앙과 관련을 맺고 발기한 곳도 있었으나, 중앙과 연결이 없이 설립된 지회도 더러 있었다. 이 조선노동공제회는 국내 사상운동의 분열이 가져온 공제회 지도부의 대립으로 인해 1922년 해체되었다.

노동대회는 1920년 5월에 결성되었는데, "땀 흘리는 노동자들의 인격향상과 상식발달을 도모함"을 목적으로 하였으며, 조선노동공제회보다도 온건해서 당시의 한국 노동자계급에 대해 주는 영향력은 그다지 크지 못하였다. 그 지부도 몇몇 주요 도시에 성립되었을 뿐 전국적으로 지부를 가지지 못하였으며, 운동 방법도 주로 강연회를 통하여 노동자계급의 인격 향상이나 지식계몽을 도모하였을 뿐 이렇다 할 활동은 하지 못하였다.

조선노동공제회가 해체된 직후인 1922년 10월 13개 노동단체가 중심이 되어 〈조선노동연맹회(朝鮮勞動聯盟會)〉가 결성되었는데, 그 강령을 보면 다음과 같다. ① 우리는 사회 역사의 필연적인 진화법칙에 따라 신사회 건설을 기도함. ② 우리는 공동의 힘으로 생활을 개조키 위하여 이에 관한 지식의 계발, 기술의 진보를 기도함. ③ 오인은 현 사회의 계급적 의식에 의하여 일치단결을 기도함.

이 강령을 통해서도 알 수 있는 바와 같이 조선노동공제회나 노동대회에 비하면 조선노동연맹회는 조직형태나 구성, 그리고 이념이나 실천 활동에 있어서 진전된 노동단체였다. 조선노동연맹회는 당시 앙양되기 시작한 노동쟁의와 소작쟁의에 대해서도 보다 적극적으로 참여하여 지도를 행하였다. 그러나 조선노동연맹회의 지도부는 사상적 대립과 파쟁을 거듭하게 되었으며, 이러한 파쟁을 극복하기 위한 요구에서 1924년 4월 〈조선노농총동맹(朝鮮勞農總同盟)〉이 결성되었다.

조선노농총동맹의 강령은 ① 오인은 노동계급을 해방하고 완전한 신사회를 실현할 것을 목적으로 함. ② 오인은 단체의 위력으로서 최후의 승리를 얻을 때까지 철저적으로 자본계급과 투쟁할 것을 기함. ③ 오인은 노농계급의 현하 생활에 비추어 각각 복리증진, 경제향상을 기함 등이었는데, 여기서 볼 수 있는 바와 같이 조선의 노농운동이 무산계급 해방운동의 노선으로 나아가야 한다는 것을 표방하였다.

조선노농총동맹이 결성되자 전국 각지에 있던 노동단체들이 이에 가입하고 또한 새로운 단체를 조직하여 여기에 합류함으로써 조선노농총동맹은 조선의 노동운동에 대해 이론 및 투쟁 상에서 중요한 역할을 담당했다. 그리고 또 실제적으로 다대한 활동을 추진했다.

조선노농총동맹이 결성됨으로써 노동운동의 대동단결이 일단 실현되었으나 사상적인 대립과 파쟁은 얼마 가지 않아 다시 재연되었으며, 이러한 가운데 조선노농총동맹 내부에서 노동운동과 농민운동의 분립을 주장하는 세력이 대두되었고, 1925년 11월에 있었던 중앙집행위원회의 결의에 따라 노동자, 농민의 연합단체를 각각 분화하기 위한 조직 개편 작업이 진행되었다. 그 후 1927년 9월 조선노농총동맹은 〈조선노동총동맹〉과 〈조선농민총동맹〉으로 분리되었으나, 이들 단체는 일제의 극심한 탄압으로 인해 자기 기능을 충실하게 수행할 수 없었다.

한편 1920년대 전반기 전국적 노동조합이 결성되고 있을 무렵 각 지방에서 수많은 노동조합이 결성되고 있었는데, 이러한 지방적 노동자조직은 이 시기에 있어서 앙양되고 있었던 노동쟁의를 통하여 설립되었던 것이다.

이들 지방 노동조합은 대체로 세 가지 형태를 취하고 있었는데, '지역적 합동노조'와 '직종별노조', 그리고 '직종별노조연합체'가 그것이었다. 지방적 노동자조직도 중앙의 경우와 마찬가지로 일제(日帝)에 항거한 여러 정치단체, 사회단체와도 긴밀한 연관을 가지고 민족해방투쟁을 계속하였다.

이러한 지방의 노동자조직을 기초로 하여 지역별노동조합연합체 또는 산업별노동조합이 잇달아 결성되었다. 이는 당시 노동자들의 유일한 전국적 조직이었던 조선노동총동맹도 창립 후 대회개최를 금지당하는 등 심한 탄압 아래 표면적인 활동을 전개하기가 어려운 실정에서 지방단위의 노동운동을 추진할 필요가 강조되었고, 많은 노동운동가가 이를 위해 노력했기 때문이었다.

그 후 1930년대에 들어와서는 노동조합 결성과 운영을 위한 집회가 금지됨으로써 합법적 노동조직이 존재할 여지가 없게 되었으며, 합법적 노동운동의 전개가 불가능해지자, 조직적 노동운동은 비합법적이고 급진적인 노동운동의 방향으로 활동을 심화하였다.

이와 같은 비합법적 노동운동도 중·일(中日)전쟁(1937~1945년) 발발

이래 더욱 가혹해진 파쇼적 탄압 아래서 쉽사리 진행되기는 어려웠다. 그러나 비록 조직적 노동운동이 지극히 곤란했던 이 시기에도 노동자들의 투쟁은 각종 형태를 취하면서 끈질기게 진행되었다. 그것은 파업 및 태업의 방법에 호소하는 노동쟁의와, 직장이탈과 도주, 나아가서는 폭력적 항거 등으로 나타났다.

1945년 한국이 일본 제국주의의 식민지 억압으로부터 해방되자 한국의 노동자계급은 1930년대 이래 일제에 의해 금지되었던 노동조합을 결성하는 사업에 착수했다. 그리하여 전국 각지에서 수많은 노동조합이 결성되었는데, 〈미군정청(USAMGIK)〉노동부의 발표에 의하면 1946년 11월 30일 기준 노동조합 수가 남한에서만도 1,179개에 조합원은 30만 4천여 명이었다.

이렇게 해서 만들어진 노동조합을 산업별노조로 묶어 이를 기초로 1945년 11월 5일 하나의 전국적 노동조합조직이 형성되었는데, 이것이 〈조선노동조합전국평의회(전평)〉이다.

전평의 결성대회에서 채택된 실천 요강은 다음과 같다. ① 조선의 완전독립, 즉 친일파·민족반역자를 제외한 진보적 민주주의에 입각하는 민족통일전선 정권의 적극 참여 ② 민족자본의 양심적인 부분과 협력하여 산업건설을 함으로써 부족 공황, 악성 인플레의 극복 ③ 이와 같은 운동을 통해서 노동자의 이익을 옹호하고 노동자대중을 교육·훈련하여 자체 조직을 확대 강화한다.

전평의 일반 행동강령의 주요 내용을 보면 최저임금제 확립, 8시간 노동제 실시, 동일노동 동일임금 지불, 산전(産前)·산후 2개월간 유급휴가 실시, 단체계약권 확립, 일본 제국주의자와 매국적 민족반역자급(級) 친일파의 일체 기업을 공장위원회에서 보관하고 노동자는 그 관리권에 참여, 사회보험제 실시, 청부제 반대, 언론·출판·집회·결사·파업·

시위의 절대 자유, 조선인민공화국 지지 등이었다.

그리고 전평의 선언에서 나타난 운동의 기본 노선을 보면, "정치투쟁을 무시 억제하는 …… 조합주의의 오류와 …… 정치투쟁으로만 지도하려고 하는 대중과 유리된 좌익소아병적 경향과도 투쟁하지 않으면 안 된다."라고 주장하는데, 전평의 운동노선은 이 시점에서의 사회주의운동과 노동운동의 국제적 노선을 반영하고 있다. 그리고 전평은 조직체계에 있어서는 "자연발생적, 지역적, 수공업적, 혼합형적 조직체를 벗어나지 못하였나니 이것을 목적의식적 지도에 의하여 전국적으로 정연한 산업별적 조직으로 체계화·강력화 시켜야 할 것이다."라고 하여 산업별 조직체제를 지향하고 있었다.

앞에서 보듯 전평은 그 당시 모든 좌익세력의 전위적 전투부대로 전화할 가능성을 처음부터 내포하고 있었고, 결성 이후 전평은 노동쟁의의 형태로서 산업별조합의 연대하에 행하여지는 파업, 즉 총파업을 주무기로 사용하였으며, 1946년 9월 총파업, 1947년 3월 총파업, 1948년 2·7 총파업과 5·8 총파업 등을 감행했다.

이와 같은 전평 주도의 노동조합운동에 대응하여 우익 진영으로부터 노동조합운동은 1946년 3월 10일 〈대한독립촉성노동총연맹(대한노총)〉의 결성과 더불어 시작되었다. 대한노총은 전평과 같이 이미 조직된 산별노동조합을 기반으로 하여 구성된 것은 아니었고, 우익 민족진영의 청년단체 및 정당관계 인사들에 의해 상층 지도부부터 먼저 조직된 것이었다. 대한노총이 전국적인 노동조합을 총괄하는 조직으로 되는 과정은 전평 산하의 노조를 분쇄·축출하는 반공 투쟁 과정과 일치하는 것이었다.

대한노총의 결성대회에서 채택된 강령은 다음과 같다. ① 우리는 민주주의와 신민족주의의 원칙으로 건국을 기함. ② 우리는 완전 독립을 기하고자 자유노동과 총력 발휘로서 건국에 헌신함. ③ 우리는 심신을 연마하여 진실한 노동자로서 국제 수준의 질적 향상을 도모함. ④ 우리는 혈한불석(血汗不惜, 피와 땀을 아끼지 않음)으로 노자간(勞資間) 친선을 기함. ⑤ 우리는 노동전선의 통일을 기함.

대한노총은 결성과정이나 강령 등을 통해서 볼 때 노동조합의 일반적 필수요건인 경제투쟁의 인식 기반 위에 성립된 것도 아니었고, 우익 정치인과 자본가 그리고 미군정의 지원을 바탕으로 반공 투쟁을 통하여 기존의 노동조합운동을 분쇄하는 정치적 기능을 행사하는 노동단체적 형식을 취한 반공단체였다고 할 수 있다.

1948년 대한민국 정부수립 이후, 대한노총 임시 전국대의원대회에서는 수정강령이 통과되고 명칭도 '대한독립촉성노동총연맹'으로부터 〈대한노동총연맹(대한노총)〉으로 개칭되었다. 대한노총은 정부수립 이후 유일한 합법적인 노동조직으로 되었고, 노동운동의 본래적인 임무를 수행해야 한다는 중대한 과제들에 직면하게 되었다.

그러나 대한노총은 노동자계급의 경제적·사회적·정치적 지위 향상을 위한 제반 투쟁과 국가권력이나 자본으로부터의 자주성 확립, 그리고 조직의 정비·강화라는 과제들에 직면하고 있었으면서도 이를 해결하기 위한 자기 기능을 다하지 못했을 뿐만 아니라, 분열과 파쟁에만 몰입하게 되었고, '정치적 시녀화'와 '정치권력의 기간단체화'의 길을 치닫게 되었다. 조직체계에도 대한노총은 기업별 형태를 취함으로써 조직역량을 강화할 수 없었으며, 기업단위 노동조합의 투쟁을 지원 내지 지도할 수 있는 능력을 갖추지 못했다.

그 후 1950년 6·25 발발과 더불어 전시체제 아래서 기층노동자들의 생존상 요구에 의한 투쟁들은 계속되고 있었으나 체계화된 조직적 노동운동은 부재하는 현상을 빚게 되었다. 1953년에는 노동조합법을 비롯한 노동관계법이 제정되었으며, 이를 기초로 노동조합운동의 새로운 가능성이 주어지게 되었다.

자유당 정권 말기에 있어서는 조합원을 비롯한 노동자계급의 투쟁들이 밑받침되어 어용성을 강하게 띤 상층부의 노동관료들에 대한 반발과 노동조합 민주주의를 위한 요구들이 높아지고 있었던 것이나, 이에도 불구하고 노동조합운동은 여전히 주체성을 확보하지 못하고 자유당의 주요 기간단체적(基幹團體的) 성격을 탈피치 못하였으며, 경우에 따라서는 정치권력의 노동통제를 위한 방편으로까지 전락하였다.

1960년 4월 자유당 정권의 붕괴와 더불어 노동조합의 조직이 활발하게 진행되는 한편, 노동조합 내부의 민주화를 추진하기 위한 움직임이 세차게 전개되었다. 우선 노동조합에 뿌리 깊게 남아 있는 자유당의 잔재를 청산하고 노동조합을 민주적으로 개편하기 위한 시도가 이루어졌고, 또한 기업단위 노동조합의 분산적인 형태로부터 산별 체계의 전국적 규모로의 통합 움직임이 증대되었으며, 노동 및 생활조건의 개선을 목적으로 한 노동쟁의도 크게 제기되었다.

이와 같은 상황 속에서 11월 25일에는 대한노총과 〈전국노동조합협의회(전국노협)〉가 중심이 되어 〈한국노동조합총연합회(한국노련)〉을 결성하게 되었고, 다음과 같은 기본강령을 채택하게 되었다. ① 우리는 민주적인 노동운동을 통하여 노동자의 인권수호와 경제적·사회적 지위 향상을 위한 투쟁의 선봉이 된다. ② 산업경제의 재건을 기하고 노사평등의 사회건설에 매진한다. ③ 민권의 확립으로서 완전한 국가적 자유를 구현시키고 국제자유노조와 제휴하여 세계평화에 공헌한다.

이러한 새로운 형태의 변화에도 불구하고 자유당 정권 아래서 자주적 운동 주체 역량의 미성숙으로 인해 노동조합의 민주적 개편은 매우 한정적이었고, 4·19 이후 5·16까지의 기간은 뿌리 깊은 자유당 잔존(殘

存)세력을 청산하기에는 너무 짧았다고 할 수 있다.

다만 교원노조운동(教員勞組運動)을 비롯하여 밑으로부터의 자주적 민주노동운동에 대한 요구는 한국 노동운동의 새로운 전기(轉機)를 마련하기에 충분한 가능성을 형성했던 것은 사실이다. 따라서 이 시기는 일찍이 볼 수 없었던 노동운동의 고양기였다.

4·19 이후에 추진된 노동조합운동의 새로운 전기 마련을 위한 시도는 5·16으로 인해 또 하나의 단절을 경험하게 된다. 1961년 5월 23일 「국가재건최고회의 포고령」(제6호)에 의해 기존 노동조합은 해체되었고, 그 후 8월 3일에 공포된 「근로자 단체활동에 관한 임시조치법」에 따라 정부는 노동조합 활동을 허용함과 동시에 그 이튿날로 산업별노조 조직 책임자를 지명하여 〈한국노동단체 재건 조직위원회〉를 발족시켰다. 뒤이어 8월 12일과 8월 30일 사이에 14개의 산업별노동조합이 조직되었으며, 8월 30일에는 〈한국노동조합총연맹(한국노총)〉이 결성되었다.

이와 같은 노동조합 재편성 과정은 노동귀족에 의한 파벌 및 정치적 어용화의 배제와 산업별노조 체제의 구축을 주요 목표로서 제시하고 있었음에도, 노동자들의 자주적 의사에 의해 상향적으로 이루어진 것이 아니라 국가권력의 힘을 배경으로 하여 하향적으로 이루어졌다는 특징을 지니고 있다.

이러한 사실은 노조조직의 재편성 이후 오늘날에 이르기까지 파벌 싸움과 비자주적 요소의 배제를 위한 문제 제기로서 계속돼왔고, 사실상 현재까지 노동조합운동의 성격을 규정지은 결정적 요인으로 작용해 왔다. 그리고 이와 같은 근원적인 모순은 그 후 사용자 측의 공세에 부딪혀 노동관계법의 잇따른 개정을 구체화하게 되었고, 노동조합의 본래적인 기능과 임무의 수행을 크게 제약하는 기본적 요인으로 작용하게 되었다.

그런데 1960년대 이래의 국가 주도적인 경제개발계획의 추진에 따라 노동자계급의 양적 증대와 요구의 다양화가 진전됨에 따라 노동조합은 급속한 신장을 보이게 되었고, 단체교섭을 비롯한 기본활동을 점진적으로 강화하게 되었으며, 조합원들의 요구에 기초한 노동쟁의를 매우 제한된 범위에서나마 제기할 수 있었다.

이러한 노동조합운동의 고양 가능성에 대해 정부는 단체교섭권과 단체행동권을 근본적으로 제약하는 「국가보위에 관한 특별조치법」을 1971년 12월에 공포·시행하게 되었고, 1960년대에 이어 1973년과 74년에 걸쳐 노동관계법을 개정함으로써, 노동조합운동에 대한 보다 적극적인 규제를 강화하게 되었다.

이와 같은 상황에서 한국의 노동조합운동은 국가권력과 자본 측으로부터 가해지는 극심한 노동통제에 대해 조직적 투쟁을 통하여 적극적으로 대처하지 못한 채 본래적인 자기 임무의 수행을 포기하는 결과를 나타냈다. 유신체제 지지와 유신체제가 표방하였던 노사협조주의의 수용 및 노동조합의 자체 민주화 요구에 대한 억제가 그 단적인 예라고 할 수 있다.

1980년대에 들어와서는 노동조합운동에 대한 정부의 통제가 전례없이 극심해지게 되었다. 노조 간부들에 대한 대량적 정화(淨化)조치, 지역지부의 폐지, 노동관계법의 대폭적인 개정, 노조활동에 직접·간접적인 외적 지배와 개입의 강화 등이 그것이다.

이와 같은 상황의 변화와 새로운 도전에 대해 노동조합운동은 주체적 역량을 바탕으로 한 경제투쟁과 정치투쟁을 세차게 전개하지 못함으로써, 조합운동에 내재한 부정적 측면들을 계속 심화·침잠시키게 되었으며, 아직도 자기 발전의 결정적 계기를 마련하지 못하고 있는 형편이다. 그러나 노동자계급의 현실적 요구 증대와 노동운동 내부 주체의 상황 변화는 노동조합운동의 자기부정을 통한 새로운 발전 가능성을 증대시켜 가고 있음은 분명한 것 같다.

3. 노동조합운동의 특성

한국 노동조합운동의 전개 과정에서 귀결된 현재적 특성을, 운동이념과 기조, 조직 및 조합활동의 측면에서 살펴보고자 한다.

1) 운동이념과 기조상의 특성

한국 노동조합운동의 이념적 기초는 '노동조합주의'에 근거하고 있다. 일반적인 개념으로서 노동조합주의는 조합의 활동을 단체교섭에 집중하고, 파업 등의 쟁의행위도 경제투쟁에 국한하며, 자본주의 체제의 틀 내에서 부분적인 개선을 통해 노동 제(諸) 조건 및 경제적·사회적 지위의 향상을 도모하는 것을 목적으로 하여 정치투쟁을 부정하는 경제주의적 입장을 의미한다.

노동조합주의는 영국의 '노동조합주의(trade unionism)'에서 그 전형을 찾을 수 있는데, 그것은 〈영국노동조합회의(TUC)〉의 경제주의와 〈노동당〉의 의회주의라는 개량주의의 두 개 기둥에 뒷받침되고 있다.

미국의 노동조합주의는 '실리적 조합주의(business unionism)'로 불리는데, 이 실리적 조합주의는 노동운동 이론가 혹시(R. F. Hoxie)가 지적하고 있는 바와 같이 계급의식보다는 직업적 의식에 기초하고 있으며,

그 주된 목적은 특정 직종, 특정 산업 조합원의 일상적인 이익 증진에 주어지고 있고, 조합원 외의 노동자 이익에 대해서는 냉담한 태도를 보인다. 또한 실리적 조합주의는 자본주의 체제와 임금제도를 용인하는 보수주의이며, 극히 온건한 경제주의라고 할 수 있다. 이러한 유형에 속하는 노동조합의 주된 요구획득 수단은 단체교섭이며, 파업투쟁도 가능한 한 회피하고 직접적인 정치적 행동을 취하지 않는다는 특징을 보인다.

이처럼 각국에 있어서 노동조합주의는 다양한 특징들을 나타내고 있는데, 사실상 노동조합은 당초 노동자계급의 절실한 경제적 요구의 실현을 목표로 하여 조직된 것이며, 고도로 자본주의가 발달한 오늘날에도 경제투쟁이 갖는 중요성은 결코 낮게 평가될 수는 없다.

그러나 노동조합은 정치투쟁의 전개를 본래적인 자기 임무로 하고 있으며, 특히 국가독점자본주의적 체제하에서는 경제투쟁과 정치투쟁을 결합할 때만이 실질적으로 노동자의 생활과 권리를 개선해 나갈 수 있는 것이며, 그것의 근본적인 해결을 이룩할 수 있는 것이다.

이러한 관점에서 볼 때, 한국의 노동조합운동이 표방하고 있는 노동조합주의는 역사적인 자기 근거를 갖지 못하며, 장구한 투쟁 속에서 축적된 제반 원칙을 수용하고 있지 못할 뿐 아니라, 노동조합의 본래적인 임무와 시대적 주요 과제에 적극적으로 대결하려는 노력을 스스로 방기하는 입장을 취하는 것으로 평가할 수 있다. 이 같은 사실은 노동조합운동의 대내외적 조건에 의해 경제투쟁도 맹렬히 전개하지 못하고 있고, 정치투쟁에 대해서는 구체적 방침마저 설정하지 못하고 있는 데서도 명백하게 드러나고 있다.

또한 노동조합운동의 기본목표와 활동 방침으로 ① 노동권과 생활권의 확보 ② 노동조합 기본권의 확보와 산업민주주의적 개혁 ③ 관련

정책 및 제도상의 개선 ④ 사회복지의 확충 ⑤ 민주주의와 평화의 옹호 ⑥ 민주노동운동의 새로운 도약과 발전이 설정되고 있다.

　이 같은 운동의 기조나 방침은 노동운동이 그 목표로서 설정할 수 있는 일차적이고 기초적인 것이라 할 수 있겠으나, 그것 또한 조직적 역량을 기초로 한 강한 실천성과 직결되지 못한 채 정책 의존적 경향을 다분히 내포하고 있다. 이와 같은 운동이념이나 기조에서 보듯, 한국의 노동조합운동은 노동기본권을 박탈당한 채 노사 간에 엄연히 존재하는 대립적인 측면을 거의 도외시하고 노사협조주의에 따른 무원칙한 타협을 심화시키게 되었다.

　자본 측과 국가권력에 대한 이처럼 무원칙한 타협은 굴종과 종속을 의미할 뿐이고, 운동에 참여하는 노동자들의 현실적인 요구 실현을 외면하게 됨으로써 노동조합운동 그 자체를 허구화시키고 노동귀족에 의한 노동조합 지배를 정당화시키게 되는 것이다. 다시 말해서 투철한 운동이념이나 올바른 방향의 정립 없이는 조합 상층 간부들의 파벌 싸움과 어용화의 지속이 있을 뿐 민주노동조합운동의 발전을 기대하기는 어려운 것이다.

2) 조직상의 특성

　한국 노동조합운동의 조직적 측면에서의 특성으로서는 '낮은 조직률'과 '기업단위 조직체계'를 들 수 있겠다.

　1960년대 이래 경제개발계획 추진과정에서 경제 규모 확대와 산업구조 고도화에 따른 임금노동자의 양적 성장에도 불구하고 노동조합운동은 불과 13~14%의 낮은 조직률을 보였다. 이 같은 저조한 조직률은 각종 법률로 조직대상의 범위가 한정되고, 언론기관의 경우는 법률상의 단결권이 보장되고 있으나 정치권력의 강력한 규제로 노동조합 조직이 사실상 곤란하게 되어 있으며, 일반 사업체 경우에도 정부 당국의 비호 아래 사용자의 부당노동행위가 악랄하게 자행됨으로써 조직화가 봉쇄당하는 등의 노동운동 외적 조건에 의해 연유된 면도 크다고 하겠으나, 노동조합운동 내부적으로도 조직활동과 조직역량이 각종 제약을 극복하지 못한 결과이기도 하다.

또한 노동조합운동이 활발하게 추진되지 못하였기 때문에 노동자들의 노동조합운동에의 참여의식이 낮았던 것도 조직 확대가 효과적으로 이루어지지 못한 원인의 하나였다고 보인다. 이처럼 노동조합의 조직률이 낮고 노동조합운동 참여의식이 약하다는 사실은 노동운동의 주체적 역량 확대를 제약하는 결정적인 요인으로 되며, 노동자계급의 유일한 사회적 힘인 '수의 다수(多數)'를 실현하는 데 있어 그 한계를 드러내는 것이라 하겠다. 아무튼 광범한 노동자의 조직화와 적극적인 참여 없이는 조직역량의 확대·강화를 통한 운동 전반에 걸친 투쟁 고양의 계기는 주어지지 않는 것이다.

다음으로 조직체계의 특성을 살펴보기로 하겠다. 1980년 노동조합법의 개정에 따라 노동조합의 조직형태는 기업단위로 강제되었다. 법 개정 이전에도 우리나라 노동조합의 조직형태는 외형상 또는 형식상으로는 산별 체제로 되어 있었으나 실제로는 기업단위 체계를 완전하게 탈피 못 하고 있었다. 즉, 가입은 산별노조에 하는 것으로 되어 있었고 또한 산별조직의 통제력도 강했으나, 노동조합의 가장 중요한 기능인 단체교섭은 대부분 기업단위에서 행해졌다. 이와 같은 조직체계상의 형식과 내용의 괴리는 상부조직과 하부조직 간의 갈등과 마찰을 심화시켰고, 외부적인 지배나 개입을 용이하게 만들었을 뿐 아니라, 노동조합 상층부의 무원칙한 타협과 정치권력과 밀착을 촉진하였다.

이러한 조직형태가 법 개정에 따라 명실상부한 기업단위 노동조합 체계로 전환되었다. 기업별노동조합은 다음과 같은 문제점을 지니는 것으로 공통적으로 지적되고 있다.

첫째로, 노동조합 단위조직이 기업마다 있기 때문에 기업 내부에서의 교섭이나 투쟁만이 노동조합 활동의 중심으로 되며, 조합 간부와 회사 측의 밀착이 이루어지기 쉽다.

둘째로, 거대한 독점자본에 대항하기 위한 산업별 공동투쟁이나 통일투쟁을 발전시키기가 곤란할 뿐 아니라 정치적인 과제들을 해결해 나가기가 어렵다.

셋째로, 종업원 중심의 조합이기 때문에 직장조직이나 현장조직이 확립되어 있지 않을 경우에는 조합원들은 사실상 미조직 상태와 같이 조합활동에의 참여를 배제당한 채 방치되게 된다. 거기서는 독점자본이나 경영자에 의한 기업 우선주의나 노사협조주의에 대항하기 위한 투쟁이 거의 불가능하게 된다.

넷째로, 조합원 범위가 그 기업의 정규 종업원에 대해서만 한정되는 경우가 많고, 동일한 사업장에 종사하고 있는 노동자라 할지라도 임시공, 사외공(社外工), 하청 및 정시제(part-time) 노동자 등은 노동조합원에서 제외되는 중요한 약점을 안고 있다.

이와 같은 기업별노동조합의 부정적 요소는 우리나라의 경우에 있어서는 더한층 두드러지게 나타나고 있다. 전체 기업에 있어 압도적 비중을 차지하는 중소기업의 경우 기업별노동조합의 존립이나 활동 전개가 사실상 어려우며 노동조합 기본권이 대폭 침해당하고 있고 사용자 측에 의한 부당노동행위가 노골적으로 자행되는 상황이며, 대기업의 경우에도 노동조합의 조직과 투쟁의 전개가 큰 난관에 봉착되는 실정이다.

그뿐 아니라 국가권력이나 총체적 자본으로부터의 자주성과 주체성을 확보하지 못하고 있는 상급조직은 그 가맹 조직인 기업단위 노동조합들에 대해 올바른 지도력과 통제력을 행사하지 못하게 됨으로써 각급 조직 간의 깊은 단절 현상을 빚게 되었고, 산업별 또는 지역별 공동투쟁이나 통일투쟁을 조직·발전시키지 못하고 있다.

3) 주체적 조건과 기능상의 특성

노동조합운동의 주체적·조직 내적 조건에 있어 중요한 특성으로 지적할 수 있는 것은 노동조합의 절대적 요건이라 할 수 있는 '자주성'을 확보하지 못하고 있고, 또한 노동조합운동의 최고의 원칙이랄 수 있는 '조합민주주의'를 충실하게 실현하지 못하고 있다는 사실이다.

노동조합의 자주성은 그것의 기본적인 성격임과 동시에 절대적인 요건으로서 외부로부터의 어떠한 지배나 억압도 배격하여 노동조합의 조직운영을 주체적으로 수행해나가는 것을 의미한다. 여기서 말하는 지배나 억압이란 정치권력과 자본, 그리고 그 대행자인 경영자로부터의 그것을 말한다. 노동조합의 기본성격인 대중성과 계급성도 노동조합의 자주성 확보 없이는 결코 보장될 수 없는 것이다.

한국 노동조합운동의 전개 과정에서 볼 때, 해방 이후 대한노총의 성립에서부터 오늘날에 이르기까지 노동조합의 자주성 확보를 위한 뚜렷한 투쟁적 계기는 성취되지 않았다. 전평 분쇄를 목적으로 한 반공단체로서의 대한노총의 성립 동기와 정치권력의 기간단체화, 5·16 이후의 정부 당국에 의한 하향적인 조직의 재편성 과정, 1980년의 강력한 행정조치와 노동관계법의 대폭적인 개정, 노동조합운동에 대한 직접·간접적인 강력한 규제 및 노동조합의 투항적인 노사협조주의의 견지

등은 노동조합의 자주성 확보를 제약하고 침해하는 주요한 조건이었던 것이다.

그리고 노동조합운동에 있어 조합민주주의는 노동조합의 철저한 민주적 운영을 확립함으로써 조합원을 노동조합의 진정한 주인공으로 되게 하는 불가결한 요건이며, 조합활동에 대한 높은 자각과 강한 책임의식을 계발하여 노동조합운동에 자발적이고 적극적인 참여를 가능케 하는 최고원칙이다.

조합민주주의를 노동조합운동의 최고원칙이라고 규정하는 이유는 조합민주주의의 확립을 통해서만이 노동조합의 대중성과 계급성이 통일되고 노동조합의 고유한 임무가 달성될 수 있으며, 노동자의 자발적인 적극성이 전면적으로 발휘될 수 있고 노동조합의 투쟁역량이 강화될 수 있기 때문이다.

그런데 한국 노동조합운동의 전개에 있어서는 그 최고원칙인 조합민주주의가 아직도 확립되지 못한 채 그것이 조직의 운영과 활동 면에 있어 충실하게 실현되지 못하고 있다. 그 이유는 앞에서 살펴본 바와 같은 운동이념이나 기조, 조직역량이나 체계상의 특성에서도 찾을 수 있겠으나, 그간에 있었던 여러 차례에 걸친 노동조합운동의 단절과 조직 내외의 제(諸) 조건에 의한 자주성의 상실, 그리고 광범한 노동자들의 현실적인 요구에 기초한 지속적이고 줄기찬 투쟁이 전개되지 못했던 데서도 찾을 수 있겠다.

노동조합운동에서 조합민주주의의 미확립은 조합운영의 관료화를 조장하게 되었고, 상층 간부들에 의한 맹목적이고 전횡적인 지배를 심화시켰으며, 조직역량의 강력한 결집을 크게 저해하는 요인으로 작용하게 되었다.

다음으로 노동조합의 기능적 측면에서의 특성을 살펴보기로 하겠다. 앞에서도 강조한 바 있거니와 경제투쟁과 정치투쟁의 결합은 노동자계급이 전개하는 투쟁에서 행동 원칙이고 노동자계급의 근본적인 요구 해결을 목표로 하는 노동조합운동의 기본임무임에도, 한국의 노동조합운동은 경제투쟁을 산업별 공동투쟁이나 통일투쟁을 통해 적극적으로 전개하지 못하고 있으며, 정치투쟁도 법률적인 금지 조치를 명분 삼아 완전히 포기한 실정이다.

그 결과 경제투쟁의 집약적 표현이라고 할 수 있는 단체협약의 내용이 매우 불충실한 상태에 놓이게 되었다. 단체협약의 가장 핵심적 부분인 '규범적 부분(임금 기타 노동조건에 관한 내용)'은 그 내용이 매우 저차적이어서, 「근로기준법」에서 규정하고 있는 최저기준을 거의 상회하지 못하고 있다. 이 같은 사실은 사용자의 노동조합에 대한 지배적 요소가 강하고, 노동조합 활동의 기업 귀속적 성격이 짙다는 것을 여실히 반영하는 것이며, 노동조합의 경제투쟁이 효과적으로 추진되지 못하고 있음을 의미하는 것이라 하겠다.

그리고 노동조합운동이 정치투쟁을 포기하게 됨으로써 노동조합 기본권이 크게 제약되어왔고, 노동자계급의 노동·생활조건이 개선되지 못하고 있을 뿐만 아니라, 근로대중을 비롯한 민중 전체의 정치적 요구 실현에 있어 대중운동 추진의 중심적 조직으로서의 자기 역할과 임무를 상실하게 되었다.

4. 노동조합운동의 발전을 위한 과제와 전망

오늘날 한국에서 노동조합운동은 대내외적인 중대 도전에 직면하여 오랜 침체와 거듭된 단절에서 벗어나 과감한 자기부정을 통한 새로운 발전의 계기를 마련하지 않으면 안 될 전환점에 처해 있는 것으로 보인다.

이 같은 중요한 시점에서 노동조합운동은 지난날의 무수한 과오(過誤)와 왜곡된 운동노선에 대한 냉철한 자기반성과 새로운 운동 태세 확립을 기본 바탕으로 삼아 노동조합의 보편적인 성격과 임무에 기초한 과학적 운동이념과 방향을 정립하여 경제투쟁과 정치투쟁을 통합적으로 맹렬히 전개하지 않으면 안 되게 되었다.

앞으로의 노동조합운동 발전을 전개해나감에 있어서는 다음과 같은 일들이 주체적 과제가 된다고 하겠다.

첫째로, 과학적이고 올바른 운동이념과 방향을 정립하는 일이다. 노동조합운동의 이념은 노동조합의 본래적인 성격과 임무 수행을 전제로 하는 바탕 위에서 설정되어야 하고 노동자계급의 근본적인 요구를 실현할 수 있는 과학적인 근거를 바탕으로 정립되어야 할 것이다. 여기서는 물론 노동조합주의의 한계성을 탈피할 수 있는 그러한 것이어야 한다.

또한 노동조합운동의 전개 방향은 노동자계급의 현실적인 요구와 운동에서 추구하는 구체적 목표들을 대내외적 제반 조건 아래서 달성하도록 하는 것이어야 하며, 역사적 경험을 집약한 토대 위에서 설정되어야 하고, 구체적인 투쟁역량과 합치될 수 있어야만 한다. 기회주의와 모험주의는 다 같이 타기(唾棄)되어야 할 경향이다.

둘째로, 경제투쟁과 정치투쟁을 통합적으로 전개하는 일이다. 현재 한국에서의 현실적 상황에서는 경제투쟁의 전개도 국가권력과 자본 측에 의해 조성된 규제적 조건에 의해 난관에 봉착해 있으며, 더욱이 정치투쟁은 합법적 영역을 박탈당하고 있다. 바로 이와 같은 조건과 상황 때문에도 경제투쟁과 정치투쟁의 통합적 전개가 강하게 요구되고 절실하게 강조되는 것이다.

현시점에서 볼 때, 노동 대중 사이에는 노동조합 조직화를 요구하는 광범한 요구가 증대되고 있고, 또한 노동조합이 추구하는 목적의 본질로 보아 노동조합은 광범한 대중을 조직하기 위해 노력해야 한다.

이 경우 경제투쟁은 노동운동의 중요한 구성요소이고 노동조합에 의한 노동자계급의 조직화에 있어 필수적인 요건이다. 노동조합에 의한 경제투쟁은 노동자들의 생활상태를 확실하게 개선하고 이들의 진정한 계급적 조직화를 강화하기 위해 정치투쟁과 올바로 결합하지 않으면 안 된다.

현대자본주의 생산의 제 조건 아래서 경제투쟁과 정치투쟁의 결합이 특히 강조되는 이유는 다음과 같은 사실에서도 찾을 수 있다. 즉, 경제과정 전체가 점차 정치화하고 있다는 점, 자본의 축적과정이 국가시장을 매개로 하여 군국주의 및 재군비와 직접 연관되고 있다는 점, 추가적 지배의 다면적인 형태가 노동자의 생활비를 상승시킨다는 점, 생활환경을 악화시키는 요인이 정부기관의 활동과 관련돼 있다는 점, 노동자계급의 투쟁에 대해 국가권력이 발동되고 투쟁을 냉각시키기 위한 중재기관도 항상적으로 동원된다는 점 등이 그것이다.

셋째로, 노동조합의 자주성을 확보하고 조합민주주의를 확립하는 일이다. 현행 노동조합법에서도 노동조합의 자주성 보장을 명시적으로 규정하고 있다. 노동조합은 노동조합의 자주성 확보를 위해 모든 합법적 가능성, 특히 노동조합법의 틀을 확대해 나감과 동시에 자본과 국가권력으로부터의 여하한 지배·개입이나 억압도 배격함으로써 노동조합의 주체적 독립성을 확보해 나가지 않으면 안 된다.

또한 조합민주주의는 앞에서도 언급한 바 있거니와 노동조합이 광범한 노동 대중의 요구를 통일하고 올바른 운동 기조와 활동 방침을 결정·실시하며, 스스로 사회적 힘을 발전·강화해 나가는 데 있어서 최대의 보장이다. 따라서 노동조합의 일상활동이나 내부 운영에 대한 민주적 개혁을 통해 운동 의지와 역량을 더한층 강화해야 할 것이다.

넷째로, 조직역량을 확대·강화하는 일이다. 광범한 노동자들이 노동조합운동에 적극적으로 참여하지 않으면 노동조합 내부의 문제해결이나 운동 전반에 걸친 발전의 계기는 주어지지 않을 것이며, 조직체계의 전반적인 개편 정비 없이는 통일적 투쟁이나 전국적 공동투쟁의 전개는 어려운 것이다. 따라서 미조직 분야 또는 미조직 사업장에 대한 조직의 확대를 적극적이고도 효과적으로 추진해 나가야 할 것이며, 특히 독점적 대기업에 대한 조직화 운동을 강력하게 전개하지 않으면 안 된다.

한편 현재의 기업단위 노동조합 체계가 갖는 취약점을 극복하기 위하여 산업별 또는 지역별 공동투쟁을 강화해 나감과 아울러, 투쟁의 근원적이고 단서적(端緖的) 영역인 직장을 중심으로 직장조직을 양적으로나 질적인 측면에서 다양한 형태로 발전시켜 나가지 않으면 안 된다.

다섯째로, 조합 간부들의 냉철한 자기반성과 자각을 촉진하고 반(反)노동조합적 간부들에 대한 과감한 정비작업을 추진하는 일이다. 각급 조직의 지도자나 조합 간부들은 지난날의 안일과 좌절, 타협과 굴종, 자기기만과 허위의식의 요소들을 계속적인 투쟁 속에서 불식해 나가야 하겠으며, 노동운동 활동가로서 자질의 향상과 자기 발전을 위해 끈질긴 노력을 경주하지 않으면 안 될 것이다.

다른 한편으로 새로운 청년 활동가와 간부를 대량으로 육성·발전시킴과 동시에 반노동운동적, 반민중적 간부들은 밑으로부터의 계급적·민주적 역량에 의해 철저히 정비될 수 있어야 할 것이다.

여섯째로, 이해(利害)를 같이하는 국내 타(他) 대중운동이나 국제노동운동과 강한 연대를 달성하는 일이다. 노동조합운동은 사회적 대중운동으로서 국민 일반으로부터의 튼튼한 지지 기반을 획득할 수 있어야 하며, 특히 농민운동, 청년운동, 학생운동, 여성운동, 문화운동 등의 민중운동·민주화운동·통일운동과 통일적 협력관계를 강화해야 하고, 계급적·민주적 운동역량의 주축으로서의 자기 역할과 임무를 수행할 수 있어야 한다.

또한 한국의 노동운동은 각국의 진보적 노동운동 및 국제노동운동과의 강력한 연대를 획득함으로써 광범한 협력 기반을 획득하는 한편, 세계평화의 옹호에 있어서나 세계적 규모의 거대 독점자본의 지배에 대한 투쟁에 있어 국제적인 기여를 행할 수 있어야 할 것이다.

이상에서 제시된 노동조합운동 발전에서 주체적인 주요 과제들은 현재의 운동노선이나 노조활동의 틀 속에서는 해결되기가 지극히 어려울 것으로 생각되며, 노동조합운동에 내재되어 있는 각종 모순의 지양, 즉 내부로부터의 철저한 자기부정을 통해서만이 가능하게 될 것이다. 자기부정을 통한 새로운 발전의 추진과정에 있어서는 엄청난 진통이 수반될 수밖에 없을 것이다. 그리고 이와 같은 노동조합운동의 새로운 발전의 계기는 노동자계급의 성장과 과학적인 지도이념의 정립을 통해서 뒷받침되어야 하고, 또한 그럴 때만 그것은 확실하게 획득될 수 있을 것이다.

그렇다면 앞으로의 노동조합운동 발전과 관련해 노동자계급의 성장은 어떠한 상황 속에서 가능할 것인가가 검토되어야만 하겠다.

우선 1970년대에 이어 80년대에도 임금노동자의 수적인 증대는 계속될 것이고, 중화학공업을 비롯한 광공업에 고용된 노동자의 비중은 절대적으로나 상대적으로 높아질 것으로 보인다.

이와 같은 임금노동자의 수적인 증대가 곧바로 노동자계급의 성장이나 사회적 영향력의 확대를 의미하는 것은 아니라 할지라도, 노동조합이 이들의 조직화를 위한 자기 고유의 조직원리를 개발하고 적극적인 활동을 추진할 경우엔 노동자들의 잠재적인 역량을 강대한 조직역량으로 결집할 수 있을 것이다. 또한 광공업 부문 고용 노동자의 절대적·상대적 증대는 자본주의적 생산기구에 의해 결집되고, 조직되고, 훈련되고, 단련됨으로써 계급적 성숙을 촉진할 수 있음을 뜻하는 것이다.

따라서 임금노동자의 수적인 증대와 광공업 부문의 노동자가 차지하는 큰 비중은 노동자계급의 성장을 위한 기초적 조건이라 할 수 있다. 그리고 노동자계급의 성장에 있어 그 기초적 조건의 하나라고 볼 수 있는 노동자들의 의식이나 계급적 자각은 앞으로도 더욱 향상되고 고양될 것으로 해석된다.

이러한 사실은 생산활동 속에서 집단적 규율에 기초한 훈련이 강화됨에 따라 노동자 상호 집단의식이나 연대의식이 높아지게 되고, 노동·생활의 개선이라는 요구 증대를 바탕으로 저항이 확대될 경우 권리의식·투쟁 의식은 고양될 것이며, 노동자의 평균적 학력 수준이 높아지게 되고 노동교육을 비롯한 교육기회가 확대될 때는 계급의식이 강화될 것이라는 점 등에서 그 근거를 찾을 수 있을 것 같다.

또한 노동자계급의 성장은 그들 요구의 집약이나 확대 정도, 그것의 실현을 위한 연대적·조직적인 활동을 통해서도 전망해 볼 수 있을 것 같다. 노동자들의 열악한 노동 및 생활상태와 현실적인 요구와의 모순은 필연적으로 노동자계급의 저항과 투쟁을 불러일으키게 될 것이고,

그와 같은 저항이나 투쟁의 형태가 분산적이고 자연발생적인 것에서 저항과 투쟁의 계속적인 진전에 따라 계획적이고 조직적인 것으로 발전할 경우에는 노동자계급은 거대한 사회적 역량으로 성장할 수 있을 것이다. 이러한 발전은 정치적 민주주의가 확대되거나 전체 민중운동이 고양될 때는 더한층 급속하게 전개될 수도 있을 것이다.

이와 같은 노동자계급의 성장과 계급적 자각에의 자연발생적 접근 그 자체가 과학적 인식을 갖춘 계급적 의식에까지 곧바로 도달하는 것은 결코 아니다. 과학적 인식은 다양한 형태의 부단한 실천과 광범한 범위에 걸친 정치적 역량 -지식인을 포함한- 과의 직접적인 상호침투·상호관련을 통해서 확립될 수 있는 것이다. 노동자계급은 이러한 과학적 인식에 기초한 정치적 영역에서의 적극적인 역할 수행을 통해서만이 역사 발전의 진정한 담당 주체로 성장할 수 있게 될 것이다.

출처 실천문학사(1987), 『실천문학·1987』, 실천문학사.

80년대 노동운동의 단계적 상황과 발전을 위한 과제

1. 머리말

한국의 노동운동은 1980년대 중반을 넘어서면서 그 질적 고양을 위한 큰 전환기를 맞고 있는 것으로 보인다. 그 같은 사실은 노동운동이 70년대의 잠세적(潛勢的) 역량 축적을 바탕으로 80년대 전반의 진통기를 거치면서 나타나기 시작한 특징적 양상이라 할 수 있다.

80년대 후반기에 있어 민중운동의 주체적 담당 역량으로서 노동운동 발전이 어떠한 양태를 취하면서 전개될 것인가는 한국 사회의 변동 문제와 관련지어 볼 때 매우 중대한 관심의 대상이 되지 않을 수 없다.

따라서 80년대 전반기 노동운동의 특성을 포함한 현 단계 노동운동의 위상(位相)을 운동론적 입장에서 바르게 석출(析出)하여, 이를 바탕으로 노동운동의 발전을 위한 기본과제를 설정하고, 이의 해결을 위한 주체적 조건을 밝히는 일은 사회적 변혁 주체의 실체 규정과 사회적 모순의 극복 방향 정립이라는 면에서 그 실천적 의미를 갖는 것으로 생각된다.

이와 같은 노동운동 발전에 대한 논의의 전개를 위해서는 먼저 이에 관한 기본관점부터 정리해둘 필요가 있겠다. 여기서 요구되는 것은 무엇보다 노동운동 발전의 합법칙성에 관한 인식이라 생각된다. 노동운동의 발전과정도 하나의 역사적인 과정인 한, 사회의 성장 및 발전의 기본 법칙에 종속될 수밖에 없다. 이것은 노동운동의 발전에서도 독자적인 법칙이 관철되고 있음을 의미한다.

노동운동 발전의 합법칙성은 노동운동의 점진적이고 자연성장적인 발전을 통해서가 아니라, 패배와 승리, 정체(停滯)와 비약의 과정을 통해 이른바 '인류사의 변증법'에 의해 실현된다. 다시 말해서 노동운동의 발전에 있어서는 점진적인 확대의 시기와 폭풍과 같은 급격한 성장의 시기가 상호 엇갈리면서 진전된다. 때로는 노동운동이 매우 느리게 전진하거나 경우에 따라서는 후퇴하기도 하고, 때로는 급속하게 확대되기도 한다. 이처럼 급격한 발전의 시기와 완만한 발전의 시기가 엇갈리는 것은 노동운동 발전의 일반적 법칙이다.

노동운동의 전개에 있어 급속하게 발전하는 시기와 완만하게 발전하는 시기가 존재한다는 것은 노동자계급의 투쟁 의식이 높은 상태에 있느냐 또는 낮은 상태에 있느냐 하는 것과 직접적으로 관련되어 있다. 일반적으로 노동자가 투쟁성을 주기적으로 발휘하게 되는 것은 노동자계급의 불만이나 요구가 오랜 기간에 걸쳐 축적되어 그것이 일시에 폭발적으로 고양되는 결과인 것이다. 예컨대 전쟁 발발, 실질임금의 급격한 저하, 경제공황 발생, 노동조직에 대한 탄압, 파시즘의 위협 등의 경우에 이러한 사실은 더한층 명료하게 드러난다.

앞에서 노동운동의 발전은 점진적 성장과 강력하고 급진적인 성장이라는 두 가지의 국면을 나타낸다고 했다. 어떠한 국면을 나타내느냐 하는 것은 노동자계급의 투쟁성에 의해 규정된다. 그러나 노동자들의 투쟁력이 비록 강력하다 하더라도 노동운동의 승리를 반드시 보장하는 것은 결코 아니다. 거기에는 올바른 지도역량이 필요한 것이며, 그것이 없이는 아무리 강력한 자연성장적 운동이라도 암초에 부딪혀 패배로 끝나고 만다.

일반적으로 격렬한 투쟁의 시기에 있어서는 노동자들은 견고한 투쟁조직이 필요하다는 사실을 분명하게 의식하게 되고, 노동자의 조직은 확대되며 전체적인 힘은 증대되기 마련이다. 이러한 시기에 있어서는 또한 노동자들이 정치조직과 정치 활동의 강화에 대한 필요성을 절실하게 인식하게 되며, 운동이념도 급속한 형태로 전진하게 된다.

이때 노동운동을 둘러싸고 있는 객관적인 제(諸) 조건과 노동자계급의 투쟁성을 비롯한 주체적 조건의 상호관련성이 정확히 파악되고 이를 기초로 한 과학적인 지도가 행하여질 경우, 노동운동의 비약적인 발전은 가능하게 되는 것이다.

이와 같은 기본관점에 기초하여, 이 글은 80년대 전반기 노동운동의 전개 양상을 통하여 그 특성을 구명해 보고, 노동운동의 현 단계적 위상을 규정하여 이를 바탕으로 한국 노동운동의 발전을 위한 기본과제를 제시해 보고자 의도하였다.

2. 80년대 전반기 노동운동의 전개 양상과 특성

1) 80년대 전반기 노동운동의 전개 양상

80년대 노동운동 전개는 70년대의 노동운동을 그 배경으로 하고 있으므로 먼저 70년대 노동자계급이 추진한 투쟁의 특징적 성격부터 잠깐 살펴볼 필요가 있겠다.

첫째, 투쟁 과정에서 제시된 1970년대 노동운동의 주된 요구들은, 임금인상과 체불임금의 청산, 노조결성 및 활동 보장, 부당해고 반대 그리고 부당처우 시정 등 법률상의 권리적 사항에 속하는 것으로서, 이는 운동적 측면에 있어서는 매우 저차적인 범주의 것이라 할 수 있으며, 그것은 절박한 생활상의 반영이고 노동권에 속하는 기초적인 것이라 할 수 있다.

노동운동의 전체적인 흐름에서 볼 때, 1970년대 노동운동 노선은 노동조합주의적이고 개량주의적인 테두리를 벗어나지 못했다. 또한 노동조합운동의 대체적인 경향은 노사협조주의에 함몰되고 있었던 것으로 평가될 수 있다.

둘째, 투쟁 양식에서 볼 때, 분산적이고 자연발생적인 성격이 강하고 경우에 따라서는 폭발적인 경향을 띠고 있었다는 사실이다. 이는 자주적 노동조직에 의한 조직적이고 계획적인 투쟁 지도와 통제의 빈곤을 단적으로 드러내는 것이라 해석될 수 있다.

셋째, 노동조합 기능이 제한되고 위축된 상황에서 제기된 노동조합의 정상적인 활동 보장과 노조 민주화에 관련된 투쟁들은 조직적·계급적 운동에 대한 노동자의 자각 증대를 의미하는 것으로 볼 수 있다.

넷째, 임금노동자의 수적인 증대와 노동자계급 내부 구성의 변화, 노동자들의 절박한 상태와 현실적인 요구와의 모순 확대, 노동자계급의 의식 고양 등은 노동운동의 발전을 위한 주체적 토대의 확대로 규정될 수 있다.

다섯째, 노동운동의 이념과 노선, 조직형태와 역량, 투쟁 양태와 성격, 민중운동 추진에서의 주도적 역할이라는 측면에서 볼 때, 70년대 노동운동의 전개는 질적 고양을 위한 확고한 계기들을 창출해내지는 못했지만, 새로운 전환을 위한 잠세적 역량 축적은 달성했던 것으로 특징지을 수 있겠다.

이와 같은 주요 특징을 지닌 70년대 노동자계급의 투쟁은 70년 말에 이르러서는 1979년 8월 YH무역 노동자들의 신민당사 농성과, 같은 해 10월 부산·마산 민중항쟁에서의 대규모적인 노동자 저항 등을 통해 그 폭발적 징후를 드러내게 되었고, 그러한 노동자의 항거는 유신체제 철폐의 직접적인 계기가 되었던 것이다.

1980년대에 들어와, 80년 5·17 이전까지에 있어서는 노동운동이 폭발적인 전개 양상을 나타내게 되었고, 5·17 군사정권의 등장과 더불어 혹심한 탄압에 의한 노동운동의 침체 국면이 수년간 지속되었다. 그러나 84년 이후에 있어 전개된 노동자의 투쟁은 자주적 역량의 기반 확대를 바탕으로 새로운 투쟁 양식을 모색하게 됨으로써 노동운동의 질적 고양을 위한 가능성을 더한층 증대시키게 되었다.

먼저, 이른바 '80년 봄'에 전개된 노동운동의 전개 양상부터 살펴보기로 하자. 80년 초 노동자계급의 투쟁은 복합적인 요구를 제기하면서 격렬한 양태를 나타냈으나, 임금인상 및 체불임금 청산 투쟁, 어용노조 민주화 및 노조결성 투쟁, 휴·폐업 저지 및 해고 반대 투쟁, 해고노동자 복직 투쟁, 기타 노동조건 개선 투쟁 등으로 갈래지어 볼 수 있다.

임금인상 투쟁은 「국가보위에 관한 특별조치법」상 조정신청을 통한 합법적 절차에 의해 추진되기도 했지만, 대부분은 제도적 한계를 뛰어넘어 전개되었다. 그 대표적인 사례로서는 청계피복지부의 농성·시위, 동국제강 노동자들의 파업·농성, 사북 동원탄좌 광부들의 대파업·시위, 인천제철 노동자들의 파업·농성 등을 들 수 있겠다.

80년 초에 전개된 임금인상 투쟁의 특징은 예년보다 대체로 높은 임금인상률이 요구조건으로 제시되었고, 그것은 노동자들의 강력한 투쟁력이 뒷받침되면서 대부분 관철되었다는 점이다. 체불임금 청산 요구를 둘러싼 노동자들의 투쟁 사례로서는 고려원양 노동자와 그 가족들의 대규모 농성, 삼원물산 노동자들의 농성, 성광섬유 노동자들의 파업·농성 투쟁을 꼽을 수 있겠다.

다음으로 어용노조 민주화를 둘러싼 조합원들의 투쟁은 독자적인 요구로서 제기되기도 했지만, 복합적인 요구조건 중의 하나로서 제시된 경우도 많았다. 한국노총 위원장의 사퇴를 비롯한 산별노조 민주화에 대한 움직임이 거세게 제기되었고, 남화전자, 대동화학, 일신산업, 일신제강, 태양금속, 금성통신, 원진레이온 등에서 노조 민주화를 요구하는 조합원들의 파업·농성·시위 투쟁이 격렬하게 취해졌다.

한편, 각종 형태의 노동자투쟁이 고양되면서 신규 노동조합 결성을 위한 움직임이 활발하게 추진되었다. 투쟁 과정을 통해 노동조합을 조직해낸 대표적인 사례로서는 남화전자, 대성모방, 서울통상, 태창양말의 경우 등을 들 수가 있다.

휴·폐업 저지 및 해고 반대 투쟁은 동명목재 3천여 노동자의 대규모적이고 장기적인 농성·시위에서 그 대표적인 사례를 찾을 수 있겠고, 그 밖에도 한국삼양공업에서의 집단해고 반대 투쟁, 주한미군노조 용산분회의 농성 투쟁을 비롯해, 여러 사업장에서 이에 관련된 투쟁들이 제기되었다.

해고노동자 복직 투쟁에 있어서는 동일방직 해고노동자들의 끈질긴 투쟁이 가장 대표적인 사례라 볼 수 있고, 그 밖에도 호남전기에서의 부당해고자 복직을 둘러싼 농성, 원진레이온에서의 해고노동자 복직 요구 농성 등이 제기되었다.

기타 노동조건 개선을 둘러싼 투쟁은 각 사업장에서 전개된 노동자의 투쟁에서 공통적인 요구조건의 일환으로 제기되었으며, 그것은 노동시간 단축, 강제 휴일노동 시정, 부당처우 개선 등에 관련된 것들이었다.

이상에서 살펴본 80년 초의 노동자투쟁은 그 대부분이 농성·파업·시위·태업 등의 형태를 취하였고, 사북 동원탄좌, 동국제강, 인천제철 등의 경우는 지역점거, 경찰과의 직접적인 대결, 공장 파괴 등 격렬한 양태를 보여주었다.

이러한 노동자투쟁의 전개 양상은 70년대 노동자계급의 잠세적 역량 축적의 폭발적 표현에 다름이 아닌 것이라 볼 수 있다. 그럼에도 이 시기 노동운동은 운동이념의 방향성을 결여한 채 자연발생적이고 비조직적인 성격을 극복하지 못했을 뿐 아니라, 요구 제기나 투쟁 방식에서도 경제적 차원에서 탈피하지 못하고 있었다.

또한 투쟁의 전개도 사업장 단위를 벗어나지 못한 채 산업별 또는 지역적 연대를 달성하지 못했다. 이와 같은 노동운동의 자기 특성은 노동조합운동의 어용적이고 허구적인 지도체계와 자주적 운동 주체 역량의 미성숙을 반영하고 있는 것으로도 해석될 수 있다.

1980년 초 노동운동의 폭발적 전개 양상은 5·17 군사정권의 등장에 따라 취해진 극심한 탄압 조치로 인해 침체 국면에 접어들게 된다. 노동운동에 대한 억압적 상황은 노조 간부들에 대한 대량적 '정화(淨化)조치'와 지역지부 폐지, 계엄사 합동수사본부의 수사와 '순화교육', 민주노조 파괴, 노동관계법의 대폭적인 개정, 노동운동에 대한 직접·간접적인 지배와 개입의 강화 등으로 구체화되었다.

80년 7월부터 12월까지에 걸쳐 계엄 당국이 노동청을 통해 취한 이른바 '노동계 정화'의 내용은 대체로 다음과 같다. 즉, 신규 노동조합 결성 금지와 노총 및 산별노조를 비롯한 연합단체의 활동 유보, 노조 지도자 12명에 대한 임원직 사퇴 및 소속 사업장에서의 사직 강요, 노조 간부 191명에 대한 정화대상자 및 자진사퇴자 확정·통고, 105개 노동조합 지역지부 해체, 사업계획 및 예산의 재편성 지시, 사업장단위에서 단체교섭 강제 등이 그것이었다.

이 같은 노동계 정화조치의 시행으로 노조 간부를 비롯한 노동운동 활동가 80여 명은 노사분규 야기 및 '배후 조종자'라는 혐의로 계엄사 합동수사본부의 수사를 받았고, 그 가운데 20여 명은 순화교육을 받게 되었다.

한편, 80년 5·17 이후 정치권력과 자본 측에 의한 민주노조 파괴행위가 본격적으로 진행되었다. 81년 1월 서울시에 의한 청계피복노조의 강제해산, 81년 2월 조합 간부들에 대한 정화조치와 회사 측의 휴업에 의한 반도상사노조의 해산, 81년 6월 노조 간부에 대한 탄압과 회사 측의 해고 조치에 의한 서울통상노조의 어용화, 82년 8월 정부의 탄압과 외국자본의 철수에 의한 콘트롤데이타노조 해산, 82년 9월 정치권력과 회사 측의 합작에 의한 원풍노조 파괴 등이 그 주요 사례였다.

그리고 노동운동에 대한 제도적 통제는 80년 12월의 대폭적인 노동관계법 개정으로 시행되게 되었다. 「노동조합법」의 개정으로, 기업단위 노동조합 형태가 강제화되고 노동조합의 설립요건이 강화되는 등 노동조합의 조직·운영 및 활동에 관한 자주성이 더한층 제한당하게 되었다. 또한 「노동쟁의조정법」의 개정으로 인해, 냉각기간 연장, 일반사업에까지 직권중재 확대 등을 통해 쟁의행위의 제기가 사실상 불가능하게 되었고, 「노사협의회법」이 단체교섭 기능의 위축을 목적으로 하여 제정되었다.

이와 같은 노동운동에 대한 국가권력의 억압 강화는 비단 제도적 측면에 한정되는 것은 결코 아니었다. 노동조합의 조직 및 활동에 대한 직접·간접적인 규제, 자주적 노동운동에 대한 탄압, 공장새마을운동 등의 방식을 통한 노사협조 체제 강요, 신규 노동조합 결성과 관련된 행정당국의 탈법적 처리, 노동자의 각종 저항에 대한 강압적 조치 등은 노동운동의 발전에 대해 심대한 시련을 가져다주게 되었다.

1980년 5·17 이후 국가권력과 자본 측에 의한 혹심한 탄압으로 인해 노동운동의 침체 국면은 83년 말에 이르기까지 지속되었다. 그러나 노동운동을 둘러싼 억압적 상황에서도 자생적 형태를 띤 신규 노동조합들이 조직되었고, 절박한 생활상의 위협과 권리 방어적 성격을 갖는 집단적 저항이 제기되고 있었다.

예컨대 집단 노동분쟁의 발생 상황을 보면 1981년 186건, 82년 88건, 83년 98건을 나타내고 있는바, 이러한 노동자의 저항들이 비록 고립·분산적이고 자연발생적인 성격을 갖는 것이기는 하지만, 노동자계급의 누적된 불만이나 요구의 집단적 표출임에는 분명했다.

1980년 5월 이후부터 지속적 경향을 나타낸 노동운동의 침체 국면은 84년에 들어와 고양 국면으로 전환되기 시작했다. 이 같은 사실은 노동자 투쟁성의 주기적 발휘를 말해주는 것이기도 하거니와, 그것은 바로 수년간에 걸쳐 축적되어 온 노동자계급의 불만이나 요구가 일시에 분출된 결과인 것으로 보인다.

84년 이후 고양된 형태의 노동운동 전개 양상을 ① 임금·노동조건 개선 투쟁 ② 권리 쟁취를 위한 노동자의 연대투쟁 ③ 노조결성 및 어용노조 민주화 투쟁 ④ 제도 개선 요구 투쟁 ⑤ 자주적 노동자조직의 형성 ⑥ 지식인들의 노동운동 참여로 구분해, 그 대표적인 사례와 주요 내용을 살펴보고자 한다.

임금·노동조건 개선 투쟁에 있어, 그 대표적인 사례로서는 84년의 택시 기사 시위 투쟁과 85년의 대우자동차 파업·농성을 들 수가 있겠다. 84년 5월 대구시 택시 운전기사들이 사납금 인하, 부제(部制) 완화, 노조결성 방해 중지, LPG 충전 자율화 등의 요구를 내걸고 대규모적인 집단시위와 농성을 제기함으로써 요구를 쟁취하게 되었다.

이에 영향을 받아 부산지역을 비롯한 전국 각 지역에서 택시 기사들의 시위·농성이 단계적으로 확대되었다. 84년 택시 기사들의 집단시위·농성 투쟁은 자연발생적 성격을 띠고 제기된 것이기는 하지만, 공통적인 불만이나 요구에 기초한 지역적 파업이 전국적 투쟁 형태를 취하였다는 점에서 통일적 투쟁의 새로운 가능성을 보여주었다.

그리고 85년 4월, 10여 일에 걸친 대우자동차 노동자들의 파업·농성은 완강하면서도 대규모적인 경제투쟁이었다는 점, 현행법의 한계를 뛰어넘는 것이면서도 계획된 투쟁이었다는 점, 대학 출신 노동자와 일반 노동자가 강한 유대적 결합을 보인 가운데 행해졌다는 점 등을 그 특징으로 하고 있다.

대우자동차 노동자들의 투쟁이 경제투쟁의 차원에서 벗어나지 못했다는 비판이 가해지고는 있으나, 80년대 전반기 노동운동의 발전에 있어 하나의 중요한 계기가 된 것은 부인할 수 없는 사실이다.

권리 쟁취를 위한 노동자의 연대투쟁은 85년 6월 구로지역을 중심으로 한 노동조합의 연대파업·농성을 그 대표적 사례로 한다. 구로지역 연대파업은, 구속된 노조 간부 석방, 민주노동운동을 짓밟는 모든 악법의 철폐, 부당해고자 복직, 임금 동결정책 포기 및 최저생계비 보장 등을 투쟁 목표로 제시했다는 점에서 비록 저차적인 것이기는 하지만 정치투쟁의 성격을 보였다는 점, 노동조합을 통한 상호의 연계가 투쟁조직의 기반으로 되었다는 점, 투쟁의 전개 방식이 사업장단위를 초월한 연대투쟁의 형태를 취하였다는 점, 타(他) 부문 민중운동의 각성을 촉진하게 되었다는 점 등에서 80년대 전반기 노동운동의 집약된 결산임과 동시에, 80년대 후반기 노동운동의 질적 전환을 위한 뚜렷한 분수령을 그은 것으로 평가될 수 있을 것이다.

신규 노동조합 결성 및 어용노조 민주화의 추진에서도 노동자들의 적극적인 투쟁이 수반되었다. 노동법상의 각종 제약과 자본 측의 악랄한 부당노동행위의 자행 및 정부 당국에 의한 탈법적 행정 처리로 인해 신규 노동조합의 조직이 큰 어려움에 봉착했기 때문이다. 더욱이 84년 9월 이후에는 자주적인 신규 노동조합의 결성이 정치권력에 의해 봉쇄되다시피 되었다.

신규 노동조합 결성을 둘러싼 투쟁으로서는 84년 협진양행, ㈜유니전, 85년의 경동산업, ㈜진도, 성원제강, 한국음향, 동일제강, 세화상사 등이 주요 사례로서 지적될 수 있겠다. 또한 어용노조 민주화를 둘러싸고 석탄공사 장성광업소, 대우자동차, 한일스텐레스, 통일산업 등에서 노동자들의 거센 투쟁이 제기되었다.

제도 개선 요구 투쟁은 83년 말부터 시작된 해고노동자들의 이른바 '블랙리스트' 철폐 운동, 84년 9월과 10월의 청계피복노조 합법성 쟁취 투쟁, 84년 이후의 노동법 개정 운동, 이른바 '위장취업자'의 해고무효 확인 투쟁 등을 통해 추진되었다.

자주적 노동자조직의 형성으로서는 84년 3월 〈한국노동자복지협의회〉의 결성, 84년 4월 〈청계피복노동조합〉의 복구, 85년 2월 〈한국기독교노동자총연맹〉의 결성, 85년 4월 〈노동운동탄압저지투쟁위원회〉의 결성, 85년 8월 〈서울노동운동연합〉의 결성 등이 주요 사례로서 지적될 수 있겠고, 그 밖에도 여러 지역에서 자주적인 운동조직체가 형성되었다. 이 같은 자주적 노동자조직의 형성은 전반적인 노동조합운동의 어용성과 무기력성에 대한 반발과 노동조합주의의 청산을 전제로 한 새로운 운동 주체의 구축을 지향하는 가운데 추진되었다는 점에서 그 의의를 찾을 수 있다.

끝으로 지식인들의 노동운동 참여는 80년 전반기 노동운동의 성격

규정에 있어서나 앞으로의 운동 방향 설정에 있어서 주요한 요소로 되고 있다. 지식인 노동자들은 노조결성 투쟁, 어용노조 민주화 투쟁, 임금인상 투쟁, 권리 쟁취를 위한 각종 투쟁, 해고노동자 복직 투쟁, 자주적 노동자조직 결성 등에서 지원·조직·주도 등의 형태로 적극적이고 헌신적인 활동을 전개했다. 이들에 대해 정부는 '위장취업자' 또는 '목적을 달리하는 근로자'로 간주하여 노동현장에서 취업을 봉쇄하는 입장을 취했고, 사업장에서도 이들의 신분이 발각되면 대부분 해고 조치를 하였다. 그럼에도 많은 지식인이 직접·간접적인 형태로 노동운동에 참여하고 있으며, 이들의 참여는 앞으로의 노동운동 전개 양상에 대해 어떤 형태로든 큰 영향을 발휘하게 될 것으로 보인다.

2) 80년대 전반기 노동운동의 특성

지금까지 살펴본 1980년대 전반기 노동운동의 전개 양상을 통하여 여기서는 그것의 주요 특성을 몇 가지 측면에서 구명해 보고자 한다.

첫째, 80년대 전반기 노동운동은 운동의 전개 양상에서 볼 때, 침체 국면과 고양 국면을 거치면서 노동운동 발전의 합법칙성을 단면적으로 반영하고 있다. 80년대 전반기 노동운동의 전개는, 80년 초의 고양 국면에서 80년 5·17 이후 83년 말까지 이르는 시기엔 침체 국면을 나타내게 되었고, 84년부터는 다시 고양 국면으로 접어들었다. 여기서 침체 국면은 단순한 정체로서가 아니라 운동의 고양을 위한 요구나 불만의 축적으로 볼 수 있고, 84년 이후의 고양 국면은 80년 초 고양 국면의 반복으로서가 아니라, 나선형(螺旋形) 발전의 과정으로 해석될 수 있다.

둘째, 노동운동의 이념적 기초와 운동노선에 있어서는 노동조합주의와 개량주의가 주류를 이루고 있었으나, 85년에 들어와서는 변혁 지향적이고 과학적인 입장에서의 운동노선 모색이 치열하게 전개되기 시작했다.

노동조합운동의 전반적인 경향은 쟁의권이 봉쇄된 가운데 단체교섭을 통한 임금·노동조건 개선 활동에만 치중함으로써 허구적 노동조합주의에 함몰되어 있었다. 더욱이 노총을 비롯한 상급조직은 노사협조주의를 여전히 고수하였다. 그러나 85년 구로지역 노동조합들의 연대파업 투쟁과 몇몇 노동조합이 전개한 과감한 투쟁 과정에서는 노동조합주의를 극복하려는 강한 움직임이 나타나기도 했다.

한편, 자주적 노동자조직의 형성이 추진되는 과정에서 노동조합주의를 극복하고 변혁 지향적인 운동이념과 과학적인 운동노선을 확립하기 위한 노력이 적극적으로 추진되었다. 그러나 이 같은 노력은 광범한 노동자의 투쟁을 통해 구체화되지는 못했던 것으로 평가할 수 있겠다.

셋째, 조직형태와 역량이라는 면에서는, 통일적인 조직체계가 확립되지 못하였고 조직역량이 광범하고 공고하게 결집되지 못했다. 노동조합 조직은 기업단위 노동조합 조직형태가 갖는 폐쇄성·어용성·편협성으로 인해 조직의 지역별·산업별 및 전국적 통일체계를 확보하지 못했고, 조직 확대를 위한 효과적 활동도 추진하지 못했다.

한편으로 자주적 노동운동체는 활동상의 제약과 독자적인 조직원칙의 미확립 및 조직활동가의 부족 등으로 인해 대중적 기반을 확보하지 못했다. 그러나 자주적 노동운동조직을 중심으로 한 조직역량의 결집 가능성은 보다 증대되게 되었다. 그럼에도 그와 같은 가능성은 대중노선에 기초한 조직원칙이 관철될 때 비로소 현실성으로 전화될 수 있는 것이다.

그런데 84년 9월 이후, 정치권력의 탄압과 자본 측의 극심한 부당노동행위로 인해 난관에 부딪히게 됨으로써, 신규 노동조합의 조직을 위한 시도는 좌절되거나 포기되었고, 심지어는 노동운동에 있어 노동조합이 갖는 본래적인 성격(대중성과 계급성)과 임무(경제투쟁과 정치투쟁)마저 부정되는 경향을 나타냈다. 이러한 경향은 대중노선을 방기하는 그릇된 편향으로 규정될 수밖에 없는 것이다.

넷째, 투쟁 양태와 성격이라는 측면에서는, 혼재된 형태를 취하기는 했으나 자연발생적·고립분산적인 투쟁에서부터 점차 조직적·계획적인 투쟁으로 전환되어 가는 양상을 나타냈고, 또한 정치투쟁의 고양 가능성이 증대되었다.

또한 84년 9월과 10월의 청계피복노조 합법성 쟁취 투쟁에서 취해진 가두시위 투쟁 방식이 그 이후에도 계속 행해졌다는 사실은 통일적인 투쟁과 정치투쟁의 새로운 확대 가능성을 반영해 주는 것이기도 하다(선도 투쟁 양식으로서의 가두시위가 지니는 부정적 측면과 한계성을 인정하지 않는 것은 아니지만). 이와 같은 투쟁 양태와 성격의 변화는 노동자계급 의식의 향상과 자주적 운동역량의 확대 및 많은 노동운동 활동가의 헌신적인 노력에 의한 결과인 것으로 볼 수 있다.

그러나 80년대 전반기 노동운동에 있어서는, 경제투쟁에 함몰되거나 정치투쟁을 지나치게 강조한 나머지 경제투쟁과 정치투쟁의 합목적적 통일이 달성되지 못했고, 다양한 요구에 따른 올바른 투쟁 방식이 실천을 통해 관철되지 못했다.

다섯째, 노동운동의 전략·전술이라는 면에서는 과학적·운동론적 입장에서 그것이 설정되지 못한 채 모색의 단계를 벗어나지 못했던 것으로 보인다. 이것은 새로운 통일적 운동 주체가 확고히 구축되지 못했고, 대중운동을 지도해낼 수 있는 정치역량이 확립되지 못한 데서 비롯된 것이라 풀이된다.

노동운동의 올바른 전략·전술의 수립은 부단한 투쟁을 통해서 가능하게 되는 것이고, 또한 올바른 전략·전술의 수립 없이는 노동운동의 비약적 발전을 기대하기란 불가능한 것이다.

여섯째, 민중운동과의 관련성이라는 면에서는 노동자계급이 사회변혁의 주체이고 전체 민중운동의 주도적 핵심체란 인식이 확대되었고, 노동운동의 고양이 타(他) 부문 민중운동의 발전을 촉진케 되었다.

그러나 80년대 전반기에 있어 노동운동이 타 부문 민중운동을 적극 지원하지도 못했고 주도하지도 못했다. 그것은 노동운동 역량의 자기 한계에서 빚어진 결과였던 것으로 해석된다. 어떤 면에서는 노동운동이 학생운동, 민주화운동, 문화운동 등으로부터 직접·간접적인 지원을 받은 면도 매우 컸던 것으로 보인다.

특히 지식인들의 노동운동 참여는 쁘띠(小) 부르주아적 속성에서 연유된 많은 부정적 영향에도 불구하고 노동운동의 발전에 심대한 기여를 가져오게 되었다. 이 같은 사실은 80년대 전반기 노동운동의 뚜렷한 특징의 하나로 지적될 수 있겠다.

일곱째, 80년대 전반기 노동운동의 위치 규정이라는 면에서는, 70년대 노동운동의 잠세적 역량 축적을 바탕으로 하면서 80년대 후반기 노동운동의 질적인 전환과 고양을 위한 진통기 내지는 준비기였다는 평가가 가능할 것으로 생각된다.

그러한 의미에서 80년대 전반기 노동운동에 대해서는 운동이념과 노선, 조직형태와 역량, 투쟁 양태와 성격, 운동의 전략·전술, 전체 민중운동의 주도라는 제(諸) 측면에서 충실한 자기반성이 또한 요구되는 것이다.

3. 노동운동의 현 단계 위상

1980년대 전반기를 경과하여 80년대 후반기에 접어든 현 위치에서 볼 때, 한국 노동운동은 운동이념과 노선의 확립, 투쟁의 전략·전술의 정립, 통일적 조직역량의 확보, 경제투쟁과 정치투쟁의 통일, 민중운동의 주도라고 하는 면에서 확고한 발전의 계기를 장악하고 있지 못함은 부인할 수 없는 사실이지만, 그 질적 고양을 위한 전환기에 접어들고 있음은 확실한 것으로 보인다. 여기서는 한국 노동운동의 현 단계 위상을 크게 노동조합과 자주적 노동자의 운동으로 구분해 살펴보고자 한다.

먼저, 노동조합운동의 주요 특징은 운동이념에 있어서 노동조합주의, 조직형태와 역량에 있어서 기업별 체계와 낮은 조직률, 주체적 기능과 조합활동에 있어서 자주성 상실과 조합민주주의의 미확립 등이 지적될 수 있겠다.

한국의 노동조합운동이 표방하고 있는 노동조합주의는 역사적인 자기 근거도 갖추고 있지 못하고, 장구한 투쟁 속에서 축적된 제반 원칙들을 수용하고 있지도 못한 허구적인 성질의 것일 뿐 아니라, 노동조합의 본래적인 임무와 시대적 주요 과제에 적극적으로 대결하려는 노력을 스스로 방기하는 입장을 취하는 것으로 규정될 수 있다.

이러한 운동이념에 기초한 기조(基調)상의 성격은 노동조합운동의 전개에 있어 경제투쟁도 강력하게 전개되지 못하고 있고, 정치투쟁은 구체적인 의지마저 상실한 채 포기한 상태에 있는 데서도 분명하게 드러나고 있다. 특히 허구적 노동조합주의에 입각한 노사협조주의는 노동자들의 투쟁 열기를 무산시키고, 노동조합 상층 간부들에 의한 노동조합 지배를 합리화시키고 있을 뿐이다.

조직형태상의 특징인 기업단위 노동조합은 특정 기업의 정규 종업원만을 대상으로 하는 '종업원조합'이다. 이러한 조직체계에서는 거대 독점자본에 대항하기 위한 산업별 공동투쟁이나 통일투쟁 및 과감한 정치투쟁의 전개는 매우 큰 어려움에 봉착하기 마련이다.

또한 기업단위 조직체계는 조합 지도부의 어용화를 심화시키고, 국가권력이나 총체적 자본으로부터 자주성과 주체성을 확보하지 못한 상급조직은 그 가맹조직인 기업단위 노조들에 대한 지도력과 통제력을 행사하지 못함으로써 각급 조직 간의 깊은 단절을 낳게 하고 있다.

그리고 노동조합의 조직률이 낮고 조직역량이 강대하지 못하다는 사실은 노동조합운동의 주체적 역량 행사를 제약하는 결정적인 요인으로 되고, 노동자계급의 유일한 사회적 힘인 '수의 다수(多數)'를 실현하는 데서 한계와 취약성을 나타내는 것이 된다.

다음으로 주체적 기능과 조합활동에서 주요 특징인 자주성·주체성 상실과 조합민주주의의 미확립은 노동조합운동의 전개 과정과 노동운동의 주·객관적 제(諸) 조건에 의한 결과로 볼 수 있다.

노동조합운동의 자주성 상실은 자본 측과 국가권력에 대한 포로와 같은 예속을 의미하는 것이고, 그것은 미군정 시기 전평의 분쇄를 목적으로 한 반공단체로서의 대한노총 성립 동기, 자유당 독재정권하에서의 어용화 및 기간단체화, 5·16 이후 군사정부에 의한 하향적인 조직 재편성 과정, 70년대 노동운동에 대한 통제 강화와 노동조합 측의 타협과 순응, 1980년의 강력한 억압 조치와 노동조합의 굴종적 투항 등과 같은 제(諸) 계기들을 통해서 귀결되었다.

한편으로 노동조합운동에 있어 그 최고의 원칙이랄 수 있는 조합민주주의가 관철되지 못하고 있는 이유는 앞에서 본 운동이념과 기조, 조직역량이나 체계상의 특성에서도 찾을 수가 있겠고, 또한 노동조합운동 전개 과정에서 여러 차례에 걸친 단절과 운동의 자주성 상실 및 노동귀족에 의한 간교한 조합지배 등에서 찾아진다.

아무튼 조합민주주의의 충실한 실현 없이는 노동조합이 노동자들의 광범한 투쟁역량을 조직하고 강력한 투쟁을 전개할 수는 없는 것이다.

이러한 한국 노동조합운동의 현 단계 주요 특성은 노동조합의 본래적인 성격으로의 회귀와 고유의 임무 수행에 대한 조합원 및 노동 대중의 절실한 요구에도 불구하고 노동운동 주축으로서의 위치를 스스로 포기케 하는 결과를 가져오게 되었다.

그럼에도 노동자의 대중적·계급적 조직으로서의 노동조합, 노동자계급의 조직화에 있어 그 핵심체로서의 노동조합 -법외 또는 비합법 노동조합까지를 포함한- 에 대한 요구는 점차 증대되고 있고, 노동조합운동의 내재적 모순 극복을 위한 노력은 확대될 것으로 보인다.

그런데 노동운동의 전개에서 노동조합운동이 분명한 한계를 드러내고 본래적인 임무의 수행을 포기하다시피 함으로써, 제도적 경계를 뛰어넘는 새로운 형태의 운동조직과 역량이 크게 확대되고 있다. 또한 노동조합주의적 운동 양식의 극복을 위한 노력이 추진되는 과정에서 변혁 지향적이고 과학적인 입장에서의 운동이념이나 투쟁 방향의 설정이 치열하게 모색되고 있다.

먼저 공개적인 조직부터 살펴보기로 하자. 1984년 법외 노동조합으로서의 〈청계피복노동조합〉의 복구와 70년대 민주노조 간부들을 중심으로 한 〈한국노동자복지협의회〉의 결성은 새로운 형태의 노동자조직을 형성하기 위한 시도였다. 청계피복노조는 합법성 쟁취를 위해 수차례 가두시위 투쟁을 전개하였고, 한국노동자복지협의회는 노동법 개정 활동과 조직 및 선전 활동을 계속해왔다.

1985년에 들어와서는 새로운 노동운동의 틀을 구축하기 위한 지역 운동체의 조직들이 추진되었다. 그 대표적인 조직으로는 〈서울노동운동연합(서노련)〉과 〈인천지역노동자연맹(인노련)〉을 들 수가 있겠다.

서노련은 현 상황을 '어떠한 합법적 민주노조도 용납하지 않는 탄압상황'으로 규정하고, '노동조합보다 강력한 새로운 형태의 대중조직'으로서 자기 위치를 설정하고 있다. 서노련은 진정한 민주사회를 '노동자가 주인이 되는 사회'라고 설정하고, 노동자들이 누구보다 앞장서 독재정권과 싸워야 한다고 선언했다.

서노련은 1년간의 활동 평가를 통해 "임금인상 투쟁, 해고 반대 투쟁, 블랙리스트 철폐 투쟁, 교도소 개선 투쟁, 빈민들의 강제철거 반대 투쟁 등의 각종 경제적 투쟁 및 선동을 지도·지원하고", "삼민헌법 쟁취, 생활임금제 쟁취, 국가보안법 철폐 요구, 완전 고용제 요구 및 집회·시위·언론출판의 자유, 정치 활동과 조직결성의 자유 등을 …… 일상적인 정치적 선전·선동으로 결합시켜 내었다."라고 천명하고 있다.

서노련, 인노련 외에도 비공개적인 노동운동 조직들이 독자적인 운동이념과 노선들을 표방하면서 새로운 투쟁 양식들을 모색하는 가운데 조직역량의 기반 확대를 추진하고 있는 것으로 보인다.

이러한 운동조직들이 아직은 운동의 노선이나 전략·전술 및 조직적인 면에서 통일성을 달성하지 못한 채 여러 가지 편향들마저 극복하지 못하고 있는 것 같다. 여기서 말하는 편향이란 예컨대 대중노선에 대한 인식 불철저, 경제투쟁과 정치투쟁을 통일적으로 파악하지 않고 정치투쟁에만 치중하거나 경제투쟁만 강조하는 경향, 노동조합의 본래적인 성격이나 임무마저 부정하는 논리, 보편적 운동원칙의 경시 내지는 몰이해, 스스로를 정치적 지도역량으로 규정하는 소아병적 자세, 투쟁의 준비나 조직보존에 대한 왜곡된 인식, 기타 모험주의적 경향이나 교조주의적 경향 및 분파주의적 경향 등을 말한다.

현재의 이러한 분열적 양상이나 운동에 내재하고 있는 그릇된 편향들은 조직역량이 확대되고 투쟁이 고양되고 지도역량이 증대됨에 따라서 점차 극복되어 나갈 것으로 생각된다.

다른 한편으로 미조직 사업장이나 노동조합의 기능이 위축 또는 마비된 사업장들에서의 노동자들의 자연발생적 저항과 조합의 통제를 벗어난 투쟁(wild cat strike)도 전보다는 훨씬 고조되고 있다. 그와 같은 투쟁들은 당초부터 제도적 한계를 무시할 수밖에 없고, 경우에 따라서는 매우 격렬한 양태를 나타낼 수 있다.

자연발생적 저항의 대표적인 사례로는 1984년의 택시 운전기사들의 집단시위를 들 수 있고, 노동조합의 통제를 벗어난 투쟁 사례로서는 최근의 경동탄광 광부와 그 가족들의 투쟁을 들 수가 있겠다. 이러한 자연발생적 저항이나 노조의 통제를 벗어난 투쟁들이 조직되고 올바르게 지도될 경우, 그것은 노동운동 역량의 대폭적인 확대로서 나타나게 될 것이다.

그리고 현 단계 한국 노동운동을 이야기하면서 빼놓을 수 없는 것이 지식인의 노동운동 참여이다. 지식인의 대량적인 노동현장 투신과 노동운동에의 적극적인 참여는 여러 가지 미흡한 혹은 부정적인 영향에도 불구하고, 그것이 성취한 성과는 운동의 여러 측면에서 매우 획기적이었던 것으로 평가되어 마땅할 것이다.

지식인의 노동운동 참여에 있어서는 쁘띠(小)부르주아적 속성의 극복을 통한 노동자적 입장의 체현이 무엇보다 우선 요구되고 있다. 또한 관념적·급진적·모험주의적 경향의 지양을 전제로 한 올바른 운동 방향의 설정이 필요하고, 무(無)단계적·무차별적인 선도적 정치투쟁 따위 무원칙성의 청산을 통한 지속성과 책임성이 수반되는 실천이 요청되고 있다. 이러한 조건들이 갖추어질 경우, 지식인의 노동운동 참여는 한국 노동운동의 발전에 있어 중요한 계기가 될 수 있을 것임은 분명하다.

이 밖에도 민중운동 내부에서의 타 부문 운동이나 민주주의운동, 민족운동, 문화운동 등의 확대·고양은 직접·간접적으로 노동운동과의 상호연대성을 증대시키면서 노동운동의 발전을 촉진하는 요소로서 작용하고 있다.

지금까지 살펴본 현 단계 상황에 비추어 볼 때, 한국의 노동운동은 70년대의 잠세적 역량 축적을 바탕으로 하여 80년대 전반기의 진통기를 거치면서 이제 질적 고양을 위한 큰 전환기를 맞고 있다고 그 단계적 성격을 규정할 수 있을 것 같다.

4. 노동운동의 발전을 위한 과제

전환기에 처한 한국 노동운동의 발전에 있어서는 다음과 같은 주요 과제의 해결이 절실하게 요구되고 있다. 즉 과학적인 운동이념과 방향의 정립, 새로운 운동 주체의 형성·발전과 투쟁역량의 확대·강화, 투쟁 형태의 전환과 고양, 민족문제의 해결과 민주주의의 실현을 위한 선도적 역할 수행, 민중운동의 주도적 추진과 국제 노동운동과의 연대 고양이 그것이다.

이와 같은 주요 과제의 해결은 노동자계급 자신의 해방을 위한 전제조건일 뿐만 아니라 역사 발전에 있어 변혁 주체로서 자기 임무 실현을 위한 기본적 요건이다.

1) 과학적인 운동이념과 방향을 정립하는 일

한국 노동운동의 발전을 위해서는 무엇보다도 과학적인 운동이념과 노선, 전략과 전술, 올바른 운동의 기조와 방향의 정립이 선행되어야만 한다. 노동운동의 이념적 기초는 계급협조를 근간으로 하는 노동조합주의의 극복을 전제로, 노동자계급의 해방을 목표로 하는 과학적 입장에서 정립되어야 한다.

또한 그것은 노동운동의 보편적 성격인 대중성과 계급성을 통일하고, 그것의 기본임무인 경제투쟁과 정치투쟁을 통일하는 것이어야 하며, 2백에서 3백 년에 걸친 노동운동 역사의 승리와 비약, 패배와 정체 속에서 집약된 운동 발전의 합법칙성에 합치되는 것이어야 한다.

그리고 노동운동의 전략은, 한국 자본주의의 축적과정을 국가의 역할을 매개로 한 관료적 독점자본의 확립·강화 과정임과 동시에 세계 자본주의 경제체제 내에서의 매판적·예속적 위치 규정 과정으로 파악할 경우, 생산의 사회적 성격과 사적(私的) 소유 간의 모순, 즉 노자 간 모순을 극복하는 데 틀 맞추어져야 할 것이고, 전술은 계급모순에 종속되는 민족모순까지를 포괄하여 극복하는 데 틀 맞추어져야 할 것이다.

이러한 모순구조의 상황에서는 계급모순과 민족모순이 맞물려 있는 관계로 특히 전략과 전술의 통일적 수립이 필연적으로 요구된다. 그뿐 아니라 모순구조의 극복에서도 노동자계급을 지도역량으로 하는 민족·민중세력의 통일적 투쟁조직의 결합이 중요한 과제로 제기될 수밖에 없다. 한편으로 이러한 노동자계급의 투쟁을 추진해나가는 과정에서는 또한 민주주의 실현이 전술적 목표로서 제기되지 않을 수 없다.

노동운동의 기조와 방향은 앞에서 제시된 운동의 이념과 전략·전술을 토대로 하여 노동자계급의 직접적이고 기본적인 경제적·사회적·정치적 이익을 옹호·신장하고, 그와 같은 요구·획득 투쟁을 변혁운동으로 발전시켜 나가는 것을 목표로 정립되어야 할 것이다. 여기에서도 노동운동 전개의 기본원칙은 관철되어야 한다. 기회주의와 모험주의는 다같이 타기(唾棄)되어야만 할 편향이다.

2) 새로운 운동 주체를 구축·발전시키고 투쟁역량을 확대·강화하는 일

노동자계급이 갖는 사회적 힘의 원천은 수의 다수이고 실제적인 힘은 조직이다. 따라서 노동자계급은 조직되지 않으면 아무것도 아니고 조직되어야만 완전해지는 것이다. 그리고 노동운동의 조직적 통일은 한없이 중요하다.

운동의 통일은 조직의 결의가 의식된 노동자에 의해 수행되는 통일된 조직에 의해서만 가능하다. 나아가 노동자계급의 통일은 조직의 통일을 통한 이념적·실천적 통일로 비로소 실현될 수 있는 것이다.

이 같은 논점에 비추어 볼 때, 한국 노동운동의 발전에 있어서는 노동운동의 새로운 주체를 구축·발전시키고 광범한 노동자의 투쟁역량을 조직적으로 통일해내는 일이 당면한 주요 과제로 제기되고 있다.

더욱이 한국에서의 노동조합운동이 자기 임무를 방기하고 있고 또한 노동조합을 대체할 수 있는 운동의 조직적 주체가 확고한 토대를 구축하지 못하고 있는 조건에서는 그와 같은 과제의 해결이 극히 중요시되지 않을 수 없다.

그렇다면 새로운 운동 주체의 구축·발전과 투쟁역량의 확대 및 통일은 어떠한 방향에서 추진되어야 할 것인가? 그것은 다음과 같은 몇 가지 측면에서의 줄기찬 노력을 통해 추진되어야 할 것으로 생각된다.

첫째로, 선진적 노동자들을 중심으로 한 지역 운동조직(산별 체계를 지향하는)을 발전시켜 전국적인 통일을 이룩하는 방법이다. 이 같은 노동운동조직은 법외 또는 비공개적 형태를 취한다고 할지라도 노동조합의 조직 및 운영원칙에 따를 수밖에 없을 것이다. 노동자의 대중적·계급적 조직은 노동조합과 동일한 성격을 가질 수밖에 없기 때문이다.

이 경우에도 노동현장에서 대중적 기반 확대를 위한 단위사업장 조직은 형성·확대될 수 있어야 하고, 한편으로 전국적 통일을 성취하기 위한, 체계적인 지도원리가 확립될 수 있어야 한다. 이러한 조직체계 아래서는 그 속성으로 보아 정치투쟁에 치중될 가능성이 큰데 이때에도 경제적이고 일상적인 요구의 획득을 위한 투쟁 방법이 강구되지 않으면 안 될 것이다.

둘째로, 합법적 형태의 노동조합조직과 기존 노동조합의 민주화를 완강하게 추진해나가는 방법이다. 현재 한국에서의 노동조합운동이 역할을 상실하고 있고 고유 임무의 수행을 포기하고 있다고 해서, 노동자계급 조직화에 있어서 핵심체로서 보편적인 성격과 임무마저 전적으로 부정되어서는 안 될 것이다.

노동조합조직에 관한 노동자들의 요구는 지지돼야 할 뿐만 아니라, 이를 위한 합법적 가능성, 즉 노동조합법의 틀을 확대하고 조합활동의 완전한 자유를 획득하기 위한 투쟁은 더한층 강화되어야 한다. 또한 현재의 반(反)노동자적이고 반노동운동적인 노동조합에 내재된 모순의 극복을 통해 노조 민주화를 달성하기 위한 투쟁이 더욱 효과적으로 부단하게 추진되어야 한다.

셋째로, 매우 자각적이고 오랜 투쟁 속에서 고도로 단련된 노동자들이 중심이 된 정치역량조직을 모체로 하여 유능한 현장활동가들에 의한 현장조직을 확대해 나가는 방법이다. 이 경우, 조직의 견고성은 유지될 수 있을 것이나 대중적 기반의 확대나 전국적 통일을 확보하는 데는 일정한 한계를 가져올 수도 있다.

이러한 한계를 극복하기 위해서는 정치역량조직과 대중조직의 고유한 역할과 기능의 분리와 통합의 통일성이 요구된다. 이때 정치역량 조직의 지도역량을 개발·고양하기 위해서는 이론과 실천의 과학적 방향성이 우선 정리되어야 하고, 대중조직의 확대·발전을 위해서는 올바른 대중노선이 철저히 관철될 수 있어야만 할 것이다.

이와 같은 새로운 운동 주체의 구축·확대 및 역량 통일을 확보하기 위한 활동 방식은 상호 분립적으로 추진될 것이 아니라 전술적 계획에 따른 상호 통합적인 노력을 통해 이루어지는 것이 더욱 효과적인 것으로 생각된다.

또한 이러한 활동은 종국적으로는 광범한 노동자 결집을 가능케 하고, 조건이 허용하는 한 공개적이며 고차적인 정치역량과의 긴밀한 연계를 갖는 운동의 통일적 조직을 구축하는 데 집중되어야 할 것이다.

새로운 운동 주체의 형성·발전을 위해서는 또한 헌신적이고 유능한 활동가의 대량적인 육성·확보를 위한 구체적인 활동이 동원되고, 동시에 노동자들의 의식 고양을 위한 유효한 수단(예컨대 선전, 선동)이 활용되어야 할 것이다.

한편으로 조직역량, 투쟁역량의 체계화·통일화를 달성하기 위해서는 직장조직, 단위사업장 조직, 지역조직, 산업별 또는 업종별 조직, 전국조직의 통일적 체계화가 필요하고, 조직 내 민주주의와 집중적 지도원리가 충실하게 관철될 수 있어야만 한다.

3) 투쟁 형태를 전환하고 역량을 고양하는 일

한국의 현실 상황에서는 노동운동에 의한 경제투쟁의 전개도 국가권력과 자본 측에 의해 조성된 억압적 조건에 의해 상당한 정도로 저지되고 있고, 더욱이 정치투쟁은 합법적 기반마저 박탈당하고 있다 바로 이러한 조건과 상황 때문에도 경제투쟁과 정치투쟁의 통일적 전개가 긴박하게 요청되는 것이다.

또한 노동자계급에 대해 가해지고 있는 계급협조 이데올로기나 각종 지배 이데올로기의 공격과 영향에 대한 적극적 대응을 위해서는 운동의 대내외적 이념투쟁도 아울러 확대해 나갈 필요성이 제기된다.

노동운동이 추진하는 경제투쟁은 노동운동 전체의 항시적인 현상이고 자본주의에서는 언제나 필요하고 또한 어떠한 시기에도 없어서는 아니 되는 투쟁 형태의 하나이다. 일상적 필요를 위한 경제투쟁은 노동자계급에 대해서는 중요한 사활적(死活的) 의의를 지닐 뿐만 아니라, 보다 차원 높은 투쟁에로의 발전을 촉진하게 된다. 이 경제투쟁을 통해서 노동자계급은 자본의 노동지배에 입각한 사회체제를 인식하게 되고, 훨씬 광범한 변혁적 과제의 해결을 위한 스스로의 조직화를 시도하게 된다.

그러나 노동자계급의 경제투쟁만으로 노동자의 생활상태를 근본적으로 또한 항구적으로 개선한다는 것은 불가능하다. 경제투쟁은 자본에 의한 지배의 결과에 대한 투쟁이지 지배제도 그것을 고치기 위한 투쟁은 아니기 때문이다.

따라서 정치투쟁은 경제투쟁을 발전시키기 위해서나 획득된 성과를 확고히 굳히기 위해서 결정적으로 중요할 뿐 아니라, 모든 억압받고 지배당하고 있는 노동자계급의 해방을 위해서도 최대의 방법이다. 그러므로 경제투쟁의 정치투쟁으로 전화, 경제투쟁과 정치투쟁의 결합, 이것이야말로 노동자들이 전개하는 투쟁에서 행동 원칙이고 노동자계급의 해방을 목표로 하는 노동운동의 기본임무이다.

한편으로, 이와 같은 투쟁을 전개해나가는 데서는 계급협조 이데올로기를 비롯한 각종 지배적 이데올로기에 대한 사상적·이념적 투쟁의 전개도 아울러 요구되고, 운동 내부에서의 잘못된 이념적 경향이나 노선에 대한 투쟁도 함께 추진되지 않으면 안 된다. 그것은 투쟁의 발전, 단결과 통일의 강화를 좌우하는 대단히 중요한 투쟁의 일환이기 때문이다.

4) 민족문제의 해결과 민주주의의 실현을 위한 선도적 역할을 담당하는 일

한국 사회의 성격이나 모순구조에 비춰볼 때, 민족문제는 계급문제와 상호 밀접한 연관성을 지니고 있다. 그와 같은 사실은 한국 자본주의의 예속적·주변적 성격에서 연유된 것이다. 민족모순은 계급모순에 종속되고 있기는 하지만, 민족모순의 극복 없이는 계급모순 극복은 지극히 곤란한 지경에 놓이게 된다.

따라서 노동자계급의 민족문제 해결을 위한 노력이 곧 계급문제의 해결을 위한 길을 펼치는 것이 되고, 계급문제의 해결을 위한 노동운동의 발전 그것이 곧 민족문제의 근본적인 해결을 위한 주도적인 추진력이 되는 것이다.

그런데 민족문제의 해결에 있어 노동자계급이 취해야 할 가장 기본적인 태도는 어떠한 압박에도 반대하고 모든 착취에 반대하는 것이 되겠지만, 그것은 변혁 주체로서 계급적 이익과 의무에 따라 결정될 수밖에 없다.

따라서 민족문제 해결을 위한 노동자계급의 모든 노력은 변혁운동의 중요한 일환으로 추진되어야 하고, 또한 민족 내부에서 민중세력을 통일적으로 결속하여 전(全) 민중적 투쟁역량을 강화·발전시키는 데 집중되지 않으면 안 된다.

현 단계 한국에서 민족적 과제를 민족의 자주·자립 확보, 민중적 민주주의의 실현, 민족적 분단 상황의 극복에 의한 민족통일로 설정할 때, 한국 노동운동은 이러한 과제를 계급적 이익과 임무, 그리고 민중적 요구와 결합해 그것의 해결을 위해 과감하게 노력하지 않으면 안 된다.

특히 민주주의의 실현을 위한 노동자계급의 투쟁은 노동운동의 발전을 위해서일 뿐 아니라, 민중역량 강화와 지배세력 약화를 통한 사회의 변혁적 발전을 촉진하는 데 그 중대한 의의가 부여될 수 있다. 그리고 민족통일은 노동운동을 중심으로 한 민족운동, 민중운동의 고양·발전을 통해서만 실현이 보증될 수 있다.

5) 민중역량을 주도적으로 강화하고 국제노동운동과 연대를 고양하는 일

노동자계급이 전개하는 계급모순의 극복, 민족문제의 해결, 민주주의의 실현 등에 관련되는 운동을 추진함에 있어서는 보다 광범위한 문제로서 진보적·정치적 동맹의 결성이라는 과제가 제기된다.

그 이유는 민중운동 내부 관계에 있어서 실천적인 연대를 확보하고 이를 주도하는 것은, 노동운동 발전에 가장 유리한 제(諸) 조건을 보장하는 것일뿐더러, 민족문제 해결이나 민주주의 실현에서도 주체적 운동역량의 구축·발전이라는 면에서 필요불가결한 조건이기 때문이다.

그런데 민중역량의 확대·심화에 있어 노동자계급이 갖는 지도적·규합적 역할은 과학적으로 규정된 사회적 변혁의 원칙에 기초한 경우에만 그것의 실현이 가능하다. 여기서 과학적으로 규정된 사회적 변혁의 원칙이란, 민중운동의 제 조건에 대해서 충분히 고려한 후, 사회 제 세력의 배치 관계 및 민중연합의 실재적 혹은 잠재적 가능성을 지닌 사회 제 그룹 각각의 상태와 의식의 특수성을 올바로 파악한 바탕 위에서 세우는 원칙이다.

현재 한국에서의 민중역량 증대 가능성은 갈수록 확대되고 있고, 이에 관련된 노동운동의 주도적 역할은 더한층 강조되고 있다. 민중역량의 확대·심화는 노동운동의 발전을 통해서만이 뚜렷한 계기가 장악될 수 있을 것이고, 진보적·정치적 동맹의 발전은 앞서 제시된 원칙의 관철을 통해서만이 가능해질 것으로 생각된다.

이와 같은 계기들을 통해서 노동자계급은 모든 피지배 민중이 가장 신뢰할 수 있는 계급으로 되고, 또한 가장 철저하게 그들을 옹호하는 계급으로 대두될 수 있는 것이다.

한편으로, 한국의 노동운동은 각국의 진보적 노동운동과 국제 노동운동과의 강력한 유대를 가짐으로써 광범한 협력 기반을 획득함과 동시에 세계평화의 달성에 있어서나 국제독점자본의 지배에 대한 투쟁에 있어 적극적으로 기여할 수 있어야 할 것이다.

노동운동의 전개에 있어 국제주의는 노동자계급의 사상적 기치(旗幟)이다. 왜냐하면 모든 나라의 노동자들은 착취와 억압에 대한 그들의 투쟁에서 동일한 종국적 목적을 가지고 있기 때문이다. 특히 노동자계급의 변혁운동과 민족해방을 위한 투쟁이 통합적으로 전개되고 있는 경우에는 노동운동의 국제적 연대가 더한층 중요시될 수밖에 없는 것이다.

5. 결언

한국 노동운동의 발전을 위한 과제의 해결과 노동자계급의 역사적 임무 수행은 노동자계급의 성장이 뒷받침되지 않고서는 불가능하다. 그렇다면 노동자계급의 성장에 관한 현실적 근거는 어디에서 찾을 수 있을 것인가?

우선 그것은 1970년대에 이어 80년대도 계속되는 임금노동자의 수적인 증대와 생산적 또는 핵심적 노동자층의 비중 확대에서 찾을 수 있다. 노동자의 수적인 증대가 곧바로 노동자계급의 성장이나 사회적 역량의 확대를 의미하는 것은 아니라 할지라도, 노동운동조직이 이들의 조직화를 위한 자기 고유의 조직원리를 개발하고 적극적인 조직통일 활동을 추진한다면 노동자들의 잠재적인 역량을 강대한 조직역량으로 결집할 수 있음을 말해주는 것이다.

그리고 생산적 노동자층의 비중 확대는 노동자계급이 자본주의적 생산기구에 의해 결집되고, 조직되고, 훈련되고, 단련됨으로써 계급적 성숙을 촉진할 수 있음을 의미하는 것이다.

다음으로 노동자계급의 성장은 그 기초적 조건이랄 수 있는 노동자들의 의식이나 계급적 자각의 고양에서 찾을 수 있다. 생산활동 속에서 집단적 규율에 따른 훈련이 강화됨에 따라 노동자 상호 간의 공통의식은 높아지게 되고 노동·생활조건의 개선과 권리확보를 위한 요구 증대에 따라 저항이 더욱 확대될 경우, 노동자들의 의식이나 계급적 자각은 고양될 수밖에 없을 것이다.

노동자계급의 성장은 요구의 집약이나 확대 정도, 그리고 그것의 실현을 위한 조직적 활동 양태를 통해서도 그 현실적 근거를 발견할 수 있다. 노동자들의 빈곤화 혹은 열악한 상태와 현실적인 요구와의 모순은 필연적으로 노동자의 저항과 투쟁을 고조시키게 될 것이고, 그와 같은 저항과 투쟁이 고조됨에 따라 그것이 분산적이고 자연발생적인 것에서 더한층 계획적이고 조직적인 것으로 발전됨으로써 노동자계급의 성장이 증폭될 가능성이 크기 때문이다.

이와 같은 노동자계급의 성장과 계급적 자각에의 자연발생적 접근 그 자체가 과학적 인식을 갖춘 계급적 성숙으로까지 곧바로 도달되는 것은 결코 아니다. 과학적인 인식은 다양한 형태의 부단한 실천과 더욱 넓은 범위에 걸친 정치적 역량과의 직접적인 상호작용·상호침투를 통해 비로소 확립될 수 있는 것이다.

노동자계급은 이러한 과학적인 인식에 기초한 정치적 영역에서의 적극적인 역할 수행을 통해서만이 역사 발전에 있어서 진정한 변혁 주체로 성장할 수 있다. 현 단계 노동운동의 상황에 비추어 볼 때, 과학적 인식의 확대는 노동운동의 질적 고양에 따라 급속하게 진행될 수 있을 것으로 전망되고 있다.

출처 한국기독교산업개발원 엮음(1988), 『한국 노동운동의 이념』, 정암사

한국 노동조합운동의 현 단계적 상황과 발전을 위한 과제

1. 머리말

한국 노동조합운동은 80년대 중반을 넘어서면서 그 질적 고양을 위한 큰 전환기를 맞고 있다. 그 같은 사실은 한국의 노동운동이 70년대의 잠세적(潛勢的) 역량 축적을 바탕으로 80년대 전반기의 진통기를 거치면서 나타나기 시작한 특징적 양상이라 할 수 있다. 특히 1987년 7~9월 노동자들의 대규모적인 대중투쟁은 한국 노동조합운동의 발전을 위한 뚜렷한 계기가 될 것으로 인식되고 있다.

이 같은 중대한 시점에서 한국 노동조합운동의 현 단계 상황을 운동론적 입장에서 바르게 규정하여 위치 짓고, 이를 바탕으로 노동조합운동의 발전을 위한 기본과제를 설정하는 일은 사회적 변혁 주체의 실체 규정과 사회의 기본적 모순 극복의 방향 정립이라는 면에서 그 실천적 의미를 갖는 것으로 생각된다.

이러한 노동조합운동 발전에 대한 논의의 전개를 위해서는, 먼저 이에 관한 기본관점부터 정리해둘 필요가 있다. 여기에서 요구되는 것은

무엇보다 노동운동 발전의 합법칙성에 관한 인식이라 생각된다. 노동조합운동의 발전도 하나의 역사적인 과정인 한 사회의 성장 및 발전의 기본 법칙에 종속될 수밖에 없다. 이것은 노동조합운동의 발전에서도 독자적인 법칙이 관철되고 있음을 의미한다.

노동조합운동 발전의 합법칙성은 운동의 점진적이고 자연성장적인 발전을 통해서가 아니라, 패배와 승리, 정체와 비약의 과정을 통해 관철된다. 다시 말해서 노동조합운동의 발전에 있어서는 점진적인 확대의 시기와 폭풍과 같은 급격한 성장의 시기가 반복되면서 진전된다.

때로는 노동운동이 매우 느리게 전진하거나 경우에 따라서는 침체하기도 하고, 때로는 급속하게 고양되기도 한다. 이처럼 급격한 발전의 시기와 완만한 발전의 시기가 반복되는 것은 노동운동 발전의 일반적 법칙이다.

노동조합운동의 전개에 있어 급속하게 발전하는 시기와 완만하게 발전하는 시기가 존재한다는 것은 노동자계급의 투쟁 의식이 높은 상태에 있느냐 또는 낮은 상태에 있느냐 하는 것과 직접적으로 관련되어 있다.

일반적으로 노동자가 투쟁성을 주기적으로 발휘하게 되는 것은 노동자계급의 불만이나 요구가 일정 기간에 걸쳐 축적되어 그것이 일시에 폭발적으로 고양된 결과이다. 예컨대 전쟁 발발, 경제공황 발생, 노동조합에 대한 탄압, 파시즘의 위협 등의 경우에 이러한 사실은 더한층 명료하게 드러난다.

앞에서 노동조합운동의 발전은 점진적 성장과 강력하고 급진적인 성장이라는 두 가지의 국면을 나타낸다고 했다. 어떠한 국면을 나타내느냐 하는 것은 노동자계급의 투쟁성에 의해 규정된다.

그러나 노동자들의 투쟁성이 비록 강력하다 하더라도 노동운동의 승리를 반드시 보장하는 것은 아니다. 거기에는 올바른 지도역량이 필요한 것이며, 그것 없이는 아무리 강력한 자연성장적 운동이더라도 암초에 부딪혀 패배로 끝나고 만다.

일반적으로 격렬한 투쟁의 시기에 있어서는 노동자들은 견고한 투쟁조직이 필요하다는 사실을 분명하게 의식하게 되고, 노동자의 조직은 확대되며 전체적인 힘은 증대되기 마련이다. 이러한 시기에 있어서는 또한 노동자들이 정치조직과 정치 활동의 강화에 대한 필요성을 절실하게 인식하게 되며 운동이념도 급속한 형태로 전진하게 된다.

이때 노동운동을 둘러싸고 있는 객관적인 제(諸) 조건과 노동자계급의 투쟁성을 비롯한 주체적 조건의 상호관련성이 정확히 파악되고, 이를 기초로 한 과학적 지도가 행해질 경우 노동운동의 비약적 발전이 가능하게 되는 것이다.

이와 같은 기본관점에 기초하여, 이 글은 분단 이후 한국 노동조합운동의 전개 과정을 살펴봄으로써 지난날의 노동조합운동에 대한 평가와 반성을 행하고 현 단계 노동조합운동의 특성을 구명하고자 하며, 이를 바탕으로 노동조합운동의 발전을 위한 주요 과제를 제시함과 아울러 앞으로의 운동 발전을 전망해보고자 한다.

2. 분단 시대 노동조합운동의 전개 과정과 평가

제2차세계대전 종료 이후 미군정 아래서 노동조합운동은 일제하의 혁명적인 비합법 노동조합운동을 계승한 〈조선노동조합전국평의회(전평)〉에 의해 주도되었다. 전평은 혁명적 사회주의 이념과 노선을 견지하면서 경제투쟁과 정치투쟁의 통일을 표방했고, 조직형태는 '전국적으로 정연한 산업별 조직으로 체계화·강력화'할 것을 지향했다. 또한 전평은 총파업이라는 주된 투쟁 형태를 취했으며, 모든 좌익세력의 전위적 전투부대로 전환할 가능성을 처음부터 내포하고 있었다.

전평 주도의 노동조합운동은 혁명적 사회주의의 운동이념을 제시하고, 1946년 9월 총파업 이전에는 실천 요강에서 제시되듯이 온건한 합법적 경제투쟁을 통해 대중적 기반을 확보하고자 했으나, 1946년 하반기 이후 좌우익 정치세력 간 대립 격화와 미군정의 전평에 대한 불인정 조치로 인해 총파업의 형태를 취한 정치투쟁에만 치중하게 되었다.

조직 면에서 전평은 산업별 형태를 취하였으나 사업장 중심의 대중적 기반을 구축하지 못하여 '상향조직과 하향조직의 통일'을 달성하지 못했고, 대외적 압력을 극복해내지 못한 채 조직 기반의 와해를 가져오게 되었다.

또한 투쟁 형태도 전평은 노동자들의 통일적 요구를 기초로 한 경제투쟁과 정치투쟁의 통일을 일관되게 관철하지 못하여 광범한 투쟁역량을 결집하는 데 성공하지 못했다. 그리하여 전평은 대한민국 정부수립과 더불어 운동의 치명적인 위축을 맞게 되었다.

1948년 정부 수립 이후, 노동조합운동은 1946년 3월 〈대한독립촉성노동총연맹〉에서 출발한 〈대한노동총연맹(대한노총)〉에 의해 주도되게 되었다. 대한노총은 노동조합의 일반적 필수요건인 경제투쟁의 인식기반 위에 성립된 것도 아니었고, 우익정치인과 자본가, 미군정의 지원을 바탕으로 반공 투쟁을 통하여 기존의 노동조합운동을 분쇄하기 위해 정치적 기능을 행사하는 노동단체적 형식을 취한 반공단체였다.[1]

---

1. 한국노동조합총연맹(1979), 『한국노동조합운동사』, 한국노동조합총연맹, pp. 281.

대한노총은 1960년 4·19 이후 한 차례의 개편을 보게 되었고, 1961년 5·16 직후 해체되었다가 그해 8월에 〈한국노동조합총연맹(한국노총)〉으로 재편성되었다.

대한민국 정부수립 이후, 대한노총과 한국노총 주도 아래 진행된 노동조합운동의 특성을 몇 가지 주요 측면에서 살펴보고자 한다.

첫째, 노동조합운동의 이념적 기초는 일관되게 노동조합주의가 표방되었으며, 특히 반공 이데올로기와 노사협조주의가 지속해서 강조되었다. 대한노총은 결성 당시 선언문에서 "우리는 모든 번잡한 이론을 타파한다."고 천명함으로써 운동이념이나 노선의 설정을 스스로 배제하고 있으면서도, 강령에서는 "우리는 혈한불석(血汗不惜, 피와 땀을 아끼지 않음)으로 노자간 친선을 기함"이라고 하여 노사협조주의를 신봉하였다.

1960년 4·19 이후 노동조합은 "노동자의 인권수호와 경제적·사회적 지위 향상"을 기본강령의 주요 내용으로 내세움으로써 경제주의의 한계를 벗어나지 못하였다. 1961년 5·16 이후 재편성된 한국노총은 결성 당시의 강령에서 반공 체제의 강화, 노동자의 생활 수준 향상, 정치적 중립을 채택함으로써 노동조합운동의 보편적 임무인 정치투쟁을 스스로 포기하고 경제주의·합법주의에 몰입되었다.

이와 같은 노동조합운동의 이념과 노선은 오늘날에 이르기까지 노동조합운동을 지배하고 있고, 그 기조(基調)에 있어서도 그다지 발전된 내용을 보여주지 않고 있다. 대한노총 결성 당시부터 일관되게 견지되어 온 저차적이고 허구적인 노동조합주의는 자본 측과 국가권력에 대한 종속과 투항을 가져왔을 뿐이고, 노동자계급의 투쟁역량을 옳게 결집해내지도 못했으며, 노동자의 근본적 요구 해결을 지향하는 지도노선으로도 되지 못한 것이다.

이 같은 노동조합주의는 80년대에 들어와 자주적인 노동운동의 발전 가능성이 증대되고 새로운 운동 주체의 구축에 대한 요구가 높아짐에 따라 과학적인 운동이념과 노선의 모색이 점차 고조되고 있다.

둘째, 노동조합의 조직체계는 기업단위에서 산업단위로 -1961년 노동조합의 재편성 과정에서-, 1980년 노동관계법 개정 이후에 있어서는 다시 기업단위로 바뀌게 되었다. 그러나 산업별노동조합 조직체계도 그것은 외형상·형식상의 체계에 지나지 않았고 실제로는 기업단위 체계를 완전히 탈피한 것은 아니었다.

즉, 노동조합 가입은 형식상 산업별노조에서 하는 것으로 되어 있었고 산별조직의 통제력도 강했으나, 노동조합의 가장 핵심적인 기능인 단체교섭은 대부분 기업단위에서 행해지고 있었다. 현재의 기업단위 노동조합 체계는 정규 종업원만을 조직 대상으로 하게 되고, 거대 독점자본에 대항하기 위한 산업별 공동투쟁이나 통일투쟁을 불가능하게 하였다.

또한 기업단위 조직체계는 조합 지도부의 어용화를 심화시키게 되었고, 국가권력이나 총체적 자본으로부터의 자주성 또는 주체성을 확보하지 못한 상급조직은 그 가맹조직인 기업단위 노동조합들에 대해 올바른 지도력과 통제력을 행사하지 못하게 됨으로써 각급 조직 간의 깊은 단절을 가져오게 되었다.

이와 같은 조직형태의 취약성과 아울러 낮은 조직률은 노동조합운동의 발전을 제약하는 주요한 요인으로 작용하였다.

한편으로 대한노총과 노총이 주도하는 노동조합운동에 대한 반발이나 저항이 없었던 것은 아니다. 1959년 〈전국노동조합협의회(전국노협)〉 발족, 1963년 〈한국노동조합총연합회(한국노련)〉 결성 등 1970년대 있어서의 이른바 '민주노동조합운동'의 활발한 전개가 그것이다.

특히 80년대에 들어와 노동관계법의 개정과 노동운동에 대한 탄압 증대에 따라 노동조합운동이 노동자의 투쟁역량을 포용하지 못하게 됨으로써 제도권 밖에서 자주적 운동체의 구축을 위한 노력이 강화되게 되었으며, 1987년 하반기에는 신규 노동조합을 중심으로 한 노동조합운동의 민주화 움직임이 시도되게 되었다.

새로운 운동조직체의 구축을 위한 노력은 과학적이고 전진적인 운동이념의 모색을 위한 노력과 궤를 같이한다는 점에서 더한층 중요한 의미를 갖는 것이다.

셋째, 투쟁의 형태와 성격은 몇 갈래로 나누어 볼 수 있다. 대체로 노동자의 투쟁은 노동조합에 의한 경제주의적·합법주의적 투쟁, 조합원 또는 기층노동자의 자연발생적·비조직적 투쟁, 70년대 민주노동조합의 투쟁, 80년대 자주적 운동역량의 정치적 성격을 띤 투쟁으로 나타났다.

노동조합에 의한 경제주의적·합법주의적 투쟁은 1971년 「국가보위에 관한 특별조치법」의 제정·공포 이전에는 노동쟁의의 형태를 통해 제기되었고, 정치투쟁의 성격은 거의 수반되지 않았다. 따라서 이러한 성격의 투쟁은 대부분 저차적인 요구 제기에 끝나게 되었고, 결과적으로도 투쟁역량의 강화로까지는 연결되지 못했다.

그리고 기층노동자의 비조직적 투쟁은 부단히 발생한 투쟁 형태로, 경우에 따라서는 그 양태가 대단히 격렬하였다. 그러나 자연발생적·비조직적 투쟁은 대부분 경우 요구 관철이라는 점에서 큰 성과를 달성하지 못하였고, 조직적 역량으로까지 발전되지 못한 것이 일반적이었다.

70년대에 있어 이른바 '민주노조'가 전개한 투쟁은 조직적이면서도 지속적인 양태를 나타냈고 투쟁의 성격이 정치투쟁의 차원으로까지 발전되지는 못했으나 투쟁 과정에 있어서는 국가권력과의 첨예한 대결 양상을 나타내기도 했다.

또한 민주노조들은 조직 간 연대투쟁을 모색하기는 했으나 연대기구까지를 형성하지는 못했고, 1980년을 전후하여 민주노조에 대한 심한 탄압으로 인해 조직 기반이 와해되었으나, 80년대 노동운동 발전을 위한 귀중한 경험의 축적으로 되었다. 80년대에 들어와서는 노동조합운동 내부에서의 새로운 운동역량 구축이 시도되기도 했으며, 한편으로는 자주적 노동운동체의 발전이 다양한 형태로 시도되었다.

이 밖에도 신규 노동조합 결성 및 어용노조 민주화를 둘러싼 투쟁, 노동운동 전력자, 이른바 '블랙리스트'에 의한 해고 반대 투쟁, 법외조합의 조직활동 보장을 위한 투쟁 등이 또 다른 투쟁 형태로서 지적될 수 있겠다.

넷째, 정부 수립 이후 노동조합운동은 민족문제의 해결과 민주주의의 실현이라는 면에서는 의식적이고 효과적인 활동을 추진하지 못했고, 타(他) 민중운동과 연대를 실현하지도 못했다. 그러나 1950년대 이래 계속적으로 제기되어 온 주한미군 종사 노동자들의 파업투쟁, 1960년대 이래 외국인투자기업에서 각종 노동자투쟁, 그리고 1970년 「외국인투자기업의노동조합및노동쟁의조정에관한임시특례법」 제정 반대 투쟁 등은 비록 노동자 자신들의 노동생활 조건의 개선을 위한 요구에서 비롯된 것이라 할지라도 민족문제의 해결을 위한 운동의 큰 테두리에 포함해도 무방할 것 같다.

앞으로 외자 도입의 가속적인 확대에 따라 외국 독점자본과 노동자계급과의 갈등은 더욱 증대될 것으로 예견되고, 민족자주와 자립, 민족통일을 지향하는 민족운동에 대한 노동자 참여는 더욱 확대될 것으로 전망된다.

한편, 노동자계급의 민주주의에 대한 갈망은 어느 계급, 어느 계층보다 강렬했음에도 노동조합운동은 민주주의를 실현하기 위한 투쟁의 전면에 나서지는 못했다. 그러나 그간에 추진되어 온 노동자의 투쟁 그 자체는 민주주의를 위한 구체적 노력으로 평가되어야 마땅하다.

특히 4·19를 전후한 노동자의 각종 투쟁과 70년대 민주노조의 조합 활동 보장을 위한 투쟁, 80년대 전반기 노동자들의 정치적 요구 실현을 위한 투쟁, 1987년 6월 민중항쟁에 노동자들의 폭넓은 참여 등은 민주주의운동의 구체적인 내용으로 평가할 수 있을 것이다.

그리고 타 민중운동과의 관계에 있어서는 노동조합운동이 농민운동과 도시빈민운동 및 지식인 운동과 연대를 확보하지 못했으며, 어떤 면에서는 그와 같은 연대를 의도적으로 배제하였다. 그러나 70년대 이후에 있어서는 조합원들이나 하부조직의 경우에 있어 타 민중운동과의 연대 강화를 위한 노력이 보다 증대되어왔음은 분명하다.

3. 노동조합운동의 현 단계적 상황과 성격

1980년대 전반기를 경과하여 80년대 후반기에 접어든 현 위치에서 볼 때, 한국 노동조합운동은 운동이념이나 노선의 확립, 투쟁의 전략·전술의 정립, 통일적 조직역량의 확보, 경제투쟁과 정치투쟁의 결합, 민중운동의 주도라고 하는 면에서는 확고한 발전의 계기를 장악하고 있지 못함은 부인할 수 없는 사실이지만, 1987년 하반기 노동자의 대중투쟁을 통해 그 질적 고양을 위한 전환기에 접어들고 있음은 확고한 것으로 보인다.

여기서는 현 단계 한국 노동조합운동의 상황과 성격을 운동이념과 기조, 조직형태와 조직률, 주체적 조건과 활동의 측면에서 살펴보고자 한다.

1) 운동이념과 기조상의 특성

한국 노동조합운동의 이념적 기초는 노동조합주의에 근거하고 있다. 일반적인 개념으로서의 노동조합주의는 조합의 활동을 단체교섭에 집중하고, 파업 등의 쟁의행위도 경제투쟁에 국한하며, 자본주의 체제의 틀 내에서 부분적인 개선을 통해 제(諸) 노동조건 및 경제적·사회적 지위의 향상을 도모하는 것을 운동의 목적으로 하여 정치투쟁을 경시하는 경제주의적 입장을 말한다.

노동조합주의는 영국 노동조합주의(trade unionism)에서 그 전형을 찾을 수 있는데, 그것은 〈영국노동조합회의(TUC)〉의 경제주의와 〈노동당〉의 의회주의라는 개량주의의 두 개의 기둥에 근거를 두고 있다.

미국에서의 노동조합주의는 실리적 조합주의(business unionism)로 특징지어지는데, 이 실리적 조합주의는 노동운동 이론가 혹시(R. F. Hoxie)가 지적하고 있는 바와 같이 계급의식보다는 직업적 의식에 기초하고 있으며, 그 주된 목적은 특정 직종, 특정 산업에 속하고 있는 조합원의 일상적인 이익의 증진에 주어지고, 조합원 외의 노동자의 이익에 대해서는 냉담한 태도를 취한다.

또한 실리적 조합주의는 자본주의 체제와 임금제도를 용인하는 보수주의이며, 극히 온건한 경제주의라고 할 수 있다. 이러한 유형에 속하는 노동조합의 주된 요구획득 수단은 단체교섭이며, 파업투쟁도 가능한 한 회피하고 직접적인 행동은 취하지 않는다는 특징을 보인다. 앞에서 보듯 각국에서 노동조합주의는 다양한 특징들을 나타내고 있다.

그런데 사실상 노동조합은 당초 노동자계급의 절실한 경제적 요구의 실현을 목표로 조직된 것이며, 자본주의가 고도로 발달한 오늘날에도 경제투쟁이 갖는 중요성은 결코 낮게 평가할 수 없다. 그러나 노동조합은 정치투쟁의 전개를 본래의 자기 임무로 하고 있고, 특히 국가독점자본주의적 체제하에서는 경제투쟁과 정치투쟁을 올바르게 결합함으로써 실질적으로 노동자의 근본적인 요구를 해결해 나갈 수 있는 것이다.

더욱이 식민지적 통치하에서 자본주의의 출발을 보게 되었고 현재도 대외의존적 경제체제를 유지하고 있으며 관료적 권위주의를 기초로 하는 이른바 제3세계 국가들의 경우에 있어서는 정치투쟁의 중요성이 더한층 강조되지 않을 수 없다.

이러한 관점에서 볼 때 한국 노동조합운동이 표방하는 노동조합주의는 역사적인 자기 근거도 갖추고 있지 못하고, 장구한 투쟁 속에서 축적된 제반 원칙을 수용하지 못한 허구적 성격을 띠고 있다. 또한 그것은 노동조합의 본래적인 임무와 시대적 주요 과제에 적극적으로 대결하려는 노력을 스스로 방기하는 입장을 취하는 것으로 규정될 수 있다.

이와 같은 운동이념의 성격은 대부분 노동조합이 경제투쟁도 강력하게 전개하지 못하고 있고, 정치투쟁에 있어서는 구체적인 의지마저 상실하고 있는 데서도 분명하게 드러나고 있다.

그리고 한국노총이 제시하고 있는 노동조합운동의 기본 방향은 ① 노동기본권의 확보 ② 노동권과 생활권의 확보 ③ 산업민주주의의 실현 ④ 사회복지의 확충 ⑤ 민주주의와 평화의 옹호이다.[2]

노동기본권의 확보는 자주적 단결권의 확보, 단체교섭권의 자율성 확보, 단체행동권의 보장을 그 내용으로 한다. 노동권과 생활권의 확보에 있어서는 고용안정 대책의 확립, 생활임금의 확보, 노동조건의 개선, 고도 기계화에 따른 대책의 강구가 주요 목표로서 설정돼 있다.

산업민주주의 실현에 있어서는 경영참가권의 확보, 이익균점권의

---

2. 한국노동조합총연맹(1987), 『정책연구보고서』, 한국노동조합총연맹.

확보, 경제사회심의회의 기구의 설치가 주요 내용으로 제시되고 있다. 사회복지의 확충은 사회보장제도의 확충, 세제의 개선, 기업 내 복지의 확충을 그 내용으로 한다. 또 민주주의와 평화의 옹호에 있어서는 민주주의적 요구 실현, 평화의 옹호가 주요 과제로 설정돼 있다.

노총이 설정하고 있는 이와 같은 노동조합운동의 기조는 노동조합운동이 그 목표로서 설정할 수 있는 일차적이고도 기초적인 것이라 할 수 있겠으나, 그것 또한 조직적 역량을 기초로 한 강한 실천성과 직결되지 못한 채 정책 의존적 경향을 다분히 내포하고 있다.

이러한 운동이념이나 기조를 채택하고 있는 노동조합운동은 노동기본권을 박탈당한 채 노사 간에 엄연히 존재하는 계급 대항적·투쟁적 측면을 도외시하고 노사협조주의에 따른 무원칙한 타협을 심화시키게 되었다.

자본 측과 국가권력에 대한 맹목적 타협은 굴종을 가져오게 될 뿐이고, 운동에 참여하는 노동자들의 현실적인 요구 실현을 외면하게 됨으로써 노동조합운동 그 자체를 허구화시키고 노동귀족에 의한 노동조합 지배를 정당화시키게 되는 것이다.

그런데 한국 노동조합운동이 운동이념과 기조상의 허구성과 한계를 나타냄으로써 이를 극복하고자 하는 노력이 80년대에 들어서면서 고조되게 되었다. 그것은 자주적 노동운동체에 의한 운동노선에 대한 광범한 논의와 1987년 7월 이후의 노동자투쟁을 통해서 더욱 구체화되었지만, 그러나 올바른 운동이념과 노선의 설정은 새로운 운동역량의 강화·발전이 이루어질 때 비로소 물질적 힘으로 작용하게 되는 것이다.

2) 조직상의 특성

한국 노동조합운동의 조직적 측면에서의 주요 특성으로서는 낮은 조직률과 기업단위 노동조합 조직체계를 들 수 있겠다.

1960년대 이래의 산업화 전개 과정에서 임금노동자의 괄목할 만한 양적 성장에도 불구하고 노동조합운동은 불과 13~14%의 낮은 조직률을 실현했고, 1980년 이후에는 이보다 더 저조했으나 1987년 하반기에 들어와 다소 증가했다.

이 같은 조직률의 저위(低位)적 특징은 다음과 같은 요인들에 의한 결과인 것으로 생각된다. 즉, 각종 법률로 조직 대상의 범위가 한정되어 있다는 것, 언론기관의 경우 법률상의 단결권이 보장되고 있으나 정치권력의 강력한 규제로 노동조합 조직이 사실상 곤란하였다는 것, 일반 사업체의 경우에도 정부 당국의 비호 아래 사용자 측의 부당노동행위가 심하게 자행됨으로써 노조 조직화가 크게 제약당해 왔다는 것, 노동조합운동의 주체적인 면에서도 조직활동이 각종 제약을 극복할 정도로 강력하게 전개되지 못했다는 것, 노동조합운동이 노동자의 조직화를 유도할 정도로 활발하게 추진되지 못했다는 것 등이 그것이다.

어쨌든 노동조합의 조직률이 낮고 노동조합운동에의 참여의식이 약하다는 사실은 노동운동의 주체적 역량 확대를 제약하는 결정적인 요인으로 되고, 노동자계급의 유일한 사회적 힘의 원천인 '수의 다수(多數)'를 실현하는 데서 분명한 한계를 보여주는 것이다.

광범한 노동자의 조직화와 적극적인 참여 없이는 조직역량의 확대·강화를 통한 운동 전반에 걸친 투쟁 고양의 계기는 주어지지 않는 것이다.

다음으로 조직체계의 특성을 살펴보기로 하자. 1980년 노동조합법의 개정에 따라 노동조합의 조직형태가 기업단위 노동조합 체계로 법

령으로 강제되었다. 법 개정 이전에도 노동조합의 조직형태는 외형상 또는 형식상으로는 산업별 체제로 돼 있었으나, 실제로는 기업단위 체계를 탈피하지 못하고 있었다.

이러한 조직체계상 형식과 내용의 괴리는 상급조직과 하부조직 간의 갈등과 마찰을 심화시켰고, 외부적인 지배와 개입을 용이하게 만들었을 뿐 아니라, 노동조합 상층부의 무원칙한 타협과 정치권력과의 밀착을 촉진했다.

이러한 조직체계가 노동조합법의 개정에 따라 명실상부한 기업단위 노동조합 체계로 전환되게 되었다. 기업별노동조합은 다음과 같은 취약점을 내재한 것으로 공통적으로 평가된다.

첫째, 노동조합 단위가 기업마다에 있기 때문에 기업 내부에서의 교섭이나 투쟁만이 노동조합 활동의 중심으로 되고 조합 간부와 기업 측의 유착이 이루어지기 쉽다.

둘째, 거대 독점자본에 대항하기 위한 산업별 공동투쟁이나 통일투쟁을 발전시키기가 곤란할 뿐 아니라 정치적인 과제들을 해결해 나가기가 곤란하다.

셋째, 종업원 중심의 조합이기 때문에 직장조직이나 현장조직이 확립, 운영되지 않으면, 조합원들이 사실상 미조직 상태와 같이 조합활동 참여를 배제당한 채 방치되게 된다. 이러한 조건에서는 조직역량 또는 투쟁역량의 결집이 극히 곤란하게 된다.

넷째, 조합원의 범위가 그 기업의 정규 종업원에 대해서만 한정되는 경우가 많고, 동일한 사업장에 종사하고 있는 노동자라 할지라도 임시공, 사외공(社外工), 하청 및 정시제(par-time) 노동자 등은 조합원에서 제외되는 약점을 안고 있다.

이와 같은 기업별노동조합이 갖는 노동조합운동에서의 취약성은 한국의 경우 더한층 두드러지게 나타나고 있다. 전체 기업에 있어 압도적 비중을 차지하고 있는 중소기업의 경우 기업별노동조합의 존립이나 활동 전개가 사실상 매우 한정된다. 또한 노동조합 기본권이 대폭 침해당하고 있고 자본 측에 의한 부당노동행위가 노골적으로 자행되고 있는 상황에서, 대기업도 노동조합의 조직과 투쟁의 전개가 큰 난관에 봉착하는 실정이다.

그뿐 아니라 국가권력이나 총체적 자본으로부터 자주성과 주체성을 확보하지 못하고 있는 상급조직은 그 가맹조직인 기업단위 노동조합들에 대해 올바른 지도력과 통제력을 행사하지 못하게 됨으로써 각급 조직 간의 깊은 단절 현상을 빚게 되었고, 산업별 또는 지역별 통일투쟁이나 공동투쟁을 조직·발전시키지 못하고 있다.

그런데 한국 노동조합운동이 지닌 이러한 조직상의 취약점을 극복하고자 하는 움직임이 80년대에 들어와서 제도권 밖에서 거세게 일어났다. 1984년 법외 노동조합으로서의 〈청계피복노동조합〉의 복구와 〈한국노동자복지협의회〉의 결성은 새로운 형태의 노동자조직을 형성하기 위한 시도였다.

1985년에 들어와서는 새로운 노동운동의 틀을 구축하기 위한 지역 운동체의 조직들이 추진되었다. 그 대표적인 것으로는 〈서울노동운동연합(서노련)〉과 〈인천지역노동자연맹(인노련)〉을 들 수 있다. 서노련과 인노련 외에도 비공개적인 노동운동조직들이 독자적인 운동이념과 노선을 표방하면서 새로운 투쟁 양식을 모색하게 되었다.

그리고 1987년 7월 이후 노동자투쟁 과정에서 1천 개 이상의 사업장에서 신규 노동조합들이 결성되었고, 수많은 기존 노동조합에서 민주화 움직임이 활발하게 진행되었다. 이와 같은 민주적 성격을 띤 노동조합들의 조직적 기반 구축과 상호 연대의 확대·강화는 노동조합운동의 새로운 주체 형성에 있어 주요한 토대가 될 수 있을 것으로 보인다.

또한 이러한 노동조합들은 「6·29 선언」 이후 결성된 이른바 제도권 밖의 노동운동 단체들과 직접·간접적인 관계를 가지면서 노동운동 전선의 통일이 모색될 것으로 전망된다.

3) 주체적 조건과 활동상의 특성

노동조합운동의 주체적 조건에 있어 주요한 특성으로 지적할 수 있는 것은 노동조합의 절대적 요건이라 할 수 있는 자주성을 확보하지 못하고 있고, 또한 노동조합운동의 최고의 원칙이라 할 조합민주주의를 충실하게 실현하지 못하고 있다는 사실이다.

노동조합의 자주성은 그것의 기본적인 성격임과 동시에 절대적인 요건으로서 외부로부터의 어떠한 지배나 억압도 배격하여 노동조합의 조직·운영을 주체적으로 수행해나가는 것을 의미한다. 여기서 말하는 지배나 억압이란 정치권력과 자본 및 그 대행자인 경영자로부터의 그것을 말한다. 그리고 노동조합의 기본성격인 대중성과 계급성도 노동조합의 자주성 확보 없이는 결코 보장될 수 없는 것이다.

한국 노동조합운동의 전개 과정에서 볼 때 미군정 아래 대한노총의 성립에서부터 오늘날에 이르기까지 노동조합의 자주성 확보를 위한 뚜렷한 투쟁적 계기는 성취되지 않았다. 미군정 시기 전평의 분쇄를 목적으로 한 반공단체로서의 대한노총 성립 동기, 자유당 독재정권하에서의 어용화 및 기간단체화(基幹團體化), 5·16 군사정부에 의한 하향적인 조직 재편성 과정, 70년대 노동운동에 대한 통제 강화와 노동조합의 타협과 순응, 1980년 강력한 억압 조치와 노동조합의 굴종적 투항 등과 같은 제(諸) 계기들에 의해 노동조합의 자주성이 크게 침해되었다.

그리고 노동조합운동에서 조합민주주의는 노동조합의 철저한 민주적 운영을 확립함으로써 조합원을 노동조합의 진정한 주인공으로 되게 하는 불가결한 요건이다. 또한 그것은 조합활동에 대한 조합원들의 높은 자각과 강한 책임의식을 계발하여 노동조합운동에 자발적이고 적극적인 참여를 가능하게 하는 최고원칙이다.

조합민주주의를 노동조합운동의 최고원칙이라고 규정하는 이유는 조합민주주의의 확립을 통해서만이 노동조합의 대중성과 계급성은 통일되고 노동조합의 고유한 임무가 달성될 수 있는 것이며, 노동자의 자발적인 적극성이 전면적으로 발휘될 수 있고, 노동조합의 투쟁역량이 강화될 수 있기 때문이다.

그럼에도 한국 노동조합운동의 전개에 있어서는 그 최고원칙인 조합민주주의가 확립되지 못한 채, 그것이 조직의 운영과 활동 면에 있어 충실하게 실현되지 못하고 있다.

조합민주주의가 확립되지 못하도록 하는 요인은 앞에서 본 바와 같은 운동이념이나 기조, 조직역량이나 체계상의 특성에서도 찾을 수 있을 것이며, 그간에 있었던 여러 차례에 걸친 노동조합운동의 단절과 조직 내외의 제 조건에 의한 자주성의 상실, 그리고 노동자들의 현실적인 요구에 기초한 지속적인 투쟁이 전개되지 못한 데서도 찾을 수 있겠다.

노동조합운동에서 조합민주주의의 미확립은 조합 운영의 관료화를 조장하게 되었고, 상층 조합 간부들에 의한 맹목적이고 전횡적(專橫的)인 지배를 심화시켰으며, 조직역량의 강력한 결집을 저해하는 요인으로 작용하게 되었다.

이러한 상황에서도 조합민주주의의 실현에 대한 기층 조합원들의 요구는 부단히 제기되어 왔고, 비록 소수이긴 하지만 단위노동조합도 상급조직 및 산업별 차원에서의 조합민주주의의 관철을 위한 노력을 추진해왔다. 이와 같은 요구와 노력은 갈수록 확대될 것으로 보이며, 특히 신규 노동조합에 의한 조합민주주의의 실현을 위한 노력은 조직 역량의 강화로 전화될 수 있을 것으로 기대된다.

다음으로 노동조합의 투쟁적 측면에서의 특성을 살펴보기로 하자. 앞에서도 강조하였지만, 경제투쟁과 정치투쟁의 결합은 노동자계급이 전개하는 투쟁에서 행동 원칙이고, 노동자계급의 근본적인 요구 해결을 목표로 하는 노동조합운동의 기본임무다. 그럼에도 한국의 노동조합운동은 경제투쟁을 산업별 공동투쟁이나 통일투쟁을 통해 적극적으로 전개하지 못하고 있으며, 정치투쟁은 법률적인 금지 조치를 명분 삼아 완전히 포기한 실정이다.

이처럼 노동조합운동이 정치투쟁을 본격적으로 전개하지 못함으로써 노동조합 기본권이 결과적으로 크게 침해되었고, 노동자계급의 노동·생활조건이 근본적으로 개선되지 못했을 뿐만 아니라, 근로대중을 비롯한 전체 민중의 정치적 요구 실현에 있어 민중운동의 주도적 역량으로서의 노동조합의 자기 역할과 임무를 한정 짓게 되었다.

그러나 1980년대에 들어와, 85년 구로지역 몇 개 노동조합의 연대파업에서 보듯, 단위노동조합들의 투쟁이 점차 정치적 성격을 증대시켜 가게 되었다.

한편, 자주적 노동운동조직체에서 표방하고 있는 투쟁 방향이 경제주의적 경향의 극복을 전제로 한 정치투쟁에 집중되고 있음은 결코 간과할 수 없는 투쟁 조류로 평가될 수 있다. 앞으로 노동자계급이 전개하는 각종 투쟁에 있어서는 국가권력과의 충돌을 야기하게 되는 경우가 많을 것으로 보이며, 그와 같은 투쟁은 필연적으로 정치투쟁으로 전환될 가능성도 커질 것으로 예견된다.

4. 7~9월 노동자투쟁의 성격과 노동조합운동의 전망

1) 노동자대투쟁의 배경

1987년 7~9월 노동자대투쟁은 한국 자본주의의 전개 과정에서 심화·확대된 자본·임노동 관계의 모순구조의 구체적 표현이며, 그간에 축적되고 강화된 노동자계급의 투쟁역량의 직접적 발로라고 할 수 있다.

60년대 이래의 한국 자본주의의 급속한 전개에 따라 한편으로는 자본축적이 확대되고 다른 한편으로는 노동자계급의 양적 성장과 질적 구성의 변화가 진전됨으로써 기본적인 사회관계인 노자 간 모순이 점차 심화·확대되게 되었다.

특히 1980년대에 있어 한국 자본주의의 전개는 대외 종속의 심화와 독점의 강화를 그 특징으로 하였으며, 이것은 부(富)의 편재와 경제 잉여의 해외 유출을 가져오게 되었고, 노동자계급의 절대적·상대적 빈곤화의 결과를 낳았다.

말하자면 한국 자본의 축적을 위한, 또는 한국 자본주의의 재생산 기구를 유지하기 위한 자본 측의 논리 관철은 노동자들에 대한 저임금, 장시간 노동, 산업재해 발생의 대형화·심각화, 상대적 과잉인구의 광범한 존재와 고용형태 불안정, 노동복지 빈곤을 고착화시켰으며, 또한 국가권력을 매개로 한 노동통제 및 지배를 강화하게 되었다.

한편, 정치적으로는, 1980년 '5·17' 이후 등장한 군사정권은 노동관계법의 개악과 더불어 노동운동에 대한 탄압을 강화함으로써, 외세를 직접적 배경으로 하는 통치기구로서 성격과 독점자본의 계급지배 도구적 성격을 여지없이 드러내게 되었다.

이와 같은 자본 측과 국가권력의 물리적·이데올로기적 통제와 억압에도 불구하고 노동자들의 투쟁은 발전되어 왔으며, 특히 80년대에 들어서는 70년대와는 뚜렷이 구별되는 고양 국면에 접어들게 되었다.

1980년대 전반기 노동운동 전개의 주요 특징은 다음과 같이 지적될 수 있겠다.

첫째, 운동의 이념적 기초와 운동노선에 있어서는 노동조합주의·개량주의의 극복과 변혁 지향적인 방향의 정립이 모색되었다. 이는 80년 이후 대두되기 시작했으며, 특히 1985년의 구로지역 노동조합들의 연대파업은 현장 노동 대중에 뿌리박은 노동조합들이 주체가 되어 노동조합주의의 극복을 시도했다는 점에서 운동노선의 발전에 중요한 계기가 되었다.

둘째, 조직형태와 역량이라는 측면에서는 통일적인 조직체계가 확립되지 못하였고 조직역량이 광범하고 공고하게 결집하지 못하였다. 그러나 70년대에 비해서는 선진적 의식을 지닌 노동자의 수가 많이 증가하였고 자주적 노동운동조직의 건설을 위한 노력이 치열하게 전개되었다.

셋째, 투쟁 양태와 성격의 면에서는 자연발생적·고립분산적 투쟁에서 점차 조직적·계획적인 투쟁으로 전환되어 가는 양상을 나타냈고 또한 정치투쟁의 고양 가능성이 증대되었다. 1984년의 청계피복노조 합법성 쟁취 투쟁, 1985년의 구로지역 노동조합의 연대투쟁 등은 노동조합 투쟁의 양태와 성격을 발전시킨 대표적 사례였다.

넷째, 노동운동의 전략·전술이라는 면에서는 과학적인 그것이 확립되지 못했지만, 올바른 전략·전술의 확립을 위한 노력은 크게 증대되었다. 이것은 새로운 운동 주체가 확고히 구축되지 못했고 대중을 올바르게 지도해낼 수 있는 정치역량이 정착되지 못한 결과로 생각된다.

다섯째, 민중운동과의 관련성이라는 측면에서는, 노동자계급이 사회변혁의 주체이고 전체 민중운동의 주도적 핵심체라는 주장과 인식이 확대되었고, 노동운동의 고양이 타 부문 민중운동의 발전을 촉진하게 되었다.

이상과 같은 주요 측면에서 볼 때, 80년대 전반기 노동운동의 위치는 70년대의 역량 축적을 기반으로 80년대 후반기 노동운동의 질적인 전환과 고양을 위한 진통기 내지 준비기였다고 규정될 수 있다.

이 시기의 실천적 모색은 노동조합운동의 현재적·잠재적 운동역량을 크게 발전시켰으며, 또한 이러한 역량은 6월 민중항쟁을 계기로 하여, 7~9월에 있었던 노동자들의 대투쟁으로 발현된 것이다.

2) 노동자대투쟁의 특징적 성격과 의의

1987년 하반기 노동자투쟁의 특징적 성격은 다음과 같이 규정될 수 있을 것으로 생각된다. 첫째, 7~9월의 노동자투쟁은 한국에서의 임금노동자계급 형성 이래 최대 규모의 파업투쟁이었으며, 대중적 항쟁이었다는 점이다.

전국적·전 산업적 범위에 걸친 노동자의 대투쟁은 그간 오랫동안 억눌려 왔던 노동자들의 불만과 요구가 잠세적인 형태로 존재해 오다가 거의 동시적으로 표출되었음을 반영해 주는 것이다. 그리고 1987년 하반기 노동자투쟁은 독점재벌의 대규모 주력 기업의 투쟁으로 전반적으로 주도되었다는 점에서 독점자본에 대한 항거라는 성격마저 띠고 있다.

둘째, 노동자의 지속적인 투쟁을 위한 자주적인 조직 건설이 투쟁의 주요 목표가 되었다는 점이다. 7~9월 투쟁 과정에 있어서는 많은 사업장에서 신규 노동조합의 결성과 기존 노동조합의 민주화를 위한 요구가 세차게 제기되었으며, 그 결과 1천2백여 개의 신규 노동조합(기존 노동조합의 약 40%)이 결성되게 되었고, 또한 많은 기존 노동조합의 집행부가 물러앉거나 임원의 직선제 선출이 시행되게 되었다.

셋째, 노동자투쟁이 종래의 투쟁들에 비해서는 훨씬 더 대중적이고 대규모적이며 조직적인 형태를 취했으며 투쟁의 장기성과 완강성을 보여주었을 뿐만 아니라, 운수 부문의 지역적 전면 파업이나 〈현대그룹노조협의회〉의 경우에 있어서와 같이 연대투쟁이 시도되었다는 점이다. 또한 노사협조주의와 같은 자본 측의 통제적 이데올로기를 극복하고자 하는 노력이 실천을 통해 구체화되었다.

넷째, 중화학공업 부문 대규모 사업장의 남성 노동자가 노동자투쟁의 선도 세력으로 등장하게 되었다는 점이다. 이러한 사실은 중화학공업의 발전이 전체 산업을 주도함에 따라 점차 고도로 생산이 집적된 대규모 사업장이 생산의 중심부로서 정착하게 되었다는 것과 그와 같은 생산과정에서 결합되고, 훈련되고, 조직된 남성 노동자들이 노동운동의 주력으로 대두되었음을 말해주는 것이다.

다섯째, 7~9월의 노동자투쟁은 6월 민중항쟁의 역동성을 계승한 것이면서도 민중운동의 발전을 촉진하게 되었다는 점이다. 6월항쟁 과정에서 노동자들은 조직적인 형태로 참가하지는 못하였지만, 투쟁에의 광범한 참여를 통하여 자신의 요구를 확인하고 인식의 전환을 가져오게 되었으며, 민중항쟁의 승리를 곧바로 계승하여 대투쟁을 제기하게 되었다. 또한 이러한 노동자의 투쟁은 전체 민중운동의 발전을 촉진하는 추동력이 되었다.

이와 같은 특징적 성격을 지닌 7~9월의 노동자투쟁은 한국 노동운동의 발전에 있어 다음과 같은 중대한 의의를 가지는 것으로 평가될 수 있다.

먼저 이번의 노동자투쟁은 광범한 노동자를 단련시키고 의식과 조직을 발전시키는 중요한 계기가 되었다. 광범위한 노동 대중이 스스로 투쟁의 전면에 나섬으로써 자신들을 억압하는 체제와 각종 제도의 구조를 분명하게 인식하게 되었다.

또한 노동자들은 노동자 자신들의 힘과 단결의 의미를 깨닫게 되었고, 아울러 사회적 무력감이나 패배주의를 상당한 정도로 극복하게 되었다. 그리고 투쟁 과정에서 노동자들은 조직적 지도의 중요성과 넓은 범위에 걸친 연대의 필요성을 인식하게 되었으며, 실제로 많은 사업장에서 노동조합을 조직하게 되었고 조직적인 연대 구축을 시도하게 되었다.

다음으로 이 투쟁은 노동자계급의 정치적 진출을 위한 대중적 토대를 마련하는 획기적인 계기가 되었다. 노동자들은 투쟁 과정에서의 정치적 탄압을 경험하면서 정치적 의식을 높일 수 있었다.

즉, 노동자들은 자신들의 투쟁이 총자본에 대한 대항으로서의 성격을 갖는다는 것을 확인할 수 있었고, 폭력을 행사하는 권력이 자본 측과 이해를 같이 한다는 사실을 분명하게 인식하게 되었을 뿐만 아니라, 정치투쟁의 중요성과 그것의 추진을 위한 조직적 정비의 필요성도 자각할 수 있었다.

이를 위한 구체적인 노력은 민주노조의 건설과 연대투쟁의 모색 및 〈민주헌법 쟁취 노동자공동위원회〉와 같은 노동자 정치단체의 조직으로 나타났다.

그리고 투쟁을 통해 노동자계급이 자주·민주·통일이라는 민족적 과제를 해결하기 위한 민족민주운동의 추진에 있어 그 주도 세력으로 성장하는 계기가 되었다는 것도 이번 투쟁의 중요한 의의로 지적될 수 있겠다.

그런데 1987년 하반기 투쟁은 이상에서 지적한 바와 같은 의의와 성과에도 불구하고 몇 가지의 주요 측면에서 한계를 보여주었다. 즉 투쟁 방향의 측면에서 경제주의적·개량주의적 경향이 극복되지 못했다는 점, 투쟁조직의 측면에서 조직적 지도성이 취약하여 매우 강고한 투쟁을 벌이고도 투쟁역량이 광범한 조직적 역량으로 결집하지 못했다는 점, 투쟁 방식의 측면에서 연대투쟁이나 통일적 투쟁이 전면적으로 추진되지 못했다는 점, 투쟁 목표의 측면에서 단위사업장 내의 경제적 요구를 전(全) 계급적·제도적 요구로 발전시키지 못했던 점, 민중운동과의 관련이라는 측면에서 상호 간 긴밀한 유대가 획득되지 못했다는 점이 그것이다.

이러한 한계는 앞으로의 부단한 투쟁을 통해서 점차 극복될 것으로 예견된다.

3) 노동조합운동의 발전 전망

한국의 노동조합운동은 1987년 하반기의 대투쟁을 또 하나의 계기로 하여 새로운 발전을 추진하게 될 것으로 전망되고 있다. 그와 같은 전망은 무엇보다 노동자계급의 성장에서 그 현실적 근거를 찾을 수 있다.

우선 그것은 1970년대에 이어 80년대에도 임금노동자의 수적인 증대와 생산적 또는 핵심적 노동자층의 비중 확대에서 찾을 수 있다. 노동자의 수적인 증대가 곧바로 노동자계급의 성장이나 사회적 역량의 확대를 의미하는 것은 아니라 할지라도, 노동조합운동이 이들의 조직화를 위한 자기 고유의 조직원리를 개발하고 더욱 적극적인 조직통일 활동을 펼친다면 노동자들의 잠재적인 역량은 강대한 조직역량으로 전환될 수 있을 것이다.

그리고 생산적 또는 핵심적 노동자층의 비중 확대는 노동자계급이 자본주의적 생산기구에 의해 결집되고, 훈련되고, 단련됨으로써 계급적 성숙을 촉진할 수 있음을 의미하는 것이다. 7~9월 투쟁 과정에서 중화학공업 부문의 대기업에서 특히 투쟁이 격렬했던 점도 이와 같은 사실을 반영해 주는 것이라 할 수 있다.

다음으로 노동자계급의 성장은 그 기초적 조건이라고 할 수 있는 노동자들의 의식이나 계급적 자각의 고양에서 찾을 수 있다. 생산활동 속에서 집단적 규율에 따른 훈련이 강화됨에 따라 노동자 상호 간 공통의식이 높아지고, 노동·생활조건의 개선과 권리 확보를 위한 요구 증대에 따라 노동자투쟁이 고조될 경우 노동자들의 의식이나 계급적 자각은 더한층 고양될 것으로 보인다. 7~9월 투쟁 과정에서 노동자들의 의식 향상과 자각 증대는 괄목할 만한 것이었다.

그리고 노동자계급의 성장은 그들 요구의 집약이나 확대 정도와 그것의 실현을 위한 조직적 활동 양태를 통해서도 그 현실적 근거를 발견할 수 있다. 현재의 절대적·상대적 빈곤화 혹은 열악한 경제적 상태와 현실적인 요구와의 모순은 필연적으로 노동자의 저항과 투쟁을 고조시키게 될 것이고, 그와 같은 저항과 투쟁이 고조됨에 따라 그것이 분산적이고 자연발생적인 것에서부터 더한층 계획적이고 조직적인 것으로 발전됨으로써 노동자계급의 성장은 급속하게 진전될 가능성이 크기 때문이다.

이상에서 살펴본 바와 같은 노동자계급의 성장 가능성을 기초로 한 한국 노동조합운동의 발전은 다음과 같은 측면에서 전망해 볼 수 있을 것 같다.

먼저 노동조합운동의 방향 설정이라는 측면에서는 노사협조주의와 실리적 노동조합주의를 극복하기 위한 노력이 증대되면서 체제 개혁을 지향하는 정치적 또는 사회적 조합주의가 추구될 것으로 내다보인다. 경우에 따라서는 변혁 지향적 운동노선이 추구될 가능성도 높아 종래의 허구적 노동조합주의는 크게 도전받게 될 것으로 생각된다.

이 같은 운동노선이나 방향의 전환은 한국 사회의 모순구조를 반영하는 것이고 자본-노동 관계의 첨예한 대립 양상에서 빚어질 결과일 것으로 짐작된다. 말하자면 한국 자본주의의 전개에 있어 대외 종속 심화와 독점 강화가 지속적으로 진행되고 노동 억압적 지배가 유지되는 한, 선진 공업국들의 경우에 있어서와 같이 노동조합주의의 정착을 위한 물질적·제도적 기반이 확립되기는 어려울 것이기 때문이다.

다음으로 노동조합운동의 조직역량 구축이라는 측면에서는 새로운 주체 형성을 위한 노력이 더한층 강화될 것으로 전망된다. 신규 노동조합의 결성, 기존 노동조합 및 조직체계의 민주적 개편, 지역별·산업별 연대 강화를 위한 움직임이 증대될 것이고 기업단위 노동조합 체계의 산업단위 노동조합으로 전환을 위한 노력이 커질 것으로 생각된다.

그러나 기존 노동조합의 체계와 질서의 민주적 개편이나 전환에 있어서는 상당한 진통이 수반될 걸로 예상되며, 실질적인 산업별 체계의 구축은 어떤 획기적인 계기가 필요할 것으로 생각된다. 아무튼 노동조합운동의 새로운 주체의 형성을 위한 움직임은 갈수록 커질 것으로 보인다.

그리고 노동조합운동의 투쟁 형태 전환이라는 측면에서는 경제투쟁과 더불어 정치투쟁이 점차 고양되고 경제투쟁과 정치투쟁의 결합을 위한 노력이 더한층 증대될 것으로 전망된다. 또한 자연발생적이고 대중적인 투쟁이 더욱 계획적이고 조직적인 투쟁으로 전환되어 갈 것으로 예견된다.

이 같은 투쟁 형태의 전환은 한국 자본주의가 국가독점적 성격을 취하는 한 필연적 결과일 것이기 때문이다. 그리고 노동조합의 조직체계가 산업단위로 바뀌지 않는다 하더라도, 지역별·산업별 연대투쟁이나 통일투쟁은 점차 확대되어 나갈 것으로 생각된다.

한편, 민주주의의 실현과 민족운동과의 관련이라는 측면에서는 노동조합운동이 이 방면에 대한 높은 관심을 표시하게 될 것이고, 더한층 폭넓은 참여를 하게 될 것으로 전망된다. 이것은 앞에서 언급한 정치투쟁의 고양 가능성과 맥을 같이 하는 것이며, 노동자가 희구하는 민주주의의 실현은 정치적 민주주의뿐만 아니라 경제민주주의·산업민주주의까지를 포괄하는 것이므로 민주주의의 진전에 따라 다양한 요구들이 제기될 수밖에 없기 때문이다.

또한 노동자들의 투쟁이 고양됨에 따라 노동자들은 계급적 이해와 민족적 이해가 서로 맞물려 있다는 사실을 인식하게 됨으로써, 민족적 과제의 해결을 위한 운동 참여 폭을 확대하게 될 것으로 보인다.

끝으로 전체 민중운동과 국제노동운동과 연대 강화라는 측면에서는 노동조합운동이 타(他) 부문 민중운동과의 연대를 주도하고, 국제노동운동과 종래의 형식적 관계를 청산함과 동시에 실질적인 연대를 확보하기 위한 노력을 강화해 나갈 것으로 전망된다. 이러한 것은 노동조합운동이 자체 운동 기반의 확대를 위해서일 뿐 아니라, 국내적으로나 국제적으로 사회세력으로서의 고립화를 면하기 위해서도 필요로 할 것이기 때문이다.

이상에서 살펴본 한국 노동조합운동의 발전에 대한 전망은 물론 노동조합운동을 둘러싼 객관적 상황의 변화에 따라서 매우 가변적일 수 있으나, 노동조합운동 발전의 합법칙성이라는 관점에 비추어서는 보편적 궤도에서 크게 벗어나지는 않을 것으로도 생각된다.

5. 노동조합운동의 발전을 위한 과제

현 단계적 상황에 비추어 볼 때 한국의 노동조합운동은 70년대의 잠세적(潛勢的) 역량 축적을 바탕으로 80년대 전반기의 진통기를 거치면서 이제 운동의 질적 고양을 위한 큰 전환기를 맞게 된 것으로 볼 수 있다. 이러한 전환점에 처해 있는 한국 노동조합운동의 발전에 있어서는 다음과 같은 구체적 과제의 해결이 절박하게 요구되고 있는 것으로 생각된다.

첫째, 과학적이고 올바른 운동이념과 방향을 정립하는 일이다. 노동조합운동의 이념적 기초는 노동조합의 본래적인 성격과 임무의 수행을 전제로 하는 바탕 위에서 설정되어야 하고 노동자계급의 근본적인 요구를 실현할 수 있는 과학적인 근거 위에서 정립되어야 할 것이다.

그것은 또한 노동조합주의의 한계성을 탈피할 수 있어야 하고, 2백 년에서 3백 년에 걸친 노동운동 역사에서 확인된, 승리와 비약, 패배와 정체 속에서 집약된 운동 발전의 합법칙성에 합치되는 것이어야 한다.

그리고 노동조합운동의 방향과 기조는 위에서 제시된 운동이념을 토대로 노동자계급의 직접적이고 기본적인 경제적·사회적·정치적 이익을 옹호·신장하고, 그와 같은 요구획득 투쟁을 사회발전을 지향하는 정치적 운동으로 전환해 나가는 데 그 목표를 설정해야 할 것이다.

이와 같은 운동이념이나 노선의 전환은 노동조합운동의 질적 고양과 주체적 역량의 대폭적인 개편을 통해서만 가능하게 될 것이다.

둘째, 노동조합의 자주성을 확보하고 조합민주주의를 확립하는 일이다. 노동조합운동은 노동조합의 자주성 확보를 위해 모든 합법적 가능성, 특히「노동조합법」의 틀을 확대해 나감과 동시에, 자본 측과 국가권력으로부터의 여하한 지배·개입이나 억압도 배격함으로써 노동조합의 주체적 독립성을 확보해 나가는 것이 최우선적인 과제로 제기되고 있다.

그리고 조합민주주의는 앞에서도 언급한 바와 같이 노동조합이 광범한 노동자의 요구를 통일하고 올바른 운동 기조와 활동 방침을 결정·실행하며, 스스로의 사회적 힘을 발전·강화해 나가는 데 있어서의 최대의 보장이다. 따라서 노동조합의 내부 운영과 활동 전반에 대한 민주적 개혁을 통해 운동 의지와 역량을 더욱 강화해 나가야만 한다.

셋째, 조직역량을 확대·강화하는 일이다. 노동자계급이 갖는 사회적 힘의 원천은 '수의 다수'이고, 실제적인 힘은 조직으로부터 나온다. 따라서 노동자계급은 조직되지 않으면 아무것도 아니고 조직되어야만 완전해지는 것이다.

그리고 노동조합운동의 조직적 통일은 매우 중요하다. 운동의 통일은 조직의 결의가 의식된 노동자에 의해 수행되는 통일된 조직에 의해서만 가능하다. 나아가 노동자계급의 통일은 조직의 통일을 통한 이념적·실천적 통일에 의해 비로소 실현될 수 있는 것이다.

이와 같은 논점에 비추어 볼 때, 한국 노동조합운동이 안고 있는 조직역량의 확대·강화라고 하는 과제는 실로 막중하다. 이를 위해서는 민주적이고 자주적인 노동조합의 조직 확대 및 토대 구축과 어용적인 노조의 민주화를 위한 노력을 더한층 과감하고 효과적으로 추진해나가면서, 지역적·산업적·전국적인 연대를 확대하고 강화해야 할 필요성이 강조되고 있다. 그리하여 민주적·자주적 노동조합의 통일적 체계를 구축함으로써 새로운 운동 주체를 확립하는 것이 당면한 주요 과제가 되고 있다.

넷째, 투쟁 형태를 전환하고 투쟁역량을 고양하는 일이다. 한국의 현실 상황에서는 노동조합에 의한 경제투쟁의 전개도 국가권력과 자본 측에 의해 조성된 억압적 조건에 의해 상당한 정도로 저지되고 있고, 더욱이 정치투쟁은 합법적 기반마저 박탈당하고 있다. 바로 이러한 조건과 상황 때문에도 경제투쟁과 정치투쟁의 통일적 전개가 긴박하게 요청되는 것이다.

또한 노동 측에 가해지고 있는 계급협조 이데올로기나 각종 지배 이데올로기의 공격과 영향에 대한 적극적 대응을 위해서는 대내외적 이념 대결도 아울러 확대해 나갈 필요가 있다.

현대자본주의 생산의 제 조건하에서 경제투쟁과 정치투쟁의 결합이 특히 강조되는 이유는 다음과 같은 사실에서도 찾을 수 있다. 즉, 경제과정 전체가 점차 '정치화'되고 있다는 점, 자본의 축적과정이 국가시장을 매개로 하여 군국주의 및 재군비와 직접 연관되고 있다는 점, 추가적 지배의 다면적 형태가 노동자의 생활비를 상승시킨다는 점, 생활환경을 악화시키는 요인이 정부기관의 활동과 관련돼 있다는 점, 노동자의 투쟁에 대해 국가권력이 발동되고 투쟁을 냉각시키기 위한 중재기관도 항상적으로 동원되고 있다는 점 등이 그것이다.

다섯째, 민주주의의 실현과 민족문제 해결을 위한 선도적 역할을 담당하는 일이다. 민주주의의 실현을 위한 노동조합운동의 실천은 노동운동의 발전을 위해서뿐 아니라, 민중역량 강화와 지배세력의 약화를 통한 사회개혁을 촉진하는 데 그 중대한 의의가 부여될 수 있다.

그리고 한국 사회의 성격이나 모순구조에 비추어 볼 때, 민족문제는 계급문제와 상호 밀접한 연관성을 지니고 있다. 그와 같은 사실은 한국 자본주의의 예속적·주변적 성격에서 연유되는 것이다.

한국에서의 현 단계 민족적 과제를 민족의 자주·자립 확보, 민중적 민주주의의 실현, 민족적 분단 상황의 극복에 의한 민족통일로 설정할 때 한국의 노동조합운동은 이러한 과제를 계급적 임무와 결합해 그 해결을 위해 노력하지 않으면 안 된다.

여섯째, 민중역량을 주도적으로 강화하고 국제노동운동과의 연대를 고양하는 일이다. 한국의 노동조합운동이 계급모순의 극복, 민족문제의 해결, 민주주의의 실현을 위한 투쟁을 전개함에 있어서는 보다 광범위한 문제로서 진보적·정치적 동맹의 결성이라는 과제가 제기된다.

그 이유는 민중운동 내부 관계에 있어서 실천적인 연대를 확보하고 이를 주도하는 것은 노동조합운동의 발전에 대해 가장 유리한 제 조건을 보장하는 것일 뿐만 아니라, 민족문제의 해결이나 민주주의 실현에서도 주체적 운동역량의 구축·발전이라는 면에서 필요불가결한 조건이기 때문이다.

한편으로 한국의 노동조합운동은 각국의 진보적 노동운동이나 국제노동운동과의 긴밀한 유대를 획득함으로써 광범한 협력 기반을 획득함과 동시에 세계평화의 달성에 있어서나 국제 독점자본의 지배에 대한 투쟁에 있어 적극적으로 기여할 수 있어야 할 것이다.

전국민주노동조합총연맹 창립대
일시 1995년 11월 11일 오전 10시
장소 연세대

II. 민주노총 건설을 향하여

"그 교육에 약 130명의 간부가 참여하여 조직발전 전망에 관해 토론하고 난 뒤 전노협 건설의 의의에 대해 인식의 통일을 이뤄냈습니다. 그러나 불행하게도 다른 지역에서는 그런 논의가 확산되지 않았습니다. 그러다 보니 현장에서는 '왜 전노협을 건설해야 하는가?', '전노협의 지향점은 뭔가?' 등의 의문들이 많이 제기되었습니다. …… 이번 민주노총 건설 과정에서는 이런 의문들이 충분히 논의되어야 합니다. …… 민주노총 건설의 목적과 의의, 즉 민주노총 건설은 그 자체가 최종 목적이 아니라 산업별노동조합으로 이행을 동시에 추진할 때 의의가 있다는 것을 단위 사업장 간부들까지 공유해야 합니다."

출처 한국노동교육협회(1988), 『노동조합의 길』(제1호), 한국노동교육협회.

노동운동의 발전과
노동교육의 임무

I

최근 들어 노동운동 발전에 있어 노동교육활동의 중대성에 관한 인식은 보다 증대되고 있으며, 더한층 체계적이고 목적의식적인 노동교육의 추진에 대한 요구도 크게 확대되고 있습니다. 이 같은 사실은 한국 노동운동이 바야흐로 전환기적 고양 국면에 접어들었음을 나타내주는 한 표현이라고도 볼 수 있겠습니다.

노동운동의 전개와 발전에 있어 노동교육 활동 또는 노동자교육 운동이 담당하는 임무가 무엇인가를 밝히는 것은 노동교육의 올바른 과제 설정과 효율적 추진을 위해 빼놓을 수 없는 일이라고 생각됩니다. 노동교육 활동의 임무는 한마디로 말해서 노동 대중의 투쟁과 조직을 강화하고 확대하기 위하여 자본 측과 국가권력으로부터 가해지는 사상 공격에 올바르게 대응할 수 있는 노동자로서 주체적 자각을 고양하는 데 있다고 할 것입니다. 이러한 임무는 다음과 같은 내용으로 설명될 수 있을 것입니다.

첫째, 노동자로서의 주체적 의식을 촉진, 향상하고, 노동자의 노동·생활의 실태를 토대로 한 요구를 실현하기 위한 올바른 행동 방침을 가능한 한 광범한 노동자들에게 정확히 알리는 일이 노동교육 활동의 첫째가는 임무입니다. 어떠한 투쟁에 있어서든 노동자의 자각 없이는 투쟁 그 자체를 조직하기도 어려울 뿐 아니라, 그러한 투쟁의 승리도 보장될 수 없기 때문입니다. 노동자로서 주체적 의식은 자연 성장적으로 형성·발전되는 것은 아니므로 목적의식적인 교육활동의 추진이 요구되는 것이고, 또한 교육활동과 결합한 상태에서 행해지는 조직활동이야말로 노동자를 투쟁에 자발적이고 적극적으로 참여시킬 수 있을 것입니다. 그리고 노동교육을 통해 형성·발전된 노동자의 자각은 다양한 형태의 투쟁과 결합하여 노동자의 대중적 창의를 일깨우게 됩니다. 이러한 창의력을 투쟁의 전형으로 확산시키는 일은 투쟁의 확대·강화를 목표로 하는 노동교육활동의 주요 과제라 할 것입니다.

둘째, 노동자투쟁에 있어서 사상적·이론적 수준을 향상하는 것이 또한 노동교육 활동의 중심적인 임무입니다. 크고 작은 투쟁을 통하여 노동자의 조직화는 급속히 추진되고 또한 조직화에 따라 한층 더 대규모적인 투쟁이 가능하게 됩니다. 이렇게 투쟁과 조직은 서로 그 내용을 촉진하는 가운데 노동자가 훈련되고 교육됩니다. 여기에서 중요한 것은 노동자투쟁의 과제와 결합한 과학적 이론을 교육하는 일입니다. 이론은 행동의 지침이고, 실천과 결합한 과학적 이론의 획득 없이는 올바른 노동자투쟁이 담보될 수 없기 때문입니다. 노동 대중은 많은 인원수에 의해 단결되고 과학적 이론에 의해 무장될 때 비로소 그 역사적 임무를 성공리에 실현할 수 있는 것이기 때문에, 이에 관련되는 노동교육의 임무가 강조되는 것입니다.

셋째, 자본 측과 국가권력에 의한 반(反)노동자적·반노동운동적 사상 공격에 대한 효과적인 대응과 노동운동 내부의 그릇된 경향을 극복하기 위한 방도를 마련하는 것이 또한 노동교육의 주요 임무입니다. 자본가는 노동 대중의 투쟁과 조직, 주체적 자각의 발전을 가로막기 위해 각종 탄압과 사상적 공격을 동원합니다. 국가권력도 흔히 자본가의 편에 서서 지배 이데올로기에 의한 공세를 계통적으로, 전면적으로 수행합니다. 우리의 경우 반공사상, 1970년대의 유신이념, 충효사상, 새마을정신, 멸사봉공정신, 노사협조주의, 분단이데올로기 등이 바로 그것입니다. 이와 같은 사상적 공격은 노동자의 투쟁, 조직, 자각을 통해서만 더 능동적으로 대응할 수 있습니다. 따라서 노동교육은 자본 측과 국가권력에 의한 사상적 기만을 폭로하고 대응책을 강구하는 임무를 가집니다.

다른 한편으로 노동운동 내부에도 잘못된 사상적 편향들이 존재할 수 있기 때문에, 노동교육은 이러한 편향을 극복하는 데 있어 올바른 방향성을 제시할 수 있어야 합니다. 여기에 있어서는 노동 대중의 자각 증대, 과학적 이론의 보급, 자본 측이나 국가권력으로부터의 사상적 공격에 대한 정확한 대응이 요구됩니다.

이상에서 제시된 임무를 충실히 수행하기 위해서는 노동교육 활동은 노동자의 의사와 행동을 어떻게 목전의 긴급한 과제 해결을 위해 동원할 것인가 뿐만 아니라 그 속에서 노동 대중 전체의 궁극적 요구를 해결하는 방향으로 이끌 것인가 하는 문제의식을 관철하지 않으면 안 됩니다. 따라서 노동자교육의 목표는 노동자의 눈앞에 부닥친 좁은 직업적 이익을 위해 어떻게 행동할 것인가에 국한되는 것이 아니라 전 노동 대중과 광범한 민중들의 장래에 걸친 이익을 위해 행동할 필요성을 노동자들이 자각하게 하는 데 있습니다. 이와 같은 노동교육의 목표에 비추어 볼 때, 노동교육의 출발은 대중의 현실적 요구에서부터 시작되지 않으면 안 될 것입니다. 따라서 대중의 요구를 이론화하고, 요구에 기초한 행동의 의의를 그 행동을 통하여 설명하는 것이 노동교육의 방법적 기초가 되어야 합니다.

그리고 노동교육 활동의 특징도 그 본래의 임무에 의해 규정될 수밖에 없을 것입니다. 노동교육 활동의 특징은 노동자의 경제적 일상적 투쟁과 결합함으로써 구체성을 띠게 된다는 것, 목적의식적으로 조직적 결집을 일관되게 목표로 한다는 것, 노동자의 근본적 요구 해결을 궁극적 목적으로 한다는 것, 대량의 초보적 의식교육을 중시한다는 것 등으로 정식화될 수 있습니다.

II

이러한 노동교육의 임무와 목표에 관한 일반적 방향성을 전제로, 우리는 현시기에 요구되고 있는 노동교육의 방향과 내용에 대해 구체적으로 검토할 필요를 느낍니다. 이때 우리가 반드시 견지하지 않으면 안 될 중요한 관점은 노동교육의 문제를 논한다고 하더라도 '교육주의' 오류를 범해서는 안 된다는 것입니다. 교육적 시각에서 노동운동을 바라보는 것이 아니라, '노동운동 시각'에서 교육을 바라볼 때 노동교육의 방향과 내용을 올바르게 설정할 수 있습니다.

노동운동적 시각에서 교육을 바라볼 때 무엇보다 중요한 것은 노동현장에서 높고 낮은 다양한 수준의 실천적 투쟁과 노동교육의 방향·내용의 올바른 결합입니다. 구체적인 실천투쟁과 결합하지 못한 노동교육은 효율성이 떨어질 뿐만 아니라, 기껏해야 일회적인 계몽적 교육으로 끝나버리는 경우가 많습니다. 그럴 경우 쏟은 노력에 비해 교육이 조직과 이념의 측면에서 주체 역량의 강화로 귀결되는 정도는 극히 미미합니다. 예컨대 전국적으로 임금인상 투쟁이 준비되고 진행되는 시기엔, 모든 교육역량이 교육의 초점을 임금인상 투쟁에 맞추는 것이 중요합니다. 또한 이러한 전체적인 방향이 설정되면 교육 대상 지역과 노동 대중의 여러 조건을 면밀하게 검토한 후 교육의 내용, 수준, 방식을 결정해야 합니다.

　노동운동적 관점에서 파악되고 실천과 결합하는 교육은 교육 대상의 특징과 조건에 대한 정확한 이해 위에서만 과학성과 효율성이 담보되어 물질적인 힘 그 자체로 전화될 수 있습니다. 개간되지 못한 황무지에 아무리 수확성이 높은 씨앗을 뿌린다고 하더라도 좋은 결실을 기대할 수 없으며, 그럴 경우에는 먼저 그 황무지를 개간하는 작업과 함께 비록 수확성이 높지 않더라도 그러한 토양 조건에서 결실을 볼 수 있는 성격의 씨앗을 뿌려야 합니다. 아무리 수준 높은 교육내용도 교육 대상이 그것을 자기 것으로 만들어 자신의 실천 속에 적용할 수 없다면 운동적 관점에서 과학적인 것이 될 수 없습니다. 비록 내용이 저차적이라 하더라도 교육 대상의 생활과 사고 속에 녹아들어서 높은 수준의 조직과 이념의 토대를 구축해내는 힘으로 전화될 수 있는 것이라면, 그것이야말로 과학성을 담보하게 됩니다.

　대중적 실천과 결합한 내용만이 과학성을 담보합니다. 그리고 여기서 우리는 토양의 개간작업, 그것은 결코 교육이라는 방식으로는 불가능하다는 사실도 확인해야 합니다. 교육은 그것의 한 계기를 제공하는 것입니다. 우리가 교육주의에 빠지지 않고 노동운동적 관점에서 노동교육을 바라보아야 하는 이유가 바로 여기에 있습니다. 그러나 그렇다고 해서 '개간작업'과 '씨뿌리는 작업'의 완전한 분리를 주장해서는 안 됩니다. 두 가지 작업 사이의 유기적 관계 속에서 정확한 역할 분담을 통해서만이 토양의 질도 높이고 수확성이 높은 씨앗을 뿌릴 수 있을 것입니다. 여기서 주요한 작업은 물론 전자입니다.

　이렇게 노동운동의 관점에서 노동교육의 방향과 내용을 결정하고 노동 대중의 구체적 실천에 기반을 둔 교육활동의 전개는 바로 노동교육에 있어서 대중노선의 관철 과정과 다름이 없습니다. 대중적 교육활동을 통해서 광범한 노동 대중이 자신의 생활 속에서 부딪치는 다양한 수준의 문제들을 주체적으로 극복할 수 있다면 앞으로 더욱 높은 수준의 노동운동 발전을 위한 견고한 토대가 구축될 수 있습니다.

　특히 이러한 대중적 교육활동의 활발한 전개는 노동자의 항상적인 대중조직인 노동조합 활동의 중요과제가 아닐 수 없고, 어떤 의미에선 모든 조합활동의 활성화를 담보하는 것이기도 합니다. 여기서 현재 전개되고 있는 노동조합의 활동 수준을 고려하면서 노동교육 활동의 대중적 전개를 위한 몇 가지 점을 생각해 봅시다.

　첫째, 노동운동의 발전을 위해 헌신하고 있는 모든 사람에게 현재 제기되는 중요한 과제 중의 하나는 민주적인 노동조합의 강화입니다. 사실 작년 7~9월 노동자 대중투쟁 이후 결성된 많은 신규 노조 가운데 현재 민주노조로서 확고히 뿌리내린 노동조합은 그렇게 많지 않습니다. 노동조합이 자생력을 갖고 조합원 대중이 주체가 되어 자주적이고 창의적으로 활동하도록 하기 위해 현재 다양한 노력이 기울여지고 있습니다. 특히 현재의 역(力)관계 속에서 노동조합운동의 수준에 조응하는 조직적 연대 틀인 각 지역 '노동조합협의회'의 활동 전개 및 준비 활동은 그 조직적 측면에서 모습입니다.

　노동교육적 측면에선 아직 단위사업장 내의 교육이 뿌리내리지 못한 상태에서 지원단체의 교육활동이 중심을 이루고 있고, 상당 기간 현재의 모습이 유지될 것입니다. 우리는 가능한 한 짧은 시일 내에 노동조합을 노동교육활동의 주체로 일으켜 세우기 위한 노력을 적극적으로 기울여야 합니다. 이를 위해서는 앞으로 교육의 재생산구조가 단위노동조합 및 노동조합의 연대기구 속에서 확보되어야 합니다. 단위노조와 조합의 연대기구는 유기적 결합 속에서만 둘 간의 역량이 상승작용으로 승화됩니다. 단위노조의 활성화 없이 연대기구는 강화될 수 없고, 연대기구의 활발한 활동은 단위노조의 역량을 배가시켜 줍니다. 이 명제는 교육활동 속에서도 관철됩니다. 단위노조의 조합원 교육은 연대기구의 교육활동과 유기적으로 결합해야 합니다. 연대기구의 교육활동이 몇몇 조합 간부에게 국한된다면, 또 그 내용이 단위 사업장 조합원 대중의 실천과 결합하지 못한다면, 연대기구 그 자체의 발전도 보장될 수 없습니다. 연대의 강화는 투쟁의 연대뿐만 아니라 교육의 연대를 가능하게 합니다. 또한 역으로 교육의 연대는 조합조직의 연대를 일정 정도 강화합니다. 따라서 노동조합을 교육활동의 주체로 일으켜 세우는 과제는 조직적 연대기구의 양적, 질적 성장 속에서 실현되어야 할 것입니다.

둘째, 장기적으로는 노동교육 활동이 위와 같은 방향으로 나아가야 하겠지만 현재의 수준에선 교육지원단체들의 체계적인 지원을 통한 사업장교육의 체계화와 통일성이 시급히 요구되고 있습니다. 체계적인 교육지원을 통한 통일적인 교육활동의 전개 없이는 현재와 같은 낮은 교육역량조차 효율성을 갖기가 힘듭니다. 체계적인 교육지원을 통한 통일적인 교육활동의 전개는 더욱 높은 수준의 노동운동 연대 틀의 형성과 그를 목표로 한 노동전선의 통일을 위한 대중적 토대의 구축에 일정한 역할을 할 수 있습니다.

그러나 이때 우리가 경계하여야 할 것은 '조직형식주의' 관점입니다. 체계적인 교육지원과 통일적인 교육활동은 더욱 큰 규모의 교육지원단체를 조급하게 만들거나 기존의 교육지원단체를 조직적으로 묶는 데만 주력한다고 해서 달성되지 않습니다. 각각의 교육지원단체는 주체 역량에 대한 정확한 판단 위에, 그에 조응하는 올바른 내용과 방향을 갖는 교육활동을 착실히 진행하고 그런 과정에서 상호 풍부한 경험을 나누어 갖고 자신들의 교육역량에 맞는 정확한 역할을 분담해 나가야 합니다. 바로 이것이 체계적인 교육지원과 통일적인 교육활동의 전제입니다.

셋째, 교육내용의 측면에선 작년 7~9월 노동자 대중투쟁 이후 조합활동의 제반 실무역량 강화에 큰 노력이 기울여졌습니다. 이것은 신규 조합들이 대거 결성된 상황에선 필연적이었습니다. 아직도 노동조합 활동이 실무 측면에서 부족한 점이 많지만 각 지역에서 중심적인 민주노조들이 자리를 잡아가면서 실무적 차원의 도움은 조합 간의 활발한 교류 속에서 일정 정도 충족되고 있습니다. 특히 올해 임금인상 투쟁기간 다양한 실천을 통해서 많은 조합이 연대기구를 통한 교류의 필요성을 중요하게 인식하게 되었습니다.

따라서 그러한 조합활동의 경험을 노동운동의 방향성과 결합하기 위한 교육내용의 개발과 사회 및 운동 발전에 대한 과학적 인식의 필요성이 문제로 제기되고 있습니다. 이것은 앞으로 노동교육의 내용이 어떠해야 하는가를 말해 줍니다. 대중조직 활동과 대중투쟁 속에서 단련된 노동운동가의 역할이 교육의 측면에서 보다도 더한층 중요해지고 있는 것입니다.

넷째, 앞으로 노동조합 및 그 연대기구가 교육의 주체로 되어, 그 내부에 교육활동의 재생산구조가 형성됨으로써 교육활동의 중심이 현재의 지원단체에서 노동조합으로 옮겨가기 위해서, 그리고 교육의 내용에 있어서 대중 활동 속에서 단련된 노동운동가에 의한 보다 높은 수준의 교육활동이 전개되기 위해서, 대중적 차원에서 노동교육을 담당할 교육자의 문제가 제기되지 않을 수 없습니다. 특히 보다 높은 수준의 교육내용 전달은 반드시 교육 대상이 수행하는 구체적인 실천과 연관성 속에서 추구되어야 합니다. 바로 그 때문에도 노동자 출신으로서 교육능력을 갖춘 대중적 노동교육 강사의 양성이 절실히 요구되고 있습니다. 이것은 교육내용의 생명력을 높이고 교육활동의 대중적 확산을 위해 반드시 관철되어야 할 과제입니다.

III

지금까지 이야기한 바와 같은 임무와 목표 그리고 방향과 내용을 지닌 노동교육활동은 한국 노동운동의 현 단계적 상황에 비추어 볼 때 그 역할의 중대성이 강조될 수밖에 없을 뿐만 아니라, 추진의 방향성도 정확히 설정되지 않으면 안 될 것은 물론입니다.

저희 〈한국노동교육협회(이하, 협회)〉는 현시기 한국 노동운동의 발전에 있어 노동교육 활동 또는 노동자교육 운동의 중요성을 공동으로 인식하고 그것의 올바른 추진을 위해 혼신의 노력을 기울이기 위하여 설립되었습니다. 협회는 그간의 활동 경험을 토대로 회보 형식의 이 소책자를 발간코자 합니다. 능력 부족으로 어려움을 겪고 나오게 된 이 조그마한 책자가 회원들을 비롯해 노동운동에 참여하고 계시는 분들이나 노동 형제들, 그리고 노동운동의 발전을 희구하는 많은 분으로부터 사랑을 받게 되었으면 하는 마음 간절합니다. 아낌없는 비판과 성원을 바랍니다.

1988년 6월
한국노동교육협회 대표 김금수

출처 한국노동교육협회(1988), 『노동조합의 길』(제1호), 한국노동교육협회.

[강의안]
'88년 임금인상 투쟁의 성격과 의의

* 이 글은 울산지역 조합원들을 대상으로 진행된 '임금론 및 임금인상 투쟁의 의의'라는 제목의 강의내용 중 일부를 글로 옮겨 정리한 것입니다. _편집자 주

1. 임금인상 투쟁의 기본원칙

    인간이 갖추어야 할 기본조건을 갖추지 못한 상태에서 투쟁하지 않고 그냥 있다고 하면 그것은 인간 이하의 노예입니다. 인간의 정당한 권리를 확보하기 위해서는 투쟁을 해야 합니다. 그리고 작년 7~9월 투쟁 과정을 통해서 우리 사회는 자본이 행세하는 사회이고 노동력을 가진 사람들이 투쟁하지 않으면 안 된다는 것을 명확하게 확인할 수 있었습니다. 임투를 비롯해서 권리 확보를 위한 투쟁을 통해서만이 노동자는 이 사회가 누구를 위한 사회이고 이 사회가 어떤 사회인가를 비로소 인식하게 됩니다.
    그다음은 투쟁을 통한 단결력 강화입니다. 투쟁하지 않는 조합은 비

록 사용자로부터 돈을 받지 않았다고 하더라도 '어용노동조합'입니다. 어용이 따로 있는 게 아닙니다. 어영부영하면 어용입니다. 노조를 결성할 때 '우리 노동조합은 어용입니다.'라고 말하는 곳은 한 군데도 없습니다. 그럼 '민주노동조합'은 어떤 노동조합인가? 간판만 민주라고 붙인다고 해서 민주노조는 아닙니다. 정주영 회장이 뭐라고 했습니까? 세계에서 가장 강력한 민주노조. 거기다 한마디를 더 붙였죠. '자유'민주노조. 그리고 김우중 회장은 뭐라고 했습니까? '강력한 노동조합이 있을수록 노사협조가 잘된다.'라고 그랬죠. 나중에 지내놓고 보니까 어떠했습니까? 어떻게 사용주가 강력한 노동조합을 요구할 수 있습니까? 천만의 말씀입니다. 말로만 그렇다는 거죠.

민주노조를 표방했다고 해서 다 민주노조인 것은 아닙니다. 노동자가 진짜 조합의 주인으로서 행세할 수 있어야 합니다. 결의 자체가 민주적으로 되어야 합니다. 또 결의나 선거제도만 민주적으로 된다고 해서 민주노조는 아닙니다. 집행부가 치고 나갈 힘이 없으면 어떻게 됩니까? 어영부영하다 보면 어용이 됩니다. 집행부가 힘이 있어야 합니다. 집행부 간부들이 또 아무리 똑똑해본들 조합원들의 의식이 높아져서 자발적으로 참여하지 않으면 힘이 나올 리가 없습니다. 힘없는 노동조합은 어용노동조합이 되기 쉽습니다. 그 때문에 임투를 위해서 준비하고 교섭을 열심히 하고 조합원의 관심을 충분히 끌어모으면서 요구안 처리는 어떻게 할 것인가, 요구안 관철도 중요하지만, 임투를 통해서 조직역량을 어떻게 키울 것인가 고민해야 합니다. 여기에 임금인상 투쟁의 큰 의의가 있습니다.

다음으로 임투(임금인상 투쟁)를 통해서 민주역량을 키울 수 있습니다. 민주역량을 위해서는 조합원의 정치적 의식이 높아져야 합니다. 이 정치적 의식은 독재 타도를 위한 가두 투쟁을 통해서만 높아지는 게 아닙니다. 임금 교섭, 임금 투쟁을 통해서 비로소 이 사회가 어떠한 사회인가, 그리고 국가권력은 누구 편을 드는가, 노동조합에 대해서 왜 국가가 탄압하는가 이런 질문을 하고 스스로 답하는 과정에서 아주 자연스럽게 또 필연적으로 노동자의 정치적 의식이 높아짐과 동시에 노동운동이 고양됨으로써 비로소 민주역량도 높아지는 것입니다. 어떻게 생각하면 임금인상 투쟁이 민주역량 강화하고 전혀 별개의 것 같은데 사실은 아주 밀접한 관계가 있습니다.

2. 1988년 임금인상 투쟁의 의의와 방향 설정

이렇게 보았을 때 금년도 임금인상 투쟁은 어떤 의의가 있을까요? 우선 노동조건 또는 생활조건의 개선이라는 의의를 지닙니다. 이것은 일반적인 경우와 같습니다. 더욱 잘살기 위해서, 인간다운 삶을 확보하기 위해서 임금인상 투쟁을 하는 겁니다. 더구나 지금까지 노동자들이 살아온 조건을 보면 경제성장 과정에서 기업의 성장에 비해 노동자들에게 돌아온 몫은 극히 적었다고 볼 수 있습니다. 지금도 월 10만 원 이하를 받는 노동자들이 많이 있습니다. 작년 말 노동부에서 조사한 결과에 의하면 8시간 기준으로 10만 원 이하를 받는 노동자들이 아직도 46만 명이나 남아 있습니다. 상여금이나 연장근로수당을 합친 임금총액 기준으로도 4만 5천 명이나 됩니다.

우리나라 노동자의 임금이 아직도 이렇게 매우 낮은 수준에 있기 때문에 임금인상 투쟁은 인간다운 삶을 획득하기 위한 생활조건 개선의 의의를 가집니다. 더구나 이 임투는 자본주의 사회에서는 언제 어느 시기이든 필요한 것입니다. 노동조합이 이러한 임금인상 투쟁을 하지 않으면 투쟁역량을 상실하면서 조합원으로부터 완전히 외면당하는 결과를 초래합니다. 그러므로 올해 임투를 전개하는 이유 중의 하나도 일반적인 의미에 있어서 노동조건 또는 생활조건의 개선입니다.

한편, 금년도 임금인상 투쟁의 중요한 목표 중의 하나는 역량의 확대, 강화입니다. 작년(1987년) 7~9월 투쟁 이후 새롭게 결성된 노동조합이 1,400~1,500개 정도 됩니다. 기존 노동조합 수는 2,600개 정도였습니다. 인원수로 보면 과거 조합원이 100만 명 정도인데, 작년 7~9월 이후에 조직된 조합원이 40~50만 명이 됩니다. 신규 노조의 경우는 이번 임투가 조직이 결성된 이후 처음으로 맞이하게 되는 임투입니다. 또 경우에 따라서는 임투와 단체협약체결이 같이 맞물려 있는 곳도 많습니다. 왜 이런 말을 하는가 하면 결성에서부터 민주노동조합이라는 간판을 내걸었지만 실제로는 아직 1년도 경과하지 않아 내적으로 조직이 상당히 느슨하고 강고하지 못하기 때문입니다.

특히 현대그룹 산하의 계열사 노동조합들은 이번에 많은 탄압을 받았습니다. 결성 이후 착실한 교육도 별로 하지 못했습니다. 노동조합을 결성하고 노동조합을 운영하는 것도 처음 해보는 것이었습니다. 더구나 현대자동차나 현대중공업 같은 경우에는 조합원 수가 2만을 넘습니다. 이 조합원을 어떻게 교육할 것인가? 조합원 교육을 하지 않으면 어쩌면 조합원이 주인으로서 행세하는 것이 아니라 '집행부에서 어떻게 하는지 한번 보자.', '대의원들이 앞장서 주겠지.' 등 방관자적인 입장에 서게 됩니다. 또 경우에 따라서는 지나치게 큰 기대를 갖게 됩니다.

제가 8월 울산에 와서 갓 결성한 조합의 간부들을 만나서 이런 이야기를 나눈 적이 있습니다. '앞으로 현대자동차나 현대중공업과 같이 규모가 큰 조합에서는 조합원 교육을 어떻게 하려고 합니까?' 하고 물어

보니까 그 대답이 '간단한 방법이 있습니다. 뭐 많든 적든 운동장에 모여서 농성을 할 때 한 2만 명씩 앉을 테니까, 선생님께 전화할 테니 내려오시면 됩니다.'라고 그래요. 겁이 없는 겁니다. 문제는 교섭위원들도 자신을 가질 정도로 충분히 토의하고 교육을 받아야 한다는 것입니다. 현대그룹의 정주영 회장이란 사람은 어느 그룹의 회장보다 고집이 센 사람 아닙니까? 젊을 때 씨름도 해봤고 거기에다 울산경찰서를 비롯해서 청와대에 이르기까지 적극 지원해 주는 상황 속에서 어떻게 대응해 나가느냐, 조직을 어떻게 해 나가느냐 이런 큰 문제가 걸려 있습니다. 다른 조합들도 사정은 마찬가지입니다. 문제는 올해 임투를 어떻게 성공적으로 치러 나가느냐, 이 속에서 조직역량을 강화해내는 것이 중요합니다. 임금인상률을 몇 퍼센트 따내느냐 하는 문제도 중요한 일이긴 하지만, 운동의 입장에선 조직역량의 강화가 더 절실한 과제입니다.

그다음에 한마디로 말씀드려 신규 노조의 경우 임금인상 투쟁은 조직역량을 다질 수 있는 절호의 기회입니다. 때로는 조직의 사활이 걸린 문제이기도 합니다. 작년 경우를 보더라도 어용노동조합을 민주화하는 것이 신규 노조 결성보다도 훨씬 어렵습니다. 실제로 어용집행부가 바뀐 곳은 그렇게 많지 않습니다. 임투는 어용노조를 민주화하기에 좋은 기회입니다. 임투를 통해서 노동자들의 관심이 집중되고 노동자들의 투쟁이 고양됨으로써 누가 진짜인지 알 수 있습니다. 그래서 조합원 대중에게서 나오는, 밑으로부터의 투쟁역량을 가지고 조합의 체질 개선을 동시에 이룩할 수 있는 좋은 계기가 되기도 합니다.

다음으로 임투는 단위노조가 업종별, 지역별, 또는 그룹별 연대를 이루는 구체적 계기가 됩니다. 마산·창원·서울·인천 지역에서 전개되고 있듯이 개별 조합에서 임금교섭 준비를 한다든지, 또는 임금 교육을 하려니까, 예산이라 해보아야 돈 100만 원 정도밖에 안 되니까, 자체적으로 하기 어렵고 따라서 지역별로 모여 교육, 조사 등을 같이 하고, 경우에 따라 노조에 치명적인 탄압이 가해올 때는 그 지역 노동조합들이 연대를 통해서 지원해 준다는 겁니다. 작년보다는 훨씬 구체화 되고 있습니다. 따라서 노조들끼리 연대를 통해서 지역별, 업종별, 그룹 차원의 연대를 강화하게 됩니다.

또한, 임투를 통해서 조합원이나 노동자들의 의식 향상과 주체적 자각을 촉진합니다. 노동자들에게 있어서 가장 중요한 교육의 계기는 실천투쟁 참여입니다. 그렇다고 일반학습의 중요성을 무시하려는 것은 아닙니다. 임투의 준비, 전개, 마무리 과정에서 조합원의 의식 향상과 주체적 자각이 촉진됩니다. 평상시의 자본가에 대한 환상이 임투를 통해 깨어집니다. 자본가와 노동자계급의 이익이 근본적으로 다르다는 것을 알게 됩니다. 물론 때에 따라 타협은 있을 수 있을지언정 서로의 이익이 근본적으로 다르다는 것을 알게 됩니다.

또 하나는 노동자 단결의 필요성과 단결을 통한 노동자의 거대한 힘을 발견·확인하게 됩니다. 말로서의 단결이 아니라 실제 행동을 통해서 단결의 중요성을 깨닫게 됩니다.

한편 우리나라에서는 임금인상 투쟁이 조금만 활발하게 진행되면 거의 어김없이 국가권력이 개입합니다. 활발한 임금인상 투쟁이 국가권력과 부딪치는 것이 한국의 현실입니다. 왜냐하면 우리나라에서 재벌그룹이 된 경우, 예컨대 대우는 20년밖에 안 걸렸습니다. 현대도 다른 나라의 경우 1백~2백 년 걸렸던 과정이 단기간에 이루어졌습니다. 이것은 국가권력과 긴밀히 밀착해 있지 않고서는 불가능한 것입니다. 올해 임투는 단결력 강화와 더불어 조합원들의 의식 향상, 전체 노동자계급의 자각, 여기에 커다란 의의가 있습니다.

다음으로, 올해 임투는 민주화 투쟁의 계기를 만들어냅니다.

현 정권도 역대 여느 정권과 마찬가지로 노동운동에 관해서 심한 탄압을 가할 수 있다는 것이 판명되었습니다. 다른 사람하고는 국민적인 화합을 할 수 있지만 제일 겁나는 노동자들에게는 그렇게 되지 않을 겁니다. 이번 임투를 통해서 6공화국이 과연 노동운동에 대해서 유화적인 입장을 취할 수 있을 것인가, 아니면 노동자의 요구에 탄압정책을 곧바로 펼 것인가 확인이 될 겁니다. 임투가 활발하게 전개되면 더 큰 탄압을 가할 가능성이 큽니다. 이런 과정에서 민주적인 자유와 권리의 중요성이 더욱 크게 인식되게 됩니다. 민주화, 민주화 그러지만, '민주화가 밥 먹여 주느냐.'라고 생각하는 사람들도 있을 겁니다. 그러나 탄압받는 상황을 종합적으로 판단해보면 민주화 없이는 세끼 밥 먹기도 어렵습니다. 그러면 운동이 안 되니까 임금인상 투쟁이 활발하게 전개될 수 없습니다. 그러니까 민주주의라 하는 것은 신부, 목사, 대학교수, 야당 정치인만의 주장이 아니라, 노동자계급을 비롯한 민중세력이야말로 주장할 것이 많고, 노동3권의 확실한 보장이 필요한 것입니다. 민주주의는 책 속에 있는 것이 아니라 노동자들의 구체적인 생활 속에 있어야 합니다. 민주주의가 안되면 세끼 밥 먹기가 어렵습니다. 그런 의미에서 노동자투쟁이 활발하게 전개됨으로써 실질적인 민주화운동을 수행할 수가 있습니다. 지난 대통령선거 전후 과정에서 이른바 운동권이, 심하게 말하면, 지리멸렬해지게 되었고, 좋게 말하면, 체제 정비에 들어가게 되었습니다. 왜 이렇게 되었느냐? 그 이유는 그것이 명망가 중심으로 이루어지고 그것을 뒷받침하는 대중적 힘이 확고히 정립되지 않았기 때문입니다. 노동운동이 자기 발로 굳건하게 서고 기반을 넓혀가는 것 자체가 바로 민주세력의 강화·발전입니다. 그렇지 않으면 금방 흔들립니다.

이번 국회의원 선거의 결과가 어떻게 되든지 간에 실질적인 민주역량의 강화·기반의 구축은 역시 노동운동이 이번 임투를 통해서 어느 정도나 성장하느냐에 달려 있습니다. 그런 의미에서 올해 임금인상 투쟁은 민주화 투쟁의 실질적인 토대를 구축하는 과정인 동시에 실질적인 대중적 기반을 형성하는 계기로서 커다란 의미가 있습니다.

이제 1988년 임투를 둘러싼 상황에 대해서 알아보도록 합시다. 첫째는 새로운 정권이 출범했습니다. 따라서 국민이 원하든 원치 않든 권력 내부의 개편이 일어날 것입니다. 그리고 작년 6월 이전의 통치방식을 국민이 허용하지 않습니다. 통치방식에 수정이 옵니다.

국회의원 총선거를 전후해서 일반 민중들과 노동자들의 민주적인 요구가 그나마 생길 수 있는 계기가 될 수 있습니다. 그리고 노동자 측에서 보더라도 요구는 점차 넓어지고, 저차적인 요구에서 높은 차원의 요구로 나아갈 것입니다. 임금 몇 푼도 중요하지만, 노동운동의 기반을 넓히기 위해서 우리의 정당한 권리를 확보해야 한다는 생각도 전에 비해 많이 높아진 요구입니다.

또 한 가지는 「노동쟁의조정법」이 7~8월 투쟁의 결과로 전에 비해 조금은 나아졌습니다. 그래서 각 노조에서 쟁의 발생 신고를 내고 일반 사업체인 경우는 10일 뒤에는 쟁의에 돌입하게 되었습니다. 합법적 테두리를 넓혔고, 넓혀진 합법적인 테두리를 최대한 활용할 수 있는 여지가 있습니다.

이상과 같은 것이 변화된 올해 임투를 둘러싼 상황입니다. 반면에 기업 측에서는 경총이 8% 정도의 인상을 제시했습니다. 그리고 노동자들의 요구조건에 대해서 할 수 있는 모든 방법을 동원했습니다. 휴·폐업, 구사대 동원, 교섭 지연, 직장폐쇄 등등. 정부도 마찬가지입니다. '불법적인 쟁의에 대해서는 적극 대처하겠다.'라고 이야기하고 있고, 백골단들도 '정문 밖만 나와 봐라.' 하고 있습니다.

이런 상황 속에서 올해 임투를 전개하면서 염두에 두지 않으면 안 되는 것은 임금인상 요구가 노동3권을 비롯한 기본권리의 확보를 동시적으로 수행해야 한다는 것입니다. 이 두 가지는 별개의 것이 아닙니다. 임금인상을 조합원의 요구조건에 걸맞게끔 추진하기 위해서는 노동조합 발전이 최소한 보장되어야 합니다. 또 반대로 임금인상 투쟁 그 자체의 의의도 있지만 동시에 노동3권을 비롯한 노동자의 기본권리를 확보하는 데 노력을 기울여야 합니다. 그래서 우리가 흔히 책에서 본 바대로 경제투쟁과 정치투쟁을 아주 공식적으로, 기계적으로 결합할 것이 아니라, 오늘 우리가 당면하고 있는 현실적인 요구에 입각해서, 임투도 전개하고 동시에 노동3권을 비롯한 기본권리의 보장을 수행해야 합니다.

임금인상 투쟁과 직접 관련되는 정치투쟁의 주요 과제는 무엇보다 노동3권의 완전한 확보입니다. 현재 상황에서 볼 때 노동자의 단결권도 자본가 측의 각종 부당노동행위와 국가의 노동 억압적 조치들 때문에 침해당하고 있는 경우가 허다하고, 단체교섭권은 쟁의권의 제한과 자본가 측의 교섭 거부 및 불성실한 자세, 그리고 기업주 측의 사주에 의한 노동관료의 농간 등으로 그것의 보장이 허구화되고 있습니다. 또한 단체행동권은 여러 가지 형태의 제한, 금지 조치로 인해 매우 한정적으로 행사되는 실정입니다. 그러므로 임투를 효과적으로 추진하기 위해서는 특히 노동3권의 보장을 위한 노력이 병행적으로 수행되어야 하겠습니다.

임금인상이라는 경제적 요구와 노동3권 보장 및 노동운동의 자유와 권리를 비롯한 기본권리 또는 정치적인 투쟁을 동시적으로 결합하는 것이 올해 임투의 의의가 될 수 있습니다.

3. 임금인상 투쟁 승리를 위한 노동조합의 과제

다음에는 올해 임투를 효과적으로 전개하기 위해서 준비되어야 할 사항에 대해서 알아봅시다.

첫째는, 조직의 결성, 단결·강화입니다. 조직이 결성되지 않은 곳에서는 우선 조직체를 구성해야 합니다. 흔히들 노동조합이 없는 곳에서는 〈임금인상투쟁위원회(임투위원회)〉를 만들라고 합니다. 임금인상투쟁위원회를 만들 수 있는 정도 같으면 노동조합도 충분히 만들 수 있습니다. 굳이 임투위원회를 만들 이유가 뭐 있습니까? 미조직 사업장인 경우는 가능한 한 빨리 노동조합을 결성하도록 해야 합니다. 어용노동조합의 경우 집행부가 임금인상에 관해 말은 하지만 의지를 갖고 있지 못할 때는 별도로 임금인상 투쟁을 반드시 해야 합니다. 그렇게 좋은 방법은 못 되지만 집행부의 투쟁을 촉구하는 측면에서도 도리없이 임금인상 투쟁을 해야 합니다.

또 조직사업장에서는 흔히들 하는 방식대로 임금인상 투쟁 특별기구를 구성하고, 사전에 단결력 강화를 위한 일상활동을 집중적으로 추진할 필요가 있습니다. 이때는 당연한 이야기입니다만 충분한 사전계획을 수립해야 합니다.

둘째, 치밀한 실천투쟁의 수립과 전략·전술의 수립입니다. 중요한 것은 상호 간 역량 관계를 어떻게 정확하게 파악하느냐입니다. 자본가 측의 역량을 지나치게 과장되게 평가하다 보면 미리 기가 죽어버립니다. 또 회사 측의 힘을 지나치게 과소평가하다 보면 이쪽이 깨지기가 쉽습니다. 그래서 상대방과 이쪽의 역량 관계를 정확하게 파악함과 동시에, 이번 임금인상 투쟁을 둘러싼 상황적인 조건이 어떠한가를 정확하게 파악해야 합니다. 그래서 조사활동도 필요한 것이고 정세분석도 필요한 것입니다. 자칫 상황판단을 잘못한 나머지 불리한 여건에서 지나치게 힘겨운 투쟁을 벌일 때는 흔히 조직이 탄압받거나 침해받습니다.

그러나 경우에 따라 상대방에서 치고 나올 때는 역량이 부족하더라도 방어를 안 할 수가 없습니다. 그러나 평상시에는 상대방의 역량과 우리의 역량을 정확하게 파악함과 동시에 교섭을 둘러싼 기업 외부의 상황, 지역적인 상황, 전국적인 상황도 고려한 가운데 역량 강화를 위한 활동을 해야 합니다.

세 번째는 지도부의 지도역량을 강화해야 합니다. 조합원의 의식이나 투지가 아무리 강력하다 하더라도 지도부의 지도가 잘못되면 투쟁은 패배로 끝나기가 쉽습니다. 그 때문에 지도부는 역량 관계와 상황에 관한 정확한 평가를 해야 하고, 투쟁을 전개하면서 상황 변화, 국면 변화를 정확하게 포착할 수 있어야 합니다. 어제와 오늘의 상황은 다를 수 있습니다. 투쟁의 초기 단계와는 달리 투쟁의 진행 과정에서 조합원의 역량이나 조합원의 의식이 달라질 수 있습니다. 그 변화하는 국면 하나하나를 정확하게 포착하는 것이 지도부의 임무입니다. 그래서 거기에 적합한 투쟁 방법을 배치할 수 있어야 합니다.

그것은 지도자 혼자서 판단할 문제가 결코 아닙니다. 조합원들의 대중적인 토의를 통해서 올라온, 그러한 결론을 숙고해야 가능한 것입니다. 여기에서 가장 경계해야 할 것은 기회주의와 모험주의입니다. 투쟁을 해야 할 때 주저앉는다든지, 열 개의 투쟁을 걸어야 할 때, 힘이 충분히 있음에도, 3~5개의 투쟁만을 거는 겁쟁이 지도, 이것은 안 됩니다. 그다음에 힘이 약하면서도 허풍을 떠는 모험주의도 경계해야 합니다.

무엇이 기회주의고, 무엇이 모험주의인가는 객관적인 기준, 이론적인 기준이 정해져 있는 것이 아니라, 그때그때 상황의 판단과 역량의 평가에 의해서만 결정되는 것입니다. 역량이 많은데 적은 싸움을 걸면 기회주의이고, 역량이 적은데 힘겨운 싸움을 걸었다가 이쪽이 치명적인 타격을 입는다면 그것은 모험주의입니다. 이론적인 기준이 있는 것이 아니라, 역량이나 상황의 판단에 따라 결정됩니다.

그리고 네 번째로는 연대투쟁입니다. 기업단위 노동조합은 원래가 힘이 약합니다. 우리나라 노동조합의 경우 평균적으로 해서 한 조합의 조합원 수가 3백~4백 명밖에 안 됩니다. 조합비라 해봐야 기껏 100만 원 정도입니다. 임금 요구안 작성도 매우 미흡합니다. 극단적으로 말하면 유럽이나 미국에서는 기업단위 노동조합은 노동조합으로 보지도 않습니다.

영어사전을 찾아보면 '컴패니 유니온(Company Union)=옐로 유니온(Yellow Union)'이라 하여 색깔이 노란 어용이라고 봅니다. 택시노조 같은 경우를 봅시다. 어떤 지역의 택시노조 10개 정도가 며칠 쉬었다 해도 신문에 나지도 않습니다. 그 지역의 택시노동조합이 지역적으로 하나로 뭉쳐서 파업을 한꺼번에 했다 하면 힘을 발휘하고 신문에도 납니다. 그래서 노동조합은 산업별 체제가 되어야 합니다.

산업별 체제가 되어야 함에도 현재의 산별연맹이 완전한 산별 체제로 바뀔 경우라도 노총이나 연맹이 철저히 어용화되어 있기 때문에 민주노조는 들어갈 생각을 안 합니다. 통제권이나 징계권을 그리로 넘겨줄 필요가 없기 때문입니다. 어용노조는 어떻게 할까요? 산별 체제로 바뀌면서 교섭권이나 징계권을 넘겨주겠습니까? 만일 여러분이 어용노조 위원장이라면 산별 체제로 들어가겠습니까? 지부로 들어가겠습니까?

민주노조도 안 들어가고, 어용노조도 안 들어가고, 연맹체로 그냥 가는 겁니다. 연맹체로 가다 보니까 법은 바뀌었는데 기업단위 노동조합을 그냥 하는 겁니다. 이게 오늘날의 우리 현실입니다.

가장 바람직한 것은 산별이 민주화되면서 지도역량을 갖고 현재의 기업단위 노동조합이 전부 산별노조 지부로 가입하는 겁니다. 그런데 해방 이후 오늘에 이르기까지 노총이나 연맹이 한 번도 자주성과 민주성을 가져본 적이 없습니다. 그 어용 성향이 뿌리 깊게 내려져 있습니다.

그러면 어떻게 해야 하겠습니까? 이 뿌리 깊은 어용 성향을 청소하려면 민주적인 노조가 힘이 있어야 합니다. 개별 노동조합의 힘만으로는 안 됩니다. 지역별, 업종별, 그룹 차원의 연대를 함으로써 힘이 생깁니다. 이 힘이 없이는, 그 뿌리 깊은 어용 성향을 청소하기가 어렵습니다. 힘이 없이는 어느 한 연맹을 민주화하기도 어렵습니다. 노동운동의 입장에서도 이제 연대투쟁을 벌여가지 않으면 기업단위 노동조합이 갖는 폐쇄성, 취약성, 편협성을 벗어날 재간이 없습니다.

자! 여러분들의 지역을 생각해 보십시오, 어느 지역에서 그룹노동조합협의회가 구성되어 있다고 한다면 누가 제일 싫어하겠습니까? 그룹 총수, 정부가 싫어하겠죠. 그리고 연맹이나 노총이 싫어하겠죠. 왜 그럴까요. 물건이 될 것 같으니까. 거기에 대해서 여러분들은 연대의 필요성은 어느 정도 알고 있는데, 이것을 구축하려 할 때 먼저 기업단위 노동조합을 바로 세우고 그다음에 연대를 하려 하니까 장애 요인이 많습니다.

현재 마산·창원, 서울, 인천, 성남, 전주, 이리, 군산 쪽에서 연대를 하는 이유도 기업단위 노동조합이 갖는 취약성을 극복하는 과정에서 그렇게 한 것이고, 그 작업은 물론 수월하지 않았습니다. 한편, 그렇게 연대를 함으로써 개별 기업단위 노동조합에 대한 지원체계, 즉 '백그라운드'가 생깁니다. 아마 현대그룹 또는 울산지역 '민주노조 연대기구'의 필요성에 대해서는 저보다도 여러분들이 크게 느낄 것입니다. 평소에 연대기구 또는 연대투쟁을 하기보다는 임금인상 투쟁을 전후해서 준비

작업에 들어갈 때 과거에 있었던 그러한 틀을 어떻게 활성화하느냐 이런 문제가 절실한 과제로 제기됩니다.

마지막으로 이번 임투를 경제투쟁에만 한정시킬 것이 아니라 노동3권이나 기본권리의 보장을 비롯한 정치적인 요구를 동시에 걸고 진행해야 합니다. 왜냐하면 이번 임투를 노동조합운동의 합법적인 공간을 확대해 나가고 조합원들의 정치적인 의식을 향상하는 계기로 삼아야 하기 때문입니다. 법률 하나 더 바꾸고 또 노동조합에 대한 탄압 저지의 폭을 좀 더 넓히는 데에만 임투의 의의가 있는 것이 아닙니다. 현재 당면해 있는 정치적 공간을 넓혀가지 않으면 노동자의 해방은 영원히 불가능할 것입니다.

하나하나의 투쟁의 성과는 적은 것 같지만 그 자체가 축적되고, 그에 따라 투쟁의 내용이 질적으로 바뀔 때 노동자의 해방이 가능한 것이지, 어느 날 갑자기 하늘에서 하느님이 나와, '너는 해방이다.'라는 식은 불가능합니다. 그래서 정치적인 투쟁이라면 다른 게 아니라, 바로 구속된 여러분의 동료들을 석방시키고 현재 현대그룹협의회와 동시에 울산지역 민주노조 연대기구의 폭을 넓혀가는 것, 이 자체가 바로 정치투쟁입니다.

정치투쟁은 조합원들이나 조합의 존립에 바로 필요합니다. 올해 임투는 이러한 정치적 요구조건을 획득하는 데에 중요한 계기로 삼아야 합니다.

오늘 이렇게 모인 것 자체가 올해 임투를 더욱 활기차게 추진해나가는 데에 중요한 계기가 될 것을 기대하며 강의를 마무리하겠습니다.

출처 한국노동교육협회(1988), 『노동조합의 길』(제1호), 한국노동교육협회.

민주노조 연대활동의 현 단계
: 진주지역 사례연구

1. 머리말

1970년대의 민주노조운동이 80년대의 노동운동에 제시한 과제 중의 하나는 민주노조 간의 연대를 통해 기업단위 노동조합의 한계를 극복하는 것이었다. 이에 따라 80년대의 민주노조들은 연대를 실천하고자 했으나 80년대 중반까지는 민주노조의 전체적인 역량이 취약하여 초보적인 수준에 머물렀다. 그러나 지난해(1987년) 7·8월 투쟁 이후 민주노조가 대량으로 건설되면서 민주노조 간의 연대는 보다 대규모적이고 다양하게 시도되고 있으며, 나아가 전국적인 민주노조의 연대조직 건설도 현실적인 과제로 전망되고 있다. 이제 민주노조 간 연대는 단지 기업주의, 조합주의 극복이라는 방향성 정립 차원을 넘어서, 노동 대중이 주체가 되어 민족민주운동의 기간 조직을 꾸린다는 의미를 갖게 된 것이다. 한편 노동조합운동의 강화는 현장에 뿌리박은 강고한 단위노조가 없이는 불가능한 것이므로, 노조 간의 연대가 다시 단위노조를 강화·발전시키는 측면 역시 연대활동의 주요한 과제가 되고 있다.

이처럼 노조 간 연대의 조직적 과제가 단위노조를 강화하고 그 전국적인 조직체를 자주적으로 건설하는 것이라고 할 때, 현 단계에서 지역별 '민주노조연합'이나 '민주노조협의회'(이하, 모두 '민노협'으로 약칭)를 통한 지역적 연대는 노조 간 연대의 가장 중심적인 장이 되고 있다고 보인다. 먼저 단위노조의 강화라는 측면에서 볼 때 지역적 연대활동은 점차 개별노조의 유지·발전을 위한 중요한 조건이 되고 있다. 이는 〈맥스테크노조〉나 〈오리엔트노조〉 등의 투쟁에서도 잘 드러난 바이지만, 민주노조에 대한 구사대의 폭력적 탄압이 일상화되고 있는 상황에서 인근 민주노조들의 공동대처는 개별노조의 유지·강화에 결정적으로 기여한다. 88년 임금인상 투쟁(임투)에서는 이점이 대부분의 민주노조에서 분명히 확인되었다. 한편 현재의 민노협들은 임투 후에 노동조합운동의 중심적 과제로 제기될 노동3권 완전 확보 등 정치적, 사회적 임무를 전국적인 차원에서 수행하면서 전국적인 연대조직으로 발전되어 갈 것으로 전망된다.

민주노조들의 연대조직으로는 지역별 민노협 외에도 '업종별협의체'(예컨대 〈병원노조협의회〉) 및 연맹체(예컨대 〈자유금융노련〉)도 건설되고 있다. 이러한 조직체 역시 연대의 틀로서 매우 중요하며 기존 산별노조연맹과는 다른 민주적인 산별연맹체 또는 산별노조의 발전을 위해 중요한 역할을 하고 있다. 다만 업종에 따른 고유한 활동 영역이 오히려 연대의 폭을 넓히고 내용을 풍부화하는 데 장애가 되어 노동조합운동에 제기되는 당면 과제를 적극적으로 수행하지 못하는 점이 있다고 본다. 업종의 테두리 내에서의 고유한 활동을 충실히 해야 한다는 측면이 강조되면서, 그것을 넘어서는 연대활동에는 소극적으로 되는 모습이 나타나는 것이다. 이는 민주노조의 업종별협의체가 주로 사무직이나 전문직에서 운영되고 있다는 사실과도 무관하지 않다고 생각된다. 제조업종의 경우는 지역 민노협들이 모여 전국적인 조직체가 건설된 후 그 속에서 산업별, 업종별 조직체가 생겨나는 순서를 밟을 것으로 전망된다. 민주노조가 어용노조 및 정치권력에 대항하면서 사회적, 정치적 임무를 수행하기 위해서는 전국적인 결집이 시급히 필요하기 때문이다.

민노협 건설의 필요성은 이미 7·8월 투쟁 직후부터 제기되었고, 일부 지역에서는 실천적인 모색도 행해졌다. 그러나 필요성에 대한 인식과는 달리 실천적 진전은 매우 더뎠다. 그것은 기본적으로는 각 지역의 단위노조들이 자본과 정권의 탄압에 대항하여 투쟁하면서 내적 조직력을 다지기에 바빴기 때문이지만, 부분적으로는 연대의 원칙과 방향에 대한 시각이 제대로 정립되지 못했기 때문이었다. 그간 지난해 말의 '노동운동연합' 건설 시도에서 나타난 문제점이 드러나면서 연대에 있어서 민주성과 자주성의 원칙이 구체적으로 재확인되었고, 지역의 각종 연대투쟁 과정에서 대중이 주체가 되는 연대, 대중의 현실적 요구에 기초한 연대의 원칙도 확인되었다. 또한 연대가 단위노조를 강화하지만, 역으로 단위노조의 내실 있는 발전 없이 힘있는 연대조직이 꾸려질 수 없다는 점도 분명해졌다. 이러한 인식이 확대되면서 지역별 민노협의 발전 방향도 점차 구체화 되어갔다.

현재 그간의 연대활동을 바탕으로 서울, 인천, 성남, 마산·창원, 진주, 전북 등에서 민노협이나 그 준비위원회가 활동하고 있다. 그 밖의 지역에서도 각종 대책위원회 등을 통한 연대활동이 활발히 이루어지고 있다. 민노협의 발전 정도는 곧 그 지역의 단위노조들의 역량을 반영하는 것이지만, 때로는 이와는 별도로 연대활동에서 원칙과 방법상의 문제점이 민노협의 발전에 장애가 되고 있다고 생각된다. 이 글에서는 현재 민노협이 비교적 모범적으로 활동하고 있는 지역의 하나인 진주지역 민노협을 소개하여 다른 지역에서 활동에 보탬이 되도록 하고자 한다. 진주지역 민노협이 모든 점에서 모범적인 것은 분명 아니며 여러 가지 한계도 발견된다. 그러나 이 지역에 노동조합을 제외하고는 상담소 등 외곽단체가 전혀 없는 상태에서 노동자들이 노동조합을 중심으로 주체적으로 훌륭한 투쟁과 연대활동을 벌여 나왔다는 점, 기존 노총과의 관계를 다양하고 유연하게 풀어나갔다는 점 등에서 특히 경인지역 민노협의 발전에 참고가 될 수 있을 것이다.

2. 진주지역 민주노조운동의 현황

1) 민주노조운동의 출발

진주지역에는 1970년대는 물론 80년대 초기까지도 민주노조운동이라고는 존재하지 않았다. 기존 노동조합들은 무기력했고 제조업에서의 노조 조직률도 낮았다. 노동조합 외부의 비공개·반공개 활동도 없었다. 오히려 〈한국가톨릭농민회(가농)〉을 중심으로 한 농민운동이 활발한 편이었다.

이러한 상황이 변하기 시작한 것은 84년 〈대동중공업노조〉가 민주화되면서부터다. 당시 대동중공업 노동자들은 임기대회를 맞아 선거를 통해 어용집행부를 물리치고 현 위원장인 이석행 씨를 노조위원장으로 선출했다. 이 위원장을 비롯한 새 집행부는 누구도 노동운동 경험이나 운동권과의 긴밀한 관련을 갖지 않았다. 그럼에도 새 집행부는 조합원의 요구에 따라 양심적으로 활동한다는 방침만은 철저히 지켜나갔다. 대동중공업은 방위산업체여서 쟁의행위가 금지되어 있음에도 불구하고 임금인상 투쟁(임투) 때는 조합원과 함께 과감한 단체행동을 통해 노동조건을 개선해 갔다. 이런 과정에서 노조 내부의 조직력도 강해졌고 진주지역의 유일한 민주노조로 자리를 잡아갔다.

2) 신규 노조의 확대와 연대활동의 강화

1986년 말이 되자 진주지역에도 신규 노조가 결성되기 시작했다. 86년 12월 〈한국마그네트노조〉가 결성되어 회사 측의 탄압, 정부의 신고필증교부 지연에 맞서 싸워 승리했다. 대동중공업노조 간부들은 한국마그네트노조의 싸움을 헌신적으로 지원하여 서로 간에 굳은 연대를 형성하였다.

신규 노조 결성은 87년 7·8월 투쟁에서 본격화되어 〈삼미금속노조〉를 시작으로 많은 노조가 생겨났다. 이때 노조를 결성하려는 노동자들은 대부분 대동중공업노조를 찾아왔고 대동중공업 노조에서는 온갖 지원을 아끼지 않았다. 노조를 결성하려는 노동자들과 같이 밤새며 치밀한 준비를 하고, 결성식 후 보고대회에 참여하여 격려도 하고, 조합원 교육도 하였으며, 기업주의 탄압이 있을 때는 싸움에 적극 동참하였다. 신규 노조 사무장이나 여사무원은 대동중공업노조 사무실에 와서 1주일간 실무 훈련을 쌓도록 했다. 이렇게 신규 노조 결성과정부터 적극 지원·지도를 함으로써 대동중공업노조와 신규 노조들은 굳건한 연대감을 가질 수 있었다. 또한 신규 노조들이 어용노총 쪽으로 기울지 않고 올바른 방향을 잡아가게 할 수 있었다. 실제로 마산·창원 지역에서와 마찬가지로 진주지역 신규 노조들은 대부분 기업 측의 공격을 이겨내고 민주노조로 발전해갔다. 당시 대동중공업노조의 이석행 위원장은 노총 진주지구협의회 교선부장의 직책을 맡고 있었고 이것이 신규 노조를 교육활동 등으로 지원할 때 도움이 되었다. 그러나 '제3자 개입으로 잡아 넣겠다.'라는 기업주와 정보기관의 압력이나 협의회 의장의 제동은 끊이지 않았다.

　7·8월 투쟁의 열기가 가열되어 각 사업장에서 파업 농성과 민주노조 결성 투쟁이 이어지던 중 〈한국호꾸신노조〉에서 간부 및 조합원 34명이 해고되는 일이 생겼다. 민주노조들은 여러 가지로 이들의 투쟁을 지원하는 한편 〈한국노총 진주지구협의회(이하 '노총협의회'로 약칭)〉에 항의성명을 발표할 것을 요구하였다. 그러나 노총협의회는 이를 거부하였다. 민주노조들은 그러지 않아도 독자적인 조직체의 필요성을 느끼고 있던 터였기 때문에 8월 29일 〈금속노련 진주지구협의회(이하 '금속협의회'로 약칭)〉를 구성하였다. 다른 지역처럼 곧바로 민노협을 결성하지 않고 금속협의회를 구성한 것은 민주노조가 대부분 금속 분야였고 금속업종에서는 민주노조가 절대다수여서 연맹협의회를 결성하더라도 주도권을 가질 수 있을 뿐만, 아니라 노총협의회 내부에서의 활동이 아직 중요하다고 판단되었기 때문이었다. 금속협의회에 가입한 9개 노조는 한국호꾸신에서 노조 탄압을 규탄하는 성명서를 발표하고, MBC-TV에 몰려가 성명서 내용의 방영을 요구하여 관철했다. 그래도 문제가 해결되지 않자 해고노동자들과 민주노조 간부들이 노동부 지방사무소를 점거하고 농성에 돌입하였다. 회사 측은 결국 굴복하여 해고노동자를 복직시키고 노조를 인정하기로 약속하였다. 이 투쟁은 신규 노조들이 연대투쟁의 위력을 확인하고 서로 간에 굳은 동지애를 느낄 수 있게 하였다.

　금속협의회가 결성되고 나서 민주노조 간의 연대활동은 더욱 활발해졌다. 노조 대표자들의 모임도 정례화되고 간부들 간의 교류도 긴밀해졌다. 그러나 부서장 모임이 만들어지는 데까지 나아가지는 못하였다. 오히려 연대활동은 일상적인 교류보다는 각종 투쟁에의 지원을 통해 이루어졌다. 한 예로 7·8월 투쟁 과정에서 삼미금속노조가 시가행진할 때는 민주노조 간부와 조합원들이 시내에 나와 환영회를 열었고 사업장 내에서 횃불 시위도 동참하여 격려했다. 이처럼 연대활동이 구체적인 투쟁 과정에서 이루어지므로 조직적 체계는 미비해도 일반 조합원 속에 모든 노동자가 연대하여 하나로 뭉쳐 싸워야 한다는 인식이 뿌리내릴 수 있었다.

3) 노총협의회의 민주화

7·8월 투쟁을 통해 신규 노조가 상당수 결성되고 민주노조가 커다란 세력을 가지게 되자 민주노조들은 87년 말부터 노총협의회의 민주화에 착수했다. 이때도 민노협 결성이 고려되긴 했으나 노총협의회를 민주화하는 것이 여러 점에서 민주노조들의 활동 영역을 넓히는 데에 유리하다고 판단하였다. 노총협의회의 임원선거는 88년 1월 대의원대회에서 있을 예정이었는데, 문제는 당시의 규약으로는 결성된 지 1년 미만의 신규 노조들이 대의원 자격을 가지지 못한다는 것이었다. 신규 노조의 대의원 자격만 확보되면 민주노조 측 대의원이 과반수가 될 수 있었다. 따라서 민주노조들은 신규 노조의 대의원 자격 확보를 위한 활동을 벌였다. 87년 11월 노총협의회 운영위원회가 열려 88년 1월에 개최될 대회의 안건을 논의했다. 이 자리에서 민주노조들은 앞으로 협의회의 운영에 적극 협조하겠다고 하면서 기존 노조들을 설득하여 1월 대회에 상정할 규약안에서 신규 노조들에도 대의원 자격을 주도록 하는 데 성공했다.

드디어 88년 1월의 대회 날짜가 다가왔다. 민주노조 측에서는 기존 협의회 의장이 극히 어용적이었으므로 새로운 인물을 의장으로 선출하기로 하고 새 의장 후보를 〈조일목관노조〉 홍윤표 위원장으로 결정했다. 홍 위원장은 민주노조와 함께 연대투쟁에 적극 나서지는 않지만 기존 노조 대표자 중에서는 비교적 양심적인 사람이었다. 민주노조에서는 대회 전 홍 위원장을 만나 협의회 의장직을 맡아 달라고 부탁하는 한편, 의장이 되면 민주노조들과 협조하여 노총협의회를 민주적이고 자주적으로 운영하겠다는 확약을 받았다. 대회 직전까지도 기존 협의회 의장이던 이현대 씨는 이와 같은 사실을 모르는 채 신규 노조 대표자들을 만나 다시 한번 의장으로 선출해줄 걸 부탁했지만, 신규 노조들은 거부 의사를 분명히 밝혔다. 대세가 기운 것을 안 이현대 씨는 출마를 포기했고 홍윤표 씨가 단독출마하여 의장으로 선출되었다. 대동중공업 이석행 위원장은 사무국장으로 선출되어 민주노조 측이 집행부를 장악하게 되었다. 한편 민주노조 측은 기존 노조를 협의회에 끌어들이는 것이 필요하다고 판단하고 이를 위해 별 실권이 없는 부의장직은 모두 기존 노조에 양보했다. 그런데 이들은 후에 민주노조의 활동에 공공연히 제동을 걸고 나와 문제가 된다.

노총협의회를 장악한 민주노조들은 전보다 한층 공식적이고 활발한 활동을 해 나갈 수 있었다. 협의회 회관을 24시간 개방하여 조합원 교육과 회의를 마음대로 할 수 있도록 했고, 단위노조에 대한 지원도 더욱 적극적으로 해 나갔다.

4) 통일적인 임투 준비

노총협의회가 민주화된 이후 당면한 과제는 임투 준비였다. 민주노조들은 88년 임투의 목표를 개별 노조의 조직력 강화 및 연대의 강화로 설정하고, 임투를 지역 차원에서 통일적으로 벌여나가기로 했다. 임투 준비를 위한 노총협의회의 첫 사업은 지역 임투 교육이었다. 협의회에서는 1988년 2월 8일부터 13일까지 강사를 초빙하여 70여 명의 단위노조 간부들을 대상으로 임투 교육을 실시했다. 교육내용은 '노동조합의 일상활동', '임금이란 무엇인가', '임금인상 요구서 작성법', '노동쟁의조정법 해설', '임금교섭의 전략과 전술', '간부의 자세' 등이었다. 이 교육은 신규 노조 간부들에게 임투에 관한 기본입장을 정립하고 전술을 수립하게 하는 데 큰 도움이 되었다.

임투 교육 후 민주노조들은 협의회에 모여 임금인상 요구안도 함께 작성하고 투쟁계획도 세웠다. 교섭에 임박해서는 간부 60여 명이 지리산으로 극기 훈련을 떠났다. 이 훈련에서 간부들은 조를 나누어 산에 오르고, 중턱에 있는 학교에서 기마전, 구사대와의 몸싸움 연습, 촛불의식 등을 통해 투쟁의 결의를 다졌다. 모의 단체교섭을 통한 실전훈련도 쌓았다. 또한 민주노조들은 쟁의도 같은 시기에 들어가기로 하였는데, 실제로 임투 과정에서 모든 노조가 4월 1일에서 3일 사이에 일제히 쟁의발생신고를 하고 거의 동시에 파업에 돌입했다.

5) 연대투쟁을 통한 구사대 격퇴

임투를 위한 공동교육이 진행 중이던 1988년 2월 10일에 〈함양전자노조〉에서 조합원의 농성이 시작되었다. 농성의 발단은 구정 상여금 차등 지급에 있었다. 회사 측은 원래 연 400%인 상여금을 근무 성적에 따라 준다는 구실로 제멋대로 차별적으로 지급하였다. 이에 우선 노조 간부들이 철야농성에 돌입하고 농성이 조합원까지 확대된 것이었다. 그러자 회사 측에서는 계열 기업에서 관리직 등을 차출하여 100여 명의 남자들로 구사대를 조직, 운동장에 모이게 했다. 이때 진주지역 민주노조 간부들은 매일 저녁 농성장에 들어가 함께 밤을 지새우면서 혹시 있을지 모르는 구사대의 폭력으로부터 전부 여성 노동자인 농성자들을 보호했다. 농성 6일째인 2월 15일 저녁에도 민주노조 간부와 조합원들이 몰려가자 구사대는 정문을 차단하였고 농성하다 귀가하려는 일부 조합원을 막았다. 밖에 있던 민주노조 간부들이 여기에 항의하였으나 구사대가 더욱 행패를 부리자 민주노조 간부들은 회사 안으로 기세차게 몰려 들어가 구사대를 '혼내주었다.'

이 과정에서 구사대 중 일부가 부상하였고, 뒤에 민주노조 위원장 3명이 벌금형을 받았다. 그렇지만 민주노조가 연대하여 구사대를 단호히 물리치자 진주지역의 사용자들은 다시는 감히 구사대를 조직할 엄두를 내지 못하게 되었다.

함양전자에서 구사대를 이겨내고 상여금을 일률적으로 받는 데 성공한 후 〈금속노조연맹〉의 모 국장이 함양전자 사태와 관련하여 진주를 방문하였다. 그런데 그는 '투쟁만 해서는 안 된다.'라느니, '대동중공업노조와 현 노총협의회는 문제가 많다.'라느니 하면서 민주노조들을 비방하는 말을 공공연히 하고 다녔다. 그뿐 아니라 함양전자 문제를 처리한답시고 도리어 노조 간부들을 잘못된 방향으로 이끌어 가려 했다. 이처럼 연맹이 반(反)노동자적인 작태를 보이는데 분개한 민주노조들은 연맹 의무금을 내지 않기로 결의했다. 다만 대동중공업노조는 진주지역 민주노조의 대표로 연맹 대의원 자격을 유지하면서 정보와 자료수집을 하고 연맹 내에서의 활동을 계속하기 위해 의무금을 내기로 하였다.

6) 현대엔진노조 탄압 규탄 집회와 민노련의 결성

임금인상 투쟁이 본격화되자 민주노조들은 7·8월 투쟁 이후 발전되어 온 연대활동을 더욱 체계화, 조직화하였다. 노조들은 1988년 4월 1일부터 4월 3일까지 일제히 쟁의발생신고를 한 후 준법투쟁에 돌입하였는데, 각종 임투 프로그램의 상당 부분을 통일적으로 진행하였다. 각 노조가 일정한 시차를 두고 같은 프로그램을 마련하여 민주노조의 간부와 조합원들이 여러 사업장을 차례로 돌아가면서 서로 간에 임투를 지원하고 격려하였다.

노조들이 본격적인 임투 채비를 하던 중에 전국적으로 4월 2일 '현대엔진노조 탄압 규탄 집회'가 열리기로 했다는 소식이 들려왔다. 진주의 민주노조들도 이 소식을 듣고는 즉시 여기에 맞추어 규탄대회를 갖기로 하였다. 그런데 이날 경상대학교에서는 오후 4시부터 백기완 씨 초청 강연회가 있을 예정이었다. 민주노조들은 학생들과 협의, 학생들의 집회가 끝난 후인 6시부터 규탄대회를 열기로 하였다. 이날 집회에 대해서는 중간적인 노조들이 소극적이어서 노총협의회 이름으로 주최하지 못하고 민주노조들이 주최하는 형식을 택했다.

4월 2일 저녁이 되자 각기 사업장에서 준법투쟁 등을 하던 조합원들이 모여들어 집회에 참석한 노동자 수는 1천여 명이 되었다. 진주지역 민주노조의 전체 조합원 수가 2천여 명인 점을 생각하면 놀라운 참여율이었다. 그런데 노동자들의 집회가 시작되기 전부터 학교 밖에는 4백여 명의 백골단과 수 개 중대 전경이 진을 치고 있었다. 학생들은 집회가 끝난 후 교문 밖으로 나가 행진을 하려 했으나 경찰이 막자 투석전을 벌였다. 노조에서는 예정대로 집회를 시작하려 했는데 학생들이 교문에서 백골단에 밀려 흩어져 버렸다. 백골단은 노동자들도 해산시키려 몰려왔다. 노동자들은 이에 분노하여 학생들이 남기고 흩어진 화염병과 돌을 들고 최루탄 연기 속에서 각목을 휘두르는 백골단 및 전경과 치열하게 싸웠다. 학생 중 일부는 노동자들의 용감한 투쟁 모습을 보고는 대열에 합류하기도 했다. 그러나 수적으로 열세인 노동자들의 투쟁대열은 결국 백골단과 전경에 의해 깨어졌다. 이 과정에서 많은 노동자가 부상했고 지형에 익숙하지 않은 노동자들은 백골단을 피하다가 어둠 속에서 수 미터 아래로 추락하기도 했다. 백골단은 여기에 돌을 마구 던지는 만행을 저질렀다. 이날 38명의 노동자가 입원했고, 한국마그네트 최재문 씨는 중상을 입어 뇌수술을 했다.

집회는 폭력적으로 해산되었지만, 이 싸움은 노동자들의 정권에 대한 분노를 높이는 계기가 되었다. 또한 학생들보다 노동자가 폭력에 대항하여 훨씬 전투적이고 강고한 싸움을 한다는 것도 보여주었다. 한편 집회 과정에서 다수 노동자가 경찰에 연행되었는데 이들은 4월 4일까지도 풀려나지 않았다. 이에 민주노조 간부와 조합원 3백여 명은 경찰서 앞으로 몰려가 연행자 즉각 석방과 부상자에 대한 치료비 부담을 요구하며 농성을 벌였다. 그러자 경찰은 연행된 노동자를 석방하고 치료비 부담도 약속했다.

노동자들의 평화로운 집회에 대한 경찰의 야만적인 폭력이 있고 나서 민주노조들은 노총협의회 의장단(의장, 부의장, 사무국장으로 구성됨)에게 규탄성명서를 발표할 것을 요구했다. 그러나 의장단 회의에서는 이 제안이 거부되었다. 나이나 업종을 고려하여 선출한 의장과 부의장들이 지금까지는 민주노조의 요구를 거부하지 못했지만, 경찰을 규탄하자는 데는 반대를 하고 나선 것이었다. 이들은 '용공단체의 집회에 참여하다가 다친 것을 어쩌란 말이냐.'라고 하였고, 심지어는 이에 항의하는 이석행 위원장을 집단폭행까지 했다. 민주노조들은 이제 노총협의회와는 별도의 조직체가 필요하다고 판단하고 〈진주지역민주노조연합〉을 결성하기로 하였다. 당시 〈우창기계노조〉가 농성 중이었으므로 22개 민주노조 간부 및 조합원 5백여 명은 4월 16일 우창기계 앞에 모여 민주노조연합을 결성하였다.

그러나 민주노조연합에 참여한 노조들이 노총협의회 내에서 활동을 포기한 것은 아니었다. 민주노조들은 지금까지와 마찬가지로 노총 협의회 내의 활동은 계속해 나가는 한편, 협의회가 하지 못하는 부분은 연합을 통해 해나가기로 했다. 현재 연합에 소속한 노조들은 산별연맹 의무금을 모두 연합에 내고 있다. 연합은 아직 각 사업장의 임투가 마무리되지 않아 독자적인 고유한 활동을 하진 못하고 있지만 임투가 끝나는 대로 독자적인 신문발간, 교육활동 등을 펴나갈 계획이다.

3. 평가와 전망

이상에서 간략히 살펴본 진주지역의 민주노조운동은 민주노조의 연대활동과 관련하여 시사하는 점이 많다고 보인다. 그중 중요한 것으로는 다음과 같은 것을 들 수 있다.

첫째, 중심적 노동조합의 역할이 중요하다는 점이다. 진주에서는 대동중공업노조가 민주노조의 확고한 중심으로 자리 잡고 있으면서 신규 노조들이 생겨나는 초기부터 헌신적인 지원 및 지도 활동을 펴나갔다. 이 때문에 기업주의 의식 극복이 자연스럽게 이루어졌고 일반조합원들에게도 연대는 당연한 것으로 받아들여졌다. 또한 대동중공업노조의 존재는 개별 노조에서 노조 탄압 저지 투쟁이 승리로 마무리되는 데도 기여했다. 이 같은 사실은 지역적 연대의 발전을 위해서는 주요 사업장에 확고한 민주노조를 구축하기 위한 집중적인 노력이 기울여져야 함을 의미한다.

둘째, 연대활동은 대중의 당면한 요구, 당면한 투쟁을 중심으로 이루어져야 한다는 점이다. 진주에서는 연대조직의 체계를 갖추는 것보다는 노조결성 및 사수 투쟁, 임투 등 구체적인 투쟁 속에서 연대가 이루어졌고, 이 때문에 대중적인 연대가 형성될 수 있었다. 한동안 일부 지역에서는 노동조합의 당면한 투쟁을 중심으로 한 실천적인 연대의 강화에 힘을 쏟기보다는 형식적 틀을 어떻게 맞출 것인가에 관심이 모였던 경우가 있었다. 이와는 달리 진주에서는 실천 과정에서 연대가 형성된 이후 필요에 따라 조직적 틀이 다양하게 결성되어 왔다.

셋째, 노총과 관계 문제이다. 진주의 경험은 노총 기구의 활용 가능성과 그 한계를 동시에 보여준다. 진주의 민주노조들은 지역 내의 실세를 바탕으로 노총협의회 내부에서 활동을 유연하게 펼쳐 노총협의회를 민주화하는 데 성공했다. 이것은 민주노조들의 활동에 크게 유리한 조건이 되었을 뿐만 아니라, 중간적인 노조들을 민주노조 진영으로 끌어들일 가능성을 증대시켰다. 그러나 민주노조의 투쟁 수준이 고양되어 낮은 차원이나마 정치투쟁 성격을 띠게 되면 노총 기구 내의 중간적인 노조는 민주노조와의 협조를 거부하여 노총 기구는 민주노조가 활동하는 데 있어서 질곡으로 나타났다. 이러한 진주의 경험은 민주노조의 힘이 커지면 노총 지역협의회나 산별연맹을 민주화할 수 있으며, 그것이 민주노조의 활동 영역을 넓힌다는 것을 보여준다. 그러나 동시에 노총 기구 내에서 활동은 민주노조의 주체적 역량이 없으면 '활용'이 아닌 '매몰'에 불과하게 된다는 것도 보여준다.

넷째, 노동자가 운동의 주체가 되어야 한다는 원칙이다. 진주지역의 노동조합운동이 완전히 외부와 고립된 상태에서 자생적으로 진행된 것은 아니지만 거의 모든 활동과 투쟁이 노동자들에 의해 노동조합을 중심으로 진행되어왔다. 그럼에도 진주지역 노동자들은 여느 지역 못지않은 투쟁성과 조직성을 보여주었다. 물론 진주지역 민주노조운동에서는 과학적 이론을 갖춘 간부들의 층이 매우 얇았던 데서 생겨나는 여러 허점이 드러난다. 그러나 이는 진주지역에서 노동조합으로 결집된 현장 대중의 투쟁이 주체적으로 확대되고 고양될 가능성을 과소평가할 이유가 되지 못한다. 지금까지 진주지역 노동자들의 중심적 투쟁 과제는 주로 경제투쟁을 통해 민주노조를 굳건히 다지고 그 지역적 연대를 형성해 내는 것이었다. 그리고 진주지역 노동자들은 이른바 활동가 및 그 조직체가 많은 일부 지역에서 이 과제를 더 잘 수행해 내었다. 또한 4월 2일의 집회에서 보이는 바와 같이 초보적인 정치투쟁도 대중적이고 치열하게 수행해 내었다. 이러한 조직적 성과는 앞으로 민주노조운동이 지역 민중운동의 중심체로 성장할 기반이 될 것이다.

88년 임투가 마무리되어가는 이 시점에서 진주지역 민주노조운동에 제기되는 여러 과제 중 중요한 것은 우선 핵심 간부들이 지도자에게 필요한 과학적 이념으로 무장하는 것이다. 그리고 이를 통해 제반 활동을 장기적 전망하에 체계적으로 수행해 가는 것이다. 지금까지 금속노련협의회나 민노련의 결성 과정을 보면 다소 즉흥적인 측면이 있었음을 부인할 수 없다. 이는 자신감의 표현이기도 하지만 이제는 민중운동 발전의 장기적인 전망 속에서 민노련의 위상, 노총 기구와의 관계 등이 정립되어야 할 것이다. 다음으로 중요하게 제기되는 과제는 일상투쟁을 통해 노동운동의 주체로 나선 조합원 대중이 노동자로서의 정치적·사회적 의식을 가지고 저차적인 것이나마 정치적 성격을 가지는 투쟁에 나서는 것이다. 이를 위해 진주지역의 민주노조들은 지역 내의 노동교육 프로그램으로서 〈시민대학〉을 개설하고 교육활동을 확대하고 있으나, 역량 있는 활동가가 부족하여 조합원의 요구를 모두 충족시키지는 못하고 있다. 그러나 자체 역량의 한계와 그 극복의 필요성을 핵심 간부들이 깊이 인식하고 있으므로 이른 시일 내에 강고한 민주노조운동으로 발전해갈 것으로 기대된다.

출처 한국노동교육협회(1990), 『노동조합의 길』(제2호), 한국노동교육협회.

[강의안]
어려운 시기를 이렇게 극복합시다

1. 강의내용 소개

　1987~89년 초반에 이르기까지는 우리 노동조합운동의 기세가 상승하는 시기였습니다. 87년 이전의 완전히 짓눌려 있던 상태에서 일거에 벗어나 계속적으로 우리들의 요구를 관철해 왔습니다. 그러나 89년 하반기 이래 많은 조합 간부가 갈수록 강화되는 정부·기업주의 이데올로기적, 법률·제도적, 폭력적 탄압 앞에서 노조활동의 어려움을 절감하고 있습니다. 즉 운동이 수세에 처해 있음을 실감하고 있습니다.

　그 궤적은 우리 마산·창원(마창)지역 노동자분들이 가장 잘 보여주고 있습니다. 1988, 89년 초반까지 피크를 보이다가 그 이후 밀리고 밀려 여기까지 왔습니다. 올봄 마창지역에서 지역 임투 교육이 불법하게 원천 봉쇄되었지만, 노조 측에서는 거의 아무런 대책도 마련 못 했습니다. 그 바로 전까지만 해도 상상도 할 수 없던 일이었습니다. 작년 초 '임금 투쟁 전진 대회' 때 1만 5천여 명이 모여 결의를 다졌지만, 올해는 몇백 명이 간신히 모일 수 있었을 뿐입니다.

이러한 상황에 많은 사람이 당황해하고 대책 없이 위축되는 모습을 보였습니다. 그러나 이제는 그래서는 안 되겠습니다. 모든 운동에는 우리의 힘이 불어나는 만조기가 있는가 하면, 상대적으로 힘이 약화되고 몰리게 되는 간조기가 있는 법이며, 양자는 대립하는 양 세력 간의 힘 관계 변화 속에서 되풀이되기 마련입니다. 따라서 우리는 당황해할 것이 아니라 우리 운동이 수세에 처하게 된 원인을 정확히 인식하여 침착하게 새로운 전진을 위한 준비를 해 나가야겠습니다. 오늘 강의에서는 이러한 문제의식을 바탕으로 먼저 노조운동이 수세에 처하게 된 기본 원인을 간단히 살펴보고, 다음으로 수세기에는 어떻게 활동해야 하는지 그리고 어떻게 수세기를 극복해가야 할지를 정리하는 것으로 하겠습니다.

2. 노동조합운동이 수세에 처한 이유

지금 우리 노조운동은 87년 대투쟁 속에서 확보해낸 최소한의 노동3권과 그것 위에서 가능하게 된 저임금 극복을 향한 일정한 성과들을 정부·기업주의 공세 앞에 야금야금 박탈당하고 있습니다. 수세기란 다른 게 아니라 새로운 전취물을 확보하기보다 기존의 성과를 지켜내야 하는 것이 주된 과제로 되는 시기라고 할 수 있습니다. 지금 우리는 실질임금의 저하를 강요하는 임금가이드라인, 노동3권을 형해화시키는 불법 부당한 노동행정·노동정책, 개별 자본을 상대로 확보해 온 노조활동의 자유 및 인사·경영 민주화 등에 대한 도전 등 여러 면에서 후퇴를 강요당하고 있습니다. 따라서 이것을 지켜내는 것이 시급한 과제로 제기되고 있다는 점에서 수세기에 있다고 할 수 있습니다.

우리가 이처럼 새로운 전취물을 확보하는 것보다는 오히려 기존의 것을 지키기에 바빠지게 된 것은 노자 간 힘 관계에서 자본 측의 힘이 노조 측의 힘보다 더 빠른 속도로 성장했기 때문이라고 할 수 있습니다. 노자 간 힘 관계를 우리 상황에서 조금 더 구체적으로 말한다면, 노동조합으로 묶인 노동자 대중의 단결력(투쟁력, 자각)과 자본 측의 대응력(노조에 대한 제반 방침, 경단협, 민자당 결성을 통한 국회 지배 등) 사이의 관계라고 할 수 있겠습니다. 자본의 대응력은 갈수록 고도화되는 게 필연이라고 할 때, 노동 측의 단결력이 그에 상응하는 또 그 이상의 속도로 성장하지 못한다면, 운동은 위축될 수밖에 없는 것입니다. 따라서 수세기를 자본 측의 온정에 의해서 극복하길 기대할 수 없는 것이라면 노동 측 단결력의 성장이 어디에서 막히고 있는가, 혹은 어디에 힘을 집중하여 그 성장 속도를 빨리할 수 있는가에 답을 찾아내는 것이 무엇보다도 중요한 일이라 하겠습니다. 즉 수세에 처하게 된 원인을 찾아내 이후 방향을 모색해야 한다는 것입니다.

그렇다면 그 원인은 어디에 있는가? 그것은 여러 가지로 생각할 수 있겠지만, 그중 중요한 것은 89년에 들어오면서 노동조합의 양적 팽창이 일정한 한계에 부딪혔다는 점을 일단 들 수 있을 것입니다. 1987~89년 초까지 노동 측의 단결력 성장에서 가장 중요한 역할을 한 것은 대단히 빠르게 진행된 노동조합의 양적인 팽창에 있었기 때문입니다.

예를 들어 87년 6월까지만 해도 우리나라 노조는 약 2천7백여 개였는데 약 2년 사이에 노조가 5천여 개로 늘어났습니다. 조합원 숫자도 87년 이전까지 95만 명 정도였는데 약 2년 사이에 200만 명 가까이로 늘어났습니다. 짧은 기간 동안 1백만 명이 조직된 것입니다. 우리나라 조직률은 현재 20% 정도이지만 이것은 기업별노조 체제에서는 결코 낮은 수준이라고 할 수 없습니다. 왜냐하면 기업별노조 체제에서는 결성된 노조가 제구실하려면, 우선 기업 규모가 일정 수준에 올라야 하기 때문입니다. 즉 그래야만 노조의 기능을 뒷받침할 단결력이 보장되기 때문입니다. 이런 시각에서 조직률 20%라고 하는 것은 그 내용을 들여다보면 결코 작은 수치가 아님을 알 수 있습니다. 예컨대 업종을 불문하고 3백 명 이상을 고용한 업체에서는 80% 가까이 노조가 결성되어 있고, 1백 명 이상 업체를 보아도 50%가 넘는 비율로 노조가 결성되어 있습니다. 그래서 89년 초에 이르면 노조가 만들어질 만한 사업장에는 노조가 어지간히 결성된 격이 되어, 노조결성 속도(양적 팽창)가 현저히 둔화하기에 이릅니다. 이리하여 노동조합 힘의 성장 속도도 현저히 둔화됐는데, 반면 자본 측은 89년부터 지금에 이르기까지 노동조합에 대한 대응 태세를 각 방면으로 급속히 강화해 옴으로써 결국 노조운동은 수세에 빠지게 된 것으로 생각할 수 있겠습니다.

그렇다면 이제 우리 조합운동이 지금까지의 수세를 벗어나서 보다 강력하게 나아가기 위해서는 양적인 팽창에 의존할 것이 아니라, 노동조합운동의 질적인 성장, 내용적인 성장을 추구하지 않으면 안 될 때가 왔다고 할 수 있겠습니다. 즉 새로운 방향에서 노동조합의 단결력을 강화해야 한다는 것입니다. 사실 전반적으로 조직이 많이 만들어지고 급속히 확대되어 나가는 속에서는 하나하나의 조직들이 내용적으로는 좀 부실해도 전체의 분위기에 묻어서 나갈 수 있는데, 우리가 수세에 빠졌을 때는, 또 저들의 공세가 대단히 강력하고 과학적이고 집요하게 진행될 때는, 우리가 믿을 수 있는 거라고는 우리 자신의 단결력을 강화하는 것밖에 없다는 점에서 우리 운동의 내용적·질적 성장을 위한 노력은 미룰 수 없는 시급한 과제입니다.

3. 수세에서 취해야 할 활동 방향은

그러면 우리는 수세기에 어떻게 이러한 과제를 수행해야 하는지 생각해 보기로 합시다. 여기에는 크게 두 가지가 있다고 봅니다.

첫째는 현재의 역량을 과학적으로 활용하여 정부·기업주의 전면적인 공세를 저지, 둔화시켜야 하겠습니다. 그리하여 어려운 시기에 우리의 역량 손실을 최소화해낼 수 있어야 새로운 도약도 준비할 수 있기 때문입니다. 두 번째는 우리 운동의 질적 성장을 추구하는데 요구되는 활동 방침을 세우고 실천하는 것입니다. 그러기 위해서는 먼저 우리 운동 내부에 안고 있는 여러 가지 취약점 중에서 가장 관건이 되는 사항을 잡아내고 다음으로 거기에 힘을 집중해 나가는 방향으로 방침을 세워 활동해야겠습니다. 그래야 성장 속도는 극대화될 것입니다.

1) 권력과 자본의 공세를 이렇게 저지합시다

그러면 이제 하나하나 살펴보도록 합시다. 먼저, 우선 투항주의를 경계해야 하겠습니다. 좋은 시절에 익숙하던 간부들은 어려운 시기를 마주하면 특히 당황합니다. 그래서 어려운 시기를 극복하기 위한 구체적 대안을 마련하고 침착하게 한 발 두 발 나아가기보다는 미리 어두운 결과를 예측하고, '해보았자 되겠느냐.'라며 지레 포기하는 모습을 보입니다. 이를 일컬어 '투항주의'라고 합니다. 투항주의의 위험성은 현재 발휘할 수 있는 힘조차 포기하여 상대방의 막힘없는 공세를 계속 허용하면서 끝없이 후퇴, 몰락하는 데 있습니다. 사실 상황은 좀 어려워졌지만, 우리 선배 노동자들의 경험을 돌이켜 보면 우리 자신의 나약함과 게으름을 생각하지 않을 수 없습니다. 예컨대 유신 치하 사방이 꽉 막힌 상황에서도 전국적으로 7~8개 정도밖에 없었던 민주적인 노동조합이 유신체제를 돌파, 붕괴시키면서까지 조직을 지키고 발전시켜냈습니다. 이런 것에 비교해보면 우리의 여건은 그때 비할 바 없이 좋으며, 우리의 조직을 발전시켜낼 많은 여지가 남아 있다고 하겠습니다. 이러한 점을 생각하면서 위축되지 않고 노력을 하는 것이 필요합니다.

그러면 어떻게 해야 할까요? 우선 우리는 상대의 기세에 위축당하여 등을 보일 것이 아니라, 상대방을 응시하면서 상대방의 구조적인 약점과 상대방이 공세기에 저지르기 쉬운 무리한 실책들을 예민하게 잡아서 공격하여 상대방의 공세를 둔화시키고, 이 속에서 우리의 약점을 보강할 수 있는 여유를 확보해야겠습니다. 이것을 일컬어 '질서 있는 퇴각'이라고 합니다.

상대방이 안고 있는 구조적 약점이란, 예를 들면 집값, 전셋값을 앙등시켜 모든 사람의 지탄 대상이 되는 부동산 투기의 주범이 바로 재벌을 비롯한 기업주이며, 정부가 이에 대해 방조, 결탁해온 사실들입니다. 노조는 이러한 점을 계속 폭로하면서 집요하게 공격해야 합니다. 그것은 자본 공세의 명분을 약화시키며, 자본을 고립시킴으로써 공세의 예봉을 둔화시킬 것입니다.

마창지역 동지들이 위축돼서 모임도 잘 안 하고 그저 가만히 있다면, 이게 바로 투항주의라고 할 수 있습니다. 충분히 할 수 있고 호응을 받을 수 있는 일이 있음에도 가만히 손 놓고 있어서는 안 됩니다. 상대방의 약점을 공격하면 승산이 있습니다. 유인물, 스티커, 집회 등 모든 방식으로 자본의 부당성을 계속 공격하면서 우리 자신의 자신감도 회복하고, 우리의 약점을 보강해 나갈 수 있습니다. 상대방이 공세기에 있게 되면 반드시 무리수, 즉 실책을 저지릅니다. 이런 것이 저질러졌을 때는 절대로 놓치지 않고 기민하게 공격해야 합니다.

1990년도 부천세종병원에서 단협 싸움은 이러한 전술의 위력을 잘 보여줬습니다. 교섭에서 회사 측은 '전임자 임금을 지급하지 않겠다.'라는 등 개악된 협상안을 들고나와 계속 버팀으로써 노조를 궁지에 몰았습니다. 노동위원회에서는 당시의 자본 측과 정부의 기세등등했던 분위기를 타고 전임자 임금을 안 줘도 된다고 하는 등 사용자 입장만 일방적으로 편든 무리한 중재를 하기에 이르렀습니다.

〈세종병원노동조합〉에서는 이렇게 되리라는 사실을 예상하고 있다가, 즉시 홍보·선전 등 다양한 활동을 전개하여 광범한 지지 세력을 확보하게 되었습니다. 노동위원회의 그러한 판정은 전임자 임금 문제를 세종병원만의 문제가 아니라, 모든 노동조합의 당면한 문제로 바꾸어 버린 것입니다. 그리하여 결국은 부천지역 전노협, 노총 산하 노조가 모두 뭉쳐 지노위로 몰려가 항의했고 결국 중앙노동위원회에서 중재안이 번복되었습니다. 이 싸움은 그 결과로 전국의 모든 노동조합에서 전임자 임금 문제 등에 관하여 어느 정도 여유를 가질 수 있게 한 큰 승리였습니다.

우리가 패배주의에 빠져 넋 놓고 있으면, 상대방이 실수를 저지른다고 하더라도 다 놓치게 됩니다. 이러지 않기 위해서는 대오의 질서를 유지하고 있어야 한다는 점을 다시 강조합니다.

다음으로 정부·기업주의 불법·부당한 탄압에 대해서는 대중적으로 단호하게 대처해야 합니다. 수세기에 우리가 공세적 요구를 내거는 것은 힘든 일이지만, 상대의 부당한 탄압 공세에 대해서는 공격적이고 단호하게 저지해 내야 합니다. 예를 들어 업무조사의 경우를 생각해 봅시다. 업무조사는 행정관청의 부당한 간섭을 〈전국노동조합협의회(전노협)〉 소속 노조에 집중함으로써 전체 노동조합으로부터 전노협을 분리하고 노조의 정상적인 활동을 방해하려는 대단히 파렴치한 정책적 탄압입니다. 이와 관련하여 그간에는 간부 차원에서 단순 거부·공문 발송 싸움 식의 대처만 해왔는데, 이제는 한 걸음 더 나아가야겠습니다. 예컨대 간부만 싸우면 간부와 조합원이 분리되고 조합원이 위축되는 경우가 많으므로, 전 조합원이 '우리는 우리 집행부 활동을 신뢰한다.'라고 서명을 하고 대회를 개최하며, 근로감독관이 올 때도 조합원들이 막아내는 식으로 대중화할 필요가 있습니다. 즉 소수 간부와 행정관청의 싸움을, 전 조합원 대중과 행정관청의 싸움으로 발전시켜야 합니다. 그리고 이에 기반하여 이번에는 여러 노동조합이 함께 대중적으로 노동부를 항의 방문하여 '편파적, 무원칙한 노동행정'을 규탄하고 적극 사회문제화하는 것도 필요합니다. 이점은 특히 그간의 업무조사와 같은 다수 노동조합이 함께 고통받는 탄압 공세에 대하여 사업장별로 고립적·속앓이 식으로 대응해온 것을 과감히 뛰어넘어야겠습니다. 이렇게 탄압 공세는 대중적으로 과감하게 저지해야 합니다.

2) 우리의 약점을 보강하는 데에 실천의 중심을

이제 우리 운동의 질적 성장을 위한 활동 방침을 생각해 봅시다. 이와 관련해서는 먼저 우리 운동이 안고 있는 약점을 올바로 이해하고 실천의 중심을 잡아야 합니다. 우리가 실천의 중심을 잡아서 힘있게 활동하려면, 단지 여러 문제점을 나열하는 식이 되어서는 안 되며 가장 중요한 문제점을 찾아내야 하겠습니다. 우리 역량에는 한계가 있기 때문에 모든 문제를 대책 없이 좇다 보면 결국 어떤 문제도 제대로 해결하지 못하고 과거와 같은 모습을 되풀이하게 됩니다. 그래서 중요한 고리를 잡아 힘을 집중해야 하는 것입니다.

이러한 중심되는 약점, 중심되는 문제는 노동조합마다 조금씩 다를 수 있습니다. 그러나 현재 우리 노동조합운동이 87년에 불태우던 기세가 약해지고 어려움을 당하게 된 데서 가장 일반적으로 지적될 수 있는 약점은, 바로 노동조합의 대중적 기반, 즉 현장조직이 약하다는 데 있습니다. 우리는 예컨대 더욱 힘있는 활동을 하기 위하여 지부·업종·전국단위에서 많은 공동연대조직을 만들어 내었습니다. 그러나 현실은 이러한 공동연대조직도 그것을 떠받치는 토대, 즉 현장조직이 허약할 때, 우리가 기대한 바의 힘을 가질 수 없다는 것을 잘 보여주고 있습니다. 따라서 지금과 같은 시기에 우리가 중심을 두어야 할 활동은 현장대중조직을 강화하는 것이어야 하겠습니다.

현장조직 강화에 활동의 중심을 둔다는 것은 이를테면 이런 것입니다. 지역에서 행사를 한다, 공투(공동투쟁)를 한다고 할 때도 그 내용이 현장조직의 역량을 강화하는 데 도움이 되는지 안 되는지부터 판단하는 태도를 가져야 합니다. 싸움을 조직할 때도 우리 현장역량이 강화될 수 있는가 하는 관점에서 투쟁을 조직해야 합니다.

하나의 투쟁이 끝난 뒤 이 싸움이 잘됐냐 못됐냐의 평가 기준도, 그 싸움을 통해 우리 현장조직 역량이 강화됐느냐, 안 됐느냐에 두어야 하겠습니다. 요컨대 '아, 그 싸움 필요한 거니까 해야지.'여서는 안 되며, 지금 시기에 어떠한 활동을 하든 간에, 이것이 우리 현장조직 역량에 도움이 되느냐 안 되느냐를 판단하여, 과감하게 하거나 자르거나 해야 한다는 것입니다.

특히 우리나라에서 현장조직 강화가 필요한 이유는, 서유럽과는 달리 우리나라는 정부나 기업주 측에서 노동조합의 기초적인 활동(예컨대 임금인상)조차도 용납하려 들지 않기 때문입니다. 얼마 전 핀란드에서 온 노조 관계자를 만나 '거기서는 임금인상 투쟁을 할 때 파업을 며칠이나 합니까?' 하고 물어보았더니, 그 사람이 곰곰이 생각하고는 자기 기억으로 70년대 중반 이후 한 번도 파업이 없었던 것으로 안다고 대답했습니다. 거기서는 그렇게 해도 노동조합을 통하여 노동자의 적정한 임금이 확보되고 있다는 것입니다. 이것은 우리로서는 상상할 수 없는 일이지만 엄연한 현실입니다. 물론 서유럽의 정부와 자본이 이처럼 유화적인 모습을 보일 수 있는 데는 우리나라 같은 후진국들로부터 음양으로 엄청난 경제적 잉여를 흡수해 간다는 경제적 토대가 있습니다. 여하튼 우리는 이와는 다릅니다.

그러므로 우리의 경우 노동조합이 제 기능을 하기 위해서는 몇몇 간부들에 의존하는 활동이 아니라 현장에 있는 조합원 대중 자신의 자각과 단결과 투쟁력에 근거한 활동이 요구되는 것입니다. 그동안 급속한 양적 팽창 속에서 그러한 기반 없이도 분위기와 대세에 얹혀 가는 것이 가능했습니다. 그러나 저들의 공세가 강해지고 원래의 모습이 드러나는 속에서 지금까지와 같은 안이한 운동은 더 이상 용납되지 않고 있습니다.

우리의 노동조합운동에서 현재와 같은 탄압 국면은 예외적인 경우가 아니라 차라리 정상적인 경우라고 생각하는 것이 옳습니다. 이러한 탄압 국면을 강력한 현장조직 역량에 의해 극복할 때 비로소 87년 이후 폭발해 온 노동조합운동을 정상적인 궤도에 올려놓는 게 가능하다고도 이야기할 수 있겠습니다.

3) 간부의 조합에서 조합원의 조합으로

그러면 이제 이러한 문제의식을 좀 더 구체화된 활동 방침으로 연결해 봅시다. 먼저 단위사업장의 활동 방침을, 그리고 공동연대의 활동 방침을 보도록 하겠습니다. 이상과 같은 문제의식 위에 섰을 때 단위사업장의 활동 방침은 '간부 조합에서 조합원 조합으로'라는 말로 요약하여 표현할 수 있겠습니다. 즉, 우리 노동조합이 간부들의 조합이 아닌가 살펴보고, 어떻게 조합원들의 조합으로 나아갈 수 있는지, 그 방향으로 힘을 집중하자는 것입니다.

87년 이후 노조 구분기준 중 가장 많이 얘기되는 것은 민주노조냐 어용노조냐 하는 것입니다. 그러나 대부분의 노조는 간부들이 어용노조 하라고 만든 것이 아닙니다. 그런데 적지 않은 노조가 시작할 때와는 다른 방향으로 변질됩니다. 하다 보니까 힘에 밀려 무력화되기도 하고 어용화되기도 합니다. 지금 시기는 '우리는 민주노조다.'라면서 자족할 형편이 못 됩니다. 우리 조직이 조합원들의 자각·조직성·투쟁성에 기반하고 있는, 조합원들이 진정으로 주인으로 참여하고 있는 조합원 노조인지, 아니면 간부만 뛰는 간부 노조인지, 노조의 상태를 판단해봐야 할 때입니다. 〈마산창원노동조합총연합(마창노련)〉 소속 노조들 사이에서도 다 다를 것입니다.

지금부터는 어용이냐 민주냐가 아니라 냉정하게 우리의 상태를 점검(30% 조합원 조직, 50% 조합원 조직, 70%……)해야 합니다. 그래서 만약에 우리 조합이 지금 30% 수준의 조합원 조직이라면 어떻게 나머지 70%를 메꿀 수 있는지 이런 고민을 해야 하겠습니다. 그리고 지역의 노조 중에서 조합원 조합으로서의 면모를 가장 잘 보여주는 조합은 어디인지 찾아보고, 거기는 어떻게 해서 그렇게 됐는지, 거기는 노조가 어떠한 제도적인 장치를 갖추고 있는지를 잘 보고 그것을 우리가 함께 나눠 갖기 위해 노력할 필요가 있습니다.

그러면 조합원 조합으로의 발전을 위해 고려해야 할 사항 몇 가지를 생각해 봅시다. 먼저 중요한 것은 조합원들이 노조활동에 참여할 수 있는 제도적 장치를 마련하는 것입니다. 많은 노동조합에서 조합원들은 평상시에 노동조합 활동에 참여할 통로를 갖고 있지 못합니다. 간부들이야 평상시에도 각종 회의에서 토론하고 결정하고 일을 맡아서 하지만 조합원들은 비상시에 동원되는 것 이외에는 할 일이 없는 것입니다. 이런 상태가 계속되면 조합원들은 노동조합 활동에 대해 구경꾼 입장에 서게 됩니다. 그리고 일단 조합원들이 그러한 상태에 익숙하게 되면, 이후 노동조합 활동은 많은 장애에 부딪히게 됩니다. 그런 곳에서는 간부들이 '우리 조합원은 너무 소극적이고 방관자적이다.'라고 불만을 토로하지만, 기본적인 책임은 조합원에 있다기보다는 잘못된 조직활동 체계에 있는 것입니다. 즉 조합원들이 노동조합 활동에 참여할 수 있는 통로가 없는 활동 체계가 문제인 겁니다.

그런 점에서 조합원도 토론하고 결정하고 책임을 맡아 할 수 있는 제도적인 장치를 만드는 건 비록 어려운 일이라 하더라도 당장 시작하지 않으면 안 될 과제입니다. 그와 관련하여 우리 노동조합운동이 가르쳐 주는 귀중한 방도는 '현장분임조'의 건설입니다. 그것은 작업 현장에서 늘상 접하는 조합원들이 쉽게 모여, 노조와 회사 전반의 문제를 토론하고 문제를 제기할 수 있는, 10여 명이 하나의 단위를 이루는 기초단위입니다. 이러한 분임조가 비상시에는 전투부대가 되고 평상시에는 월 1회 정도 모여 그때그때 제기되는 문제들을 토론하는 단위가 되게 하는 것입니다.

다음으로 노동조합의 기본활동을 아주 충실히 진행하는 것입니다. 즉 노동조합 활동에 조합원들이 열심히 참여케 하기 위해서는 조합원의 절실한 관심사인 임금인상 등의 문제를 놓고 철저한 활동을 조직하는 것이 중요합니다. 그런데 많은 경우 임금인상 투쟁(임투)이 굉장히 형식화되어 있습니다. 몇 번 해 봤기 때문에 '임투'라고 하면 지도부에서 최저생계비 얼마, 우리 현장 평균임금 얼마, 그 차이 얼마, 이번에는 몇 퍼센트 요구, 이런 식으로 '요구안'을 준비합니다. 그러면 조합원들이 보고 '아, 그런가 보다. 찬성!'이라고 결정해 버립니다. 그러나 이런 식의 진행으로는 어려운 시기에 힘있는 대중투쟁을 기대할 수 없습니다. 이런 것을 우리가 극복하기 위해서는, 내년 요구안을 만들기 위해 지금부터 철저하게 준비해 나가야 하겠습니다. 전 조합원이 동참하여 깊이 있게 토론하고 얼마를 올릴 수 있고 어떤 원칙으로 올릴 것인가 등등에 대하여 오랜 시일에 걸쳐 철저하게 요구안을 작성해 봅시다. 이렇게 하여 내년에는 올해까지와는 다른 면모를 보이면서 투쟁해 보는 것이 꼭 필요하다고 봅니다.

또 단지 요구안 작성에서만 조합원의 동참을 고려할 것이 아니라, 요구를 달성하기 위해서는 어떻게 해야 하는가도 조합원 자신이 결정할 수 있게 해야 합니다. 즉 예컨대 임금인상 투쟁의 활동 방침은 기본적으로 조합원 자신의 활동 방침이어야 한다는 것입니다.

어떤 노동조합에서는 간부들이 '이번에 파업을 하게 되면 공권력이 투입되고, 몇몇 간부는 구속될 가능성도 매우 높다. 만약 조합원들이 이런 현실을 알게 되면 위축되어 아예 투쟁을 포기할 수도 있으니 이런 사실을 우리 간부들끼리만 알고 마음가짐을 철저히 하자.'라고 했습니다. 그런데 막상 그러한 예상이 현실로 다가왔을 때, 간부들이 조합원들에게 '여러분 당황하지 말고 끝까지 싸웁시다.'라고 호소했지만, 조합원은 이미 당황하여 전의를 상실하고 말았습니다. 그리하여 임투 자체도 참담한 패배로 끝났을 뿐 아니라 조직도 대단히 약화되었습니다. 조합원들 자신이 스스로 활동 방침을 갖고 있지 못했기 때문입니다.

그런데 또 어떤 노조에서는 비슷한 상황이 예견되는 속에서 '조합원들 자신이 스스로 대비할 필요가 있다.'라고 판단하여, 첫째 구사대나 공권력이 투입되면 어떻게 할까, 둘째 우리가 현장에서 쫓겨나면 어떻게 할까, 셋째 간부들이 구속되면 어떻게 할까 하는 주제를 놓고 전 조합원들을 분임조로 나누어 토의하게 하였습니다. 토론 결과 어떤 분임조도 '공권력이나 구사대가 들어오면 도망가자.', '간부가 구속되면 우리도 자칫 감옥에 가겠구나.' 하여 '바짝 얼어서 전의를 상실하자.'라는 결론을 내리지 않았습니다.

조합원들은 분임 토의 결과 '공권력·구사대가 들어오면 싸우자.', '현장에서 쫓겨나도 정시에 출근하여 단합된 모습을 유지하자.', '간부가 구속되어도 제2지도부를 구성하여 흐트러짐 없이 단결하자.'라고 결론을 내렸습니다. 조합원들은 점심시간에 편을 나누어 구사대와 싸우는 연습도 하였으며, 예상이 현실로 다가왔을 때는 실제로 구사대를 격퇴하였습니다. 공권력에 의해 현장으로부터 쫓겨난 뒤에도 20여 일 넘게 수백의 조합원들이 낙오자도 별로 없이 굽힘 없는 출근 투쟁을 벌여 결국은 승리했습니다. 그리고 그 와중에 핵심 간부들이 구속되었지만 동요하지 않았습니다. 치열한 파업투쟁의 경험을 한 번도 가진 적이 없었던 여성 조합원들이 거둔 성과였습니다. 조합원들이 활동 방침을 스스로 토론하고 결의해 온 결과였습니다. 어떻게 활동해야 하는가에 대한 중요한 교훈을 이러한 사례에서 확인할 수 있을 것입니다.

(……중략……)

4) 아래로부터 연대활동을 조직하자

다음에는 연대활동에서의 방침에 대해서 생각해 봅시다. 연대활동의 중심 방침은 '단위현장 역량 강화'로 요약할 수 있겠습니다. 현재 우리나라 노동조합운동의 수준은 세를 모아 크게 한 번 때려 보는 것이 아니라, 세를 키우는 데 활동의 방향을 모을 걸 요구하고 있습니다. 따라서 공동 연대활동에서는 힘의 과시가 주된 측면이 되기보다 어떻게 공동 연대활동을 했을 때 우리 단위의 현장역량이 강화될 것인지 하는 것이 주된 측면으로 되어야 하겠습니다.

예를 들어 마창지역에서도 노동조합을 끌어모아 집회·시위 등을 하는 동원 중심의 활동만 생각할 것이 아니라, 마창지역에 있는 노조 간부들이 모여서 허심탄회하게 각각의 노조 상태에 대하여 구체적으로 얘기해 보고, 모범적인 사업장이 있다면 함께 배우고, 그리고 허약한 부분들을 지원해 줄 수 있는, 이런 방향의 활동을 조직해 볼 필요가 있다는 것입니다. 그간의 집회·행사 중심의 형식적 공동 연대활동을 극복하고 지금의 정세에 맞는 공동 연대활동이 내용이 있고 힘있게 전개되기 위해서는 무엇보다도 먼저 현장에 있는 간부들이 공동 연대활동의 주체임을 자각하고 주인다운 입장을 견지해야 합니다.

많은 경우 현장 간부들은 공동 연대활동의 방침을 시달받으면서 '왜 우리는 상명하달식이냐, 우리도 바빠 죽겠는데······.'라는 얘기들을 많이 합니다. '현장 실정도 모르면서 이것도 해라, 저것도 하라고 한다.'라는 불평을 많이 합니다.

그러나 이렇게 되는 가장 결정적인 이유는 현장에 있는 간부들 자신에게 있다는 사실을 알아야 하겠습니다. 현장의 간부들은 불평만 할 것이 아니라 정확하게 비판하고 현장 실정에 맞는 공동 연대사업을 적극적으로 제안해야 합니다. 그래야 현장 실정에서 떨어져 있는 상부조직에서도 스스로 오류를 자각하고 개선해 갈 수 있습니다. 스스로 봐서 확신 없는 문제에 주체성 없이 따라가는 태도는 절대로 보여서는 안 됩니다. ○○지역 공동 연대활동의 예를 들어 보겠습니다. 그 지역에서는 3·14 총회 투쟁 때 15개 노조가 모여 '총회 투쟁을 해야 한다.', '상부의 방침이다.' 하니까, 회의에 참석한 간부들이 자신이 없음에도 우물쭈물 2시간 총회 투쟁을 결정했습니다. 그런데 막상 당일 결정대로 한 곳은 다섯 군데이고, 나머지는 점심시간 약식총회로 끝냈습니다. 결정대로 한 5개는 '또 우리만 찍혔네.'라고 불만을 터뜨렸으며, 나머지는 자신의 실력에 맞는 투쟁을 해놓고서도 괜히 미안해해야 했습니다. 그 결과 지역 연대투쟁 후 지역 노동자 연대역량이 강화된 것이 아니라 노조 간 상호불신, 패배주의만 심화되고, 결과적으로 노조운동의 약화를 초래했으며, 정부와 기업주의 이어진 탄압에도 효과적으로 대응하지 못했습니다.

이후 메이데이 총회 투쟁 때는 모두 솔직히 현장 실정을 얘기하고 토론한 결과, '우리는 총회는 무리다.'(10군데), '우리는 가능하다.'(5군데)라고 얘기되었고, 역량에 맞게 하자고 결론을 내려 5군데는 총회 투쟁을 하고 나머지 10군데는 점심시간 투쟁을 하자고 결의하였습니다. 투쟁의 겉모습은 3·14와 비슷했지만, 그 결과는 3월과는 달리 조합 간 신뢰가 두터워지고 결속력이 강해졌습니다. 역량에 맞게 자신들이 결론지은 것을 계획대로 수행해 낸 싸움이었기 때문이었습니다. 이런 예를 들어서도 현장 간부들이 공동 연대활동의 주체로 서는 문제는 아주 중요하다는 것을 알 수 있습니다.

마창노련 운영위원회가 잘 안 모이고 안 된다고 듣고 있습니다. 가봤자 부담스러운 얘기만 듣고 온다며 안 모인다는데, 이것은 굉장히 잘못된 태도가 아닌가 생각됩니다. 그럴 것이 아니라 '부담 주는 얘기만 하지 말고 실정에 맞는 얘기를 하자.'라고 적극적으로 제안해야 합니다. 이제부터는 위에서 떨어지는 대로 따라갈 게 아니라 현장역량에 맞고 현장 실정이 요구하는 공동 연대활동을 조직하여 현장역량을 강화할 수 있는 주체성 있는 공동 연대활동을 조직해 봅시다.

그다음에 공동 연대활동을 위해 공동 연대조직 상부에서 일하고 있는 간부들은 늘 어떤 내용의 활동을 어떤 방식으로 하면 현장역량 강화에 도움을 줄 수 있겠는가 하는 관점을 갖고 일을 하는 것이 중요하겠습니다. 지역이나 전국 선봉대의 예를 들어 봅시다. 그간 간부들은 형식적인 집회 행사 중심의 공동 연대활동의 관성에 빠져서, 선봉대를 조직할 때도, 말하자면 한 시간 전에 집회를 통보받고도 어김없이 참석할 수 있는 사람을 머리에 그렸습니다. 그러나 노동조합운동에서의 선봉이란 기본적으로 하나하나 현장에서 자기 조합원 동료들을 각성시키고 그들의 고민을 함께하고 현장에서 문제를 풀어나갈 줄 아는 사람이겠습니다. 따라서 선봉대는 그런 방향으로 조직되고 훈련되어야 합니다. 그런 것에 기초할 때만 지역 전국집회에서도 선봉으로서 역할을 제대로 할 수 있을 것입니다.

상층 간부들이 선봉대를 조직할 때, 어떠한 사람들이 뽑혀야 하고 어떠한 식으로 훈련될 때 하나하나의 현장조직이 강화될 것인가 하는 관점에서 했다면, 우리 선봉대도 지금 굉장히 바쁘게 활동하고 있을 것입니다.

또 상층 간부는 공동 연대활동을 조직할 때 대중적인, 밑으로부터의 방식으로 일을 하기 위해 노력해야 합니다. ○○지역에서 지역 공동 간부교육을 정례적으로 하고 있는데, 교육에 참석하는 간부의 숫자가 1차는 60명이었는데 회가 거듭되어 5차에 이르러서는 15명으로 줄었습니다. 그 이유는 간부들이 교육을 다 받아서가 아니라, 공동 간부교육이 그 지역 노조 간부들의 실천적 관심과 요구에 부응하지 못하고 있어서였습니다. 그렇게 된 이유는 상층부의 간부가 일방적으로 교육내용을 입안하여 단위노동조합들로 통보, 참석을 종용하는 방식으로 일한 데 있는 것 같습니다. 만약 교육내용을 입안할 때 각각의 현장에 있는 교육 담당 간부들이 다 모여서 현장의 실정을 토론하고 현장의 간부들에게 꼭 필요한 교육내용을 집약한 후 교육을 조직했다면, 참석자도 많아질 뿐 아니라 교육의 실천적 의의도 더욱 높아졌을 것입니다.

(……후략……)

출처 한국노동교육협회(1990), 『노동조합의 길』(제2호), 한국노동교육협회.

[교육단상]
7, 8월 일지의 몇 대목

   3년 전 이맘때쯤에는 노동 항쟁의 불길이 전국 각지에서 거세게 타올랐다. 그것은 오랜 세월에 걸쳐 억눌렸던 분노의 폭발이었으며, '인간답게 살고 싶다.'라는 뜨거운 절규에서도 드러났듯이 인간해방을 이룩하려는 거대한 몸짓이었다.
   다시 7·8월을 맞았다. 지난 3년 동안의 노동운동 발전은 실로 괄목할 만한 것이었다. 그렇다고 해서 오늘의 노동운동 상황이 순탄한 것만은 아니다. 자본, 권력의 혹심한 탄압과 주체적 역량의 한계로 말미암아 노동운동의 발전이 큰 어려움에 부닥치고 있는 것도 사실이다. 이런 현실에서 각급 노동조합은 그간의 투쟁 성과를 평가하고 앞으로의 활동 방침을 설정하는 데 치열한 노력을 쏟고 있다. 최근에 만났던 노동조합들도 결코 예외는 아니었다. 올 7·8월 두 달간의 일지에서 그 몇 대목을 들추어 보려 한다.

전노협을 밀고 가는 '철의 노동자'

〈전국노동조합협의회(전노협)〉의 '90년 전국노동조합대표자 수련대회'가 지난 7월 15일부터 17일에 걸쳐 경기도 가평군 하면 마일리 캠프에서 열렸다. 전국에서 2백여 명의 노동조합 대표자와 간부들이 모인 '대회'는 시종 열기로 가득 차 있었으며 긴장감마저 감돌았다. 참가자들이 함께 부른 노래 가운데 대회의 분위기를 가장 잘 표현해준 것은《철의 노동자》였다.

그렇다. 이들은 '철의 노동자'다. 전노협을 밀고 가는 이들은 투쟁 속에서 단련되었고, 착취와 억압의 완강한 벽을 허물어뜨려 '평등사회'를 이룩하기 위해 앞장선 노동자들이기 때문이다. 어떤 지배권력의 힘도 철의 노동자가 나아가는 길을 가로막지는 못할 것이다. 그럼에도 현재 이들은 안팎으로 온갖 고난을 겪고 있다. '민주노조' 지도자와 간부들의 최대 관심은, 어떻게 하면 현재의 탄압 국면을 과감히 뚫고 한 단계 높은 차원으로 노동운동을 발전시키는가에 모이고 있다고 여겨진다. 수련대회 둘째 날에 갖게 된 '민주노조의 조직역량, 어떻게 강화할 것인가?'를 주제로 한 패널 토의에서는 현재 전노협이 당면하고 있는 주체적 과제들이 구체적으로 제기되었다. 나는 이 패널 토의에서 사회자의 역할을 맡았다.

이날 토의에서 다루어진 주요 내용은 이러했다. 단위노조의 조직역량 강화, 지역노동조합협의회(지노협)와 전노협의 조직역량·지도역량 강화, 전노협의 조직 확대, 지노협과 전노협의 조직 확대, 업종별 조직과의 연대와 통일역량 강화, 조직형태의 발전 전망에 대한 인식 공유, 조직역량 강화를 위한 투쟁 과제의 설정 등에 관한 방안들이었다. 토의된 내용을 여기서 자세하게 적을 필요는 없겠다. 토의의 전체적인 흐름은 이렇게 집약될 수 있을 것 같다. 단위노조의 조직역량 강화를 위해서는, 현장조직(소모임)을 적극적으로 조직·운영하고, 일상활동과 일상투쟁을 집중적으로 추진하는 한편, 연대활동과 공동투쟁을 힘있게 전개해야 한다는 데 의견이 모아졌다. 지노협과 전노협의 지도역량 강화를 위해서는, 현장의 요구를 바탕으로 대중 주체의 원칙 또는 철저한 대중노선에 따라 일상활동과 공동투쟁을 조직, 집행해야 하고 각급 조직 간의 조직체계 확립과 전국적 통일을 확립하기 위해 노력을 쏟아야 한다는 점 등이 특히 강조되었다. 덧붙이자면 간부들의 확고한 의지와 헌신성이 더할 나위 없이 중요하고, 사업에 대한 엄중한 평가와 치밀한 활동 계획의 수립, 그리고 원칙에 따른 비판과 자기비판 등이 요구되고 있다는 데 모두가 동의했다.

또 하나의 소주제인 전노협의 조직 확대에 관해서는 신규 노조의 조직화, 특히 지역노조의 조직화를 서둘러야 하고, 중간노조의 견인과 어용노조의 민주화를 위한 계획적·구체적인 조직활동을 펼 필요가 있으며 조직활동가의 양성·배치가 무엇보다 중요하다는 견해가 주류를 이루었다. 또한 전노협의 조직 확대를 위해서는 바깥 노동단체들의 역할이 필요하다는 사실도 지적되었다. 업종조직들과의 연대를 강화하고 넓히기 위해서는, 일정한 원칙에 따라 구체적인 활동을 통한 연대를 확대해 나가는 것이 중요하다는 의견들이 나왔다. 조직역량 강화와 투쟁과의 관련성에 대해서는 '투쟁을 통한 조직 강화만이 우리의 살길이다.'라는 말로 토의가 압축될 수 있었다.

수련대회에 참가했다 현장으로 돌아간 철의 노동자들은 오늘도 '노동자가 인간답게 살 수 있는 세상'을 만들기 위해 혼신의 노력을 쏟을 것임에 틀림없다. 그런 일은 이들에 맡겨진 역사적 책무이기 때문이다.

'참교육' 펼치는 교육노동자

불볕더위가 기승을 부리던 1990년 7월 28일과 29일 이틀 동안 전남 화순군 사평리에서 〈전국교직원노동조합(전교조)〉 광주지부의 '여름방학 연수'가 열렸다. 지부의 간부들이 모인 이 연수에서 나는 '전교조의 활동 성과와 그 평가'에 대한 강의를 맡게 되었다.

전교조는 지난해 5월 결성과정에서부터 오늘에 이르기까지 줄곧 온갖 탄압과 박해를 받아왔다. 이런 가운데서도 전교조는 참담한 시련과 무거운 고통을 무릅쓰고 조직 확대를 위한 노력을 통해 역량을 복원하고 조직의 대중적 기반을 굳혔으며, 합법성 쟁취 투쟁과 참교육을 펼치기 위한 투쟁을 과감히 추진했다. 전교조의 투쟁은 또한 전체 노동운동 발전에 새 지평을 열게 되었는가 하면 민족민주운동의 고양에도 크게 기여할 수 있었다. 그동안 전교조가 벌인 투쟁에 동참하지 못한 나로서는 전교조의 활동 성과에 대해 평가한다는 것이 꽤나 주제넘은 일이 아닐 수 없었다. 그런데도 전교조 쪽의 요청을 차마 뿌리칠 수는 없었다. 그렇게라도 도울 수만 있다면 기꺼이 응해야 한다는 것이 나의 솔직한 심정이었다. 강의내용을 여기에 다 옮길 수는 없다. 강조했던 부분만 간추려 보려 한다.

전교조가 운동체의 조직적인 틀로 노동조합을 선택한 것은 백번 정당하면서도 올바른 것이었다. 〈전국교사협의회(전교협)〉가 전교조로 조직적인 탈바꿈을 한 데 대해 현 정권이 왜 그리도 가로막으려 했겠는가? 그 이유는 양반이 상놈 노릇을 하겠다고 나오니까 지배권력이 잔뜩 겁을 먹었기 때문이었을 것이다. 사실 노동조합은 '대중성'과 '계급성'을 그 기본성격으로 하고 있기 때문에 광범한 교사 대중을 조직화하여 강력한 힘을 발휘할 수 있고 경제투쟁과 정치투쟁을 지속적으로 벌일 수 있는 조직체이다. 따라서 노동조합은 교사들에게는 조직적인 무기이고 지배권력에 대해서는 위협적인 존재가 아닐 수 없다.

그렇다면 전교조는 노동조합으로서의 조직 운영을 충실히 해왔으며, 노동조합운동으로서의 투쟁원칙과 올바른 전략, 전술을 수행해 왔던가? 이것이 활동의 평가에 있어 주요한 기준이 되지 않을 수 없다. 이런 기준에서 본다면, 전교조 조합원들의 철저한 노동자적 자각은 아직도 미흡한 편이고, 운동의 목표도 교사가 중심이 되어 교육 민주화를 추진하는 것으로 협애화한 경향이 짙게 나타났다. 이런 사실은 전교조 간부들 사이의 호칭에서 '동지'란 말은 거의 들을 수가 없고 '선생님'이란 말이 그야말로 마음 편하게 통용되고 있을 뿐인 데서도 드러난다. 이보다 더 중요한 것은 강령 어디에도 전체 노동운동의 발전을 위해 노력한다는 구절을 찾아볼 수 없다는 사실이다.

그동안 전교조가 숨가쁠 정도로 추진해온 활동과 투쟁에서도 노동운동의 원칙적 한계는 숨길 수 없이 드러났다. 현장 대중의 요구를 대중노선을 통해 수렴, 집약하는 것에 소홀히 해왔고 조직과 투쟁의 변증법적 결합을 성공적으로 이룩하지 못했다. 그 결과 전교조는 합법성 쟁취 투쟁이나 해직자 원상회복 투쟁 등 대(對)권력투쟁과 교사 대중의 일상투쟁을 통일시키지 못했을 뿐 아니라, 투쟁의 성과를 조직적 역량의 확대, 강화로 전환하지 못했다. 다른 한편으로 운동의 이념과 노선, 기조와 방침에서도 사회변혁의 기초가 확립되지 못한 채 '참교육'의 개량적 실현 방도만 모색하게 되었다.

이 같은 내용의 얘기가 어느 정도로 공감을 얻게 되었는지는 정확히 확인해 볼 수 없다. 다만 참가자들이 노동조합운동에 더한층 충실해야 한다는 데 대해서는 분명히 동의하는 것으로 느낄 수 있었다. 전교조 광주지부 간부들의 성실함과 진실성 말고도 그들의 불타는 투쟁심과 굽힐 줄 모르는 의지에서 나는 전교조의 승리를 확신하는 심정으로 그

곳을 떠나올 수 있었다.

방송 민주화 위해 투쟁하는 KBS노조

〈한국방송공사(KBS)노동조합〉의 상집·대의원 수련회가 지난 8월 15일부터 17일까지 3일간에 걸쳐 충남 태안 학암포의 KBS 하계휴양소에서 열렸다. 나는 첫째 날과 둘째 날 두 차례 강의 요청을 받고 수련회에 참가했다. 전국의 각 지부와 분회에서 참가한 간부들은, 서기원 사장 취임 거부 투쟁과 방송관련법 개악 저지 투쟁을 치른 뒤라서 그런지 투쟁의 평가에 많은 관심을 보였다. 몇몇 간부들은 투쟁 평가에 대해 발표하기도 했다. 거기서 한 강의내용을 다 옮길 필요는 없을 것으로 보이고, KBS 투쟁에 대한 평가와 언론노동운동의 과제에 대한 부분만 요약하려 한다.

KBS노조가 주축이 되어 벌인 투쟁을 두고 패배한 투쟁으로 규정하는 사람도 한둘이 아니고, 실제로 조합 간부들 가운데서도 패배감에 빠진 사람들이 상당수에 이르는 것 같았다. 서기원 사장은 KBS 사원들의 거센 반발에도 아랑곳하지 않고 사장실에 버티고 앉아 있고 「방송법」은 날치기일망정 이미 국회에서 통과되었으며, 안동수 전 위원장과 김철수 현 위원장을 포함한 10여 명의 노조 간부들이 철창 속에 갇혀 있으니, KBS 투쟁을 패배라고 볼 수 있을지도 모르겠다. 그러나 나는 KBS 투쟁을 패배한 투쟁으로 보지 않고 승리를 기약하는 중요한 계기였다고 판단한다. 이렇게 판단하는 근거는 다음과 같은 이유 때문이다.

첫째, KBS 투쟁은 방송 민주화 또는 언론자유를 쟁취하기 위한 투쟁이었고, 그 같은 투쟁은 조합원, 사원 그리고 일반 국민의 광범한 요구를 반영한 투쟁이었다. 만일 KBS노조가 투쟁을 포기했더라면, KBS노조는 국민으로부터 심한 비난과 질타를 당하게 되었을 것은 물론이고 노조는 무력화되고 조합원들은 패잔(敗殘)의 무리로 전락하고 말았을 것이다. 그런 의미에서 KBS 투쟁은 정당하면서도 피할 수 없었던 것으로 해석된다.

둘째, 지도부가 구속되고 수배당하게 된 것을 패배의 준거로 삼는 것은 옳은 평가가 아니다. 현재 전국적으로 4백여 명의 노조 간부와 노동운동가들이 구속상태에 있다. 그것을 두고 노동운동의 패배라고 할 수 있겠는가? 투쟁에서 희생은 작을수록 좋다. 그러나 언론자유를 위한 투쟁에 희생이 따르지 않을 수는 없다. 구속된 간부들은 철창 속에서도 많은 것을 배울 수 있을 것이고, 왜 언론자유가 중요한가를 더한층 절실하게 깨닫게 되리라는 생각도 든다.

셋째, KBS 투쟁은 올봄 노동자투쟁에서 현대중공업 투쟁과 함께 그 중심을 이루게 되었을 뿐 아니라, 노동운동 탄압에 대한 치열한 항거라는 양태를 취했다. 또한 KBS 투쟁은 민주화를 위한 구체적 실천이라는 성격도 띠게 되었다.

끝으로, KBS 투쟁의 평가에서 가장 중요한 사실은 KBS노조의 단결 강화와 언론노동운동의 발전에 큰 계기가 되었다는 점일 것이다.

이런 투쟁의 괄목할 만한 성과에도 KBS 투쟁은 많은 한계를 나타낸 것도 부인할 수 없는 사실이다. 투쟁에서 나타난 한계는 노동조합운동의 기본원칙에 충실하지 않은 데서 찾을 수밖에 없다. 따라서 언론노동운동은 언론노동자의 노동자적 의식과 자각의 고양을 바탕으로 노동조합의 기본임무와 원칙에 충실하는 한편, 언론 민주화의 추진을 위해 공동투쟁을 힘있게 추진해야 한다는 과제에 부딪혀 있다. 또한 언론노동운동은 타 산업, 타 부문 노동운동과 굳건한 연대를 확대함과 동시에 전체 노동운동의 발전을 위해 적극 기여해야 한다. 이런 주요 과제의 해결이 곧 언론 민주화를 이룩하고 언론노동운동의 진전을 위한 확고한 계기를 마련하는 길이다.

　KBS 투쟁을 바르게 평가하는 일은 투쟁을 이끈 노조 간부들 몫이다. 언론노동운동의 발전에서 KBS노조에 맡겨진 책무는 실로 막중하다. KBS노조의 이번 수련회가 KBS노조 발전에 또 하나의 계기가 되길 기대하는 것은 비단 나만의 바람은 아닐 것이다.

출처 한국노동교육협회(1991), 『노동조합의 길』(제4호), 한국노동교육협회.

노동조합운동의
새로운 도약을 이룩하자!

무엇을 할 것인가

　많은 노동조합이 임금인상 투쟁을 마치면 또 한 해가 지나갔다고 생각하는 경우가 있는 것 같습니다. 노동조합의 1년 활동 중에서 가장 중요한 것이 임금인상 투쟁이므로, 임금인상 투쟁이 종결된 지금쯤은 벌써 내년도의 임금인상 투쟁만을 생각하는 경우가 있기 때문입니다.

　그러나 이러한 생각은 그리 바람직한 것 같지는 않습니다. 이러한 사고에는 노동조합 활동의 거의 전부가 임금인상 투쟁이라고 보는 관점과 일상활동 시기의 중요성을 경시하는 사고가 함께 깔려 있기 때문입니다. 노동조합은 노동자들의 경제적 요구뿐만 아니라 사회정치적 요구도 실현해야 하는 것입니다. 그뿐 아니라 노동조합이 일상활동 시기에 노동자들에 대한 지속적인 의식화·조직화 사업을 전개하지 못할 때는 임금인상 투쟁을 포함한 노동자들의 어떠한 투쟁도 소기의 성과를 거둘 수 없습니다.

　따라서 임금인상 투쟁이 마무리된 이후의 노동조합 활동은 임금인상 투쟁 이상으로 중요한 것입니다. 나아가 노동조합운동을 둘러싸고 있는 주객관적 정세가 누가 주도권을 잡을 수 있을 것인지가 분명치 않고 유동적인 경우에는 그 중요성이 더욱 커질 수밖에 없습니다.

그런데 올해 이후의 정세는 우리 노동자들의 운명에 상당히 큰 영향을 줄 것 같습니다. 전반적인 국제정세가 하루가 다르게 변화하고 -우리 노동운동에 상당한 영향을 미칠 ILO 가입도 눈앞에 두고 있습니다.- 있고, 우리 노동자들이 생활하고 투쟁하는 한반도를 둘러싼 극동의 정세도 급격히 변화하고 있습니다. 나아가 권력 교체기를 눈앞에 두고 국내의 정치적 정세도 상당히 유동적이며, 경제적인 정세도 노동자들에 대한 새로운 수탈구조를 정착시키는 과정(산업 구조조정의 과정)에서 상당한 진통을 보일 것입니다. 이러한 정세로 인해 정부와 자본 측은 우리 노동자들을 87년 이전의 노예적인 상태로 되돌리기 위해 노동자들에 대한 지속적인 공격을 준비하고 있는 것입니다.

현재 정세는 노동조합운동이 여기에 어떻게 대응하느냐에 따라 우리 노동자들의 운명에 커다란 변화를 줄 수 있는 것입니다. 우리 노동자들이 주체적으로 대응하여 정세를 유리하게 풀어나갈 때는 과거의 우여곡절을 청산하고 승리의 상승궤도를 달릴 수 있을 것이며, 그렇지 못하고 현재의 정세에 휘말려 어쩌지 못할 때는 상당한 어려움을 겪게 될 것입니다.

그러면 이러한 정세에서 우리 노동자들은 올 하반기에 무엇을 해야 할까요? 어떻게 해야 유동적인 정세를 우리 노동자들에게 유리하게 만들 수 있을까요?

일상화되어야 할 현장조직력 강화 활동

무엇보다 중요한 것은 현장조직력의 강화일 것입니다. 우리들이

89년 말 이후의 대대적 탄압기에 가장 뼈저리게 느낀 것이 바로 이 현장조직력의 취약함일 것입니다. 노동운동에 대한 탄압이 아무리 거세도 각 노동조합의 현장조직력이 튼튼히 세워져 있을 때는 그러한 탄압도 먹혀들지 못할 것입니다. 그러나 노동조합의 현장조직력이 취약할 때는 아주 작은 탄압에도 제대로 이겨내지 못하고 휘청거리게 될 것입니다.

현장조직력 강화를 추진하는 데에 있어서는 조합원들을 노동조합의 주체로 세우는 작업이 중요할 것입니다. 즉, 조합원을 노동조합 운영과 활동에 자각적으로 참여토록 해야 한다는 것입니다. 이러한 작업과 관련해서는 상반기 투쟁의 준비과정에서 광범위하게 시행된 분임토의 또는 현장 토의를 정례화시키는 것이 필요합니다. 아울러 상반기 투쟁 과정에서 시행된 분임 토의 또는 현장 토의의 장점과 부족한 점을 잘 파악하여 장점은 살리고 부족한 점은 각 노동조합의 현실적 조건에 맞게 수정·보완하는 것이 중요합니다.

그리고 현장조직력 강화와 관련해서는 우수한 노동조합운동의 활동가를 목적의식적으로 키워내는 것이 또한 중요합니다. 그러기 위해서는 무엇보다 대의원들의 역할을 높이고 '소위원제도'가 없는 대규모 조직에서는 소위원제도를 만들어, 이들이 중심적인 역할을 하도록 하는 것이 필요합니다. 나아가 이러한 중간 간부들을 명실상부한 노동조합운동의 우수한 활동가로 성장할 수 있게끔 하기 위하여 노동조합 차원에서 여러 활동과 지원을 해야 할 것입니다. 사람은 교육과 훈련을 통해 육성되듯이, 활동가도 하늘에서 뚝 떨어지지 않습니다. 그러지 못할 때는 노동자 정신에 투철하고 노동자 대중에 헌신적이며 노동조합 활동을 정력적으로 벌여나갈 활동가를 확보할 수 없을 것입니다. 그뿐만 아니라 노동자 대중을 노동조합운동에 자각적으로 참여시키는 것도 불가능할 것입니다. 따라서 노동조합 차원에서 활동가 양성을 위한 교육 등의 프로그램을 시행할 필요가 있을 뿐 아니라, 활동가 양성을 위한 다양한 소모임이 노동조합의 주위에 광범위하게 만들어져 활동하도록 하는 것도 중요합니다.

ILO 가입과 노동법 개정 투쟁

두 번째로 하반기에는 노동법 개정 투쟁에도 많은 힘을 쏟아야 할 것입니다. 한국의 〈국제노동기구(ILO)〉 가입은 노동조합운동의 발전에 중요한 하나의 계기가 될 것입니다. 우리나라와 같이 노동조합 활동의 자유가 충분히 보장되어 있지 않은 나라에서는 특히 그러할 것입니다. 왜냐하면 ILO는 노동조합 활동의 자유를 가장 중요한 기본원칙으로 천명하고 있기 때문입니다. 또한 ILO 가입을 계기로 노동 대중의 노동3권에 관한 관심이 새롭게 높아지고 있으므로, 활동 여하에 따라 위력 있는 노동법 개정 투쟁이 가능할 수도 있습니다. 따라서 하반기에는 이러한 조건을 잘 활용하여 단결권 완전 보장, 즉 ILO 조약 87조와 98조의 즉각적인 비준을 요구하며 대중적인 노동법 개정 투쟁을 전개해야 합니다.

이러한 노동법 개정 투쟁에서 주의해야 할 사항은 우리 노동자들이 쉽게 가질 수 있는 'ILO에만 가입하면 모든 게 좋아지지 않겠느냐?' 하는 근거 없는 낙관주의입니다. 이러한 생각이 얼마나 근거가 없는가는 국내외 정세가 우리 노동자들에게 그리 유리하지만은 않은 상황에서 ILO 가입이 이루어졌다는 점과, ILO 가입으로 인하여 핵심적인 조약의 비준은 정부와 자본 측이 꺼리고 있다는 점, 그리고 정부와 자본 측은 ILO 가입을 계기로 노동법을 현재보다도 개악하려고 시도하고 있다는 점 등에서 확인할 수 있을 것입니다. 따라서 우리 노동자들은, 노동법 개정 투쟁의 성패는 바로 1천 1백만 노동자들의 대중투쟁 그 자체에 달려 있다는 사실을 잊어서는 안 될 것입니다.

교묘해진 정부와 자본의 탄압

세 번째로, 노동운동 탄압에 잘 대응하는 것이 필요할 것입니다. 89년 말 이후 노동운동에 대한 정부와 자본 측의 탄압은 전면적이고 항상적인 것으로 되어 왔습니다. 지금의 탄압은 몇 가지 특징을 갖고 있음을 잘 알 필요가 있습니다. 이것이 어떠한 것인가를 잘 알 때만이 노동운동 탄압에 대하여 올바르고 효과적인 방법으로 대응할 수가 있을 것입니다.

무엇보다 지금의 노동운동에 대한 탄압이 정부 주도로 이루어지고 있다는 점이 지적될 수 있습니다. 〈연대를 위한 대기업 노동조합 회의(연대회의)〉에 대한 침탈과 〈대우조선노동조합〉에 대한 탄압, 그리고 기아자동차 노동자들에 대한 탄압은 그 대표적인 예가 될 것입니다. 이런 탄압이 자본 측의 이익을 옹호하는 것임은 더 말할 필요가 없을 것입니다. 아무튼 노동운동 탄압의 이러한 측면이 노동운동 탄압 저지를 위해서 우리 노동자들이 어떻게 해야 하는가를 잘 말해준다고 생각합니다.

다음으로 노동운동에 대한 탄압이 상당히 교묘해져 가고 있다는 측면을 강조해야 할 것 같습니다. 예전의 탄압은 자신들의 명분은 생각지 않고 무단적인 방법을 동원하는 게 일반적이었습니다. 식칼 테러나 폭력적인 구사대 동원, 그리고 무원칙한 공권력 투입 등이 그러한 예가 되겠지요. 그런데 최근의 탄압은 '합법성(?)'을 가장하려는 점과 나름의 논리를 갖추려 노력하고 있는 점, 그리고 최소한 노동운동의 주요한 동맹세력이라 할 수 있는 타 계급·계층에 대한 나름대로 호소력을 가지려 노력하는 점이 두드러지고 있습니다. 이러한 측면은 ILO 가입을 계기로 더욱 강화될 것으로 판단됩니다. 그렇다고 하여 폭력적인 탄압이 근절된 것은 절대 아니지요. 그러므로 우리 노동자들은 노동운동 탄압에 대하여 좀 더 강력하고, 좀 더 효과적인 대응이 필요하며, 중간세력에 대한 호소력을 갖도록 하는 노력이 필요한 것입니다. 그리고 현재의 노동운동에 대한 탄압은 이른바 노동운동에 대한 개량화, 즉 노동운동을 정부와 자본 측의 구미에 맞게 길들이는 고도의 노예화 정책과 함께 추진되고 있다는 점을 잊어서는 안 될 것입니다. 따라서 우리의 노동운동은 이러한 개량화도 노동운동에 대한 탄압의 일환임을 잊지 말고 이에 대한 정확한 대응 방법을 찾도록 노력해야 할 것입니다.

권력 교체기를 준비하자

네 번째로 중요한 것은 정치 활동의 방향과 원칙을 수립하여 92년 상반기부터 전개될 권력 교체기에 노동조합들이 주동적으로 대응할 수 있는 준비를 갖추는 것입니다. 내년도는 권력 교체기를 맞아 정치적으로는 상당히 유동적인 정세가 전개될 것입니다. 따라서 우리 노동자들은 이러한 상황을 유리하게 활용하여 노동자들의 기본적인 권리를 신장해야 하겠습니다. 그런데 올 상반기에 우리 노동자들은 이러한 정치 활동의 직접적인 경험을 하였습니다. 5월 투쟁을 통하여 대중적인 정치투쟁의 위력을 실감하였고, 전반적인 사회 민주화는 궁극적으로 어떻게 가능한가를 체험으로 자각하게 되었으며, 이러한 대중적인 정치투쟁에 노동조합은 어떤 방식으로 참여해야 하는가를 배웠습니다. 그뿐 아니라 기초의회선거와 광역의회선거를 통하여 선거를 통한 정치투쟁의 중요성도 익히게 되었습니다.

따라서 하반기에는 상반기의 이러한 소중한 경험을 잘 참작하여 내년 권력 교체기에 대한 대응을 미리 세워야 할 것입니다. 그래야만 올 상반기에 나타났던 혼란을 잘 극복하고, 내년에는 우리 노동자들도 당당히 전 국민적인 정치투쟁에 자각적으로 참여하여, 노동자들의 기본적인 권리를 신장시키는 전반적인 사회 민주화 투쟁에 커다란 역할을 해낼 수 있을 것입니다.

마지막으로 올 하반기에는 92년도 임금인상 투쟁을 위한 실제적인 준비에 돌입해야 할 것입니다. 폭등하는 물가로 노동자들의 생활은 지속적으로 어려워지고 있습니다. 또한 내년 상반기에 전개되는 임금인상 투쟁은 내년 정세에 심대한 영향을 미칠 수밖에 없을 것이며, 그 결과가 이후 노동자들의 생활과 노동운동 발전에 큰 영향을 줄 것입니다. 올 하반기부터 내년도의 임금인상 투쟁을 위한 준비에 실질적으로 착수해야 할 것입니다.

이러한 것들이 올 하반기에 우리 노동조합운동이 시급히 해야 할 사업이 아닌가 생각합니다. 이러한 사업을 얼마나 짜임새 있고 대중적으로 전개해나가느냐 하는 것은 앞으로의 정세를 직접적으로 규정지을 것입니다.

그리하여 저희 회보 4호는, 노동조합의 허리라 할 수 있는 대의원들의 역할을 높여 노동조합의 현장조직력 강화에 도움이 된 강의를 기록한 '노동조합의 조직운영과 대의원의 역할'과, 노동법 개정 투쟁에 약간이나마 보탬이 될 수 있는 'ILO 가입과 우리의 올바른 대응', 그리고 노동조합운동에 대한 신종의 탄압 수단으로 광범위하게 사용되고 있는 손해배상청구 소송의 실태를 밝힌 '손해배상청구 소송의 실태와 그 의도'를 싣게 되었습니다. 또한 현재 심각한 노동자들 고용 문제의 원인에 대한 이해를 높이기 위한 '산업 구조조정과 노동자'와, 우리나라와 같은 분단국이었던 독일이 통일된 이후에 노동자들의 처지가 어떻게 변화했는가를 알아볼 수 있는 '통일 이후 독일의 노사관계'를 수록하였습니다. 그 이외에 간단한 응급처치로 노동자들의 건강에 일정한 도움을 줄 수 있는 '따주기' 방법에 대한 설명이 실려 있습니다.

아무쪼록 저희 회보 4호가 노동자들의 생활과 노동조합운동에 얼마간이나마 도움이 되었으면 하는 바람입니다. 그리고 부족한 점이 있으면 기탄없는 비판을 부탁드립니다.

출처 한국노동교육협회(1991), 『제1회 월례토론회 자료집』(1992.04.10.), 한국노동교육협회.

민주노조 총단결을 위한 조직형태의 발전

1. 조직형태의 발전이 왜 중요한가

　노동운동의 발전에서 기본 축이 되는 것은 조직과 이념이다. 이 두 가지는 다양한 형태의 투쟁을 매개로 하면서 상호 밀접한 관계 속에 있다. 노동자조직은 과학적인 이념과 결합할 때 공고화될 수 있으며, 이념은 조직의 발전에서 구체적인 힘을 발휘함으로써 완성된 모습을 나타낼 수 있다. 이렇게 본다면 노동운동의 발전은 조직이 확대, 강화되고 이념이 심화, 완성되는 과정이라 할 수 있다.
　최근 들어 조직의 확대, 강화와 관련하여 노동조합 조직형태 발전에 관한 논의들이 활발하게 진행되고 있다. 여기에는 그럴만한 이유가 있을 것이다. 자본과 권력으로부터 총체적이고 지속적인 노동운동 탄압이 자행되고 있는데도 기업단위 노조의 힘만으로는 능동적으로 이에 대응하지 못하게 됨으로써 기업단위 노조 형태를 극복하고자 하는 노력이 고양되게 되었다. 또한 지역단위 또는 전국단위 노조협의회나 산업단위 연맹 또는 협의회의 내부적 한계를 뛰어넘어, 민주적이고 자주적인 중앙조직 건설과 산업별노조 체계로의 개편을 지향하는 실천적 요구가 갈수록 고조되고 있다. 그리고 전체 노동자의 공통적인 요구를 실현하기 위한 공동투쟁과 정치적 요구를 관철하기 위한 정치투쟁을 더한층 강력하게 추진할 수 있는 조직형태의 발전이 절실해지고 있다.

한편 노총의 어용성을 폭로하고 그 조직적인 기반을 허물어뜨림과 동시에 소속 노조들을 견인함으로써 민주노조 진영의 조직 확대를 추진하는 데서도 조직형태의 개편이 요구되는 것이다. 그뿐 아니라 민중운동의 연대 강화와 민족민주운동의 발전을 주도하기 위해서도 조직형태의 발전은 필수적인 요건이다. 이런 요구에 바탕을 둔 조직형태의 발전을 위한 노력은 노동운동에서 추구되어야 할 과학적 이념의 정립과도 무관하지는 않다.

조직형태의 발전이 노동운동 전개에서 중요시되는 이유는 노동자 계급의 단결, 투쟁, 통일을 최대한으로 달성하고, 과학적인 이념을 확립하는 문제와 직결되고 있기 때문이다. 어떤 조직형태를 취하느냐에 따라 조직역량의 확대, 강화 정도가 달라질 수밖에 없으며, 투쟁역량의 결집이나 조직의 지도 그리고 배치의 형태가 규정되게 된다. 또한 조직형태의 존재 양식에 따라 조직의 통일은 물론이고, 투쟁의 통일, 이념의 통일 수준이 결정되며, 또한 노동운동의 이념 실현 형태도 일정 정도 조건화될 수밖에 없다. 그런데 노조의 조직형태는 자본축적의 진행에 따라 만들어진 객관적 조직화의 조건과 노조에 결집된 노동자의 주체적 조건에 대응하여 발전하게 된다. 특히 주체적 조건인 투쟁의 전개에 따른 조직적 요구, 조직의 상태, 조직역량의 확대, 강화를 위한 목적의식적 활동 등에 의해 조직형태는 결정될 수밖에 없다.

2. 산업별노조가 최상의 조직형태이다

　노동조합의 조직형태와 종류는 다양하다. 먼저 조직의 구성면에서 보면 단위노조, 단일노조, 연합노조로 구분된다. 단위노조는 조직의 최하부 단위가 되는 노조를 말한다. 개별 조합원이 직접 가입함으로써 구성되는 조직이고, 독자적인 규약과 교섭권을 갖는다. 단위노조에는 사업장단위, 기업단위, 지역단위, 직업단위, 산업단위가 있다. 우리나라의 경우 대부분의 단위노조는 기업단위 형태를 취하고 있다. 단일노조는 복수의 사업소를 갖는 기업에 조직되는 단위노조 또는 산업단위 노조의 통일조직을 말한다. 연합노조는 단위노조 또는 단일노조의 연합조직이다. 단위노조를 구성하는 것이 개별 조합원이라고 한다면, 연합노조를 구성하는 것은 개별 단위노조 또는 단일노조이다.

　다음으로 조직형태를 통해서 본 노조의 종류에는 다음과 같은 것이 있다. ① 사업소별노조 ② 기업별노조 ③ 산업별노조 ④ 지역별노조 ⑤ 직업별노조 ⑥ 전국중앙조직 ⑦ 국제노동조직 등이 그것이다. 이 밖에도 일반적인 형태는 아니지만 합동노조와 일반노조가 있다. 합동노조는 일반적으로 중소기업에 고용되어있는 미조직 노동자를 동일 지역의 같은 산업, 업종별로 개인 가입 형태로 조직하는 조합이다. 이런 점에서는 지역별노조와 유사한 성격을 띠고 있다. 이에 비해 일반노조는 직능별, 직업별, 산업별. 지역별 구분 없이 각종 직업과 산업에 분산되어 있는 노동자, 특히 미숙련 노동자나 일반 노동자를 폭넓게 조직하는 전국단일노조이다. 경우에 따라서는 산업별 특성을 갖는 일반노조도 있다. 예컨대 운수일반노조, 건설일반노조, 섬유일반노조 등이 그것이다.

　우리의 경우에는 기업별노조가 대종을 이루고 있고, 지역별노조는 1987년 노동법 개정 이후, 의류, 인쇄, 제화, 건설 부문 등에서 조직화되었으며, 사업소별노조는 드물다. 전국중앙조직은 〈한국노총〉이 유일하고, 각 연맹조직은 모두 〈국제자유노련(ICFTU)〉 산하 〈국제산업별조직(ITSs)〉에 가입되어 있다.

노조의 조직형태에서 우리의 주요 관심의 대상이 되는 것은, 현재 주류를 이루고 있는 기업별노조와 최상의 조직형태로 인정되고 있는 산업별노조와의 차이점이다.

기업별노조의 특징은 그 기업에 고용된 종업원만이 조직 대상이 되며 임시공, 사외공 등은 규약상 조합원 자격을 갖지 못하는 경우가 많다. 또한 기업별노조는 자칫 기업의 노무관리 조직과 일체화되기 쉽고, 현장조직의 활동이 부진할 경우 조합활동이 간부 중심의 활동에서 벗어나기 어렵다. 그리고 기업별노조는 교섭력이나 투쟁역량이 취약하여 전체 노동자의 공통 과제 해결을 위한 통일투쟁과 정치적 요구의 해결을 위한 정치투쟁을 힘있게 벌이는 데서 한계를 갖는다. 그뿐 아니라 조합활동이나 조합원의 의식이 폐쇄적이고 편협한 경향을 갖기 쉬운 것 또한 기업별노조의 공통적인 현상이다. 기업별노조가 갖는 이런 취약점과 한계는 운동의 이념이나 기조에서도 반영되지 않을 수 없다. 즉, 노사협조주의, 기업편향주의, 경제주의 등이 그것이다.

산업별노조는 직종에 구분 없이 동일 산업에 종사하는 모든 노동자를 기업의 틀을 뛰어넘어 일괄해서 조직하는 것을 원칙으로 하는 노조조직이다. 그런 점에서 전국적 단일조직이며 큰 규모의 조직, 힘있는 조직이다. 산업별노조는 그 산업에 속해 있던 실업자와 임시공, 하청공, 사외공 등의 불안정 취업 노동자까지도 포괄하는 조직이며, 산업별 통일 요구와 정치적 요구를 관철하기 위한 통일투쟁과 정치투쟁을 강력하게 추진할 수 있고, 기업별 분파주의를 극복할 수 있는 노조 형태이다. 산업별노조의 취약점으로는 관료주의가 지적되고 있으나, 이것은 현장조직과 지역조직의 기능 강화로 극복될 수 있는 문제이다. 이런 특징들 때문에 산업별노조는 최상의 조직형태로 평가되는 것이다.

3. 조직형태 발전 과정

노조 조직형태 발전 과정은 국가마다 상이하지만, 일정한 경향과 공통성을 지니고 있다. 노조가 본격적으로 성립된 산업혁명 이후의 시기에서부터 19세기 말까지 시기에 유럽 나라들에서 발전된 것은 직업별 또는 직능별 조직형태였다. 조직의 주체는 숙련 노동자들이었고, 이들은 도제로서 통상 5~7년의 훈련을 받은 사람들이었다. 직업별노조는 전체 노동자 가운데 매우 적은 비중을 차지하고 있었으며, 임금, 노동조건 면에서도 비교적 나은 지위에 있었던 상층 노동자만으로 구성된 조직이었다. 그러나 이런 조직은 기업의 테두리를 뛰어넘어 동일 직업 또는 동일 직능의 노동자를 지역별로 결집하는 형태를 취하였으며, 임금, 노동조건은 그 기준을 조합에서 결정하고, 그 기준 이하에서 취업은 조합에 대한 배반으로 간주되었다. 이같이 직업과 지역의 동일성을 바탕으로 기업의 범위 밖에서 단결할 수 있었기 때문에 조합과 조합원은 개별 자본으로부터 독립적이었으며 기업 귀속적인 경향은 적었다.

자본주의가 19세기 말에 들어와 독점단계로 이행하면서 특히 1920년대 이후 직업별노조에 이어 발전한 것이 일반노조와 산업별노조 형태였다. 자본주의가 독점자본주의 단계에 들어서면서 노동자에 대한 독점자본의 착취가 강화되고 그때까지 미조직 상태에 있던 반(半)숙련, 미(未)숙련 노동자들 사이 단결 지향이 촉진되었으며, 동시에 그들이 단결하는 데 유리한 객관적 조건도 조성되었다. 19세기 말 전동기나 내연기관의 발달 등으로 새로운 생산기술, 특히 대량생산 방식이 공장에 도입되고 또한 교통, 운수 기타 부문에서도 기술 발달의 결과 대부분의 생산직 노동은 반숙련 노동자와 미숙련 노동자가 담당하게 되었다. 상대적으로 숙련 노동자의 지위는 낮아지게 되었다. 이런 조건을 배경으로 직업별노조와는 달리 숙련, 미숙련을 구별하지 않고 모든 직종이 노동자를 결집하는 것을 목표로 한 일반노조가 발전하게 되었다.

일반노조는 특히 영국에서 발전했는데, 조직이 발전함에 따라 내부에 자치권을 갖는 산업별, 직업별 '분회'를 갖게 되었다. 일반노조는 모든 부문 노동자의 단결을 목표로 내세우고 그 목표를 산업, 직업의 동일성에 기초한 단결과 지역 또는 직장의 동일성에 기초한 단결이라는 두 가지 단결원리를 추구했다. 일반노조는 점차 산업별 조직의 성격을 그 내부에서 발전시키게 되고, 직업별 조직도 시대에 적응하여 조직의 내용을 개편해 나가지 않을 수 없었다.

노조조직을 둘러싼 상황도 급속하게 변화했다. 자본주의가 독점단계로 이행되는 과정에서 직업별 조직이나 일반노조의 자본에 대한 대항력은 상대적으로 약화되었으며, 독점자본은 산업별로 경영자단체를 만들어 상호 결합을 강화했을 뿐만 아니라, 국가의 정치, 경제에 대한 영향력을 확대하게 되었다. 이에 따라 노조 쪽에서도 단순히 개별 기업이나 자본에 대항해 투쟁하는 것만 아니라 조직의 전열을 산업별로 갖추어 정치투쟁을 포함한 계급적인 투쟁을 전개할 필요성이 높아지게 되었다.

이와 함께 노조가 산업별 조직의 발전을 추진하지 않을 수 없었던 것은 격렬한 자본 간 경쟁에 대처하지 않으면 안 되었기 때문이다. 독점자본주의 조건 아래서는 자본의 불균등 발전 법칙이 강하게 작용하고 기업들 사이에 사활을 건 경쟁이 촉발되었기 때문에, 노조는 특정 기업에서 과감한 투쟁을 벌일 경우에도 큰 성과를 획득할 수 없었다. 동일 산업 노동자가 단결하여 자본에 대항하고 산업 전체에 걸친 동일 기준(산업별 통일기준)으로 노동조건 개선을 요구하면 투쟁을 전개하여 성과를 쟁취할 수 있었다.

산업별노조의 조직원리는 산업과 지역의 동일성에 기초한 단결이며, 동일 지역의 동일 산업 노동자가 단결하여 조합의 기초조직을 만들고, 그것이 지방 나아가 전국에서 결집되고 고용주 단체와의 사이에서 지방 차원과 전국 차원에서 교섭이 이루어져 개별 기업의 테두리를 벗어난 산업별 협약에 따라 임금, 노동조건을 결정할 수 있게 되는 것이다.

우리나라에서 조직형태 발전은 선진 제국의 경우와는 달리 객관적인 조건에 크게 규정되고, 목적의식적인 실천을 통해 이루어지지 못했다. 이런 사실을 반영하여 조직형태의 발전이 보편적인 과정을 나타내지 못했다.

일제 식민지 시기의 노조 조직형태는 일정한 전형을 갖추지 못한 채, 직업별, 기업별, 지역별 조직의 혼재 상태를 취했다. 1945년 일제 패망 이후 〈조선노동조합전국평의회(전평)〉는 결성에서부터 산업별 조직형태를 취했으나 현장에까지 조직 기반을 정착시키지 못했다. 이 때문에 전평은 1947년 말 이후 미군정과 우익 정치세력으로부터 공격받아 조직이 와해되는 결과를 가져오게 되었다. 1946년 3월에 결성된 〈대한독립촉성노동총연맹(대한노총)〉은 전평이 대중조직의 토대를 확고하게 구축하지 못 한 공백을 뚫고 조직화를 추진하기 위해 기업별노조 조직형태를 선택하게 되었다. 1948년 대한민국 정부 수립과 더불어 대한노총은 유일한 전국조직이 되었고 노조의 조직형태는 기업별 조직으로 굳어졌다.

1961년 5·16 쿠데타로 권력을 장악한 군부는 정당, 사회단체를 해산한 뒤 그해 8월에 노조의 조직형태를 산업별노조로 하향적인 방식에 따라 개편했다. 그 후 80년까지 조직형태는 산업별 체계였으나, 그것은 형식적이었고 실제 활동은 기업별 또는 지역별로 추진되었다. 이런 형식적 산업별노조 조직형태는 80년 노동법 개정에 따라 기업별노조로 강제 개편되었다.

87년 노동 항쟁 이후 그해 말에 단행된 노동법 개정과 더불어 조직형태에 관한 법률상의 강제 규정은 삭제되었으나, 노조의 주체적인 조건과 권력의 직접, 간접적인 규제와 탄압 때문에, 기업별노조는 조직형태의 전환을 이룩하지 못하고 있다. 현재의 기업별노조 형태는 한국 노동운동의 발전을 제약하는 최대의 요인으로 작용하고 있다. 따라서 조직형태의 발전은 노동운동의 전진을 위한 중심적인 과제가 아닐 수 없다.

4. 민주노조 총단결과 조직형태 발전

권력과 총자본으로부터 탄압이 갈수록 강화되고 노동 대중의 요구가 더한층 다양화, 다면화되는 가운데 노동운동이 침체 국면을 겪으면서 '민주노조 총단결'에 대한 요구가 강렬하게 확대되고 있다. 그런데도 민주노조 총단결에 대한 확고한 전망은 제시되지 않고 있으며, 구체적인 실천도 추진되지 못하고 있는 현실이다. 이런 상황에서 다음과 같은 물음들이 제기되고 있다. 민주노조 총단결은 무엇을 의미하는가? 민주노조 총단결을 위해 무엇이 요구되고 있는가? 민주노조 총단결을 위한 조직형태 발전은 어떻게 이루어질 수 있는가? 이런 물음들은 이론적인 문제이기보다는 실천을 통해 풀릴 수 있는 성질의 것이다.

1) 민주노조 총단결이 뜻하는 것

민주노조 총단결은 한마디로 민주노조 진영의 통일을 의미하는 것으로 해석된다. 여기서 말하는 민주노조란 조합민주주의를 충실하게 실현하고 있는 노조를 일컫는 것이고, 통일은 조직, 투쟁, 노선과 운동기조의 통일을 그 구체적인 내용으로 한다.

조합민주주의의 확립은 노동조합이 광범한 노동자의 요구를 통일하고 올바른 운동방침과 투쟁 전술을 결정, 실천하며, 스스로 사회적 힘을 강화, 발전하는 데에 있어 최대의 보장이다. 노동조합은 조합민주주의를 실현함으로써 조합원의 의사 통일과 단결 강화를 최대한으로 달성할 수 있고, 노동자의 자발적인 투쟁 에너지를 결집할 수 있으며, 노동조합을 광범한 노동자가 자신들의 요구를 바탕으로 단결하여 투쟁할 수 있는 진정한 계급적 대중조직으로서 자기 기능을 다할 수 있기 때문이다.

이런 조합민주주의를 확립하기 위한 요건은 자본과 권력으로부터의 독립, 대중조직으로서의 자주성 확립, 조합원의 민주적 제 권리의 옹호, 기업 내 조합으로부터의 탈피와 계급적 연대 강화, 현장에서의 조합조직 확립이다. 또한 조합민주주의는 조합 기관의 민주적 운영, 조합원의 권리와 의무 준수, 조합원의 계급적 의식 향상, 자주적 규율의 확립, 조합 간부와 활동가들의 헌신적 노력 등을 통해 실현될 수 있다.

조합민주주의를 충실히 관철하고 있거나 그것을 실행하려고 노력하고 있는 노동조합은 본질상 전체 노동운동의 통일을 지향하지 않을 수 없다. 노조조직은 본래 노동자의 통일조직이기 때문이다. 노조의 사명은 자각적이고 전투적인 소수의 선진 노동자만을 결집하는 것이 아니라, 단결하여 투쟁할 필요를 의식하고 있는 최대 다수의 노동자를 결집하는 일이기 때문이다.

민주노조 총단결을 단순히 민주노조 진영만의 통일을 뜻하는 것은 아닐 것이다. 그것은 전체 노동조합운동의 통일을 지향하는 것이며, 조직의 통일, 투쟁의 통일, 운동 기조의 통일을 추구하고 있다. 현재 조건에서 볼 때는 민주노조들이 주축이 되어 전체 노동조합운동의 통일을 실현하려는 의지의 표현이 민주노조 총단결로서 나타나고 있다.

조직의 통일은 전국 단일의 통일적인 노조 체계를 목표로 한 민주노조 진영의 조직 확대와 산업 차원, 지역 차원, 전국 차원에서 연대 강화와 통일을 이룩하기 위한 줄기찬 활동을 통해 달성될 수밖에 없다. 투쟁의 통일은 각종 형태의 연대투쟁, 공동투쟁, 통일투쟁을 추진함으로써만 이룩될 수 있다. 통일에 이르는 '왕도'는 존재하지 않으며 그 통일은 부단한 행동과 투쟁을 통해 확립될 수 있기 때문이다. 투쟁의 통일에서 보편적으로 강조되는 것은, 일치될 수 있는 요구를 명확히 설정하고 그 요구에 기초하여 통일행동을 발전시키는 일이다. 그리고 노선과 운동 기조의 통일에서는 계급적, 개혁적 이념을 강화하는 일이 무엇보다 중요시된다. 왜냐하면 노사협조주의나 경제주의는 노동조합운동이 지향하는 궁극적 목표와 어긋날 뿐 아니라, 조직의 통일을 제약할 요소를 안고 있기 때문이다. 조직과 투쟁, 그리고 운동이념과 기조의 통일은 서로 분리될 수는 없는 것이며, 그것이 결합하는 가운데 노동운동의 진정한 통일이 확립될 수 있는 것이다.

노동운동의 통일을 이룩하기 위한 노력은 87년 노동 항쟁에서부터 오늘에 이르기까지 줄기차게 추진돼왔다. 87년 7~9월 항쟁 과정에서도 전체 노동자의 통일단결에 대한 요구는 자각된 형태는 아니었다 하더라도 강력하게 제기되었다. 이런 요구를 반영하여 87년 말 〈마산·창원노동조합총연합(마창노련)〉의 결성을 시작으로 각 지역에서 '지역노동조합협의회'가 잇따라 조직되었다. 이렇게 결집된 지역노조협의회들은 1990년 1월 〈전국노동조합협의회(전노협)〉를 탄생시켰다. 전노협은 창립선언문에서 "우리는 민주노조운동의 조직역량을 확대, 강화하는 한편 업종별, 산업별 공동투쟁과 통일투쟁을 발전시키는 속에서 기업별 노조 체제를 타파하고 자주적인 산업별노조의 전국중앙조직을 건설하기 위해 총매진할 것이다."라고 밝혔다.

전노협의 출범은 80년대 노동운동이 이룩한 민주노조 역량 결집의 집약적인 표현이고 광범한 노동자와 노동조합의 통일에 기초한 전국조직 건설에 대한 절실한 요구의 반영이었다고 볼 수 있다. 전노협은 결성 이래 자본 쪽과 권력의 혹독한 탄압 속에서도 민주노조의 구심으로서 조직을 사수하며 노동운동의 통일을 이루기 위해 맹렬한 투쟁을 벌여왔다.

한편으로 사무직 중심의 업종별 노동조합은 '업종별연맹(협의회) 대표자 간담회'를 시발로 그해 5월 KBS 투쟁과 현대중공업 파업에 대한 지원 투쟁 과정에서 '업종별연맹(협의회)회의'를 발족시켜 91년 5월 〈전국업종노동조합회의(업종회의)〉를 결성하기에 이르렀다. 업종회의는 노조조직의 산업별 연대기구로서, 민주노조의 또 하나의 축을 형성하게 되었다. 업종회의는 전노협과 함께 90년과 91년의 '전국노동자대회'를 공동 주최하는 한편, 노동운동 탄압 저지와 노동법 개정 그리고 당면 과제를 해결하기 위한 공동투쟁을 다각적으로 추진해왔다.

이런 활동을 추진하는 가운데 전노협과 업종회의가 주축이 되어 91

년 10월 〈국제노동기구(ILO) 기본조약 비준 및 노동법 개정을 위한 전국노동자 공동대책위원회(ILO 공대위)〉를 발족시켰다. ILO 공대위는 전노협과 업종회의를 결합시킨 유일한 기구로서, 이 기구의 위상과 활동의 내용을 발전시키기 위한 노력이 구체적으로 전개되고 있다.

전노협과 업종회의와 달리 대기업 노조들의 통일단결은 이를 위한 움직임을 활발하게 이루어졌으나 권력과 자본의 집중적인 탄압으로 좌절되고 말았다. 90년 12월 〈연대를 위한 대기업 노동조합 회의(연대회의)〉가 결성되었는데, 당시 다음과 같은 목표가 제시되었다. "정권과 자본의 노동운동 탄압에 공동대처하고, 자주적 민주노조운동의 대동단결을 위해 노력하며, 대기업 노조의 역량 강화와 지역적, 전국적 연대를 위해 노력하고, 민중적 과제에 대해 공공 대응한다."라는 것이다. 연대회의가 민주노조 총단결과 통일투쟁의 추진에서 중심적 역할을 담당할 수 있다고 판단한 권력과 자본은 연대회의를 민주노조 진영과 차단하기 위해 혹독한 탄압을 가했다.

이와 같은 노동조합운동의 통일을 이룩하기 위한 치열한 투쟁과 노력에도 불구하고 현재 민주노조 진영이 안고 있는 조직적인 한계와 문제점은 크다고 보인다. 민주노조 진영이 포괄하고 있는 조합원의 수는 전체 조직노동자의 4분의 1에도 미치지 못하고 있으며, 미조직 노동자에 대한 조직화와 민주노조 지향 노조의 포섭, 그리고 '어용노조'의 민주적 개편을 위한 활동이 체계적, 지속적, 효과적으로 추진되지 못하고 있다. 또한 민주노조의 산업별, 지역별, 전국적 공동투쟁이 기업별노조의 폐쇄성과 편협성 때문에 활발하게 추진되지 못하고 있는 것도 사실이다. 그리고 상급조직의 조직역량과 지도역량이 한계를 드러내고 있으며, 각급 조직 간의 연대와 통일도 저차적인 수준에서 벗어나지 못하고 있다.

그뿐 아니라 운동노선과 기조에서 노사협조주의와 경제주의를 극복하기 위한 노력이 고양되고는 있으나 과학적 이념과 올바른 운동 기조의 확립을 위한 실천은 구체화하지 못하고 있으며, 다른 부문 민중운동과 민족민주운동과의 연대와 통일을 추진하는 데서도 뚜렷한 정치노선을 설정하지 못하고 있다. 이러한 한계와 취약성은 노동조합운동의 통일을 위해 해결해야 할 주요 과제가 아닐 수 없다.

2) 노동운동의 통일을 위해 무엇을 할 것인가

노동운동의 통일을 이룩하기 위해 민주노조 진영이 떠맡고 있는 시대적 임무는 실로 막중하다. 그러나 여기서 제기되는 과제의 해결도 결코 쉬운 일이 아니다. 그러나 당면한 주요 과제의 해결 없이는 노동운동의 통일은 확립될 수 없다. 그렇다면 노동운동의 통일을 위해 무엇이 요구되고 있는가?

첫째, 민주노조의 조직역량을 확대, 강화하는 일이다. 조직의 확대, 강화를 위한 주체는 전노협과 업종회의 그리고 대기업 노조를 비롯한 민주노조가 될 수밖에 없다. 민주노조 지향의 노조들을 폭넓게 포용하는 한편 미조직 노동자의 조직화를 추진해야 하고, 이른바 '중간노조'를 견인하여 어용노조를 민주적으로 개편하기 위한 활동을 목적의식적으로 벌이지 않으면 안 된다. 이를 위해서는 전노협과 업종회의가 유기적인 결합을 이루는 가운데 자체 조직의 확대와 조직역량을 증대할 필요가 있다. 여기서 각종 형태의 공대위나 공투본의 활동 범위 확대도 요구되고, 조직활동가의 배치도 필수적일 것이다. 또한 조직의 통일을 추진하는 데는 현재의 전노협, 업종회의, ILO 공대위 차원보다도 더 큰 조직력을 담을 수 있는 조직적인 틀을 구상할 것이 요구된다.

둘째, 산업별 통일투쟁을 축으로 세우는 일이다. 산업별 통일투쟁이란 동일 산업의 모든 노동자가 공통의 요구를 바탕으로 통일적인 투쟁을 전개하는 것을 말한다. 산업별 통일투쟁을 축으로 세워야 하는 이유는 다음과 같다. 산업별 공동투쟁은 고용형태, 기업 규모, 지역의 한계를 초월하여 대중행동을 광범하게 발전시킬 수 있다는 점, 독점자본이 산업별 지배를 축으로 삼아 전 산업적 지배를 확립하고 있다는 점, 노동자는 현장을 기초로 하는 산업별 통일투쟁 참가를 통하여 현대자본주의의 지배기구를 파악하게 됨으로써 계급적인 자각을 높일 수 있다는 점들 때문이다. 이런 산업별 통일투쟁을 통해 조직형태의 발전도 진전될 수 있을 것이다.

셋째, 지역적, 전국적 공동투쟁을 강화하는 일이다. 산업별 단결과 지역적 단결, 산업별 투쟁과 지역별 투쟁의 결합은 노동조합운동의 조직원리이자 투쟁의 원칙이다. 산업별 통일투쟁과 더불어 기업과 산업의 범위를 뛰어넘어 지역 전체의 노동자와 노조가 연대투쟁과 공동투쟁을 벌이는 것은 전국, 전 산업에 걸친 노동자계급의 통일과 단결의 토대이다.

자본가에 의한 노동자의 지배와 통제는 각 지역의 노동시장을 통해 조직되고 있다. 특히 독점자본은 지역의 산업, 취업구조, 지역주민의 생활구조를 재편성하여 지역 전체를 이윤 극대화의 대상으로 삼는다. 이에 따라 지역적 공동투쟁을 발전시킬 수 있는 조건이 성숙한다. 이런 조건에서 지역적 공동투쟁의 전진과 통일행동의 발전은 기업별노조의 한계를 극복하고 산업별 통일투쟁과 전국적 통일투쟁을 발전시키는 중요한 계기가 된다. 이런 지역적 공동투쟁은 산업별 통일투쟁과 결합하여 전국, 전 산업에 걸친 공동투쟁을 전진시키는 기본적인 추진력이 될 수 있다.

지역적 공동투쟁의 발전에는 다음과 같은 요건들이 중요시되고 있다. 즉, 지역 공투와 전국 공투의 결합 강화, 여러 성향을 지닌 노조들 사이의 공통 요구에 기초한 공동투쟁 강화, 지역 공투의 발전, 강화와 더불어 산업별 조직 내의 지역조직 역할 강화, 지역의 조건들에 상응하는 운동 형태의 다양화 추진, 전국적 지역 공투의 통일행동 전진 등이다. 이런 지역적 공동투쟁은 지방선거, 지역개발, 공해방지 등을 위한 지역 주민운동과 결합함으로써 더한층 적극성을 띨 수 있다.

넷째, 노동운동의 통일을 위한 운동이념, 기조와 올바른 정치노선을 설정하는 일이다. 노동조합운동의 통일은 무조건적으로 또 무원칙적으로 이룩될 수 있는 것은 결코 아니다. 통일은 노동자의 대중적, 계급적 조직으로서 노동조합이 갖는 본래적인 임무와 합치해야 하고, 일정한 목표와 원칙에 따라 추진되지 않으면 안 된다. 그러므로 노동운동의 궁극적 목표를 실현하는 방향에서 운동의 이념과 기조가 설정되지 않으면 안 된다. 그러면서도 노동운동의 통일을 달성하기 위한 공통이 요구를 포괄할 수 있어야 할 것이다.

그리고 노동운동의 통일을 위해서는 올바른 정치노선의 정립이 요구된다. 현재 민주노조 진영에서도 〈민주주의민족통일전국연합(전국연합)〉 가입을 놓고 각기 다른 입장들을 나타내고 있으며, 노조와 정당 간 관계 설정에서도 다양한 의견들이 제시되고 있다. 정치노선의 설정에서는 노조의 통일적인 정치투쟁 전술이 수립되어야 하며, 민중운동, 민족민주운동과의 연대와 통일을 위한 올바른 방침을 확립해야만 한다.

특히 노조와 정당 사이의 관계 설정에서는 정당 지지의 자유, 정치활동의 자유가 보장되는 가운데 대중조직으로서 노조의 자주성이 침해되어서는 안 될 것이다. 노조의 정당 종속이나 조합활동과 정당 활동의 혼동, 조합활동에 대한 정당의 개입, 간섭은 배제되어야 한다. 노동조합운동의 통일을 추진하는 데서 정당으로부터 독립이 하나의 원칙으로 제시되는 것도 그 때문이다.

3) 조직형태의 발전은 어떻게 이룩할 것인가

민주노조 총단결 나아가 노동조합운동의 통일을 확립하기 위해서는 조직형태 발전이 필연적으로 요구된다. 조직형태의 발전에서 어떤 조직형태를 기계적으로 절대화하는 획일주의는 잘못이며, 그것은 구체적인 조건과 역량, 그리고 필요에 따라 끈질긴 실천을 통해 단계적으로 추진될 수밖에 없다. 조직형태의 발전에서 전제가 되는 것은, 민주노조 진영 기업별노조들의 조직역량 강화와 전노협, 업종회의의 조직 확대 및 지도력 향상이며, 대기업 노조를 비롯한 민주노조를 지향하고 있는 노조들을 폭넓게 포용하는 일이 될 것이다. 이와 함께 ILO 공대위는 ILO 기본조약 비준과 노동법 개정 투쟁뿐만 아니라, 임금 투쟁, 제도 개선 투쟁, 민중연대 투쟁을 추진하는 한편, 다양한 형태의 공동투쟁을 발전시키기 위해 노력해야 할 것이다. 그리고 ILO 공대위는 이런 활동들을 충실하게 추진하면서 조직형태 발전에 관한 전망을 제시하고 한 단계 높은 민주노조 연대기구로의 개편을 위한 작업을 추진해야 할 것이다.

ILO 공대위 다음 단계의 조직은 엄격한 의미에서 연대기구 또는 협의체일 수밖에 없을 것이나, 이 기구는 상설기구로서 전국조직을 건설하기 위한 준비단계의 조직이 될 것이다. 이 기구는 전국조직의 건설에 필요한 기본요건들을 갖추는 데 노력을 집중해야 할 것이다.

그다음은 과도적인 단계로서, 주로 제조업 중심의 연맹 또는 협의체로 구성되는 전노협과 주로 비제조업 중심 연맹 또는 협의체로 구성되는 업종회의, 그리고 여타 민주노조를 포괄하는 전국조직건설의 단계가 설정될 수 있겠다.

이 단계에서는 조직형태를 기업별노조 체계에서 산업별 체계로 개편하기 위한 작업이 이루어져야 할 것이다. 새로운 업종연맹을 건설하거나 기존 연맹과는 별도의 민주적인 산업별연맹을 결성하거나, 규모가 작은 업종들이 함께하는 일반노조를 건설하는 방안이 강구되어야 한다. 업종회의 산하 연맹과 협의체는 조직역량과 지도역량을 강화하면서 조직 기반이 튼튼한 연맹조직으로 확대, 개편될 필요가 있다.

이렇게 결성된 산업별연맹이나 전국 단일의 일반노조들은 법적 지위의 확보와 함께 산업별노조 체계로의 전환을 위한 기반을 갖추어 나가기 위한 구체적인 활동들을 전개하지 않으면 안 된다. 이때 중시되어야 할 활동은 단체교섭권의 위임을 통한 통일교섭 체제 수립, 기업별 테두리를 뛰어넘는 공동투쟁의 강화, 기업단위 노조 간부들을 대상으로 하는 조직형태 발전 전망 교육, 선전 등이 될 것이다.

그다음 단계는 산업별노조 또는 연맹이 주축이 되는 별도의 전국중앙조직 건설이다. 이때 업종회의와 전노협은 발전적으로 해소되고, 지역조직은 전국중앙조직 차원에서 확대, 개편되어야 할 것이다.

조직형태 발전의 최종단계는 산업별노조와 지역별 조직을 두 축으로 하는 단일의 민주적이고 자주적인 전국중앙조직 건설이 될 것이다. 이런 조직형태의 발전은 순탄하지만은 않을 것이며 단선적인 것도 아닐 것이다. 그러나 노동조합운동의 통일을 이룩하고 발전을 추진하기 위해 조직형태의 발전은 반드시 이루어지지 않으면 안 될 것이다. 조직형태의 발전 추진은 현시기 민주노조에 맡겨진 최대의 과제이기도 하다.

출처 한국노동교육협회(1992), 『노동조합의 길』(제6호), 한국노동교육협회.

노동운동의 전진을 위한 현장조직 강화

1. 1992년 하반기 투쟁 과제와 현장조직 강화

1992년 하반기와 93년 정세는 매우 유동적일 것으로 전망되고 있다. 이러한 정세 전망은 권력 재편기를 전후하여 지배권력과 피지배 민중세력 사이 힘의 관계가 변화할 가능성이 어느 시기보다도 높다는 데에 그 근거를 두고 있는 것으로 보인다. 이 같은 상황에서 현 단계 노동운동은 침체 국면을 극복하고 새로운 고양을 이룩하기 위한 주요 과제들과 맞닥뜨리고 있다.

자본, 권력으로부터 전면적이고 지속적인 노동통제와 노동탄압이 가중되고 있는 가운데 노동자계급의 노동·생활조건 개선에 대한 요구는 더욱 절실해지고 있다. 이와 함께 고용 문제도 갈수록 심각성을 더해가고 있으며, 이것의 해결을 위한 공동 대응이 주요 과제로 제기되고 있다. 한편 92년 하반기에 본격적으로 추진될 노동관계법 개정 추진은 정권과 자본 쪽의 노동법 개악 기도의 저지와 노동기본권의 완전 보장을 기본 목표로 하고 있다. 그러면서도 이 투쟁은 조직역량의 강화와 투쟁역량의 통일 및 정치투쟁의 고양을 위한 계기를 마련할 수 있다는 점에서 중요한 의의를 지닌다. 그리고 대통령선거 시기를 맞아 노동운동 진영이 선거 투쟁에 대한 올바른 전술을 수립하고 대중적·주체적 기조에서 이를 실천하는 일은 하반기 투쟁에서 각별한 중요성이 있다. 노동자 대중의 정치적 요구를 집약하는 바탕 위에서 정치투쟁의 목표를 바르게 세우고 민주화 투쟁과 민족자주·민족통일 투쟁을 주도적으로 추진하는 일 또한 이 시기 노동운동에 맡겨진 피할 수 없는 중대 과제가 아닐 수 없다.

이와 같은 주요 과제의 해결은 전체 노동운동의 통일적인 조직역량, 투쟁역량, 정치역량의 확대·강화를 통해서만 가능하다. 여기서 가장 중요시되어야 할 것은 다름 아닌 '대중 주체'의 원칙이다. 대중 주체의 원칙은 현장 대중들의 주체성과 창의성, 그리고 전투성을 최대한 발휘할 수 있도록 하는 기본요건이다. 그리고 대중의 주체성·창의성·전투성은 현장조직을 기초로 해서 구체화된다. 현장조직과 현장투쟁의 강화는 기업 차원에서만 그 중요성이 한정되는 것이 아니라 산업·지역·전국 차원에서 노동운동 전진을 위한 기본적인 토대라고 할 수 있다. 따라서 하반기 투쟁 과제의 해결에서 현장조직의 강화가 갖는 실천적 의의는 매우 높다고 규정하지 않을 수 없다.

2. 현장조직 강화의 중요성

노동조합의 주인은 조합원이다. 조합원들이 계급적 자각을 갖고 조합활동에 주체적으로 나서지 않는 한 노동조합운동의 전진은 이룩될 수 없다.

우리 주변에서는 '조합원들이 조합활동에 대해 무관심하다.', '조합활동에 조합원들이 자발적으로 참여하려 하지 않는다.', '조합원들이 투쟁에서 이길 수 있다는 자신감을 갖지 못하고 무력감에 빠져 있다.', '간부들도 지쳐 있어 조합활동이 활력을 잃어가고 있다.'라는 소리가 여기저기서 들려오고 있다. 이런 조합 내부 사정들은 독점자본의 재점검을 촉구하는 것이기도 하거니와 '간부의존주의', '간부청부주의' 폐단을 반영하는 것이기도 하다.

노동조합운동의 이런 한계와 문제점의 극복은 '간부 중심에서 조합원 대중 중심으로'라는 원칙 실현을 목표로 노동조합의 자주적·대중적·계급적 성격을 발전시키는 데서부터 출발하지 않으면 안 된다. 자각된 노동자들을 선두에 묶어 세우고 현장을 바탕으로 한 활동의 추진을 통해 노동조합을 민주적, 계급적으로 강화하지 않고서는 대중투쟁을 발전시킬 수 없다는 인식이 널리 확대되어야 한다. 현장 대중을 중심으로 현장에 기초한 투쟁을 철저하게 조직할 때만 노동자는 투쟁에서 승리할 수 있고 노동조합운동의 발전은 분명한 형태로 보장된다. 이런 이유로 인해 현장조직 강화의 중요성이 필연적으로 제기된다.

그렇다면 노동현장은 어떤 곳인가? 노동현장은 노동자가 매일 매일 생산에 종사하거나 노동하고 있는 곳이며, 어떤 면에서는 삶의 터전이다. 한편 그곳은 자본에 의한 수탈과 억압이 행해지는 노동지배의 거점임과 동시에 노동자의 불만·분노·요구가 끊임없이 발생하고 축적되는 장소이다. 현장은 노자 간의 이해가 가장 날카롭게 대립하는 곳이며, 투쟁의 발단이 되는 장소이다. 말하자면 자본주의적 생산체계가 안고 있는 모순의 결절점이라고도 할 수 있다.

이러한 현장을 기초로 한 노동조합 활동이 실천적 의의는 다음과 같이 정리할 수 있겠다.

첫째, 노동조합 활동이 현장을 토대로 추진될 때, 노동자의 요구는 광범하게 그리고 구체적인 형태로 결집할 수 있고 자본의 힘에 대항할 수 있는 큰 투쟁력이 발휘될 수 있다. 현장이야말로 자본지배의 취약점이 드러나고 있는 곳인가 하면 노동자의 계급적 요구와 투쟁이 첨예하게 촉발될 수 있는 기반이기 때문이다.

둘째, 노동조합이 현장의 절실한 요구에 바탕을 두고 투쟁을 발전시킬 때, 가장 효과적으로 계급적 자각을 높일 수 있고 노동자계급의 폭넓은 통일을 이룩할 수 있다. 노동자들의 요구는 다양하면서도 공통적인 성격을 띠고 있으며, 이런 요구의 해결을 위한 노력은 전체적인 계급관계에 대한 의식을 향상하게 하고 통일적인 투쟁의 기반이 되기 때문이다.

셋째, 중층적이고 다양한 형태의 자본 지배체제도 그 기초는 현장에서의 전제적 지배이기 때문에, 현장에 기반을 둔 노동조합 투쟁은 현장에서의 자본지배를 제한하고 축소하는 한편, 민중운동, 주민운동을 촉진하고 민족민주운동 전진의 계기를 마련하게 된다는 점이다.

현장을 기초로 한 노동조합 활동을 추진하는 데서 몇 가지 중요하게 고려해야 할 사항이 있다. 현장에서의 지배와 통제를 뒷받침하고 있는 구체적인 방식은 어떤 것들이 있으며, 그 극복을 위한 방도는 무엇인가를 찾아내야 한다. 또한 노동조합이 추진하는 독점자본은 광범한 노동대중을 각종 투쟁에 주체적으로 참여하게 하고 노동자 공통의 이익을 위해 대중적인 힘을 결집하는 것을 목적으로 전개해야 한다. 그리고 현장에서의 노동조합 활동을 정착시키고 발전시키는 데서 기본적인 요건이 되는 것은 현장조직의 확립, 현장활동 자유의 확보, 현장활동의 올바른 추진이라는 사실이다.

3. 현장조직의 확립

　현장활동을 활발히 추진하여 노동조합운동의 전진을 이룩하기 위해서는 독자적인 역할을 담당하고 자발적인 활동을 전개하며 일상적인 투쟁을 조직하는 현장조직이 확립이 요구된다.

　현장조직은 공장, 사업소, 작업장, 부서, 라인 등의 각 단위에 걸쳐 설치할 필요가 있다. 현장조직은 노동조합의 조직체계와 별도의 성격을 갖고 운영될 수는 없다. 임원, 상임집행부, 대의원, 소위원, 현장소모임 등 체계를 통해 공식적이고 유기적인 관계 속에서 현장조직의 정착·강화가 추진되지 않으면 안 된다. 그러나 현장조직은 주로 대의원, 소위원, 현장소모임이 중심이 되어 자율성을 갖고 일상적으로 움직여져야 한다.

　여기서 대의원의 역할을 항시적으로 조합원들의 요구를 집약하고 조합원 전체가 참여하는 조합활동이 되도록 실천하며, 현장 조직화에 적극적인 노력을 기울이는 한편 노동조합조직 사이의 폭넓은 연대를 확대·강화할 수 있도록 조합원의 의식과 행동을 강화하며, 스스로 조합민주주의의 실현을 위해 앞장서는 것으로 규정할 수 있을 것이다.

　소위원의 역할과 임무는 다음과 같이 '〈대우조선노동조합〉 조직활동 사례'에서도 실제로 확인되고 있다.

　① 노조원들이 최대한 노조에 관심을 갖도록 노력해야 한다. ② 노조원들과 친목 도모를 통해 현상을 분석하고 사기 앙양에 힘쓰며 노동자의 이익에 지대한 관심을 가져야 한다. ③ 노조의 중간조직으로서 노조 집행부의 지시·전달 사항이나 문서전달, 홍보 등을 책임져야 한다. ④ 각 부서별, 과별, 직별, 반별 노조원들이 노동자답게 생각하고 의식할 수 있도록 지도해야 한다. ⑤ 현장에 흩어져 있는 투쟁력을 집중시

켜낼 수 있도록 노력한다.

현장소모임의 역할을 고정적인 것으로 될 수는 없으나 대체로 다음과 같이 정리되고 있다.[1]

① 집행부의 방침 및 결정 사항을 부서 조합원의 상태에 맞게 구체화하여 전달하는 일을 한다. ② 현장 내 조합원의 불만·요구를 조합 운영에 반영시키되 현장 소조직을 중심으로 소속 부서 조합원들이 힘을 모아 해결할 수 있는 일은 독자적으로 해결한다. ③ 조합원의 노동·생활상의 고민과 어려움을 소모임을 통해 해결하려 노력한다. ④ 일상적인 학습활동을 행한다. ⑤ 부서 조합원들의 규율 유지를 지도하는 한편 노조의 결정 사항 실시 여부 등을 점검한다.

4. 현장활동의 자유 확보

현장은 노동조합운동의 기본 바탕이라고 할 수 있다. 그러므로 현장에서 노동조합 활동의 자유가 확보되지 않고서는 노동조합운동의 전진이 많은 제약에 부딪히게 된다. 이 때문에 현장활동의 자유를 최대한 확대해 나가지 않으면 안 된다.

먼저 취업시간 중 현장활동 자유를 확보하는 게 중요하다. 총회, 대의원대회, 상집위원회, 교섭위원회의 개최 등은 물론이고, 현장집회, 현장교섭 등도 가능한 한 취업시간 중에 할 수 있도록 협약에 명시하거나 관행화할 필요가 있다. 다음으로 회사는 교육·훈련이나 사보 등을

---

1. 자세한 내용은 한국노동교육협회(1990), 『노동조합의 길』(제2호)을 참조하라.

통해 종업원의식이나 애사심을 높이면서 끊임없는 이념공세를 펴고 있다. 반면에 노동조합이 추진하는 교육·선전 활동에 대해서는 갖가지 제한과 까다로운 조건을 달아 이를 막으려 하고 있다. 이런 제한·금지 조처를 깨뜨려 나가면서 교육·선전 활동을 펴기 위한 자유의 폭을 확대해 나가야만 한다.

한편 현장활동의 자유를 확보하는 데서 매우 중요시되는 것이 현장교섭권이다. 조합원들의 요구 가운데는 노동조합의 투쟁계획을 통해 해결해야 할 전체적인 것도 있지만, 현장단위에서 독특하게 제기되는 요구도 있다. 그러므로 현장단위의 요구를 현장교섭을 통해 해결하는 것은 조합활동에 활력을 불어넣게 되고 조합원의 자발적 참여를 확대하는 계기가 된다. 따라서 현장교섭의 확보는 그만큼 중요한 의의를 띠게 된다. 현재 현장교섭권을 확보하는 노동조합은 극히 드물다. 이런 현장교섭권은 현장조직의 강화를 통한 일상투쟁을 통해 확보해 나가야만 한다.

이 밖에 상급단체나 지역조직과의 연대활동을 추진하는데 필요한 자유를 확보하는 일도 중요하다. 현장활동을 전체적인 조합활동과 지역·전국에 걸친 조합활동을 결합하기 위해서도 반드시 필요하기 때문이다.

5. 현장을 기반으로 한 노동조합 활동

노동조합이 추진하는 현장활동은 다양한 형태로 전개된다. 상담 활동, 현장집회, 요구의 조직화, 대중행동의 결집, 현장의 교육·선전 활동,

산업별·지역별·전국적 노동운동과의 결합 등이 그것이다.

상담 활동은 '노동조합은 노동자의 전 생활에 대해 책임지는 대중조직'이라는 조합원의 기대와 신뢰를 구체화하는 활동이다. 충실한 상담 활동은 모든 문제를 노동조합으로 해결할 수 있다는 조합원의 인식을 높이게 되고 이것은 곧 단결의 강화로 이어진다.

현장집회는 조합원의 의사를 통일하는 장이며 그것은 노동자의 자발성·창의성·전투성을 모아내는 중요한 계기를 마련하게 된다. 현장집회는 형식적인 것이 아니라 내용 있는 집회가 되어야 하며 일정한 질서를 갖추지 않으면 안 된다. 집회는 단순한 보고나 지시 위주로 진행되어서는 안 되며, 노동자의 구체적 요구를 중심으로 조직되어야 한다. 그리고 요구의 조직화는 현장조직 모든 단위에서 이루어져야 하며, 요구의 내용과 근거, 그것의 정당성에 대한 확신, 요구의 해결을 위한 투쟁 의지의 결집이 뒷받침될 때 현장조직의 강화로 이어지게 된다.

현장에서 대중행동을 추진하는 데는 '전체가 토의하여 결정한 것은 전체가 함께 실천한다.'라는 원칙의 실현이 무엇보다도 중요하다. 광범한 노동자를 결집하여 대중행동을 조직하는 것이야말로 투쟁을 승리로 이끄는 결정적인 추진력이 되기 때문이다. 또한 대중행동의 추진은 노동자가 지닌 주체성·창의성·투쟁성을 대중토의를 통해 발휘되도록 할 수 있을 때 큰 힘을 가질 수 있다.

현장에서 교육·선전 활동은 현장 요구의 실현을 위한 강력한 방도가 될 수 있다. 교육·선전 활동의 목표는 자본 쪽의 선제공세를 분쇄하고 간부층과 조합원 사이 결합을 높이며 요구의 조직화와 정당성의 확인을 구체화하고 대중의 행동 통일을 촉진하는 방향으로 집중되어야 할 것이다. 현장에서 교육·선전 활동은 조직의 각 단계에 걸쳐 다양한 형태로 추진하는 것이 효과적이다.

현장활동은 산업별·지역별 나아가 전국단위 노동운동과 결합을 이룩함으로써 내적인 편협성을 극복할 수 있고 전체 노동운동의 발전과 접목될 수 있다. 현장 토의를 통해 노동조합 사이의 연대가 갖는 중요성이 널리 인식되어야 하고, 노동자계급 요구가 갖는 공통성이 확인되어야 할 것이며, 연대활동의 경험과 성과가 공유되어야 할뿐더러, 공동투쟁·통일투쟁의 필요성과 중요성에 대한 자각이 확대되어야 할 것이다. 이를 바탕으로 다양한 형태의 연대와 통일을 위한 활동이 추진되지 않으면 안 된다. 이것은 노동운동의 발전에서 현장활동, 현장투쟁이 갖는 기본적 요건이 아닐 수 없다.

출처 한국노동교육협회(1993), 『노동조합의 길』(제7호), 한국노동교육협회.

수렁 속에서도
수레는 굴려야

대저 요즘의 세태를 어떻게 보아야 할 것인가? 가히 분간키 어려울 정도로 급격하게 변화하고 있는 것이 지금의 세상 돌아가는 형국이다. 정신 똑바로 차리지 않고서는 자신의 처지가 어떤지조차 헤아리기 어려울 지경이다.

세상은 쉬임 없이 변하는 것이거늘

김영삼 정권이 들어서기 무섭게 '사정'의 칼날이 곳곳에 번득이고 '개혁'의 돌풍이 거세게 몰아치면서 온통 세상이 뒤바뀔듯한 분위기마저 일고 있다. 어제까지만 해도 권세를 부리던 사람들이 하나둘 오랏줄에 묶이는가 하면 지체 높은 자리에서 물러나기도 하고, 더러는 바다 건너로 줄행랑을 치기도 하며 지난날 '실세'나 '중진'으로 자처하던 이들이 주눅 들어 오금을 못 펴는 모습도 보인다. 죄지은 일 하나 없는 일반국민으로서야 두려움 없는 심정으로 한껏 재미를 느끼고 있는 판국이다. 변화치고는 큰 변화다.

그러나 이런 변화의 와중에 정직하게 땀 흘리며 살아가는 사람들이 군데군데 깔린 덫을 발견하지 못하지나 않을까도 우려되는 상황이다. 구경하는 데 정신을 팔다 보면 보따리를 도둑맞을 수도 있듯, 세상이 바르게 돌아가는 때일수록 덫을 조심하고 주위를 잘 살펴볼 일이다.

세상은 쉬임 없이 변하는 것이거늘, 무엇이 어떻게 달라졌는지를 분명히 가려야만 한다. 이때 변화의 가장 큰 기준이 무엇이겠는가? 그것은 다름 아닌 인간의 삶일 거다. 말하자면 일하는 사람들의 생활이 어떻게 달라지고 있는지가 변화를 가늠하는 핵심적 기준일 수밖에 없다. 그렇다면 요즘의 세상 변화와 더불어 노동자들의 처지가 어떻게 달라지고 있는가? 한마디로 쥐뿔도 나아진 것 같지는 않다. 어쩌면 더 팍팍해질 것 같다는 생각도 떨칠 수가 없다. 억하심정에서 나온 말이 아니라 현실이 그러니 어쩌랴.

노동자의 처지는 나아지고 있는가

지금은 그렇다 치자. '신경제정책'이 순조롭게 추진된다면, '땀 흘리며 정직하게 살아가는 사람들이 잘살게 된다.'라는 말에 귀를 기울여 보기도 한다. 역대 정권들의 "대망의 80년대", "민주복지사회 실현", "위대한 보통사람들의 시대" 등의 찬란한 구호를 귀 따갑게 들어온 우리로서는, 눈앞에 보이는 판세를 중시하지 않을 수 없는 심정이다.

올해 들어 자본·권력 쪽의 임금 억제 시책은 이전의 그것에 비해서는 분명 한 수 위에 속한다. 정부출연·투자기관에 대한 3%선 억제, 공무원 임금동결, 대기업 과장급 이상 임금동결, 노총·경총의 임금인상 합의안 도출 등이 그렇다. 국회에서 결정한 예산을 행정부가 집행하면서 임금인상 분을 '반납'이란 형식으로 되돌려 받는 행위는 더할 나위 없이 강압적이다. 「노총·경총 합의안」만 해도 아무런 교섭권을 갖지 못한 단체가 이렇다 하고 내세울 만한 근거도 없이 덜컥 결정한 것이다. 법적 구속력을 갖고 있지도 않은 '합의안'이 교섭 석상에서는 임금 억제 방편으로 '위력'을 발휘하고 있으니, 형체도 없는 도깨비에 시달리는 꼴이 벌어졌다. 이런 가운데 '고통분담'이 기승을 떨고 노동자들에게는 '고통전담'으로 속절없이 다가서고 있다.

한편으로 노동관계법 개정 논의가 무성하다. 〈노동법 개정 연구회〉에서 마련하고 있다는 개정 시안은 모습조차 드러내지 않고 있다. 노동부는 노동행정의 개혁을 강조하면서 제3자 개입금지 철폐, 노조 정치 활동 보장, 상급노조의 복수노조 인정 등을 간간이 언론에 흘리고 있다. 그러나 정부의 속셈은 다른 데 있는 것 같다. 근로기준법을 고쳐 기업이 노동력을 사용하는 데에 '유동적', '탄력적'으로 할 수 있는 길을 열어주려는 의도가 엿보인다. 이를테면 월차휴가를 없앤다든지, 주 노동시간을 2주 또는 4주 평균하여 산정한다든지, 해고 요건을 지금보다 완화한다든지 하는 개정 방향이 그것이다. 한마디로 노동자의 생존권, 노동권, 노동3권을 포함한 노동기본권의 보장과는 상당한 거리가 있음이 분명하다.

더욱이 노동현장에서 일고 있는 심각한 고용불안에 대한 정책은 발표되지 않고 있다. 고용보험제도 시행 방침이 나오긴 했으나 그것은 따지고 보면 사후적인 것이고, 급속하게 진행되고 있는 산업구조의 변화나 기술혁신, 생산방식의 변경에 따른 고용불안정을 해소하기 위한 대책은 아직 감감무소식이다.

노동정책 말고도 「신경제 5개년 계획」에 담긴 정책에서도 노동자들의 관심을 끄는 대목은 찾기 어렵다. 정치나 사회 부문에서도 보수정권의 '개혁' 정책이 갖는 한계는 너무도 뚜렷하다. 그것은 본질적으로 노동자계급의 요구와 맞부딪치거나 요구 관철을 위한 운동을 억누르는 방향으로 추진될 운명을 지니고 있다.

그렇다면 현 정권과 노동 세력 사이에는 어떤 형태로든 긴장과 갈등 관계가 유지될 수밖에 없다. 이런 긴장과 갈등 관계의 내용과 형태가 정세 변화를 규정함은 물론이고, 현 정권이 추진하고 있는 '개혁'의 양태를 결정하게 된다. 크게 보면 노동 세력의 역량 증대가 세상을 변화시키는 동인이라 할 수 있다.

노동운동의 냉철한 자기 점검 있어야

복잡한 이론을 들이댈 것도 없다. 노동운동이 발전해야 세상이 바로 서고 진정한 사회개혁이 이루어질 수 있다. 노동자의 이익이 국민의 이해와 일치하고, 노동운동이 노동자의 자기해방뿐만 아니라 국민적 요구를 담아낼 수 있을 때 사회 진보가 가능하기 때문이다. 이렇게 본다면, 현 단계 노동운동이 짊어진 짐은 실로 막중하고 헤치고 나가야 할 길은 험난하다.

이럴 때일수록 노동운동의 냉철한 자기 점검이 무엇보다 중요하다. 조직과 투쟁노선, 정치역량 등 전반적 측면에 걸친 자기 점검이 요구된다.

조직 면에서는 1천1백만 명 노동자 가운데 1백80여만 명만 노조에 조직되어 있을 뿐이고, 기업별노조 형태가 갖는 여러 가지 취약점이 확연하게 드러나고 있다. 그뿐 아니라 상급조직의 지도역량이 강대하지 못하여 자기 구실을 충실하게 발휘하지 못하고 있는 형편이다. 단위노조도 일상활동이나 일상투쟁, 그리고 조직 간 연대가 제대로 추진되지 못한 결과, 조직역량이 강고하게 유지되지 못한 채 경우에 따라 흔들리는 모습을 보이기도 한다.

투쟁역량 면에서는 어떤가? 권력과 자본의 공세는 더욱 날카로워지고 교묘해지며, 투쟁 과제는 갈수록 다양화되는 상황에서 상대적으로 노동운동의 대응역량은 위축되고 있다. 정직하게 따진다면, 이것은 대중 주체의 원칙이나 대중노선이 충실하게 관철되지 못한 결과로 볼 수 있다. 그렇다고 조합원 대중에게 책임을 돌릴 수는 없다. 왜냐하면 활동과 투쟁을 주도해야 할 주체는 조합 간부나 활동가들이기 때문이다. 더욱이 공동투쟁·통일투쟁을 강화할 필요성이 더한층 강조되고 있는데도 그 기반은 아직도 매우 취약한 편이다. 그리고 경제투쟁과 정치투쟁의 정확한 통합이 절실하게 요구되는 상황임에도 좀처럼 현저한 전진의 양상이 전개되지 못하고 있다.

한편, 정세의 급격한 변화가 진행되는 가운데 노동운동의 정치적 역량 강화가 더할 나위 없이 중요한 과제로 떠오르고 있다. 노동자의 '정치세력화' 또는 '정치조직의 구성'이 필요하다고 주장되고는 있으나, 어느 하나도 노동운동 발전이나 변혁운동의 원칙에 합치되는 것 같지는 않다. 오히려 혼란스럽기까지 하다. 아무튼 노동조합운동의 정치역량이 일정한 궤도에 오르지 못했음은 부인 못할 일이다. 물론 정치적 역량은 조직역량이나 투쟁역량이 뒷받침되지 않고서는 성장할 수 없지만, 정치역량의 강화를 위한 노력은 현시점에도 중요하다.

역사의 수레바퀴는 굴려야 한다.

현재의 노동운동 상황을 어떤 사람은 '위기'라고 진단하고, 어떤 사람은 '퇴조'라고 해석한다. 현장의 대중들은 이런 주장에 대해 심정적으로 거부반응을 나타낸다. 이런 가운데 '사회발전적 노동운동', '애국적 노동운동', '진보적 노동운동'이 강조되기도 한다. 현실 변화에 맞는 전략과 전술의 수립에 관한 주장이 오히려 현실에서 괴리되는 경우를 우리는 무수히 접해 왔다.

이런 때일수록 현실에 바탕을 둔 원칙을 중시할 필요가 있다. 노동운동 발전에서 요구되는 원칙은 장구한 세월에 걸쳐 이어진 피어린 투쟁의 산물이기 때문이다. 노동운동의 발전은 무수한 고비들을 맞으면서 이루어진다. 고양과 침체, 비약과 정체, 승리와 패배의 연속이기는 하나 그것은 단순한 반복 과정이 아니다. 나선형적 과정이다. 이것은 노동운동 발전의 자기 논리라고도 할 수 있다.

역사는 그냥 발전하는 것은 결코 아니다. 수렁 속에서도 역사의 수레는 굴려야 나아간다. 현 단계 노동운동이 안고 있는 한계와 모순을 극복하기 위한 노력이 바로 노동운동의 발전을 추진하는 원동력이다. 주체적 당면 과제인 조직역량의 확대 강화, 공동투쟁·통일투쟁의 기반 구축, 정치적 자각과 정치역량 고양을 위한 실천이야말로 이 시대 의식 있는 노동자에게 맡겨진 자기 책무라 할 것이다.

출처 한국노동교육협회(1993), 『노동조합의 길』(제8호), 한국노동교육협회.

1993년 임금투쟁이 남긴 교훈

1993년 임금인상 투쟁(임투)이 거의 마무리되었다. 급격한 정세의 변화가 진행되고 노동통제와 각종 형태의 탄압이 행해지는 가운데서도, 임투는 치열성을 나타냈다. 노동운동은 투쟁을 통해 전진하는 것이고 보면, 올 임투는 우리에게 중요한 교훈을 남겨 주었다. 이런 시점에서 우리는 냉철한 자세로 93년 임투를 평가하고 그것을 바탕으로 하반기 과제들을 바르게 설정할 것을 절실하게 요구받고 있다.

임투 평가의 기준을 바로 세워야

임투 평가를 진행하면서 가장 먼저 확인해야 할 것은 임투를 과연 어떤 기준으로 평가할 것인가라는 문제이다.

가장 먼저 생각해야 할 것은 임투의 기본적인 목표가 어떠하며, 그 목표 달성을 위해서 각 노동조합 또는 각 연대조직의 투쟁이 얼마나 충실하게 진행되었으며, 그 결과가 임투의 기본목표에 얼마나 일치하느냐 하는 점이다. 통상적으로 임투의 목표라고 하면, 임금·노동조건의 개선을 통한 생활조건 향상, 그리고 더욱 중요한 것으로서 조직역량의 강화, 투쟁역량의 강화, 정치적 자각 향상과 노동운동의 정치적 역량 강화 등을 들 수 있다. 이런 측면에 비추어 93년 임투를 어떻게 평가할 것인가를 생각해 보아야 한다.

두 번째로 생각해야 할 것은 임투를 치르는 과정에서 지도부가 전술을 올바로 선택했는가의 문제이다. 구체적으로 살펴보면 첫째, 제기된 요구 자체가 얼마나 명확했는가, 둘째, 정세를 올바로 진단하고 인식했는가, 셋째, 전술을 결정하고 실행하고 타결하는 과정에서 대중적, 민주적으로 실천했는가 등이다. 올해의 〈현대그룹노동조합협의회(현총련)〉 투쟁을 놓고 보더라도, 서로 비슷한 수준에서 타결했음에도 어떤 노조들은 승리감을 느끼고 어떤 노조들은 그렇지 못한 현실을 보게 된다. 이는 전술지도에서 원칙을 제대로 지켰는가 그렇지 않은가에서 나오는 차이이다. 마지막으로는 그 투쟁이 전체 노동운동의 발전에 어느 정도 기여했는가가 평가 원칙이 되어야 한다.

그러면 우선 임금·노동조건의 개선이라는 측면부터 살펴보자. 올해 중소기업에서 타결된 임금인상률은 9~10% 선이다. 이는 경총과 노총의 합의안을 넘어서는 것이다. 대기업에서 타결된 임금인상률은 4.7%지만, 수당이나 성과급 형태로 인상된 분까지 포함하면 일단 「노총·경총 합의안」은 깼다고 볼 수 있다. 그런데 올해 특별히 돋보이는 것은 '직권조인 철회 투쟁'이다. 과거에는 직권조인 철회 투쟁을 한 번도 이긴 적이 없었는데 올해는 직권조인을 철회시켰다. 이러한 성과에도 불구하고 올해 대공장 임투에서 어느 노동조합도 4.7%를 깨지 못했다는 것은 한계로 남는 문제이다.

고용 문제와 관련하여 올해 해고자 복직 문제가 큰 쟁점으로 제기되었는데, 그룹이나 단위 사업장에 따라서는 이 요구가 상당한 정도로 관철되었다. 그러나 전체적으로 볼 때 노동통제나 고용보장의 문제는 그다지 큰 진전을 보지 못했다고 볼 수 있다.

조직역량의 측면에서 외형상 93년 임투는 상당히 저조한 것 같지만, 하나하나 짚어보면 투쟁의 치열성을 발견할 수 있다. 이는 올해도 조직역량 강화를 위한 노력이 꾸준히 진행되었음을 보여주는 것이다. 우선 그동안 '불법'연맹 또는 '법외'연맹으로 치부되었던 병원, 건설, 전문, 대학노련 등이 합법성을 쟁취했다는 사실을 들 수 있다. 그리고 〈전국노동조합대표자회의(전노대)〉가 민주노조 총단결의 구심으로 결성을 보게 되었다. 또한 각 지역에서 지역별 노조대표자회의가 결성되면서, 제조업에서는 민주노조 진영이 일정한 조직 확대를 가져올 수 있었다. 그룹 차원에서는 현총련의 위상이 대단히 높아졌다. 초기 언론에서 현총련을 자꾸 부각할 때, 현총련을 이렇게 크게 봐주느냐고 현총련 간부들이 상당히 불만스러운 투로 이야기하곤 했다. 그러나 결국은 현총련이 그에 걸맞은 내용을 채워냈다. 현총련 투쟁에서 대표적으로 나타나듯, 올 임투는 현장활동가의 활동역량과 지도역량 강화의 계기가 됐다는 점에서 매우 높이 평가되어야 한다.

그럼에도 이번 임투에서 우리는 조직적 측면에서 한계를 인정하지 않으면 안 된다. 그것은 조직노동자 수가 오히려 줄어들고 있다는 점이다. 아울러 우리는 지금까지 임투가 조직역량을 확대하고 조합원 수를 늘리는 계기가 되었지만, 이번에는 그렇지 못했다는 점을 올 임투의 한계로 인정해야 할 것이다. 다음으로 올 임투 역시 기업별노동조합의 한계를 안고 진행되었다는 점을 지적해야 할 것이다.

지도역량의 문제는 어떠했는가? 전노대에 대한 많은 기대에도 불구하고, 그 기대에 부응하는 활동을 하지 못했다는 사실은 올 임투의 조직적 한계이다. 아울러 〈대우조선노조〉의 임투에서 볼 수 있듯이 사실상 조직력을 바탕으로 투쟁이 진행되지 못했다는 사실은 뼈저리게 반성해야 한다. 이것은 하루아침에 해결될 문제는 아니다. 평소에 일상활동과 일상투쟁을 통한 조직역량의 통일과 강화가 뒷받침되지 않는 조건에서 임투를 맞이한다면, 대부분의 노동조합이 겪을 수밖에 없을 것이다.

올 임투에서 무엇을 배울 것인가

투쟁의 측면은 어떠했는가? 사람들을 혼란스럽게 하는 김영삼 정권의 개혁 시책에도 불구하고 투쟁은 역시 그대로 이어졌다는 점이 우선 지적되어야 할 것이다. 또한 현총련과 같은 그룹 차원에서의 연대는 말할 것도 없지만, 업종별 공동투쟁이 아주 낮은 차원에서라도 시도되고 있다는 사실은 매우 중요한 점이다. 〈전국사무금융노동조합연맹(사무금융노련)〉에서 진행된 증권, 보험, 카드, 리스, 종합금융의 공동투쟁은 그 대표적인 예이다. 물론 처음이기 때문에 사용자단체는 내부 정비를 못 했다고 버티지만, 이런 과정을 계속 진행해 간다면 저들도 개별적인 대각선 교섭이 불리하다는 사실을 깨닫고 공동교섭에 응할 수밖에 없을 것이다.

〈정부출연노동조합협의회(정출노협)〉가 경제기획원 장관을 상대로 계속 투쟁을 벌여 온 것 역시 우리가 높이 평가해야 할 점이다. 어떻게 보면 아주 허망한 투쟁처럼 보인다. 정출노협은 직접 근로관계를 맺고 있지 않은 경제기획원 장관을 상대로 부당노동행위 구제신청을 했다. 물론 노동위원회에서는 기각되었지만 우리는 이런 투쟁이 일반조합원에 미칠 가능성을 보아야 한다. 마침 올해 〈전국전문기술노동조합연맹〉이 합법성을 획득하면서, 앞으로는 단위노조가 교섭권을 위임하여 연맹 차원의 공동교섭이 가능하게 되었다. 만일에 정출노협의 투쟁이 없었다면 연맹이 합법성을 가졌다 하더라도 연맹에 교섭을 위임하는 단계에는 이르지 못했을 것이다. 널리 알려지지 않은 사실이지만 올해 〈전국병원노동조합연맹(병원노련)〉의 〈지방의료기관노동조합협의회〉가 집단교섭을 성공시켰다. 제약공단에서도 공동투쟁을 진행했다. 이처럼 여러 부분에서 끊임없이 공동투쟁·통일투쟁에 대한 시도가 이어지고 있다는 사실은 우리가 결코 과소평가할 수 없는 점이다.

올 임투에서 또 한 가지 특징적인 것은 유연하고 다양한 전술이 구사되었다는 점이다. 유연하고 다양한 전술을 구사한다는 것은 어찌 보면 너무나 당연한 것이다. 그런데도 우리는 올해 임투를 진행하면서 전면파업에서 부분파업으로 낮추는 게 얼마나 어려운 것인지를 알 수 있었다. 이것은 우리에게 고정관념이 그만큼 깊이 뿌리박혀 있음을 반증하는 것이다. 지도부의 유연한 투쟁은 곧 타협적인 투쟁으로 치부해 왔다. 우리는 이 점을 반성해야 한다.

여러 가지 성과들에도 불구하고 올 임투는 투쟁의 측면에서 많은 문제를 보여주었다. 우선 임투의 준비가 과연 착실하게 진행되었는가 하는 점이다. 조합 간부들은 임금의 본질, 교섭의 전략·전술, 교섭에 따른 노동관계법 등 제반 문제를 대충 알고 있다고 자신한다. 그러나 실상은 그렇지 못함을 우리는 종종 보게 된다. 그다음으로 공동투쟁·통일투쟁의 한계다. 여기서 현총련 계열 노조들이 울산에 모여 있지 않고 대우그룹처럼 각 곳에 흩어져 있다고 했을 때, 과연 공동투쟁이 어느 정도로 가능했겠느냐는 점을 짚어보아야 한다. 그룹별 연대투쟁이 중요하지만, 지역별, 업종별 투쟁이 경시되어서는 안 된다. 최근 진행되고 있는 조선업종 연대모임, 자동차업종 연대모임 등 업종별 연대, 그리고 지역별 연대가 강조되고 있는 것도 그 때문이다. 이런 의미에서 올해

지역별, 업종별, 연대투쟁이 얼마나 시도되었는가 하는 것은 헤아려 보아야 한다. 공권력 투입에 대한 대비가 제대로 되었는가 하는 점, 합법투쟁이 갖는 한계와 수세적인 성격을 뛰어넘지 못한 점 등도 이번 임투를 통해 다시 한번 평가되어야 할 것이다.

다음으로, 정치적인 자각과 정치적인 역량의 강화라는 측면을 보자. 우선 김영삼 정권의 개혁이 얼마나 허구적인 것인가를 노동운동이 폭로해냈다는 사실은 올 임투에서 아주 통쾌한 점이다. 이는 아직 학생운동 쪽이나 다른 어떤 운동 세력도 사회적으로 제기하지 못한 것이었다. 그런데 올해 노동자들의 투쟁은 불필요한 논란에 종지부를 찍었을 뿐만 아니라, 김영삼 정권의 본질적 성격을 여실히 드러내도록 강제하였다. 이는 한편으로 노동운동 발전뿐만 아니라 우리 사회 계급운동의 발전을 피부로 느끼게 하는 것이다. 올 임투는 현 정권과 노동세력 사이에는 어차피 대립과 갈등이 이어질 수밖에 없다는 사실을 다시 한번 확인했고, 나아가 정세의 변화는 결국 노동세력을 중심으로 하는 민중역량에 의해서 이루어질 수밖에 없다는 사실을 입증시킨 살아있는 교육이었다. 이런한 점에서 올 임투에서 현총련의 역할은 매우 컸다고 평가해야 할 것이다.

올 임투를 보면서 한가지 반성할 사실은, 해마다 우리는 정세분석을 하지만 매우 추상적으로 진행한다는 점이다. 그간 우리는 김영삼 정권의 본질이 어떠냐, 경제가 어떠냐 하는 측면만 정세분석의 중심이라고 생각하는 데에 익숙해 있다. 이것은 초점이 잘못 놓인 것이다. 긴급조정 결정과 같이 그때그때 나오는 정부의 정책에 대해서 어떻게 대응할 것인가, 그룹 차원에서 노무관리가 어떻게 변화하는가, 나아가 생산과정의 변화 및 이에 따르는 노동통제가 어떻게 달라지고 있는가 등의 문제에 초점을 맞춘 항상적인 정세분석을 해야 한다. 지금까지 우리는 이것을 거의 하지 못해 왔다. 이와 관련하여 또 한 가지 짚을 것은 과연 제대로 정책적인 대응을 했는가 하는 점이다. 사실 우리는 현재 기업단위, 지역단위는 말할 것도 없고, 전국단위 조직에서조차 구체적인 정책 대응을 할 수 있는 바탕이 거의 마련돼 있지 않다. 민주노조 진영이라는 큰 틀 속에서 앞으로 어떻게 정치역량을 집약해 나갈 것인가 하는 문제가 이번 임투를 통해서 절실하게 제기되었다.

하반기 과제는 먼 데 있지 않다

올 임투를 평가하면서 하반기 노동운동의 주체적 과제를 어떻게 설정할 수 있을 것인가? 첫째는 조직역량을 확대 강화하는 것이다. 이는 달리 말해 민주노조 총단결의 발전이다. 둘째는 올해 임투에서 아주 뼈저리게 느낀 과제로서 공동투쟁과 통일투쟁의 기반을 구축하는 것이다. 세 번째는 노동자들의 정치적인 자각과 노동조합의 정치적인 역량을 강화하는 문제다.

우선 조직역량 강화의 문제를 보자. 민주노조로 자처하는 노동조합의 간부들을 만나면서 가끔 실망하는 경우가 있다. 특히 87년 이후 결성된 노동조합에서 많이 나타나는데, 노동조합의 일상활동, 투쟁활동이 아주 경시되고 있다는 점이다. 연대 또한 간부들을 중심으로 이루어지고 있으며, 현장조직, 직장조직이 정착되지 않고 있다. 우리가 산업별 조직을 지향한다고 하더라도 아직은 기업별노조이다. 따라서 단위 사업장이 중심이어야 하고 현장이 기초가 되어야 한다. 일상활동, 일상투쟁, 연대가 매우 원칙적이고 체계적이고 집중적으로 전개되어야 한다. 멀리서 찾을 것이 아니다. 하반기에 우리는 이것을 우리 조합에서부터 점검하여 아주 원칙적인 입장에서 조직을 다져 나가야 한다.

산업별 체계 구축을 위한 논의는 무성하게 진행돼왔다. 그러나 노동조합 간부들 사이에서도 산업별 조직으로 발전에 관한 논의가 제대로 진행되지 않고 있다. 모든 일선 노조 간부들에게서 산별노조와 기업별 노조는 어떤 차이가 있고, 산업별노동조합의 조직체계는 어떠해야 하고, 산별노조로 가기 위해서는 지금 무엇을 해야 하는가에 관한 논의가 폭넓게 진행되어야 한다.

전국노동조합대표자회의에 대해 점검해 보자. 전노대는 어떤 성격의 조직인가가 아직 정리되어 있지 않다. 전노대는 스스로를 '공동사업 추진체'로 규정했다. 전노대는 산업별노동조합을 축으로 하는 전국 중앙조직이 기본 목표이다. 이렇게 발전하기 위한 경로는 많이 있을 수 있다. 그러면 공동사업체 추진의 성격은 무엇인가? 그다음은 무엇을 할 것인가? 이에 대한 구체적 상이 있어야 한다. 한 가지 지적할 것은 전노협의 강화, 업종회의의 강화, 현총련의 강화, 대노협의 강화가 바로 전노대의 강화로 이어지는 것은 아니라는 점이다. 전노대는 독자적인 위상이 확립되어야 한다. 이것은 민주노조 산하 간부 및 조합원 혹은 전체 노동자들의 구체적인 요구이기도 하다.

그다음은 공동투쟁·통일투쟁의 기반을 구축하는 문제이다. 지금까지 우리는 공동 임투만을 강조해 왔고, 임투가 잘 안되면 서로를 원망했다. 그것은 공동투쟁·통일투쟁의 원칙을 무시했기 때문이다. 공동투쟁·통일투쟁의 가장 원칙적인 출발점은 안될 수 있는 조건도 인정하는 것, 공동투쟁에 참가하는 단위조직의 특수성이나 차별성을 인정하고 출발하는 것이다. 우리는 현총련 공동임투에서 이런 원칙의 실천을 확인할 수 있었다. 현총련이 공동임투에 나서면서 "기업별 교섭의 한계를 솔직히 인정하자.", "준비부터 공동사업을 철저히 하자.", "실현 가능한 목표를 세우고 실천하자.", "공투 목표를 욕심내지 말고 소박하게 잡자."라고 설정한 원칙적 합의가 그것이다.

　마지막으로 노동자들의 정치적 자각과 노동조합의 정치적 역량을 높이는 문제와 관련하여 몇 가지만 들어 보자. 첫째로, 임투, 노동법 개정 투쟁, 고용보장 투쟁 등 모든 사업과 활동에서 노동 대중의 정치적 자각을 높이기 위한 프로그램을 개발하여야 한다. 둘째, 간부들의 이론과 사상 수준을 높이기 위한 활동을 전개하여야 한다. 셋째, 각급 조직에서 활동가 집단을 양성하고, 부문별 활동 영역을 개척해 나가야 한다. 예컨대 조직활동가, 교육활동가, 선전활동가, 문화활동가 등 부문별로 전문적인 활동가를 양성해야 한다. 넷째, 올바른 정책, 제도, 정치 개혁을 위한 구체적인 대안을 제시하여야 한다. 다섯째, 노동조합운동의 발전을 위한 조직노선, 투쟁노선, 정치노선 등에 걸친 총노선을 확립해나가기 위해 노력하여야 한다. 이런 일들은 노동조합운동의 발전을 위해서는 물론이고, 노동조합운동에 주어진 막중한 역사적 임무를 실천하기 위해서도 빼놓을 수 없는 점이라는 것을 다시 한번 강조하고자 한다.

출처 한국노동교육협회(1993), 『노동조합의 길』(제9호), 한국노동교육협회.

투쟁의 전술 기조를 바로 세우자

밀치듯 다가오는 1994년

　1994년 새해가 밀치듯 다가섰다. 새해를 힘있게 맞이하자는 것이 노조 간부나 활동가들의 공통적인 심정일 것이다. 그도 그럴 것이 노동운동을 둘러싼 상황은 급속하게 변하고 있고, 자본과 권력으로부터 행해지고 있는 노동통제는 누그러지기는커녕 강화되고 있을 뿐 아니라, 해결해야 할 과제들은 가중되고 있는 가운데, 노동운동 발전의 새로운 계기 창출이 그만큼 절실해지고 있기 때문이다. 더욱이 많은 노조 간부가 타성에 빠져들고 운동에서 견지해야 할 원칙을 경시하는 경향이 있는가 하면, 노동운동의 미래에 대한 확신을 굳히지 못하고 있는 현실이고 보면, 새해와 더불어 힘찬 도약을 다짐하는 것은 자연스러운 일이 아닐 수 없다.

　1994년에도 노동운동이 해결해 나가지 않으면 안 될 투쟁 과제들은 결코 만만치 않다. 노총·경총 합의안인 4.7% 인상률을 기본급 기준에서 분쇄하지 못한 것도 임금 억제의 벽이 얼마나 완강한 것인가를 확인케 했다.

　노동법 개정 투쟁만 해도 권력과 총자본을 대상으로 하는 적극적인 통일투쟁의 전개가 요구되고 있다. 정부는 노동법 개정을 1994년으로 미루었는가 하면, 「근로자파견법」의 제정을 시도하다 노동조합의 거센 반발에 부딪혀 유보하게 되었다. 지금까지 움직임으로 보아, 정부는 「근로기준법」의 개악과 공공부문의 쟁의권 억제를 강하게 의도하고 있는 것으로 판단된다. 노동행정 당국이 〈노동법 개정 연구위원회〉 기초위원들이 마련한 개정안조차 덮어둔 채 노동법 개정 공론화를 피하고 있는 데서도 그런 의도를 읽을 수 있다. 94년 노동법 개정 투쟁은 노동조합운동이 비켜 가거나 타협의 대상으로 삼을 수 있는 그런 성질의 것이 결코 아니다.

한편, 고용보장 투쟁도 다른 투쟁과 함께 주요 과제로 올라 있다. 자본 측은 생산설비의 자동화와 경영합리화를 통해 유연성을 강화하려 하고 있다. 정부는 이를 뒷받침하기 위해 노동력의 탄력적 운용을 촉진하는 쪽으로 정책을 펴나가고 있다. 이에 따라 고용불안정은 갈수록 심화될 수밖에 없다. 고용보장을 위한 투쟁은 사업장 안에서 투쟁과 제도적 설치를 목표로 한 투쟁으로 진행되어야 한다. 고용보장 투쟁은 양보의 여지가 없다는 점에서 치열성을 띠지 않을 수 없다.

94년 투쟁 과제에서 경제민주화 추진과 제도 개선 투쟁은 그 중요성이 더욱 증대되고 있다. 노동자의 기본권리 쟁취와 국민의 정치적·경제적 자유의 보장을 기본으로 하는 경제민주화 투쟁은 그 요구의 절실성에 비추어 고양될 것임이 분명하다. 특히 독점적 대기업의 통제전략에 대응하여, 노조가 강력한 규제를 행사하기 위한 투쟁의 중요성이 점차 커지고 있다. 이와 함께 노동자와 국민의 생활조건 개선과 민주적 권리의 신장을 위한 관련 정책과 제도 개선 요구는 민중적 투쟁을 촉진하게 될 걸로 보인다. 그리고 국제화·개방화의 파고는 노동운동에게 민족자주의 확립, 민주개혁의 추진, 민족통일의 실현을 위한 시대적 책무 이행을 강요하게 될 것이다.

투쟁 과제 해결을 위한 전술 기조

이런 투쟁 과제의 해결은 투쟁 전술 기조의 올바른 수립을 강력히 요구하고 있다. 이를 위해서는 다음과 같은 기본 방침이 관철되어야 할 것이다.

첫째, 투쟁 목표를 충실히 살리는 일이다. 노동운동이 추진하는 투쟁의 목표는 공통적으로 노동자의 노동·생활조건 개선, 조직역량·투쟁역량 강화, 노동자의 정치적 자각과 노조의 정치적 역량 제고, 전체 노동운동의 발전 촉진 등으로 집약된다. 이런 목표들 가운데 노동·생활조건 개선이 우선적이고 당면한 목표가 되나, 노동운동 발전의 관점에서 본다면 조직·투쟁역량의 강화가 중심적 목표가 아닐 수 없다. 그런 점에서 94년 투쟁은 각급 조직의 역량 강화에 투쟁의 초점이 모아져야 할 것이다.

둘째로, 공동투쟁의 차원을 높이는 일이다. 먼저 공동투쟁에 참여하는 조직의 현재 상태와 차별성을 인정하면서 공동 요구를 중시하지 않으면 안 될 것이다. 또한 사업과 투쟁을 통해 공동투쟁의 기반을 공고히 하기 위해서는 일상적인 교류와 사업의 확대가 필요하다. 그리고 단위노조의 구체적 실정과 공동투쟁 지도부의 계획·지도를 통일시키는 것도 공동투쟁의 전진에서 필수적으로 요구되는 원칙이다. 그 밖에도 단위사업장의 투쟁이 갖는 한계를 뛰어넘기 위한 실천적 노력이 중요한데, 여기서는 투쟁 준비에서 공동활동, 시기의 집중, 공동요구안 설정, 다양한 형태의 공동투쟁 개발 등이 요구된다.

셋째, 임금인상 투쟁과 제도 개선 투쟁을 결합하는 일이다. 94년 임금인상 투쟁은 노동법 개정 투쟁과 고용보장 투쟁, 그리고 민주개혁과 경제민주화를 위한 제도 개선 투쟁과 맞물려 진행될 수밖에 없다. 이런 투쟁의 결합은 역량을 분산시키고 투쟁의 중심을 흐트러뜨릴 수 있는 소지도 없지 않으나, 이런 투쟁 과제들은 노동자들의 공통적인 요구에 바탕을 두고 있으며 결코 분리될 수 있는 성질의 것이 아니기 때문에 공동투쟁을 강화시킬 수 있다.

넷째, 전술지도의 기본원칙을 관철하는 일이다. 노동조합운동이 추진하는 투쟁에서 요구되는 기본원칙은 정세의 올바른 진단, 요구의 명확성, 전술 결정·실행·타결의 대중적·민주적 과정을 들 수 있다. 이런 원칙을 실현하는 데는 다음과 같은 활동이 필요할 것으로 생각된다. 즉 조합원 대중의 요구를 집약하는 것에 최대한 힘을 모으고, 다양한 투쟁 방법을 운용하며 투쟁 체제를 확립하는 한편, 투쟁 행동을 대중적으로 전개하고 투쟁의 마무리를 원칙에 기초하여 수행하는 일이 그것이다.

다섯째, 94년 투쟁을 통해 전체 노동운동의 발전을 촉진하는 일이다. 조직의 각 단위에서 추진하는 모든 투쟁은 전체 노동운동의 발전과 직접 관련되어 있다. 각 단위에서 전개하는 투쟁들은 전체 노동운동의 발전에 기여해야 하고, 전체 노동운동의 발전은 단위사업장이나 지역·업종 또는 그룹 차원의 투쟁을 강화하는 기반이고 토대가 될 수 있다.

94년을 힘있게 맞이하자

노동자계급의 불만·요구·분노가 있고 모든 형태의 억압과 착취를 깨뜨리고자 하는 집단적 의지가 존재하는 한, 인간해방과 노동해방을 지향하는 투쟁은 전진할 수밖에 없다. 이런 확신을 갖고 작은 투쟁이라도 값진 것으로 생각하면서 94년을 힘있게 맞이하자.

출처 한국노동교육협회(1994), 『노동조합의 길』(제10호), 한국노동교육협회.

민주노총 건설의
원칙과 경로

이 글은 전국노동조합협의회에서 '민주노조 총단결을 위한 조직형태 발전'이라는 주제로 진행한 강의 중에서 민주노총 건설의 원칙과 기본요건, 산별노조 전환 경로 등과 관련된 내용, 그리고 이에 대한 질의응답을 기록하여 정리한 것입니다.

_ 편집자 주

1. 민주노총 건설의 원칙

〈전국민주노동조합총연맹(민주노총)〉을 건설하고 산업별노조 체계로 이행해 가는 데는 몇 가지 원칙과 요건이 요구되고 있습니다.

첫째는 주체를 바로 세우는 일입니다. 민주노총 건설과 산별 전환을 추진하기 위해서는 주체를 분명히 세워야 합니다. 그 주체는 민주적이고, 자주적인 그리고 체제 개혁을 지향하는 노동조합이 되어야 합니다.

둘째는 방향성에 관한 문제입니다. 민주노총 건설과 산별 전환을 위한 방향을 설정하는 데 있어 무엇이 중요하겠습니까? 우선 민주노총 건설은 건설 그 자체에만 목표를 두어서는 안 됩니다. 건설과 함께 산업별노동조합으로의 전환을 동시에 추진한다는 방향을 설정해야 합니다. 또 별개의 전국중앙조직 건설이 아닌, 노동조합운동의 전체적인 재편을 통한 통일을 지향해야 합니다.

셋째로 민주노총 건설과 산별노조로 전환에 있어 중요한 것은 노동조합운동의 기본성격을 충실하게 살리는 일입니다. 즉 어떻게 대중성과 계급성을 잘 결합시키는가 하는 문제입니다. 현재 합법성을 가진 〈전국업종노동조합회의(업종회의)〉 산하 6개 연맹에 가입한 노동조합들이 모두 민주노조는 아닙니다. 오히려 어용보다 훨씬 조직이나 활동이 부실한 데도 있습니다. 그런 점을 상급조직의 지도역량으로 해결해야 합니다. 이런 점에서 상급조직이 계급성, 자주성을 바르게 살려 나가고 많은 노동조합을 포용할 수 있어야 합니다. 대중성이 있어야 계급성을 살릴 수 있고, 또 계급성을 올바르게 지켜내야 대중성이 살아날 수 있습니다. 대중노선을 철저히 관철하는 방향에서 민주노총 건설과 산별 전환이 추진되어야 합니다.

넷째로 우리가 세워야 하는 원칙은 형식과 내용의 통일입니다. 최근 민주노총 건설과 관련해서 시기 문제가 주요하게 거론되고 있습니다. 그러나 시기를 결정하기 이전에 고민해야 할 점은 어떻게 하면 내용과 형식을 통일시켜 낼 것인가 하는 것입니다. 완전한 통일이란 있을 수 없지만, 형식과 내용이 지나치게 괴리를 보일 경우, 형식이 내용을 제약하기도 합니다. 따라서 시기 결정도 바로 형식과 내용의 통일이라는 관점에서 이루어져야 합니다.

마지막으로 강조되어야 할 원칙은 노조의 주체성입니다. 민주노총 건설과 산별 전환의 주체는 말할 필요도 없이 노동조합입니다. 만약에 외부의 영향력에 의해 노동조합의 주체성이 흔들린다면 자칫 오류를 범할 가능성이 큽니다. 그런 점에서 민주노총 건설에 참여하는 노동조합의 주체성을 어떻게 최대한 살려낼 것인가, 그리고 민주집중제의 원리를 어떻게 실천할 것인가는 매우 중요한 원칙입니다.

2. 민주노총 건설의 기본요건

1) 산업별연맹 또는 협의체 건설의 주축 마련

민주노총 건설의 기본요건에서 가장 먼저 짚어야 할 것은 산업별연맹 또는 협의체 건설의 주축을 세우는 일입니다. 편의상 제조업과 비제조업 부문으로 나누어 살펴보면, 우선 비제조업에서 민주노총 건설에 참여할 수 있는 역량은 현재 합법성을 가진 6개 연맹과 〈전국강사노조〉, 〈전국시설관리노조연합〉, 〈화물운송노련〉 등입니다. 또 유통부문 노조들, 〈전국지하철노조협의회〉도 가능할 것입니다.

비제조업 부문 중 민주노동조합 진영이 포괄하지 못하는 부분은 아직도 많이 있습니다. 철도, 부두, 전력, 통신, 은행, 외기, 체신, 선원 등 이런 부문에서는 민주노동조합의 확고한 거점을 아직 형성하지 못했습니다. 물론 이런 데까지 연맹이나 협의체를 구성하고 난 후 민주노총으로 나가자는 것은 아닙니다. 일단은 6개 연맹을 비롯한 12개 연맹 또는 협의체가 있으니까 이 부분이 민주노총 건설의 기본 기둥이 될 수 있을 것입니다.

그다음에 제조업 부문에서는 현재의 〈전국조선업종노동조합협의회(조선노협)〉와 종래 얘기되어왔던 자동차공업 부문, 또 기계금속, 섬유, 화학, 이런 부문이 중심이 될 것입니다. 이 중 특히 방향을 분명히 세워야 하는 것은 현재 논란이 되는 금속 부문의 조직구성 문제와 섬유와 화학 부문의 중심 노조조직을 어떻게 세워내느냐 하는 문제입니다. 민주노총 건설을 얘기하면서 제조업체에서 큰 기둥인 섬유와 화학 부문에 협의체마저 조직할 수 없다면, 건설의 시기를 다시 고려해 봐야 할 것입니다. 그다음에는 금속 부문을 어떻게 조직할 것인가 하는 점입니다. 즉, 하나의 대산별로 묶을 것인가 아니면 현재 협의체로 구성된 조선업종, 앞으로 조직 가능한 자동차업종, 이 두 업종을 뺀 나머지를 모은 '기계금속'으로 조직할 것인가 하는 문제인데, 물론 원칙은 대산별조직, 즉 하나의 산별에 하나의 노동조합이라 할 수 있습니다.

그러나 현실적인 조건에서 볼 때 우리는 같은 업종의 동질성 문제를 생각해 봐야 합니다. 조선노협의 출범에서 보듯이 업종별로 묶을 때는 동질성 확보가 용이합니다. 그런 점에서 조선노협과 자동차업종협의회는 어차피 형성되어야 합니다. 또 경주지역이나 안산지역 자동차 부품업체들의 모임이 그렇게 활발하다고 볼 수는 없겠지만, 그런 힘들이 업종별협의체 또는 연맹으로 나가는 데는 하나의 큰 추진력이 될 수 있습니다. 이런 것을 설득과 조정, 협의를 통해서 대산별로 결합시킬 수 있을 것인가 아닌가는 현실적으로 따져봐야 합니다. 설사 대산별로 묶인다고 하더라도 일단 협의체는 구성되어야 합니다. 그리고 대산별로의 조직화가 현실적으로 어느 정도 가능하겠는지 하는 점은 충분히 고려되어야 합니다.

2) 조직역량의 확대와 강화

민주노총 건설 시기가 언제가 되든 간에 조직역량의 확대·강화를 위한 노력이 구체화 되어야 합니다. 첫 출발은 조직 점검입니다. 전국의 민주노조 진영과 이에 동참할 수 있는 부분, 그리고 지역노동조합협의회(지노협)가 건설되어 있지 않은 지역의 각 업종별 단위사업장 조직들 동향까지 점검해야 합니다. 또 여천공단같이 업종별 협의체도 없고 지노협도 없는 곳은 그 지역의 단체나 연구소를 통해서라도 전반적인 조직 점검을 해야 합니다.

그다음에 민주노총 결성 이전까지 지역노조 건설에 관한 원칙을 제시해야 할 것입니다. 1987년 이후 지역단위 노동조합이 250여 개 결성되었다고 하지만, 깨진 데도 많고 전반적으로 조직이 축소되고 있는 현실입니다. 지역노동조합을 위축시킨 데는 많은 요인이 있겠지만, 가장 중요한 것은 분회 중심의 운영이라고 생각합니다. 우리는 지금 〈전국병원노동조합연맹(병원노련)〉이 구상하고 있는 서울지역의 병원노련 지역노동조합 결성을 주목하고 있습니다. 왜 서울지역이겠습니까? 그건 우선 연맹이 서울에 있어 연맹과 지부에서 조직활동가를 낼 수 있고, 조직활동 비용을 댈 수가 있기 때문입니다. 모범적인 지역단위 노동조합을 만들고 그 과정에서 생긴 문제들을 해결해 나간다면 다른 업종이나 다른 지역에 확산할 수 있는 하나의 모범이 될 수 있을 것입니다. 아무튼 지역노동조합 조직 확대에 대한 원칙적인 방침이 〈전국노동조합대표자회의(전노대)〉 차원에서 나와야 합니다.

또한 중간노동조합, 어용노동조합 개편을 위해 좀 더 적극적으로 노력해야 합니다. 물론 「노동조합법」 3조 5호(복수노조 금지 조항)가 폐지되면 그 가능성이나 여지는 넓어지겠지만, 노총에서 이탈하는 중간노조들이 반드시 민주노조 진영으로 합류한다는 보장은 없습니다. 다만 이쪽에서 끌어들일 수 있는 여지는 더 커지기 때문에 중간노조의 동향에 관해서 또는 대기업 어용노조의 선거 등에 관해서 철저한 점검이 필요합니다.

그리고 매우 역설적인 이야기이지만 민주노총이나 산별노조 체계로의 전환을 위해서는 기업단위 노동조합의 조직역량이 강화되어야 합니다. 이런 점에서 94년 임투를 추진하면서 임투의 성과보다도 그 준비과정이나 조직 내부의 정비 상황 등에 깊은 관심을 가져야 할 것입니다. 그런데 실상 민주노조 진영이라 하더라도 조직운영 상황을 살펴보면, 좀 심하게 말해 어용노동조합과 조금도 다를 바가 없는 노동조합들이 많이 있습니다. 일상활동이 구태의연하고 타성에 젖어 있으며, 목적의식적인 일상투쟁이 거의 없습니다. 또한 전국의 1천1백여 개 전노대 산하 단위노동조합 중에서 현장조직이 가동되는 곳이 몇 군데나 되겠는가를 떠올리게 됩니다.

3) 공동투쟁, 통일투쟁의 강화

민주노총 건설의 세 번째 요건은 공동투쟁, 통일투쟁을 강화하는 일입니다. 작년 〈전국사무금융노동조합연맹(사무금융노련)〉의 교섭권 위임을 통한 공동투쟁, 올해 병원노련의 공동 임투를 지켜보면서 교섭권 위임을 통한 집단교섭을 끌어내는 것만도 무척이나 힘들다는 걸 우리는 느꼈습니다. 그러나 그런 과정을 밟지 않고서는 산업노조 전환은 거의 불가능할 것입니다. 그런 점에서 말로만 산업별을 지향할 것이 아니라 아주 낮은 차원이라도 공동사업, 공동투쟁을 알차게 추진할 수 있어야 할 것입니다.

4) 지도역량의 구축

민주노조 진영의 합법적 연맹들만 하더라도 신고필증을 받아 쥐기 전까지는 그 내부의 운영이 실제로 협의체 수준을 벗어나질 못했습니다. 이런 점을 볼 때 조직역량도 뒷받침되어야 하지만 실제 운영의 체계나 간부의 역량, 재정 등의 문제들이 사전에 점검되지 않으면 지도역량의 구축은 공허할 수밖에 없습니다.

5) 각급 조직에서 조직형태 발전 논의 확산

앞으로는 조직형태의 발전에 관한 논의를 각급 조직에서 좀 더 구체화해야 할 것입니다. 전노협을 건설하기 직전 〈서울지역노동조합협의회(서노협)〉에서 3박 4일에 걸쳐 대의원교육을 3차례 한 적이 있었습니다. 그 교육에 약 130명의 간부가 참여하여 조직발전 전망에 관해 토론하고 난 뒤 전노협 건설의 의의에 대해 인식의 통일을 이뤄냈습니다. 그러나 불행하게도 다른 지역에서는 그런 논의가 확산되지 않았습니다. 그러다 보니 현장에서는 '왜 전노협을 건설해야 하는가?', '전노협의 지향점은 뭔가?' 등의 의문들이 많이 제기되었습니다. 시기가 조급했다고 문제를 제기하는 경우도 많았습니다.

이번 민주노총 건설 과정에서는 이런 의문들이 충분히 논의되어야 합니다. 상층부 중심의 논의에서 벗어나 단위사업장까지 대중적인 논의가 추진되어야 합니다. 논의 내용도 좀 더 구체화해야 합니다. 특히 그 내용 중 민주노총 건설의 목적과 의의, 즉 민주노총 건설은 그 자체가 최종 목적이 아니라 산업별노동조합으로 이행을 동시에 추진할 때 의의가 있다는 것을 단위 사업장 간부들까지 공유해야 합니다.

3. 민주노총 건설과 산업별 전환의 경로

민주노총을 건설하고 산업별노동조합으로 이행하는 데는 몇 가지 단계로 나누어 볼 수 있습니다. 이 문제에 관해서는 그동안 많은 논의가 있었기 때문에 그렇게 큰 이견은 없을 것입니다. 그러나 민주노총을 건설하는 데 있어 전노대의 위상과 역할에 대해서는 한 번쯤 정리가 필요합니다. 전노대가 '민주노총 준비위원회'로서 기능을 갖는 것이 불가능한가? 그건 원칙에 틀린 것인가? 이런 문제들이 정리가 된 후 민주노총 준비위가 구성되어야 할 것입니다. 민주노총 준비위 구성 과정에 있어서는 지노협과 그룹협의회, 그리고 지노협이나 그룹협의회에 참여하지 않은 노동조합들이 어떤 형태로 참여할 것이냐 하는 문제가 있을 것입니다. 중요한 점은 준비위에 많은 노조가 참여할 수 있도록 최대한으로 범위를 넓혀야 한다는 것입니다.

민주노총 준비위가 민주노총으로 출범할 때 제조업 부문이든 비제조업 부문이든 간에 업종별 협의체가 없는 부분은 어떻게 할 것인가? 예를 들면 인쇄 부문 또는 최근에 협의체가 결성된 유통 부문은 어떻게 할 것인가? 기존 연맹이나 협의체에 참여하지 않은 업종의 민주노동조합을 묶을 수 있는 협의체 또는 연맹을 만들어 그런 노동조합들이 참여할 수 있는 통로를 열어야 합니다.

그다음에 민주노총 준비위가 만들어졌을 때 지역조직은 어떻게 할 것인가 하는 문제가 생깁니다. 당연히 '지역준비위'를 만들어야 합니다. 지역준비위는 전노협 산하 지노협, 업종회의 연맹 산하 지부들, 그리고 이 외에도 참여 의사를 밝히는 노동조합들을 참여시켜야 합니다. 민주노총을 건설한 다음 단계에서는 출범할 때 참여한 합법적인 연맹과 출범 시 참여하지 못한 다른 업종을 어떻게 담아내는가 하는 점이 당면 과제로 될 것입니다.

물론 한 단계 한 단계가 그리 쉽지는 않을 것입니다. 예상치 못했던 과제들이 많이 제기될 것입니다. 그런 과정을 거쳐서 민주적이고 자주적인 하나의 노총을 만들어야 합니다. 산별 조직을 건설해야 합니다. 그리고 횡적으로는 지역 또는 그룹협의체를 구성해야 합니다.

현재 노조조직들이 산업별노동조합으로 이행하는 계기와 조건을 충분히 만들지 못한다면 우리 노동조합운동의 장래는 매우 비관적일 것입니다. 그만큼 90년대 하반기에 조직형태 발전에 관한 노력은 한국 노동조합운동의 역사적인 과제이고, 그것은 운동 발전의 추진력이 될 것입니다.

[질의응답]

노동조합법상 복수노조 금지 조항 폐지 여부가 조직형태의 발전이나 그 일정에 어떤 영향을 미치겠습니까?

현재 6개 합법 연맹을 보면 알 수 있습니다. 사무금융노련은 일찍부터 합법성을 갖고 있었지만, 병원이나 전문, 건설과 대학노련 등은 신고필증을 받기 전과 그 후는 내부 운영에 차이가 있습니다. 이런 점이 대중조직의 약점이라 할 수 있는데, 합법성이 없을 때는 분명히 한계가 있습니다. 상급조직이 가맹 노조의 임투를 비롯한 제반 투쟁이나 활동을 지원하면, '제3자 개입 금지' 조항에 걸리게 됩니다. 조직 확대에도 큰 차이가 있습니다. 합법성을 일찍 확보한 사무금융노련은 출발할 때 가입 노조 조합원이 2만여 명에서 2~3년 사이에 약 4~5만으로 늘어났습니다. 작년에 신고필증 받고 합법화된 연맹들도 약 5천~1만여 명가량 조합원이 늘어나고 있습니다.

합법성이 없으면 작년에 사무금융노련이나 올해 병원노련이 교섭권을 위임받아 행하는 공동교섭을 할 수 없었을 겁니다. 공동투쟁을 하고 싶어도 법적인 뒷받침이 되지 않으면 실질적인 공동투쟁을 하기 어렵습니다. 아주 낮은 차원에서라도 공동투쟁이 전개되지 않고서는 산별조직에 대한 전망을 가질 수 없습니다. 이런 점에서 대중조직의 합법성은 실제 활동이나 내용을 채워가는 데 필수적입니다.

현재 대산별연맹을 기본 주체로 하여 민주노총을 건설할 것이냐, 아니면 업종별연맹을 기본 주체로 할 것이냐 하는 쟁점이 있는데, 현실적인 토대나 조건상 어떤 방식이 좀 더 바람직합니까?

원칙적으로 말하면 하나의 산업에는 하나의 노동조합입니다. 따로따로 연맹이 구축되었을 경우, 그걸 통폐합하여 산업별노조로 이행하는 건 상당히 어려운 과정입니다. 그러나 영국에서처럼 직업별 또는 직능별로 출발한 수천 개의 노동조합이 수백 개로 통합된 것을 보면 완전히 불가능한 일도 아닙니다. 독일에서 16개 산별조직의 체계를 세운 건 2차대전 이후 노동조합이 없던 터전 위에서 새롭게 조직을 만들었기에 가능했다고 봅니다.

우리는 영국이나 독일과 달리 기업별노조에서 산업별노조로 넘어가야 할 상황이고, 노총이라는 기존 조직에서 떨어져 나와 새롭게 주체를 형성하고 전체를 재편해야 하는 매우 어려운 과제를 안고 있습니다. 기업별에서 산업별로 넘어간 역사를 찾아보긴 힘듭니다. 일본도 산업별노동조합으로 전환하기 위해 많은 노력을 기울였음에도 실패했습니다. 일본 특유의 봉건제도 때문에 가능할 수 없다는 숙명론까지 나오기도 합니다. 실로 어려운 과정입니다.

현실적으로 봤을 때, 조선노협이 출범할 당시 '좀 더 기다려서 금속산별노조로 가야지 당신들끼리만 너무 독주하는 게 아닌가?'라고 했다면, 과연 조선업종 간부들이 그런 문제 제기를 수용했겠습니까? 또 현재는 이미 협의체를 구성한 조선노협 간부들에게 '협의회로 모여 있으니 이제는 타 업종과 함께 금속노조를 건설해야 하지 않겠는가?'라고 하면 과연 그렇게 되겠습니까? '아니다. 우리는 연맹으로 발전할 것이다. 그때 가서 만나자.'라고 할 수도 있습니다. 객관적인 현실 진단을 정확히 해야 하는 문제입니다. 인위적으로 가능한 일이 아닙니다. 원칙만 주장할 때, 그리고 그 원칙이 현실과 괴리되어 있을 때는 오히려 조직 형태 발전의 추진력을 제약하게 될 것입니다.

바로 이런 문제가 자동차업종에도 나타날 수 있습니다. 업종별로 조직할 때는 추진력이 커서 민주노총의 큰 기둥이 될 수 있는데, 대(大)산별 조직이라는 원칙만 주장하게 되면 그 추진력이 화석화되고 꺾일 수도 있습니다. 현실적인 판단과 점검이 중요합니다. 원칙과 현실의 괴리가 나타날 때는 원칙을 중시하되 현실적인 조건에 있어서 해당 주체들의 의사를 충분히 타진해 봐야 합니다. 설득하여 하나의 큰 산별로 묶을 수 있으면 좋겠지만, 그런 방향이 아니라고 해서 이미 추진되고 있는 걸 억지로 제지해서는 안 됩니다. 업종별로 나누어 놓고, 민주노총의 기둥을 세우고, 그다음에 설득과 사업을 통해 '업종별일 때 동질성은 강하지만 궁극적으로는 하나의 큰 산별로 나아가야 한다.'라는 인식을 공유해야 합니다. 이런 과정이 우리 노동조합운동의 지난날 역사, 현재의 특수성을 반영하는 것이라 생각합니다.

민주노총이 건설되었을 때, 산별 체계와 지역 체계의 관계는 어떤 것입니까? 또 지역조직은 어떻게 구성되고 운영하는 것인지, 현재 지노협과는 어떤 차이가 있는지 알고 싶습니다.

민주노총이 건설되면 산별연맹도 지역조직을 구성할 것입니다. 지금 병원노련의 인천지부, 부산지부 같은 조직이 바로 산별연맹의 지역조직입니다. 그다음에 명실상부한 산업별노동조합이 되면 그 산별노조의 지역지부가 되겠지요. 연맹 체계일 때는 전국병원노동조합연맹 부산지부이고, 산별 체계일 때는 전국병원노동조합 부산지역지부가 될 겁니다. 물론 민주노총이 건설되면 산별노조냐, 산별연맹이냐를 떠나 민주노총의 지역조직에 다 들어와야 합니다. 한국노총도 지역본부가 있고 산별연맹 지역지부가 있습니다.

그런데 산별연맹이나 산별조직이 축이 되면서 때로는 지역조직이 경시될 수 있습니다. 일본의 경우 기업별 체계에서 지역조직을 중요하게 생각하여 〈일본노동조합총연합회(연합)〉로 묶기 전에 〈일본노동조합총평의회(총평)〉나 〈전일본노동총동맹(동맹)〉 등의 이름이 지역총평, 지역동맹이었습니다. 그만큼 지역에서 할 일이 많다는 것입니다. 우리보다 지자체가 훨씬 발달한 것도 지역조직이 발달하는 하나의 조건이 됩니다. 〈사회당〉이나 〈민사당〉 등의 정당과 연결을 맺고 있기 때문에 지역조직의 조직원이 바로 정당원인 경우가 많습니다. 또한 공해 문제나 지역 실업 문제 등 지역 차원에서 풀어야 할 과제가 많은 것도 지역조직을 중요하게 생각하게 되는 이유입니다.

민주노총이 건설될 때 이름을 무엇으로 하든 간에 지역조직이 만들어지게 됩니다. 각 지역조직에는 해당 지역의 모든 노동조합이 다 참가해야 하는데 잘 안될 수도 있습니다. 업종별 지부는 응집력이 강하지만, 지역 차원의 대외 활동이나 사업은 잘 안되는 경향이 나타날 수 있습니다. 민주노총이 만들어졌을 때 지역조직 참가율은 얼마나 될 것인지는, 민주노총 준비위에서 지역준비위를 가동시켜 보면 어느 정도 진단해 볼 수 있을 것입니다.

여기서 말하는 지역조직은 각 연맹의 지역조직과 민주노총의 지역조직을 의미합니다. 물론 민주노총의 지역조직은 연맹의 지역조직까지를 포괄하게 될 것입니다. 지금의 지노협과는 조직체계가 다릅니다. 그리고 이 지역조직에는 단위노동조합이 직접 가입하게 될 것입니다. 현재의 노총도 형식은 연맹의 지부가 가입하는 걸로 돼 있지만, 실제는 단위노조들이 가입하여 의무금을 내고 있습니다. 노총의 지역본부나 지부 운영 규정을 보면 그 지역에 있는 단위노조와 연맹의 지부가 함께 가입하게 되어 있습니다.

현재 노총의 경우 '산별(연맹) 대표자회의'가 있고 '지역본부 의장연석회의'가 있는 걸로 알고 있습니다. 우리가 건설하려는 민주노총도 산업별이나 업종별 조직이 중심이 될 텐데, 이럴 때 산별 대표자와 지역본부 의장이 어떻게 중앙 차원에서 결합하게 될지 알고 싶습니다.

우선 현 노총의 운영을 소개드리면, 규약상으로는 지역본부를 두고 있지만, 실제 규제를 하거나 지도할 수 있는 규정은 별로 없습니다. 이것은 노총도 역시 연맹 중심이라는 걸 의미합니다. 물론 시도 지역본부 운영 규정은 있지만, 지역본부는 노총의 지역본부이고 엄격히 따지면 노동조합이 아니기 때문에 등록이 안 되어 있습니다. 그래서 지역본부들이 다 그럴싸한 건물들을 많이 가지고 있는데 -그 지역의 재벌회사가 희사한 것이든, 조합원들이 낸 것이든 간에- 실제로는 지역본부 이름으로 소유권을 가지고 있지 못합니다. 다시 말하면 시도협의회, 지역본부는 협의체로서 노총의 직할 지역조직입니다.

그래서 연맹 위원장과 시도지역본부 의장이 같은 자리에서 자주 회의를 갖는 것이 좋겠다는 제안을 하면 당장 연맹 위원장들은 불만입니다. '내 밑에 있는 단위노동조합 위원장과 어떻게 같은 자리에서 같이 회의를 하느냐.'라며 자꾸 꺼립니다. 시도협의회 의장들도 마찬가지로 불만이 많습니다. 왜냐하면 자질구레한 일은 전부 지역본부에서 하는데 항상 찬밥 신세이니 불만이 안 생길 수가 없습니다.

우리가 민주노총을 건설할 때는 노총처럼 해서는 안 됩니다. 말만 직할 부대라고 할 것이 아니라, 일정한 규제와 지도역량을 결합하여 명실상부한 지역조직으로 만들어야 합니다.

기존 지역노조의 분회 운영에 대한 문제점을 지적하셨는데, 지역노조의 조직이나 활동에 대해 보충 설명을 해 주십시오.

서울지역에 있는 지역단위 노동조합들이나 부천지역 혹은 전남, 마창 등 지역의 작은 공장 모임 등의 간부들을 만나 보면 공통적인 문제는 지역노조에 대해 확신을 갖지 못하다는 점입니다. 심지어 지역노조는 안 된다는 비판적인 견해도 있습니다. 그러나 지역노동조합이 당초 출발할 때보다도 더 위축되거나, 극단적으로 말해 간판만 걸고 있는 원인이 무엇인지 잘 모르고 있습니다.

제일 핵심적인 문제는 지역노동조합의 운영방식은 기업별노동조합과는 달라야 하는데 지금까지는 기업별노조의 운영방식대로, 곧 분회 중심으로 운영해왔다는 점입니다. 처음에 지역노동조합을 조직했을 때는 지역노동조합 차원에서 교섭했습니다. 그러나 얼마 지나지 않아 분회하고 지역노동조합이 공동으로 교섭하게 되었습니다. 그러자 회사 쪽에서는 '왜 외부인을 자꾸 끌어들이느냐, 우리 회사 안에서 하자. 전임도 내주고 임금도 많이 올려 주겠다.'라고 제안합니다. 결국 분회가 교섭의 주체로 단독으로 나서게 됩니다. 의무금도 처음에는 충실히 올려보내다가 나중에는 사업비도 안 되는 소액만 올려놓고 무관심하게 지나쳐 버립니다.

그리고 전임을 딴 간부들도 지역노조 일에는 달려들지 않고 분회 일에만 매달립니다. 이런 과정을 거쳐 결국에는 교섭도 분회, 전임자도 분회, 재정도 분회 등 모든 운영과 활동이 분회 중심으로 돼 버립니다. 그러면 그때부터 회사 쪽에서 통제하기 시작합니다. 지역노동조합은 완전히 공동화되어 힘이 없는 껍데기로 되어 버리고, 분회는 분회대로 규모가 작아서 유지가 안 되니까 위축되어 버립니다.

지금 병원노련에서는 하반기에 지역노조를 만들려 모색 중입니다. 약 50~60명의 조합원이 있는 곳에서는 이러지도 저러지도 못해 고민하는 데가 한두 군데가 아닙니다. 자진 해산을 할 수는 없고 계속 끌고 나가자니 앞길은 막막해서, 일제히 해산하고 합치는 방법은 없냐고 묻기도 합니다. 그래도 이런 영세 병원노조는 병원노련을 통해 함께 모색하고 추진해 갈 수 있지만, 의류노동조합 같은 데는 지원받을 수 있는 상급조직이나 이끌어 갈 수 있는 중심이 없기 때문에 더욱 어려운 형편입니다. 〈청계피복노동조합〉은 청계지부로, 다른 데는 성동지부, 구로지부 등으로 구성하는 방법도 있지만, 그러나 생각만큼 쉬운 건 아닙니다. 기존의 조직들을 설득하여 합치고, 또 미조직 사업장도 포함하여 하나의 지역노동조합을 건설하는 것도 보통 힘든 일이 아닙니다. 중심이 없는 금속도 사정이 같습니다.

따라서 올 하반기에는 병원노련이 추진하려고 하는 〈서울지역병원노동조합〉은 병원뿐만 아니라 다른 업종에도 유의미한 모델이 될 것입니다. 또 실제의 모범케이스가 되도록 만들어야 할 것입니다. 그러기 위해서는 연맹에서 조직활동가도 내야 하고, 조직활동비도 특별히 책정해 놓아야 합니다. 처음부터 지역노동조합 건설 원칙을 분명히 세워야 하고, 이런 점을 해산할 노동조합의 간부들도 충분히 인식해야 합니다.

민주노총 건설이라는 과제를 실천하기 위해 규모가 영세한 사업장에서는 지역노조를 힘있게 만들어 가야 한다고 생각합니다. 지역노조 건설을 위해서 어떻게 활동해야 합니까?

1988년 〈인천지역노동조합협의회(인노협)〉가 주최한 임투 교육에서 '3백 명 이하는 지역노조로 묶는 것이 어떠냐.'라는 제안을 한 적이 있습니다. 교육에 약 30개 노동조합의 간부들이 참석했는데 거의 3백 명 이하 사업장의 간부들이었습니다. 3백 명만 돼도 지역에서는 규모가 큰 편이었기 때문에 별로 신통한 반응이 나오지 않았습니다. 그래서 '1백 명 이하는 해산하고 다시 모여 업종별로 지역노동조합을 만들어야 한다.'라고 주장해 왔습니다. 그러나 현재 지역노동조합을 제대로 하는 데가 어디 있습니까? 현존하는 지역노동조합 중 유명무실화되지 않은 곳은 과연 얼마나 되겠습니까?

산업별노동조합으로 이행하는 데 있어 큰 축은 기존의 연맹들이고 보조 축은 지역노동조합이라 할 수 있습니다. 지역노동조합 건설은 조직을 확대한다는 의의와 더불어 기업별 울타리를 뛰어넘어 산별에 한 걸음 다가선다는 의의가 있습니다. 그런 점에서 우리는 민주노총을 건설하면서 지역노동조합을 건설하기 위한 노력을 최대한 벌여야 합니다. 이러한 노력 없이 민주노총이 만들어진다면 기존의 조직을 재편하는 것밖에 안 될 겁니다.

그러나 지역노동조합을 새로 건설하는 일은 신중하게 진행되어야 합니다. 치밀한 준비 없이 섣불리 지역노동조합 결성을 서두르면 또 오류를 범할 수 있습니다. 충실한 계획과 올바른 원칙을 세우고 지역단위

노조를 건설해야만 조직화가 성공할 수 있을 것입니다.

노동조합의 한 형태로서 일반노조가 있는데, 우리나라의 현실에서는 이에 대해 어떤 전망을 세울 수 있습니까? 그리고 현 노총의 연합노련과는 어떤 차이가 있습니까?

산업별 또는 업종별 연맹에 속하지 않는 노조를 묶기 위해 지금 노총 산하의 연합노련과 비슷한 조직이 필요할 것입니다. 업종별로 다 포괄할 수 없기 때문입니다. 그런데 그 이름을 무엇으로 할 건지는 고민해 봐야 합니다. 일반노동조합은 19세기 말 영국에서 각종의 직업, 산업에 분산된 노동자, 특히 미숙련, 비숙련 노동자를 폭넓게 조직하기 위해 나온 노조 형태입니다. 지금도 일반노동조합은 많이 있습니다. 그러나 일반노동조합이라고 해서 여러 업종의 노동조합이 뒤섞여 있는 건 아닙니다. 중심적인 노동조합이 있습니다. 영국의 〈운수일반노동조합〉의 경우 출범할 때는 운수 쪽이 70%였습니다. 일본의 일반노동조합에는 건설일용공을 중심으로 한 〈건설일반노동조합〉이 있습니다. 아주 영세한 사업장의 노동자를 〈금속일반노동조합〉으로 조직하려던 시도도 있었습니다.

우리도 비제조업 6개 연맹, 그리고 제조업 쪽의 조선, 자동차, 일반금속, 기계금속 또는 섬유, 화학 등의 업종에 포함되지 않는 부분이 있을 수 있습니다. 예를 들어 인쇄는 어느 업종에 들어갈 건가? 제화는 화학으로 간다고 하더라도 유통 부문은 어디로 갈 건가? 물론 유사한 업종이나 산별에 들어가는 방법이 있을 수 있습니다. 아니면 비제조업 쪽의 6개 연맹에 소속되지 않는 노동조합을 위한 조직을 만들 수 있고, 또 제조업의 화학, 섬유, 금속에 들어가지 않는 노조들을 담아낼 수 있는 조직으로, 다양한 부분들을 하나로 묶을 수 있습니다. 연맹에 속하지 않는 노동조합들이 민주노총으로 모일 때는 지역조직을 통해서 올라올 수 있을 겁니다. 그러나 결국 업종별 또는 산업별에 포함되어야 하는데 어느 업종, 산별도 적합하지 않을 때는, 현 노총의 연합노련 같은 조직을 구성해야 할 것입니다.

전노대가 민주노총 준비위 역할을 할 수도 있다고 말씀하셨는데, 이 부분에 대해 좀 더 보충해 주십시오.

제 발제의 요지는 지금의 전노대가 곧바로 민주노총 건설 준비 기능을 가져야 한다는 것이 아니고, 민주노총 준비위가 구성되면 전노대가 어떤 위상에서 일을 해야 하는지, 왜 전노대가 있는데 준비위를 따로 만들어야 하는지를 분명히 설명할 수 있어야 한다는 것입니다. '민주노총 건설에서 전노대는 어떤 역할을 맡아야 하는가?', '민주노총 준비위는 어떤 기능을 가질 것인가?' 등에 대해 방향을 분명하게 세워야 합니다. 특히 전노대가 있는데 왜 준비위를 새로이 만드는지에 대해서는 설득력 있는 해명이 필요합니다.

민주노총 건설의 주체를 세우기 위해 전노협이나 지노협은 어떤 역할을 해야 합니까?

민주노조라 하더라도 실제 그 조직 운영이나 활동이 내실 있게 전개되지 않는 곳도 적지 않습니다. 또 규모가 크다 하더라도 올바른 방향을 가지고 활동하지 않으면 힘을 가질 수 없습니다. 우리가 민주노총을 건설하고 산업별로 이행해 갈 때, 규모를 갖추기 위해 노력해야 하지만, 더욱 중요한 것은 조직 건설의 방향을 확고히 세우는 것입니다. 방향이 제대로 정립되지 않은 채 민주노총을 만들 경우, 그 조직을 지켜내는 것은 매우 힘들 겁니다. 따라서 현재의 연맹이나 전노협, 그리고 업종협의회들은 민주노총 건설의 방향을 어떻게 세워나갈 것인가를 깊이 있게 논의하고 모색해야 합니다. 그러기 위해서 자체 조직에 대한 점검부터 출발해야 합니다.

최근 자동차업종 모임 등을 통해 자동차업종 노조들이 광범하게 모이고 있습니다. 자동차나 조선업종 외에 금속산업의 기계금속이나 전기, 전자 등도 지역별, 업종별 모임 형식으로 어느 정도 결집시켜 나갈 수 있을지 그 전망에 대해 알고 싶습니다.

일률적으로 말할 수는 없습니다. 자동차(부품까지 포함)는 같은 업종이므로 결집력이 상당히 강합니다. 자동차, 조선을 제외한 일반금속의 경우는 결집력이 훨씬 떨어질 것입니다. 어느 정도 규모가 있어서 업종 분과별로 협의체를 구성할 수 있으면 좋겠지만, 숫자가 너무 적기 때문에 현재로선 그런 방향을 갖기는 쉽지 않습니다. 예를 들어 전자의 경우, 현대전자나 대우전자, 모토로라, 그리고 시그네틱스 등의 노조들이 어느 정도 규모가 있다고 할 수 있는데, 이런 노조들이 민주노조 진영에 들어올지 아직은 미지수입니다. 이런 상황에서 '전자협의회'를 따로 만드는 건 용이하지 않은 일입니다.

그래서 자동차나 조선을 제외한 금속의 경우는 어떤 형태든 함께 할 수밖에 없습니다. 이 경우 자동차나 조선과 달리 결집력이 많이 떨어질 것입니다. 그럴 때 전노협 가입 사업장이 중심이 되어 이끌어 가야 합니다. 공동의 이해와 관심을 중요시하면서, 또 너무 높은 목표가 아닌 현실적인 목표를 가지고 함께 활동해야 합니다.

다음에는 지역 차원의 연대 문제를 고민해 봐야 합니다. 예를 들어 안산지역의 자동차 부품 같은 경우에는 업종별로는 같이 모이면서 지노협에는 들어가지 않습니다. 지역대책회의에 들어온 노조가 있는가

하면 함께 활동하지 않는 노조도 있습니다. 이런 조건에서 민주노총 건설을 위해 어떻게 지역조직을 구성할 것인가는 앞으로 지역에서 고민해야 할 문제입니다. 가령 경주 자동차 부품 같은 경우에는 업종의 동질성을 중요시하면서도 지역적인 사업도 활발하게 전개하고 있습니다. 이처럼 지역 특수성이 있을 때, 각 지역 설정에 맞게 연대활동을 활성화하고 조직을 확대할 방안이 모색되어야 할 것입니다.

그러나 업종별이든 지역별이든 모임을 추진해나가고 연대를 할 때, 항상 시야를 넓게 가지는 것이 중요합니다. 동일 업종끼리만 모여 활동하다 보면 민주노총 건설의 방향이나 산업별 전환에 대해서는 방향을 잡지 못하는 경향이 많이 있습니다. 안산지역의 자동차 부품업종 모임의 경우도 자동차업종협의회나 금속연맹 구축에 관해서 내용 있는 논의를 전개하고 있지 못합니다. 이런 것이 안산지역 자동차 부품사 노동조합만의 문제는 아닙니다.

그런 점에서 민주노총을 건설할 때 짚어야 할 중요한 문제들을 많이 있을 겁니다. 전노대에 참석하고 있는 노동조합들부터 작은 부분이라도 서로 통일을 이뤄내지 않으면, 의외로 많은 어려움에 부딪히게 될 것입니다. 심지어는 '산별 건설은 법적으로 강제화되지 않으면 어렵다.'라는 등의 매우 엉뚱하고 혼란스러운 주장들도 나올 수 있을 것입니다.

III.
산별노조 건설과 정치세력화

"조직체계 전환은 피하거나 미룰 수 없는 '운명적이고도 역사적' 인 일이다. 기업별노조 형태를 앞뒤 가릴 것 없이 깨뜨려 나가야 한다. 노동운동 발전을 가로막는 '사탄의 벽'이기 때문이다. …… 조직노동자 400여만 명의 힘을 상상해 보라. 모든 노조 간부와 활동가는 조직활동가로 나서야 한다. 이들이 산업별노조 건설 운동의 촉진제가 되고, 미조직 사업장 조직화와 비정규직·실업자에 대한 계획적 조직 활동의 추진력이 될 수 있다."

"겉으로 제기되는 주장 이면의 차이를 극복하기 위한 진보 진영 안의 연결고리가 매우 중요하다. 청년 따로 장년 따로, 강경 따로 온건 따로, 지역에 따라 따로 갈라져서야 진보정당 건설인들 어디 가능하겠는가? 결국 노동세력이 주축이 되어 자기 구실을 도맡고 나설 때 정치세력화가 진전될 수 있다는 사실은 너무도 명백하다."

출처 한국노동사회연구소(1995), 『노동사회연구』(제1호), 한국노동사회연구소.

노동운동의
정책과제 해결을 위하여

〈한국노동사회연구소〉는 지난 4월 28일 2백 명이 넘는 노동조합 간부와 노동단체 대표, 연구소 설립 취지에 찬동하는 학계 인사와 개인들의 참여로 그 출범을 보게 되었다.

1. 연구소 창립이 갖는 의미

연구소는 창립 취지문에서 "이제 노동운동은 급속하게 진행되는 대내외적인 상황의 변화에 능동적으로 대응하고 당면한 주요 과제의 본질을 정확히 구명함과 아울러 실천적 해결방안을 마련하기 위한 구체적 방도를 강구하지 않을 수 없게 되었다."라고 밝혔다. 또 "한국 노동운동의 발전 도정에서 제기되고 있는 이와 같은 현실적 요구의 중요성을 깊이 인식하여, 노동운동이 당면하고 있는 과제의 해결을 위해 정책연구 역량을 강화하여 노동운동을 실질적으로 지원하려 한다."라는 연구소의 사업 목표를 제기했다.

　현재 상황에 비추어 노동운동의 발전에서 요구되는 이론과 정책을 개발하고 창출하는 것이 결코 만만한 일일 수는 없다. 그런데도 이런 작업은 매우 절박하게 요청되고 있으며, 어떤 통로를 통해서든지 수행되지 않으면 안 되는 형편이다. 그런 점에서 연구소가 걸머진 짐은 무겁고, 헤쳐 나아가야 할 길은 험난할 수밖에 없다. 그러나 자주적이고 민주적인 노동운동의 역량이 증대됨에 따라, 연구소의 창립 의의와 역할은 더욱 분명한 형태로 확인될 수 있을 것이다.

2. 노동조합운동의 '사회개혁' 요구

　마침 올 임금인상 투쟁이 한창 진행 중이다. 임금 투쟁이 갖는 의의를 여기서 길게 설명할 필요는 없겠거니와, 1995년 임금 투쟁은 제도개선 투쟁이 강도를 더하는 가운데 추진되고 있다는 점에서 두드러진 특징을 드러내고 있다. 이전에도 제도 개선에 대한 요구가 중요성을 지니지 않았던 것은 아니었지만, 최근 들어 노동조합운동의 요구 제기가 본격화되는 실정이다. 거기에는 그만한 연유가 있을 것임이 분명하다.

　노동조합운동이 '사회개혁' 요구를 강력히 내세우고 있는 것은, 사업장 차원의 임금, 노동조건 개선만으로는 노동자의 생활상태가 실질적으로 향상될 수 없다는 사실을 반영하고 있다. 말하자면 제도나 정책, 나아가서는 사회체제의 개혁이 이루어지지 않고서는 노동자계급의 지위가 획기적으로 나아질 수 없음을 말해주는 것이다. 더욱이 자본의 '경영합리화' 공세가 날을 세운 듯 날카롭게 다가서고, 권력의 통제가 갈수록 강화되고 있는 상황에서는 사회개혁에 대한 요구가 무게를 더할 수밖에 없다. 한편, 노동조합이 사회개혁 투쟁을 벌이게 된 것은 투쟁의 영역을 확대할 수 있을 정도의 역량 증대를 의미하는 것이기도 하다.

〈전국민주노동조합총연맹 준비위원회(민주노총 준비위)〉가 내건 사회개혁 요구의 내용은 이렇다. ① 의료보험 통합 일원화와 보험적용 확대 ② 국민연금의 민주적 관리 운영 ③ 세제 및 재정 개혁 ④ 재벌의 경제력 집중 규제 ⑤ 노동관계법 개정 등이다. 〈한국노동조합총연맹(한국노총)〉에서도 사회경제 정책·제도 개선 요구를 제기했는데, 그 골자는, 실질소득의 보장, 사회적 형평성 제고, 근로조건관리제도 개선, 능력개발 및 고용안정 제고, 산업민주주의 실현 등이다.

노동조합운동이 표방한 당면 사회개혁 요구를 간추리면, 사회보장 제도의 확충을 비롯하여 세제개혁, 주택 문제 해결과 물가안정, 직업훈련제도 개선, 경제민주주의 또는 산업민주주의 실현 등으로 집약될 수 있다. 노동조합운동이 추진하는 사회개혁 투쟁이 주로 제도 개선에 초점이 모인 것은 현실적인 정황을 요량하여 우선하여 선택한 결과인 것으로 해석된다.

3. 전면에 떠오른 제도·정책 과제

노동운동이 밀고 나가는 사회개혁 투쟁은, 노동현장에서 경제적 요구를 관철하기 위한 투쟁과 별도 차원의 성격을 갖는 것이 아니라, 현장 요구에서 출발하여 사회개혁의 요구를 발전시키는 형태로 전개된다. 현장 내의 임금 요구에서 분배제도 개선과 세제개혁 요구로, 사업장 내의 노동환경 개선 투쟁에서 의료 개혁 또는 환경오염 저지 투쟁으로, 노동시간 단축 문제에서 교통·통근 문제, 나아가서는 주택·도시계획 문제의 추구로, 해고 방지 투쟁에서 고용보장 투쟁으로, 복지후생 확충 요구에서 사회보장 증진 요구로, 사내 교육훈련 문제에서 교육개혁의 문제로, 직장 민주화 투쟁에서 산업민주화 또는 정치적 민주화 실현 투쟁으로 진전되는 것이 그런 특징을 보여준다.

그와 같이 노동운동이 당면하고 있는 정책과제는 제도 개선에만 한정되는 것은 아니다. 국민적인 생활 옹호 투쟁을 비롯하여 노동기본권과 민주주의적인 권리 확보 투쟁, 현대적 빈곤의 근원인 종속적 독점자본주의의 경제적·정치적 지배에 대한 민주적 규제와 개혁 등 다면적인 정책 요구와 과제가 제기되고 있다. 그런데 이런 정책과제에 대한 노동조합운동의 역사적 경험을 충분히 축적되어 있지 못한 상태에 있다. 그런 점에서 이론적으로나 실천적으로 정책과제의 해결을 위한 노력이 더할 나위 없이 강조되는 것이다.

4. 정책적 과제의 해결을 위하여

노동자계급의 요구와 노동운동을 둘러싼 상황의 변화는, 임금 투쟁이나 '합리화' 반대 투쟁 등 일상적이고 경제적인 투쟁뿐만 아니라 제도개선과 정책과제의 해결을 위한 투쟁을 촉진하고 있다. 이런 성격의 투쟁은 개별 자본을 상대로 추진되는 것이 아니라, 총체적 형태의 자본과 국가권력을 향해 이루어진다. 그래서 투쟁 주체의 강력한 정책적, 정치적 역량이 요구되는 것이다.

노동조합운동이 통상적으로 내세우는 제도적 요구는, 최저임금제의 확립을 비롯하여 주 40시간제의 획득, 산업재해·직업병의 예방과 생활 보장에 대한 법적 조치, 고용보험이나 의료보험 및 연금보험 등 사회보험의 확충, 고용보장을 위한 제도 확립, 공적 직업훈련제도의 충실, 노동기본권의 보장을 위한 노동관계법의 정비·개선 등에 집약된다. 이런 제도 개선 요구는 전체 노동자의 요구를 포괄하는 것이고, 민주적 관리를 전제로 하는 것이다.

한편, 정책문제에 관련된 내용들은 더한층 광범하다. 국민생활 옹호에 관한 요구는 세제 문제, 물가 문제, 주택 문제, 공해 문제, 교통 문제, 교육 문제 등으로 모인다. 노동조합운동이 전개하는 '국민생활' 투쟁은. 노동자계급이 국민 구성의 큰 부분을 차지하고 있어 노동자와 국민의 이해관계가 거의 일치할 뿐만 아니라 현대자본주의의 지배 형태가 매우 광범하기 때문이다. 그것은 노동조합운동이 국민적인 지지를 획득하기 위해서도 필요한 일이다.

다음으로 노동기본권과 민주주의적인 권리의 확보를 위한 요구는 기본인권 보장을 위해서나 노동운동 발전을 위해서도 필연적으로 제기될 수밖에 없다. 더욱이 장기적인 파쇼 통치 아래서 국민의 기본인권이나 노동3권이 무참히 침해되었고 지금도 그것이 회복되지 않고 있는 터여서, 이 요구의 실현은 주요한 투쟁 과제로 제기된다.

독점자본에 대한 민주적 규제는 당연히 노동운동의 정책과제로 제기되지 않을 수 없다. 독점자본 규제에 관련되는 정책적 과제는 산업·경제와 행정의 민주적 개혁 요구로 구체화되고, 그것은 권력의 문제 또는 정치의 문제와 직결된다. 그것은 독점자본의 축적된 강대한 물질적 힘과 정치적·사회적 힘을 전체 민주세력의 정치적 동맹으로 통제하고 규제할 수 있어야 하기 때문이다.

　노동조합운동이 당면한 주요 정책적 과제의 해결에 있어서는, 이론과 실천의 통일이 무엇보다 중요시된다. 정책적 요구는 충실한 근거를 지녀야만 하고 전문성과 과학성이 뒷받침되어야 하는 것과 함께, 노동조합운동의 투쟁역량과 정치적 역량이 추진력으로 발휘될 수 있어야 하기 때문이다.

　노동운동의 정치적 역량 강화나 정치적 진출의 확대를 위해서는, 노동자 대중 속에 과학적 이념을 넓혀 나감과 동시에, 정책적 또는 정치적 요구를 관철하기 위한 올바른 전략·전술을 창출하는 것이 매우 긴요할 것으로 보인다. 또한 경제투쟁과 정치투쟁을 정확히 결합할 수 있는 구체적 방도, 각 사업장의 특성에 맞는 활동과 투쟁 방식, 노동운동에 가해지는 통제와 지배에 대한 적극적 대응 방법 등의 개발이 절실하게 요구된다. 그리고 노동운동의 지도집단과 간부들이 자신들의 사상과 이론 수준이 향상을 위한 노력을 수행하면서 노동운동의 궁극적 목표 실현을 지향하는 운동이념과 대중 활동의 원칙들을 체현하는 일도 매우 중요할 것이다.

　한편으로 노동운동이 추구하는 정책적 과제의 해결에서는, 거기에 필요한 요구의 정당성과 이론적 토대의 구축이 불가피하게 요구되고, 실천의 올바른 방향 설정이 끈질기게 모색되어야 할 것이다. 연구소 설립의 목적도 바로 이런 작업 수행에 이바지하는 데에 있다.

　연구소는 이제 갓 첫발을 내디뎠으나, 설립에 참여한 여러 조직과 단체, 그리고 개인의 역량과 경험을 바탕으로 노동운동의 발전에서 요구되는 자기 역할을 충실히 수행해나갈 걸 의지를 모아 다짐한다.

출처 한국노동사회연구소(1996), 『노동사회연구』(제6호), 한국노동사회연구소.

민주노총 지역조직 강화해야

〈전국민주노동조합총연맹(민주노총)〉이 출범한 지 수개월이 지났다. 자주적 전국중앙조직으로서 민주노총 건설이 갖는 의의는 역사성을 지니는 것이며, 현시점에서 중요한 것은 민주노총이 자기 위상과 임무에 걸맞은 역할을 담당하는 게 될 것이다. 민주노총은 출범 뒤 처음 치르는 임·단협 투쟁과 사회개혁 투쟁을 힘있게 추진해야 하는 한편, 주체적인 역량을 한층 강화해야 하는 과제와 마주하고 있다.

특히 산하의 산업·업종별 연맹들과 지역본부 조직들의 역할, 또 그들에 대한 민주노총의 지원과 지도가 중요해질 것인데, 산업·업종별연맹들의 활동에 대해서는 그동안 기업별 교섭 및 조직형태의 한계를 극복하는 문제와 관련하여 많은 실천적 논의와 활동들이 전개돼왔다. 이와 함께 민주노총의 수평적 조직인 지역본부의 위상과 역할, 활동 원칙과 투쟁 과제 등에 대해서도 더욱 풍부하고 실천적인 논의가 필요한 듯하다. 지역본부의 역할은 산별연맹의 그것과는 상당히 다른 한편, 과거 지역별협의체와는 다른 위상과 역할이 주어지고 있기 때문이다.

민주노총 지역조직의 위상과 역할

　노동조합은 산업별 단결과 지역별 단결이 교차하는 것이 가장 이상적이라 할 수 있다. '산별은 주축이고 지역조직은 부차적'인 것이 아니고, 지역조직과 산별조직은 고루 잘 갖춰져 있어야 한다. 산별조직의 조직역량을 강화하기 위해서는 지역의 공동투쟁이 활성화될 수 있어야 하며, 산별노조의 지역조직이 지역 공동투쟁을 잘해야 그 지역의 노동운동이 발전한다. 하나는 날줄이고 하나는 씨줄이다. 이러한 관계는 여러 나라 노동운동의 형성 과정에서 발견되는 사실이다.

　예를 들어 이탈리아 노동조합 조직형태 발전과정을 보더라도, 1890년대에는 직업별이나 산업별 조직의 개념이 없었고, 지역노동조합협의회가 먼저 생겼다. 그것을 기초로 해서 1893년에 〈이탈리아노동총동맹(Confederazione Generale del Lavoro)〉이라는 최초의 전국적인 조직이 탄생하였다. 마치 지역노동조합협의회(지노협)들이 발전하여 〈전국노동조합협의회(전노협)〉가 탄생한 것과 흡사하다고 할 수 있다. 처음에 〈서울지역노동조합협의회(서노협)〉가 생겼을 때는 제조업뿐 아니라 보험회사, 병원, 건설회사 노조도 모두 서노협에 포괄되었다. 이 안에서 산업별로 분화하는 과정을 거쳐 오늘날의 업종연맹들이 생겨났다고 볼 수 있는 것이다. 나라마다 발전과정이 조금씩 다르지만, 산업별노조와 지역조직이 상호 결합할 때 전체적인 노동운동의 힘이 강화됨은 분명하다.

　지역본부는 우선 '지역 민주노총'이라 할 수 있다. 즉, 업종이나 직업을 불문하고 그 지역에 있는 모든 노동조합의 공통적 과제를 해결하기 위한 조직체가 지역본부인 것이다. 민주노총이 모든 노동조합, 모든 노동자의 공통적인 투쟁을 조직하고, 산업별연맹이나 업종별 체계의 이해관계를 조정, 통일하는 역할을 하는 것처럼 지역본부 역시 지역에서 그러한 역할을 담당해야 한다. 지역단위에서의 임·단투 준비, 공동교육, 투쟁 시기 조정 등이 거기에 포함될 것이다. 다음으로 그 지역의 단위노조에 투쟁이 벌어졌을 때, 또는 그 지역의 연맹조직이 공동투쟁할 경우와 같은 상황에서 공동투쟁의 대상을 설정하여 낮은 차원에서 높은 차원까지 공동투쟁을 지도·지원하는 것이 지역본부의 역할이 된다. 지역적인 노동 탄압에 대한 공동 대응은 과거부터 지역조직의 중요한 임무였다.

한편 미조직 노동자의 조직화 사업도 역시 그 지역에 있는 사람들이 주체가 될 수밖에 없다. 미조직 대책은 연맹이나 민주노총이 세운다고 하더라도 결국 세부적 계획과 구체적인 담당 주체는 지역조직에서 나올 수밖에 없는 것이다.

지역 차원의 상담활동, 교육선전활동, 조사활동, 복지활동 등에서 지역본부의 역할 또한 중요하다. 예를 들어 한국노총의 지역본부에서 소비조합을 운영하고 있는데, 이는 낮은 차원이긴 하지만 조합원들의 복지 수준을 높인다는 의미와 더불어, 조직 확대·강화의 방편이 된다. 무주택 조합원들을 위한 주택 건설 사업도 중요하다.

노조 정치 활동을 추진하는 데서도 지역조직의 역할이 막중하다. 예를 들어 총선거, 지방선거에서 구체적인 선거구는 지역이다. 유럽에서처럼 사회민주당이나 노동당이 있는 경우에는 지역에 있는 지구당이 노동조합 정치 활동의 구체적인 발판이 되기도 한다. 지방정부를 상대로 하는 활동에서도 지역본부의 역할과 그 위상은 날로 중요해질 수밖에 없다. 예를 들어 공단지역처럼 한 도시 전체가 공단을 중심으로 조성된 지역의 민주노총 지역조직은 지역주민들과의 강력한 결합력에 근거한 높은 주민 대표성을 바탕으로 지역정치에서 중심적 역할을 할 수도 있을 것이다.

이 밖에도 지역조직은 주민운동을 주도해야 할 임무를 부여받고 있다. 여기서는 일반 주민과의 관계가 문제가 된다. 노조 지역조직이 주택, 교육, 교통, 공해, 오물, 세금 문제 등등 일상생활 영역에서 주민들과 더욱 긴밀히 결합하여 그들의 이해관계를 대변하는 역할을 충실하게 수행할 필요가 있을 것이다.

유럽 노동조합들은 지역조직을 어떻게 운영하고 있을까? 조직형태는 달라도 지역조직은 거의 같다고 볼 수 있다. 독일, 영국, 덴마크 등은 각기 조직의 형태는 다르지만 지역조직은 거의 같다. 독일은 지역본부가 13개 있고 그 밑에 150개 지구 또는 지부가 있다. 13개 지역본부는 주 정부 단위로 있기 때문에 총괄 기능만 하고 있을 뿐이고, 지역 활동은 주로 150개의 지부가 하고 있다. 프랑스는 지역조직이 지방, 지역, 지구의 세 단위로 되어 있으며, 지역 활동은 주로 780개 지구위원회가 하고 있다. 영국은 지역조직이 9개, 지구조직이 317개이며, 9개의 지역조직은 총괄 및 연락 기능만 맡고 있고, 대부분 지역 활동은 317개의 지구조직이 담당하고 있다. 즉, 대부분 지역조직이 도 단위는 주로 총괄하는 일을 맡고, 지역·지구 단위가 실제 현장활동을 하는 구조로 되어 있다.

지역 공동투쟁의 원칙과 과제

지역본부의 활동에서 유념해야 할 공동투쟁의 원칙과 과제는 어떻게 설정되어야 할 것인가?

첫 번째로는 산별조직의 지역지부 또는 지역조직의 투쟁을 강화하고 그 힘을 통해서 지역 전체 차원의 투쟁을 강화할 필요가 있다. 가령 지역 공동투쟁은 배제하고 전부 산별투쟁만 한다면 조직역량 강화는 이루어지기 힘들다. 예를 들어 산별연맹이 구축되지 않은 화학, 섬유, 운수 부문의 공동투쟁은 누가 조직하고 지도할 것인가? 지역조직이 포괄하지 않을 수 없다. 그런 점에서 산별조직과 지역조직, 이 두 가지를 결합해 주는 것이 지역의 공동투쟁이다. 공동투쟁은, 투쟁 성과라는 측면에서 요구조건을 몇 퍼센트 따내는가 하는 것도 중요하지만, 실제 이런 힘을 엮어나가는 것 자체가 민주노동조합 진영의 역량을 강화하는 길이 된다. 그런 투쟁에 동참하는 조직들이 민주노총에 가입함으로써 조직을 확대할 수 있는 것이다.

두 번째는 지역 공동투쟁이 대중성을 띤다는 측면에 주목해야 할 것이다. 산별 체계가 되어도 투쟁은 주로 지역단위로 이루어지게 된다. 그런 투쟁을 수행하는 데서 대중들이 참여할 수 있는 프로그램은 결국 지역단위에서 나올 수밖에 없다. 예를 들어 〈전국병원노동조합연맹(병원노련)〉이나 〈전국사무금융노동조합연맹(사무금융노련)〉이 공동 임투를 한다고 해도 그 투쟁이 지역 공동투쟁 조직과 결합할 때 비로소 힘을 발휘할 수 있으며 그렇지 못할 때 투쟁은 약화할 수밖에 없다.

세 번째로 지역 공동투쟁은 대기업의 횡포를 통제하고 규제하는 투쟁과 단위사업장 차원의 투쟁을 결합한다. 대기업 노동조합이 중소사업장에 대한 투쟁 지원, 또는 지역 공동투쟁에 힘을 실을 때, 그 노조의 조직력 강화는 물론이고 그 지역 공통투쟁이 촉진될 수 있다. 그런 점에서 사업장단위의 투쟁과 독점자본에 대한 공동투쟁을 결합하는 역할을 지역 공동투쟁이 하게 된다.

네 번째, 노동법 개정 투쟁과 같은 전국적 투쟁 형태 역시 지역 공동투쟁이 뒷받침되지 않아서는 구체성을 가질 수가 없다.

다섯 번째, 미조직 사업장 노동자의 조직화 역시 지역단위가 될 수밖에 없다. 서울지역은 연맹이 대부분 서울지역에 있으니까 직접 연맹이 앞장설 수도 있지만, 여타 지역의 미조직 사업장 조직화는 지역조직의 몫으로 떨어질 수밖에 없다. 연맹은 아무래도 간접적으로 될 수밖에 없는 형편이다.

여섯 번째, 지역 공동투쟁을 벌여야 할 일 중에서 지역 차원의 주택 문제, 교육 문제, 교통 문제, 공해 문제, 생활 문제 등은 지역주민의 이해관계와 결합한다. 또, 민족민주운동 또는 민중운동과의 결합이 중앙단위에서만이 아니라 좀 더 구체화된 형태로 지역 차원에서 이루어져야 한다. 지역 공동투쟁이 주민생활 옹호 투쟁이나 지역 차원의 민족민주운동과 결합하는 것이 전체 민족민주운동과 민주노동조합운동 발전의 구체적인 고리가 되는 것이다.

출처 김금수 외(1996), 『산별노조의 과거, 현재 그리고 미래』, 한국노동사회연구소.

산별노조 건설의 원칙과 경로, 현재적 과제

1. 산별노조 체제 구축을 위한 객관적·주체적 조건의 변화

현재의 기업별노조 체제를 구조적으로 개혁하여 산업별 체제를 구축하려는 것은 노동운동을 둘러싼 객관적 상황과 주체적 조건의 변화를 반영하는 것이며, 한편으로는 그런 상황과 조건에 대한 대응의 표현이라 할 수 있다. 바꾸어 말해서 노동운동의 주·객관적 조건의 변화가 산별노조 건설 운동을 촉진하고 있으며, 노조 조직체계의 구조적 개혁 노력은 그런 조건의 변화에 대한 실천적 대응의 필요에서 비롯된 것이다.

그렇다면 노조 조직형태를 규정하는 요인은 무엇이며, 조직 발전과 관련되는 현 단계 노동운동의 객관적 그리고 주체적 조건은 어떠한가? 노조 조직형태는 국가에 따라 실로 다양하고 매우 복잡한 양태를 나타내고 있다. 노조 조직형태는 각국의 구체적 조건에 따라 주요한 요인과 부차적 요인의 규정 내용이 다를 수 있고, 객관적 요인과 주체적 요인의 중요성이 상이하다. 일반적인 관점에서 볼 때 노조 조직형태는 각국의 자본주의 전개 과정, 또는 자본축적의 진전에 따른 산업구조와 노동력 구성, 노동시장의 구조, 기술혁신의 정도, 작업장 노사관계, 단체교섭의 특성, 정치적·제도적 상황 등의 객관적 요인, 그리고 노동운동의 역사, 조직형태의 발전, 노조운동의 전체 구도, 조직노선을 비롯한 노조운동의 이념·노선, 조직형태 발전을 위한 계획적·합목적적 실천 노력 등 주체적 요인의 상호 작용에 따라 복합적으로 규정된다. 또 사업장 또는 기업의 노조 구조를 규정하는 요인으로는 종사자 규모, 노조활동에 대한 사용자의 대응, 기업이 속한 산업 또는 부문의 특성이 지적되고 있다(Visser, 1994; 171).

이런 관점에서 산업별노조 체제로의 조직형태 전환을 위한 객관적·주체적 조건의 변화는 어떠한가에 대해 검토하고자 한다.

1) 독점자본주의

산업별노조 형태의 성립에 대한 대부분 논의는 대체로 독점자본주의와 대량생산 체제의 성립, 이에 따른 노동과정의 변화가 가져온 노동력 구성과 노동자 저항의 경제적 기초의 변화, 그리고 실제적인 노동과 자본의 계급투쟁 등이 산별노조의 설립에 영향을 미친다는 데에 동의하고 있다(황덕순, 1990; 8).

한편, 한국 사회가 독점자본이 지배하는 독점자본주의라는 데 대해서는 논의들이 거의 일치하고 있다. 독점자본이 지배적인 자본으로 확립되고 독점적 자본축적이 진전되는 과정에서 대량생산 체제가 형성되었으며, 신(新)식민지적 특수성에도 불구하고 독점자본주의적 노동과정이 일반화되었다. 이런 대량생산 체제의 확립과 노동과정의 기술적 성격의 변화는 동질적인 탈(脫)숙련 노동자 대중의 형성을 촉진했다(김형기, 1988; 422~423). 이런 사실들에 비추어 한국 노동조합운동의 산업별노조 체제로 전환하기 위한 경제구조적 조건은 형성되어 있다고 해석해도 좋을 것이다.

2) 산업구조의 변화

산업구조의 변화는 노조 조직형태 전환을 위한 객관적 조건의 하나라 할 수 있다. 한국의 산업구조는 경제개발계획이 추구해 왔던 산업구조의 고도화 정책에 따라 큰 변화를 거듭해 왔다. 1992년 산업구조는 국내총생산(GDP) 기준 농림수산업 7.6%, 광공업 27.6%, 서비스업 64.8%의 구성을 나타내고 있다. 산업구조 변화의 일차적 특징은 제조업과 서비스업의 꾸준한 증가세라 할 수 있다. 그러나 1989년을 기점으로 제조업이 위축되는 양상을 보이고 있으며, 반면에 서비스업은 지속적인 신장세를 기록하고 있다.

제조업 내에서는 중화학공업의 비중이 65.8%이고 경공업은 34.2%로서, 갈수록 그 격차가 벌어지고 있다. 중화학공업 가운데 화학제품, 석유정제품, 운송용기기 등이 높은 증가세를 지속하는 반면, 일반기계, 전기기기가 둔화세를 나타내고 있고, 경공업의 경우 대부분의 업종이 마이너스 성장률을 나타내고 있다(한국산업은행, 1993).

최근 들어 나타나고 있는 산업구조 변화의 특징은 기술집약 부문이 두드러진 신장세를 보이고, 공장 자동화와 정보화가 촉진되는 등 산업간, 그리고 산업 내 구조조정이 활발하게 추진되고 있다는 사실이다. 산업구조의 변화와 관련해서는 금융업, 유통업, 정보산업 등 서비스 부문의 비중이 높아지게 되고 광공업의 비중은 당분간 현재 상태를 유지할 것으로 전망된다.

또 제조업 부문 내에서는 기계, 전기·전자, 자동차, 통신기기 등을 중심으로 한 기술집약적인 조립가공산업의 성장이 증대되어 공업구조의 중화학공업화가 크게 진전될 것으로 예상되며, 특히 국내 산업구조가 노동집약적인 산업에서 자본집약 또는 기술집약적인 구조로 이행될 걸로 전망되고 있다. 그런 한편으로, 경쟁력 상실 분야의 생산시설 해외 이전과 수출 전진 기지의 구축 등 해외투자가 빠르게 늘어날 것으로 전망되고 있다(한국산업은행, 1993; 40~44). 이런 산업구조의 변화 속에서 중소기업은 쇠퇴·소멸, 그리고 새로운 설립이라는 대류현상을 나타내면서 하청 계열화를 통한 대기업에 대한 종속을 심화하게 될 것으로 보인다.

이처럼 한국의 산업구조는 고도화가 진행되는 가운데 서비스 부문의 비중 증대에도 불구하고 광공업 부문이 산업의 중심을 이루고 있다. 또한 공업구조가 중화학공업 중심으로 되고 있으며, 자본집약 또는 기술집약형으로 진전되고 있다. 이런 산업구조의 변화는 생산 부문 핵심적 노동자층의 계급적 단결을 유리하게 하고, 서비스 부문 노동자와 중소기업 노동자와의 결합을 촉진할 수 있을 뿐 아니라, 산업구조의 변화에 대한 초기업적 대응을 요구하고 있다. 이런 조건은 산업별노조 건설에서 긍정적인 요인으로 작용할 수 있을 것이다.

3) 노동시장 구조

산업구조의 급속한 변화는 노동시장에도 큰 변화를 가져왔다. 산업별 고용구조를 보면 1980년대 중반까지 제조업과 서비스업의 취업자 수가 모두 증가세를 나타냈으나, 90년대 이후에는 서비스업의 취업자 수 증가가 두드러진다. 1994년 현재 산업 대분류별 취업자 구성을 보면

1차산업 14.7%, 2차산업 24.4%, 3차산업 60.9%이다. 제조업 취업자 가운데 중화학공업 부문은 증가세를 보이나, 경공업은 감소 현상을 나타내고 있다. 직종별 취업자 동향은 전문·기술·행정·관리직의 취업 증가가 두드러지게 나타나고 있으며, 생산직의 경우는 증가세가 둔화하고 있다.

종사상 지위별 취업자 동향을 보면, 임금노동자 수는 1,297만 명(62.0%)으로 꾸준하게 증가해 왔다. 최근 들어서는 비임금근로자 가운데 자영업자의 증가세가 현저하게 나타나고 있다. 사업체 고용·실태를 보면 5인 이상 사업체 수는 16만 7,403개이고 여기에 종사하는 노동자의 수는 68만 5천 명이다. 사업체 규모별 구성은 3백 명 이상 사업체에 종사하는 노동자가 29.3%이고, 1백 명 미만 사업체의 경우는 51.9%에 이르고 있다.

노동시장 구조 변동과 관련하여 몇 가지 특징적인 사실로서 지적될 수 있는 것은 앞에서 본 바와 같이 서비스 부문에 종사하는 노동자의 비중이 커지고 있다는 것, 대기업과 중소기업의 노동시장 분절 또는 대기업을 중심으로 하는 내부노동시장의 발전 경향이 커지고 있다는 것, 일용 노동자, 임시직 노동자, 시간제 노동자, 파견 노동자 등 '불안정 노동자' 또는 '비정규직 노동자'의 비중 증대 가능성이 커지고 있다는 것, 그리고 중소·영세 사업체 종사 노동자가 여전히 압도적 비중을 차지하고 있다는 것, 독점 재벌이 장악하고 있는 대기업체에 종사하는 중공업 부문 노동자들과 하청계열 기업체들의 노동자들이 자본의 수직적 편제에 따라 상호 연관된 생산체계 속에서 계급적 관계를 형성하고 있다는 것 등이다.

이런 사실은 기업별노조의 조직 확대를 가로막는 요인으로 작용할 수 있고, 노동자의 계급적 연대를 어렵게 할 뿐만 아니라, 기업별노조 체제를 고착시킬 요소를 안고 있다. 따라서 노동시장의 구조 변화, 그리고 독점자본과 그 연합체의 지배력 증대에 대응하고 기업별노조 형태가 지닌 취약점을 극복함과 동시에 조직 확대·강화를 위한 조직체제 확립을 위해서도 산업별노조 형태로 전환이 요구되고 있다. 그렇지 않으면 노동조합운동은 상대적으로 수세에 몰리게 되고, 고통스러운 위기 국면을 맞게 될 가능성이 높다.

4) 국가와 자본의 통제양식

국제경제의 〈세계무역기구(WTO)〉 체제로 개편과 한국경제의 국제화, 개방화 진전 등으로 국제경쟁력 강화가 강조되는 가운데, 국가와 자본의 노동통제 양식이 크게 바뀌고 있다. 현 정권이 추진하고 있는 노동정책은 '기업에 대한 규제 완화'와 '세계화'를 두 축으로 하는 신보수주의적 또는 신자유주의적 성장정책으로 규정되는 「신(新)경제정책」에 바탕을 두고 있다. 신경제정책은 경제 활성화 또는 경제 효율성을 명분으로 독점적 대기업의 경제력을 강화하고 노동자에 대한 통제와 지배를 강화함으로써 고도 경제성장을 달성하고 국제적인 자본경쟁에 대처하는 것을 핵심 내용으로 한다.

이런 경제정책과 맥락을 같이하는 「신(新)노동정책」은 개별 자본가가 추구하는 유연화 전략과 노무관리상 통제방식을 정책적으로나 제도적으로 뒷받침함과 동시에, 노사관계 협력체제 확립과 노동세력의 체제 내 포섭을 주요 목표로 하고 있다.

이런 노동통제 방식은 제도적·물리적·이데올로기적인 면에서 다양하게 시행되고 있다. 최근 들어 정부가 추진하고 있는 '노사관계 개혁' 정책이 '참여와 협력의 노사관계' 확립을 목표로 하여 공동선 극대화,

참여와 협력, 노사 자율과 책임, 교육 중시와 인간 존중, 제도와 의식의 제도화를 기본 원칙으로 내세우고 있는 것도 종래의 노동통제 양식이 현실적인 한계에 부닥치면서 변화된 조건에 맞는 통제방식으로 변용한 것으로 해석할 수 있다.

한편, '신(新)경영전략'으로 표현되는 자본의 새로운 노무관리 방식 채용과 더불어 노무관리 방법도 큰 형태 변화를 나타내고 있다. 자본이 신경영전략을 추진하지 않을 수 없게 된 요인의 하나는 노사관계 변화에 따른 생산현장에서의 권력관계 변화이고, 다른 하나는 자본의 국제화와 새로운 생산방식의 확산이라고 지적된다(박준식, 1996; 147~149).

신경영전략은 능력주의적 인사체계의 확립, 노동력의 유연적·탄력적 운용, 일본식 노동조직의 도입, 기업문화의 확산 등을 주요 내용으로 한다. 능력주의 인사체계 도입을 촉진하는 수단은 '직능자격제도'인데, 이 제도는 노동자계급 내부의 분열과 이질화, 직제 통제 강화, 노동자 사이의 경쟁 강화를 통한 인사 예속 심화 등의 통제 강화를 초래할 수 있다. 또한 노동력 운용의 유연화는 고용조건을 불안정하게 만들고 노동자 사이의 결합을 차단할 뿐만 아니라 노조의 교섭력을 약화하는 요인으로 작용한다. 일본식 노동조직의 도입 시도는 작업장 통제체제의 구축, 노동자들의 '혼(魂)'에 대한 지배, 즉 노동자들의 자발적 참여와 동의에 기초한 경영권력의 완전한 '헤게모니적 지배'를 목적으로 하고 있다(박준식, 1996; 158). 한편 대기업을 중심으로 벌이고 있는 '기업문화 운동'이나 직장 내 '인간관계 관리'가 급속하게 확산하는 것은 경영합리화 기제의 확립을 위한 것이다. 이것은 노동자계급 내부의 연대를 약화하고 현장 장악을 목표로 하고 있다는 점에서 노동통제의 한 방식에 해당한다.

국가의 장기적인 노동통제 전략과 자본의 합리화 전략에 대한 본격적이고도 능동적인 대응의 필요성은 갈수록 증대되고 있는데도, 기업별 체제의 노조운동은 노동배제적 경영합리화가 진행되는 가운데 경영참가의 통로마저 확보하지 못한 채, 산업 차원 또는 전국 차원의 효과적인 대응을 수행하지 못하고 있는 현실이다. 이런 상황에서 기업별 노조 체제의 극복 없이는 국가와 자본으로부터 가해지는 통제와 공세에 대한 대응은 매우 어려울 수밖에 없다. 이런 상황 변화에 대한 대응은 강력하고 집중적인 산업별노조 체제의 구축을 통해서만 수행될 수 있다.

5) 노사관계

한국 노사관계의 기본 틀은 기업별 차원에서 형성, 운용되고 있다. 노사관계의 일반적 관행이 그러하고 제도 운용의 수준이 또한 그러하다. 기업별 단체교섭이 주류를 이루고 있고, 이에 따라 노동쟁의의 단위가 기업 레벨이 되고 있으며, 노사협의도 기업 차원에 한정되고 있다. 노사 당사자의 노사관계 행태도 기업 중심으로 수행되고 있으며, 정부가 시행하는 노사관계 정책의 주요 영역 역시 기업 차원에 집중되고 있다.

이런 노사관계 관행과 제도는 노사관계의 발전을 제약하는 요인으로 작용하고 있다. 기업별 단체교섭은 표준적 기준에 따른 노동조건 개선, 기업 간 공정한 경쟁 조건 유지, 그리고 산업구조 고도화 촉진 등 단체교섭의 보편적 기능 발휘를 어렵게 한다. 또한 기업 차원에서 제기되는 쟁의행위는 그 규모나 기간 면에서 영향력이 크지 못하여 노조의 교섭력을 충분히 뒷받침하지 못한다. 그리고 현행 노사협의제도는 실질적인 경영참가를 배제하고 있을 뿐만 아니라, 단체교섭과 그 기능이 분리되지 못한 채 노무관리 기구로서 기능마저 행하고 있다.

이 같은 노사관계 구조하에서는 당사자로서 노조 기능이 한계를 지닐 수밖에 없고, 노조가 노사관계의 대내외적 여건 변화에 능동적으로 대응하지 못한다면 여러 가지 불리한 도전에 직면하게 될 것이 분명하다. 이런 조건에서 노조가 노사관계 당사자로서 자기 기능을 충실히 수행하기 위해서는 기업별노조 형태의 극복이 우선 요구된다.

더욱이 노사관계를 둘러싼 여러 가지 상황이 급변하고 있고 노사관계 제도의 큰 개편이 전망되고 있는 여건에서, 산업별노조 체제로의 전환에 대한 당위성은 갈수록 중대되고 있다.

6) 제도와 정책

노조의 운영과 활동을 규율하는 현행 제도와 정책은 한마디로 통제와 규제로 일관되고 있다. 노동기본권이 큰 범위에서 제약되고 있고 특히 노동자의 단결활동권이 규제되고 있다. 이 같은 제약이 노조의 조직형태 발전을 가로막는 요인으로 작용해 왔다. 이런 통제전략의 지속 여부와 형태 변화는 노동운동의 조직역량과 정치역량 발전에 따라 결정될 수밖에 없는데, 이와 관련해서는 산업별노조 건설이 매우 핵심적 요인이 될 것이다.

최근 들어 국가가 추진하고 있는 '노사관계 개혁'은 정책과 제도상의 변화를 가져오게 될 걸로 보이며, 통제전략을 수정하게 할 것으로 전망된다. 특히 노사관계 개혁 작업의 추진 과정에서 제도 개편은 불가피하게 될 것이며, 노동관계법 개정이 뒤따르게 되리라는 것은 충분히 예상할 수 있는 일이다. 그동안 논란의 대상이 되어온 복수노조 금지, 제3자 개입 금지, 노조 정치 활동 금지, 공무원과 교사의 단결활동권 제한·금지, 기업별노조를 전제·유도하는 규정 등의 개정 가능성이 커졌다. 산업별 연합단체가 산업별 단위노조로의 전환을 용이하게 하는 특례절차를 한시적으로 인정하는 문제도 검토될 수 있을 것으로 예견된다.

　이 같은 방향에서 노동법 개정이 이루어질 경우, 산업별노조 형태로의 전환을 위한 제도적 제약은 큰 폭으로 완화될 수 있을 것이며, 노조운동 내부에서도 조직형태 발전을 위한 노력이 이전보다는 훨씬 더 활발하게 진행될 것은 분명하다. 이런 정황에서 노조운동은 노사관계 개혁 추진에 대해 능동적인 정책참가 활동을 벌여야 할 것은 물론이고, 제도 변화에 따른 조직 발전 여건 변화와 관련하여 정확한 지도방침의 설정·실행과 산업별노조 체제로의 전환을 위한 계기 마련에 집중적인 노력을 기울여야만 할 것이다.

7) 민주노총 출범

　1995년 11월〈전국민주노동조합총연맹(민주노총)〉출범은 한국 노동운동 발전을 위한 획기적인 계기가 될 수 있다는 점에서 큰 의의를 지닌다. 민주노총 결성은 일제하에서부터 이어져 온 자주적 노동운동의 계승이면서, 87년 이후 새롭게 형성되고 발전된 민주노조운동의 집약된 성과이다. 또한 그것은 10여 년 동안에 걸친 투쟁이 축적 결과이고, 권력과 자본에 대응할 수 있는 토대 구축을 의미한다. 한편 민주노총의 출범은 노동운동의 통일과 조직형태 발전을 추진할 새로운 주체의 대두이며, 민족민주운동을 주도할 중심 역량의 성장이라는 의의를 동시에 갖는다.

　민주노총은 출범과 더불어 산업별노조 체제의 구축을 주요한 조직적 목표로 내세우고, 조직 강화 및 확대와 함께 산업별노조 건설을 위한「조직방침(안)」을 발표했다. 민주노총의 산업별노조 체제 구축을 위한 조직노선은 광범하고도 심도 있는 연구와 토의를 거쳐 더욱 구체화되고 현실적인 지도방침으로서 구실을 발휘해야 할 것이다. 아무튼 민주노총 결성과 더불어 산업별노조 형태로의 전환을 위한 각급 조직의 노력이 이전보다는 훨씬 증대되고 있는 현실에서, 민주노총은 전국중앙조직으로서 조직지도 노선을 확립하여 산별노조 건설 운동을 본격적으로 추진할 수 있게 되었다는 점에서 조직 발전을 위한 중대한 계기가 마련된 셈이다.

8) 산업별노조 건설 움직임

민주노조 진영은 그동안 산업별노조로의 전환을 위한 다양한 움직임을 보였다. 가장 먼저 산업별 체제를 이룬 조직은 1989년에 결성된 〈전국교직원노동조합(전교조)〉이었는데, 전교조는 지금까지 합법성을 확보하지 못한 상태에서 조직체계를 그대로 유지하고 있다. 다음으로 조직규모는 작으나 합법적인 산업별노조 조직형태를 취한 경우는 〈전국대학강사노동조합(전강노)〉이다. 그리고 〈전국전문기술노동조합연맹(전문노련)〉 산하 과학기술계 노조들이 1994년에 기업단위 노조를 해산하고 〈전국과학기술노동조합(과기노조)〉이라는 전국단일노조를 결성함으로써 산업별노조 건설을 위한 귀중한 경험적 사례를 창출하게 되었다.

뒤이어 지역별노조였던 지역의료보험 노조들이 〈전국의료보험노동조합(의보노조)〉을 결성하여 합법성까지 확보했다. 역시 지역별노조였던 단위농협 노조들이 〈전국농업협동조합노동조합(농협노조)〉을 결성했으나, 정부는 여러 가지 이유를 내세워 법적으로 인정하지 않고 있다. 그리고 정부출연 연구기관들 가운데 인문·사회계 노조들이 중심이 되어 〈전국연구전문노동조합(연전노조)〉을 결성했으나 합법성을 획득하지 못한 상황이다.

한편, 〈전국언론노동조합연맹〉 산하 방송사 노조들이 〈전국방송사 노조 결성 추진위원회〉를 구성하고 전국단일노조 건설을 추진해 가고 있으며, 〈전국병원노동조합연맹〉 산하 〈지방공사의료원노조협의회〉가 전국단일노조 재편 움직임을 드러내고 있다. 그리고 〈전국사무노동조합연맹〉을 비롯한 〈전국병원노동조합연맹〉, 〈전국대학노동조합연맹〉, 〈전국건설노동조합연맹〉 등의 산하 조직이 연맹에 단체교섭권을 위임하는 관행이 확대되고 있는 것도 산업별 체제로의 전환을 위한 예비적 과정으로도 볼 수 있다. 이와 같은 산업별노조 조직형태로 전환 움직임과 노력은 노동관계법 개정을 비롯한 제도 개편에 따라서는 더 한층 활기를 띠게 될 것으로 전망된다.

9) 노동조합운동의 현재 국면

현재의 노동조합운동은 고양 국면이 아닌, 침체 국면에 처해 있는 것으로 평가할 수 있겠다. 이렇게 보는 이유는 노동운동이 조직이나 투쟁, 정치적 역량이나 이념 면에서 해결해야 할 주요 과제들에 직면해 있고, 대내외적인 상황 변화에 능동적으로 대처하지 못하고 있을 뿐만 아니라, 자본과 권력 쪽의 공세에 대해 수세적 위치에 서 있기 때문이다.

먼저, 조직 측면에서는 기업별노조 형태가 15년 넘게 유지되는 가운데 조직률이 감소하고 있고, 지역별·산업별 연대와 전국적 통일의 취약성을 극복하지 못한 채 노동전선의 분열상을 나타내고 있을 뿐 아니라,

상급조직의 지도역량이 강력하지 못한 상태에 있다. 또한, 활동과 투쟁의 측면에서는 공동투쟁과 통일투쟁이 내실 있게 추진되지 못하고 있으며, 전술지도가 기본 원칙에 따라 행해지지 못하고 있고, 경제투쟁과 정치투쟁의 올바른 결합이 행해지지 못하고 있다. 그리고 최근 들어 강조되고 있는 '사회개혁 투쟁'도 그 중요성에 비해 강력한 형태로 추진되지 못하는 실정이다.

노동운동의 이념 확립과 정치역량 증대와 관련해서는, 현 단계 노동운동이 아직도 성숙단계에 진입해 있다고 보기 어렵다. 한국의 노동조합운동은 현재 표방하고 있는 강령이나 기조에도 불구하고 과학적인 운동이념이나 노선을 아직 확립하지 못하고 있다. 그뿐 아니라 노동운동이 노동자계급의 '정치세력화'를 주요 과제의 하나로 내세우고는 있으나, 정치역량의 증대나 정치적 진출을 위한 확고한 전망과 기반을 갖추고 있지 못하다. 노동운동의 정치적 역량 증대는 정책과 제도 개선을 포함한 노동자의 정치적 요구 실현을 위해서뿐 아니라, 민족민주운동의 발전을 위한 주도적 역할 수행을 위해서도 중대 과제가 된다.

한국 노동조합운동은 현재의 침체 국면을 극복하고 당면한 주요 과제들을 주체적으로 해결함으로써 확고한 고양의 계기를 창출해야 할 중대 시점에 놓여 있다. 이런 정황에서 한국 노동운동의 전환기적 발전을 위해서는 여러 갈래에서 그 방향이 모색되어야 하겠으나, 산업별노조 체제로의 조직 개혁이야말로 가장 중요한 계기가 될 것이다. 그런 점에서 산업별노조 형태로 전환은 이제 노동운동의 발전을 위한 최대 과제로 떠올라 있으며, 산별노조 건설 운동은 더 이상 미룰 수 없는 실천 목표로 제기되고 있다.

2. 산업별노조 체제 구축을 위한 원칙

한국 노동조합운동이 산별노조 건설 운동을 추진하는 데는 올바른 조직원칙의 실현이 무엇보다 중요하다.

1) 자주성과 민주성의 원칙

자주성과 민주성은 노동조합운동에서 요구되는 기본적인 조직원칙이다. 여기서 말하는 자주성은 국가권력과 자본, 그리고 정당 또는 정치조직으로부터의 독립성과 주체성을 의미한다. 산업별노조 체제 구축에서 자주성의 원칙 실현이 요구되는 것은, 산업별노조가 여러 나라들의 경험에서 보듯이 국가의 노동통제 조직이나 노동자 동원 장치 역할을 행하는 것을 배격하고, 노동자의 계급조직으로서 기본성격을 충실하게 발휘하도록 하기 위해서다.

1960년대와 70년대에 걸친 한국 노조운동의 산업별 체제는 그 형성에서부터 국가권력의 하향적이고 강압적인 노조조직 재편을 통해 이루어졌고, 조직 운영도 자주성을 상실한 채 권력과 자본에 종속되어 노동통제 조직으로서 역할마저 수행했다. 이런 역기능이 가능했던 것은 산업별노조 체제가 갖는 강한 통제력 때문이었다.

현재의 조건에서 볼 때, 산업별노조 체제의 건설은 노조의 자주성이 확립되지 않고서는 추진이 불가능할 뿐만 아니라, 추진되어도 본래적인 기능을 수행할 수 없을 것이다. 그러므로 노조 조직형태 발전을 추진하는 데서는 노조운동 내부의 비자주적·어용적 요소의 극복 및 청산을 위한 적극적인 노력이 필수적이다.

산업별노조 건설에서 자주성의 원칙과 함께 민주성의 원칙이 강조되는 것은 대중조직으로서 노조 조직역량 강화라는 기본적인 이유 말고도, 노조 조직형태 발전을 민주적으로 결정된 방침에 따라 조직적으로 추진함과 동시에 산업별노조 체제가 지닌 부정적 요소인 조직 관료화를 미리부터 막기 위해서다. 노조조직의 민주성은 일반적으로 기관 운영의 민주화, 조합원의 노동자계급 의식 향상, 자주적 규율의 확립 등을 통해 실현된다.

현재의 기업별노조 체제하에서도 대중 주체의 원칙이 충실하게 관철되지 못하고 있고 현장활동이나 현장투쟁이 부진한 현실이고 보면, 조직형태 발전의 추진은 그동안 민주노조들이 이룩한 활동과 투쟁의 경험을 바탕으로 하여 대중노선의 실현을 통해 노조 민주주의를 강화하는 방향에서 수행되어야 한다.

2) 집중성과 통일성의 원칙

일반적으로 기업별노조의 특성은 분산성에 있고 산업별노조의 특성은 집중성에서 찾아진다. 그런데 같은 산업별노조 형태를 취하고 있는 경우에도 집중성 면에서는 큰 차이가 나타난다. 예컨대 독일, 스웨덴, 덴마크, 남아프리카 등의 경우는 집중성이 매우 높은 반면에, 영국, 프랑스, 이탈리아 등의 경우는 덜 집중적이면서 복합적인 구조를 드러내고 있다.

한국 노동조합운동이 산업별노조를 구축하는 데서 견지해야 할 것은 대(大)산별 체제, 즉, '1산업 1노조'의 집중성 원칙이다. 이런 집중성의 원칙이 강조되는 이유는 산업 차원에 걸친 전국 단일의 대규모적이고 강력한 노조 체계를 건설하기 위해서다. 노조 체계의 집중성은 노동운동의 대내외적 조건에 따라 규정되는 것이지만, 주체적인 노력을 통해 집중성 원칙이 최대한 실현되어야 한다.

한국의 현실적인 조건에 비추어, 산업별노조 체제로의 전환 과정에서 전국단위의 통일교섭 형태 확립이 지연되거나 기업단위 교섭형태가 오래 유지되어 단체교섭의 분권화 경향이 지속되는 현상을 막기 위해서도 조직의 집중성을 강화하기 위한 주체적 노력이 중요할 수밖에 없다. 조직의 집중성 강화를 위해서는 산업별노조 추진 과정에서도 조직 대상의 포괄성, 재정·인력·활동의 집중성을 추진할 필요가 있다.

이 같은 노조조직의 집중성은 조직 내부적인 통일성이 뒷받침되지 않는다면 조직 형식주의에 빠져들기 쉽다. 왜냐하면 조직의 통일성은 집중성의 필요불가결한 요건이기 때문이다. 산업별노조 체제를 건설하는 데서 통일성의 원칙은 적극적인 노력 없이 실현될 수 있는 것이 아니다. 조직의 연대성 강화뿐만 아니라 활동과 투쟁의 통일성, 이념의 통일성을 이룩하기 위한 구체적인 실천이 뒷받침될 때 비로소 조직의 통일성이 달성될 수 있는 것이다.

그런데 조직형태 발전을 추진하는 데서 집중성과 통일성의 상호 관련성에 대한 정확한 인식이 요구되고 있다. 집중성은 통일성을 기본 요건으로 하며, 통일성은 집중성을 지향하지 않으면 안 된다. 말하자면 집중성은 조직의 통일성을 기초로 실질적이고 강력한 자기 기능을 발휘할 수 있으며, 통일성이 집중성을 지향하지 않는다면 그 자체는 조직의 분산성을 촉진하게 되는 것이다.

현실적으로 산업별노조 체제를 구축하는 데서 대산별 또는 '1산업 1노조'의 집중성 원칙만 강조한 나머지 업종별 또는 지역별 특성을 무시한 채 통일성을 실현하지 못한다면, 형식(집중성)과 내용(분산성)의 괴리를 가져오게 될 뿐만 아니라, 산업별노조 형태로서 실질적인 기능을 발휘하기가 어려울 것이다. 또 조직의 통일성만 중시하여 업종별이나 지역적 또는 그룹별 특성이나 동질성만을 고수한 채 집중성을 도외시한다면, 강력한 산업별노조 체제 건설은 불가능하게 될 것이며 분산적이고 복합적인 조직형태를 유지하게 될 뿐이다. 그런 이유에서 산업별노조 체제 구축을 위해서는 조직의 집중성과 통일성 원칙의 올바른 결합이 요구되는 것이다.

기업별노조 형태의 극복을 통한 산업별노조 체제로 개편에 있어, 통일성 원칙이 중시되어 업종별 조직체계가 설립될 수도 있을 것이다. 그렇다면 다음 단계의 대산별 조직 건설을 위한 연대기구 또는 추진기구의 설치가 반드시 필요하다. 반대로 집중성의 원칙에 따라 대산별을 추구하더라도 업종별 또는 부문별 통일성을 유지하기 위한 업종별 또는 부문별 부회(部會) 또는 협의기구의 설치가 불가피하게 요구될 것이다. 현실적인 조건에 비추어 집중성과 통일성의 통일이 중요하다 하더라도, 산별노조 건설이 진척됨에 따라서는 집중성의 원칙이 더한층 강조될 수밖에 없을 것으로 판단된다.

3) 대중성과 지도성의 원칙

현재의 기업별노조 형태를 산업별노조 형태로 발전시키는 일은 노동자 대중의 적극적인 참여와 조직형태 발전에 대한 자각, 그리고 강한 실천적 의지를 전제로 한다. 산업별노조 체제 건설은 기업별 조합의 현장단위에서부터 근본적인 변화를 요구하며, 현장 대중들의 의식과 투쟁의 개혁을 요구한다. 또한 산업별 조직으로 재편성은 미조직 노동자의 조직화와 기업별노조의 조직 강화 및 각급 조직 간 연대의 질적 확대·고양 등을 동시적으로 추진하지 않으면 안 되기 때문에 대중성의 원칙이 그만큼 중요하게 제기되는 것이다.

한편, 노조 조직형태의 근본적 개혁 작업에서 대중노선에 바탕을 둔 대중 주체의 원칙 실현과 대중적 투쟁의 조직화가 중요하게 요구되지만, 그렇다고 해서 지도성의 원칙이 결코 경시될 수는 없다. 노조 지도부가 조합원 대중들의 요구와 상태 그리고 현재의 의식 수준만을 고려하여 조직형태 재편 작업을 추진한다면, 자칫 노동자 대중이 일반적으로 갖기 쉬운 자연성장적이고 현실안주적 성향과 기업별노조의 폐쇄적이고 편향적인 경향을 극복하기 어려울 것이며, 노동자의 계급적 성장을 보장할 수 있는 조직 개혁이 난관에 부딪힐 수밖에 없다. 따라서 노조 조직형태의 발전은 대중성의 원칙과 지도성의 원칙이 관철되어야 한다.

산업별노조 체제로의 개편은 전국중앙조직과 산업별연맹 등 전국조직 지도부의 조직노선과 조직형태 발전 방향, 그리고 조직활동의 기본 방침 등의 설정을 바탕으로 한 강력하고 올바른 지도성을 통해 추진되지 않으면 안 된다. 선진공업국들의 노조조직 발전 경험에서 확인할 수 있는 것은 전국중앙조직의 강력하고도 목적의식적인 지도성이다. 독일과 스웨덴도 그러했고, 남아프리카의 〈남아프리카노동조합회의(COSATU)〉가 1985년 11월 출범하면서 산업별 원칙을 표방하고 33개 전국조직을 10개의 산업별노조로 통합할 것을 결의한 뒤 이를 추진해 온 사례는 우리에게 큰 교훈을 던져주고 있다.

4) 목표지향성과 계획성의 원칙

노조조직의 재편과 개혁을 추진하는 데서 필요한 요건의 하나는 목표를 확고히 설정하는 일이다. 한국 노동조합운동의 발전에서 산업별노조 체제의 구축이 최대의 중심 과제로 제기되고 있음은 누구도 부인하기 어렵다. 2000년이 되기 전까지 산업별노조 건설을 위한 토대와 뚜렷한 흐름을 창출하지 못한다면, 노동운동의 전망은 매우 불확실한 상태에 놓이게 될 것이다. 어쩌면 노동운동이 깊은 정체의 늪에 빠져들어 낙관적인 전망을 상실한 채, 역사적인 자기 책무를 방기하는 결과를 가져오게 될지도 모른다. 그런 점에서 산업별노조 체제로의 전환 문제는 한국 노동운동의 정체와 고양을 결정하는 관건이다.

1960년대와 70년대의 산업별노조 체제도 형식과 내용이 합치하는 완전한 형태를 갖추지 못했거니와, 80년대 들어 기업별노조 형태가 15년 넘게 유지되면서 고착되다시피 하는 경향을 나타내고 있을 뿐만 아니라, 대내외적 상황 변화에 대한 대응에서 기업별노조의 취약성이 갈수록 증대되고 있는 현실이다. 우리는 일본의 노동운동이 지난날의 찬란한 역사에도 불구하고 기업별노조의 극복에 실패한 나머지 오늘의 장기 침체를 나타내고 있는 사실에서 귀중한 교훈을 얻지 않으면 안 될 것이다.

기업별노조 형태의 극복을 통한 산업별 형태로의 전환은 조직적 목표 실현을 위한 실천적 노력을 통해서만이 가능한 것이다. 조직체계와 내부 운영, 제반 활동 양식, 교섭형태, 투쟁단위 등이 기업별노조 중심으로 이루어지고 있는 조건에서 기업별노조 자체의 자연성장을 통해 조직체계 개혁을 기대할 수는 없는 일이기 때문이다.

이 같은 목적의식적 노력과 실천은 계획성을 통해 구체화될 수밖에 없다. 계획성은 산업별노조 건설에 대한 조직적 논의와 결정에 따른 조직노선, 목표, 원칙, 경로, 과제 등의 구체적 사항이 설정되고 그것이 각급 조직의 동의 아래 실천적으로 추진되는 걸 의미한다. 물론 이런 조직 발전 계획은 추진 과정에서 점검되고 보완되고, 경우에 따라서는 수정될 수도 있을 것이다. 그러나 노조조직의 재편과 개혁은 철저한 계획성 위에서 이루어져야 함은 물론이다.

5) 점진성과 단계성의 원칙

　기업별노조 형태의 극복과 산업별노조 체제 구축, 그리고 체계적이고 집중적인 노조 조직형태의 발전을 추진하는 일은 단기간에 달성할 수 있는 과제가 결코 아니다. 다른 나라들의 경우에서 보듯, 체계적이고 안정된 산업별 조직화는 매우 점진적이며 완만한 성장과 발전 과정을 통해 구축되었다. 세계에서 가장 집중화되고 체계적인 산업별 체제를 유지하고 있는 독일과 스웨덴의 경우, 20세기 초부터 장기간에 걸친 계획과 실천의 과정을 거쳐 노조 조직형태 발전이 수행되었다. 특히 한국 노동조합운동의 경우에는 다른 나라와는 달리 기업별노조 형태의 극복이라는 일차적 과제가 가로놓여 있기 때문에, 조직적 일관성이 높은 산업별노조 건설은 점진적이고 지속적인 추진을 통해 이루어질 수밖에 없다.

　조직형태 발전을 위한 점진적이고 지속적인 추진을 수행하는 과정에서도 단계적인 발전을 위한 노력이 매우 중요하다. 노동운동의 성장, 발전과 노동운동을 둘러싼 상황 변화에 대응하기 위해서도 단계적 목표 설정과 목표의 실현을 위한 집중적 노력이 요구되기 때문이다. 선진공업국들의 경우 노동운동의 대내외적 변화가 조직형태 발전을 촉진하는 계기를 마련하게 되고, 전국중앙조직의 지도부가 이런 계기를 맞아 조직개편을 위한 계획을 설정하고 이를 추진해 온 사실들이 단계별 추진의 중요성을 말해준다.

　현재 한국 노동조합운동의 대내외적 상황은 기업별노조 체제의 극복과 조직형태의 개혁을 강력히 요구하고 있고, 또한 안팎의 조건은 이전보다 유리한 방향으로 작용하고 있다. 이런 상황과 조건에서는 산업별 조직으로의 재편성을 위한 현 단계적 목표와 추진계획의 수립이 절실하게 필요하고 조직형태 개혁을 위한 의지와 실천이 집중적으로 행해져야만 한다.

3. 산업별노조 체제로의 전환을 위한 경로

1) 기본 방향

① 체계적이고 집중화된 산업별 조직의 확립을 목표로 기업별노조
틀을 타파하는 일부터 과감히 추진해야만 한다. 노조조직의 재편
과 개혁은 중장기적인 중대 과제이고, 현재의 기업별노조 형태를
극복하는 것이 가장 긴급하고도 최대 관문이기 때문이다.
② 산업별노조 형태의 구축은 조직의 확대·강화와 통합의 추진을 동
시적으로 수행해야 가능하다. 조직형태의 발전은 조직의 확대와
더불어 기업단위 노조조직의 강화를 기본 요건으로 하며, 산업별
노조의 체계화는 각급 조직의 통합 과정을 통해 추진될 수 있다.
노동조합운동의 통일 문제도 조직개편에서 해결해야 할 주요 과
제가 될 것이다.
③ 산업별노조 건설은 조직 간의 연대 강화와 공동투쟁을 매개로 추
진되어야 한다. 기업별노조의 극복은 조직 간 연대 강화와 공동
투쟁을 통해 촉진될 수 있고, 조직형태의 발전은 투쟁을 매개로
추진될 때 명실상부한 내용을 갖출 수 있기 때문이다. 조직 간 연
대 강화와 공동투쟁의 영역 및 차원 확대는 조직역량 결집과 집
중화를 위해서뿐 아니라, 기업 규모별·산업별·직종별·고용형태별
등의 노동조건 격차를 축소하기 위해서도 매우 중요한 실천 노력
이 된다.
④ 산업별노조 체제로의 전환은 단결권의 완전한 확보가 선결 조건
의 하나이므로, 노동관계법 개정과 노동행정 쇄신을 위한 투쟁

이 뒷받침되어야 한다. 현행 노동관계법상 노조 조직형태 발전을 제약하고 있는 법률 규정으로는 복수노조 금지, 제3자 개입 금지, 노동조합 설립 신고제도, 기업별노조를 전제·유도하는 제 규정, 조합비 상한제 등을 들 수 있고, 불합리한 노동행정 조처로는 전국단일노조 설립과 기업별노조의 통합을 인정하지 않으려는 설립 신고 반려 시책 등을 지적할 수 있다. 〈노동관계법연구위원회〉의 기초위원회가 검토한 개정안대로 "산업별 연합단체가 산업별 단위노조로 전환하기 쉽게 하는 특례절차를 한시적으로 인정하는 규정"의 설치도 긍정적인 면과 부정적인 면을 따져 충분히 고려해 볼 필요가 있겠다.

⑤ 산업별노조 체제로의 재편은 단계별 추진 목표와 과제 설정에 따라 수행되어야 한다. 노조조직의 개혁과 발전을 위한 과제의 해결은 단번에 이루어질 수 있는 일이 아니기 때문이다. 단계별 추진 목표와 과제는 노조운동의 주체적인 조건과 대외적 상황에 따라 설정될 수밖에 없을 것이다.

2) 단계별 추진 경로

가. 제1단계: 기업별노조 형태의 극복

산업별노조 체제로의 전환을 추진하는 데서 요구되는 첫 번째 단계의 주요 과제는 기업별노조 체제를 깨는 일이 될 것이다. 기업별노조 체제의 극복이야말로 산업별노조 형태로의 전환을 위한 출발점이자 최대 관문이다. 기업별노조 형태의 타파를 위해서는 다음과 같은 몇 가지 경로가 상정될 수 있겠다.

[기업별노조 타파 경로]

① **산업별 연합단체의 산업별 단위노조로 전환**

산업별 연합단체(연맹) 산하 노조의 자주적이고 민주적인 결정에 따라 산업별노조 체제로 개편하는 방식이다. 전국대학강사노조, 전국지역의료보험노조, 전국농업협동조합노조가 여기에 해당한다. 전교조는 설립에서부터 산업별노조 형태를 취했던 경우나, 아직 합법적 지위를 확보하지 못하고 있다. 최근 전국대학노동조합연맹이 대의원대회에서 산업별노조 체제로 전환할 것을 결정한 것도 이런 경로를 선택한 것으로 해석할 수 있다. 이런 방식에 따라 건설된 산업별노조는 '대산별 체제'라기보다는 '중산별 범주'에 속하므로 대산별 체제를 지향하는 연대기구를 설치할 필요가 있다.

한편, 〈한국통신노조〉와 〈한국조폐공사노조〉처럼 산업별 연합단체에 속하지 않고 있는 기업단위 노조들은 독자적인 산업별연맹을 결성하거나, 기존 산업별 연합단체에 가입하거나 몇몇 업종으로 구성되는 일반노조연맹을 건설하는 일이 산업별노조 체제 구축을 위한 선차적 과정이 될 것이다.

② **업종단위 또는 부문단위 기업별노조의 전국단일노조 건설**

연맹 산하 동일 업종 또는 동일 부문의 기업단위 노조들이 해산하여 전국단일노조를 건설하거나, 연맹을 이탈한 기업별노조들이 동일 업종·부문의 전국단일노조를 결성하는 방식이다. 이미 결성된 전국과학기술노동조합연맹 산하 전국과학기술노조, 그리고 현재 추진 중인 전국언론노동조합연맹 산하 전국방송노조가 여기에 해당한다. 이런 방식에 따라 결성된 전국단일노조는 연맹을 탈퇴하여 업종단위 또는 부문단위 산업별노조 체제를 건설하기보다는, 같은 연맹 산하 또는 동일 산업의 다른 전국단일노조와의 통합을 시도함으로써 산업별노조 건설에 선도적 역할을 담당해야 할 것이다.

③ 전국일반노조의 결성

일반노조는 산업·직업·지역 등을 구별하지 않고 전국단위로 포괄하는 노조를 말한다. 그렇지만 이러한 조직형태도 통상적으로 중심이 되는 산업이나 직업이 존재한다. 이를테면 운수일반노조, 건설일반노조, 지방자치단체일반노조 등이 그것이다. 우리의 경우에는 산업이나 업종별 노조로 편재되지 못하고 있는 노조들을 전국일반노조로 재편하거나, 미조직 노동자들을 일반노조로 조직화하여 각 산업이나 업종별 조직세가 커질 때 분화하는 작업이 기업별노조를 탈피하기 위한 한 방법이 될 수 있다. 비정규직 노동자나 유통, 서비스 부문에 대한 조직화에서 고려될 수 있는 방식이다.

④ 합동노조로 개편과 조직 확대

합동노조는 일반적으로 중소기업에 종사하는 노동자들이 동일 산업이나 업종을 범위로, 경우에 따라서는 업종을 벗어나 지역을 단위로 하여 조직하는 노조를 말한다. 우리의 경우 지역단위 노조가 여기에 해당한다. 기업별노조 형태를 극복하는 데는 미조직 중소·영세 사업장에 대한 합동노조의 조직화가 한 가지 방식이 될 수 있다.

이와는 별도로 산업별노조 건설에서 동일 산업 또는 동일 업종에 속하는 기업단위 노조들이 지역단위의 단일노조로 통합하는 방식도 하나의 경로로 설정될 수 있을 것이다. 한국노총 산하 〈전국자동차노동조합연맹〉의 지부조직이 그런 사례이다. 이 경우에 경계해야 할 것은 동일한 연합단체에 속한 노조들이 지역단위 노조를 조직하는 과정에서 기업단위 노조가 오래 유지될 수 있는 지역과의 사이에 심한 불균형이 조성되어, 그것이 조직 내부의 분열과 혼돈을 불러일으킬 수 있다는 사실이다.

⑤ 전국단일공무원노조와 공공부문 산업별노조 건설

현재 공무원들의 노조는 〈전국철도노조〉, 〈전국체신노조〉, 〈국립의료원노조〉 등 3곳이다. 공무원들의 노조는 비록 부문별로 성격은 다르다고 할지라도 정부를 동일한 투쟁 대상으로 하고 있으며 공통의 법률 규제를 받고 있고 노동조건도 유사하다는 점에서 하나의 단위 산별노조를 형성하는 것이 바람직할 것이다. 현재 상태로는 그 가능성이 높지 않지만, 공무원들의 노조들을 통합하는 민주적 개편이 이루어지고, 또 공무원의 노동기본권 보장이 이루어져 공무원에 대한 조직화가 확대될 때 그 실현 가능성이 높아질 것이다. 공무원 외에도 정부투자기관이나 정부출연기관 등의 공공부문 노조들의 연대 강화와 공동투쟁의 확대를 통한 공공부문 노조들의 산업별 체제 구축도 전망해 볼 수 있다.

[산업별노조 요건을 갖추기 위한 노력]

이런 기업별노조의 극복을 위한 다양한 방식의 작업이 추진되는 가운데, 다음과 같은 요건을 갖추기 위한 노력이 집중적으로 행해져야 할 것으로 판단된다.

① 교섭권의 위임 확대

기업별노조의 극복을 위해서는 기업단위 노조들이 상급조직로 교섭권 위임을 확대하여 기업단위 교섭 관행을 개혁해 나갈 필요성이 강하게 제기된다. 노조의 중대 기능인 단체교섭이 기업 차원에서 이루어지는 한, 기업별노조 극복은 큰 난관에 부딪힐 수밖에 없기 때문이다. 현재 기업단위 노조의 교섭권 위임은 점점 확대되는 추세에 있으나 몇몇 연맹에 한정되고 있고 전면화되지는 못하고 있다. 교섭권 위임을 통한 공동교섭 또는 대각선교섭 등을 통하여 산업별노조 체제로의 전환에 대한 필요성과 가능성에 대한 인식이 높아진다는 사실을 고려하면, 교섭권의 위임은 현재 요구의 관철이라는 성격을 넘어 조직형태 발전에서 필연적으로 요구되는 일이라 할 수 있을 것이다.

② 산업별연맹의 기능 강화

기업별노조 체제의 극복과 산업별 체제로의 개편에서 노동조합 연합조직은 그 지도 구심 역할을 할 수밖에 없다. 따라서 조직형태 전환에 필요한 체제 정비와 요건을 구비하는 데는 산업별연맹의 기능 강화가 필수적으로 요구된다. 이런 요구에 따라 인적·물적 중대는 물론이고 권한의 강화를 위한 기업단위 노조의 결의와 적극적인 노력이 필요하다. 그것은 산업별노조 체제로의 개편을 위한 선결 조건이기도 하다.

③ 산업별 공동투쟁 강화

전국 차원의 통일교섭이 확립되지 않은 조건에서 산업별 공동투쟁·통일투쟁을 강화하는 일은 기업별노조의 틀을 깨기 위한 기본 요건이 될 것이다. 산업별 공동투쟁은 요구의 관철 측면보다는 기업별 활동과 투쟁의 한계 극복이라는 측면에서 많은 노조가 함께 참여할 수 있는 영역에서 추진할 필요가 있다. 투쟁의 대상에 따라서는 산업과 업종, 그리고 지역의 범위를 넘어 전국적 통일투쟁을 확대하는 것이 기업별노조 형태를 타파하는 데 유리한 조건을 형성하는 일이 될 것이다.

④ 지역조직 역할 강화

산업별노조 체제로의 전환에서 지역조직의 역할이 매우 중요하다. 지역 차원에서의 조직 확대와 기업단위 노조의 극복을 위한 조직개편 작업이 지역조직에 부여된 중대 과제이기 때문이다. 산업별연맹 또는 산업별노조의 지역조직은 지역 차원의 조직 확대와 통합, 그리고 조직개편을 추진하는 데서 역할과 책임을 담당할 수 있어야 한다. 기업별노조의 극복은 전국조직의 지도방침과 지역조직의 구체적 활동이 결합할 때 더욱 촉진될 수 있다. 산업별 지역조직의 활동은 전국중앙조직의 지역조직을 중심으로 추진되는 것이 효과적일 것이다.

나. 2단계: 산업별노조 체제의 정비·강화

두 번째 단계는 산업별노조 체제로 개편되지 않은 연맹과 연맹 산하 업종별 전국단일노조, 지역합동노조, 일반노조 등을 산업별 조직체계로 정비·재편하면서 조직 간의 균형적 발전을 추진하는 것이다. 이 단계에서 추진해야 할 주요 실천 과제는 다음과 같이 집약될 수 있겠다.

① 산업별 체제로 개편

산업별 체제로 개편되지 않은 노조들을 산업별 또는 업종별 전국조직으로 재편하는 일이 이 단계의 핵심적 과제가 될 것이다. 이 과정에서는 각 조직이 지닌 특수성과 조직형태 발전을 위한 전체 구도와의 통일이 매우 중요하다. 또한 업종별 전국조직은 집중적 산업별노조를 목표로 한 추진기구 또는 준비기구를 설치하는 게 반드시 필요할 것으로 판단된다. 그것은 업종별 노조 체제가 고착되는 것을 막기 위해서이다.

② 조직 간 균형적 발전 추진

산업별 또는 업종별 조직 사이에 존재하는 조직형태 발전의 편차를 조정하고 균형적 발전을 추진하는 것은 전체 조직구조의 불균형에서 오는 역기능을 최소화하고 장기적으로 산업별노조의 집중성과 통일성을 높이기 위해서 중요하다. 물론 조직 개혁 작업에서 선도적 산업이나 부문의 역할이 중요하지 않은 것은 아니다. 그러나 지나친 불균형은 전체적인 조직형태 발전을 제약할 수도 있다. 그런 점에서 균형적 발전을 위한 전망의 설정이 요구되는 것이다. 여기서 선진적 산업별노조의 경우에는 집중성을 높이기 위한 통합 작업이 우선적인 과제가 될 것이고, 후진적인 산업별노조는 산별 체제의 공고화가 더한층 긴급한 과제가 될 것이다.

③ 조합 본부의 기능 집중과 지도력 강화

산업별노조 체제는 교섭권과 통제권 그리고 각종 활동의 중앙집권화를 기본 특징으로 한다. 그런 점에서 기업별노조와는 조직 운영을 근본적으로 달리한다. 따라서 산업별 체제의 강화를 위해서는 조합 본부의 기능과 지도역량 강화가 필수적으로 요구된다. 교섭권의 집중을 비롯하여 제반 활동과 투쟁, 재정과 인력, 지도 집행 등에 걸친 조합 본부의 권한과 책임의 집중화를 위한 조직적 결의와 실천이 행해져야 한다. 지역과 작업장 차원에서의 활동이나 역량 충실화도 이런 중앙집권적인 통제와 체계를 통하여 추진됨으로써 전체적인 일관성을 유지하게 될 것이다.

④ 작업장 차원 조직의 위상과 기능 개편

중앙집중화되고 체계적인 산업별노조 체제에서는 작업장 수준에서의 조직은 설치하지 않는 게 일반적이다. 조직의 집중성을 유지하고 분산성을 막기 위해서이다. 대신에 현장활동가와 지역 차원의 지구조직 또는 지부가 작업장 차원의 노조활동을 담당한다. 그러나 우리의 경우에는 산업별노조 형태로 전환해도 작업장 차원의 노조 지부나 분회 설치를 피하기 어려울 것으로 전망되며, 지부나 분회가 작업장 차원의 노조활동과 경영참가의 기능을 맡게 될 것으로 보인다. 이때 지부나 분회의 위상과 기능이 기업별노조를 대체하는 게 돼서는 안 되며, 어디까지나 산업별노조의 기초조직 기능을 충실히 수행할 수 있어야만 한다. 특히 자본의 유연화 전략이 강도 높게 추진되고 있고 노동과정의 변화가 급속히 진행되는 조건이라는 점에서, 지부나 분회의 위상과 기능이 작업장 내의 충실한 노조활동 강화를 위한 방향으로 바르게 설정되지 않으면 안 될 것이다. 이 경우에도 지부나 분회의 활동이 조직의 분산화를 촉진하는 일은 경계해야 할 대상이다.

⑤ 공동투쟁과 통일투쟁의 확대

산업별 조직역량을 공고히 하고 자본과 권력의 지배와 분열 책동을 막기 위해서는 현장에 바탕을 둔 대중투쟁과 산업별 통일 요구를 관철하기 위한 공동투쟁·통일투쟁 강화가 필요하다. 산업별노조 체제의 정비·강화를 위해서는 조직 측면에서뿐 아니라 투쟁 측면에서도 공동투쟁·통일투쟁의 대상과 영역, 그리고 참가 범위가 확대되고 질적으로도 강화되어야 하기 때문이다. 공동투쟁과 통일투쟁의 성과는, 그것이 비록 만족할 만한 정도가 아니라 할지라도, 조직형태 발전의 중요성에 대한 대중의 이해를 높이는 데는 귀중한 요소가 될 수 있다.

⑥ 단체교섭의 다양화와 집중화

전국 차원의 통일교섭 체계가 확립되지 않은 조건에서는 산업별노조가 공동교섭, 집단교섭, 대각선교섭 등 다양한 교섭방식을 주도적으로 취하면서 통일교섭으로 집중화할 필요가 있다. 경우에 따라서는 조합 본부와 지부 또는 분회 사이에 단체교섭의 분업구조도 현실적인 조건에 맞추어 신중하게 고려해야 할 사항이다.

⑦ 노동조합운동의 본격적 통일 추진

전국중앙조직의 통일은 산업별노조 체제 구축을 위한 필수적인 요건이므로, 이 단계에서는 노동조합운동의 통일을 이룩하기 위한 본격적인 작업이 추진되어야 한다. 노동운동의 통일은 자주적이고 민주적인 개편을 전제조건으로 하며, 이를 위한 계획적인 실천 운동이 요구된다. 노동운동의 통일을 위해서는 전국중앙조직 차원의 통합 노력도 중요하겠지만, 산업별 차원이나 지역별 차원의 실질적인 조직 통일을 위한 활동 추진도 매우 중요할 것이다.

⑧ 산업별노조의 지역조직 강화

산업별노조의 기초조직은 지역조직이며, 실질적인 활동은 지역조직이 담당하게 될 것이므로 지역조직의 기능 강화가 필요하다. 산업별노조 체제의 정비·강화를 위해서는 사업장단위의 지부나 분회의 기능을 점차 지역조직으로 집중시켜 나가지 않으면 안 될 것이다. 지역조직은 특별시와 광역시·도의 '지역본부', 그리고 시, 공단 또는 하부 지역단위의 '지부'조직 설치를 통하여 체계화하는 것이 현실적인 방안으로 보인다. 이런 산업별 지역조직도 전국중앙조직의 지역조직과 횡단적인 결합을 통해 지역 차원의 공동활동과 공동투쟁을 추진하는 것이 산업별 지역조직의 강화를 위한 효과적인 방편이 될 것이다.

다. 3단계: 산업별노조 체제 확립

이 단계는 1단계와 2단계의 과정을 거쳐 건설된 산업별노조들의 체제를 확립하는 과정이다. 이 단계에서 중요하게 추진해야 할 실천 목표는 다음과 같이 설정될 수 있을 것이다.

① 산업·업종별 조직의 통합과 정리

산만하고 복합적인 노조조직을 체계적이고 집중화된 산업별 체계로 개편하기 위해서는 대산별 형태로 통합·정리하는 작업이 뒤따라야만 한다. 전국중앙조직의 지도방침과 산업별노조의 결정이 합치되는 방향에서 조직재편을 추진하는 것이 합리적일 것으로 판단된다. 이 과정에서는 산업별 조직들 사이의 서로 다른 조건과 입장 때문에 전국중앙조직의 지도방침이 쉽게 수용되지 않을 수도 있다. 그러나 산업별 또는 업종별 전국조직의 통합 노력은 지속적이고도 계획적으로 추진되어야 한다. 이때 산업별 조직의 관할 구역 또는 산업별 정리와 구분의 문제가 제기될 수 있는데, 여기서 강조되어야 할 원칙은 조직의 집중성, 즉 대산별 체계이다. 이런 원칙이 존중되는 가운데서도, 노동자들이 결집하기 편리한 통일행동을 강화하여 전체적인 통일을 강화할 수 있는 조건의 창출이 고려되지 않으면 안 된다.

② 현장을 기초로 한 산업별 조직의 민주적 운영 강화

산업별 조직의 관료화와 현장활동의 공동화를 막기 위해서는 현장을 기초로 한 대중적 투쟁조직을 강화하고, 산업별 조직의 민주적 운영을 위한 효과적인 노력이 필요하다. 이 단계에서는 사업장 차원의 지부나 분회 기능은 가능한 한 조합 본부로 집중화하되, 작업장 차원의 활동과 투쟁의 거점은 더한층 공고히 해야만 한다. 이를 위해서는 유능한 현장활동가들의 육성과 확보를 목표로 한 계획적인 작업이 추진되어야 하고, 작업장 차원에서의 기동성 있는 노조활동과 실질적인 경영참가를 위한 권한과 책임이 현장활동가들에게 맡겨져야 한다. 이런 현장활동가들의 활동이 산업별 체계의 분산이 아니라 집중화로 통합되어야 할 것은 물론이다.

③ 단체교섭의 집중화

이 단계에서는 전국 레벨의 통일교섭을 중심축이 되고, 이에 병행하여 공동교섭과 대각선교섭 등의 방식이 유연하게 운용되어야 할 것이다. 이 단계에 이르기까지 대각선교섭이나 공동교섭이 교섭형태의 주류를 이룬다면, 단체교섭의 분산화는 물론이고 조직의 분권화를 극복하기 어려울 것이기 때문이다. 산업구조와 노동시장의 변화, 그리고 기업경영 내부의 변화에 따른 노조의 대응 방식은 유연한 형태를 취하되, 대응의 체계는 어디까지나 산업 차원 또는 전국 차원에서 구축되어야 할 것이다.

④ 산업별 투쟁의 질적 고양

산업별노조 형태의 확립을 위해서는 산업별 통일 요구를 관철하기 위한 투쟁의 질적 전환이 필요하다. 또한 전 계급적 요구 실현을 목표로 산업별노조들이 공동으로 추진하는 폭넓은 통일적 투쟁을 강화할 것이 요구된다. 산업별·전국적 투쟁은 정책과 제도 개선, 그리고 정치적 요구의 실현을 위해 그 중요성이 더한층 강조되며, 전 계급적 투쟁 과제의 해결을 위한 필수적인 요건이 될 것이다.

⑤ 노동조합운동의 통일

이 단계에서는 '1산업 1노조'의 원칙을 실천하면서 '1국가 1노조'의 원칙도 동시에 관철해 나가야 할 것이다. 자주적·민주적 개편을 통한 노동조합운동의 통일 달성이 노동운동 발전에서 갖는 의미는 실로 크며, 그것이 조직의 통일만이 아니라 투쟁이나 이념의 통일, 그리고 정치적 역량의 발전에 대해서도 긍정적인 영향력을 행사하게 될 것이 분명하다.

⑥ 조직의 체계 확립

전국중앙조직과 산업별 조직, 그리고 지역조직 사이의 체계화 작업은 산업별노조 체제를 확립하는 데서 빼놓을 수 없는 중요한 일이다. 전국중앙조직은 가맹 조직 사이의 이해를 조정하고 노조 전체의 단결을 강화함과 동시에, 투쟁역량을 집중하여 노동자계급의 공통목표를 추구하는 것을 고유의 기능으로 한다. 산업별 조직은 산업 차원의 교섭과 투쟁을 조직하고 지역과 사업장단위의 활동과 투쟁을 지도하며, 전국적 통일투쟁의 강화에 이바지하는 것을 기본 임무로 한다. 지역조직은 지역 차원의 조직화를 비롯하여 지역 공동활동, 지역 차원의 공동투쟁, 산업별노조 지역조직 간의 연대 강화, 지역 차원의 정치 활동, 지역 주민운동 주도와 지원 등이 주요 기능이 될 것이다. 각급 조직이 갖는 이런 기능과 임무는 분립적으로 수행될 것이 아니라 상호 유기적인 관계 속에서 체계적으로 수행되어야 할 것이다. 이를 위해서는 각급 조직 사이의 체계 확립이 매우 중요하다.

⑦ 정치적 역량 강화와 운동이념의 발전

산업별노조 조직형태 확립 과정에서는 노동운동 발전을 통한 정치적 진출 확대와 운동이념의 활성화 추구가 필연적으로 수반될 수밖에 없다. 따라서 산업별노조 체제로의 전환에서는 노동운동의 정치적 역량 강화와 노동운동의 성장과 발전에 따른 운동이념의 정립을 위한 목적의식적인 실천 노력이 치열하게 행해져야 할 것이다. 그것이 노조 조직형태 발전의 진정한 의의를 살리는 길이기 때문이다.

4. 한국노총과 민주노총의 산별노조 건설 방향 검토

한국의 양대 전국중앙조직인 한국노총과 민주노총이 설정하고 있는 조직형태 발전 방향 및 방침은 산업별노조 체제 구축 경로와 그 전망을 제시하고 있다는 점에서 실천적 중요성을 지닌다. 그러나 그런 방향과 방침이 올바른 원칙을 견지하고 있고 현실적인 조건에 비추어 산업별노조 건설의 실현 가능성을 지니고 있는지는 검토 대상이 되지 않을 수 없다. 한국노총의 경우는 아직 조직형태 발전에 관한 공식적인 결의기구 결정이 없다. 다만, 정책연구실에서 마련한 「산업별 노동조합 조직형태에 관한 연구(이하 '연구')」가 있을 뿐이다. 민주노총의 경우는 운동방침의 일환인 「조직방침(이하, '방침')」이 정기 대의원대회에서 채택되었다. '연구'와 '방침'을 중심으로 한국노총과 민주노총의 산업별노조 건설 방향과 원칙을 검토하겠다.

1) 한국노총의 「산업별 노동조합 조직형태에 관한 연구」 검토

한국노총의 연구는 △들어가는 말 △노동조합 조직형태의 역사적 발전과 주요 각국의 노동조합 형태 △우리나라 노동조합 조직형태와 기업별노동조합의 문제점 △산업별노동조합 체제로의 지향 △결론 등 다섯 부분으로 구성되어 있다. 연구의 내용 가운데 산업별노조 형태로의 전환을 위한 방침과 관련된 부분을 대상으로 하여 검토한다.

가. 기업별노조의 문제점

한국노총의 연구는 기업별노조의 문제점으로서 노조 자주성 확립 제약, 노사관계 불균형 유지, 노동자 총단결 약화와 기업 이기주의 심화, 상·하급 조직의 재정적 약화 초래, 정치·경제·산업 민주화 지연, 올바른 산업정책 실현 곤란, 노동운동 전문성 제고 제약 등을 들고 있다(한국노총, 1992; 16). 이런 분석은 매우 포괄적이고 거시적인 관점에서 행해진 것이기는 하지만, 기업별노조 형태의 특성과 취약점, 그리고 산업별 체제로의 전환을 위한 당위성을 주체적인 측면에서 구체적으로 밝히지 못한 측면이 있다. 산업별노조 체제의 구축은 현실 조건에 대한 구체적 분석과 목표 설정에 대한 정확한 인식이 전제되지 않으면 안 된다는 점에서 허점을 드러내고 있다.

나. 산별 체제로 전환의 방향

한국노총의 연구는 "완전한 산별 체제로의 이행을 위해서는 2단계를 거치는 것이 바람직하며, 그 1단계는 산별 체제와 기업별 체제의 결합형, 또는 중간형이 될 것으로 보인다."라고 주장하고 있다(한국노총, 1992; 29). 여기서 제시된 산별 체제로의 전환 방향은 그 첫 번째 단계에 해당하는 것이며, 그다음 단계에 대해서는 언급하지 않고 있다. "완전한 산별 체제"로의 전환을 위한 단계적 경로가 제시되지 않아 한국노총이 지향하는 산업별노조 형태가 어떤 체계와 내용을 갖는 것인지를 정확히 파악하기 어렵다. 또한 제1단계에서 제2단계로 이행하는 과정도 제시되지 않고 있다. 다만, 제1단계 추진에서 제기될 수 있는 세부 사항에 대해서는 다음과 같이 구체적인 방안이 나와 있다.

① 재정

한국노총의 연구가 제시하는 방안은 조합비 징수는 현행 법 규정대로 2%로 하고, 조합비 사용 비율은 노총 30%, 산별 30%, 기업단위 조직 40%로 하되, 노총과 산별에 납부된 조합비 가운데 10% 해당분은 특별기금으로 적립한다는 것이다. 노총과 산별의 지역조직 운영비는 납부된 조합비에서 노총과 산별이 내려보내는 방안이 제시되고 있다. 이와는 별도로 쟁의기금은 임금인상 뒤 첫 달 인상분으로 적립하는 계획이 설정되고 있다.

한편, 산별 체제로의 전환에서 조합비의 상향 조정이 꼭 필요하고, 이를 위해서는 법률 규정 개정이 선행되어야만 할 것이다. 조합비 배분은 산별노조 본부에 집중하는 것이 원칙상 합리적일 것으로 판단되며, 초기 단계에서는 현실적으로 사업장단위의 지부나 분회의 조합비 사용 비율이 상대적으로 높을 수밖에 없겠으나 단계적으로 이를 조정해 나가지 않으면 안 될 것이다. 쟁의기금의 설치는 어떤 방법을 통해서든 실행되어야 할 과제이다.

② 조직

한국노총의 연구는 "산별 체제로 전환 시의 조직체계는 노총-산별-지부-분회로 개편하는 것이 바람직하다."라는 방안을 제시하면서, 대기업 단위노조의 이기주의를 고려하여 잠정적으로 산별연맹 산하에 대단위 기업별노조와 중소기업노조를 망라한 산별노조를 병존하는 형태로 유지하다가 일정한 기간이 지난 뒤 산별 체제로 전환하는 방법이 상정되어야 한다고 제기한다.

여기서 검토되어야 할 것은 산업별노조의 하부 조직으로 지부를 둘 경우, 지역 차원에만 한정할 것인지 아니면 일정 규모 이상의 사업장에까지 설치할 것인지 하는 점이다. 이것은 단체교섭의 단위와도 직접 관련되는 문제다. 그리고 산업별 체제로 전환을 위한 과도기적인 단계를 설정하는 것은 충분히 고려해 보아야 할 것이나, 이 단계는 산업별노조 형태로 전환되기 이전 단계의 일이 될 것이다. 이 경우에도 대기업과 중소기업을 조직형태상으로 구분하여 산업별 체제로의 이행 경로를 설정하는 건 대기업 중심주의를 부추길 수 있다는 점에서 원칙상 올바르지 못하다.

③ 단체교섭

한국노총의 연구는 산업별노조와 사용자단체 사이의 통일교섭이 기본적인 단체교섭 형태라는 전제하에, 그 이전의 교섭형태로서 대각선교섭을 설정하고 있다. 이런 주장은 우리의 경우 산업별노조 체제의 전환 과정에서 매우 복합적인 교섭형태를 취할 수밖에 없을 터인데, 이 같은 사실을 지나치게 단순화하고 있을 뿐만 아니라, 작업장 차원의 단체교섭 비중을 고려의 대상에서 배제하고 있다는 비판의 여지를 안고 있다.

④ 그 밖의 사항

이 밖에도 한국노총의 연구는 의사결정, 선거, 노동쟁의, 징계, 지역 조직의 횡포 방지, 노조 간부의 급료 등에 관한 구체적인 방침들을 포함하고 있다. 이런 방침들은 산업별 체제로의 전환이 어떤 과정을 통해 진행될 것인지에 따라 구체화될 수밖에 없을 것이다.

다. 산업별 체제로 전환의 방법

연구는 산업별 체제로 전환의 방법으로 △법률에 의한 방법 △회의의 결의나 규약 변경에 의한 방법 △선 해산 후 산별노조 결성 방법 등을 설정하고 있다(한국노총, 1992; 35). 법률에 의한 방법은 노조 조직형태를 산업별 체제로 강제화하는 것을 전제로 하고 있는데, 이런 법률규정은 단결선택권을 제약한다는 점에서 불합리하고 법 개정도 현실적으로 어려울 수밖에 없다. 회의의 결의나 규약 변경에 의한 방법은 현행 노동조합법의 복수노조 금지 규정과 배치되며, 비록 복수노조 금지 조항이 폐지된다고 하더라도 기업단위 노조의 결정을 충실하게 집약하지 못한다는 문제점을 지닌다. 다만 연맹 대의원대회 결정이 산하 기업단위 노조의 총회 결의를 통해 전폭적으로 수용된다면, 조직개편 절차상 크게 문제가 될 건 없을 것이다. 결국 산업별 체제로 전환은 연맹 산하 기업단위 노조들의 민주적인 결정과 전체적인 동의를 바탕으로 추진되는 게 가장 바람직하다고 할 수 있다.

라. 종합 평가

종합적으로 검토하건대 지금까지 살펴본 연구의 내용은 산업별노조 건설을 위한 진지한 방향 모색이라는 점에서 의의를 지닌다. 그런데 한국노총 산하 조직들이 산업별 체제로의 전환을 위한 실천적 노력을 보이지 않고 있는 현실 조건에 비추어, 연구에서 제시된 내용들은 구체적인 방침으로서의 성격을 지니기에는 한계를 갖는다. 향후 산업별노조에 대한 조직적 논의가 진전됨에 따라서는 더한층 풍부한 내용을 담은 방침이 설정될 수 있을 것으로 예상된다.

2) 민주노총의「조직방침(안)」검토

가. 민주노총의 조직 발전 방향

민주노총의 조직방침은 산업별노조 체제로의 전환 경로를 다음과 같이 3단계로 설정하고 있다(민주노총, 1996; 84). 이에 따르면 제1단계는 '조직 정비기(1996~1997년)'이고, 제2단계는 '산별노조 재편기(1998~2000년)'이며, 제3단계는 '산별노조 정착기(2000년 이후)'이다. 단계별 조직형태를 보면, 제1단계는 기업별노조이고 제2단계는 기업별노조와 산업별노조가 병존하는 형태이며, 제3단계는 산업별노조 체계이다(<표 1> 참조).

<표 1> 민주노총의 조직 발전 방향

발전단계	1단계 (1996~1997년)	2단계 (1998~2000년)	3단계 (2000년 이후)
시기	- 조직 정비기	- 산별노조 재편기	- 산별노조 정착기
지위	- 민주노조총연합체	- 실질적 제1노총	- 실질적 단일노총
조직구성	- 산별연맹, 그룹, 지역본부	- 산별연맹, 소산별(지역별) 단일노조, 산별노조	- 산별노조
조직형태	- 기업별노조	- 기업별노조 + 산별노조	- 산별노조
합법성	- 비합법	- 합법	- 합법
대노총 관계	- 경쟁	- 압도	- 전체 노조운동 통일

자료: 전국민주노동조합총연맹(1996), p. 84.

민주노총이 설정한 세 단계 조직 발전 방향은 전체 노동조합운동의 구도와 조직 상태에 대한 구체적 분석을 통해 도출된 방침이라기보다는, 산업별노조 체제의 구축이라는 목표에 집착한 단선적 계획으로서 성격을 지니고 있다. 또한 단계마다 제기될 조직적 과제와 해결 방법 등이 불명확하게 제시되고 있다. 그리고 단계별 발전의 추진을 위한 조직적 계기가 분명하게 설정되고 있지 못하다.

나. 산업별노조 건설의 경로와 방식

민주노총의 조직방침에 담긴 경로를 요약하면 다음과 같다. 요컨대 현재의 기업별노조를 산업별노조로 재편하고 이후 미조직 노동자들을 산업별노조에 가입시킨다는 것, 공동 요구를 바탕으로 공동교섭, 공동투쟁을 전개하고 단위노조와 산별연맹 간에 인력과 재정을 적절히 배분하면서 단위노조의 권력을 점차 산별연맹으로 이관해 간다는 것, 유사한 산업별 조직 간 통폐합 등의 정리가 필요하다는 것, 소산별 단일노조나 지역별 단일노조의 건설을 바탕으로 산별노조를 건설하거나 산업별연맹을 산업별노조로 전환하는 경로 가운데 어느 하나를 선택하기보다 산업별 조직의 조건에 따라 중층적인 경로를 취한다는 것, 준비된 조직부터 산업별노조로 전환하고 전 조직적인 산별 재편을 추진한다는 것 등이다.

산업별노조 건설 방식은 다음과 같이 설정되고 있다. "신규 산별노조를 만드는 경우에는 창립총회를 열어 산별노조의 규약을 채택하고 이를 첨부하여 노동조합 설립 신고서를 노동부에 제출하고, 기존 노조를 산별노조로 재편하는 경우에는 노조법과 규약에 따라 총회를 열어 규약 개정을 하거나 일단 해산하고 즉시 산별노조 결성의 절차를 밟으면 된다." 민주노총이 상정하는 이러한 산업별노조 건설의 경로와 방식은 몇 가지 점에서 한계와 문제점을 안고 있다.

먼저, 산업별노조 건설에서 요구되는 주요 과제들은 제시하고 있으나, 단계별 경로에 따른 조직체계와 요건이 적시되지 못하여, 산업별노조 전환을 위한 구체적 경로를 파악하기 어렵다. 또한, 각 단계에 따라 제기될 과제와 그 해결을 위한 실천 방안이 설명되지 않고 있으며, 산업별노조 건설 방식도 형식 절차만을 제시하고 있을 뿐 조직 내적인 구체적 실천 내용을 내포하지 못하고 있다.

다. 산업별노조 건설 사업

민주노총의 조직방침은 산업별노조 건설을 위한 사업으로 △'산업별노조 추진 소위위원회' 구성 △산업별 공동교섭과 공동투쟁 전개 △소산별 단일노조와 지역별 단일노조의 조직화 △교육·선전·홍보활동 전개 △중장기적으로 기업별노조의 노동조합 간 연대를 뛰어넘는 사업배치 등을 제시하고 있다. 이런 사업의 추진은 산업별노조 건설에서 필요한 요건이 될 수는 있을 것이다. 그러나 이 외에 기업단위 노조의 조직역량 강화를 비롯하여 조직의 체계화와 집중화, 조직 확대와 민주적 개편, 노동운동의 통일, 정책·제도 개선 투쟁의 질적 전환, 노동운동의 정치역량 강화와 이념 정립 등에 관련되는 사업에 대해서는 방안이 제시되지 않고 있다.

5. 산업별노조 체제 구축을 위한 현 단계의 과제

기업별노조를 극복하고 산업별 체제로의 전환을 추진하기 위해 현 단계에서 해결하지 않으면 안 될 주요 과제들이 다음과 같이 제기되고 있다. 이러한 과제들은 노동운동의 발전을 위한 당면 과제와도 맥락을 같이 한다.

1) 조직형태 발전을 위한 조직강령과 활동 방침 수립

산업별노조 형태로의 전환이라는 조직형태 개혁 작업은 노동운동 발전을 위한 최대 과제로 떠올라 있고, 이 과제의 해결은 정확한 목표 설정과 계획적인 실천 방침 수립, 그리고 조직적 행동 의지가 뒷받침되어야만 가능하다. 따라서 당연하게도 산업별노조 건설을 위한 목표, 원칙, 경로, 단계별 과제를 포함한 조직강령과 활동 방침의 설정이 요구된다. 강령과 방침은 각급 조직의 광범한 토의와 현실적 조건에 대한 올바른 분석 위에서 설정되어야 할 것은 물론이다. 이 같은 조직노선의 정립과 실행은 전국중앙조직이 주도하지 않으면 안 될 것이다.

2) 상급조직의 기능과 지도력 강화

노조 상급조직의 기능을 강화하고 지도역량을 높이는 일은 산업별 노조로 전환을 위한 선결 조건이다. 산업별노조 건설은 전국조직의 지도역량과 교섭역량, 그리고 통제력 집중이 뒷받침되어야 하기 때문이다. 이를 위해서는 교섭권 위임이 가능한 조직은 모름지기 상급조직으로 위임해야 할 것이고, 교섭권의 위임이 불가능한 조직의 경우는 실질적인 연대구조를 확대해 나가야 할 것이다. 또한 각종 활동, 재정, 인력, 권한 등의 집중화를 위한 조직적 결정과 실행이 실제로 행해져야 한다.

3) 조직의 확대와 민주적 개편

산업별노조 체제로의 전환을 위해 조직의 확대가 요구되는 것은 중앙집중적 조직역량의 결집과 강력한 공동투쟁·통일투쟁의 추진을 위해서다. 광범한 미조직 노동자의 존재와 조직률의 감소는 산업별노조로 전환에서 제약적 요인이 아닐 수 없다. 미조직 노동자를 대거 가입시키기 위해서는, 대기업 사업장 미조직 노동자에 대한 집중적 조직화를 비롯하여, 중소·영세사업체 종사 노동자와 비정규직 노동자들에 대한 합동노조 또는 일반노조를 통한 조직화 활동 등이 추진되어야 하고, 공무원과 교사의 단결권 보장 투쟁도 함께 추진되어야 할 것이다. 이와 더불어 비자주적이고 비민주적인 노조의 개편 작업이 조합원의 요구와 민주적인 노조의 공동노력에 의해 효과적으로 행해져야 할 것이다.

4) 기업단위 조직의 정비와 강화

역설적으로 들릴지 모르겠으나, 산업별노조 체제로 전환을 위해서는 현재의 기업별노조 조직이 더한층 정비 및 강화될 필요가 있다. 산업별노조 건설을 추동하는 힘은 결국 기업별노조에서 나올 수밖에 없기 때문이다. 또 산업별노조 체제가 구축된 이후에도 조직의 관료화를 막고 현장활동의 기반을 공고히 하기 위해서도 현 단계에서 기업단위 노조의 정비 및 강화 노력이 필요하다. 기업별노조의 정비·강화를 위해서는 일상활동, 일상투쟁, 현장조직 활동, 조직 간의 연대의 강화와 유능한 간부·활동가의 확보 등이 불가결한 요건이 될 것이다.

5) 노동운동의 통일 추진

노동조합운동의 분열과 분산은 산업별노조 체제 건설을 가로막고 노조의 조직력과 투쟁력을 약화할 뿐만 아니라 노동자의 정치적 진출을 제약하게 된다. 그런 점에서 노동운동의 통일은 노조 조직형태의 개혁을 위해서만이 아니라 노동운동의 발전을 위해서도 중요한 과제다.

노동운동의 통일이 아무리 중요하다 하더라도 무조건·무원칙적으로 추진되어서는 안 된다. 노동운동의 통일은 노동운동이 추구하는 목표와 거기서 요구되는 원칙을 기초로 추진되어야 한다. 그러나 기본 목표와 원칙에 대한 완전한 합의가 이루어지지 않는다고 해서 노동운동의 통일을 위한 노력을 포기할 필요는 없다. 왜냐하면 노동운동의 통일은 광범한 세력을 포용할 수 있어야 하고, 일정한 시점에서 일치된 요구에 기초한 행동통일을 전개하지 않으면 안 되기 때문이다. 산업별노조 체제로 전환을 위한 목표와 전망에 대해 폭넓은 의견을 수렴하고 공동행동을 추진하는 일은 노동운동의 통일을 위한 작업의 하나일 수 있다.

6) 지역조직의 정비와 체계화

산업별(업종별)연맹 또는 협의체의 지역조직을 정비하고 조직 내부의 체계화를 이루는 일은 조직형태의 전환을 위해서뿐 아니라 산업별노조 체제의 하부조직을 공고히 한다는 점에서도 긴요하다. 지역조직 강화를 위해서는 지역 차원의 공동활동과 공동투쟁의 영역을 확대하고, 공동교섭 또는 집단교섭의 관행을 확립할 필요가 있다. 이 경우 전국중앙조직의 지역조직이 수행할 역할과 기능도 증대되어야 할 것은 물론이다.

7) 공동투쟁과 통일투쟁의 강화

산업별노조 건설에서 공동투쟁·통일투쟁의 강화가 강조되는 건 사업장 차원의 투쟁을 산업별·전국적 투쟁으로 확대하여 총자본과 권력에 대응함으로써 산업별 조직역량과 투쟁역량을 강화할 수 있기 때문이다. 공동투쟁·통일투쟁을 조직하는 데는 현재의 상태와 조직 간의 차별성을 인정하고 공동 요구를 중시할 필요가 있다. 또한 사업과 투쟁을 통해 사전에 공동투쟁·통일투쟁의 기반을 다지는 일과 일상적인 교류나 공동사업의 확대가 요구된다. 그리고 단위노조의 구체적 요구·상태와 투쟁지도부의 계획·지도를 통일시켜 나가는 일 또한 투쟁의 조직에서 지켜야 할 원칙이다.

8) 정치역량의 제고와 운동이념의 정립

산업별노조 체제의 확립은 노동운동의 정치역량 성장과 정치적 진출의 확대를 위한 기반 구축을 가능하게 하며, 노동운동의 이념 발전을 촉진하게 된다. 그런 의미에서 산업별노조로 전환 과정에서도 정치역량을 키우고 운동이념을 발전시키기 위한 실천적 노력이 매우 중요하다.

현재 시점에서도 계급모순 극복, 민족문제 해결, 민주개혁 실현 등을 위한 노동운동의 정치적 책무가 막중하다. 이런 중대한 책무의 이행은 산업별노조 체제 구축을 통해서 가능하며, 산업별노조 건설 과정에서 노동운동의 정치역량 고양이 절실하게 요구되는 것이다. 노동운동의 정치역량을 키우는 데는 노동자계급의 정치적 자각 제고, 노동운동 지도집단과 간부들의 사상 및 이론 수준 향상, 타 민중세력과 진보적·정치적 동맹 결성, 정치적 지도체 건설 등을 위한 구체적 활동 등이 요구된다.

한편, 노동운동의 조직 발전은 투쟁을 매개로 하면서 운동이념의 발전으로 이어질 수 있다. 그런 점에서 산업별노조 체제 건설 과정에서도 운동이념을 정립하기 위한 노력이 지속해서 행해져야만 한다. 한국 사회의 모순구조와 사회적 상황, 그리고 민족적 과제에 비추어 노동운동의 이념은 사회변혁의 내용을 포함하는 적극적 의미의 사회개혁을 추구하는 방향에서 설정될 수밖에 없다.

산업별노조 체제 건설의 추진은 조직의 발전은 물론이고 투쟁역량과 정치역량, 그리고 운동이념의 발전을 위한 계기를 창출하게 되고, 그것은 곧 노동운동의 발전을 위한 강력한 추진력이 될 수 있을 것이다.

참고문헌

김금수(1993), 『노동운동론』, 한국노동교육협회.
김형기(1988), 『한국의 독점자본과 임노동』, 까치.
김황조(1995), 『세계 각국의 노사관계』, 세경사.
박덕제 외(1989), 『선진각국의 노조운동과 노사관계』, 한국경제신문사.
박준식(1996), 『생산의 정치와 작업장 민주주의』, 한울아카데미.
임영일(1995), 『산별노조와 산별노조 건설운동』, 영남노동운동연구소.
전국민주노동조합총연맹(1996), 「조직방침」, 『제1차 정기대의원대회 자료집』, 전국민주노동조합총연맹.
전국전문기술노동조합연맹(1996), 『산별노조의 이론과 실제』, 전국전문기술노동조합연맹.
한국노동연구원(1996), 『노동조합체제와 노사관계 발전방향』(토론회 자료), 한국노동연구원.
한국노동조합총연맹(1992), 『산업별 노동조합 조직형태에 관한 연구』, 한국노동조합총연맹.
한국사회연구소(1989), 『노동조합조직연구』, 백산서당.
한국산업사회연구회 편(1994), 『산별노조론』, 미래사.
한국산업은행(1993), 『한국의 산업』, 한국산업은행
황덕순(1990), 「산별노조 성립에 관한 일 연구」, 서울대학교 대학원 경제학 석사학위논문.

勞動組合事典編集委員會(1977), 『現代勞動組合事典』, 大月書店.
淸水愼三外(1979), 『總評組織綱領と現代勞動運動』, 勞動敎育センター.
中林賢二郞外(1985), 『日本の勞動組合運動 5: 勞動組合組織論』, 大月書店.
Bean, Ron(1994), Comparative Industrial Relations, Routledge.

Clegg, H. A.(1976), A Theory of Union Structure, in *Trade Unionism under Collective Bargaining*, Blackwell.

Lecher, Wolfgang(1991), Die Gewerkschaften in den 12 EG-Ländern, Translated by Pete Burgess(1994), *Trade Unions in the European Union*, Lawrence & Wishart.

Schönhoven, Klaus(1985), Localism - Craft Union - Industrial Union: Organizational Patterns in German Trade Unionism, Edited by Wolfgang J. Mommsen and Hans-Gerhard Husung, *The Development of Trade Unionism in Great Britain and Germany: 1880~1914*, George Allen & Unwin.

Visser, Jeller(1994), Union Organization: Why Countries Differ, *The Future of Industrial Relations*, SAGE.

출처 한국노동사회연구소(1996), 『노동사회연구』(제9호), 한국노동사회연구소.

[강의안]
공공부문 노조운동의 당면 과제와 조직형태 발전 방향

1. 공노대의 출범과 활동 및 투쟁의 성과

재작년 〈공공부문노동조합대표자회의(공노대)〉 출범식에서 제가 느꼈던 솔직한 심정은 '이 사람들이 뭔가 큰일을 낼 사람들이 아닌가?' 하는 것이었습니다. 그리고 이제 2년 가까이 지났는데, 공노대의 발자취를 살펴보면 다른 부문과 비교해서 정말 일을 많이 냈습니다. 작년의 한국통신 투쟁을 비롯해서, 올해는 5개 사 노동조합이 중심이 된 공동투쟁까지, 공노대가 주도해 온 공공부문 투쟁은 전체 투쟁의 돌파구를 열었다고 할까, 또는 전체 투쟁을 주도하는 역할을 했다고 평가할 수 있겠습니다.

출범한 뒤 오늘날까지 공노대는 여러 가지 사업들을 해왔습니다. 지난번 교육에서도 토론 중에 "공노대가 회의체라는 조직의 성격에 비해서는 괄목할만한 성과를 이루었다."라는 얘기가 나왔습니다. 거기에는 저도 동감입니다. 공노대가 뭡니까? 일종의 연락기구나 회의체, 즉, 아주 낮은 차원의 연대기구입니다. 그런 조직체가 커다란 투쟁의 성과를 획득한 것입니다.

그런데 자세히 뜯어보면 문제도 있었습니다. 공노대의 여러 평가를 통해서 보아도 그렇고 동지들 스스로도 내부적인 한계를 잘 인식하고 있다고 생각합니다. 예를 들어 느슨한 조직체로서 투쟁의 구심 역할을 예상 이상으로 펼쳐왔지만, 실제로 조직 확대는 못 했습니다. 그 이유로는 개개인 또는 지도부에 잘못이 있어서가 아니라, 공노대 조직의 위상이 갖는 한계 때문에 목적의식적인 조직 확대를 못했다는 점을 지적할 수 있을 것입니다. 또 공노대에 참가하고 있는 조직들이 굉장히 복잡해서 통일적인 내적 결속을 이루는 데 한계가 있을 수밖에 없었습니다. 여기에서도 공노대라는 위상 자체가 내부적 결속을 공고히 다지는 데 한계를 가져다주었다는 점을 지적할 수 있겠습니다.

투쟁에서도 참가하는 노동조합의 범위, 투쟁의 수위, 요구조건 등에 있어서 한계가 있을 수밖에 없었습니다. 더구나 제도나 정책의 개선을 주요한 투쟁의 목표로 제시했으면서도 거기에 접근하기에는 상당히 역부족이었습니다. 물론 투쟁의 평가는 직접 참가한 사람이 해야지 참가하지 않은 사람은 자격이 없습니다만, 제가 여기서 왜 이런 말을 하는가 하면, 역시 공노대라는 조직이 가진 내부적인 위상과 한계가 문제의 핵심임을 강조하기 위해서입니다. 또한, 이런 한계와 문제점들을 극복하기 위해서는 한계를 뛰어넘을 수 있는 새로운 조직형태의 형성과 발전을 이루어야 하고, 조직형태의 발전 없이는 그 한계를 계속 안고 갈 수밖에 없다는 것을 강조하기 위해서입니다. 물론, 조직형태만 바뀐다고 해서 모든 것이 해결된다고는 할 수 없지만, 조직형태 발전 없이는 투쟁이나 조직이라는 한계를 극복하기는 불가능하다는 점을 우리가 공유해야겠다는 것입니다.

2. 공공부문 노조운동의 당면 주요 과제

공노대 출범 2년이 지난 현시점에서 지난날의 활동과 투쟁을 정확히 평가하면서, 1996년 하반기 투쟁과 97년 투쟁 준비를 해야 할 것입니다. 우선 현재의 조직 위상에 걸맞지 않을 정도로 많은 성과를 거두었다고 해도 자족해서는 안 됩니다. 지금 시전에서 공노대가 해결해야 할 주요 과제가 무엇인지를 확인하는 일이 중요합니다. 주요 과제들에 대해서는 사업보고서, 대표자회의, 회의 등을 통해서 이미 공유하고 있는 바입니다만, 몇 가지를 정리해보고자 합니다.

첫 번째는 노동기본권의 쟁취입니다. 노동법 개정에 대해서는 〈노사관계개혁추진위원회(노개위)〉의 〈노동법개정요강소위원회(소위원회)〉에서 나온 안을 가지고 다루게 될 것입니다만, 모든 쟁점 조항에 대해서 노·사·공익이 완전 합의하기도 어렵고 전체 회의에서 어떻게 처리될지 아무도 모릅니다. 이런 국면에서 하반기 노동자투쟁의 주요 과제가 노동법 개정이 되고 있는데, 여기서 특히 공공부문에 속하는 노동조합들의 기본권을 어떻게 확보하느냐 하는 문제가 있습니다.

두 번째는 경영합리화에 관한 것입니다. 앞 시간에 충분한 토의가 있었겠습니다만, 이 문제와 관련해서는 지금 공공부문만 경영합리화 공세가 들어오는 것은 아닙니다. 오히려 어떤 면에서는 민간부문에서 더 교묘하고 다양한 형태의 공세가 들어오고 있습니다. 그러나 어쨌든 공공부문에 대한 경영합리화 공세는 정부로부터 직접 가해지기 때문에, 여기에 대한 대응이 시급히 요청됩니다.

세 번째는 여러분이 수년에 걸쳐 경험했던 「임금가이드라인」을 어떻게 철폐하고 실질적인 단체교섭권을 확보해내느냐 하는 것입니다. 이 밖에 공공부문 노동조합에 대한 지배·통제를 어떻게 극복해낼 것인가, 그리고 민주노총과 한국노총에게 공통으로 제기되는 사회개혁 요구를 어떻게 공동투쟁을 통해서 관철해낼 것인가 하는 과제가 있습니다. 해고자 복직 문제 또한 계속 주요 과제로 남아 있기도 합니다.

1) 노동기본권 관련 요구

노동기본권 쟁취와 관련해서 공노대에서 제기했던 요구가 몇 가지 있습니다. 우선 공노대에서 이야기한 게 [노동기본권에 일부 제한이 가해지는] '공익사업' 범위의 축소입니다. 노개위에서 대충 합의가 된 것은, 현행법에 따른 공익사업의 범위를 축소하자는 것입니다. 이 문제는 공익사업의 범위를 정기노선 여객운수사업, 수도·전기·가스사업, 공중위생·의료사업, 통신사업으로 축소하는 것으로 정리되어 가고 있습니다. 여기서 빠지는 것이 은행과 방송입니다. 민주노총은 공익사업 범위에서 정기노선 여객운수와 통신을 빼야 한다는 입장인데, 예를 들어 지하철 같은 것이 여기에 해당하죠. 반면 경총에서는 은행 사업을 넣어야 한다고 주장하고 있습니다.

노개위의 안은 「한국조폐공사법」과 「수출자유지역설치법」에 있는 특별법 형식의 공익사업 지정은 철폐를 강력하게 권고하는 것으로, 그 조항들은 노동관계법 개정에는 들어있지 않은 조항이기 때문에, 개정을 정부에게 촉구한다는 것입니다. 또한, 직권중재제도는 원칙적으로 폐지하되, 수도·전기·가스·유류·통신사업은 직권중재 대상으로 삼을 수밖에 없다는 것이 소위원회의 안입니다. 수도·전기·가스·유류·통신사업 등은 단 몇 시간의 공급중단만으로도 국민생활에 막대한 영향을 미치기 때문이라는 게 중재 대상으로 존속시키는 이유입니다. 직권중재 대상이 안 되는 사업은 긴급조정의 대상으로 넘어갑니다. 긴급조정을 결정할 수 있는 것은 현행법에서는 노동부 장관입니다. 노동조합 측에서는 결정권자를 대통령으로 격상하자는 것이고, 공익위원들의 주장은 그대로 노동부 장관이 결정하는 것으로 하자는 것입니다.

그다음에 공무원과 교원의 노동기본권에 관한 문제입니다. 현재까지 나온 안은 물론 노동조합이 합의해준 것은 아닙니다만, '우선 교원들에 대해서는 특별법으로 규정하되 단결권과 단체교섭권을 실질적으로 보장한다. 단, 법률상으로는 교원조합으로 한다.'라는 것입니다. 물론 여기에 대해서 노동조합은 반대하고 있습니다. '노동자로서 권리를 보장하기 위해서는 노동조합법상으로 명시되어야 한다. 1989년 법에서도 마찬가지 아니었느냐.'라는 것이죠. 또, 노개위 공익위원들은 공무원의 노동기본권에 대해서는, [노동조합이 아니라] '직원단체' 정도로 하고, 89년에 국회를 통과한 법이 6급 이하 공무원인데 6급 공무원들도 관리직에 있는 사람이 많기 때문에, [가입 대상을] 7급으로 낮추자, 법률의 시행은 2000년까지 유보하는 것으로 하자고 하고 있습니다.

기타 「정부투자기관관리기본법」, 「방송법」 등은 일단 노개위에서는 다루고 있지 않습니다. 현재 노개위에서 다루어지고 있는 부분은 민주노총이나 한국노총이나 공노대가 요구했던 것보다는 매우 미흡한 실정입니다. 이 실정은 하반기 노동법 개정 투쟁을 얼마나 강력하게 펴느냐에 따라 달라질 것입니다.

2) 임금 및 단체교섭 관련 요구

다음으로, 임금가이드라인 철폐와 실질적 단체교섭권 문제입니다. 최근 한승수 경제팀이 들어오면서 임금인상 억제 공세가 한층 더 강해졌습니다. 어떻게 보면 새로운 게 아닙니다. 1970년대 후반기 공화당

시절부터 나오던 내용이 그대로 답습되고 있습니다. 임금교섭은 내년 봄인데 벌써 공세를 취하기 시작합니다. 오늘 아침 기사를 보면 전경련 회장단 회의에서도 임금 억제 시책을 발표했습니다. 기업 임원의 임금을 동결한다는 것입니다. 이 말이 맞습니까? 임원은 노동자가 아닙니다. 따라서 임원이 받는 건 '임금'이 아니라 '보수'죠. 아무튼 임금 억제 문제는 고용 문제에 대한 사용자 쪽, 또는, 정부 쪽의 정책 방향과 맞물리면서 이전에 비해서 훨씬 더 강화될 조짐을 보이고 있습니다. 바꾸어 이야기하면 공노대나 노동조합운동 쪽에서 과거의 방식보다는 더욱 강도 높고 새로운 대응 방식이 나오지 않으면, 상대적으로 수세적인 국면에 처할 수밖에 없습니다.

또한 임금결정 기구 문제가 있습니다. 노개위에서도 이 문제를 다루었습니다만, '현행 제도는 분명히 문제점이 있다. 국회에서 예산을 결정해버리고 정부 방침이 결정되고 난 다음에 임금교섭을 해본들 그게 형식화될 수밖에 없지 않나. 뭔가 고쳐야 한다.'라는 데까지는 합의가 되고 있습니다. 그렇지만 아직은 이렇다 할 구체적인 방안이 나오지 못하고 있습니다. 다만 공노대를 비롯해서 노동조합 쪽에서 근거 있고 설득력 있는 방안을 제시할 필요는 있습니다. 지금까지 나온 것은 정부를 상대로 해서 직접 공동교섭 체계를 요구하고 있는데, 구체적으로 어떤 방식이냐 하는 걸 제시해야 하는 과제가 있습니다. 정부 쪽에서 어떻게 받아들이는지 간에, 공노대 입장에서는 합리적인 임금결정 기구를 제시해놓고 투쟁해야 합니다.

3) 지배와 통제 시도에 대한 대응

마지막으로, 정부의 정부의 지배·통제 문제는 공공부문 노동조합에 국한되는 문제는 아닙니다. 전 노동조합이 맥락을 같이하기 때문에 공동전선을 펼치면서 투쟁할 필요가 있습니다. 사회개혁 투쟁도 마찬가지입니다. 해고자 복직 문제만 하더라도, 여기 〈지역의료보험노조〉 동지도 와 있습니다만, 실제로 올해 열 몇 명이 복직될지 미처 예상하지 못했습니다. 〈한국통신노조〉도 과연 올해 복직이 이루어질 수 있을 것인지, 스스로도 별로 자신감이 없었습니다.

그런데 막상 5개 사 노동조합이 선두에 서고 여타 공공부문 노동조합들이 투쟁을 지원하는 가운데 전선이 형성되기 시작했습니다. 병원 부문이 잇따라서 투쟁 전선을 형성하고, 자동차 완성차노조들이 파업에 들어가게 되었습니다. 그러니까 미처 예상하지 못했는데 공동투쟁의 힘으로 그 벽이 깨어져 나가는 것을 우리는 직접 눈으로 목격할 수 있었던 것입니다.

지난번 교육 왔을 때 〈서울지하철노조〉 동지가 이런 얘기를 했습니다. "지역의료보험노조의 한 사람이라도 복직이 되면 한 사람당 5천만 원의 보상금을 지하철노동조합에서 갖다 바치겠다." 그런데 복직자가 15~17명이 생겼으니 보상금이 얼마가 되겠습니까? 이처럼 아주 완강한 벽처럼 보이던 해고자 복직의 벽도 공동투쟁을 통해 깨져 나가는 것입니다.

공공부문 노동조합, 또 공노대가 설정한 투쟁 과제가 하나도 쉬운 일이 없습니다. 그러나 불가능한 일도 아닙니다. 그런 의미에서 그냥 내세우는 투쟁 과제가 아니라, 올 하반기 투쟁이나 97년 상반기 투쟁을 통해서 더 구체적인 목표를 세워나갈 필요가 있습니다. 물론 그 목표의 관철은 내부적인 힘을 어떻게 모으느냐에 달려 있습니다. 그러자면 현재의 공노대 위상으로는 분명히 한계를 가질 수밖에 없습니다. 투쟁 과제와 현재의 조직 위상 간에는 상당한 거리가 있습니다.

극단적으로 얘기하면 둘 중의 하나를 포기해야 합니다. 과제는 아주 막중한데, 그것을 해결하기 위한 조직의 위상을 현재 상태로 유지하겠다는 것은, 투쟁은 하지 않고 구호만 외치겠다는 셈입니다. 따라서 객관적인 과제에 걸맞은 주체적인 준비가 뒷받침되어야 합니다. 즉, 조직을 확대·강화해 내고, 현재의 회의체를 다른 형태로 발전시키고, 공동투쟁의 질을 높여 나가야 한다는 것입니다. 올해 써먹었던 방법은 내년에는 통용되기 어려울 것입니다. 강도를 높이거나 다른 방식들이 나와야 합니다.

처음에도 지적했습니다만, 공노대의 주요한 공동 요구들은 정책과 제도를 바꾸지 않으면 실현되기 어렵습니다. 그리고 정책과 제도를 바꾸는 데는 대안 제시가 중요합니다. 그런데 현재 공노대의 위상으로 설득력 있고 근거 있는, 국민의 지지까지 받을 수 있는 정책대안을 마련할 수 있겠습니까? 그것은 불가능하다고 생각합니다.

앞서 말씀드렸던 여러 주요 과제를 해결해 나가는 데 있어서, 특히 정부를 상대로 하는 투쟁에 있어서는 정치운동이 매우 중요합니다. 투쟁역량도 마찬가지입니다. 조합 내부에 있어서나 정부에 대해서나 국민에 대해서 근거 있고 합리적이라고 판단되는 대안들이 나와야 실제로 투쟁역량이 집약될 수 있습니다. 또 공노대가 어떤 형태로 나아가든지 간에 전체 노동운동의 발전을 위해 기여해야 합니다.

이상 말씀드린 것이 공노대에서 그동안 논의된 과제들입니다. 이 과제들을 해결하기 위해서는 여러 가지 방도가 모색되어야 하겠습니다만, 여기에서는 이런 과제를 해결하는 데 필요한 조직형태 발전에 관해 이야기하겠습니다.

3. 노동조합 조직형태 발전 방향

1) 주요 국가의 공공부문 노조 체계

공노대의 조직형태 발전에 대해 살펴보기 전에 다른 나라들의 공공부문들은 어떤 체계를 갖고 있는가를 살펴보겠습니다.

첫째, 독일입니다. 여러분이 잘 아시는 바대로 독일은 산업별노조 체계로서는 어느 나라보다도 집중적이고 체계적입니다. 16개 산별노조로 다른 나라들보다 단순하고 체계화되어 있습니다. 거기에 따라서 공공부문도 다른 나라처럼 그렇게 많지 않고 비교적 단순한 편입니다. 〈공공서비스운수교통노조(OTV, 조합원 수 190만)〉가 가장 많은 조합원을 가지고 있고, 철도, 체신, 교육과학, 경찰, 언론매체산업 노조 정도입니다. 이런 조직들은 〈독일노총(DGB)〉에 들어가 있습니다. 독일노총과는 독립적으로 〈독일공무원연맹〉이 110만 명 정도 되고, 이밖에 독일의 〈사무직노조〉, 〈기독교노조〉에도 일부 공공부문 노동조합이 들어가 있습니다.

둘째, 스웨덴입니다. 스웨덴은 다른 어느 나라에서 잘 볼 수 없는 특이한 조직체계를 지니고 있습니다. 노총이 3개인데, 하나는 생산직 현업 노동자들을 중심으로 한 〈생산직노총(LO)〉이고, 그 외에 〈사무직노총(TCO)〉 및 〈전문직노총(SACP/SR)〉이 있습니다. 건설회사를 예로 들어보겠습니다. 현장에서 일하는 건설노동자들은 LO에 들어가 있고, 건설회사의 관리직·사무직에서 일하는 사람은 TCO에 들어가 있습니다. 소수의 임원을 빼놓고는 누구나 노동조합에 가입할 수 있습니다. 그래서 조직률이 매우 높습니다. 약 85% 정도입니다. 여기서는 공공부문은 국가 부문, 지방정부 부문으로 나뉘어 조직되어 있습니다. 복잡하지 않습니다.

셋째, 영국은 독일과 스웨덴과는 달리, 아직도 직능별노조, 일반노조가 많이 남아 있습니다. 실제 완전히 체계화된 산업별노조는 많지 않습니다. 아직도 280개의 전국적 노동조합이 있습니다. 부문으로 보면 정부부문, 국가보건서비스 부문, 지방공무원, 공기업 분야로 나뉘어져 있고 노동조합의 수로 보면 대단히 복잡합니다. 그런데 최근에 그렇게 난립하고 복합적인 노조조직들이 통합하는 추세를 이루고 있습니다. 최근에 가장 시선을 끄는 것이 93년 6월 공공부문의 세 노조, 〈전국지방공무원연합(NALGO)〉, 〈전국공공부문노조(NURE)〉, 그리고 〈의료부문노동자연맹(COHSE)〉이 통합한 것으로, 거의 140만여 명의 조합원을 포괄하는 〈유니슨(UNISON)〉의 탄생입니다. 이게 영국 노동운동에 있어서는 조직적으로 획기적인 사건으로 평가되고 있습니다.

넷째, 프랑스는 이념에 따라서 크게 다섯 개 노총으로 이루어져 있습니다. 〈노동총동맹(CGT)〉, 〈민주노동총연맹(CFDT)〉, 〈노동자의 힘(FO)〉, 〈기술직/관리사무직노총(CGC)〉, 〈기독교노총(CFTC)〉 등으로 나뉘어 있고, 이 산하에 공공조직들도 여러 개로 분립해 있습니다. 그러니까 노총 자체가 5개로 나뉘어져 있고 그 밑에 있는 공공부문 산별들이 난립해 있는 형국을 취하고 있습니다. 이것과 관련해서 한 가지 말씀드릴 것은 현재 프랑스 노동자의 조직률은 약 10%, 공공부문이 약 15%, 민간부문이 5~7% 정도 됩니다. 다 분열되어 있지요. 저는 이게 남의 일 같지 않습니다. 우리가 지금 상태로 2000년대까지 가면 프랑스 수준이 되지 않을까 하는 우려스러운 생각이 듭니다. 가령 조직률이 10%로 떨어진다고 하면 그 취약성이 눈에 훤히 보입니다.

다섯째, 일본입니다. 일본도 우리처럼 기업별노동조합이면서 대부분 〈일본노동조합총연합(연합)〉이 포괄하고 있습니다만, 공산당 계열의 전노련, 사민당 계열의 전노협이 별도로 존재합니다. 공공부문도 수없이 난립해 있습니다.

여섯째, 우리와 비슷한 제3세계에 속하는 남아프리카공화국의 경우는 어떤가를 보겠습니다. 이 경우는 산업별 체계로 정착되고 있습니다. 노총은 몇 개로 나뉘어져 있지만, 그중에서 가장 강력하고, 우리의 민주노총에 해당하는 것이 〈남아프리카노동조합회의(COSATU)〉입니다. COSATU 산하에 몇 개의 공공부문 노동조합이 있습니다. 이 자체도 최근에 들어와서 통합 작업이 이루어지고 있습니다.

이런 몇몇 나라의 공공부문을 살펴보면 몇 가지 공통점을 발견할 수 있습니다. 첫째, 대부분의 나라들에서 공공부문의 조직률은 평균 조직률을 상회합니다. 거의 50%를 넘습니다.

둘째, 규모가 큽니다.

셋째, 공기업 노동조합과 공무원 노동조합이 분리된 현상을 발견합니다. 공무원 노동조합도 중앙정부와 지방정부가 분리되는 경향을 보입니다. 그것은 지방자치가 정착된 나라들에서는 중앙정부와 지방자치단체 사이에는 제도가 다를 수 있기 때문으로 보입니다.

넷째, 민간 부문이 '산업' 중심인 데에 비해서 공공부문 노동조합은 '직종' 중심으로 이루어진 특징을 갖고 있습니다.

다섯째, 여성 조합원의 비율이 높습니다. 특히 스웨덴의 경우에 그렇습니다. 그리고 대부분 나라에서 임시직, 계약직, 비정규직 노동자들을 산업별 체계이기 때문에 포괄하고 있습니다. 그 부분이 민간부문에 비해서 상당히 많습니다.

여섯째, 독일도 그렇고 스웨덴도 그렇습니다만, 공무원 또는 공공부문 노조가 전국중앙조직에서 이탈하는 경우를 종종 보게 됩니다. 이것은 전국중앙조직이 민간부문과 공공부문을 함께 포괄하고 있는 데 대한, 공공부문의 일종의 불만 표현이라고 볼 수 있습니다. 물론 바람직한 것은 아닙니다만, 공공부문 노동조합이 노총에 들어가지 않고 독자적인 조직을 형성하는 경우를 종종 보게 됩니다.

일곱째, 영국과 남아프리카에서 보았고, 일본에서도 간혹 그런 경우가 있습니다만, 공공부문 노동조합들이 통합을 가속하는 추세입니다. 그만한 이유가 있을 겁니다. 특히 유럽 쪽에서는 과거에 사민당을 비롯한 진보적인 정권이 집권하다가, 보수 정권이 집권해서 점차 신보수주의, 신자유주의 정책을 펼치게 되면서 주로 공무원이나 공공부문에 대해서 공세가 가해지고 있습니다. 여기에 대한 대응을 위해서는 조직도 점차 통합을 통해서 큰 조직으로 갈 수밖에 없다는 필요성에 의해서 통합작업이 촉진되는 것이 아닌가 생각합니다.

이런 것을 참고로 하면서 이제 공노대는 어떤 조직형태 발전을 밟아야 할 것인가에 대해서 보겠습니다.

2) 공노대의 조직형태 발전 전망

우리가 함께 토의하면서 조직적으로 결정할 수 있는 조직형태가 어떤 것이 있을까요? 우선 지금 공노대처럼 '회의체' 형식으로 그냥 가는 방법이 있겠고요. 그다음엔 회의체보다는 실질적인 연대기구인 '협의체'로 나가는 방법, 즉 '공공산별연맹'을 만드는 방법, 공공산별과 소유는 민간기업일지라도 공익성을 띤 부문까지를 포괄하는 '공공서비스산별연맹', 그리고 '공공사무노총'이 있을 수 있습니다. 또 이런 것과 관계없이 공공부문 연대기구로 '협의체'를 계속 두는 방법들을 생각해 볼 수 있습니다. 물론 이런 조직들은 명실상부한 산업별노동조합으로 이행하기 전에 생각해 볼 수 있는 조직형태입니다.

가. 회의체

　우선 공노대는 이름을 뭘 붙이든 간 회의체입니다. 공노대의 의결기구는 '대표자회의'입니다. 조합원총회나 대의원대회가 아닙니다. 또 규약에 따라서 조직을 규율하는 것이 아니라 '회칙'에 의해서 합니다. 한마디로 회의체로서의 공노대는 아주 낮은 차원의 연대기구입니다. 그런데 그동안 실제 사업에 있어서는 회의체 치고는 투쟁이 매우 과감했고 내부 결집이 충실했습니다. 재정도 의무금 형식으로 내든 분담금 형식으로 내든 다른 데보다는 괜찮았습니다. 그러나 계속 회의체를 고집하는 동지들은 아마 없을 것입니다.

　혹시 노동조합들은 각 산업이나 업종별로 조직하고, 공노대는 그냥 연락기구로 두자는 의견은 없습니까? 그런 경우에는 따로 협의체를 만드는 방법이 있을 겁니다. 따로 연맹을 만들어서 가더라도, 회의체 또는 연대기구는 만들어야 할 것 아니냐고 생각할 수 있습니다. 다만 여기서 강조하고 싶은 것은, 공노대에 참여하고 있는 노조들이 산업이나 업종별로 갈라져서 조직되면 지금의 공노대는 연대기구 협의체를 남겨놓는 수밖에 없는데, 그렇게 되면 조직형태 발전에 관한 이야기를 굳이 여기서 떠들 필요가 없다는 겁니다.

　그렇지 않고 공노대는 공노대 나름대로 독자적인 영역이 있기 때문에 조직형태를 발전시켜야 한다는 전제가 선다면, 앞에서 제시한 것 중에서 어떤 전망을 택할 것이냐 하는 문제가 있죠. 그런데 선택의 여지는 별로 없습니다. 최종 목표는 산업별노동조합이고, 산업별노동조합으로 가는 데 어떤 과정을 밟을 것이냐는 문제밖에 없습니다. 즉, 회의체, 협의체, 공공부문연맹, 공공부문산별, 공공서비스산별 중에서 선택할 수 있는 것이 아니라, 산별로 넘어가기 위한 경로가 있을 뿐입니다.

나. 협의체

협의체는 회의체보다는 한 걸음 더 결집력이 있는 실질적인 연대기구입니다. 그런데 협의체는 노동조합이 아닙니다. 예를 들어, 〈전국노동조합협의회(전노협)〉는 노동조합이 아닙니다. 협의체입니다. 〈현대그룹노동조합총연합(현총련)〉은 이름을 어떻게 붙이든 협의체이지 노동조합이 아닙니다. 복수노조 금지 조항이 없어지더라도 현총련은 설립신고가 안 됩니다. 민주노총의 서울지역본부, 인천지역본부, 부양지역본부는 노동조합이 아닙니다. 협의체입니다. 한국노총의 15개 지역본부는 협의체이지 노동조합이 아닙니다. 등록을 할 수 없습니다.

노동조합은 사업장별, 기업별, 직업별, 지역별, 산업별 등이 기본단위입니다. 그 외의 협의체는 연대기구일 뿐입니다. 그러니까 교섭권이 없습니다. [단위노조가] 교섭권을 위임할 수도 없습니다. 그리고 협의체는 상급조직에 합법적으로 가입할 수 없습니다. 예를 들어 민주노총이나 한국노총의 지역본부는 가맹 조직이 아니라 직할 조직입니다. 민주노총이 노동부에 설립 신고를 했을 때 반려 사유 가운데 하나가 현총련 같은, '노동조합이 아닌 조직'이 참여했기 때문이라는 것이었습니다.

협의체는 연대기구니까 각 조직을 달리하고 있으면서도 공공부문이라는 공통요소 때문에 별도의 협의체를 둔다, 아니면 지금의 공노대를 그냥 발전시켜 나가자는 생각을 할 수 있습니다. 그런데 여기서는 잊어서는 안 될 것은, 공노대가 구상하고 있는 협의체는 산별연맹을 만들기 위한 과도기적인 기구라는 점입니다. 협의체는 어떤 의미에서는 준비기구입니다.

다. 연맹: 공공부문산별연맹 또는 공공서비스산별연맹

세 번째는 공공부문산별연맹입니다. 지금 공노대에 가입하고 있는 공공부문 노동조합들과 정부의 직·간접적인 영향을 받는 노동조합이 산별연맹을 만드는 방법입니다.

한편, 병원이라든지 또는 경제단체라든지 대학이라든지, 소유는 민간기업이긴 하지만 공익성을 띠는 것을 함께 포괄해보자는 뜻에서 공공서비스산별연맹도 전망으로 할 수 있습니다.

그리고 이와는 성격을 달리하지만, 극히 일부에서 공공부문과 사무직이 합쳐서 제3의 노총을 만드는 것이 어떻겠느냐는 이야기도 간간이 들려 옵니다. 저는 그런 조직은 만들어서는 안 된다고 생각합니다. 다른 나라에서도 노총이 여럿 있지 않냐는 반론이 나올 수 있는데, 이념, 조직 대상, 지지 정당을 달리하여 별도로 조직하는 경우가 있을 수 있긴 합니다만, 한국과 같은 상황에서는 160만 명밖에 안 되는 조직노동자를 가지고 한국노총, 민주노총, 공공사무노총으로 분열되어서는 노동조합운동을 제대로 하기를 기대하기는 어렵습니다.

라. 연대기구

공공산별연맹, 공공서비스산별연맹을 만들더라도 공노대에 참여하고 있는 노동조합 가운데에서 연맹에 가입하기 어려운 조직들이 있을 수 있습니다. 공노대에는 참여하고 있으면서 공공서비스산별연맹에는 당장 참여하기 어려운 노동조합이 있을 겁니다. 〈서울대병원노동조합〉이나 〈KBS노동조합〉 등이 그런 경우입니다. 또 한국통신이 '통신연맹'을 만들 경우를 가정해 볼 수가 있습니다. 이렇게 상급조직을 달리할 경우가 생기더라도 연대기구로서의 협의체는 별도로 두는 것을 생각해 볼 수 있습니다.

이렇듯 여러 가지 조직형태들이 있을 수 있지만, 문제의 핵심은 어떤 경로를 밟아서 공공서비스산별노조로 나갈 것이냐 하는 것입니다.

앞으로 충분한 논의와 조직적 결정이 있어야 하겠습니다만, 일차적인 과제는 연맹을 어떻게 건설하느냐 하는 문제입니다.

3) 공공서비스노조연맹 건설을 위한 과제

연맹을 구상한다고 하면, 우선 기본 방향 설정이 가장 우선 필요합니다. 공공부문의 노동운동을 어떤 방향으로 이끌어갈 것인가를 충분히 고민하면서 기본 방향을 설정하는 것이 첫 번째로 중요합니다.

두 번째로는 조직 대상 범위를 설정해야 합니다. 지금 공노대에 참여하고 있는 노동조합들은 각 업종, 각 부문에 걸쳐 있습니다. 그런 점에서 조직 대상을 어디까지 포괄할 수 있을 것인가를 정해야 합니다.

세 번째는 연맹을 만들기 전에 공동사업·공동활동을 추진해야 합니다. 지금보다는 훨씬 더 폭넓고 많은 활동가가 참여할 수 있는 공동활동을 만들어 가는 것이 중요합니다. 공동투쟁·통일투쟁의 질을 올해보다는 더욱 높여보는 것, 강도는 그리 높지 않더라도 될 수 있으면 많은 노동조합이 참여할 수 있는 투쟁을 만들어보는 것이 요구됩니다.

네 번째로 연맹을 만들기 위해서는 현재 공노대에 참여하고 있는 조직들의 내부를 정비·강화하는 사업이 필연적으로 뒤따라야 합니다.

다섯 번째는 대기업 중심주의를 극복하는 문제입니다. 어떤 조직을 새로 개편하는 데에 있어서는 대규모 사업장 노동조합의 역할이 매우 중요합니다. 올해 공노대 투쟁에 앞장섰던 5개 사 노동조합이 앞으로 공노대의 조직형태의 발전을 어떻게 생각하느냐는 현실적으로 매우 중요합니다. 그러나 내부 구성이나 운영에 있어서는 대기업 중심주의를 지양해야 합니다. 예를 들어, 대의원을 배정하는 데에 인원수대로 배정할 것이냐, 아니면 규모가 작다 하더라도 단위노동조합이 공노대에 가입했으니까 아무리 작은 노동조합이라도 최소한 1명 이상을 배정할 것이냐 하는 문제들이 구체적으로 논의되어야 할 것입니다. 그러니까 대기업의 중요한 역할과 대기업 중심주의는 구별되어야 한다는 것입니다.

여섯 번째는 공공연맹의 합법성 쟁취 운동입니다. 연맹조직은 합법성을 획득한 경우와 하지 않는 경우 많은 차이가 있습니다. 합법성을 쟁취한 병원노련, 사무금융노련, 대학노련, 건설노련이 교섭권을 위임받아서 공동투쟁을 펼치는 것하고, 합법성을 쟁취하지 못한 자동차연맹, 민주금속연맹이 하는 것하고는 좀 다릅니다. 이렇게 대중조직에서 합법성이라는 것은 매우 중요합니다.

아까 지하철노조 위원장님도 말씀했습니다만, 지하철이 공익사업으로 지정되는 것과 지정되지 않는 것 사이에는 커다란 차이가 있습니다. 임원들의 투쟁 의지는 여전히 변함없이 유지될 수 있다 하더라도 실제 조합원의 사기는 달라집니다. 다행히 이번 노동법 개정에서 다른 조항은 몰라도 복수노조 금지 조항은 없어질 가능성이 커졌고, 연맹이 산업별노동조합으로 전환함에 있어서도 재적 대의원의 3분의 2가 찬성하면 연맹체에서 산업별 체제로 전환할 수 있는 여지도 생겼기 때문에, 합법성 쟁취는 이전보다는 그리 큰 문제가 안 됩니다.

일곱 번째는 여러분들이 고민해왔던 문제 중의 하나인 공노대의 지역조직입니다. 어떤 지역조직은 예상외로 활발합니다. 제가 얼마 전에 〈한국공항공단노조〉 대의원대회 수련회에 가서 들은 바로는 민주노총 충북지부에서 핵심적인 게 한국통신노조와 한국공항공단노조라고 합니다. 한국통신과 한국공항공단은 민주노총에 가입하지 않았습니다. 그런데도 하부단위에서는 이미 결합이 이루어지고 있다는 것입니다. 이런 점에서 지역적인 투쟁이 전국적인 투쟁에 주요한 몫을 수행할 수 있도록 해야 한다는 것입니다.

여덟 번째, 연맹은 최종 목표가 아닙니다. 연맹은 산업별노동조합으로 전환하기 위한 하나의 과정일 뿐입니다. 연맹도 못 만드는데 무슨 산업별노동조합이냐 할지 모르겠습니다만, 가령 연맹의 규약을 만들고 연맹비 수준을 설정할 때 산별을 상정하는 것과 그렇지 않은 것과는 차이가 있습니다. 앞으로 산별노동조합으로 가자면 미리부터 연맹 본부의 기능을 강화하고 재정도 튼튼히 하고 사람들도 많이 보내주어야 합니다. 또, 합법성을 쟁취하면 교섭권도 연맹으로 위임해야 한다고 생각해야 합니다. 똑같이 연맹을 건설하더라도 산별노동조합으로 전환을 예정하는 것과, 연맹을 만드는 것을 우선적인 목표로 잡고 산별노동조합으로 전환을 나중 목표로 삼는 것은 현실적으로 많은 차이를 가지고 있습니다.

끝으로, 지도역량을 어떻게 구축하느냐는 문제가 있습니다. 회의체의 지도역량과 합법성을 갖춘 체계화된 연맹의 지도역량은 많은 차이가 있습니다.

이런 9가지 과제가 공공서비스산별연맹으로 전환하는 과정에서 구체적으로 고려되고 갖추어져야 할 요건입니다.

3. 조직형태 발전의 일반적 필요성과 원칙

1) 조직형태 발전의 일반적 필요성

오늘 나온 이야기 가운데 산별노동조합의 일반적인 필요성에 관해서는 별로 논의가 안 된 것 같습니다. 그러나 공공부문이라는 문제를 떠나서 보편적인 입장에서 왜 조직 발전이라는 게 필요한가 하는 문제도 생각해보아야 합니다.

우선 조직형태에 따라서 조직·투쟁·정치역량이나 이념의 실현이 크게 달라질 수 있습니다. 조직 확대 문제를 생각해봅시다. 현재 중소·영세 사업장이나 미조직 사업장에 근무하고 있는 노동자에 대해서는 조직 확대를 추진하지 못하고 있습니다. 그러나 산별 체제로 가거나 연맹 체제로 가면 달라질 수가 있습니다. 한가지 예를 들어보겠습니다. SBS 방송에 지금 노동조합이 없습니다. 사원들은 '노조에 가입 안 하겠습니다.' 하는 각서를 쓰고 들어갑니다. 그런데 그것은 법률적으로 아무런 효과가 없습니다. '방송사단일노조'가 만들어지면 SBS 종업원이 개인적으로 가입할 수 있습니다. 또 현대자동차나 포항제철의 경우에 사외공, 하청, 용역사업체 노동자가 있습니다. 현재로는 실제로 고용계약이 따로 체결되기 때문에, 〈현대자동차노조〉가 받아들이기 힘듭니다. 그런데 산별노동조합 체계로 가면 용역, 하청, 일용, 비정규직을 조합원으로 받을 수가 있습니다.

다음으로, 조직 내부의 결속력이 얼마나 강해질 수 있는가? 지금 조합원이 165만 명인데, 이 숫자가 6천5백 개의 노동조합으로 나뉘어져 있습니다. 평균 한 기업당 노동조합원 수가 230명입니다. 그런데 산업별노동조합으로 묶는다고 생각해봅시다. 이것을 10만, 20만 명으로 크게 묶는다고 칩시다. 같은 165만 명이라도 힘이 발휘가 엄청나게 달라집니다.

투쟁도 마찬가지입니다. 87년 7·8·9월 투쟁 때 3개월 동안에 3천4백여 건의 파업이 일어났습니다. 그때 최소한 연맹 체계로 되어 있었거나 산별 체제로 되어 있었다면 7·8·9월 투쟁의 성격이 어떠했겠습니까? 아마 노태우가 당선되지 않았을지도 모릅니다. 똑같은 3천4백 건일지라도 산별노동조합에 투쟁 지도부가 있고 그 지시 아래 계획된 전술에 따라서 체계적으로 투쟁을 지도했다고 한다면 엄청나게 달라졌을 겁니다.

지난번 교육 때 나온 질문 중에 조직형태 발전과 노동조합의 정치세력화 관계가 어떻게 되느냐는 것이 있었습니다. 기업별노동조합 아래에서는 정치세력화는 거의 비관적입니다. 우선 사람이 확보가 안 됩니다. 예를 들어 여기도 위원장님들이 많이 와 계시는데, 위원장에 당선 안 되면 할 일이 있습니까? 없습니다. 기업별노동조합 체계 아래에서는 소위 정치역량을 갖춘 지도자나 활동가를 키우기에는 폭이 너무 좁습니다.

의식은 어떻습니까? 기업별노동조합 체계 아래서는 조합 간부나 조합원의 의식이 한정될 수밖에 없습니다. 공익사업장인 지하철과 서울대병원에서 파업을 했을 때 일입니다. 유럽 쪽의 노동조합 지도자들이 와서 보고는 참 놀랬거든요. 대화 중에 우리 간부들이 계속 "우리 지하철", "우리 서울대병원"이라고 하는 것을 보고는 이해할 수 없다는 표정을 지었습니다. 산별 체제라면 파업 중에 그런 식으로 "우리"라는 말이 들어갈 리 없습니다. 기업별노조 조직형태가 가져다주는 이런 의식적 편협성과 폐쇄성을 가지고 조합원들의 정치의식이 높아질 수 있습니까? 없습니다.

돈도 마찬가지입니다. 현재 전국의 노동조합들에서 노동조합비로 들어오는 총액은 엄청날 겁니다. 그런데 모두 부족하다고 아우성칩니다. 민주노총은 더 부족하죠. 이것을 산별조직으로 집중시킨다고 해봅시다. 즉, 재정의 집중도 산별 체제를 통해서만 가능할 것입니다.

이념도 마찬가지입니다. 87년, 88년, 89년까지 주로 나왔던 구호가 '노동해방'이었습니다. 90년 들어서 '평등사회 앞당기는 전노협'이 됐고, 최근에 민주노총이 생기니까 '사회개혁' 하자고 합니다. 점점 자신이 없어지는 것입니다. 기업별노조 아래에서는 노동해방이 거의 불가능함니다. 87년과 같은 투쟁이 일어난다고 해도 다분히 자연발생적인 성격을 가지는 한에서는 목적의식적인 노동조합 이념을 발전시킬 수 없습니다. 그래서 조직형태를 전환하자는 것입니다.

이런 일반적인 필요성에다가 공공부문은 정부의 탄압에 어떻게 대응하느냐는 문제도 안고 있습니다. 앞으로 정부의 억압 방식은 더 다양해지고 세련되어질 것입니다. 노개위 출범이라는 것도 통제방식의 진보입니다. 정부 입장에서 보면 판을 좀 넓게 짜면서 노동기본권을 일부 풀고 체제 내로 편입시키자는 것입니다. 자본 입장에서도 마찬가지입니다. 경쟁력을 높이기 위해서 노동력 유연화, 노동시장 유연화를 해야하겠는데, 개별적인 근로관계만 고치는 것으로는 어려우니까, 노동기본권을 일단 인정하고 집단적으로 협력체제 또는 기업 내로 편입시키자는 의도일 겁니다.

그러면 현재 회의체를 가지고 과연 정부의 통제방식에 대응할 수 있겠는가? 저는 가면 갈수록 불리하다고 봅니다. 한국의 정부가 어떤 정부입니까? 한국의 자본이 어떤 자본입니까? 물불 안 가리는 정부이고 자본입니다. 여기에 대응해야 하는데 회의체·협의체로 가능하겠습니까? 번번이 깨지고 맙니다. 다음으로, 공공부문이라 하더라도 다 산업별로 흩어지자는 것은 정부가 가장 바라는 것입니다. 공공부문이 해내야 할 고유의 과제가 있습니다. 그런 점에서 조직형태 발전은 필요한 것이라는 것입니다.

그러면 어떤 조직형태로 갈 것인가? 대부분 활동가가, 우리 조합에서는 진지하게 고민해본 적이 없기 때문에 자칫 개인 의견을 내놓았다가는 실수할 테니까, 그냥 힘있는 조직으로 가보자, 단위노동조합의 조건이 허용하는 범위 내에서 가보자, [하는데] 얼마나 무책임한 얘기입니까? '난 지하철에서 나왔는데, 지하철 집행부에서 결정된 바는 없지만 내 개인 생각은 이렇다.'라면서 구체적인 이야기를 해야 합니다. 지금 조직형태 발전 논의를 처음 시작하는 겁니다. 너무 조직의 결정에 충실할 필요는 없습니다. 또 내일 가서 자기 말을 바꾸어도 좋습니다. '오늘 생각해보니까 공공서비스연맹이다.', 내일은 '통신연맹으로 가야 하겠더라.', '밤에 잠이 안 와서 생각해보니, 아니면 소주 한 잔 먹고 생각해보니 다르더라.', 이렇게 자기 견해를 내놓고 함께 이야기해보자는 겁니다. 점잖게 말을 삼간다고 해서 능사는 아니거든요.

그런데 정부를 상대로 개별적으로 대응한다는 것은 정말 힘의 분산입니다. 이름을 어떻게 붙이든지 간에 크게 만들자, 편한 길을 가겠다는 생각을 뒷자락에 가졌는지는 모르지만, 크게 만들자는 데에는 반대가 없거든요. 최종적으로는 민주노총과 한국노총이 민주적으로 통합되고 개편되는 가운데, 20개보다는 10개, 10개보다는 5개가 이론적으로는 낫습니다. 그런데 크게 만든다고 해서 보니까 공노대 내부가 꽤 복잡한 것 같죠? 방법이 다 있습니다. 통신분과, 운수분과, 얼마든지 업종분과를 만들 수 있습니다. 가령 세계에서 가장 큰 산별인 독일의 금속노조가 300만 명 정도 되거든요. 거기에도 다양한 업종분과들이 있습니다. 분과위원회를 통해서 업종별이나 부문별로 해도 괜찮은 겁니다.

그러나 노조 형태는 종국적으로 산별 체제로 가야 한다는 것입니다. 현재의 기업별노조 형태를 가지고 2000년대까지 간다고 가정합시다. 그렇게 된다면, 아주 심하게 말해서 한국 노동운동은 싹이 노랗습니다. 2000년대까지 산별 체제로 가는 추세를 만들지 못하면 한국 노동운동은 불투명합니다. 기업별노동조합으로 거대한 자본과 세련된 형태로 통제하는 정부를 이겨낼 수 있겠습니까? 그건 불가능합니다. 그들이 두 발로 갈 때 우린 한 발로 가는 꼴이 되기 때문입니다.

2) 조직·투쟁상의 원칙

　큰 조직, 회의체보다는 협의체, 협의체보다는 연맹, 연맹보다는 산별로, 그것도 집중화된 조직형태로 가야 한다, 여기까지 얘기가 됐습니다. 그럼, 그렇게 가자면 어떻게 하면 될 것인가? 이에 대한 실천상의 원칙이 나와야 합니다.

　첫째, 공동투쟁입니다. 이거야말로 공노대의 중요한 투쟁원칙입니다. 여기에서는 각 조직의 현재 상태, 개별 기업 간 차별성을 인정하는 것이 중요합니다. 보통 공동투쟁하자고 하면 개별 기업의 특수성은 무시하고 통일성만 앞세우다가 나중엔 원망만 나오는 경우가 비일비재합니다. 그런 의미에서 기업단위 노동조합이 안고 있는 현재 상태와 차이를 충분히 인정하면서 공동의 목표를 중시하자는 것입니다.

　둘째, 많은 노동조합이 참여하는 투쟁 목표를 세우자는 겁니다. 현 총련이 93년 공동투쟁 당시, '목표를 소박하게 갖자.', '실현 가능한 목표를 잡자.'라는 이야기를 한 적이 있습니다. 굉장히 연약한 이야기로 들리지만, 현실은 어떻습니까? 실천하지 못할 목표를 잡아봐야 결국은 전술상 과오만 초래할 뿐입니다. 실천 가능하고 많은 조합이 참여할 수 있는 목표를 세우는 것이 중요합니다. 목표의 달성도 중요하지만, 내부적인 결집이라는 것이 그에 못지않게 중요하다는 것입니다.

　그렇다고 해서 단위조합 결정에 모두 맡겨두자는 것은 아닙니다. 공노대면 공노대, 공공서비스연맹이면 연맹, 산별이면 산별의 지도방침이 있을 것입니다. 그 지도방침과 소속 노조의 구체적 상황이 통일되어야 합니다. 민주적이어야 하니까 전 조합원에 대해 여론조사를 해보자, 회의를 통해서 해보자고들 하는데, 그건 지도부의 직무 포기입니다. 그리고 공동투쟁을 하자면 평소 기반을 많이 닦아야 합니다. 서로 교류를 한다든지, 공동사업을 한다든지 일상적 공동활동이 뒷받침되어야 한다는 것이죠. 그런 것도 없이, '임투 한다.', '그래, 같이 하자.'라는 식은 곤란합니다. 요구는 같더라도 조직 내부 사정은 엄청나게 다를 수가 있기 때문입니다.

우리는 기본적인 원칙들을 공유하지 않아서 필요 없는 논쟁들이 엄청나게 많아지는 경우를 자주 보게 됩니다. 노개위 결과를 두고도 엄청난 논쟁이 생길 것입니다. 논쟁을 하는 건 괜찮습니다. 다만, 원칙을 공유하는 가운데 나오는 견해의 차이는 발전적이지만, 원칙이 공유 안 된 채 벌이는 논쟁은 소모적이고 파괴적이라는 것입니다.

다음으로 회의체를 협의체로 만들건, 연맹을 산별노조로 만들건 간에, 공통적인 조직 목표를 추구하는 데 있어서 충분히 고려하지 않으면 안 될 원칙들이 있습니다.

우선, 자주성과 민주성입니다. 이건 두말할 필요가 없습니다. 산업별 체제로 되어 있는데 자주성이 없을 때는 통제기구, 노동자 동원기구가 됩니다. 1960년대, 70년대 한국노총의 산업별 체계가 바로 이런 것이었습니다. 한국노총 위원장 중에서, 정보부에서, 그 당시에는 '오더(Order)'라는 말을 했습니다만, 지명받지 않고도 당선된 사람은 한 사람도 없습니다. 이 산별 체계는 형식은 그럴듯한데 정부의 앞잡이고 자본에 유착관계가 이루어지니까 기업별노조보다도 훨씬 더 못합니다.

또 민주적이어야 합니다. 민주노총과 한국노총이 통합하는데, 그 전제는 자주적이고 민주적인 개편이 되지 않으면 안 됩니다. 그렇지 않고는 통합되지도 않고, 되어서도 안 됩니다.

둘째는 집중성과 통일성에 관한 문제입니다. 아마 공노대 조직 발전에는 이 문제가 매우 중요할 겁니다. 같은 업종끼리 묶어보자, 병원은 병원끼리, 운수는 운수끼리, 언론은 언론끼리, 통일성은 있는데 그 규모와 힘의 면에서는 엄청나게 다릅니다. 크게 만들자, 크게 만드는데 통일성을 무시해도 되는가, 그건 그렇지 않습니다. 이걸 어떻게 잘 조화시켜 내느냐가 중요합니다. 집중성을 키워내되 업종 간, 부문 간, 산업 간 통일성은 내부적으로 조정해내자, 경우에 따라서는 운수연맹 만들고 통신연맹 만들고 그다음 단계로 공공서비스연맹을 만들자는 주장도 나올 수 있을 겁니다.

그런데 조직이라는 것이 한번 구성이 되고 나면, 더구나 합법성을 얻어 교섭권을 위임받아 교섭하고 나면 통합이라는 게 어렵습니다. 단병호 위원장도 얼마 전에 그런 얘기를 했습니다. '민주금속과 자동차연맹과 현총련이 통합을 빨리하면 할수록 좋다.' 노동법이 개정되어 합법성을 쟁취하고 교섭권을 위임받아서 공동교섭을 추진하고, 그게 1년 가고 2년 가면 더욱 어려울 것이라는 거죠. 집중성과 통일성을 잘 조화시키는 데에도 원칙이 있어야 합니다.

셋째는 대중성과 지도성의 관계에 관한 것입니다. 지금 모 산별연맹이 임시대의원대회에서 산별로 가자고 결의해놓고, 9월이나 10월 중에 산별로 넘어갈 준비를 하고 있는데, 내부적으로 잘 진행되고 있지 않습니다. 그것은 대중성이 경시되었기 때문입니다. 또, 대중성만 중시하고 연맹 지도부의 지도성은 무시해도 되느냐, 그것도 그렇지 않습니다. 방향과 원칙과 경로를 결정하면, 거기에는 민주적인 과정이 따라야겠지만 때에 따라서는 이것은 지도부의 책무입니다. '우리 위원장이 결정하겠지.', '대의원회를 안 해서 모르겠다.', 이러면 언제 합니까? 이런 기회에도 충분히 토론해야 합니다. 술자리에서도 논의해보자는 이야기입니다.

넷째, 목표 지향성과 계획성을 가져야 합니다. 어떻게 보면 조직형태의 발전은 한국 노동운동의 운명을 결정하는 최대 과제입니다. 그래서 목표를 분명히 세워야 합니다. 목표를 세우는 데서는 원칙을 중시해야 합니다.

제가 아까 말했듯이 2000년까지 산별노동조합으로의 추세를 만들지 않으면 한국 노동운동은 정말 장래가 어둡습니다. 이런 인식을 공유한다고 하면, 조직형태의 발전은 한국 노동조합운동에 운명적인 것이고, 역사적인 것이라는 목적의식을 분명히 갖고 계획을 세워야 합니다. 계획을 세우되 현재의 조건을 중시해야 합니다. 현재의 조건을 극복하기 위해서 어떤 노력을 해야 하고 시간이 얼마나 걸리겠는가 하는 구체적인 계획이 있어야 합니다.

다섯째, 점진성과 단계성에 대한 고려도 중요합니다. 조직형태 발전 문제는 서둔다고 될 게 결코 아닙니다. 조건을 하나하나 해결하는 가운데서 조직형태를 발전시켜 나가야 합니다. 그럴 때 언제까지나 점진적으로 조직형태를 발전시켜 가느냐, 물론 그건 아닙니다. 일정 단계와 시기에 달하면 뛰어넘어야 하는 것도 있습니다. 어느 시점에 가면 우리는 협의체에서 연맹체로 나간다, 이러이러한 조건이 형성되면 우린 산별 체계로 나간다, 이런 원칙들을 공유하면서 이제 구체적인 분석으로 들어가도록 하자는 것입니다.

현재 공노대에 가입하고 있는 조합들의 상태는 어떤가, 앞으로 가맹시켜야 할 조합의 범위는 어디까지인가, 또, 이중에서 연맹으로 간다고 했을 때 같이 못 가는 조합들이 어디인가, 그런 조합들은 어떤 기구를 통해서 포괄해야 할 것인가 하는 문제에 대한 구체적 분석과 결정이 이루어져야 합니다. 그런 상태와 내부 사정들을 충분히 진단하면서 앞서 말한 원칙 아래서 조직 발전을 추진해나가도록 하자는 것입니다.

출처 한국노동사회연구소(1997), 『노동사회연구』(제10호), 별책부록, 한국노동사회연구소.

정치적, 대중적 총파업투쟁과 노동운동의 전진

권력과 자본의 노동관계법 개악에 항의하는 총파업투쟁이 거대한 불길이 되어 전국에서 타오르고 있다. 그것은 권력과 자본을 주축으로 한 지배세력에게 무서운 위협으로 작용할 것이 분명하다. 이번 총파업은 정부가 수립된 뒤 사실상 처음 있는 일이고 법률 개악에 반대하는 정치투쟁의 형태를 취하고 있다. 또한 특정 지역이나 특정 산업의 범위를 뛰어넘은 전 산업·전국 규모의 파업이고, 광범한 대중의 투쟁 의지를 바탕으로 한 조직적이고도 계획적인 성격을 지닌다. 그러면서도 이번 파업은 공세적인 형세를 드러내고 있다. 그런 점에서 현재 진행되고 있는 노동자투쟁은 정치적·대중적 총파업으로 규정될 수 있다.

지배세력을 위협하는 정치적·대중적 총파업

이번 총파업은 김영삼 정권의 노동 억압적이고 자본 편향적인 노동관계법의 개악에서 비롯되었다. 지난해 4월 김영삼 대통령이 '신(新) 노사관계 구상'을 발표하고 그다음 달인 5월 대통령 직속 자문기구인 〈노사관계개혁위원회(노개위))를 구성하여 노동법 개정 작업을 추진할 때만 해도 노동운동 진영은 거기에 참여하여 '정책참가' 투쟁을 벌였다. 그러나 정부는 노개위에서 반년여 동안의 토의를 거쳐 노·사·공익 위원들 사이에 합의된 법 개정안마저 무위로 돌리고 공익위원들이 마련한 개정안을 도외시한 채, 정부 개정안을 〈신한국당〉 단독으로 날치기 방식으로 국회에서 처리했다.

노동법 개정은 그 내용에서 볼 때 복수노조 시행 유예, 공무원과 교원의 단결활동권 불인정, 제3자 개입 금지 규정의 변형 존치, 노조 정치 활동의 다른 법률에 따른 규제, 노조 전임자에 대한 급여 지원 금지, 쟁의행위 기간 중의 대체근로 인정, 노동쟁의행위에 대한 직권중재제도 유지, 노조활동에 대한 행정관청의 지배 강화, 임금협약 유효기간의 연장, 쟁의행위 기간에 대한 임금 지급 금지 등 노동기본권을 제약하는 규정을 그대로 유지하거나 강화했다. 그런 한편으로, 개정 노동법은 변형근로시간제, 정리해고제, 퇴직금 중간정산제, 연차유급휴가의 상한 설정, 단시간 근로자의 근로조건 기준 설정 등을 새로 설치하거나 바꾸어 노동조건의 저하를 초래하게 했다. 이런 내용의 개정 노동법은 자본 측의 주장과 요구를 전폭 수용한 것이고, 그 본질상 노동 억압적인 것으로 노동자에 대한 도전 의도를 짙게 안고 있다는 점에서 개악이다.

이번 총파업은 법률 개정이 가져올 불이익에 대한 단순한 반발이 아니다. 말하자면 '집단 이기주의'의 발로가 아닌 것이다. 그것은 권력과 자본의 배신행위에 대한 분노의 표시이고, 노동 탄압적 도전에 대한 강한 저항이다. 그런 점에서 총파업투쟁은 지배체제에 대한 항거의 성격을 지닌다. 이것은 총파업투쟁이 갖는 공통적인 요소이기도 하다.

대중파업은 역사적 산물이지 인위적 산물이 아니다

　로자 룩셈부르크는 그의 『대중파업론』에서 "대중파업은 노동자계급의 투쟁 효과를 높이려고 머리에서 짜낸 교묘한 방법이 아니라 노동자대중의 운동방식이며, 변혁 과정에서 행하는 노동자계급 투쟁의 현상형태이다."라고 설명한다. 그렇다. 노동자의 파업투쟁은 역사적 산물이지 인위적 산물이 아니다. 이런 점에서 정치적·대중적 총파업의 위력은 실로 대단한 것이다.

　총파업은 동일 지역, 동일 산업 또는 전국의 주요 사업 노동자가 공동으로 동시에 행하는 파업을 일컫는다. 총파업에는 통상적인 노동쟁의가 자본가에 대항하기 위해 동정파업의 형태를 취하여 규모를 확대해가는 경제적 총파업, 반노동자적 정권을 무너뜨리기 위해서나 제도·정책의 개선을 요구하는 정치적 총파업, 그리고 현존 사회체제의 변혁을 촉진하기 위한 수단으로서의 혁명적 총파업 등이 있다. 어떤 총파업이든 그것의 결과는 사회의 경제활동이나 기능을 일시적으로 마비시키고 지배체제에 커다란 위협을 주게 된다. 그래서 지배권력은 이에 탄압으로 맞서게 되고, 총파업투쟁은 이를 뚫고 새로운 전진을 재촉하게 된다.

　윌리엄 포스터는 그의 『세계노동운동사』에서 총파업투쟁의 의의를 이렇게 적었다. "총파업 또는 대중파업은 기본적으로 정치적 무기이다. 전면적으로 전국의 생산을 중지하는 것은 자본주의 사회에서 결정적인 중요성이 있는 문제이고, 그 명확한 방향은 정치권력의 문제를 제기하는 것이다. 총파업은 대규모의 정치투쟁이다. 자본주의 국가는 이런 파업을 정치적 권위에 대한 실체적인 도전으로 보고 그것을 깨뜨리기 위해 어떤 수단이든 동원하려 한다.", "모든 주요 자본주의 국가들은 노조의 활동을 제약하는 법률을 채택하고 그 법률이 총파업을 불가능하게 할 것이란 아무런 소용 없는 믿음을 갖는다. 그러나 노동자가 투쟁 의지를 지니고 단호한 지도력을 갖추고 있으면 정부의 폭력과 어떤 파업 금지 조처도 노동자의 총파업과 그것의 결정적인 성과를 막을 수 없었다는 사실을 역사는 반증하고 있다."

그렇다면 현대자본주의 사회에서 총파업이 빈번하게 발생하는 이유는 무엇인가? 현대자본주의 체제는 경제적·정치적 위기 국면 아래서 자본의 고도 축적을 유지하기 위하여 노동자를 비롯한 국민의 빈곤화를 강요하게 되고 중간층의 몰락을 촉진하는 한편, 자본의 집중과 집적을 가속한다. 기업 내부에서는 기술혁신에 따른 생산과정의 변화와 관리 방식의 혁신을 끊임없이 추구한다.

국가권력을 매개로 한 독점자본의 이런 지배방식의 변화는 임금 억제와 실업 증대를 비롯하여 고용불안 심화, 사회보장제도 악화, 세제의 불공정한 개편, 공기업의 민영화, 주택 조건의 열악화, 교통·환경 문제의 제기 등 노동자와 국민이 노동·생활조건 악화와 권리 제약을 가져오게 되었다. 이런 상태는 노동자계급과 국민의 절실한 이익 옹호와 권리 수호를 위한 경제적·사회적 요구 투쟁을 더욱 발전시키는 조건을 만든다. 이런 조건은 독점자본과 국가권력이 지배체제에 공격을 가하는 정치투쟁이 격화와 발전이 계기가 되고, 경제투쟁의 정치투쟁으로 성장·전화 또는 상호 연관적 발전을 촉진하는 추동력으로 작용하게 된다.

총파업투쟁을 노동운동 전진의 계기로

우리 노동운동 역사에서도 총파업투쟁은 여러 차례에 걸쳐 결행되었다. 1921년 9월 부두 노동자를 중심으로 한 부산 총파업, 1929년 1월부터 3월까지 전개된 원산 총파업, 1946년 9월 총파업, 1947년 3월 총파업, 1948년 2월 총파업과 5월 총파업 등이 그것이다. 이번 총파업은 그 규모나 요구, 그리고 성격에서 이전의 총파업과 비교해도 노동운동사상 중대한 의의를 지니고 있다.

먼저 1948년 대한민국 정부 수립 이후 사실상 처음으로 감행된 총파업이고, 그 규모에서도 최대 수치를 기록하고 있으며, 파업 기간에서도 원산 총파업 다음으로 긴 편이다. 다음으로 이번 총파업은 한 산업이나 한 지역 범위에 한정되지 않고 전 산업·전국 차원의 파업이라는 특징을 지니고 있다. 더욱이 다른 나라의 산업별노조 구조와는 달리 기업별노조 체제에서, 그 한계를 뛰어넘어 총파업이 추진되었다는 점에서 통일투쟁의 중요한 의의를 찾을 수 있다.

그리고 이번 총파업은 노동관계법 개악에서 발단을 갖게 되었다는 점에서 분명히 정치투쟁의 성격을 갖는다. 정치투쟁은 경제투쟁의 강화를 촉진하게 된다는 점에서 중요성이 있다. 이와 관련하여 로자 룩셈부르크의 주장에 주목하게 된다. "정치적 대중행동은 그 절정에 다다르고 나서는 일련의 경제적 대중파업을 낳는다. 정치투쟁의 모든 활발한 공격과 승리는 경제투쟁에 강력한 자극을 주게 된다. 이것은 정치투쟁의 활발한 공격과 승리가 노동자들에게 처지 개선을 위한 싸움으로 시야를 넓혀 주고 또 싸우려는 충동을 강화함과 아울러 노동자들의 투쟁 정신을 강화한다는 점에서 그렇다. 정치 행동의 물결이 고양된 뒤에는 언제나 수많은 경제투쟁의 싹을 틔우는 기름진 퇴적물이 남고, 또 그 역도 마찬가지이다. 정치투쟁과 경제투쟁 사이에는 상호작용이 존재한다."

그뿐만 아니라 이번 총파업은 이전의 어느 총파업보다 계획적이고 조직적인 형태를 취했다. 이것은 87년 이후 성장한 민주노조운동이 그동안의 투쟁을 통해 축적한 성과의 표현이다. 이것은 앞으로의 투쟁에서도 주요한 원칙으로 강조될 수 있을 것이다. 이 외에도 이번 총파업은 제도 면에서는 수세적인 처지라고 할 것이나 투쟁에서는 공세적 성격을 띠고 있다. 특히 이번 총파업은 노동관계법이 국회에서 처리된 바로 그날부터 돌입되었다는 점에서도 공세적인 면을 드러냈다. 이런 특징적 성격과 의의를 지니는 노동자투쟁은 정치적·대중적 총파업으로 규정될 수 있다.

그렇다면 이번 정치적·대중적 총파업에서 우리는 어떤 교훈을 확보할 수 있을 것인가? 먼저 조직적인 면에서는 미조직 노동자의 조직화를 비롯하여 조직의 민주적 강화와 조직형태의 발전, 그리고 노동전선 통일의 중요성이 확인되었다. 조직노동자 1백60만여 명, 노조 조직률 12.7%로는 정치권력과 거대 자본과의 싸움에서 그 역량이 부족하다는 사실이 드러났다. 더구나 노동조합운동의 전선 분열이 투쟁력을 어떻게 약화하고, 기업별노조 체제가 갖는 편협성과 폐쇄성이 투쟁을 얼마나 제약하는지를 실천적으로 입증했다. 따라서 공무원·교원의 노동기본권 확보를 위한 노력을 계속함과 동시에 중소·영세사업체에 대한 조직화를 본격적으로 추진할 것이 요구되고 있다.

또한 노조조직의 민주적이고 자주적인 개편을 통한 노조운동의 통일을 추진하는 한편, 총파업투쟁에 적극 참여한 조직을 중심으로 공동사업과 공동투쟁을 강화할 필요가 있다.

그뿐 아니라 산업별노조 체제로의 전환을 위한 목적의식적이고 계획적인 노력을 추진하지 않으면 안 되게 되었다. 이것 말고도 현장조직이 강화가 대중투쟁의 동력을 묶어내는 기본 토대가 된다는 점에서 중요한 실천 과제로 떠오르게 되었다.

다음으로 투쟁 면에서는, 이번 총파업을 통해 공동투쟁과 통일투쟁이 얼마나 위력적인 것인가를 확인할 수 있었고, 정치투쟁과 경제투쟁의 정확한 결합이 노동운동의 발전에서 중심적 과제라는 사실이 널리 인식되게 되었다. 더구나 이번 정치적·대중파업이 97년 임단투와 결합함으로써 그 성패가 결정될 수 있을 만큼 매우 중대한 상황이 다가오고 있다. 또한 올바른 전략·전술의 수립과 방침지도의 정확한 운용이 무엇보다 중요하다는 사실 등이 투쟁 과정에서 공유되었다.

그리고 노동운동의 정치역량 강화가 이번 총파업투쟁을 통해 현실적 과제로 대두되었다. 현재의 정치 구도가 보수정당 중심으로 짜여 있고, 노동정책이나 관련 제도가 자본축적 위주로 운용되고 있는 상황에서 노동자계급의 정치세력화가 매우 절실한 과제임이 틀림없다. 여기서 말하는 정치세력화는 정당 구성에 한정되는 것은 결코 아니다. 노동조합운동의 정책·제도 개선 역량의 향상을 비롯하여, 정치투쟁 역량의 강화, 그리고 다른 민중운동 역량과의 정치적 동맹의 강화 등을 함축한다. 아무튼 노동운동의 정치적 역량 강화 없이는 이번 총파업투쟁의 성과는 반감될 수밖에 없다.

끝으로, 이번 정치적·대중적 총파업은 노동운동이 궁극적 목표가 무엇인가를 제시해 주고 있다. 파업 현장과 집회에서 나부낀 '노동해방'의 깃발이 그것을 상징해준다. 이 땅의 노동운동은 한국 사회의 모순구조와 사회적 상황, 그리고 민족적 과제에 비추어 사회변혁의 내용을 포함하는 사회개혁을 전략적 목표로 설정하지 않으면 안 된다. 그것은 계급모순의 극복을 통한 노동의 자율성 실현과 자주·민주·통일이라는 민족적 과제의 해결, 그리고 민중 생존권 보장을 비롯한 국민적 요구의 관철이 될 것이다. 이번 총파업은 노동운동의 이런 이념과 정립을 포함하여 조직과 투쟁, 그리고 정치역량 강화를 위한 추동력이 되어 한국 노동운동의 전진을 위한 확고한 계기가 되어야만 할 것이다. 그것이 정치적·대중적 총파업의 승리를 담보하는 길이기 때문이다.

출처 한국노동사회연구소(1997), 『노동사회』(제12호), 한국노동사회연구소.

노동사회의
새로운 발걸음

그 치열했던 '정치적 대중적 총파업'을 치르고 나서, 어느 병원노조의 조합원이 "어둠에 갇혀 있던 자가 빛을 보게 되는 것 같은 느낌을 받았다."라고 투쟁 소감을 적은 걸 본 적이 있다. 그럴 만도 하다는 생각이 든다. 지역과 산업의 범위를 뛰어넘어 전국 차원에서 정치적 요구를 내걸고 총파업이 진행된 마당에, 노동자들의 의식도 계급적으로 깨우쳐지지 않을 수 없었기 때문이다. 분명 총파업은 다른 요인들과 겹쳐 새로운 상황 변화를 조성하고 있다. 그것은 안팎을 막론하고 두루 걸친 것이다. 그래서 노동운동은 새로운 대응을 모색하지 않을 수 없게 되었다.

변화된 상황, 새로운 대응 요구

모든 상황의 변화가 질적 발전으로 이어지는 것을 결코 아니다. 그러나 변화는 발전의 표현일 수 있고, 현상적 변화의 축적이 본질 변화의 요인이 될 수도 있는 것이다. 그런 점에서 변화에 대한 통찰과 대응 방책을 마련하는 것이 중요하다. 그렇다면 노동운동과 관련된 현재 상황은 어떤가? 노동운동을 둘러싼 정세는 급격한 변화의 양상을 드러내고 있다. 정치, 경제, 사회, 문화 등 여러 방면의 변화들이 그러하다. 노동운동이 이런 변화를 따라잡기조차 힘겨울 지경이다.

그런가 하면 자본과 권력 쪽 공세도 만만치가 않다. '신경영전략'으로 불리는 경영합리화 공세가 갈수록 치밀하면서도 집중된 형태로 다가오고 있다. 이런 공세는 자본의 본질을 반영한 것이고, 그것은 무자비한 탐욕만큼이나 집요하다. 한편 권력 쪽에서는 노동에 대한 억압적, 배제적, 포섭적 방식을 함께 동원하면서 노동세력과의 첨예한 대결로 몰아가고 있다. 이것은 바로 자본축적을 뒷받침하려는 의도를 깔고 있다. 자본과 권력에 대한 대응은 노동운동의 항상적 과제이나 급속한 상황 변화 국면에서는 그 중요성이 더욱 강조될 수밖에 없다.

노동운동의 주체적 변화 또한 큰 폭으로 진행되고 있다. 그것은 지형의 변화를 예고하는 것이기도 하다. 그러면서도 노동운동이 해결해야 할 당면 과제들이 선명한 형태로 눈앞에 떠오르게 되었다. 산업별노조 체제로의 조직형태 전환, 공동투쟁 통일투쟁의 강화, 경제투쟁과 정치투쟁의 정확한 결합, 노동자의 정치세력화, 과학적인 노동운동이념의 정립 등 조직노선과 투쟁노선, 그리고 정치노선을 포함한 총노선의 확립과 실천이 그것이라 할 것이다. 이런 과제들의 해결은 비단 노동운동의 발전을 위해서뿐만 아니라, 우리 사회의 발전을 위한 핵심적 추진력의 성장이라는 면에서도 중요성이 있다.

출발의 다짐을 되새기며

〈한국노동사회연구소〉는 지난 1995년 4월 28일 출범하면서 창립의 취지를 이렇게 밝혔다. "이제 노동운동은 급속하게 진행되는 대내외적인 상황의 변화에 능동적으로 대응하고 당면한 주요 과제의 본질을 정확히 구명함과 아울러 실천적 해결방안을 마련하기 위한 구체적 방도를 강구하지 않을 수 없게 되었다." 또 사업의 목표로서 "한국 노동운동의 발전 도정에서 제기되고 있는 이와 같은 현실적 요구의 중요성을 깊이 인식하여, 노동운동이 당면하고 있는 과제의 해결을 위해 정책연구 역량을 강화하여 노동운동을 실질적으로 지원하려 한다."라고 내세웠다. 지난 두 해 동안 연구소가 걸어 온 길을 되돌아본다. 결코 길지 않은 시간이지만 아득하다는 생각마저 든다. 힘겨웁게 허겁지겁 달려 온 때문인지도 모른다. 일은 버겁고 힘은 달리는 데다 필요한 여건들을 갖추기도 여간 어려운 것이 아니었다. 그런데도 무게를 느낄 수 있는 몇 건의 연구성과를 낼 수 있었고, 교육활동도 현장의 요구를 담아 내면서 새로운 영역을 개척하기 위해 노력했고 교육 방법의 개선도 추진해왔다.

모든 면에서 자부심보다는 아쉬움이 앞선다. 특히 실천 면에서 애초 설정한 자기 역할을 다했는지에 대해서는 반성의 자리라도 마련해야 할 것 같다. 지난 86년부터 활동해 온 〈한국노동교육협회〉의 경험과 성과를 바탕으로 하여 연구소 체제로 개편한 터여서, 연구소의 출범이 아무런 토대 없이 이루어진 것은 아니었지만 사실 재출발이나 별반 다름이 없었다. 그러나 체계나 사업 목표, 그리고 역할을 다시 설정하고 나선 마당에, 연구소의 위상을 충실하게 만들려는 의욕도 커지지 않을 수 없었다. 그런 의욕에 비해 사업과 활동이 뒤따르지 못해, 연구소가 걸어온 발걸음을 냉철한 점검의 시작으로 되짚어 보지 않을 수 없게 되는 것이다. 사업과 활동에 대한 평가는 스스로의 과제로 남겨두자. 그래도 출범 당시의 목표는 변함없이 추구될 것임을 다짐해 둔다.

월간 『노동사회』를 발간하면서

연구소는 출범과 더불어 95년 5월부터 『노동사회연구』(이하, '연구')라는 회보를 격월간으로 발간해왔다. 말 그대로 회원들을 대상으로 하는 회보였다. '연구'는 형식과 내용도 그리 충실한 편이 못되었을 뿐만 아니라 회보로서 자기 구실을 다했는지도 의문을 남겼다. 그렇다고 무성의했던 것은 결코 아니었다. 연구소의 역량을 그대로 드러낸 것이라고 해석해야 옳을 듯하다. 그나마 회보 발간이 계속되면서 자료 회원이 꾸준하게 늘어난 것은 무척 다행한 일이 아닐 수 없었다.

이제 연구소 창립 두 돌을 맞아, 연구소는 '연구'를 『노동사회』로 이름을 바꾸어 격월간으로 내던 것을 매월 말에 정기적으로 내기로 했다. 성격도 회보 형식에서 벗어나 더욱 넓은 독자층을 대상으로 하게 될 것이다. 이것은 연구소의 사업과 활동을 한층 더 다잡는 노력이 일환으로 봐도 좋을 듯하다. 사실상 노동관계 잡지, 그것도 전문성과 현장성을 충실히 담은 잡지를 만드는 일은 결코 만만한 작업이 아니라는 사실은 우리 스스로 통감해온 바이다. 그러나 지금까지 경험을 바탕으로 형식과 내용을 바꾸어 나가는 결코 과욕에 드는 것으로 여겨지지는 않는다.

노동사회는 노동 동향을 비롯하여 현장 통신, 기획 시리즈, 노동교육 사례와 연구 내용을 고정적으로 싣게 될 것이고, 매호에 특집 또는 핵심 주제를 선정하여 다룰 계획이다. 또한 연구소에서 열고 있는 월례 토론회에서 행해진 토론 내용과 시평, 노동칼럼 등을 함께 실을 예정이다. 이런 내용을 다루는 데서 연구소의 밖에 있는 필자들의 많은 참여가 기대될 수밖에 없다.

출범 2년째를 맞으면서 연구소가 창립 때의 다짐을 되새기며, 새로운 각오로 사업과 활동을 강화하려는 데는 시대적 요구에서 비롯된 면이 크다. 그러면서도 연구소는 나름의 목표를 실현하기 위한 단계적 전진을 강요당하고 있다. 노동사회의 발간은 그런 전진을 위한 노력의 한 가닥이라고 할 수 있다. 연구소의 이런 노력이 이 땅의 노동운동 발전에 직접 기여하게 되고, 많은 노동형제와 민족민주세력의 관심과 애정 속에서 충실한 결실을 볼 수 있게 되길 간절히 소망한다.

출처 한국노동사회연구소(1997), 『노동사회』(제12호), 한국노동사회연구소.

노동조합 정책참가의 올바른 추진을 위하여

"총파업 또는 대중파업은 기본적으로 정치적 무기이다. 전면적으로 전국의 생산을 중지하는 것은 자본주의 사회에서 결정적인 중대성을 갖는 문제이고, 그 명확한 방향은 정치권력의 문제를 제기하는 것이다. 총파업투쟁은 정치투쟁이다." 윌리엄 포스터가 그의 저서, 『세계노동운동사』에서 주장한 대목이다.

그렇다. 총파업은 그 요구가 어떠하든 정치적 성격을 띠게 마련이다. 그러나 정치적 무기인 총파업이 반드시 노동자계급의 정치적 요구 실현을 담보하는 게 아니라는 것은 이번 총파업투쟁을 통해 입증되었다. 노동운동이 정치적 권력을 전부든 일부든 장악하고 있거나 정책·제도 개선을 이룩할 정도의 역량을 갖추고 있지 못할 경우, 투쟁의 결과는 지배세력의 손에 의해 탈취되거나 반격으로 무위로 그칠 수 있다. 그런 점에서 노동조합의 정책·제도 개선 투쟁은 노동자 정치세력화와 함께 노동운동의 중차대한 정치적 과제로서 제기되는 것이다.

1. 정책참가가 왜 필요한가

경제투쟁과 정치투쟁, 그리고 그 둘의 결합은 노동조합운동의 기본 임무다. 경제투쟁은 임금이나 노동조건 개선을 위해서만이 아니라, 노동자 대중에게 노동수탈에 바탕을 둔 자본주의체제의 기본성격을 인식하게 하며 단결의 중요성 깨닫게 할 뿐 아니라, 노동자들의 정치의식을 일깨운다. 그러나 노조운동이 벌이는 경제투쟁은 자본주의적 지배나 수탈의 결과에 대한 투쟁일 뿐이지, 그 원인에 대한 투쟁일 수는 없을 뿐만 아니라, 경제투쟁만으로 정치권력에 바로 접근할 수 있는 것은 아니다. 그런 점에서 경제투쟁과 아울러 정치투쟁의 중요성이 강조되는 것이다. 정치투쟁은 경제투쟁을 촉진하고 경제투쟁의 성과를 제도적으로 확립해 갈 뿐 아니라 자본주의 제도의 개혁을 추구하게 된다. 그래서 경제투쟁의 정치투쟁으로 전화 또는 경제투쟁의 정치투쟁으로 결합, 이것이야말로 노동운동이 취해야 할 행동 원칙인 것이다.

노동운동이 추진하는 정치투쟁은 정당을 통한 정치 활동과 제도적 요구 투쟁을 기본 축으로 한다. 여기서 말하고자 하는 노동조합의 정책참가는 바로 그 제도적 요구 투쟁과 관련되어 있다. 제도적 제(諸) 요구는 노동자계급 전체의 요구를 반영한 것이고, 이런 계급적 통일 요구를 통해서 모든 노동자를 조직적으로 결집하여 국가권력과 대결할 수 있게 된다. 제도적 요구 투쟁의 중요 수단의 하나가 바로 노조의 정책참가다.

1) 정책참가는 제도적 요구 투쟁의 중요한 수단이다

제도적인 요구와 그 실현을 위한 투쟁은 전체 노동자의 이익을 위한 투쟁이고 정치운동이며, 계급운동이다. 노동자를 비롯한 일반 국민의 이익을 옹호하기 위한 각종 제도나 정책 개선은 노동·생활조건과 기본 권리의 보장을 위한 불가피한 요건일 뿐만 아니라, 제도적 요구 투쟁은 자본주의 제도의 근본적 개혁을 위한 역량 증대라는 '예비적 조직화'의 의의를 지닌다. 그런 점에서 노조의 정책참가는 제도·정책 개선을 위한 수단이라는 점에서 그 중요성이 강조되는 것이다.

그런데 제도·정책 개선은 자본과 권력의 양보를 전제로 한 것이고, 분명 개량적 성격을 갖는다. 그렇다면 이 양보와 개량을 어떻게 보아야 할 것인가? 양보와 개량은 노동자계급의 변혁적 투쟁을 약화하고 분열시키며 체제 안으로 편입케 한다는 점에서는 탄압과 통제, 그리고 폭력적 지배와 본질상 다를 것이 없다.

그러나 양보와 개량이 노동자계급의 육체적 정신적 퇴화를 막고, 그것이 노동자투쟁의 성과로서 획득된 것으로 더 큰 단결과 투쟁을 촉진하게 되며 체제 개혁을 위한 목표에 다가가게 할 수 있게 한다는 점에서 적극적인 의의가 있게 되는 것이다. 문제는 양보와 개량이 투쟁의 목표인가, 과정의 문제인가 하는 전략적 선택에 있다고 할 수 있다. 그런 점에서 개량을 위한 개량, 전략적 목표 없이 추구되는 개량, 변혁적 전략과 합치되지 않는 개량은 배격해야 할 대상이다.

2) 정책참가는 생활 옹호 투쟁의 일환이다

임금, 노동조건, 고용 등에 걸친 노조의 기존 제(諸) 요구는 노동자의 노동·생활조건을 개선, 향상하기 위한 요구이다. 이런 요구는 -우리나라에서는- 기업 차원에서 제기되는 것이고, 단체교섭을 통해 해결되는 것이 일반적이다. 그러나 노동자의 노동·생활조건은 기업의 테두리 안으로 한정되지 않고, 정책이나 제도, 나아가서는 체제의 성격에 따라 크게 규정된다. 그리하여 국민 전체의 생활 향상 개선과 밀접한 관련을 갖게 되는 것이다.

그렇다면 노동조합이 추진하는 투쟁의 과제와 영역에서 생활 옹호 투쟁이 추구하는 내용은 어떤 것인가? 일반적으로 노동조합의 투쟁 과제와 영역을 대별하면 ① 임금이나 노동시간 등 노동조건 개선 투쟁 ② 노동조건 이외의 각종 생활조건 개선을 목표로 하는 생활 옹호 투쟁 ③ 실업 반대, 고용확보 투쟁 ④ 평화와 민주주의 옹호 투쟁 등으로 구분할 수 있다.

이 가운데 생활 옹호 투쟁의 과제와 대상으로는 △사회보장제도의 확립과 공적 연금의 확충 등 노동력 판매가 불가능할 때의 생활 보장 △주택·학교·보육소·복지시설·교통시설 등 노동력의 재생산을 위한 지역적 조건이 확보 △인플레 정책 반대와 세금 삭감 요구 등 임금 가치(=화폐 구매력)의 하락 방지 △공해 방지와 소비자 보호 등 생활수단의 안정성을 확보하는 것 등이 될 수 있다.

생활 옹호 투쟁은 대부분 정부 또는 지방자치단체를 대상으로 전개되지만, 때에 따라서는 개별 또는 집단적인 자본을 대상으로 하기도 하고, 노동자 스스로의 자주적인 운동을 통해 이루어지기도 한다. 또한 이런 투쟁은 대체로 국민의 일반적인 이해를 직접 반영하는 것이지만, 때로는 국민 제(諸) 계층의 요구와 이해관계들이 어떻게 인식할 것인가 하는 문제가 제기되기도 한다. 그리고 생활 옹호 투쟁은 제도 개선 투쟁을 중심 부분으로 하고 있으나 그렇다고 제도적 투쟁에만 한정되는 것은 아니다. 그런 점에서 생활 옹호 투쟁은 광범위한 영역을 내포하고 있다.

그런데 생활 옹호 투쟁의 과제를 작업장 내의 과제와 어떻게 연결하고, 또 노동자의 요구와 이해를 국민 일반의 그것과 어떻게 조정, 통일할 것인가 하는 문제가 제기된다. 여기에 대해서는 1968년 대중적 정치투쟁을 치른 뒤 이탈리아 노동조합운동이 "공장에서 사회로"라는 슬로건을 내걸고 추진한 국민적 생활 옹호 투쟁이 중요한 시사점을 제공한다. 현장 내의 임금 요구에서 분배제도 개선과 세제개혁 요구로, 작업장 내의 노동환경 개선 투쟁에서 의료 개혁 또는 환경오염 저지 투쟁으로, 노동시간 단축 문제에서 교통 통근 문제 나아가서는 주택 도시계획 문제의 추구로, 해고 방지 투쟁에서 고용보장 투쟁으로, 복지후생 확충 요구에서 사회보장 증진 요구로, 사내 교육훈련 문제에서 교육개혁 문제로, 작업장 민주화 투쟁에서 산업 민주화 또는 정치 민주화 투쟁으로 진전시킨 것이 그런 경험이다.

민주노총이 설정한 '사회개혁 투쟁'은 이런 맥락에서 생활 옹호 투쟁의 성격을 뚜렷하게 지니고 있다. 1997년 사회개혁 투쟁 과제인 정경유착 근절과 재벌 규제 강화 및 노조의 경영참가, 사회복지예산 증액과 사회보장제도 개선 및 민주적 관리 운영이 그러하다. 또한 산별연맹들의 추진 과제인 의료민주화, 교육개혁, 금융개혁, 불공정 거래 개선, 교통 문제 해결, 언론 민주화, 건설 부조리 척결, 환경 개선, 세제개혁 등과 지역조직이 추진할 지역주민 공동 생활상의 요구 등이 그러하다. 이런 요구와 과제들은 정부를 상대로 한 정책과 제도 개선에만 한정되고 있는 것은 아니나, 정책적 및 정치적 투쟁과 함께 정책참가를 통한 제도·정책 개선 없이는 실현되기 어려운 것들이다. 그래서 정책참가는 생활 옹호 투쟁의 주요한 통로인 것이다.

3) 정책참가는 경제민주주의 실현을 위해 필요한 수단이다

정치적 민주주의와 경제민주주의의 실현은 현대 노동조합운동이 공통으로 추구하는 기본과제다. 노동운동이 경제위기와 국민생활 파탄의 근원인 현대자본주의의 지배에 대응해 노동자계급과 국민 일반의 생활 옹호를 추구하면서, 독점자본의 경제적 지배와 축적 운동을 민주적으로 규제함과 동시에 경제체제의 민주적 개혁을 촉진할 필요성이 한층 증대되었기 때문이다.

여기서 말하는 경제민주주의 기본성격은 무엇인가? 경제민주주의는 현대자본주의의 기본적 모순의 전개에 따른 노동자와 근로 대중의 절실한 요구에 바탕을 두고 있다. 오늘날 독점자본의 축적된 사회적 힘은 갈수록 거대화되면서 국가기구와 밀접히 결합함으로써, 그 지배와 수탈은 더욱 조직적으로 그리고 계통적으로 추구되고 있다. 이런 상황에서 독점자본과 국가권력의 반(反)사회적 행동을 민주적으로 규제하고 경제를 전체 국민의 이익에 부합하는 방향으로 운영해야 한다는 요구와 투쟁이 증대하는 것이다. 이런 점에서 경제민주주의는 독점자본 중심의 국가정책과 독점적 대기업의 무제한적 축적 운동을 통제하기 위한 반독점 민주주의적 성격을 그 내용으로 한다.

아울러 경제민주주의를 위한 요구와 투쟁에서는 그 긴급성과 필연성, 그리고 민주주의적인 성격 때문에 독점자본과 국가권력에 대한 '밑으로부터'의 민주적 규제가 중요시되나, 다른 한편으로 정치의 혁신과 국가의 민주적 개혁에 의한 '위로부터'의 민주적 규제 또한 대단히 중요하다. 이것은 자본주의 체제 안에서의 반독점 민주주의라는 기본성격을 갖는 것이지만, 정치적 민주주의의 철저한 실현과 함께 추구되는 경제민주주의는 체제의 근본적 개혁을 지향하게 된다. 다른 한편으로 경제민주주의는 반핵, 평화, 군축과 아울러 호혜·평등의 신(新)국제경제질서 확립을 지향한다는 점에서 국제적 성격을 갖는다.

이와 같은 경제민주주의의 실현을 위해서는 노동자계급과 근로 대중이 주체가 되어, 국민의 생활 옹호를 목표로 광범한 동맹 세력을 형성하지 않으면 안 될 것이다. 그리고 노동운동을 주축으로 한 밑으로부터의 운동을 전개함과 동시에, 위로부터의 개혁을 추진하기 위한 강력하고도 효과적인 정책참가의 중요성이 제기되는 것이다. 그런 의미에서 노동조합의 정책참가는 경제민주주의 실현을 위한 수단이 된다.

2. 정책참가 어떻게 할 것인가

노동조합의 정책참가가 중요하다고 해서 모든 형태의 참가가 다 긍정적인 의미를 갖는 것은 아니다. 정책이나 제도 결정 기구에 노조 대표가 참가하는 것이 국가와 자본의 이해나 방침을 관철하기 위한 형식적 민주주의 절차라는 성격을 동시에 지니고 있기 때문이다. 따라서 노조의 정책참가는 목표와 원칙을 올바르게 설정하는 것이 무엇보다 중요하다.

1) 목표와 원칙의 올바른 설정

노조 정책참가는 임금·노동조건 개선을 위한 정책과 제도 개선을 우선적인 목표로 한다. 또한 노동자와 국민의 생활 옹호와 정치적 경제적 민주주의의 실현을 추구한다. 이것은 국가와 자본이 양보를 통한 개량적 성격을 지니지만, 기본적으로 사회개혁을 지향하지 않으면 안 된다. 한국 사회의 상황과 구조에 비추어 개량의 한계도 분명할 뿐 아니라, 그 개량의 성격이라는 것도 독점자본의 축적 운동을 뒷받침할 가능성이 높기 때문이다. 그런 점에서 노조의 정책참가는 노동운동이 지향하는 전략적 목표의 실현을 추구하는 방향에서 추진되어야만 한다.

이런 관점에서 본다면, 노조 정책참가에서 강조되어야 할 원칙은 다음과 같이 제시될 수 있겠다. 첫째, 정부의 정책과 정부 자본 및 공익이라는 이름으로 그들의 이해를 대변하는 이들의 주장이 갖는 오류와 모순을 폭로해내고, 노동자와 국민의 요구와 주장을 펼쳐 나감과 동시에, 요구를 실현하기 위한 방책을 내놓음으로써 정부와 자본 쪽의 양보를 끌어내야 한다.

둘째, 정책과 제도적 개선을 추진하는 데는 대중투쟁을 조직하고 결합할 수 있어야 한다. 정책참가는 기본적으로 힘이 뒷받침되어야 하는 것이기 때문에 대중투쟁과 결합하고 민주세력의 통일행동이 크게 진전될 때 비로소 실질적인 효과를 가져올 수 있다.

셋째, 노조는 정책 결정 심의 기구에 대표자를 참가시킬 경우, 관례에 따라 형식적으로 대표를 선출할 것이 아니라 유능한 사람을 골라 그 활동을 뒷받침하고 보장하지 않으면 안 된다. 또 대표로 참가하는 사람은 연구와 조사를 게을리하지 않으면서, 정부 쪽에 대해 자료 제출을 요구하는 권한을 최대한 활용하고, 기구 참여를 통해 얻은 지식과 자료를 대중선전과 대중투쟁의 조직에 중요한 무기로 활용할 필요가 있다.

넷째, 정책참가는 대(對)정부 투쟁을 강화하기 위한 주요 계기가 될 수 있다. 대정부 투쟁에서는 노동자의 통일 요구를 명확히 하고, 정부와 독점자본의 정책을 폭로하는 교육과 선전 활동을 조직해야만 한다. 또 제도적 요구와 기업 내 투쟁의 내용을 명확히 하고, 제도적 요구와 결합한 산업별 통일투쟁과 지역에서의 통일 행동을 전개할 것이 요구된다.

다섯째, 노동자와 지역주민의 생활 및 권리를 옹호하기 위해 지방자치단체 또는 지역 차원의 정책참가를 통해 실현해야 할 과제들은 매우 다양하다. 세금 감면과 공공요금 인상 반대, 주택 문제 해결, 도시계획 교통 주거환경 개선, 공해 방지, 복지·문화시설 확충, 교육제도 개선, 지방자치의 확립과 주민의 민주적 권리 보장 등이 그것이다. 이런 지역 차원의 요구를 실현하기 위해서는 노조 지역조직을 중심으로 지역 민주단체와 주민조직들과 함께 통일 행동을 조직함으로써 지역 차원의 정책참가를 효과적으로 추진할 수 있게 된다.

2) 기구 운영의 민주화와 다양한 참가 방식의 활용

노조 대표가 참여하는 기구들은 그 성격에 따라 구성과 운영 방식이 각기 다르다. 〈노동위원회〉와 같이 노조 대표와 사용자단체 대표, 그리고 공익위원으로 구성되는 경우도 있고, 〈경제대책협의회〉처럼 각계를 망라한 인사들로 구성되는 기구도 있다. 또 〈최저임금심의위원회〉와 같이 최저임금액을 결정하는 기구가 있는가 하면, 〈직업훈련심의위원회〉처럼 직업훈련 정책에 관한 자문기관으로서의 성격을 가질 수도 있다. 어쨌든 정부의 의지가 기구 운영에서 그대로 관철되거나 기구가 편파적으로 운영될 경우 노조의 정책참가는 효과적으로 이루어질 수 없다.

이런 점에서 기구 운영의 민주화가 대단히 중요한데, 이를 위해서는 법률이나 규정으로 권한과 임무를 명확히 규정하는 일이 중요하고, 그런 권한과 임무가 실질적으로 보장될 수 있도록 조직과 활동이 이를 뒷받침해야 한다. 단순한 정책 건의나 의견 제시로는 효과적인 성과를 거둘 수 없으므로, 여기에 기구 참여를 통해 획득할 수 있는 목표를 분명히 하고 성과를 획득할 수 있는 목표를 분명히 하고, 성과를 획득할 수 있도록 기구 운영의 민주화를 촉진할 필요가 있다. 이것은 정책참가의 또 다른 성과가 될 수 있다.

노조의 정책참가는 특정한 정책 결정 기구에 참여하는 것에만 국한되는 것은 결코 아니다. 의회 안에 설치된 전문가위원회나 조사위원회를 활용하는 것을 비롯하여 대국회 청원 활동, 대정부 대정당 건의 활동과 로비 활동, 여론 형성을 위한 홍보활동, 캠페인 전개, 공공부문 노동자의 정책·제도 개선 투쟁 등 다양한 활동이 요구되고 이런 활동이 정책 결정 참가를 촉진할 수 있다.

3) 조직과 투쟁의 병행 추진

노조 정책참가는 조직과 투쟁의 역량이 뒷받침되지 않고서는 효과적인 성과를 거두기 어려운 것은 물론, 오히려 정책 결정에서 '포로'의 처지를 면치 못하게 될 수 있다. 그뿐 아니라 노조 내부의 비판과 분열을 불러일으킬 소지마저 지닌다.

정책참가에서 특히 중요시되는 것은 전국중앙조직의 역할인데, 전국중앙조직은 산하 조직의 통일적 역량을 결집하고 총자본에 대한 총노동의 투쟁을 추진함과 아울러, 민중세력이나 민주세력과 동맹을 강화하는 가운데 정책·제도 개선을 전개해야 한다. 또한 산업별 또는 지역별로 조직역량을 집중하기 위해서는 노조 조직형태의 산업별 체제로 전환과 지역조직이 강화가 요구된다.

한편, 노조 정책참가를 뒷받침하기 위한 투쟁은 다양한 형태로 추진할 필요가 있다. 이를테면 최저임금 인상을 위한 투쟁이 최저임금심의위원회에서의 정책참가 효과를 높이게 될 것이고, 단체협약상의 노동시간 단축을 위한 투쟁이 노동법상의 노동시간 단축을 위한 추진력이 될 것이며, 산업안전보건을 확보하기 위한 투쟁이 산업안전보건법과 관련 정책의 개선을 촉진하게 될 것이다. 이런 사실은 민주노총의 합법성 쟁취 투쟁이 노동법 개정을 끌어낸 직접적인 동력이 된 것을 통해서도 확인된다. 투쟁력이야말로 정책참가가 개량주의에 머물지 않고 개량을 통한 적극적 의미의 개혁을 목표로 추진될 수 있도록 하는 결정적인 요건이다.

4) 정책역량의 향상

정책참가를 뒷받침하는 기본적인 힘은 조직과 투쟁역량이지만, 구체적인 활동을 추진하는 데는 노조의 주체적인 정책역량 향상이 필수적인 요소가 된다. 먼저 정책·제도 요구의 내용, 목표와 방침, 정책·제도 개선을 위한 방안, 요구의 근거와 명확성, 요구 실현을 위한 정세와 전술 등을 바르게 설정하기 위해서는 노조의 정책역량이 구비되지 않으면 안 된다.

이를 위해서는 조사·연구 기능의 강화가 필요하고, 이론과 실천의 통일을 위한 과학성과 전문성의 확립이 요구된다. 이것은 국가와 자본의 정책에 대응해 노동자계급의 정책·제도 요구를 제시하여 투쟁력을 결집하기 위해 필요불가결한 요건이기 때문이다. 정책역량의 향상을 위해서는 재정과 인력을 확보해야 할 뿐만 아니라, 노동조합의 정책연구를 전담할 기구를 설치하는 것이 필요하다. 여기서는 중앙집중화와 함께 외부의 전문인력을 활용할 수 있는 체계적인 자문기구의 설치도 요구되고, 이와 아울러 국내외에 걸친 다양한 정보를 수집하고 분석할 수 있는 역량을 갖추어 나가지 않으면 안 된다.

5) '정치세력화' 추진

노조 정책참가는 정책·제도 개선을 우선적인 목표로 하나, 궁극적으로는 권력의 문제와 관련된다. 정책참가는 주로 권력을 대상으로 하는 것이면서 권력에 접근하기 위한 방도일 수 있다. 그런 점에서 노조 정책참가는 노동자의 '정치세력화'를 촉진하게 되고, 노조의 정치역량 강화가 정책참가를 효과적으로 추진할 수 있게 하는 것이다.

현재 노동자계급의 정치세력화가 노동운동 발전의 당면 주요 과제로 제기되고 있는데, 이것은 정당 구성에만 한정되는 것은 결코 아니다. 노조의 정책·제도 개선 역량의 향상을 비롯하여 선거 투쟁을 포함한 정치역량 강화, 그리고 다른 민중운동과 정치적 동맹 구축 등을 함축한다. 그런 가운데 노동자계급을 핵심으로, 민중세력을 주축으로, 국민의 광범한 지지를 바탕으로 사회개혁을 목표로 세워 대중투쟁과 병행하여 정당 구성을 추진하는 일이 정치세력화의 중심 과제가 아닐 수 없다.

한편, 노조 정치역량을 강화하는 데는 다음과 같은 활동과 사업의 추진이 현실적으로 요구되고 있다. 즉, 모든 사업과 활동에서 노동자의 정치적 자각과 노조의 정치역량을 높이기 위한 프로그램을 개발하고, 간부들의 이론과 사상 수준을 높이기 위한 다양한 활동을 추진하는 일이 중요시되고 있다. 이와 함께 정치투쟁 영역을 개발하고 투쟁력을 강화할 수 있는 활동을 집중적으로 전개해 나가야 할 것이다. 노조가 추구하는 정책참가 목표의 실현은 이런 정치역량 강화와 정치세력화의 추진을 통해서 가능할 것이기 때문이다.

출처 한국노동사회연구소(1997), 『노동사회』(제14호), 한국노동사회연구소.

21세기를 맞는 민주노조운동
- 10년의 회고와 전망 -

작열하는 폭염을 다스리는
태풍이 남쪽을 강타하던 날
동해를 긁으며 회오리가
미친 듯이 해안을 때리던 날
미친년 머리칼 같은 빗줄기를 몰고
이 땅을 치때리던 날

거친 풍랑을 헤치고 나르는 새가 있었다.
폭풍이 심할수록 더 높이 나르는
새가 있었다.

그것은 자유, 그것은 평등
그것은 노동해방의 불꽃
그 불꽃 날개를 단
투쟁의 불새.

87년 7월 우리는 모두
보았다. 고압선 이글거리는
어두운 공장 거리마다
동해의 풋풋한 가슴들이
훤히 열리는 것을 보았다.

(중략)

피맺힌 가슴에 선혈이 번지며
분노가 되어 거대한 파도가 되어
치닫는 바다를 보았다.

(하략)

노동자 시인 백무산이 쓴 《전진하는 노동전사》라는 시의 구절이다. 1987년 노동항쟁을 이처럼 선연하게 떠올리게 하는 글도 드물 것이다. 87년의 노동자투쟁은 '인간답게 살아보자.'라는 메시지가 표현하듯 노동자계급의 강렬한 인간해방 선언이었다. 그로부터 10년이란 세월이 흘렀다. 10년에 걸친 노동운동의 궤적을 되돌아보면서 내일의 좌표들을 짚어본다.

87년 노동항쟁 무엇을 남겼나

우연이었을까, 아니면 6·29 선언에 힘입은 노동자들의 일시적 저항이었을까? 그것은 아니다. 87년 노동자투쟁은 우연적인 '노사분규'나 정치 상황의 변화에 따른 일시적인 저항이 아니라, 자본과 권력에 맞선 거대한 노동항쟁이었다. 87년 노동항쟁은 한국 자본주의의 전개 과정에서 쌓이고 커진 노동과 자본 그리고 노동과 국가권력 간의 모순이 구체적인 현실로 표출된 것이고, 그동안 축적되고 강화된 노동자의 집단적인 역량을 드러낸 투쟁이었기 때문이다.

역사적으로 보면 87년 노동항쟁은 60년대와 70년대에 걸친 노동자계급의 잠재적 역량축적을 바탕으로 80년대 전반기의 준비기 또는 진통기를 거쳐 이룩된 질적 고양의 필연적 결과이다. 이런 사실은 그 후 10년 동안의 노동운동을 통해 확인되고 있다.

그렇다면 87년 노동항쟁은 어떤 투쟁이었던가, 그 특징적 성격부터 보자.

첫째, 임금노동자 계급이 형성된 이래 최대 규모의 파업투쟁이었으며, 대중적 항쟁이었다. 전국의 전 산업에 걸친 노동자대투쟁은 오래도록 억눌려 왔던 노동자들의 억제하기 어려운 강한 불만과 절박한 요구가 민주항쟁의 시기에 동시다발적으로 터져 나온 것이다. 특히 거대 재벌의 주력 기업에서 투쟁이 주되었다는 점에서 독점자본에 대한 항거라는 성격마저 띠게 되었다.

둘째, 노동자의 자주적 조직 건설이 투쟁의 주요한 목표가 되었다. 이것은 노조 건설과 기존 노조의 민주적 개편을 통해 요구 해결을 위한 조직적 토대를 구축하는 것이 가장 중요하다는 인식을 반영한 것이었다.

셋째, 종래의 투쟁에 비해 훨씬 대중적이고 대규모적이었으며, 체계적인 형태를 취하기 시작했다는 특징을 지닌다. 장기적이고 완강한 투쟁을 보여주었을 뿐만 아니라 운수 부문의 지역적 전면 파업이나 현대그룹 계열사 노조들의 경우처럼 연대투쟁이 시도되었다.

넷째, 중화학공업 부문의 대규모 사업장 노동자들이 투쟁의 선도 세력으로 대두하게 되었다. 이런 사실은 핵심 노동자층이 노동운동의 중심 세력으로 등장함으로써 노동운동의 폭이 크게 넓어졌음을 의미한다.

다섯째, 노동자대투쟁은 6월 민중항쟁의 역동성을 이은 것이면서 동시에 민중운동의 전진을 촉진하게 되었다. 6월 항쟁의 과정에서 노동자들은 조직적인 형태로 참가하지는 않았으나 스스로의 요구를 확인하고 의식의 고양을 경험하게 되었으며 뒤이은 노동항쟁을 통해 민중운동이 나아갈 바의 핵심을 제시해 주었다.

그렇다면 노동운동의 발전과 관련하여 87년 노동항쟁이 남긴 교훈은 무엇인가? 먼저 노동자대투쟁은 광범한 노동자들을 단련시키고 의식화 조직을 발전시키는 중요한 계기가 되었다. 노동자 대중이 투쟁의 전면에 나섬으로써 자신들을 억압하는 제도와 체제를 구조적으로 인식하게 되고 자신들의 힘과 단결의 중요성을 깨닫게 되었다. 이와 함께 조직적 지도력의 중요성과 연대의 필요성을 절감하게 되었다.

다음으로 노동항쟁을 통해 노동자들은 정치적 진출의 중요성을 자각하게 되었다. 노동자들은 투쟁 과정에서 정치적 탄압을 경험하게 되었고 경제투쟁과 정치투쟁의 결합에 대한 필요성을 인식하게 되었다. 총자본에 대한 대응과 아울러 정치권력에 대한 대응의 중요성을 깨닫게 되었기 때문이다.

그뿐 아니라 노동자들은 노동항쟁을 겪으면서 다른 민중운동과의 결합 가능성을 인식함과 아울러 자본과 권력 쪽의 통제 이데올로기와 개량적 운동노선을 극복하고자 하는 움직임을 강하게 나타냈다.

민주노동운동 10년

87년 노동항쟁은 오늘에 이르는 10년 동안의 노동운동 발전에서 획기적인 계기가 되었다. 한국의 노동운동이 정체 단계에서 고양 단계로 나아간 것을 뜻하는 것이기도 하다. 노동운동이 고양은 조직과 투쟁, 운동노선 그리고 정치적 역량 면에서 변화하고 발전했다.

조직 면에서는 미조직 사업장과 미조직 부문에 대한 노조 조직화가 급속하게 진행되었는데, 제조업뿐만 아니라 언론, 병원, 건설, 연구기관, 투자기관, 전문기술, 대학, 경제사회단체, 유통 등의 부문에서 노조 결성이 늘어나게 되었다. 이런 조직 확대는 전체 노조운동의 판도를 크게 변화시키면서 동시에 노동운동의 영역을 확장했다. 또한 조직 확대와 전체 구도의 변화는 민주노조운동이 노조운동의 전면에 나서는 새로운 흐름을 형성케 했다.

민주노조운동은 자주성, 민주성, 투쟁성, 연대성, 이념성을 그 특징으로 한다. 87년 이전에도 이러한 성격은 이어져 왔으나 하나의 흐름으로서 확고히 자리 잡지는 못했다. 그러다가 노동항쟁 이후 조직의 확대와 구도 변화에 따라 민주노조운동이 본격적으로 성장하고, 각종 투쟁을 통해서 폭넓은 발전을 이룩하여 전체 노동운동의 주축을 이루게 된 것이다.

민주노조운동의 조직적 구조는 지난 10년 동안 다양한 형태 변화를 거쳤다. 제조업을 중심으로 하는 신규 노조들은 지역 협의체를 형성하여 전국조직으로 1990년 1월 〈전국노동조합협의회(전노협)〉를 결성하게 되었다. 한편, 사무, 전문기술, 서비스 부문 노조들은 산업(업종)별로 연맹 또는 협의체를 구성하게 되고, 연대조직으로서 〈전국업종노동조합회의(업종회의)〉로 결집하게 되었다. 그리고 단위노조들의 연대 조직체는 재벌그룹 차원에서도 구성되었는데, 〈현대그룹노동조합총연합

(현총련)〉, 〈대우그룹노동조합협의회(대노협)〉 등이 그것이다.

몇 갈래의 이런 노조 연대조직은 1993년 6월 〈전국노동조합대표자회의(전노대)〉 발족으로 통일의 가능성을 열었으며, 95년 11월 〈전국민주노동조합총연맹(민주노총)〉이 창립됨으로써 민주노조의 전국중앙조직이 구성되게 되었다. 민주노총의 결성은 그동안 추진되어온 민주노조운동의 조직적 성과일 뿐만 아니라 한국 노동운동의 자주적 민주적 구도 개편을 위한 주체 역량을 형성했다는 의미가 있다.

87년 노동항쟁 이후 전개된 투쟁은 이전과는 확연히 구별되는 몇 가지의 특징을 지니게 되었다.

첫째, 투쟁역량이 광범하게 확대되었다는 사실이다. 투쟁의 주체 면에서는 제조업 부문 생산 현장의 노동자 대중뿐만 아니라 화이트칼라 노동자와 서비스직 노동자들이 투쟁에 참여함으로써 큰 폭으로 확대되었다. 투쟁 영역에서도 임금 노동 조건 개선을 비롯하여 언론 민주화, 의료민주화, 교육개혁, 노동법 개정, 사회보장 제도 개혁 등 이른바 사회개혁 영역으로 확대되었다.

둘째, 투쟁 전술이 다양해지고 진전된 양상을 띠게 되었다. 투쟁 형태가 노조를 주체로 하여 조직적인 성격을 정착시켰을 뿐 아니라 준비에서부터 마무리에 이르기까지 계획성을 갖추게 되었다.

셋째, 지역별 산업별 그룹별 연대투쟁이 확산했는가 하면, 전국적 통일투쟁이 점점 강화되었다. 이것은 공동투쟁과 통일투쟁의 중요성에 대한 인식이 높아진 결과이고, 투쟁 과제의 확대에서 기인한 투쟁 형태의 발전으로 해석된다.

넷째, 경제투쟁과 정치투쟁의 결합도가 갈수록 높아지게 되었다. 정책·제도 개선을 비롯하여 경제민주주의, 국민적 요구의 실현 등이 투쟁 대상으로 설정됨으로써 경제투쟁과 정치투쟁이 결합이 더한층 높아졌다.

다섯째, 투쟁이 국가권력과 대결을 양상을 빚게 되면서 격렬한 양상을 나타내게 되었다. 노동자의 투쟁이 장기화하고 대규모로 진행될 경우, 정부는 강경 대응 조치를 취했고 이 과정에서 권력과의 대립은 첨예한 형태를 취했다.

이런 투쟁의 양상과 특징은 96년 말 노동관계법 개정을 둘러싼 총파업투쟁으로 집약되었다. 이번 총파업은 노동운동의 역사상 몇 안 되는 총파업의 하나이고, 정부 수립 이후 사실상 처음으로 감행된 파업이고 정치투쟁의 형태를 취했다. 또 전 산업, 전국 차원의 대규모 파업이었고, 광범한 대중의 투쟁 의지를 바탕으로 한 조직적이고도 계획적인 성격을 드러냈다. 그러면서도 이번 총파업은 완강한 기세로 진행되었으며, 비교적 장기적이면서도 공세적인 형세를 보여주었다. 한편, 각계각층의 넓은 지지와 국제적 연대를 확보할 수 있었다. 그뿐 아니라 총파업은 노동법 재개정과 파업지도부 구속 철회를 끌어냄으로써 일단은 승리의 고지를 차지할 수 있었다.

운동이념과 정치적 역량의 면에서도 큰 진전이 이루어졌다. 87년 노동항쟁 이후 노사협조주의나 실리적 노동조합주의를 극복하고 사회변혁적 내용까지를 포함하는 사회개혁 방향에서의 이념 정립 모색이 꾸준히 이루어졌다. 새로운 운동이념의 확립은 한국 사회의 모순구조 극복과도 맞닿아 있다. 한국 사회의 모순구조는 계급모순과 민족모순이 맞물려 있고, 그것은 한국 자본주의의 성격에서 연유된 것이라 할 수 있다.

이런 상황에서 한국노총은 노동운동의 이념을 '민주복지사회 실현을 위한 노동조합주의'로 설정하여 여전히 경제적 조합주의 범주에 머물러 있다. 민주노조 진영은 노동조합주의와 개량주의의 극복을 주장하고는 있으나 아직 운동이념의 확립에는 이르지 못하고 있다. 민주노총은 강령에서 '참된 민주사회 건설', '민족의 자주성 확립', '조국의 평화적 통일', '독점자본에 대한 규제 강화' 등을 강조하여 사회개혁적 노선을 추구하고 있다.

한편 87년 노동항쟁 이후 노동운동의 정치적 역량은 이전에 비해 증대되었고 정치적 진출은 더욱 확대되었다. 이것은 노동자들의 정치적 요구가 확대되었음을 반영하는 것이고, 조직역량과 투쟁역량이 강화되어온 결과로 볼 수 있다. 그런 점에서 지난 7월24일 열린 민주노총 임시대의원대회가 결정한 정치세력화에 대한 방침은 그동안 축적되어온 정치역량의 반영이라 하겠다.

민주노총은 1998년 지방자치단체 선거 적극 진출, 98~99년 정당 건설, 2000년 국회 원내 진출을 목표로 하는 '정치세력화' 사업을 결정하고, 이번 대통령 선거에서 '민주적이고 개혁적인 후보'를 만들어 능동적으로 참여하기로 방침을 세웠다. 민주노총의 이런 방침은 한국 노동운동의 정치적 역량 증대를 위한 주요한 시금석이 될 것이다.

불확실성에 찬 21세기

21세기를 바로 눈앞에 두고 있다. 낙관주의가 충만했던 19세기 말과는 달리 20세기 말의 지금 상황은 한마디로 불확실성과 미래에 대한 우려만이 감돌고 있다. 변화와 발전이 속도가 너무 빨라 방향 감각마저 잃어버릴 판이다. 어쩌면 가치체계의 위기를 맞게 될지도 모른다.

21세기에 있어 세계화, 정보화 지역화는 더욱 가속화될 것으로 전망되고 있다. 자본과 상품 그리고 서비스의 국제 교환이 확대되고 노동의 국제분업이 강화되면서, 전 세계의 통합과 불균등한 상호의존성은 빠르게 진행될 걸로 예측된다. 개발도상국들이 세계 경제로 통합되고 있으며, 자본이동과 무역의 개방화는 필연적으로 격화된 경쟁을 수반하고 있다. 세계화는 모든 측면에서 경쟁의 심화를 의미하기 때문이다. 이런 경쟁은 국가와 지역들 사이의 격차를 확대할 수 있으며, 새로운 형태의 종속관계를 만들어낼 수 있다. 그것은 성숙한 선진공업국들과 역동적인 개발도상국 간에 심각한 마찰과 공공연한 갈등까지 야기할 수 있고, 새로운 형태의 민족주의와 지역주의가 또다시 위세를 드러낼 수도 있을 것이다.

정보화는 모든 부문에서 혁명에 가까운 변화를 불러일으키게 될 걸로 전망되고 있다. 특히 정보통신혁명은 새로운 투자원을 창출하고 세계를 더한층 가깝게 이어주며 수많은 사람이 이용할 수 있는 네트워크를 만들어낼 것이다. 그러나 이것이 또 한편 많은 문제를 야기할 걸 우려하는 목소리도 높다. 정보화에 따라 이익을 얻는 것은 소수의 안정된 선진국에 불과할 것이라는 점과, 다국적 기업을 주축으로 한 사적 자본이 이 정보화 사회를 통제할 것이라는 점, 그리고 대량실업과 더불어 정보에 대한 접근과 이용에 관련된 새로운 유형의 불평등을 만들어내게 될 것 등이 그렇다.

한편, 세계화 추세는 지역통합을 통해 더욱 가속화되고 있다. 유럽의 경우, 다자간 협력의 강화, 지속적인 국제무역과 투자의 자유화, 일관성 있는 구조조정의 실행 등이 추진되고 있다. 지역화는 새로운 영향권 형성을 위한 위장술이 될 수 있다. 거기에는 특정 국가들이 불평등한 조건으로 통합되거나 아니면 소외될 수 있다. 여기서도 충돌과 갈등의 요인이 없을 수 없다.

국제정치 측면에서는 미국과 소련으로 대표되는 냉전체제는 무너졌으나, 강대국과 약소국, 강대국가 간 부국과 빈국 간의 지역 갈등과 충돌 가능성이 커진 편이다. 국민국가 또는 민족국가의 위상과 권능은 약화하는 듯 보이나, 인종주의와 민족주의의 지향은 국제적 지배 또는 국가적 지배에 대한 대체물로 작용할 수 있다.

인간은 자연을 정복했다고 자부할지는 몰라도, 우리가 살고 있는 환경은 파괴의 위험에 처해 있다. 이런 환경파괴는 생태계를 망가뜨릴 수 있다. 절대다수 빈곤층의 존재와 한정된 식량 생산은 '세계공동체적 해결방책'이 동원되지 않는 한, 식량 위기의 가능성을 상존시킬 것이다.

경제면에서는 경제성장이 계속적으로 추구될 것이나 고용 증가를 수반하지 못하게 됨으로써 대량실업과 구조적 실업을 낳게 될 것이다. 더욱이 끊임없는 기술혁신과 경영합리화는 '노동의 인간화'를 가로막는 동시에 고용불안정을 가속할 수 있다.

이런 상황에서 국가는 초국적 자본이든 국내 자본이든 자본의 요구에 따라 여러 가지 형태의 정책을 펴게 될 터인데, 자본에 대한 규제 완화, 사회복지의 축소, 공기업의 민영화 추진, 노동통제 강화, 노동시장의 유연화를 추구할 것이다. 이런 과정에서 민주주의 질서의 왜곡과 새로운 빈곤을 창출하게 되고 실질적인 사회정의는 지배자의 논리에 따라 자기 위치를 상실하게 될 수도 있다.

결국 21세기 상황은 계급 간, 지배블록과 피지배블록 간, 그리고 지배세력과 피지배세력 간의 힘의 관계를 통해 전망해 볼 수밖에 없다. 앞에서의 전망은 지배하는 쪽이 추구할 수 있는 가정들이다. 이에 대해 피지배 쪽이 지향하는 목표는 다를 수 있다. 모든 사람이 인간으로서의 조건에 맞게 일하면서 안온한 생활수준을 누리며 보편적인 가치가 존중되는 사회에서 인간의 존엄성을 지키는 일, 경제발전을 지속하고 민주주의적 자유와 권리가 보장되는 사회를 실현하는 일, 지구적 차원의 환경을 보호하는 일, 국가 간, 지역 간의 격차를 줄이는 일, 산업정책이나 기업경영에서 경제민주주의와 노동의 인간화를 실현하는 일, 범죄와 사회적 불평등을 해소하고 도덕적 가치를 확립하는 일, 평화를 유지하고 국내외의 갈등을 해결하는 일 등이 추구될 수 있을 것이다. 이런 미래의 과제들을 해결하는 데서 계급 간, 세력 간, 집단 간의 이해대립과 갈등이 빚어질 수 있을 것이다. 그런 점에서 21세기는 역사의 진보에 대한 반동과 변혁 사이의 격심한 충돌로 시작된다고도 할 수 있다.

노동운동의 밝은 미래 열어야

노동운동은 21세기를 맞아 갖가지 중대한 도전에 맞닥뜨리게 될 것이며, 막중한 과제들을 능동적으로 해결해 가야 할 것이다. 노동운동이 안팎의 급속한 변화에 공세적으로 대응하고 강력한 조직력을 바탕으로 현실에 강인하게 대처하지 않으면 안 될 절박한 필요성이 바로 눈앞에서 제기되고 있기 때문이다.

조직 측면에서는 조직의 확대, 산업별노조 체제 확립, 노조운동의 통일, 현장조직 강화가 주요 과제가 될 것이다. 현재의 조건이 그대로 유지된다면 조직률은 21세기 들어 10% 이내로 떨어질 수밖에 없다. 공무원과 교사의 단결활동권이 보장되고 노조 조직형태가 산별 체제로 전환될 경우가 조직은 확대될 것이다. 그러나 산업구조에서 서비스 부문이 확대되고 비정규직 노동자의 구성이 늘어나면 조직 확대를 위한 활동의 강화가 요구될 것이다.

산별노조 체제의 확립은 한국 노동운동의 운명을 좌우할 정도로 중대한 과제라 할 수 있다. 현재의 기업별노조 형태로는 조직 안팎의 도전에 대응할 수 없을 뿐만 아니라 지금의 위치를 유지하기도 어려울 것이기 때문이다. 산별노조 형태로의 전환은 그리 순탄하게 될 수는 없어서, 최소한 10여 년의 세월이 걸릴 것으로 예상된다. 현재 몇몇 노조연맹들에서 추진하고 있는 산별노조 추진 운동이 선도적 역할을 하여 하나의 추세를 이룬다면 조직형태 발전에 대한 전망이 어둡지만은 않을 것이다.

노동조합운동의 통일은 노조 내부의 자주적 민주적 개편을 전제로 하며, 대내외적 상황 변화는 통합을 촉진하게 될 것이다. 조합원들의 노조 개편과 통합에 대한 요구, 기업단위 노조의 복수화 인정, 권력과 자본에 대한 공동 대응 필요성 증대는 노동전선의 통일과 노동조합운동의 통일을 위한 추진력 구실을 하게 될 것으로 보인다. 물론 노동운동의 통일은 여러 과정을 거쳐야 하겠지만 대내외적 조건의 변화는 분열 상태를 장기적으로 허용할 것 같지는 않다.

이런 노조조직의 확대 개편 과정에서 지속해서 제기될 과제는 현장 활동의 강화가 될 것이다. 더구나 산별 체제의 이행 과정에서는 조직의 관료화와 현장조직의 공동화를 극복하기 위해서는 현장이 강해지지 않으면 안 된다. 이런 일 말고도 노조원과 비노조원 사이의 연대를 형성하는 것과 다원화 사회에서 노조의 서비스 기능을 획기적으로 높이는 일이 또한 중요시될 것이다.

투쟁과 활동의 측면에서 공동투쟁 통일투쟁의 강화, 경제투쟁과 정치투쟁의 정확한 결합, 투쟁 과제의 올바른 설정, 그리고 국민적 요구의 실현 등이 주요한 과제가 될 것이다. 투쟁의 영역이 확대되고 투쟁의 차원이 높아지게 됨으로써 산업별 지역별 부문별 전국 차원의 공동투쟁과 통일투쟁이 일상적으로 조직되지 않으면, 노조운동의 투쟁과 활동은 수세적 위치를 벗어나기 어려울 것이다. 한편, 국가권력과 자본의 새로운 방식의 통제와 지배에 효과적으로 대응하기 위해서는 투쟁의 차원을 높여나가지 않으면 안 될 것이다.

경제투쟁과 정치투쟁의 정확한 결합이 중요시되는 이유는 상대적으로 정치투쟁의 비중이 커질 것이기 때문이다. 노동자계급이 자신들의 이해뿐만 아니라 국민 전체의 이해를 동시에 실현하기 위해서는 제도나 정책 그리고 정치영역에 폭넓게 개입해야 할 것이기 때문이다. 또한 노조운동이 민주주의의 완전한 실현을 비롯하여 경제정책과 사회복지 정책, 환경 문제, 빈곤 문제, 평화 문제 등 체제 개혁을 둘러싼 제반 문제에 대해 정치세력, 사회세력으로서 강력한 영향력을 행사해야 하기 때문이다.

21세기 노동운동은 새로운 이념의 정립과 정치적 역량의 강화를 주요 과제로 설정하지 않을 수 없다. 노동운동의 보편적 이념은 노동자계급의 궁극적 요구 해결을 위한 자본주의 제도의 근본적 개혁에 기초해야 할 것이며, 노동운동 발전의 합법칙성과 합치되는 방향에서 확립되어야 할 것은 물론이다. 그런데 노동운동을 둘러싼 상황 변화와 노동자계급의 상태, 내부 구성 변화, 주체적 계급적 조건 변화에 따라 이념은 더욱 풍부화되고 운동의 기조는 현실 조건을 정확히 반영하지 않으면 안 될 것이다. 인간의 얼굴을 갖춘 사회체제, 민주적 질서가 확립된 제도, 사회적 평등이 보장되는 사회공동체 유지, 사회구성원의 노력에 의한 사회정의의 실현, 민족국가의 자주성 회복과 민족통일의 달성, 국제적 호혜 평등에 기초한 평화 체제 구축 등이 노동운동이 추구해야 할 전략적 목표가 될 것으로 보인다.

노동자의 정치세력화는 21세기 들어 노동운동이 추구할 최대 과제의 하나가 될 것으로 전망된다. 현재 시점에서 볼 때 노동운동의 정치역량이 매우 취약한 것이 부인할 수 없는 사실이다. 그러나 민주노총이 설정한 '정치방침'이 계획대로 실행되고 2000년 이전에 정당 구성 노력이 결실을 본다면, 본격적인 '노동정치'의 시대가 열리게 될 것이다. 물론 시행착오의 과정을 피할 수는 없을 것이나, 노동운동 대내외적 조건은 본격적인 정치 활동의 전개를 촉구하고 있다. 노동운동의 정치세력화 추진은 노동운동의 발전을 위해서뿐만 아니라 한국 사회의 진보와 발전을 추진할 주체역량의 성장과 증대라는 면에서 중대한 의의가 있다. 21세기 노동운동의 미래는 여는 노력은 곧 한국 사회의 밝은 미래를 개척하는 일로 직결될 것이다.

출처 한국노동사회연구소(1998), 『노동사회』(제18호), 한국노동사회연구소.

노동자 정치세력화, 이제부터다!

온 나라를 들끓게 했던 15대 대통령 선거가 김대중 씨의 당선으로 막을 내렸다. 이번 선거를 두고 건국 이래 처음 이루어진 정권교체라는 평가가 주류를 이루고 있다. 거기에는 변화에 대한 강한 기대가 깊게 배어 있다. 그도 그럴 것이 장기적인 군사독재를 포함해 억압 체제의 한 꺼풀을 걷어내기라도 한다면, 속이 트일 듯한 심산들이었기 때문이다. 그러나 '한을 품었다.'라는 말은 여기서는 적절할 것 같지 않다.

그런데 김대중 씨를 지지했던 많은 사람조차도 한 가닥 못 미더운 심정을 굳이 숨기려 하지 않는 이유는 무엇일까? 그의 당선을 전후한 시기의 나라 사정이 워낙 급박하게 돌아서고, 그것도 위급한 상황이어서 그러하리라고도 짐작된다. 하지만 그보다 핵심이 될 듯한 까닭은 그를 떠받치고 있는 정당이나 사람들이 보수 이념에 젖어 있기 때문으로 해석된다.

더 커진 노동자 정치세력화 요구

이번 대통령 선거에서 권영길 후보가 얻은 득표율은 예상했던 정도보다 낮은 편이었다. 실망한 사람들도 적지 않았을 터이다. 그러나 탄식의 목소리는 그리 크지 않은 것 같다. 이 땅의 역사가 시작된 이래 '진보'를 표방한 대통령 후보는 몇 사람 있었지만, 노조 대표자가 직접 나선 경우는 처음이었다. 그것도 조직의 결의를 통해 이루어진 것이고 머지않은 장래에 정당 결성을 예정하고 결행된 일이어서 대선 결과에 대한 좌절은 그리 깊지 않은 것으로 보인다. 더욱이 노동운동을 둘러싼 정세의 급격한 변화와 주체적 조건은 노동자계급의 정치세력화를 더한층 촉진하고 있다.

〈국제금융기구(IMF)〉를 앞세운 국제독점자본의 탐욕에 찬 공격이 칼날처럼 날카롭게 행해지고 있고 국내 독점자본은 강도 높은 구조조정을 통해 새로운 경영전략을 펴고 있는가 하면, 보수 정치세력은 판도 변화를 보이는 가운데 판에 박은 '신자유주의'의 길로 달려 나가고 있는 형세다. 이런 판국에 노동운동은 지금까지의 대응 방식으로는 감당하기 힘겨운 게 사실이다. 어쩌면 노동운동으로서는 여태껏 경험하지 못했던 중대한 위기 국면을 맞고 있는지도 모른다. 위기가 새로운 기회가 된다는 말이 위안조차 되기 어려운 상황이다. 노동운동의 전면적인 정비 강화와 더불어 말 그대로의 '노동자 정치세력화'가 절박하게 요구되고 있다.

정치세력화의 바른 노선 세워야

이번 대선을 통해서도 노동자들은 정치세력화가 절대 순탄치만은 않은, 오히려 매우 험난한 길일 수밖에 없다는 사실을 스스로 확인하게 되었을 것으로 짐작된다. 그런 점에서도 정치세력화를 위한 올바른 노선을 세우는 일이 더할 나위 없이 중요하다고 판단된다.

노동자 정치세력화는 노동자계급이 주체가 되어 추진해야 한다는 것은 당연한 일이다. 그러나 노동운동이 독자적 역량만으로는 어려울 수밖에 없다. 노동자 정치세력화가 정당의 구성까지를 포괄한다면, 그 정당은 노동자를 핵심으로 하되 민중세력 또는 민족민주운동 역량을 주축으로 삼아야 하기 때문이다.

노동자 정치세력화에서 추구될 전략적 목표와 노선을 결정하는 건 필수적 요건이다. 현재 모색되고 있는 것에 비추어서는 아마도 '근본적인 사회개혁'이 추구될 것으로 보인다. 이것은 한국 사회 상황과 구조에 비추어 보면, 변혁의 목표까지 안게 될 걸로 전망된다. 그것은 자본주의 체제의 온전한 유지도 아닐뿐더러 전통적 의미의 사회주의도 아닐 것이다.

그렇다면 근본적인 사회개혁은 의회주의를 통한 정권 획득을 지향하면서 추구될 것인가? 결코 그런 것 같지는 않다. 현재의 정치체계나 구조에서는 의회를 통한 노동세력의 권력 획득 구상은 현실성을 담보하기 어렵기 때문이다. 아무래도 노동운동 또는 사회운동과 정치운동의 통일을 통한 권력 접근 또는 권력 획득을 추구하는 것이 기조가 될 수 있을 것 같다. 그런 점에 비추어 노동조직과 정치조직의 자율적 대등과 협력, 그리고 동맹의 강화가 필수 요건이 될 것이다. 이것은 다른 나라들에서 진행된 노동자 정치세력화의 역사적 경험에서 드러난 오류와 시행착오들을 극복할 수 있는 원칙과도 같은 것이다.

정치세력화 지금부터 추진해야

노동자 정치세력화를 추진하는 데서 부딪히게 될 어려움은 대단히 클 것이고, 깨뜨려야 할 벽도 도처에 널려 있다. 이와 같은 난관을 극복하기 위한 노력은 언제까지 늦출 수 있는 일이 아니다. 지금 시작해야 할 일들이 눈앞에 가로놓여 있다.

무엇보다 먼저 노동자들이 벌이는 대중투쟁과 사회운동의 발전을 추진하는 게 급선무다. 더욱이 IMF 관리체제에서 노동운동에 지워진 책무는 그 어느 때보다 막중하다. 지금은 엄중한 시기이다. 대중투쟁과 자기 발전을 위한 과제 해결이 노동운동이 전진을 위해서뿐 아니라 정치투쟁 또는 정치운동의 영역을 넓히는 기본 요건이다.

다음으로는 다른 민중운동과 진보적 정치세력, 그리고 다양한 시민운동과의 정치적 동맹이나 연대를 강화하는 것이 주체역량 형성과 강화를 위해 중요하다. 또한 국민의 요구를 실현하기 위한 폭넓은 활동을 본격적으로 벌여 나가야 할 것이다. 그리고 정치권력과 지배세력, 자본진영의 공세에 적극적으로 대응해야 할 필요성이 더욱 커지고 있다.

한국 노동자계급의 정치세력화는 모색의 단계를 넘어 실천의 마당으로 들어섰다. 지난날의 무수한 단절과 깊은 좌절, 그리고 참담한 실패의 경험을 더는 되풀이할 수는 없다. 그리고 우리가 내디딜 노동자 정치세력화의 길은 노동운동의 발전을 한 단계 높이는 데 그치지 않고, 한국 사회의 발전을 이끌 주체세력을 키운다는 중대한 의의를 부여받게 될 것이다.

출처 한국노동사회연구소(1998), 『노동사회』(제19호), 한국노동사회연구소.

IMF 관리체제와
노동운동의 전략

〈국제통화기금(IMF)〉 관리체제에 든 한국 사회는 분명히 바닥째 흔들리는 위기 국면을 맞고 있다. 경제에서 정치, 사회, 그리고 국민의 생활 구석구석에 이르기까지 큰 변화가 일면서, 고통스러운 모습들이 역력하게 드러나고 있다. 그 가운데서도 노동자들이 당하는 어려움은 유별나게 두드러져 보인다. 수많은 사람이 졸지에 일터에서 거리로 내몰려 방황하고 있고, 아무런 동의 없이 임금이 깎이는가 하면, 법으로 정해진 연장, 야간, 휴일 근로 수당이 지급되지 않는 경우도 벌어지고 있다. 노동시간이 기업의 방침에 따라 연장되고 노조활동이 억눌리며, 단체협약이 제대로 지켜지지 않는 경우도 허다하다. 산업현장이 살벌해지는가 하면, 생활 형편마저 쭈그러들고 있다. 이런 상태가 금방 끝날 것 같지 않을 뿐만 아니라, 갈수록 나쁘게 빠져들 것으로 예상되는 터여서 기운 차리기에 더욱 벅차다.

오늘의 '위기'는 어디서 온 것인가

　노동자계급이 어려운 상황에 놓일수록 노동운동의 책무가 그만큼 커질 수밖에 없다는 사실은 자명하다. 어찌 보면 노동운동의 발전은 고난 속에서 이루어져 왔다고도 할 수 있다. 산업혁명 초기의 극심한 착취와 억압 속에서 독점자본 형성기에는 거대 자본과 맞서 투쟁 대열을 굳게 하면서, 전쟁과 파시즘 체제 아래서는 혁명의 깃발을 치켜들기도 하면서, 제2차세계대전 이후에는 사회세력화와 정치세력화를 밀고 나가면서 반동의 벽을 허물어 오늘에 이르렀다. 이렇게 본다면, 오늘의 위기 상황도 노동운동의 전진을 결코 막을 수는 없을 것이다. 낙관주의는 노동운동 발전에서 요구되는 운명과도 같은 것이다.

　그렇다고 지금의 정황이 만만한 것으로 해석된다는 뜻은 아니다. 지금 상황이 노동운동에도 위기로 작용하고 있음은 부인하기 어렵다. 이런 위기를 극복하려면, 위기의 원인을 정확히 캐고 장기 전략을 바로 세우는 일이 무엇보다 중요하다.

　한국 사회가 겪는 위기 상황은 자체의 구조 면에서 기인한 것이지만, IMF 관리체제에 들면서 촉발된 면이 크다. IMF가 한국에 대해 구제금융을 지원하면서 요구한 이행조건은 실로 위협에 찬 것이었다. IMF의 요구조건은 크게 보면 '경제안정 프로그램(긴축재정)'과 '구조조정 프로그램(자유화 정책)'을 뼈대로 하고 있다. 그 내용을 뜯어보면 경제성장률의 하향 조정, 재정 긴축과 통화 증가율 억제, 부실 금융기관 정리, 무역 자유화와 자본 자유화, 기업지배구조 조정, 노동시장 유연화 등이다.

　이런 조건들이 관철되면, 관리체제가 끝난다고 할지라도 한국 자본주의는 근본 구조 면에서 큰 성격 변화를 일으킬 것으로 보인다. 우선 예상되는 것은 국제독점자본의 직접 지배 강화이다. '지구촌화' 시대에서 자본의 국적은 문제 될 것은 없다는 주장이 있을 수 있으나, 초국적 자본에도 국적은 엄연히 존재하고 있으며 국가와 자본 사이의 지배-종속관계와 경제 이윤의 유출은 현실에서 이루어지고 있다. 이런 여건에서 경제 주권의 상실이나 정치의 자주성 약화는 빠른 속도로 진행되고, 노동자와 일반 국민의 고통은 더욱 가중될 수밖에 없다. IMF 구제금융을 겪은 여러 나라들의 공통된 경험은 이것을 입증하고 있다.

이 지경에 이른 원인부터 따져 보자. 여기서는 일제 식민지 시기 한국 자본주의의 출발 배경이나 2차대전 종료 이후의 미 군정기까지 들먹일 필요는 없을 듯하다. 1960년대부터 추진된 경제개발은 대외 지향 방식으로 이루어졌다. 다시 말해, 한국 경제의 발전은 자본과 기술, 그리고 원료를 해외에서 들여와 국내의 값싸고 질 좋은 노동력으로 생산한 상품을 나라 밖으로 내다 파는 과정을 통해 이루어졌으며, 동시에 한국 경제는 국제독점자본이 지배하는 세계 자본주의에 편입되면서 종속이 심화하였다.

이런 과정에서 국가로부터 주어진 갖가지 특혜와 지원을 통해 '재벌'이라는 한국 특유의 독점자본이 빠르게 형성되어 노동자계급에 대한 수탈과 중소기업을 비롯한 비독점 부문에 대한 지배를 강화함으로써 세계시장에서 그나마 경쟁력을 유지해 왔다. 이런 재벌 지배구조는 대외종속적 경제구조와 밀접히 연결되어 있다.

한편, 경제개발이 국가 주도로 이루어지고 역대 정권이 군사파쇼 집단에 의해 지배되어 온 터에, '정경유착'이라는 부정부패 구조가 고착되다시피 유지되었다. 이런 종속과 독점 구조에 기본 바탕을 둔 한국 자본주의가 세계 경제의 구조적 위기를 배경으로 한 국제독점자본의 경쟁 압력이 강화되는 가운데, 국제화와 개방화를 앞세운 자유화 경향이 확대되면서 한국 자본주의가 파탄에 가까운 위기를 맞게 된 것이다. 이런 위기 국면에서 국가권력은 신자유주의 정책을 강도 높게 펴게 될 것이고, 자본 쪽에서는 경영합리화를 전면적으로 밀고 나가리라는 것은 누구나 짐작할 수 있을 정도로 분명하다.

노동운동의 전략 목표 확고히 해야

지금 눈앞에 다가선 경제위기는 이렇듯 구조 면에서 비롯되었고 매우 복합적인 성격을 띠고 있다. 그뿐 아니라 국가권력과 자본 쪽의 공세가 드세질 걸로 예상되는 마당에, 이에 대한 노동운동의 대응도 힘에 벅찰 정도로 무거울 게 틀림없다. 그렇기 때문에 전략 목표를 확고히 설정하고 전술 운용은 원칙을 고수하되 유연해야 할 필요성이 어느 때보다 강조되고 있다.

〈전국민주노동조합총연맹(민주노총)〉은 전략 목표를 '한국 자본주의의 근본적 개혁'에 두고 '경제민주주의 실현'을 추구해 나갈 것이라고 표명했다. 한국 자본주의의 모순구조나 위기의 본질에 비추어 민주노총의 전략 목표 설정은 정확하다고 판단된다. 한국 자본주의의 근본적 개혁은 아마도 종속적 독점적 자본축적 구조의 지양을 뜻하는 것으로 파악된다.

또한 경제민주주의는 노동자와 민중의 이해에 배치되는 국내외 독점자본과 국가권력의 자본축적 구조 및 권력 행사를 민주적으로 규제하고, 국민의 이익을 옹호하는 방향으로 이끄는 것을 의미한다. 이런 점에서 경제민주주의는 국제 독점자본은 물론 국내 독점자본을 막론하고 독점자본 중심의 국가정책과 무제한적 축적 운동을 통제하기 위한 반(反)독점 민주주의 성격을 중심 내용으로 한다. 경제민주주의 목표는 정치민주주의 실현과 함께 자본주의체제의 근본적 개혁을 지향한다.

그것은 대외종속적이고 대외지향적인 축적 구조를 개혁적이고 자립적인 축적 구조로 전환하는 것을 의미하는 것이기도 하다.

현시기 제기되는 경제민주주의 과제는 경제정책의 민주적 개혁, 재벌 해체와 독점자본에 대한 규제 강화, 공기업과 국민기업 확대, 경제 평등, 정책과 제도 개혁, 노동자와 민중의 정책 결정에 대한 실질적 참여 확대, 국민의 자유와 기본권리 보장 등이 될 것이다.

원칙에 충실한 전술은 유연해야

노동운동이 이런 전략 목표를 실현하기 위한 길은 멀고도 더할 데 없이 험난할 수 있다. 노동운동 발전의 자기 논리를 반영하듯 승리와 패배, 고양과 침체, 비약과 정체의 과정이 되풀이될 수 있다. 어쩌면 이런 과정을 거쳐 목표에 이를 수 있는 것인지도 모른다. 그런 점에서 전략 목표는 확고해야 하고, 전술 운용은 전략 목표에 종속시키되 유연하지 않으면 안 된다. 물론 전술을 운용하는 데 있어 원칙이 견지되어야만 한다.

그렇다면 현시기 투쟁의 목표는 어떻게 설정되어야 하고, 전술은 어떤 방향에서 운용되어야 할 것인가? 투쟁 목표는 노동자계급의 현실 요구에 바탕을 두고 정하는 것이 바른길이다. 이미 앞에서 지적한 바 있지만, 현시기 투쟁 목표는 재벌체제 철폐를 비롯한 경제민주화, 고용보장과 실업대책 강구, 정경유착과 부패구조 척결, 정책과 제도의 전면 개혁(노동관계, 물가, 세제, 재정, 사회보험제, 교육, 환경 등), 노동기본권의 완전 보장을 통한 노사관계 개혁, 정책 결정에 대한 실질적 참가와 기업 경영에 대한 폭넓은 참여 등이 될 것이다.

IMF 관리체제에 대응하기 위한 이런 투쟁 목표는 전략 목표 실현으로 이어져야 할 것이다. 비록 IMF 체제가 어느 정도 종료된다고 하더라도 한국 자본주의의 종속성과 독점구조가 청산되는 것이 아니라 오히려 더욱 철저히 심화하고 강화될 수도 있기 때문이다. 따라서 투쟁은 완강하게 준비되어야 하고, 장기적인 태세를 갖추지 않으면 안 된다. 여기서 반드시 요구되는 것이 투쟁 체제의 정비 강화이다. 이것은 종속체제와 독점구조의 극복을 통한 경제민주주의 실현을 목표로 투쟁 체제를 강고히 구축하는 걸 의미한다.

전국중앙조직 차원에서 투쟁본부 또는 특별대책기구를 구성하고 투쟁 목표와 과제, 투쟁 방침을 올바르게 설정함과 동시에, 투쟁 지도력을 민활하고 정확하게 발휘할 수 있어야만 할 것이다. 산업별 조직 차원에서는 중앙조직의 결정과 방침에 따라 투쟁 지침을 마련하여 산하 조직의 상태와 역량에 맞게 다양한 투쟁 방법을 실천해 나갈 필요가 있다.

여기서 중요한 것은 공동투쟁과 통일투쟁을 추진하는 일이다. 단위노조 차원에서는 투쟁위원회나 대책기구를 설치하고 기업의 소유와 경영의 민주화를 목표로 노동 대중의 요구에 바탕을 둔 현장투쟁 또는 대중투쟁을 신축성 있게 조직해야 할 것이다. 현장투쟁이 임단협 투쟁이나 일상투쟁과 결합할 때 큰 상승작용을 기대할 수 있다. 지역 차원에서도 지역 공동투쟁을 조직하고 지역의 주민운동과 결합할 수 있는 프로그램을 적절하게 추진하는 일이 중요하다고 판단된다. 각급 조직 차원의 투쟁체제는 체계성과 유기적인 통일성을 확고히 이룩해야만 할 것이다. 투쟁조직의 체계와 통일이 견지되지 않을 경우, 제대로 투쟁이 진행되기 어렵기 때문이다.

한편 정세가 엄중한 만큼 투쟁의 올바른 전술 운용은 그 어느 때보다도 중대한데 곤란한 점이 한두 가지 아닌 듯하다. 이때 강조되는 것은 다름 아닌 기본원칙이다.

먼저, 정세 변화에 대한 치밀한 분석과 파악이 중요하다. IMF 체제를 부른 원인과 배경, 이행조건이 가져올 상황과 전망, 지배권력과 자본의 정책과 제도의 개편 틀과 공세 방향 및 지배방식의 변화, 상대방과 우리 쪽의 역량 관계, 국민 여론의 동향 등에 대한 바른 판단이 투쟁 전술을 결정하는 주요 근거가 될 수 있다. 물론 정세는 고정된 것이 아니라 수시로 변하기 마련이며, 유리한 측면과 불리한 측면이 동시에 존재한다. 특히 상호 간의 역(力)관계에 대한 정확한 파악이 승패를 판가름할 정도로 중대하다는 것은 상식이다.

다음으로, 투쟁의 발전 방향을 정확하게 지도하는 것이 필요하다. 워낙 정세가 급박하게 변하고 산업이나 부문 또는 사업장마다 변화 양상이 다르게 진행될 뿐만 아니라 조직의 상태도 다양한 형편이어서, 투쟁을 조직하고 배치하는 문제가 여간 곤란한 일이 아니다. 이런 가운데서도 투쟁 지도부는 투쟁의 각 단계와 국면에서 역량을 최대한 집중할 수 있는 방도를 찾아내야 한다.

투쟁 전술을 운용할 때, 상호 간 역 관계나 정세 변화를 무시하고 고정된 계획에 따라 형식적인 투쟁 방식을 고집하는 것은 올바른 전술지도가 될 수 없다. 전술은 다양하면서도 유연해야 하기 때문이다. 또 정세가 불리하다고 해서 투쟁 자체를 포기하는 것도 올바른 전술지도가 될 수 없지만, '원칙'만을 내세워 맹목적으로 투쟁을 벌이는 것도 돌이키기 어려운 패배를 자초할 위험이 있다.

노동자계급의 무한한 투쟁역량을 신뢰하는 바탕 위에서 때로는 후퇴와 타협까지도 감내하면서 전략 목표를 향한 전진을 계속해야 하는 것이다. 전술의 결정과 실행에서 대중을 주체로 세우는 민주적인 방식이 중요하다는 것은 굳이 강조할 필요가 없다.

그리고 전술 운용에서 중요하게 고려해야 할 사항은 현장투쟁과 정책·제도 개선 투쟁을 통일하는 것이다. 현장 안의 임금 요구에서 분배제도 개선 요구로, 노동환경 개선 투쟁에서 의료 개혁 또는 환경 보호 투쟁으로, 해고 방지 투쟁에서 고용보장제도 확보 투쟁으로, 복지후생 확충 요구에서 사회보장제 개혁 요구로, 작업훈련 문제에서 교육개혁 문제로, 작업장 민주화 투쟁에서 산업민주화 또는 정치민주화 투쟁으로, 이른바 '공장에서 사회로', 투쟁의 통일과 발전이 추구되어야 할 것이다. 특히 제도 개선 투쟁에서는 명확한 요구와 설득력 있는 근거가 뒷받침되어야 한다.

노동조합운동 개혁을 위한 계기 만들어야

현시점에서 볼 때 노동운동은 엄청난 도전에 부딪혀 있다. 노동운동이 중대한 위기에 처해 있다는 얘기마저 들린다. 그도 그럴 것이 노동운동을 둘러싼 상황과 정세의 급격한 변화 자체가 하나의 큰 도전이 되고 있기 때문이다. 그뿐 아니라 새로운 형태를 띤 자본과 권력의 통제와 지배 강화, 그리고 주변 상황이 악화됨에 따라 절박해지고 다양해지는 노동자계급의 요구가 엄청난 도전으로 밀려드는 현실이다.

이 거대한 도전 앞에서 노동운동은 자기 개혁을 강요받고 있다. 어쩌면 이것은 시대의 간곡한 요구인지도 모른다. 개혁은 자기 결단을 요구한다. 무엇을 어떻게 해야 할 것인가?

먼저 조직의 개혁이다. 현재의 기업별 체제를 산업별 체제로 전화하는 일이 개혁을 위한 최대 과제다. 이는 현재 노동운동이 부딪혀 있는 도전에 대응하는 데에 있어 기업별노조 형태로는 도저히 감당할 수 없기 때문이다. 조직의 급속한 축소가 예상되는 마당에 조직의 확대를 위해서도 불가피한 일이기 때문이다. 미조직 사업장에 대한 조직화 문제나 노동전선의 통일, 그리고 현장조직의 활성화도 산별노조 건설 운동과 맞물려 있는 상황이다. 이 때문에 조직형태 개혁이 중대한 과제가 되고 있다.

다음으로 투쟁의 개혁이다. 이것의 초점은 사회개혁 투쟁의 적극적인 실천에 맞춰져야 한다. 임금·단체협약 투쟁은 여전히 중요하지만, 사업장 차원의 경제투쟁으로는 현재의 중대 국면을 극복하기는 불가능하다. 그래서 국가권력과 총자본에 대응하기 위한 사회개혁 투쟁을 본격적으로 추진해야만 하는 것이다. 정책과 제도 개선 투쟁은 노동자계급의 노동조건과 생활조건 향상을 확고히 하기 위해서뿐만 아니라 노동운동이 추구해야 할 전략 목표 달성을 위한 '예비적 조직화'라는 중대한 의미가 있다. 노동운동은 지금까지 낮고 좁은 차원의 사회개혁 투쟁을 추진해 오긴 했으나, 큰 성과를 이루지는 못했다. 경제투쟁과 정치투쟁의 통일이라는 원칙에 따라 사회개혁 투쟁의 영역과 수준을 높여 나가지 않으면 안 되게 되었다. 사회개혁 투쟁은 노동운동 개혁의 동력이 될 수 있다.

그리고 노동자계급의 정치세력화 추진이 노동운동 개혁을 위한 기본과제다. 노동정치의 지도 구심을 구축하지 않고서 국내외 독점자본과 보수정당 중심의 권력 체제에 대응하기는 대단히 어렵다. 노동자 정치세력화 요구는 당위의 영역을 넘어 구체적인 실천 과제로 다가와 있다. 민주노총은 조직의 결정을 통해 정치세력화를 표방하고 15대 대통령 선거에 대처했고, 한국노총도 노동자정당 건설을 정치 목표로 설정한 바 있다. 이제 정치세력화 추진은 더 미룰 수 없는 현실의 요구가 되고 있다. 노동자계급의 정치세력화 추진이 노동운동 개혁을 위한 큰 축의 구실을 하게 될 것이다.

이런 방향에서 추진될 노동운동 개혁에서 이념과 노선의 정립도 동시에 추구되어야 할 것이다. 조직, 투쟁, 정치, 이념에 걸친 총노선의 새로운 확립이 필요하다. 이상의 과제 실천을 통한 노동운동의 개혁은 곧 한국 자본주의의 근본적 개혁이라는 전략 목표 실현을 위한 길을 여는 일이 될 것이다.

출처 한국노동사회연구소(1998), 『노동사회』(제22호), 한국노동사회연구소.

모나면 멈추고
둥글면 구른다

현시기 노동운동을 두고 '위기'라고 말하지 말자. 수백 년에 걸친 노동운동 도정에서 역경(逆境)과 마주하지 않은 순경(順境)의 시기가 얼마나 있었던가? 산업혁명 초기의 극악한 착취와 억압 속에서 출발한 노동운동은 독점자본의 집중 공격을 헤쳐 나왔다. 두 차례에 걸친 세계대전 시기와 파시즘 체제에서는 민주주의와 평화, 그리고 혁명의 선두에서 피 흘리며 투쟁해야만 했다. 현대자본주의 아래서도 완강한 반동의 벽을 허물어뜨리기 위해 천신만고의 지경에서 크게 벗어나지 못하고 있다. 노동운동은 어쩌면 자본주의의 위기 국면 아래서 고양과 비약의 단계를 맞았던지도 모른다. 그렇다면 자본주의 제도의 위기가 결코 노동운동의 위기일 수는 없다.

고난을 이겨내는 간부는 의연하다

누가 뭐라 해도 오늘의 노동운동은 숨이 목에 찰 정도로 가파른 고개 위에 서 있다. '실업대란'이 바로 눈앞에서 처참한 형태로 벌어지고,

임금은 제 값어치를 턱없이 떨어뜨린 채 생계를 목 조르고 있다. 〈국제통화기금(IMF)〉의 '자본 세계화' 움직임과 국가권력의 '신자유주의' 논리가 맞아떨어지는 가운데, 노동현장은 자본의 공세로 살벌하게 변해 가고 있다. 이것은 노동운동 진영에게 분명히 버거운 도전이다. 이런 도전에 대한 노동운동의 대응은 몹시 힘겨울 수밖에 없다. 그야말로 고난의 시대를 맞았다고나 할까.

이런 때 고대되는 것이 노동운동 지도자와 간부들의 책임 있는 역할과 자세이다. 지도자와 간부 대망론이 나올 법한 시절이다. 노동운동이 어려움에 놓인 때일수록 빼어난 지도자와 간부가 한층 더 소중하게 여겨지기 때문이다. 결국 노동운동의 전진을 떠밀어나가는 것은 사람이기에, 시련을 딛고 미래를 여는데 앞서가는 사람의 책무는 무거울 수밖에 없다. 시련과 고난 속에서 책무를 수행하는 지도자와 간부야말로 진실로 단련되고 성장할 수 있으며, 대중으로부터 신뢰받는 의연한 위치에 설 수 있는 것이다.

노동운동의 자기 개혁운동 펴야

87년 노동항쟁을 거치면서 수많은 간부가 배출되었다. 그 가운데 지도자의 위치에 오른 사람들이 한둘이 아니고, 간부로서 자질과 소양을 쌓은 사람들도 많다. 말하자면 이들이 노동운동을 이끌 역군들이다. 이제 이들 간부는 스스로를 냉철히 되돌아보면서 스스로 점검하고 자기가 선 위치를 정확히 평가해 볼 필요가 있다. 노동운동 현실이 엄중하고 지도자와 간부들의 책무가 그만큼 막중하기 때문이다.

결코 우연한 일은 아닐 터이지만, 근래 들어 노동운동이 주요한 고비들을 겪으면서 운동 기풍에 대한 비판의 목소리가 높아지고 있다. 분파주의가 고개를 쳐들고 관료주의와 권위주의가 알게 모르게 깊이 스며들었을 뿐만 아니라, 한편에서는 협조주의 또는 개량주의가 현실을 호도하고 있는가 하면, 다른 한편에서는 좌익 편향 또는 모험주의마저 운동 진영에 영향을 미치고 있다는 진단이 나오고 있다. 아무튼 내부 분열의 소지가 두드러지게 드러나면서, 많은 사람이 노동운동 풍토가 점점 척박해지고 있다는 느낌을 토로하기도 한다. 간부들이 활동하면서 상처받거나 회의에 빠지는 경우도 흔히 보게 된다. 척박한 풍토에서는 건강한 유실수가 자라기 어려운 이치이고 보면, 노동운동이 일대 자기 개혁운동이라도 펼쳐야 할 판이다.

따지고 보면 노동운동은 대중운동으로서 자기 특성을 안고 있다. 사상, 신조, 이념, 노선을 달리하는 사람들이 폭넓게 참여하고 있기 때문에 내부 분열이나 주장, 요구, 이해의 편차는 다양하고 클 수밖에 없다. 그러나, 노동자계급의 공통된 처지와 요구, 그리고 이해관계를 통해 단결과 투쟁이 이루어지고 계급성이 발휘되는 것이다. 여기에는 간부들의 헌신적인 노력이 매개되어 비로소 노동운동이 자기 논리를 관철하게 된다. 그런 점에서 간부는 노동운동 발전의 추진력이다.

대중 속에서 대중 속으로

지금의 노동운동을 두고 '침체 국면'으로 보는 데는 아마도 내부 조건이나 주체 상황을 크게 떠올리고 있는 듯하다. 조직률이 줄고 기업별 노조 형태의 취약성이 여지없이 드러나는 한편, 사회개혁 투쟁을 공동투쟁 또는 통일투쟁의 차원에서 힘있게 추진하지 못하고 있다. 또 운동 이념이나 노선이 확고히 정립되지 못했을 뿐만 아니라 정치세력화의 전략 목표 확정이 더디게 진행되고 있다. 또 있다. 지도역량의 한계와 간부 자세의 경직성 또는 무원칙성이 운동의 겉면에 부각되는 사실을 부인할 수 없다.

상식일지는 몰라도, 노동 현실이 무척이나 각박해지고 노동운동이 엄중한 상황에 놓이게 되면 지도자와 간부의 책무도 감당하기 어려울 정도로 무거워지게 마련이다. 그것은 마치 타고난 운명과도 같이 피할 수 없는 노릇이다. 더욱이 오늘의 현실과 상황이 간부들의 자세 재정립을 강요하고 있다.

어디서부터 출발해야 할 것인가? 대중노선의 철저한 실천이 우선해야 한다. '현장의 실정과 요구를 담아내야 한다.'라는 목소리가 높다. 맞는 말이다. 현장이야말로 운동의 거점이고 투쟁의 최일선이기 때문이다. '구두장이 셋이 모이면 제갈량보다 낫다.'라는 말이 표현하듯 대중은 조직하기에 따라 위대한 창의력을 발휘한다.

그러나 이것만으로는 안 된다. 그것은 '대중 속에서'만을 강조하고 있기 때문이다. 대중의 요구와 주장을 집약하는 것도 중요하지만, 그것을 계통을 통해 토의하고 원칙에 맞게 다듬어 다시 대중 속에 전달하여 대중의 의견으로 만들고, 이를 대중의 행동 속에서 검증하지 않으면 안 된다. 말하자면 '대중 속으로'를 '대중 속에서'와 함께 실현해야 하는 것이다.

그래서 간부들은 대중 속에 들어가 대중에게서 배우며, 그들의 요구와 견해를 집약하고 그것을 체계적인 원칙과 방법으로 만들어야만 한다. 또 행동 원칙과 방침을 대중에게 알려주고 실천하도록 이끄는 과정을 되풀이해야 하는 것이다.

다음으로 조합 내 민주주의 실현을 이끄는 일이다. 노동조합은 대중조직으로서 조합원 대중들이 스스로 참여함으로써 계급성과 투쟁성을 발휘할 수 있는 조직이다. 이를 담보하는 것이 조합민주주의이다. 조합원이 진정한 주인으로 제구실을 할 수 있을 때 조합민주주의가 비로소 실현되는 것이다. 그러므로 간부들은 민주주의적 사업 태도를 견지하지 않으면 안 된다.

그런데 조합민주주의는 단순한 형식 민주주의 원리만을 의미하는 것은 아니다. 집중의 원칙이 전제되지 않으면 안 된다. 민주주의에 바탕을 둔 집중이 이루어지지 않으면 높은 수준의 민주주의는 실현될 수 없기 때문이다. 결의기구의 결정이나 지도부의 방침이 지켜지지 않을 때 민주주의의 원칙은 무너지고 말 것이다. 물론 잘못된 결의와 방침 그리고 지시에 대해서는 철회와 수정 등의 의견은 폭넓게 수용되어야 할 것이다. 민주와 집중의 실질적인 집행에서 지도자와 간부의 책임은 클 수밖에 없다.

비판과 자기비판을 일상화하자

노동운동 지도부에서부터 일선 간부에 이르기까지 성실한 비판과 자기비판이 이루어지는 경우를 찾아보기 어려운 현실이다. 비판은 비난과 다르다. 사업과 활동에 대한 오류를 지적하는 게 비판의 주요 임무이다. 그런 점에서 비판을 두려워할 필요는 없다. 비판은 조직을 튼튼하게 만들고, 투쟁력을 강화하는 중요한 무기이다. 그래서 활발한 비판 없이는 노동운동 발전과 간부 성장을 위한 길은 막히게 된다. 자기비판도 마찬가지이다. 자기 결함을 비판하지 않고 잘못을 숨기려고만 든다면, 결함과 오류는 시정되기 어렵고 활동은 진전되기 어려울 것이다. 이때 서로 봐주기 식의 가족주의는 극복되어야 한다. 간부들은 모름지기 일상으로 사업과 활동을 점검하고 그 과정에서 드러난 오류와 결함에 대한 비판과 자기비판을 과감히 진행할 필요가 있다.

간부의 자세 전환에서 또 한 가지 요구되는 것이 학습이다. 노동운동 발전에 필요한 이론은 실천을 통해 이루어진 성과를 집약한 것이다. 사실 간부들이 학습할 시간을 갖기란 여간 어려운 일이 아니다. 그러나 조합원들의 처지에서는 변명처럼 들릴지 모른다. 고된 노동에 시달리면서도 일반 조합원들이 학습모임을 만들어 열성껏 학습을 진행하는 경우가 많기 때문이다. 시간을 최대한 활용하여 학습을 습관화하지 않으면 무식한 사람으로 뒤처지게 될 뿐이다. 남의 머리를 결코 빌릴 수는 없는 일이다.

마지막으로 노동운동 지도자와 간부는 노동자 대중 속에서 솟아 나오다시피 한 사람들이다. 그렇다면 노동자의 특유한 품성을 체현하고 있어야 한다. 노동자의 품성은 소박하고 솔직하고 겸손하고 성실하고 용감하다. 이런 품성의 체현이야말로 대중을 푸근하게 안을 수 있고 척박한 풍토를 옥토로 바꿀 수 있을 뿐 아니라, 인간해방과 노동해방을 위한 굽힘 없는 전진을 이끌 수 있을 것이다. 노동운동 지도자와 간부들에게 영광이 안겨지길 바란다.

출처 한국노동사회연구소(1998), 『노동사회』(제24호), 한국노동사회연구소.

화두(話頭)는 놓치면 망상이 된다

"사랑의 반대는 증오가 아니라 무관심이다. 또한 이것은 다른 개념에도 적용된다. 교육의 반대는 무지가 아니라 무관심이다. 아름다움의 반대는 추함이 아니라 무관심이다. 삶의 반대는 죽음이 아니라 삶과 죽음에 대한 무관심이다." 1988년 노벨 평화상 수상자인 엘리 위젤(Eliezer "Elie" Wiesel)의 『무관심 극복의 필요성』이라는 글의 한 대목이다.

우리 사회의 변화 양상이 급박해지면서, 사람들은 어디에 관심을 집중해야 할지를 가늠하기조차 어려운 판이다. 자칫 모든 것에 대한 회의가 무관심을 부를 수도 있는 현실이다. 그런 점에서 무관심에 대한 경고는 이 시점에서 새겨둘 만한 일이다. 우리의 삶에 끈을 대고 있는 모든 사실에 관해 관심을 가져야 할 때라고 여겨진다.

무관심에서는 화두가 나오지 않는다

노동운동에 몸담은 사람들이 불쑥불쑥 던지는 물음들은 화두가 되어 몸을 떨게 만든다. 요즘 경험하는 나의 솔직한 고백이다. 예를 들면 이런 종류의 것들이다. IMF 관리체제를 부른 진정한 원인은 무엇인가? 이런 체제는 얼마나 지속될 것이며 한국 사회를 어떤 모습으로 바꾸어 놓을 것인가? 노동자들이 당할 고통은 어떨 것인가? 세계 자본주의는 어떻게 진행되고 21세기는 어떤 모습으로 다가올 것인가? 노동운동의 대응 전략은 어떻게 세워야만 하고 눈앞의 과제 해결을 위한 전술은 어떤 원칙에서 설정되어야 할 것인가……. 잔뜩 주눅들 정도의 묵직한 대목들이 아닐 수 없다. 전문가들에게는 논문의 주제에 지나지 않을지 몰라도 실천을 전제로 한다면, 그것은 분명 화두에 가깝다.

그렇기 때문에 여기서 당장 해답을 손쉽게 끌어내자는 것이 아니다. 오히려 화두로 삼아 매달려 해답을 찾기 위해 골몰해 보자는 것이다. 중지를 모으는 일도 보람 없이 애쓰는 헛된 수고는 결코 아닐 터이다. 화두를 놓치고 나면 망상이 될 수 있기 때문이다.

현재의 경제위기가 세계 자본주의든 한국 자본주의이든 자본주의 체제의 본질 요인에서 비롯된 것이라고 한다면, 논의의 출발은 자본주의의 특성일 수밖에 없다. 어쩌면 현실과 거리가 먼 공론이 될 수도 있을 법하다. 그러나 어쩌랴. 화두를 풀 열쇠는 거기에 있는 것을.

자본주의 경제체제는 상품생산 경제와 생산의 무정부성, 그리고 노동력의 상품화를 그 특징으로 한다. 경제학자 김수행은 오늘의 경제위기 본질을 생산의 무계획성, 유효수요의 부족, 이윤율의 저하, 금융의 불안정 등으로 설명한다. 자본주의 체제의 이런 특성이 현대자본주의에서 발현되는 형태는 그리 단순하지 않다. 현대자본주의는 위기의 계기들을 안고 있으면서도 고도로 발달한 생산력과 자본의 전 세계에 걸친 집적과 독점화를 바탕으로 독점체제를 구축함으로써 세계체제를 구축한다. 여기에 〈세계무역기구(WTO)〉, 〈세계은행(IBRD)〉, 〈국제통화기금(IMF)〉 등의 국제기구를 통한 생산 자본 유통의 국제화로 지배체제를 세계 규모로 확대 추진한다.

그렇다면 오늘 한국 경제의 위기 원인을 이런 세계 자본주의 체제에서 찾을 것인가? 그런 것 같지는 않다. 오히려 한국 자본주의 구조가 가진 모순에서 찾는 것이 옳을 듯하다. 물론 이 자체도 논쟁 대상이 될 수 있다. 또 따로 떼어서 논의하는 게 특별한 중요성을 갖지 않을 수도 있다. 한국 자본주의는 출발부터 자체 생산력의 발전으로 이루어진 것이 아니었다. 종속 또는 심한 대외 의존 상태에서 전개되었고, 1960년대 이후에는 국제독점자본이 지배하는 세계 자본주의에 편입되는 과정을 밟아왔다. 또 '재벌'이라는 특수한 독점자본이 경제개발 과정에서 형성되었고, 그것은 국가의 특혜와 지원을 통해 경제 지배력을 장악하여 그야말로 무소불위의 힘을 발휘했다. 이런 가운데 한국 자본주의의 모순은 자기 발전을 제약할 정도로 커지게 되었다. 여기에 자본의 국제와 공세가 밀어닥치면서 한국 자본주의는 파탄에 가까운 위기를 맞게 된 것이다.

이것이 화두에 대한 해답이 될 수는 결코 없다. 논의를 진행하는 데서 실마리를 삼자는 제안에 지나지 않는다. 제안이 잘못을 안고 있을 수도 있다. 크게 개의할 일은 아닌 듯하다. 어차피 다양한 시각과 주장을 이끌기 위한 문제 제기에 불과하기 때문이다. 바라건대, 개인이든 조직이든 아니면 동아리든 관심의 대상으로 삼아 논의를 당장이라도 진행하자는 것이다. 결론 도출에 대한 성급한 욕심은 금물이다. 어쩌면 큰 오류를 안을 수 있기 때문이다.

참담한 고난과 처절한 패배 겪을 수도

노동운동이 오늘의 이 큰 변화에 어떻게 대응해 나갈 것인가? 막막한 생각이 앞서기도 한다. 지금 우리가 대체로 짐작하는 것보다는 현실이 훨씬 더 엄중할 수 있기 때문이다. 감당하기 어려운 경우도 예상해 볼 수 있다. 현재의 위기 국면이 장기화하여 대량실업이 굳어지고 고용불안이 기약 없이 계속되면서, 실질임금은 감소하여 노동자들의 삶의 질이 악화될 수도 있다. 이런 가운데 노동조합은 고용보장을 구실로 '양보교섭'을 마지못해 벌이게 되고, 때로는 사용자 쪽의 교섭안을 중심으로 노조 쪽이 오히려 타협안을 내놓는 일이 벌어질 수도 있다. 말하자면 단체교섭의 기능이 줄어들고 노사협의의 구실이 커지는 경우도 예상된다. 이런 정황 속에서 노조 조직률은 저하되는 한편, 노조에 대한 조합원들의 지지는 떨어지고 지도력과 통제력이 약해짐으로써 투쟁력은 추스르기 어려울 지경으로 악화되는 데다, 대(對)정부·대자본에 대한 요구 제기마저 무게를 싣기 어려운 경우가 오지 않을지 걱정되기도 한다. 노동운동의 처지에서는 고난에 찬 '상실의 시대' 될 수 있다. 상상하기조차 괴로운 상황이 아닐 수 없다.

그러나 현실 상황을 부정해서는 안 된다. 현실의 극복은 현실 인정을 전제로 해서만 가능하기 때문이다. 무엇보다 노동운동의 발전은 점진적이고 자연성장적인 과정을 통해서가 아니라 패배와 승리, 정체와 비약의 과정을 통해 진행된다는 노동운동 발전의 엄연한 역사 경험을 부정할 수 없다. 이 또한 화두에 다가가기 위한 인식의 단초일 뿐이다.

얘기를 좀 더 진전시켜 보자. 노동운동 발전은 점진적인 확대의 시기와 폭풍과 같은 급격한 성장의 시기가 엇갈리면서 진행한다. 때로는 노동운동이 매우 느리게 전진하거나 때로는 처절한 패배를 겪기도 하고 뛰어넘기 어려운 참담한 고난에 부닥치기도 한다. 그런가 하면 비약과 고양의 시기를 맞기도 한다. 이것은 노동자의 투쟁성이 주기적으로 발휘되는 것과 바로 이어지고, 정체와 후퇴의 시기에 쌓인 노동자의 불만과 요구가 일시에 폭발적으로 터져 나오는 양상과도 직접 관련된다.

노동운동의 발전과 관련하여, 『세계노동운동사』의 저자인 포스터(Foster, William Z.)의 주장을 들어보자. "노동자계급의 높은 자발성과 전투 정신이 주기적으로 발휘되는 것은 매우 중요하다. 그러나 다음과 같은 것도 주의해야 한다. 즉 이 전투성이 적절하게 훈련되고 조직되고 지도되지 않으면, 때로는 패배하여 이 전투성도 상실될 수 있다는 사실도 알고 있어야 한다. 노조를 만들고 활발한 투쟁 속에서 이것을 지도해 갈 때, 노동조합 발전의 일반법칙에 적극적인 면과 소극적인 면이 있다는 것의 의의를 확실히 알고 있어야 한다."

화두는 스스로 두는 것

낙관주의를 아무리 강조하더라도 도무지 말발이 서기 어려운 형편이다. 그렇다고 비관주의가 넓은 동의를 얻기에는 역시 경험을 차마 부정할 수가 없다. 그래서 회의는 더욱 깊어지는 것이다. 이런 때 할 수 있는 것이 무엇이겠는가? 우선은 화두에 악착같이 매달려 '정진'의 자세를 갖는 일도 중요할 듯하다. 그리고 그것에 대한 폭넓은 논의를 수없이 계속하고 토론하자. 그리고 공부하자. 결코 지나쳐 가거나 남이 안 겨주기를 기대할 일도 아니다. 노동운동에서 '도깨비방망이'를 기대하는 것은 무망한 일이기 때문이다. 해답은 어차피 실천을 통해 얻어질 수밖에 없으며, 시행착오는 적을수록 좋으나 피하기도 어려운 일이 아니겠는가.

세상이 온통 빠르게 변화하는데, 굳어진 생각으로 여기에 대응한다는 것은 더할 나위 없이 어리석은 일이다. 역사 경험과 그 속에서 얻어진 원칙 그리고 실천을 통한 창의가 결합할 때 새로운 대응 전략이 나올 수 있을 것이다. 거기서 낙관주의는 비로소 실제적인 힘을 발휘하게 된다. 노동운동의 새 지평을 여는 길은 어쩌면 아직 아무도 밟지 않은 곳에서 찾아야 하는지도 모른다. 그 때문에 화두를 놓치지 않는 자세를 강조하는 것이다.

출처 한국노동사회연구소(1998), 『노동사회』(제25호), 한국노동사회연구소.

노동운동의 노선과 기조를 정립하자

"지금 우리는 어디로 가고 있는지를 모른다. 우리는 역사가 우리를 이 지점까지 몰고 왔으며, 왜 그러했는가를 알고 있을 뿐이다. 그러나 한가지는 분명하다. 인류가 인정할 수 있는 미래를 가지려 한다면, 그것은 과거나 현재를 연장함으로써 이루어질 수는 없다. 그러한 기반 위에서 세 번째 천년기를 건설하고자 한다면 우리는 실패할 것이다. 그리고 실패의 대가는, 즉 사회를 변화시키지 않을 경우의 결과는 암흑뿐이다."

에릭 홉스봄, 『극단의 시대: 20세기 역사』 중에서

우리는 새로운 세기를 바로 눈앞에 두고 있다. 현재의 변화들이 워낙 급격한 편이어서, 미래에 대한 불확실성과 우려가 확산하는 듯하다. 더구나 자본의 세계화가 급속하게 진행되면서 신자유주의, 신보수주의의 공세가 갈수록 거세지고 자본의 합리화 전략이 전에 볼 수 없이 치밀하고도 강도 높게 추진되는 현실이다. 이런 변화들은 노동운동 발전에서는 분명 도전이다. 그것도 감당하기 힘들 정도의 거대 도전으로 바짝 다가서 있다.

좌절과 희망의 교차 지점

한국 노동운동도 이런 큰 도전에 부닥쳐 있기는 마찬가지다. 어쩌면 도전의 이빨이 어느 곳의 경우보다 훨씬 광포하고도 교활한 성격을 띠고 있는지도 모른다. 이런 정황에서 노동운동의 대응 자세는 어떤가? 주관에 치우친 판단인지는 몰라도, 좌절과 희망이 교차하는 그런 지점에 서 있는 형국이다.

노동운동을 둘러싼 여러 측면의 정세에 대한 분석과 진단이 한창 진행되는 가운데, 정세 전망에 대한 조직적인 공유의 폭은 아직 매우 협소한 편이다. 이런 판국에서는 노동운동의 미래에 대한 확신이 불투명할 수밖에 없다. 한마디로 딜레마에서 오는 심한 고통이 따르고 있는 것으로 보인다.

또 전략 목표와 전술 방침 모색도 뒤섞인 채 이루어지는 듯하다. 무엇이 장기적 목표이고 어떤 것이 당면 과제인지 구분조차 되지 않은 경우가 흔히 목격된다. 그런가 하면, 조직의 지도방침이 현실과 맞지 않아 혼돈을 빚기도 하며, 지도부와 현장의 괴리가 곳곳에서 나타나기도 한다.

눈앞에 떠오른 도전과 과제가 과대하게 인식되고 노동운동의 미래에 대한 우려가 팽배할 때, 좌절과 패배 의식은 걷잡을 수 없이 높게 고개를 쳐들기 마련이다. 기회주의, 타협주의 따위가 세를 불리게 되고, 모험주의와 극좌적 경향이 한껏 목소리를 키우게 된다. 또 조직체계를 흔드는 분파주의가 내부 혼란을 부추길 소지도 커진다. 이런 현상들은 사회운동이 위기 국면으로 빠져들면 흔히 나타나는 징후들이

기도 하다.

 그래서 도전의 내용과 본질, 성격과 파급력에 대한 정확한 진단이 요구되고 노동운동의 대응 노선이 확고히 정립되지 않으면 안 되는 것이다. 어차피 노동운동은 난관과 역경의 고비들을 극복하는 가운데 발전하기 때문이다. 말하자면 침체와 고양, 패배와 승리, 정체와 비약의 과정을 거치면서 진행돼왔고, 크고 작은 숱한 도전에 대한 응전으로 전진을 계속할 수 있었다.

 이렇게 본다면, 도전에 대한 대응 태세를 철저히 갖추는 것이 자기 발전을 위한 필요불가결한 요건임은 더 말할 필요가 없을 것이다.

 거대 도전에 대한 전략적 대응은 노동운동의 미래를 위한 노선 정립과 운동 기조의 설정으로 이어질 수 있다. 그런 점에서 대응 노선과 기조는 조직적 체계적인 작업을 통해 모색되어야 하고 의결기구에서 심의되고 결정되어야 한다. 기구 설치를 통한 조사, 토의, 면담 등이 필요하고 현장 토의의 과정을 거치는 것이 특히 중요할 것으로 판단된다.

 참고삼아 다른 나라들의 경우를 보면, 〈영국노동조합회의(TUC)〉의 『노동조합의 미래』(The Future of the Trade Unions)』, 〈오스트레일리아노동조합회의(ACTU)〉의 『노조 2001 - 노조활동을 위한 계획(A Blueprint for Trade Union Activism)』, 〈미국노동총연맹산별회의(AFL-CIO)〉의 『21세기를 맞는 노동조합의 생존전략(Union Survival Strategies for Twenty-first Century)』, 〈남아프리카노동조합회의(COSATU)〉의 『노동조합의 미래에 관한 셉템버위원회 보고서(Report form the September Commission)』 등이 각국이 준비하는 21세기 노동운동의 미래를 위한 대응 전략이라 할 수 있다.

노동운동의 전략 목표

현재 한국 노동운동이 표방하고 있는 운동이념과 기조는 어떤 것인가부터 살펴보자. 〈한국노동조합총연맹(한국노총)〉은 지난 1995년 2월의 대의원대회에서 「2000년대를 대비한 노총의 운동 기조와 활동 방침」을 결전했다. 한국노총은 '민주복지사회 실현을 위한 노동조합주의'를 운동노선으로 설정했는데, 주요 내용을 간추리면 이렇다. ① 자주적 민주적 노동운동 전개 ② 혁명적 계급투쟁 배격과 편협한 경제주의 극복 ③ 임금 노동조건 개선과 노동기본권 신장 ④ 노동자와 일반 국민의 생활권 보호와 이해 조화 ⑤ 한국 자본주의의 구조적 개혁 ⑥ 기업과 정부의 정책 결정 과정에 참여 ⑦ 정치 활동 전개 ⑧ 노동조직 통일과 민주적 타 운동과의 연대 강화 ⑨ 민족통일과 세계평화에 기여 등이 그것이다.

민주노총은 운동노선이나 기조를 공식적으로 결정한 바가 없다. 그러나 강령과 규약상의 목적을 통해 그것은 어느 정도 파악된다. 인간의 존엄성과 평등을 보장하는 참된 민주사회 건설, 노동자의 정치세력화와 민주세력과의 연대 및 조국의 평화적 통일 실현, 산업별노조 건설과 노동조합운동의 통일, 노동기본권 쟁취와 경영참가 확대 및 노동현장의 비민주적 요소 척결, 노동조건 개선과 모든 형태의 차별 철폐, 독점자본에 대한 규제 강화와 정책과 제도 개혁, 국제노동운동 역량 강화와 세계평화 실현 등이 그것이다.

한국노총과 민주노총이 설정한 이런 운동노선과 기조가 과연 변화된 조건과 새로운 도전에 대응하는 데서 적합한 전략이 될 수 있는가? 이 물음에 대한 종합적인 진단과 토의가 이루어져야만 한다. 여기서 이에 관한 논의를 할 필요는 없을 것 같다.

21세기 노동운동의 미래를 위한 전략 목표는 아마도 한국 자본주의의 근본적 개혁으로 설정되어야 할 것으로 판단된다. 21세기는 역사의 진보에 대한 지배세력이나 지배블록의 반동과 피지배세력이나 피지배블록 사이의 격심한 모순과 충돌을 특징으로 하게 되고, 한국 자본주의의 종속적 독점적 자본축적 구조의 심화 강화와 이에 대한 민중적 항거를 수반하게 될 것으로 전망되는 상황에서 노동운동이 사회발전의 추진 주체가 되어야 하기 때문이다.

이런 전략 목표를 실현하기 위한 노선은 '사회적 조합주의' 또는 '사회개혁 조합주의'가 될 것으로 생각된다. 사회적 조합주의는 전투적 조합주의나 변혁적 조합주의의 내용까지를 포괄할 수 있어야 할 것이며, 진보적 조합주의로 개념화할 수도 있을듯하다. 사회적 조합주의는 변혁을 위한 노동자계급의 사회세력화를 추구하고, 민주주의와 근본적인 사회개혁을 목표로 한다. 사회적 조합주의의 실현에서 정책과 제도 개혁이 주요 과제가 되고, 이를 위해서는 국가정책 결정 과정에 대한 올바른 참가와 사회운동 세력과의 정치적 동맹이 중요시된다. 또 산업별 노조로의 조직형태 전환과 노동자계급의 정치세력화가 주체적인 중대 과제가 된다.

사회적 조합주의가 추구해야 할 목표의 하나가 경제민주주의이다. 경제민주는 노동자와 국민의 이해관계에 배치되는 국내외 독점자본과 국가권력의 자본축적 구조 및 권력 행사를 민주적으로 규제하고, 노동자와 국민의 이익을 옹호하는 방향을 이끄는 것을 의미한다. 이런 점에서 경제민주주의는 국제독점자본은 물론이고 국내 독점자본을 막론하고 독점자본 중심의 국가정책과 무제한적 축적 운동을 통제하기 위한 반독점 민주주의를 중심 내용으로 한다. 경제민주주의는 정치민주주의 실현과 함께 자본주의 체계의 개혁을 지향한다. 또 그것은 종속적인 축적 구조를 민족적이고 자립적인 축적 구조로 전환하는 것을 지향한다. 그런 점에서 경제민주주의는 자본의 세계화에 대응하고 독점자본을 규제하며, 신보수주의와 신자유주의에 반대하는 프로그램을 마련해야 하는 것이다.

현시기에 제기되는 경제민주주의 과제는 경제구조의 민주적 개혁, 재벌해체와 독점자본에 대한 규제 강화, 공기업과 국민기업 확대, 고용보장, 사회보험제도 확충을 비롯한 정책 제도 개혁, 국가정책 결정과 기업경영에 대한 실질적 참여 보장, 국민의 자유와 기본권 보장 등이 될 것이다. 이것은 신보수주의와 신자유주의에 대한 안티테제(Antithese, 반정립)가 될 수 있다.

이런 전략 목표를 추구하기 위해서는, 원칙적이고도 유연하며, 다양한 전술이 올바르게 운용되어야만 할 것이며, 정세와 요구 그리고 역량 관계에 바탕을 둔 충실한 행동 프로그램이 설정되어야 할 것이다.

노동자 정치세력화 전략

노동운동의 전략 목표는 어차피 정치적 성격을 띠게 마련이다. 그것이 체제 또는 제도의 변혁이나 개혁을 지향하기 때문이다. 그런 점에서 노동자계급의 정치세력화는 전략 목표를 실현하기 위한 기본 요건이다. 그런데도 노동자 정치세력화에 대한 논의들은 내용마저 채우지 못하는 실정이고, 목표와 방침 그리고 단계적 실천 계획도 아직 설정되지 않고 있다.

노동자 정치세력화는 거스를 수 없는 시대적 요구다. 먼저 노동운동의 자기 발전을 위해서도 노동조합운동의 한계 극복이 필요하고, 정치체제의 개혁을 위해서나 한국 사회의 발전에서 노동자계급이 걸머진 책무 이행을 위해서도 정치세력화는 노동운동의 중대 과제로 떠올라 있다. 이제 노동자 정치세력화를 위한 전략 목표를 곧바로 설정해야 할 판세다.

먼저 정치세력화의 주체 문제가 제기된다. 주체 형성과 관련해서는 노동자계급을 핵심 세력으로 하고, 민중세력 또는 민족민주운동 진영을 주축으로 하여 각계각층의 광범한 참여와 지지를 바탕으로 주체역량을 구축해 나가야 할 것이다. 정치세력화는 결코 노동자계급의 배타적 정당 구성만으로 이루어지기 어렵기 때문이다.

다음으로 정치세력화에서 추구할 정치노선의 문제이다. 이것은 노동운동이 추구해야 할 전략 목표와 모순될 수는 없다. 그런 점에서 한국 사회의 근본적인 개혁이 추구될 것으로 전망된다. 현재의 사회 상황과 관련해서 본다면 변혁의 목표까지를 포괄할 수 있을 것 같다. 정치세력화의 목표가 정치·경제·사회 전반에 걸친 개혁을 통한 실질적 민주화 또는 민주 변혁일 것이기 때문이다.

그렇다면 노동자 정치세력화가 지향할 이념은 사회민주주의일 것인가? 그럴 것 같지는 않다. 현재의 정치체제나 구조에 비추어 의회를 통한 노동세력의 권력 획득 구상은 현실성을 담보하기 어렵기 때문이다. 아무래도 노동운동 또는 사회운동과 정치운동의 통일을 통한 권력 접근 또는 권력 획득을 추구하게 될 것으로 전망된다.

노동조직과 정치조직의 관계는 어떻게 설정되어야 할 것인가 문제도 중요하다. 노동조직과 정치조직은 자율적 대등과 협력, 그리고 동맹의 강화가 중요할 것이다. 이것은 다른 나라들에서 진행된 노동자 정치세력화의 역사적 경험에서 드러난 오류와 시행착오들을 극복할 수 있는 원칙과도 일치하는 것이다.

노동자 정치세력화 추진에서 현 단계 과제는 무엇인가? 노동자들이 벌이는 대중투쟁과 사회운동의 발전을 추진하는 일이 정치세력화의 토대를 구축한다는 점에서 현 단계의 과제가 된다. 또 다른 민중운동과 진보적 정치세력, 그리고 다양한 시민운동과의 정치적 동맹이나 연대를 강화하는 것이 주체역량 형성과 강화를 위해 중요하다. 그리고 보수적 정치권력과 지배세력 및 자본 진영의 공세에 효과적으로 대응하면서 국민의 넓은 지지를 확보할 수 있는 실천 프로그램을 개발하는 것이 현 단계에서 추진해야 할 중요한 과제가 될 것이다.

노동운동의 주체적 개혁전략

노동운동의 전략 목표를 실현하는 추진력은 다름 아닌 주체역량이다. 노동운동의 자기 개혁을 통한 역량 강화 없이는 거대 도전에 짓눌려 패잔자의 위치로 전락할 수밖에 없다.

노동운동의 주체적 개혁에서 전제가 되는 것은 노조의 기본성격인 자주성과 민주성을 확립하는 일이 될 것이다. 노동운동을 둘러싼 엄중한 정세와 권력과 자본의 강한 공세는 노동조직의 자주성과 민주성을 크게 침해할 수 있기 때문이다. 또한 아직 뿌리 깊게 잔존하고 있는 비자주적 요소와 비민주적 조직 운영 방식을 지양하지 않고는 내부 개혁은 진전되기 어려울 것이다.

노동운동의 주체적 개혁에서 최대의 과제는 조직형태의 전환일 걸로 판단된다. 현재 기업별노조 체제를 구조적으로 개혁하여 산업별 체제를 확립하는 것이 그것이다. 이것은 노동운동을 둘러싼 객관적 상황과 주체적 조건의 변화를 반영하는 것이며, 그런 상황과 조건에 대한 대응의 표현이라 할 수 있다. 바꾸어 말해서 노동운동의 주·객관적 조건의 변화가 산별노조 건설 운동을 촉진하며, 노조 조직체계의 구조적 개혁 노력은 그런 조건 변화에 대한 실천적 대응의 필요에서 비롯된 것이다.

조직 개혁을 추진하는 데서 현 단계 과제로 제기되는 것은 조직형태 발전을 위한 조직강령과 활동 방침을 수립하는 일이 될 것이다. 또 상급조직의 기능과 지도력을 강화하고 조직 확대와 민주적 개편을 위한 작업이 구체적으로 이루어져야만 한다. 그리고 기업단위 조직을 정비 강화하고 노동전선의 통일을 추진함과 동시에 지역조직을 강화하고 체계화해 나가야 할 것이다. 투쟁 전략의 올바른 설정이 주체적 개혁 과제의 하나가 될 수 있다. 특히 정책과 제도 개혁을 목표로 한 이른바 사회개혁 투쟁이 투쟁 전략의 중심이 될 수 있다. 제도 개혁 요구와 그 실현을 위한 투쟁은 전체 노동자의 이익을 위한 투쟁이고 정치운동이며 계급적 성격의 투쟁이다. 말하자면 제도적 요구 투쟁은 자본주의 제도의 개혁을 위한 역량 증대라는 '예비적 조직화'의 의의를 지닌다.

그런데 제도나 정책은 자본과 권력의 양보를 전제로 한 것이고, 분명 개량적 성격을 지닌다. 그렇다면 이 양보와 개량을 어떻게 보아야 할 것인가? 양보와 개량은 노동자계급의 변혁적 투쟁을 약화하고 분열시키며 체제 내로 포섭하는 방편이 된다는 점에서는 탄압과 통제, 그리고 폭력적 지배와 본질상 다를 바가 없다. 그러나 양보와 개량이 노동자계급의 육체적 정신적 퇴화를 막고, 그것이 노동자의 투쟁 성과로서 획득된 것으로서 더 큰 단결과 투쟁을 촉진하고 체제 개혁에 다가가게 한다는 점에서는 적극적인 의의를 갖게 되는 것이다. 문제는 양보와 개량이 투쟁의 목표인가, 과정의 문제인가 하는 전략적 선택에 있다고 할 것이다. 그런 점에서 개량을 위한 개량, 전략적 목표 없이 추구되는 개량, 변혁적 전략과 합치되지 않는 개량은 극복해야 할 대상이다.

제도와 정책 개혁 투쟁에서는 정책참가가 주요한 수단이 되는데, 정책참가를 위해서는 목표와 원칙의 올바른 설정이 중요하다. 또 기구 운영 민주화와 다양한 참가 방식의 활용이 요구되고, 투쟁과 병행해서 추진해야 함은 더 말할 필요가 없을 것이다. 그리고 정책역량의 강화가 필요하고 그것이 정치세력화와 직결될 수 있어야 할 것이다.

주체적 개혁에서 노조 민주주의의 실현이 또한 주요 과제가 될 것이다. 조합민주주의를 확충하는 데서는 현장활동 강화, 선거제도 개선, 집행체제의 정비, 간부층의 확대와 능력 향상, 재정 운영 개선, 일상활동의 충실화, 조직 규율의 확립, 조직 간 연대 강화와 상급조직의 기능 집중, 전국중앙조직의 기능 확충 등이 실천 과제가 될 것이다. 노조 민주주의의 실현에서 관료주의적 오류들을 극복하기 위한 행동 기준 마련도 중요할 것으로 판단된다.

노동운동의 전략 목표가 확고할 때 미래에 대한 무관심이나 우려는 사라질 수 있다. 이와 관련하여 프랑스 한 지식인의 말을 떠올리게 된다. "위기 속에서만 전진한다는 것을 우리는 알고 있다. 위기를 활용하자. 진보는 행복이 아니다. 투쟁을 통해서만 전진할 수 있다. 선보다 악에 대항하기 위해 더 쉽게 뭉친다." - 베르나르 쿠시네(Bernard Kouchner)의 '냉소주의의 거부' 가운데서.

출처 한국노동사회연구소(1998), 『노동사회』(제27호), 한국노동사회연구소.

노조 교육 운동의 새 지평을 열자

'노조 교육 운동의 새 지평을 어떻게 열어갈 것인가?' 지난 9월 중순에 남아프리카공화국 방문을 마치고 돌아오는 길에 줄곧 뇌리에서 떠나지 않은 물음이었다. 이런 물음은 현재 한국에서 진행되는 노조 교육에 대한 끝없는 회의와 교육 운동 추진을 위한 새로운 방향 모색이라는 무거운 부담을 함께 안은 것이었다. 노조 교육을 둘러싼 안팎의 정황들을 요량한다면, 넓고 아득한 바다를 대하는 느낌마저 들었다. 그렇다고 해도 어차피 지금의 상태에서는 벗어나야만 하고, 어떤 경우에도 노조 교육 운동은 새 지평을 열지 않으면 안 될 지점에 이르게 되었음은 누구도 부인할 수 없을 터이다.

새로운 눈으로 보고 새로운 방식으로 행동하자

남아프리카공화국의 노동자 교육기관인 〈디첼라(Ditsela)〉는 지난 9월 16일부터 19일까지 걸쳐 지난해에 이어 두 번째로 '교육활동가대회'를 열었다. 대회의 슬로건은 "새로운 방식으로 보고 새로운 방식으로 행동하자"였다. 디첼라의 정식 명칭은 〈노동자를 위한 훈련·지원·교육개발원(Development Institute for Training, Support and Education for Labour)〉인데, 그 줄임 말인 디첼라는 남아프리카 토속어로서, 우리말로 '길'을 의미한다. 여기에 '힘있는 노동운동으로 가는 길'이라 해석이 따른다. 이 기구의 예산은 정부와 시민사회 발전기금에서 주로 출연되고, 운영은 노조가 주도하고 있다.

대회는 전국 각지에서 모인 노조와 노동단체 교육활동가 140여 명이 참가한 가운데, 호텔에서 합숙하고 호텔 옆에 붙은 '레크리에이션 센터'에서 진행되었다. 개막은 첫날 저녁 7시에 시작되었는데, 노래나 민중 의례는 없이 매우 개방적인 분위기였다. 맨 먼저 한 교육활동가가 나서 자작시를 낭송했는데, 시 제목은 《사회주의는 나의 미래》였다. 그런 다음 디첼라의 이사장 쎌레 파파네 -〈남아프리카노동조합회의(COSATU)〉 교육국장- 의 개회사가 있었고, 부이사장인 마이크 라이안 -〈남아프리카노동조합연맹(FEDUSA)〉 교육국장- 의 참가단체와 외국 초청 인사의 소개가 있었다. 노조 전국중앙조직의 지도 간부들의 메시지와 노동부 관계자, 여성위원회 대표의 축하 연설이 이어졌고, 중간중간에 역할극과 살아온 이야기 발표, 시 낭송 등이 연출되기도 했다. 그리고 지난해 열린 대회를 되돌아보는 순서도 들어 있었다. 개막은 그렇게 해서 끝이 났는데, 참가자들은 흑백 구분 없이 한결같이 그야말로 화기애애한 분위기에서 열기에 찬 모습을 드러냈다.

교육과 조직 발전의 결합 강화를 위해

둘째 날의 프로그램은 워크숍 중심으로 진행되었다. 큰 주제는 '새로운 시각 찾기'였다. 워크숍은 4개의 분과로 나뉘어졌고 참가자들 스스로 분과를 선택했다. 1분과는 '노조 교육이 당면한 도전', 2분과는 '체계와 자격 인정', 3분과는 '조직 발전과 교육의 결합', 4분과는 '부문별 교육의 통합'이 토의 주제로 정해졌다. 나는 3분과를 택했다.

먼저 워크숍을 이끌 진행자로부터 이 분과에서 다룰 주제에 관한 간단한 설명이 있은 뒤에, 몇 사람씩 모여 서로 경험 교환을 하는 시간이 주어졌다. 남아공 항구 도시인 더반(Durban)에서 왔다는 백인 여성이 나에게로 다가와 "언제부터 노동교육을 시작하게 되었느냐?"라고 물었다. 나는 "1972년부터 노동교육에 참여하게 되었다."라고 답했다. 다시 그 여성 동지는 "노조 교육과정에서 가장 기억에 남아 있는 것은 어떤 일이냐?"라고 물었다. 나는 "아마도 교육 참가자들이 자기의 인생 곡선을 그린 내용을 대할 때였던 것 같다."라고 대답했다. 그 여성 동지는 무언가 짚이는 데가 있는 듯, 진지한 표정으로 나를 바라보았다.

다음으로 '이야기 들려주기(Story Telling)' 순서가 진행됐다. '비의 신'과 간부대회, 그리고 대중들 사이의 관계를 묘사한 이야기였다. 4개의 분임으로 나뉘어 이 이야기가 상징하는 의미와 상호관계에 대한 해석, 그리고 문제점 발굴과 해결방안을 놓고 토의가 이루어졌다. 모두 열성적으로 참여했고 해결방안보다는 질문을 다듬는 데 오히려 논의가 집중되었다. 그렇다. 문제를 발굴하고 물음을 끌어내는 일이야말로 교육의 기본이 아니겠는가! "교육은 대중들에게 힘과 해답을 불러놓을 수 있는 게 아니라 힘을 스스로 이끌어 내게 하는 작업이다."라는 말이 진행자의 입을 통해 표현되기도 했다. 각 분임은 토론의 결과를 정리하여 발표하고 의견을 나눈 다음 마무리했다.

워크숍이 진행되는 동안에도 노조들과 노동단체들은 각 조직이 발간하고 있는 노보(노동조합 회보), 책자, 연구보고서, 인쇄물들을 전시하고 있었다. 오후에는 각 분과에서 행한 워크숍의 결과를 발표하고 종합

토의를 진행했다. 평가도 있었다.

이날의 마지막 순서로는 '국제적 도전과 노조 교육' 발표와 토의가 진행됐다. 맨 먼저 나의 '한국 노동운동의 상황과 노조 교육'에 대한 발표가 있었다. 자본의 세계화와 신자유주의 그리고 자본의 합리화 추진과 그것이 노동운동에 대해 작용하는 영향들을 설명하고, 노조운동의 대응 투쟁과 목표, 노조운동의 개혁 동향을 밝히면서, 노조 교육의 발전 방향에 관해 얘기했다. 고민의 지점들이 크게 다르지 않아서 그런지 참가자들의 큰 호응을 불러일으킬 수 있었다. 다음으로 나이지리아, 잠비아, 영국 참가자들의 발표가 있었다. 발표에 대한 질의와 토의를 진행하고 이날 일정은 마무리됐다.

새로운 행동양식 찾기

셋째 날의 주제는 '새로운 행동양식 찾기'였고, 프로그램은 둘째 날과 마찬가지로 워크숍 중심으로 진행되었다. 워크숍 진행에 대한 안내가 있었고, 고정관념을 깨뜨리기 위한 '얼음 깨기(Ice Breaking)' 순서가 짤막하게 진행되었다. 그것은 둘째 날의 워크숍 결과에 대한 평가가 중심 테마가 되었다. 그런 다음 워크숍이 분과별로 나뉘어져 진행되었는데, 1분과는 연극, 2분과는 비디오, 3분과는 오디오, 4분과는 포스터와 벽신문(Wall Newspaper) 제작이었다. 나는 1분과를 선택했다.

연극분과는 먼저 참가자들이 원을 그리듯 둘러서서 한가운데 유리컵을 놓아두고, 자기 이름을 대고는 눈을 감고 걸어 나가 유리컵을 잡는 놀이부터 시작했다. 정확히 잡는 사람은 몇 안 되었지만 서로 얼굴을 익히는 데는 안성맞춤이었다. 다음으로 진행자가 노동교육에서 연극이 갖는 기능을 잠깐 설명하고는 연극 순서에 들어갔다. 한 사업장에서 노동자 몇 명이 모여 불만을 털어놓는 가운데 조직 활동가가 찾아가 노조의 조직을 시도하는 장면이 연출되었다. 여러 사람이 나가 조직을 시도했으나 회사 관리자들의 방해로 번번이 실패로 끝났다. 실패의 원인에 관한 토론이 이루어졌다. 연극이 의도한 건 조직의 성공에 있는 게 아니라 실패의 원인에 관한 토론을 유도하는 데 있는 것 같았다.

연극분과에 참가한 사람들은 다시 4개 분임조로 나뉘어 연극 줄거리를 짜고 역할을 분담해 연습을 진행했다. 내가 들어간 분임조는 지부장의 지도방식에 관한 내용이었는데, 과격한 성격의 지부장이 조합원들의 불신임으로 물러나고 타협적인 지부장이 선출되었으나, 이 지부장 또한 조합원들의 반발에 부딪혀 물러난 뒤 다시 민주적인 지부장이 선출되어 조합원들의 의견을 집약하여 활동을 추진하는 줄거리였다. 결국 참가자 모두가 의견을 내 줄거리를 짜고 스스로 참여하여 진행하는 프로그램이 된 셈이다.

오후에는 각 워크숍 분과가 만들어낸 결과들을 발표하는 프로그램이 진행되었다. 연극 분과의 각 분임조가 구성한 연극들이 발표되었고, 비디오 분과와 오디오 분과의 분임들이 제작한 작품이 발표되었는가 하면, 포스터와 벽신문 분과가 만든 작품들은 대회장 벽면에 전시되었다. 이어 밤에는 우리로 치면 '단결의 밤'이 진행되었는데, 술과 음료수는 각자가 사서 마시고 노래에 맞추어 참가자들이 모두 모여 신나게 춤을 추었다. 춤은 격식 없이 누구나 쉽게 어울릴 수 있는 그런 자유로운 양식이었다. 나도 그들과 어울려 어색하지 않게 춤을 출 수 있었다. 그들은 한결같이 동지적인 태도로 대해 주었고 순박하고도 무구하기까지 보였다.

마지막 날의 주제는 '노동자 교육 운동 전개'였다. 먼저 디첼라 대표인 크리스 보너가 '노동자 교육 운동 전개를 위한 방향'에 대해 기조 발표를 했다. 지난해 열린 대회의 성과에 대한 평가를 한 뒤, 교육 운동 전개에서 강조되는 사항들을 설명했는데, 교육활동가 집단의 역할, 부문별 교육활동의 결합, 교육재정, 교육방법, 조직과 운영, 교육체계, 교육활동 네트워크 등에 관한 내용들이었다. 다음으로 노조 교육의 재정 문제에 대한 토의가 있었는데, 여기서 노조와 노동단체 사이의 역할과 상호관계가 논의되기도 했다. 대회의 평가는 참가자가 미리 나눠준 평가서에 기재하는 것으로 대신했다.

이렇게 해서 3박4일 동안의 대회는 끝이 났다. 참가자들이 무엇을 얻었으며, 대회의 결과가 어떤 성과로 나타날 것인지는 정확히 알 수 없는 일이다. 다만 돌아가는 참가자들의 표정들이 무척이나 밝은 것에 비추어 대회는 매우 유익했을 것으로 짐작된다.

노조 교육의 비전과 원칙을 세우기 위해

이번 대회에서는 지난번 대회에서 토의되고 채택된 노조 교육의 비전과 원칙이 자주 거론되고는 했다. 그런 비전과 원칙은 우리에게 던지는 의미도 클 것으로 생각된다.

비전의 내용은 이러했다. 노조 교육은 강력하고 자주적인 노동운동의 형성과 유지를 위한 동역학적인 한 축을 이룬다. 또 노조 교육은 조합원, 대의원, 지도부와 참모들을 창의적이고 적극적이며 능률적인 노조 운동가로 발전시키고, 다른 시민사회 조직과 더불어 사회를 변혁해 나가는 시민으로 육성하는 데 크게 기여한다. 이를 위해 모든 노조가 동의하는 곳이면 어디에서든 일관성 있고 통합된, 그리고 유연하고도 동역학적인 노조 교육의 체계가 요구된다. 이 체계는 규모가 크고 질 높은 노조 교육, 훈련, 의사전달, 지원을 이끌기 위한 역량을 갖추어야 한다. 이런 역량은 잘 훈련되고 능력 있는 교육활동가의 망과 노조가 뒷받침하는 큰 영역을 포함한다. 그것은 또한 건실한 하부구조와 충분하고도 안정된 재정을 포함한다. 여기에는 지속적인 발전과 혁신의 추진이 요구된다.

노조 교육의 원칙으로 제시된 내용은 다음과 같다.
- 노조 교육의 목표와 프로그램은 노조운동의 목표 목적 요구 원칙 정책 가치에 바탕을 두어야 한다.
- 노조 교육의 전면적인 책무 관리 형태 내용 준비 등은 노조가 담당해야 한다.
- 노조 교육의 중심적인 의도는 집단조직으로서 노조를 건설 강화하고 모든 차원에서 노동자의 이익을 실현하는 데에 복무해야 한다.
- 노조 교육은 중립적일 수 없으며, 노동자계급의 이해를 실현하는 방향으로 사회를 변화시키고 발전시키는 데에 기여해야 한다.
- 노조 교육은 개인의 발전도 도와야 하지만, 기본적으로 노동자와 조직의 집단적 요구에 집중되어야 한다.
- 모든 노조 교육 활동에서는 성별 균형이 유지되어야 한다.
- 노조 교육에 사용되는 교육방법은 참가자 중심의 민주적이고 집단적인 것이 되어야 한다.
- 노조 교육은 사용자와 정부, 그리고 재정 후원자로부터 독립적으로 추진되어야 한다.
- 노조 교육은 불리한 조건에 있는 부문에 대해 동등한 기회가 제공되어야 하고 이들 부문을 포함해 실시되어야 한다.

노조 교육 개혁은 얼음을 깨뜨리듯

한국 노동운동은 현재 시대적 격변과 일찍이 경험하지 못했던 엄청난 도전에 직면하여 자기 개혁을 과감히 추진하지 않으면 안 될 처지에 놓여 있다. 이와 같은 맥락에서 본다면, 노조 교육도 일대 개혁을 단행하지 않으면 안 될 현실이다. 먼저 노조 교육의 중장기적 비전과 정책 기조를 설정하고, 교육훈련을 위한 예산의 확대와 교육기금 설치를 추진해야 한다. 또 교육활동의 체계화를 정비·강화하는 한편, 다양하고 새로운 교육방법을 개발해 나가지 않으면 안 되게 되었다. 그뿐 아니라 교육 기회를 확대하고 유능한 교육활동가를 대량으로 확보함과 동시에 전국적인 망을 구축할 필요가 있다. 노조 교육의 발전과 관련한 이러한 주요 과제들은 적극적인 노력 없이는 결코 실현될 수 없다.

굳은 사고방식이나 타성에 젖은 행동양식으로는 노조 교육의 개혁은 한 걸음도 나아갈 수 없다. '얼음을 깨뜨리듯' 낡은 규칙을 과감히 극복해야만 한다. 그것이 '힘있는 노동운동으로 가는 길'이 될 것이기 때문이다.

출처 한국노동사회연구소(1999), 『노동사회』(제29호), 한국노동사회연구소.

대담한 발상으로 나아가자

1999년 새해를 맞는다. 감회는 도무지 새롭지 않다. 여러 가지로 부대낄 일을 생각하면 두렵기까지 하다. 나만의 심정은 아닐 터다. 올해 노동운동이 놓이게 될 처지는 또 어떤가. 밖의 공세와 안의 분란이 예상돼 무척 걱정스럽다. 이대로는 안 된다는 사실은 노동운동에 몸담은 사람 누구나가 인정하는 바다. 그렇다면 어찌할 것인가? 이런 판국에서는 '설마'가 껴들 틈은 없어 보인다. 그야말로 대담한 발상이 요구되는 때이다. 얼음처럼 굳어진 생각이나 경험에 얽매인 고정된 행동 방식으로는 지금의 답답한 국면을 뛰어넘을 수는 도저히 없기 때문이다.

조직률 30%대의 산별노조 건설

대담한 발상은 어디서 나오는 것일까? 현실 극복에 대한 강렬한 의지에서 나온다. 바꾸어 얘기하면, 현실에 집착하거나 현실을 고정으로 보면 대담한 발상을 기대하기란 무망한 일이 될 것이다. 말 그대로 통크게 바라보자.

조직에 대한 발상이다. 조직체계를 과감하게 개혁하지 않으면 안 된다. 현재 주류를 이루고 있는 기업별노조 형태를 산업별 체제로 전면 개편하는 일은 한국 노동운동 발전을 위한 핵심 과제다. 지금 당장 착수해야 한다. 21세기를 맞기 전에 추진해야 한다. 조직체계 전환은 피하거나 미룰 수 없는 '운명적이고도 역사적'인 일이다. 기업별노조 형태를 앞뒤 가릴 것 없이 깨뜨려 나가야 한다. 노동운동 발전을 가로막는 '사탄의 벽'이기 때문이다.

노조 조직률이 10%대로 떨어지고 있는 마당에 조직화 작업을 미룬 채 머뭇머뭇 망설일 여유는 없다. 노조 조직률이 급속하게 저하하는 현실은 노동운동의 참담한 상태를 단적으로 드러내고 있음을 깊이 깨달아야 한다.

몇 년 안에 노조 조직률을 30%대로 끌어올릴 방도를 기필코 찾지 않으면 안 된다. 조직노동자 400만 명의 힘을 상상해 보라. 모든 노조 간부와 활동가는 조직활동가로 나서야 한다. 이들이 산업별노조 건설 운동의 촉진제가 되고, 미조직 사업장 조직화와 비정규직·실업자에 대한 계획적 조직 활동의 추진력이 될 수 있다.

조직통합 문제는 또 어떻게 할 것인가? 노동운동의 분열은 엄연히 존재하는 그 나름의 내력을 지닌다. 그렇다고 해서 내력만을 탓하고 통일을 위한 노력을 포기한다면, 시대 역행적인 일이다. 자주적이고 민주적인 개편을 전제로 통합 작업을 바로 펼쳐야 한다. 한국노총과 민주노총의 통일전선 구축과 통합을 위한 기구 설치에서부터 단계적 실천을 거리낌 없이 벌여나가지 않으면 안 된다. 이와 함께 노조 공식조직으로서 현장조직의 복원과 현장활동의 활성화가 시급한 과제로 떠올라 있다. 모든 노조조직 사업장에 현장조직의 정착을 통한 현장활동을 활기차게 추진하기 위해 대대적인 운동이 전개되어야 한다.

신자유주의에 반대하는 총력 투쟁

그야말로 차원 높은 투쟁을 준비해야 한다. 기업 차원에서 벌이는 임·단투나 고용보장 투쟁의 중요성을 결코 부인할 수 없다. 그런데 종래의 투쟁 방식으로 오늘의 상황에 대처할 수는 없다. 요구 수준을 높여야 하고 투쟁 전선의 차원을 확대해야 할 뿐 아니라 투쟁의 강도를 높여야 한다. 그리고 장기 전략 목표를 바로 설정해야 한다. 한국 자본주의의 근본적 개혁을 목표로 체제를 맹렬하게 도전해야 한다. 노동운동이 지향해야 할 전략 목표가 바로 그것이다. 사회개혁 투쟁은 그런 투쟁의 한 가닥이다.

제도와 정책 개혁을 위한 투쟁은 정치투쟁이다. 정치투쟁은 경제투쟁을 뒷받침하며, 경제투쟁은 정치투쟁을 촉진한다. 여기서는 공동투쟁과 통일투쟁이 필연코 강조된다. 모든 종류의 투쟁을 공동투쟁과 통일투쟁 차원으로 끌어올려야만 한다. 개별 사업장 투쟁이 해결할 수 있는 영역은 점점 자리를 잃어가고 있다. 공동투쟁과 통일투쟁을 강화하기 위해서는 1년에 몇 차례 '신자유주의에 반대하는 총력 투쟁'을 조직할 수 있어야 한다. 또 신자유주의적 국제화에 반대하는 안티테제(Antithese)를 설정해야 한다. 경제구조의 민주적 개혁, 재벌해체와 대기업에 대한 민주적 규제, 기간산업의 국유화와 공기업화, 사회보장의 개혁·확충, 자립적 민족경제 확대, 정책 결정에 대한 노동조합의 실질적이고도 폭넓은 참여, 국민의 자유와 권리 보장 등이 그것이다. 이를 위해서라도 노동운동의 국제연대를 적극적으로 펼칠 필요가 있다.

1백만 명 포용하는 노동자정당 건설

오늘의 한국 정치 현실을 보라. 수구반동 세력이 기승을 부리는 가운데, '개혁'의 구호만 허공에 떠돌고 있다. 누구를 위한 정치인가. 정치는 지배세력의 독무대가 되고 있다. 노동자와 민중의 정치세력화가 어느 때보다 절박하게 요구되는 현실이다. 정치세력화는 사회세력화와 정당 건설을 기본 축으로 한다. 노동자정당 건설은 벌써 1997년 민주노총이 조직적으로 결정한 방침이다. 실천이 더디게 진행되고 있을 뿐이다.

내년 국회의원 총선거를 앞둔 시점에서, 노동운동 진영은 올해 안에 정당 건설을 완료해야 한다. 최소한 민주노총 전체 조합원과 진보 세력이 직접 참여하는 1백만 명 구성원의 정당 말이다. 그런 점에서 노동세력이 주축이 될 수밖에 없으나, 광범한 민중세력과 두터운 국민의 지지를 확보할 수 있어야 한다. 정치 지형이 크게 바뀌고 있는 현실 속에서, 겉으로 제기되는 주장 이면의 차이를 극복하기 위한 진보 진영 안의 연결고리가 매우 중요하다. 청년 따로 장년 따로, 강경 따로 온건 따로, 지역에 따라 따로 갈라져서야 진보정당 건설인들 어디 가능하겠는가? 결국 노동세력이 주축이 되어 자기 구실을 도맡고 나설 때 정치세력화가 진전될 수 있다는 사실은 너무도 명백하다. 올해는 노동자 정치세력화의 명실상부한 원년이 되어야 한다.

현장 토론을 통한 노선 정립

21세기를 바로 눈앞에 둔 시점에서 한국 노동운동이 추구해 나갈 노선이 혼돈 속에 빠져들고 있다. 그도 그럴 것이 워낙 안팎의 상황이 급격한 변화를 겪는 데다 다가선 도전이 막강하고, 노동운동의 주체적 대응이 크게 흔들리고 있기 때문이다. 이럴 경우 경제주의와 개량주의가 '합리'를 주창할 수 있는 여지가 커지는가 하면, 좌익 편향과 모험주의 경향이 목소리를 한껏 높일 소지가 넓어지게 된다. 이에 따라 갖가지 분파주의가 힘을 얻어 내부 혼란을 부채질할 수도 있다.

어떻게 할 것인가? 노동운동의 미래를 위한 큰 틀의 기구를 설치할 필요가 있다. 노동운동 지도자와 연구자, 그리고 전문가로 구성되는 이 기구는 조사연구 토론 면담을 조직하는 한편, 최소한 단위노조 대의원을 포함한 현장활동가들의 현장 토의를 거쳐 노동운동의 전략 목표나 운동노선, 그리고 기조를 창출해야 한다. 그래야만 노조 안팎의 소모적인 노선 투쟁을 극복하고 노동운동의 미래상을 확고히 내세울 수 있게 될 것이다.

대담한 발상은 현실과 일정한 거리를 지닐 수 있다. 당연한 일이다. 현실에 매달리지 않고 그것을 뛰어넘기 위한 새로운 구상이기 때문이다. 아무튼 발상은 크게 바뀌어야 하고, 노동운동의 발전을 위한 구도는 새로운 틀에서 짜여야만 한다. 그렇다고 수백 년에 걸친 노동운동 역사에서 축적된 귀중한 원칙마저 허물자는 얘기는 아니다. 원칙과 경험, 그리고 대중토의가 창의성을 만들어낸다. 발상도 따져 보면 원칙과 경험, 그리고 현실을 바탕으로 이루어져야 하고, 대중토의를 통해 실천으로 옮겨지지 않으면 안 된다. 결국 대담한 발상은 큰 전진을 위한 자기 개혁의 새로운 모색인 것이다.

새해 노동운동의 큰 발걸음을 기대하는 마음 간절하다!

출처 한국노동사회연구소(1999), 『노동사회』(제31호), 한국노동사회연구소.

노동자계급 정치세력화는 시대적 책무다

21세기를 눈앞에 둔 시점에서 한국 노동운동은 중대 도전을 맞고 있다. 〈국제통화기금(IMF)〉 관리체제 아래 세계화 급진전과 '민주주의 시장경제 병행 발전'을 내세운 신자유주의 정책 추진, 그리고 강도 높은 자본의 경영합리화 공세 등이 그것이다. 이런 도전은 국가권력과 자본의 새로운 지배양식과 통제방식을 수반하게 될 것이다. 중대 도전과 지배·통제 방식의 변화에 대한 노동세력의 대응을 위해서는 전략 목표의 확고한 설정과 당면 과제 해결을 위한 투쟁의 전개, 그리고 주체역량의 강화가 요구된다. 이런 계급적 대응은 어차피 정치투쟁의 성격을 띠게 되고, 노동자계급(노조운동)의 정치세력화가 전면에 대두되지 않을 수 없다.

노동자 정치세력화와 관련해 제기되는 문제들은 어떤 것인가? 노동자 정치세력화의 의의는 무엇이고 정치세력화가 왜 필요한가? 한국에 있어서 진보정당 운동의 성과와 한계는 무엇인가? 주요 각국의 노동자 정치세력화 과정이 주는 교훈은 무엇인가? 노동자 정치세력화의 전략 목표는 어떠해야 하는가? 정치환경의 변화와 노동자 정치세력화의 과제는 무엇인가? 이런 문제들에 대한 진지한 논의가 필요하며 실천 과정을 통해 구체적이고 풍부한 정치세력화 기조가 도출되어야만 할 것이다.

노동자(노동조합) 정치세력화가 담은 의미

노동조합은 경제투쟁과 정치투쟁의 통일적 전개를 기본 임무로 한다. 이런 기본 임무를 수행하는 데서 노조는 다양한 형태의 정치 활동을 추진하게 된다. 노조의 정치 활동은 정당 건설과 선거 정치를 통한 정권에 대한 접근과 정권 장악, 정책과 제도 개선을 위한 각종 투쟁과 활동, 정치적 연합전술 또는 통일전선 전술, 총파업투쟁을 비롯한 대규모 대중투쟁, 무정부주의적 생디칼리슴(anarcho-syndicalism)을 채택한 노조들이 정치적 총파업 등에 의한 직접행동을 통해 정당이 아니라 노조가 직접 국가권력 해체를 추구한 방식 등도 포함된다.

그렇다면 노동자의 정치세력화는 노동자 정치 활동과 어떻게 다른가? 노동자 정치세력화는 노동자계급이 정치영역에서 역량을 형성하여 영향력 있는 세력으로 성장하는 것을 의미한다. 그런 점에서 노동자 정치세력화는 노조가 추진하는 정치 활동의 일환으로서 독자적인 정당을 건설하고 각급 선거에 참여하여 국가정책 결정 기구로 진출하거나 국가권력의 일부 또는 전부를 점유하는 것이라 할 수 있다. 노동자 정치세력화를 실현하기 위한 조직형태와 추진방식은 그 사회가 놓인 정치적 또는 시대적 조건과 상황에 따라 다를 수밖에 없다. 현재 우리 사회에서 요구되는 노동자 정치세력화를 위한 당면 과제는 정당 조직화와 이를 뒷받침할 노동자의 사회세력화라고 할 수 있다.

노동자정당은 노동자계급 조직의 최고 형태이다. 정당은 편협한 직업적 사고를 뛰어넘어 계급적 토대 위에서 건설되는 것이기 때문이다. 노동자정당은 총자본과 부르주아정당, 그리고 국가권력을 상대로 투쟁 목표를 설정하게 마련이다. 또한 노동자정당은 자본주의 제도의 전면적 개혁을 전략적 목표로 설정하게 된다. 이런 정당 조직화는 노동자계급의 사회세력화 뒷받침 없이는 사실상 불가능하다. 여기서 말하는 사회세력화는 노동운동의 발전을 비롯하여 계급으로서의 정체성과 사회적 장악력 확보, 그리고 다른 민중운동 및 사회세력과의 정치적 연대와 동맹 강화 등을 의미한다.

노동자 정치세력화는 시대적 요구이다

노동자 정치세력화는 노동운동의 역사만큼이나 오래된 요구이자 과제라고 할 수 있다. 그러나 따지고 보면 계급적 관계나 정치체제, 그리고 노동자계급의 주체적 역량 등에 의해 노동자 정치세력화의 진전이 단절되거나 지연되어왔을 뿐이다. 이제 노동자계급의 성장과 상황 변화는 정치세력화의 새로운 진전을 다급하게 재촉하고 있다. 새삼스러운 얘기가 될지는 몰라도, 노동자 정치세력화가 왜 필요한지를 따져보자.

첫째, 노동운동의 자기 발전을 위해서다. 앞에서도 언급한 바가 있거니와, 노동조합운동은 경제투쟁과 정치투쟁이 통일을 기본 임무로 한다. 그런 점에서 정치세력화를 위한 노력은 필수적이라 할 수 있다. 특히 자본주의 사회에서는 정치와 경제가 불가분의 관계를 지니면서도 제도적으로 분리되어 서로 다른 규칙과 논리에 의해 지배되고 있기 때문에, 각 영역의 논리와 규칙에 대해 효과적으로 대응할 필요가 있다. 그래서 정치세력화를 필수적 요건인 정당 건설과 정당조직을 통한 정치 활동이 요구되는 것이다.

그런데 정당은 주로 정치영역에서 국가권력의 획득을 종국적으로 추구하기 때문에 선거 정치의 논리를 중시하지 않을 수 없다. 그런데 노동자정당 건설과 선거 참여를 통한 정치세력화 추진이 때로는 노동자와 노조의 이해관계와 마찰을 빚는 경우도 있을 수 있다. 이때 노조와 정당의 관계를 어떻게 설정하고, 각각의 역할을 어떻게 조정해 나갈 것인가 하는 문제가 제기된다. 노동자 정치세력화의 역사적 배경에 따라 문제 제기의 내용과 양상이 다를 수가 있으나, 노조가 주도하여 정당을 건설할 수밖에 없는 우리의 경우는 노동자와 노조의 이해관계가 존중되어야 할 것이다.

더욱이 노동운동에 대한 도전과 공세가 갈수록 치열해질 것으로 전망되는 마당에, 노동운동의 전진을 위해서도 정치세력화는 더 미룰 수 없는 과제가 되고 있다. 세계화에 능동적으로 대응하고 신자유주의 진행을 효과적으로 저지하며, 자본의 강도 높은 경영합리화를 작업장 민주주의를 통해 규제하기에는 노조의 기능만으로는 불가능한 일이다. 그래서 노동자의 정치세력화 추진이 필수적으로 요구되는 것이다.

둘째, 정치체제의 개혁을 위해서이다. 보수정당이 정치적 헤게모니를 장악하고 있는 부르주아 정치는 소수 집단에 의한 정치이고 자본 편향의 정치이다. 또 지배관계의 유지를 지향하는 보수정치이며 노동 배제의 억압정치이다. 이런 부르주아 정치의 극복이야말로 노동정치의 전략적 목표이다. 노동정치는 노동자 다수 민중에 의한 참여 정치이고, 모든 형태의 착취와 억압의 청산을 목표로 하는 진보 정치이다. 또한 사회체제의 낡은 틀을 지양하려는 개혁 정치이며, 사회정의와 도덕성을 확립하고 평화를 옹호하는 미래 지향 정치이다.

현재 한국의 정치 상황은 어떤가? 김대중 정부가 50년 만의 평화적 정권교체를 역설하면서 '국민의 정부'를 자처하고 정치 개혁을 주창하고 있다. 그러나 보수정당 중심의 정치 구도는 그대로 유지되고 있으며, 개혁의 주체와 목표, 그리고 개혁의 방향조차 불분명한 채 신자유주의 정책만이 위세를 떨치고 있다. 또한 지역주의적 대립 구도는 여전히 온존하고 있으며, 부패와 탈법구조는 청산되지 못하고 있을 뿐만 아니라, 보수 정치세력 사이의 갈등과 이해 대립이 갈수록 첨예화되고 있다. 이런 가운데서도 노동자의 정치적 시민권은 확대·강화됨으로써 노동자의 정치세력화를 위한 여건은 더한층 진전되었다고 볼 수 있다.

셋째, 한국 사회의 발전에서 노동자계급이 걸머진 책무를 이행하기 위해서이다. 한국 사회는 외세의 막강한 영향력에 의한 민족분단 상황이고 독점자본이 경제력 장악에 의한 민중 수탈적 상황이며, 권위주의적 권력에 의한 국민 억압적 상황으로 특징지을 수 있다. 말하자면 민족문제와 계급문제가 맞물려 있는 조건에서 이런 모순구조의 극복은 노동자계급에 맡겨진 역사적 책무이다. 노동자 정치세력화가 추진되지 않고서는 이 같은 책무는 결코 이행될 수 없다.

노동자계급은 생산의 직접적 담당자이고 전체 국민 가운데 수적으로 압도적 다수를 차지하는 집단일 뿐만 아니라 노동과정에서 단련되고 훈련된 계급이다. 따라서 노동자계급이 자기 이익을 위해서나 국민이 자유와 권리를 위해 대중조직인 노조와는 별도로 정당조직을 통한 정치세력화를 추구하는 것은 자기 책무를 이행하기 위한 당연한 방도이다.

넷째, 21세기에 다가올 도전에 적극적으로 대응하기 위해서이다. 새로운 세기를 맞아 전개될 상황에 대처하기 위해서는 노동운동의 정치적 역량 강화가 무엇보다 중요한 것으로 판단된다. 미래에 대한 올바른 전망에서부터 시기에 따라 진행되는 정세의 정확한 판단, 과학적인 전략과 전술의 수립 운용, 능동적인 정책적 정치적 대응을 위해서는 정치적 교두보의 구축이 필연적으로 요구되기 때문이다.

노동자 정치세력화를 위한 기본 전략

일제하에서부터 이어져 온 한국에 있어서 노동자 정치세력화의 전개는 비록 단절과 실패를 거듭해 오긴 했으나 몇 가지 점에서 특징을 지니고 있으며, 앞으로의 정치세력화 추진에 대해서도 중요한 교훈을 제공하게 될 것이다. 먼저 지적할 수 있는 건 노동자 정치세력화 추진이 노동자 또는 노조가 주체 역할을 하지 못하고 지식인 중심의 소시민계층이 주도하는 가운데 이루어졌다는 사실이다, 또 같은 맥락에서 비롯된 일이기는 하나 정치세력화의 전개가 대중조직과 대중세력에 굳건한 토대를 두고 행해지지 못했다. 그런 이유로 인해 정치조직으로서 형식과 내용이 확고히 정립되지 못했을 뿐만 아니라 정치 활동도 폭넓게 추진되지 못했다. 미군정 시기와 1950년대 후반, 그리고 60년 4월 혁명 이후 1년 동안과 87년 민주항쟁 뒤의 짧은 기간을 제외하면 노동자 정치세력화는 비공개 형태로 전개됐으며, 경우에 따라서는 전위정당이 성격을 추구하기도 했다. 노동자 정치세력화 과정에서 설정된 이념은 대체로 사회주의 또는 사회민주주의였다. 정치조직이 추진한 정치 활동과 정치운동도 본격적으로 추진되지 못했다.

이처럼 노동자 정치세력화는 결코 순탄한 길이 아니다. 그 길이 참으로 어렵고 험난할 것이라는 사실은 노동자 스스로가 인정하고 있을 터이다. 그러나 이 중대한 과업은 노동자계급이 걸머진 시대적 책무라는 점에서는 결코 피할 수 있는 일은 아닐 것이다. 이제 노동자 정치세력화를 추진하면서 전략적 목표 설정을 비롯한 기본구도를 바로 짜는 일이야말로 주요한 과제가 아닐 수 없다.

1) 추진 주체

먼저 정치세력화의 추진 주체를 어떻게 설정할 것인가가 중요한 과제로 떠오른다. 노동자 정치세력화의 주체는 두말할 필요도 없이 노동자계급과 노조, 그리고 노동운동 조직이 될 수밖에 없다. 그렇다고 해서 노동자 정치세력화가 노동자계급만의 배타적 방식으로 추진될 수는 없다. 노동자계급을 주축으로 하고 민중세력과 민족민주운동 진영을 주도 세력으로 하여 각계각층의 광범위한 참여와 지지를 바탕으로 주체역량을 구축해 나가야 할 것이다. 특히 노조가 정당 건설에서 수행해야 할 역할은 결정적이라고 할 정도로 막중하기 때문에, 노조운동은 정치세력화에 대한 전략과 방침을 조직적으로 확고히 결정하여 필요한 사업과 활동으로 전개해야 한다. 정당과 노조의 관계는 상호 자율적이고도 독립적이면서 긴밀한 동맹관계를 유지하지 않으면 안 될 것이다.

2) 전략적 목표와 이념

다음으로 노동자 정치세력화에서 추구할 전략적 목표는 어떻게 설정되어야 할 것인가? 전략적 목표는 한국 사회의 모순구조와 노동운동이 추구하는 노선들에 의해 결정될 수밖에 없다. 아마도 노동자 정치세력화에서 추구될 전략적 목표는 한국 사회의 근본적인 개혁일 것으로 판단된다. 이것은 현재의 한국 사회 상황과 관련해서는 변혁의 목표까지를 포괄하게 될 것으로 보인다. 정치세력화의 전략적 목표가 정치·경제·사회 전반에 걸친 개혁을 통한 실질적 민주화 또는 민주 변혁일 것이기 때문이다. 그것은 자본주의체제의 온전한 유지는 아닐 터이다.

그렇다면 노동자 정치세력화가 지향할 이념은 민주사회주의일 것인가? 그럴 것 같지는 않다. 현재의 정치체제나 구조에 비추어 의회를 통한 노동세력의 권력 획득 구상은 현실성을 담보하기 어렵기 때문이다. 아무래도 노동운동 또는 사회운동과 정치운동의 통일을 통한 권력 접근 또는 권력 획득을 추구하게 될 것으로 전망된다.

말하자면 노동운동이 고양·발전이 정치운동을 촉진하게 하고, 정치운동의 성장·발전이 노동운동을 새로운 차원으로 올려세움으로써 권력 쪽으로 다가서는 그런 과정을 말한다. 그런 점에서도 노동조직과 정치조직의 자율적 대등과 협력, 그리고 동맹의 강화가 중요할 것이다.

3) 노동자정당의 성격과 형태

노동자 정치세력화의 토대인 정당의 성격은 노동자 주축의 정당, 사회개혁적 진보정당, 대중투쟁을 지원하는 정당이 될 것이다. 또 노동자정당은 합법적 정당이고 선거에 적극 참여하는 정당이며, 국민의 지지를 획득하기 위한 다양한 사업과 활동을 벌이는 정당이어야 할 것이다. 그리고 노동자정당은 다른 민중운동과 사회운동, 민족민주운동, 시민운동, 여타 동조 세력과의 정치연대를 결코 경시해서는 안 될 것이다. 노동자정당은 노동자의 사회적 역량 강화를 통해 그 성장이 담보될 수 있으므로, 대중노선을 철저히 추구하는 정당으로서 자기 위상을 유지해야 할 것이다.

정치세력화를 위해 무엇을 할 것인가

한국 노동자계급이 정치세력화를 추진해나가면서 부딪히게 될 어려움은 대단히 클 것이고, 깨뜨려야 할 벽은 도처에 널려 있을 게 분명하다. 이렇게 본다면, 현 단계에서 무엇을 해야 할 것인가를 정확히 파악하는 일이 무엇보다 중요하다.

첫째, 노조운동은 노동자 정치세력화의 장기적 목표와 정치운동 방침, 그리고 단계적 실천 계획을 확립해야 한다. 조직 내에 존재하는 다양한 입장 간 차이를 조절하고 통일적인 정치방침을 집약하기 위해서는 현장 토의를 비롯한 각급 단위의 조직에서 토론회를 조직할 필요가 있을 것이다.

둘째, 노동자들이 벌이는 대중투쟁과 사회운동의 발전을 추진하는 것이 바로 정치세력화의 기본 요건을 채우는 일이다. 노동운동이 전개하는 모든 종류의 투쟁과 활동을 통해서 노동자들의 자주적 의식과 정치적 자각을 높이고, 노도 간부들의 사상·이론의 수준을 향상시키기 위한 방도를 마련함과 동시에, '정치 일꾼'을 양성하고 배출하는 일에 집중적 노력을 기울여야 할 것이다. 이와 함께 노동자의 정치투쟁 또는 정치운동의 영역을 넓혀 나가는 것도 빼놓을 수 없는 일로 보인다.

셋째, 다른 민중운동과 진보적 정치세력, 그리고 다양한 시민운동과의 정치적 동맹이나 연대를 강화하는 것이 주체 역량 형성과 강화를 위해 중요하다. 노조운동이나 노동자들이 권익이나 지위 향상을 위한 노력이 계급 이기주의로 치달아서는 안 될 것이다. 노동운동이 일반 민중들의 생존권 확보를 비롯한 자유와 권리를 지키는 데 노력을 아끼지 말아야 할 것이며, 국민의 요구를 실현하기 위한 폭넓은 활동을 추진할 필요가 있다.

넷째, 지배세력과 보수 정치세력, 그리고 자본 진영의 공세에 대한 효과적 대응이 요구된다. 대중조직과 정치조직의 조직력과 투쟁력을 강화하는 것이 공세를 막기 위한 기본 방편이다. 이와 더불어 국민의 넓은 지지와 전술의 올바른 운용이 또한 관건이 될 것이다.

다섯째, 노조 간부들의 경우는 물론이고 일반 조합원들을 대상으로 한 정치교육과 선전활동 등을 통해 정치세력화에 대한 통일적 의식을 확산하고 적극적인 참여를 유도해야 한다. 최근의 조사 결과에 따르면,

조합원들의 정치세력화에 대한 인식은 매우 낮은 수준에 머물러 있고, 간부와 일반 조합원 사이, 산업 또는 직종 사이, 출신 지역 사이에서 심한 편차를 나타내고 있다. 이는 그동안 행해진 정치 관련 교육이나 선전사업이 제대로 이루어지지 않은 채 간부 중심으로 이루어졌음을 말해주는 것이다.

여섯째, 지역조직의 기능 강화와 지역 차원 사업을 강화해야 한다. 정당 활동이나 선거 정치는 지역적 토대 구축을 중시하게 된다. 이를 위해서는 노조운동의 지역조직 강화가 요구되고, 지역 차원에서의 연대와 다양한 형태의 지역사업을 개발하고 추진해야 할 것이다.

이런 당면 과제의 해결과 관련해서는 내년에 치러질 국회의원 총선거가 중요한 계기가 될 수 있다. 노조운동이 정치세력화에 대한 조직적 결정을 행한 것을 비롯하여, 정치사업을 목적의식적으로 벌이고 선거 정치를 본격적으로 추진함으로써, 정치세력화의 기본 전략을 구체적으로 모색할 수 있기 때문이다. 더욱이 국회의원 총선거를 치르면서 지역적으로나 부문별로 정치조직의 기반을 구축하는 일이야말로 정당 조직화의 기반 구축이라는 측면에서 중요한 기회가 될 수 있다.

한국 노동자계급의 정치세력화는 모색의 단계를 넘어 실천의 마당으로 들어섰다. 지난날의 무수한 단절과 깊은 좌절, 그리고 참담한 실패의 경험을 더 이상 되풀이할 수는 없는 일이다. 노동자 정치세력화 추진은 노동운동의 발전을 한 단계 높이는 데 그치지 않고, 한국 사회의 발전을 이끌 주체세력의 성장이라는 중대한 의의가 있다.

출처 한국노동사회연구소(1999), 『노동사회』(제33호), 한국노동사회연구소.

지구전으로 가는가

손자가 쓴 병법에 이런 대목이 나온다.

"옛날의 선전자(善戰者)는 먼저 적이 승리하지 못하도록 만전의 태세를 갖추고 이쪽 편이 승리할 수 있도록 때를 기다렸다. 적이 승리하지 못하도록 하는 것은 이쪽 편에 달려 있고, 이쪽 편이 승리하는 것은 적에게 달린 것이다. 적이 승리하지 못하는 이유는 이쪽 편이 방어하고 있기 때문이고, 이쪽 편이 승리할 수 있는 것은 적을 공격하기 때문이다. 방어하는 것은 군사력이 부족하기 때문이며 공격하는 것은 군사력에서 여유가 있기 때문이다. 방어를 잘하는 건 마치 땅속 깊이 숨어 있는 것 같고, 공격을 잘하는 것은 마치 높은 하늘 위에서 움직이는 것과 같다. 그리하여 이쪽 편의 군사력을 보전하고 완전한 승리를 획득할 수 있는 것이다."

승리의 조건

"누가 보아도 쉽게 이해할 수 있는 승리는 최선이 승리가 아니다. 승리를 하되 모든 사람이 칭찬하는 그런 승리는 최선의 승리가 되지 못한다. 가는 털을 집었다고 해서 힘이 세다고 하지 않으며, 해나 달을 보았다고 해서 눈이 밝다고 하지 않고, 천둥소리를 들었다고 해서 귀가 밝다고 하지 않는다."
"옛날의 선전자는 기회를 포착하여 자명하게 승리한 자를 가리킨다. 그래서 선전자는 승리해도 지모나 공적 따위가 두드러지게 나타나지 않는다. 물론 승리하는 데는 오산은 있을 수 없다. 왜냐하면 그는 이미 전쟁 전에 승리를 보고 있었고 처음부터 패자와 싸우고 있었기 때문이다."
"선전자는 애초부터 패배하지 않을 태세를 갖추고 적이 패배할 요소를 포착하는 데 실수를 하지 않는다. 요컨대 선전자는 승산이 확실한 뒤에 전쟁을 하고, 패배자는 덮어 놓고 전쟁을 시작한 뒤에 승리를 바란다."

손자병법을 여기서 들추는 까닭은 서울지하철 파업을 기동 삼은 '4월 총력 투쟁'이 마치 전쟁판을 떠올리게 했기 때문이다. 어쩌면 타협의 여지마저 쉽게 허용되지 않을 정도의 치열한 싸움판을 방불케 했다. 아직도 민주노총이 이끄는 총력 투쟁은 끝나지 않았고, 서울지하철 파업을 비롯하여 현재 진행되고 있는 투쟁을 평가하기는 이르다. 그러나 서울지하철 파업에 대한 중간 점검 정도는 필요하다고 여겨진다.

석치순 위원장의 고백

서울지하철노조가 지난 4월19일 전면 파업에 들어갔다가 8일 만인 26일 전격적으로 파업을 철회했다. 이에 따라 민주노총의 총력 투쟁도 궤도수정을 해야 하게 되었다. 파업 철회를 공식 선언한 뒤 가진 인터뷰에서 석치순 서울지하철노조 위원장은 파업을 중단한 이유를 이렇게 설명했다.

"파업이 장기화하면서 조합원들이 많이 지쳤다. 정부, 서울시와 협상 여지가 없는 것으로 판단했다. 또 각종 지하철 운행 중단에 대한 시민여론도 고려했다. 구조조정 문제와 고용안정 쟁취라는 노조원들에 대한 약속을 지키지 못해 가슴이 찢어지고 자괴감이 든다. 파업 철회에 대한 모든 책임은 전략 전술이 잘못됐든 주위의 여건이 불리했든 모두 나에게 있다."

또, "이번 파업으로 얻은 것보다 잃은 게 많지 않은가?"라는 질문에 대해 석 위원장은 "이번 파업의 득실을 굳이 따지자면 많은 걸 잃었는지도 모른다. 하지만 노조원들 간의 뜨거운 동지애와 반민중적인 정부의 태도에 대한 분노를 공유할 수 있었다."라고 말했다.[1] 그리고 『매일노동뉴스』와의 인터뷰에서는 석 위원장은 파업투쟁에 대한 평가를 이렇게 설명하기도 했다.

"가시적 성과를 따내지 못한 게 가장 큰 문제다. 정부가 '구조조정 철회'를 요구하는 노동자들에게 호락호락 넘어가지 않을 것이라는 건 처음부터 예견됐었고, 노동자들의 힘에 한계가 있었다고 본다. 결국 노동계 전체가 힘을 싣지 못했기 때문이다. 사실 노조 내부적으로 파업이 장기 국면으로 접어들고 다른 노조들의 동력이 붙어주지 않으면서 내부 현안으로 돌아가야 하는 게 아니냐는 문제 제기도 있었다. 하지만 우리 문제를 잘 풀기 위해서라도 전체 노동계 차원의 대정부 투쟁이 필요하다고 봤다. 이번 싸움은 엄밀히 말해 '무승부'고 지하철노조가 어쨌든 민주노총이 투쟁에 불씨를 당겨냈다는 점에서 노조로선 최선을 다했다고 본다."

석치순 위원장의 인터뷰에서 드러난 투쟁 평가는 명확한 체계를 갖추지는 않았지만, 상당한 무게와 많은 내용을 함축하고 있다. 이를 바탕

---

1. 『한겨레신문』, 1999년 4월 27일자

으로 서울지하철 파업투쟁의 성격은 어떤 것인지를 살펴보기로 한다.

총력 투쟁에 불 지핀 지하철 투쟁

먼저 서울지하철 투쟁에서 나온 요구들부터 보자. 거기에는 민주노총의 4대 요구가 바탕이 되고 있다. 일방적 구조조정 중단, 노동시간 단축을 통한 고용안정, 사회안전망 확충, 산업별 교섭체제 보장 등이 그것이다. 여기에다 공공부문에 대한 정부의 구조조정 방침 철회와 아울러 서울지하철노조의 독자적인 요구가 제기되었다. 2000년 12월 31일까지 1기와 2기 지하철 통합, 노사정 통합추진위 설치와 직무분석을 통한 주 40시간 근무에 따른 직제 정원 마련, 건설 부채 중앙정부 이관을 위한 공동노력, 일방적 구조조정 철회 및 부족 인력 충원, 연봉제 도입 철회, 민·형사상 책임면제 등이 그것이다.

이런 요구들은 노조의 처지에서는 절실한 것이면서도 정당한 것이다. 그런데도 그것은 정부의 신자유주의 정책과 기업의 경영합리화 방침과는 정면으로 모순되는 것이다. 그래서 애초부터 갈등과 대결의 요소는 피하기 어려운 형편이었다. 그런데 노조가 내건 이런 요구의 의미는 일반 국민에게는 뚜렷하게 부각되지 않은 채, 언론의 비판 대상이 되어 묻혀버리기까지 했다. 그래서 요구의 명확성과 정당성이 투쟁을 충실하게 뒷받침하지는 못했다.

다음으로, 투쟁을 둘러싼 정세는 어떠했던가? 〈국제통화기금(IMF)〉 관리체제 아래 경제·사회 상황은 정부가 추진하는 구조조정 정책에 대한 합리화의 명분을 제공했다. 이에 따라 여론 동향도 정부 쪽에 유리하도록 작용하기 쉬웠다. 또 파업 사태를 대하는 시민들의 반응도 뜨악하기만 했다. 노동세력의 역량도 이런 정세의 불리함을 극복할 수 있을 정도로 강대하지 못했다. 요컨대 정세 면에서 이전에 비해 훨씬 불리한 편이었다.

그리고 이번 지하철 파업이 전체 노동운동이 발전에 어떻게 기여하게 될 것인지도 평가되어야 할 것이다. 이것은 최소한 상반기 투쟁이 마무리되고 전체 노동운동의 발전과의 관련 속에서 이루어질 수밖에 없다.

투쟁의 새 지평을 열어야

서울지하철 파업투쟁은 정부 정책에 반대하는 정치투쟁의 성격을 지닌다. 그 투쟁은 민주노총이 주도하는 '총력 투쟁'의 선도역할을 했을 뿐만 아니라 이후 벌어질 투쟁의 진지가 될 수도 있을 터이다. 그런 점에서 지하철 투쟁의 의의는 총력 투쟁의 진전과 더불어 평가될 수밖에 없다. 그런데도 현재 시점에서 끊어 본다면, 지하철 투쟁은 패배로 규정될 수도 있을 것이다. 이는 이후의 투쟁 전개에 따라서는 얼마든지 승리로 평가될 수도 있을 것임은 물론이다.

그러나 억지를 부리지는 말자. 투쟁이 승리로 끝나든 패배로 끝나든 간에 성실한 자세를 취할 때만이 값진 교육을 획득할 수 있다. 노동운동이야말로 승리와 패배 속에서 합법칙성에 따라 발전하는 것이 아니던가? 어쩌면 노동운동이 치러야 할 큰 판의 투쟁은 지금부터인지도 모른다. 투쟁의 새 지평을 열 태세를 갖추어야 할 때다. 지하철 파업투쟁에서 교훈을 끌어내는 건 앞으로도 더욱 큰 투쟁에서 승리를 확보하기 위해서다. 어차피 노동자투쟁은 지구전을 각오하지 않을 수 없는 일이다.

출처 한국노동사회연구소(1999), 『노동사회』(제35호), 한국노동사회연구소.

역사의
굵은 목소리

"역사란 역사가와 사실 사이의 부단한 상호작용의 과정, 즉 현재와 과거의 끊임없는 대화이다." 에드워드 카(Edward Hallet Carr)의 『역사란 무엇인가』라는 책에 나오는 대목이다. 카는 "현재와 과거의 끊임없는 대화"를 풀어서 이렇게 설명한다.

"역사에서 교훈을 얻는다는 것은 결코 일방적인 과정일 수는 없다. 과거에 비추어 현재를 배우는 것은, 동시에 현재에 비추어 과거를 배우는 것이기도 하다. 역사의 기능은 과거와 현재의 상호작용을 통해 과거와 현재에 대한 좀 더 깊은 이해를 북돋아 주는 데 있다."

현재와 과거의 끊임없는 대화

노동운동이 고양이 아닌 정체상태에 놓이게 되면, 흔히 역사 속에서 전진의 길을 탐색하는 경우를 보게 된다. 지금이 그 경우인 것으로 생각된다. 지구촌화(globalization)의 공세가 마치 해일과도 같이 덮치고 신자유주의에 바탕을 둔 정책들이 흡사 마귀처럼 덤벼들 뿐만 아니라, 자본의 경영합리화 방책이 비수와도 같이 다가서는 판국이다. 이것은 분명 노동운동에 무척이나 버거운 도전이다. 이런 때일수록 "현재와 과거의 끊임없는 대화"가 절실하게 요구된다. 노동운동 역사가들의 말을 통해 역사의 굵은 목소리를 들어보기로 하자.

카를 마르크스(Karl Marx)는 『노동조합, 그 과거, 현재, 미래』에서 '과거'를 이렇게 설명했다.

"자본은 집적된 사회적인 힘인 데에 반해, 노동자가 처분할 수 있는 것은 자기 노동력뿐이다. 그래서 자본과 노동 사이의 계약을 결코 공정한 조건에 바탕을 두고 이루어질 수는 없는 것이다. 한쪽에는 물질적 생활수단과 노동수단의 소유가 존재하고 반대쪽에는 살아있는 생산적 에너지가 존재하는 한 사회의 처지에서 보더라도 공정하지 않다. 노동자들이 가진 유일한 사회적 힘은 그들의 인원수가 많다는 것이다. 그러나 인원수가 갖는 힘도 단결되지 않으면 실제로 발휘될 수 없다. 노동자들이 단결을 이룩하지 못하는 것은 노동자들이 서로 불가피하게 경쟁하지 않을 수 없기 때문이며, 또 그런 이유로 인해 그런 상태가 지속되는 것이다. 노조는 본래 그런 경쟁을 제거하거나 제한함으로써 자신들의 지위를 단순한 노예보다 나은 상태로 개선할 수 있는 계약조건을 확보하고자 하는 노동자들의 자연발생적 시도에서 생겨난 것이다."

"한편으로 노조는 자신이 깨닫지 못하고 있지만, 노동자계급을 조직하는 데서 중심이 되고 있다. 이는 마치 중세의 자치도시나 코뮌이 중간계급(부르주아지) 조직화의 중심이었던 것과 마찬가지이다. 노조는 자본과 노동 사이의 게릴라전을 위해 필요하다고 한다면, 임노동과 자본 지배제도 그 자체를 철폐하기 위해 조직된 기구라는 점에서 더한층 큰 의를 지닌다."

노조의 '현재'에 대해서는 다음과 같이 서술하고 있다.

"노조는 지금까지 자본에 대항하는 데서 국지적이고 당면한 투쟁에만 몰두해왔을 뿐, 임금노예제 그 자체에 반대하여 행동하는 자신들의 힘을 아직 충분히 인식하지 못하고 있다. 그래서 노조는 일반적인 사회운동이나 정치운동으로부터 멀리 유리되게 되었다. 그러나 최근 들어 노조는 자신들에게 맡겨진 위대한 역사적 사명을 자각해 가고 있는 것으로 보인다."

마르크스가 쓴 이 저작은 1866년에 나온 것으로 130년도 더 된 것이다. 그런데도 노조운동이 자본주의 제도의 철폐·개혁·개선 등을 위한 다양한 도전을 지속적으로 결행해 온 것은 결코 부정할 수 없다. 계급모순이 엄연히 존재하고 있기 때문이다. 오늘날 노동운동은 시대적 격변 속에서 무거운 도전에 대응해야 하고, 전략적 목표를 바로 설정해야 할 중대 과제를 안고 있다. 그야말로 노동운동이 '역사적 사명'을 자각해야 할 때다.

민중의 역사에 대한 이해

헨리 펠링(Henry Pelling)은 『영국 노동운동의 역사』에서 노동운동사 연구의 의의를 이렇게 설명했다.

"우리들의 참된 관심은 현재와 미래에 있거늘, 왜 과거를 검토해야 하는가? 좋든 나쁘든, 오늘의 영국 노동조합운동 구조는 그 역사적 발전을 통해서만 이해될 수 있다. 날카로운 어느 외국인이 2차대전이 끝날 무렵, 그것을 '상이한 시대와 양식의 건축물로 가득 찬 고대도시'에 비유했다. 그 얘기는 지금도 진실이다. 그 이유는 두 가지로 해석된다. 첫째, 영국 산업은 다른 나라들의 그것보다도 빨리 발전했다. 둘째, 영국은 다른 나라들이 경험한 혁명이나 군사 점령에 의한 사회변혁을 지난 2세기 동안 경험한 적이 없다."

"영국 노동조합의 역사를 연구하는 또 다른 이유가 있다. 그것은 보통 민중이 갖는 소망과 공포, 노력과 투쟁, 멋진 성공과 가슴 아픈 실패를 알 수 있게 하기 때문이다. 노동조합운동의 느리고도 대체로 고통스러웠던 과정을 살펴보면, 우리는 일반적인 여러 인간의 문제를 이해할 수 있다. 물론 어떤 다른 나라도 지금까지 영국의 그것처럼 발전하지 않을 것이다. 그러나 가장 위대한 고전적인 역사학자가 갈파했듯이, 지금의 인간성이 그대로 유지되는 한 유사한 생각은 언제나 다시 생길 수 있다. 그러므로 우리는 개인 경험으로부터 배우는 것과 꼭 같이 역사로부터도 배울 수 있는 것이다."

그렇다. 각국의 노동운동은 독자적인 특수성을 지닌다. 그러면서도 동시에 보편성을 지니고 있다. 그래서 우리는 다른 나라의 노동운동사나 세계노동운동사를 통해서 교훈을 얻게 되는 것이다. 그리고 노동운동사를 통해 우리는 민중의 삶과 인간의 문제를 숙고하게 된다.

시드니·비어트리스 웹(Sidney and Beatrice Webb) 부부는 『영국 노동조합운동사』에서 노동운동사 연구의 목적을 다음과 같이 설명했다.

"여기서 우리가 스스로 한정지은 전반적인 노동조합운동의 역사는 영국 정치사의 부분이라고 해도 좋을 것이다. 근대의 역사가들이 모름지기 정부의 활동들에 대한 역사는 더 적게, 피지배자의 행동양식과 풍습을 더 많이 기술한다고 주장하고 있음에도, 역사는 민중의 행동양식과 도덕성을 기술함으로써 스스로 구제하고 활력을 갖게 되었는지도 모른다. 그러나 적어도 역사이기 위해서는 연속적인 조직들의 도정을 추적하지 않으면 안 된다는 것은 부인할 수 없는 사실이다."

"완전한 민주국가의 역사는 정부의 역사임과 동시에 민중의 역사이다. 노동조합운동의 역사는 우리 국가 내부에 있는 또 하나의 국가의 역상이다. 그 국가는 매우 민주적이어서 그것을 정확하게 이해한다는 것은, 중산계급 역사에 대한 독자는 그렇지 못하겠지만 영국 노동자를 정확히 이해하는 것이 될 것이다."

웹 부부는 계급투쟁에 대한 마르크시즘의 개념을 인정하긴 했지만, 계급 갈등이 폭력에 의해서 혹은 자본가계급의 제거를 통해 해결된다고 보지는 않았다. 또 노조는 자본주의가 붕괴하고 사회주의가 자리 잡게 되면 사라지는 임시 조직이 아니라, 민주주의 국가에서 완성해야 할 항구적 기능 -사회적 억압으로부터 노동자 보호와 산업의 기생성으로부터 공동체 보호- 을 담당한다고 주장했다.

노동운동 발전의 자기 논리

윌리엄 포스터(William Zebulon Foster)는 그의 『세계노동운동사』에서 노동운동 발전의 일반법칙을 이렇게 설명했다.

"역사적으로 보면 노동조합은 수직적으로 증가했고 여러 나라로 확대되었으며, 새로운 정세와 임무에 적응하기 위해 새로운 기구·강령·전술·이데올로기를 발전시켜 왔다. 사회의 역사가 진보의 역사인 것과 마찬가지로 노동조합의 역사도 전체적으로 보면 진보의 역사였다. 그러나 노동조합운동은 역사적인 의미에서는 진화했지만 말 그대로 점진적으로 진화한 건 아니다. 노조의 성장을 나타내는 그래프는 완만한 곡선이 아니라 전반적으로 상승선을 그리면서도 부침의 연속이다. 노동조합운동은 점진적인 성장의 시기와 급격한 성장의 시기가 교차한다. 때로는 노동조합이 굼벵이 걸음처럼 느릿느릿 성장하며 후퇴하기조차 한다. 그러나 때로는 놀라운 속도로 발전하여 모든 분야에서 진보한다. 이처럼 급격한 발전의 시기와 완만한 발전의 시기가 교차하는 것은 노동조합운동 진보의 일반적 법칙이다. 이 사실은 모든 자본주의 국가에서 조직노동자의 역사가 뒷받침해 준다."

노동운동의 역사는 노동자계급의 투쟁이 자본의 축적과 노동자계급의 형성, 조직적 결집 조건의 발전을 바탕으로 하여 패배와 승리, 침체와 고양, 정체와 비약의 과정을 거치면서 발전한다는 사실을 드러내 보여준다. 포스터는 "노동자계급의 높은 자발성과 전투 정신이 주기적으로 발휘되는 것은 매우 중요하다."라면서 "이 전투성이 적절하게 훈련되고 조직되고 지도되지 않으면, 때로는 패배하여 이 전투성도 상실될 수 있다."라고 경고한다. 오늘의 노조운동이 귀담아들어야 할 대목이다.

조지 더글라스 하워드 콜(George Douglas Howard Cole)의 얘기도 빠트릴 수 없다. 콜은 『영국 노동운동사』에서 "노동자계급이 힘을 충분히 발휘할 수 있을 만큼 성장하면 미래를 내다보는 것과 함께 지난날을 되돌아 보고, 스스로의 역사적 경험에 비추어서 올바를 좌표를 세워나가는 것보다 중요한 일은 없다."라고 말한다.

역사가 던지는 물음

일반적으로 역사는 교훈을 제시하는 것으로 이해되고 있다. 그러나 실제로 역사는 우리들에게 무수한 물음을 던진다. 그런 물음에 매달리는 것이 역사에서 교훈을 얻기 위한 노력인지도 모른다. "현재와 과거의 끊임없는 대화"는 그런 과정을 의미하는 것이 아닐까?

오늘날 노동운동이 지향하는 목표와 이상은 어떻게 설정되어야 하는가? 그것은 노동운동이 추구하는 전략적 목표가 될 수 있고 미래가 될 수 있다. 또 그런 목표와 이상을 실현하기 위한 길과 방법은 무엇인가?

혁명인가 개혁인가 개량인가, 이것을 실로 사상의 문제일 수 있다. 그리고 사회발전이 주도 세력은 누구인가, 이것은 노동운동의 역사적 사명과 밀접히 관련되는 문제이다. 어디 그뿐이겠는가. 지구촌화와 신자유주의에 대한 대응에서 노동운동은 어떤 노선을 설정해야 하는가, 노동운동사에서 총파업은 어떤 의미를 갖는 것인가, 노동자계급 투쟁에서 국제적인 것과 민족적인 것과의 상관관계를 어떻게 규정해야 할 것인가, 노동자계급의 정치세력화는 어떤 방향에서 추진되어야 하는가 등이 오늘 우리 앞에 역사가 던지는 무게 실린 물음들이다.

지금은 역사의 굵은 목소리를 들으면서, 역사가 던지는 물음에 대한 답을 찾아 총총히 나서야 할 때이다.

출처 한국노동사회연구소(1999), 『노동사회』(제36호), 한국노동사회연구소.

노동운동의
개혁을 위하여

한국의 노동운동이 혼돈과 미망 속에서 헤매고 있다고 한다면 가혹한 표현일까? 아무튼 전략 목표도 뚜렷한 형태로 정립되어 있지 못하고, 당면 과제들에 대한 대응 방책도 확립되지 못하고 있는 사실은 부인하기 어렵다. 그래서 노동운동의 새 지평을 열어가기 위한 계기를 마련하지 않으면 안 될 절박한 시점이다. 정작 노동운동 전선에 몸담은 사람들이 그런 사실을 절감하고 있는지는 확인할 길이 없다.

거대 도전 앞에 서서

민주노총은 지난 8월 23일 대의원대회에 내놓은 「99년 하반기 사업계획」에서 하반기 정세를 개괄했다. 주요 대목을 간추리면 이렇다.

'김대중 정권의 국정 운영이 기본적으로 신자유주의 정책에 기반을 두고 있는 한 노동자 민중의 희생과 고통을 지속해서 요구할 수밖에 없어 노동자 민중을 포섭하는 일이 쉽지 않고, 재벌개혁이라는 국민적 여론을 등에 업고 초국적 자본이 요구하는 방향으로 국내 재벌을 압박함으로써 구체적 지점에서는 국내 재벌하고도 힘겨루기를 계속해야 하며, 복잡하게 얽혀 있는 이해집단을 통합할 정치력을 발휘하기에는 정치적 기반이 취약하여 시민사회단체로부터도 전폭적인 지지를 끌어내기가 쉽지 않을 것이다. 반면 민주노총을 중심으로 한 노동자·민중 진영의 투쟁은 하루도 쉴 날이 없는 실정이다. 투쟁 시기를 별도로 설정하는 일이 무색할 만큼 크고 작은 투쟁이 꼬리를 물고 이어지고 있다. 다만 이를 집중시켜 전체적으로 투쟁으로 만들고 있지 못한 게 문제가 되고 있다.'

이런 정세 진단은 공감을 넓게 확보할 정도로 명확해 보이지는 않지만, 정세의 주요 국면을 드러내고는 있다.

노동운동을 둘러싼 정세는 어느 면에 비춰서도 실로 만만치가 않다. 노동운동에 다가선 도전이 엄중하게 보이기 때문이다. 그렇다. 어쩌면 노동운동이 일찍이 경험하지 못했던 그런 엄청난 도전일지도 모른다. 세계화 또는 지구촌화는 노동운동으로서는 감당하기조차 어려운 해일(海溢)처럼 공세를 취하고 있다. 한국 사회가 세계 자본주의의 거대한 소용돌이 속에 편입되어 마구 휘둘리는 형국이다. 실상 한 나라 노동운동으로 대처하기에는 무척 힘겨워 보인다. 국경을 뛰어넘은 초국적 자본은 그 옛날의 알렉산더 대왕이나 칭기즈 칸처럼 시장과 자원을 찾아 세계를 배회한다. 인류는 세계 자본주의의 백성과도 같은 처지에 놓여 있다. 그런 점에서 세계화는 본질에서 '자본의 세계화'이면서 '빈곤의 세계화'와 '불평등의 세계화'라는 성격을 노골적으로 드러낸다. 노동운동의 국제연대가 다양한 형태로 모색되고는 있으나, 자본의 세계화가 취하는 공세에 맞서기에는 그 대응력이 턱없이 취약한 편이다. 안타까운 일이나 엄연한 현실이다. 우리의 처지도 예외일 수는 없다.

정권이 시행하는 신자유주의 정책은 또 어떤가? 노동운동으로서는 마치 독약처럼 무서운 존재다. 하기야 독약도 약이 될 수도 있을 터나, 현재 여건으로는 약으로 활용할 자율적 선택의 여지가 보이지 않는다. 시장경제 논리를 앞세운 자본에 대한 규제 완화 또는 철폐, 공기업 민영화, 노동시장 유연화, 대외 개방화 등은 노조운동으로서는 대응하기 힘든 공격이 아닐 수 없다. 그런 사실은 1998년 이후 노동자들이 온몸으로 경험해 온 일이다.

또 있다. 자본의 경영전략이다. 노동자와 노조에 대한 통제와 지배의 강화를 목표로 한 '경영합리화'는 자본의 본래 속성이다. 기업경영을 둘러싼 여건이 급변하는 가운데 자본 측은 세계화와 신자유주의를 등에 업고 물불을 가리지 않고 경영합리화 전략을 추진한다. 그것이 때로는 노조에게 날카로운 비수처럼 다가온다. 인원 축소와 비정규직이 확대 등을 통한 노동력의 탄력적 활용, 성과와 능률 중심의 임금체계 개편, 현장 통제 강화, 기업문화의 보급 확대 등이 그 방편이 되고 있다.

이처럼 올 하반기 정세도 노동운동에 결코 유리하게 전개될 것 같지는 않다. 정치적으로 총선을 앞둔 시점에서 지배세력 내부의 갈등과 충돌이 확대됨으로써 정치적 유동성이 높아질 수 있고, 경제적으로는 경기회복이 두드러지게 나타날 뿐만 아니라 노조운동도 대응력을 키워가고는 있으나, 노동운동 발전을 제약하는 거대 도전들은 오히려 구조화되거나 강화될 수 있는 현실이다. 이렇게 본다면, 노동운동으로서는 물러설 여지라고는 없어 보인다. 노동운동의 하반기 과제는 그래서 막중하다 할 것이다.

물음을 다듬자

도전이 거대하고 과제가 막중하면, 자칫 노동운동의 나아갈 길이 막막해질 수 있다. 굳이 숨길 필요도 없다. 이럴 때 필요한 것이 물음을 다듬어 떠올리는 일이다. 진지한 물음은 해답을 얻기 위한 필수적 요건이기 때문이다. 또 상황이 어려울 때일수록 성실한 고민과 광범한 토의, 그리고 집중된 학습활동이 전개되지 않으면 안 된다. 그래야만 근거 없는, 그야말로 맹목적인 낙관주의의 허상을 깰 수 있다.

지금은 세상의 변화가 급격하여, 그 변화를 읽어내기조차 여간 어려운 일이 아니다. 노동운동을 둘러싼 상황과 조건은 변화하고 있는데도 활동 방식이나 운영 내용이 낡은 틀에 고정되어 있다면, 그것은 바로 낙후이고 퇴보이며 패잔(敗殘)의 지경으로 떨어질 수밖에 없다. 노동운동의 장구한 역사에서 축적된 원칙을 바탕으로 실천을 통해 얻은 경험들이 존중되는 가운데, 치밀한 상황 진단과 대중토의를 통해 창의적인 사고와 새로운 행동 방식을 이끌어야 한다.

무릇 노동운동이 위기 국면에 놓이게 되면 흔히 타협주의와 경제주의가 합리화되기도 하고, 반대로 모험주의와 맹동주의가 한껏 목소리를 높이기도 한다. 그런 가운데 분파주의가 내부 혼란을 부추기는 것이 일반적인 현상이다. 어떻게 극복할 것인가? 전국중앙조직 차원에서 총노선이 설정되고, 그것에 바탕을 둔 운동 기조가 분파주의 극복을 위한 행동 기준이 되어야 하겠지만, 이 과정에서 각급 조직 차원에서 대중토론을 통해 조직 구성원의 견해와 주장을 집약해 나가는 것이 빼놓을 수 없는 요건이다.

특히 현장 토론을 통한 민주집중의 원칙이 관철되어야 한다. 그뿐 아니라 황량한 겨울 대지와도 같이 메말라 보이는 노동운동 풍토를 사람에 대한 사랑을 확인하는 생명력 넘치는 '운동판'으로 바꾸어내는 일 역시 더할 데 없이 중요하다.

노동운동이 권위를 확립해야

지금 노동운동의 권위는 과연 살아있는가? 장담할 수 있는 일은 아닌 듯하다. 조직역량, 투쟁역량, 정치역량, 자주적 규율, 총노선 등 여러 요건이 노동운동의 권위를 규정한다. 자본주의 사회에서 노동운동은 어떤 형태로든 체제 개혁을 요구하게 되고, 지배세력과 모순과 갈등을 빚게 됨으로써 노동운동에 대한 그릇된 편견과 왜곡된 인식은 늘 있기 마련이다. 이런 이유로 노동운동은 독자적인 권세와 위력을 확고히 해야 한다.

권위는 낮은 차원에서 볼 때, 체통과 품위로 나타날 수 있다. 현재 노동운동의 사회적 위상은 때로는 시민·사회단체들보다도 낮게 평가되고 있다. 노동운동이 '싸움꾼'으로 치부되기도 한다. 사회세력으로서 당당한 위상을 확립하고 큰 영향력을 행사할 수 있어야만, 노동운동이 본래의 권위를 확보할 수 있게 될 것이다. 지금은 노동운동이 무엇보다 권위를 회복하는 일에 힘을 쏟을 때이다.

여기서 먼저 요구되는 것이 조직이 확대 강화이고, 특히 조직의 운영과 조직형태의 개혁이 시급하다. 노조운동은 미조직 노동자, 특히 비정규직 노동자 조직화를 중심 사업으로 설정하고 있으나, 구체적인 실천 방침은 내놓지 못하고 있다. 조직형태의 개혁이 이루어지지 않을 경우, 조직 확대도 사실상 불가능할 수밖에 없다.

조직형태의 개혁은 산업별노조 체제로의 전환을 말한다. 산별노조 운동 추진은 조직에 따라 속도를 달리할 수는 있지만, 계획이나 논의에서부터 조직 결의, 기구 구성, 필요한 사업 추진, 조직개편에 이르기까지 안팎의 조건과 여건을 고려하면서 시급히 착수해야 한다. 조직형태의 개혁은 더 이상 미룰 수 있는 과제가 아니다.

산별노조 확립 이전에도 노조조직 운영은 전면 개혁되지 않으면 안 된다. 노조의 체계적이고 합리적인 운영을 위한 조직 결정과 실천이 이루어져야 한다. 전국중앙조직과 산별단위 조직, 지역조직, 기업단위 노조와 지부, 현장조직 등 각급 조직의 기능 설정과 체계 확립이 개혁의 주요 과제가 될 것이다. 또한 조직 운영에서 업무 집행을 비롯해 회의, 재정, 일상활동 따위에서 합리화가 추진되어야 한다. 전국조직이 대의원대회가 매번 늦게 시작되는 따위의 잘못된 관행이 그대로 계속된다면, 조직의 권위가 바로 세워질 수 없다. 그리고 조직 운영의 개혁에서 과제로 제기될 수 있는 것이 민주집중제의 활성화, 현장활동의 기본 방침 설정과 실천, 조직민주주의의 철저한 실현 등이 될 것이다.

'싸움꾼'으로는 안 된다.

민주노총이 제15차 대의원대회에서 정한 '99년 하반기 투쟁 방향과 목표'의 주요 내용은 이렇다. ① 노동시간 단축: 1999년 정기국회에서 주 40시간 법제화 관철 ② 노동악법·국가보안법 철폐: 99년 정기국회에서 관철 ③ 사회보장제도 개혁 투쟁 ④ 신자유주의 정책 저지와 불법·부당 노동행위 완전 척결 ⑤ 재벌개혁 및 정치 개혁과 노동자 정치세력화 등이 그것이다. 참고로 지난 99년 정기 대의원대회에서 정한 사업 방향과 목표는 ① 고용·임금안정 확보 ② 사회개혁 ③ 산별노조 건설 및 조직의 확대·강화 ④ 노동자 정치세력화와 민중연대 전선의 강화 등이었다.

물론 이러한 당면 투쟁 목표도 중요하지만, 노동운동의 전략 목표를 확고히 세우는 일이 더욱 시급하다. 민주노총은 지난해 초 어느 문건에서 전략 목표를 "한국 자본주의의 근본적 개혁"에 두고 "경제민주주의의 실현"을 추구할 것이라고 표명한 적이 있었다. 한국 자본주의의 모순구조나 위기의 본질에 비추어 민주노총의 전략 목표 설정은 정확하다고 판단된다.

여기서 말하는 경제민주주의는 노동자와 민중의 이해에 배치되는 국내외 독점자본과 국가권력이 자본축적 구조 및 권력 행사를 민주적으로 규제하고, 국민의 이익을 옹호하는 방향으로 이끄는 것을 의미한다. 그런 점에서 경제민주주의의 목표는 정치적 민주주의의 실현과 함께 자본주의 체제의 근본적 개혁을 지향한다. 그것은 대외종속적이고 대외지향적인 축적 구조를 개혁적이고 자립적인 축적 구조로 전환하는 것을 의미하는 것이기도 하다.

한편, 현시기에 제기되는 경제민주주의 과제는 경제정책의 민주적 개혁, 재벌해체와 독점자본에 대한 규제 강화, 국영기업과 공기업 및 국민기업 확대, 경제적 평등 실현, 정책과 제도 개혁, 노동자와 민중의 정책 결정에 대한 실질적 참여 확대, 국민의 자유와 기본권리 보장 등이 될 것이다.

한편으로, 1999년 하반기 주요 투쟁 과제로서는 ① 고용·노동조건 보장 ② 노동자의 기본권리(노동권, 생존권, 노동3권, 불법·부당노동행위 근절) 확보 ③ 사회개혁(정책과 제도의 개혁) ④ 정치 개혁과 경제민주화 등이 제기되어 있는 것으로 판단된다.

정치세력화의 수레바퀴를 멈추지 말아야

지난 8월 29일 〈진보정당 추진위원회〉는 창당 발기인대회를 열고 〈(가칭)민주노동당 창당준비위원회〉를 출범시켰다. 발기 취지문의 앞 대목은 이렇다. "우리는 외세의 침략과 지배, 분단, 군사독재, 독점재벌의 지배에 맞서 자주적이고 민주적인 통일국가 수립과 민중이 주인되는 사회 건설을 위해, 민중들이 영웅적으로 건설해온 투쟁의 성과를 계승하여 진보정당 창당에 본격적으로 돌입함을 선언한다."

이제 노동운동 진영은 장구한 세월에 걸쳐 정치세력화 운동의 단절과 실패의 역사를 딛고 또다시 새로운 출발을 하게 되었다. 1987년 노동항쟁 이래 크게 성장한 노동운동과 민족민주운동 진영이 조직적 결정을 통해 정치세력화 토대를 쌓아가고 있는 건 분명 새로운 지평을 개척하는 의의를 갖는다.

노동자 정치세력화의 추진 주체는 두말할 필요도 없이 노동자계급과 노조, 그리고 노동운동 조직이 될 수밖에 없다. 그렇다고 해서 노동자 정치세력화가 노동자계급만의 배타적 방식으로 추진될 수는 없다. 노동자계급을 주축으로 하고 민중세력과 민족민주운동 진영을 주도 세력으로 하여, 각계각층의 광범한 참여와 지지를 바탕으로 주체역량을 구축해 나가야 할 것이다.

그리고 노동자 정치세력화의 토대인 정당의 성격은 노동자 주축의 정당, 사회개혁적 진보정당, 대중투쟁을 적극 지원하는 정당이 되어야 한다. 또한 이 정당은 합법 정당이고, 선거에 참여하는 정당이고, 국민의 지지를 획득하기 위해 다양한 사업과 활동을 벌이는 정당이어야 한다. 이 정당은 다른 민중운동과 사회운동, 민족민주운동, 시민운동, 여타 동조 세력과 연대를 적극 추진하는 정당이어야 한다.

다음으로 노동자 정치세력화에서 추구할 전략적 목표는 어떻게 설정되어야 할 것인가? 전략 목표는 한국 사회의 모순구조와 노동운동이 추구하는 노선 등에 의해 결정될 수밖에 없다. 그 목표는 한국 사회의 전면적 또는 근본적 개혁일 것으로 생각된다.

그렇다면 노동자계급 정치세력화를 위한 현 단계 과제는 무엇인가? 우선 노동자 정치세력화의 장기적 목표와 정치운동의 방침, 그리고 단계적 실천 계획을 확립해야 하고, 노동자들이 벌이는 대중투쟁과 사회운동의 발전을 추진해야 하며, 다른 민중운동과 진보적 정치세력 그리고 다양한 시민운동과의 정치적 동맹이나 연대를 강화하는 일이 중요하다. 지배세력과 보수 정치세력, 그리고 자본진영의 공세에 대한 효과적 대응이 필요하고, 노동자들을 위한 정치교육과 선전활동을 광범하게 추진해야 하며, 특히 지역조직의 기능 강화와 지원 차원의 사업을 집중적으로 벌여나가야만 한다.

노동운동 미래를 위한 발전위원회를 설치하자

마지막으로 21세기를 바로 눈앞에 둔 시점에서 노동운동의 미래를 열기 위한 과학적인 이념과 노선의 정립도 동시에 추구되어야 한다. 노동운동의 총노선을 설정하기 위해서는 〈남아프리카노동조합회의(COSATU)〉가 '셉템버위원회'를 설치하여 조사연구, 면담, 포럼을 통한 토론과 제안, 브레인스토밍과 분석, 그리고 현장 토론을 거쳐 노동운동 발전을 위한 비전과 목표 그리고 전략을 이끈 경험을 참고할 필요가 있다. 셉템버위원회 활동은 그 자체만으로도 우리에게 매우 중요한 시사점을 던져준다. 이런 점에서 민주노총 제3기 지도부 단일 후보인 단병호·이수호 팀이 내놓은 '노동운동발전전략위원회 설치' 구상이 주목된다.

새로운 밀레니엄을 눈앞에 두고 있는 지금 진퇴의 기로에 서 있는 것은 노동운동만이 아니다. 한국 사회 역시 민주주의와 인간화를 향해 전진할 것인가, 아니면 인간이 아닌 자본이 판치는 '시장의 정글'로 퇴보할 것인가 갈림길에 서 있다. 이런 점에서 노동운동이 자기 발전을 위한 새 지평을 열기 위해 노력하는 건 노동운동의 미래를 위해서뿐 아니라 한국 사회의 발전을 밀고 나갈 추진 주체의 성장이라는 의미에서 큰 의의가 있다. 노동운동 진영의 뜻있는 이들이 분명한 푯대를 세우고 분발할 때이다.

Ⅳ. 노동운동의 자기 개혁

"노동운동의 미래를 위한 큰 틀의 기구를 설치할 필요가 있다. 노동운동 지도자와 연구자, 그리고 전문가로 구성되는 이 기구는 조사연구, 토론, 면담을 조직하는 한편, 최소한 단위노조 대의원을 포함한 현장활동가들의 현장 토의를 거쳐 노동운동의 전략 목표나 운동노선, 그리고 기조를 창출해야 한다. 그래야만 노조 안팎의 소모적인 노선 투쟁을 극복하고 노동운동의 미래상을 확고히 내세울 수 있게 될 것이다."

"노동운동 리더와 간부는 모름지기 대중들의 가슴을 이어주는 연결고리 구실을 해야 하는 것이다. 메마른 풍토를 바꿀 수 있는 것은 사람에 대한 사랑이다. 노동운동의 경우, 그것은 동료애이고 동지애일 터이다. 동료애는 서로에 관한 관심과 현장조직을 통한 일상적인 만남과 토의, 그리고 노동운동에 대한 참여와 조직 사이의 깊은 연대를 통해 넓어지고 깊어진다. 그런 점에서 노동운동 리더는 인간주의자가 되어야 할 것이다."

출처 한국노동사회연구소(2000), 『노동사회』(제40호), 한국노동사회연구소.

파괴의 세기,
인간의 세기

1900년대를 떠나보내고, 2000년대를 맞았다. 한쪽에서는 변함없는 시간의 흐름에 지나친 의미를 싣는 것이 못마땅하다는 견해를 던지는가 하면, 다른 한쪽에서는 새로운 천년이나 새로운 세기가 갖는 그 변화의 실상을 중시해야 한다는 주장을 편다. 아무튼 새천년이나 새 세기의 도래를 두고 감당하기 어려울 만큼의 큰 전환으로 인식하는 것도 문제이려니와 새천년이나 새 세기가 몰고 올 급격한 변화를 애써 외면하려 해서도 안 될 일이다. 진부한 얘기가 될지는 몰라도 변화의 실상을 정확히 파악하고 대응을 위한 길을 바로 찾는 것이 언제나 피할 수 없는 과제라 할 것이다.

희망을 낳고도 이상을 깨뜨린 파괴의 세기

2000년을 맞으며 영국의 음악가 예후디 메뉴인(Yehudi Menuhin)이 한 말이 불현듯 떠오른다. "20세기는 인류가 품어온 희망 가운데 가장 큰 희망을 낳고는 모든 환상과 이상을 파괴해 버렸다." 20세기를 파괴의 시대로 규정한다. 많은 사람이 이런 주장에 동조하고 있는 듯하다.

20세기가 도래하기 직전, 그러니까 19세기 말에는 끝없는 낙관주의가 흘러넘쳤다고 한다. 20세기에는 민주주의가 완전한 형태로 실현되고, 과학과 발전의 실질적인 진보가 진행되며, 평화가 마냥 지속될 것이라는 인식이 넓은 공감을 얻었다는 것이다. 말하자면 인류가 미래를 정복할 수 있다고 많은 사람이 믿었다는 얘기다.

지나온 20세기를 돌아볼 때 역사의 현실은 어떠했던가? 이 세기는 인류의 오랜 역사에서 가장 파괴적인 시기였음은 누구도 부인할 수 없다. 인류는 이전에 결코 경험하지 못했던 두 차례에 걸친 세계대전을 치렀다. 세계가 다 함께 경험한 대재앙이었다. 그것은 분명 '파국의 시대'를 만들어냈다. 그리고 세계대전의 밑바닥 깊숙이 깔린 뇌관은 다름 아닌 자본의 치열한 쟁투였다. 또 하나 파괴의 세기를 장식한 것은 사람들을 전율로 빠뜨린 파시스트들의 대량 학살이었다. 그것은 인류에 대한 씻을 수 없는 죄악이었다. 이런 사실을 두고 프랑스 생태학자 르네 뒤몽(Rene Dumont)은 "그것은 학살과 전쟁의 세기로밖에 보이지 않는다."라고 표현했다.

세계대전과 파시즘의 광기가 활개를 치는 가운데, 다른 한편에서는 사회주의 혁명이 화산과도 같은 불길을 터뜨려 자본주의 체제의 밑둥치를 뒤흔들었다. 그런 점에서 20세기는 '혁명의 세기'라고도 말할 수 있다. 그러나 사회주의 혁명의 그 뜨거웠던 기세는 20세기가 다 가기 전에 기반의 균열을 보였다. 한편으로 20세기는 전례 없는 경제적·과학적·기술적 성장의 세기였다. 세기말에 들어서는 지구촌화와 신자유주의의 거대한 흐름이 지배와 종속, 빈곤과 불평등을 확대·심화하고 있다. 무척이나 불길한 예고로 보인다.

이 같은 세기적 변화는 '자본의 시대'를 직접 반영한다. 반면에 20세기가 이런 자본 운동에 대응하는 '노동운동의 세기'라는 데에도 큰 이의를 던지지 않는다. 말하자면 자본의 이윤 증식을 위한 끝없는 탐욕, 자본 운동의 팽창이 빚어낸 유례없는 세계대전, 파시즘이 저지른 잔혹한 학살행위, 제국주의가 수행한 저주스러운 식민 통치 등에 대한 노동자계급의 줄기찬 저항과 도전이 그런 사실을 반증한다.

끝나지 않은 억압과 저항의 역사

20세기 한반도 역사는 억압과 저항으로 점철했다. 이 땅에서 전개된 20세기는 일제 강점에서 출발했다. 근 40년에 걸친 식민지 통치 시기는 민족사의 정상적 발전을 가로막은 '파국의 시대'였다. 이 시기에 전개된 저항의 큰 흐름은 민족해방투쟁이었다.

일제 패망의 2차대전 종료 이후, 한반도는 외세의 힘으로 인해 남북으로 분단된 채 미군정이 곧이어 들어서게 되었다. 이 시기 노동자들의 총파업과 민중항쟁은 생존권의 확보를 위한 절박한 요구를 반영하는 것이었으면서도, 한편으로는 민족의 자주와 통일, 그리고 민주주의 실현을 목표로 하고 있었다. 1948년 대한민국 정부가 수립되고, 이승만 정권이 출범한 뒤 이태 뒤인 1950년 한국전쟁이 일어났다. 전쟁은 이 시대를 산 민족에게 엄청난 비극을 연출했고, 전쟁 이후 진행된 광포한 정치적 탄압과 반공·분단체제의 공고화를 가져온 직접적 계기로 작용했다.

이승만 독재 권력은 1960년 3, 4월 민주항쟁으로 무너지고, 민족 민주 운동이 거대한 강물처럼 큰 흐름을 이루면서 힘찬 전진의 모습을 보였다. 외세와 군부는 쿠데타로 이에 맞섰다. 결국 반동의 시대가 한 세대에 걸쳐 기승을 부리게 되었다. 군사파쇼는 민주주의를 짓밟고 반공을 앞세워 민족분단의 고착화를 불렀을 뿐만 아니라 종속과 독점의 경제구조를 구축했다. 더욱이 1980년 전두환을 중심으로 한 신군부는 광주민중항쟁을 총칼로 누르고 등장했다. '반역의 시대'가 펼쳐진 것이다.

1987년 6월의 민중항쟁과 7~9월의 노동항쟁은 군사파쇼의 기반을 허물어뜨리고 반역의 시대를 마감하게 한 계기가 되었다. 1990년대 10년 동안에도 역사의 전진을 가로막으려는 수구적 지배세력과 진보와 변혁을 추구하는 노동·민중세력 사이에 벌어진 갈등과 대결, 모순과 충돌이 지속되었다.

침체와 고양을 겪은 '노동운동의 세기'

지난해 9월 14일부터 18일까지 오스트리아 린츠(Linz)에서 열린 '제35차 국제노동사학자대회'에서 발표한 논문에서, 에릭 홉스봄(Eric Hobsbawm)은 20세기를 '노동운동의 세기'로 규정했다. 노동운동이 자본주의와 국가와의 '공존'을 토대로 삼아 비약적으로 발전한 사실을 근거로 내세우고 있다. 홉스봄은 "강압과 테러로 방해받지 않는 한, 노동자계급이 존재하는 모든 사회에서 노동운동이 발전하다."라며 노동운동을 자본주의 체제의 필연적이며 실질적으로 불가피한 사회 현상으로 규정했다.

그는 1900년 '제2차 인터내셔널 대회' 이후, 국가와 자본주의를 상대로 한 혁명적 투쟁을 청산한 노동운동이 사회 민주화를 비롯하여 노동환경 개선, 노동자 생활 수준 향상, 사회복지제도 확충 등을 이룩한 성과를 중시한다. 그러면서도 그는 "마르크스와 엥겔스가 이미 『공산당선언』에서 계급으로서 노동자조직은 전국적 정당으로 표현될 수밖에 없다는 점을 확증한 바 있는데, 이는 두 사람의 중대한 공헌이라고 할 수 있다."라면서, 두 사람의 깨달음은 노동운동만이 아니라 근대적 정치구조 발전에도 엄청난 역사적 파급효과를 갖는다고 했다.

홉스봄은 "제2차 인터내셔널은 제3세계에서는 존재하지 않았다."라고 주장하고, 수정주의나 사회민주주의 노선의 토대가 없었다고 설명한다. 그는 또 "1970년대 이후에는 최소한 두 곳에서 100년 전 유럽 노동운동에 비견할 만한 대중적 노동운동이 성장한다. 브라질의 노동자당과 한국의 대중적 노동조합운동이 그것이다."라면서, "제3세계 노동운동이 배후에 어떤 이데올로기를 가지고 있었던지 간에 이들은 대부분 20세기의 평화로운 민주정치보다 정변과 혁명, 거리 투쟁과 무장이 익숙했던 나라들에서 일어났다."라고 지적했다.

한국에서 진행된 노동운동의 역사는 어떠했던가?

한국 노조운동은 1898년 〈성진본정부두노동조합〉 설립에서 출발해 100여 년을 거쳤고, 1920년 〈조선노동공제회〉의 결성을 근대적 노동운동의 시작으로 본다면 80년의 역사를 지닌다. 노동운동은 일제 식민지 통치에서부터 미 군정, 한국전쟁과 자유당 독재정권, 1960년 3월, 4월 민주항쟁, 박정희 군사정권, 1979년 유신 몰락, 전두환·노태우 파쇼정권, 민주화 이행기를 거치면서 전개되었다.

이 과정에서 노동운동은 노동자계급의 자유와 권리 확보와 경제적·사회적·정치적 지위 향상을 위해서뿐만 아니라, 민족해방과 민주주의 실현, 민족자주의 확립과 민족통일, 사회정의와 민중의 생존권·기본권 쟁취를 위한 투쟁을 줄기차게 벌여왔다. 침체와 고양, 승리와 패배, 정체와 비약을 겪어야만 했다. 이 땅의 역사에서도 '노동운동의 세기'는 어김없이 진행되었다.

새천년을 맞으며

"지금 우리는 어디로 가고 있는지를 모른다. 우리는 역사가 우리를 이 지점까지 몰고 왔으며, 왜 그러했는지를 알고 있을 뿐이다. 그러나 한가지는 분명하다. 인류가 인정할 수 있는 미래를 가지려 한다면, 그것은 과거나 현재를 연장함으로써 이루어질 수는 없다. 그러한 기반 위에서 세 번째 천년기를 건설하고자 한다면 우리는 실패할 것이다. 그리고 그 실패의 대가는, 즉 사회를 변화시키지 않을 경우의 결과는 암흑뿐이다." 에릭 홉스봄의 『극단의 시대: 20세기』의 역사 마지막 구절이다.

인류는 새천년, 새백년, 새해를 맞는다. 이런 시점에서 환호의 목소리는 요란한 듯하나 도무지 실제의 무게를 느낄 수는 없다. 오히려 미래에 대한 불확실성과 우려만이 감돌 뿐이다. 변화와 발전의 속도가 예상보다 훨씬 빨라 방향 감각마저 잃을 지경이다. 어쩌면 낡은 가정들은 대부분 사멸한 상태에서 새로운 가정들이 아직 제대로 형태를 갖추지 못했는지도 모른다. 낡은 가정들의 죽음은 가치체계의 위기를 의미한다. 그런 점에서 오늘날처럼 삶의 궁극적인 목적에 관해 '왜?'라는 의문을 제기한 적도 없었을 것이다. 분명 갖가지 혼돈 속에서 새로운 세기를 맞게 된 것이다.

미래를 전망하기 위해서는 과거와 현재를 냉철하게 숙고해야 한다는 말은 옳다. 독일에서 연구 활동을 하는 송두율 교수는 그의 『21세기와의 대화』에서 이렇게 주장한다. "미래를 전망하는 문제가 어려우면 어려울수록 불안도 커지게 마련이고, 이에 따라 우리는 관습적 사고에 더욱 매달리게 된다. 이것이 바로 교조주의적 사고와 행동양식이다. '참선하는 이가 화두를 의심하지 않으면 큰 병이 된다(參禪者 不疑言句 是爲大病).'라는 불가의 말처럼, 미래의 전망이 어려우면 어려울수록 지금까지 풀었던 사고와 보냈던 행동에 대해서 더 큰 의심을 해보아야 한다."

21세기 예측에서 떠오르는 불확실성과 혼돈 그리고 우려는 따지고 보면 지배계급·지배세력·지배블록이 세계정세와 상황을 주도한다는 가정에서 비롯된 것들이다. 현재로서 이 가정은 정당하다. 지구촌화의 폭넓은 진행, 신자유주의의 팽창, 민주주의 질서의 왜곡, 급속한 기술혁신, 통합 가속화 추세의 지역화, 빈곤의 증대와 빈부격차의 심화, 대량실업 상존의 노동시장 구조 등을 둘러싼 전망이 그렇다.

지배하는 쪽이 추구할 이런 가정들에 대응해 피지배 쪽이 지향할 목표는 다를 수밖에 없다. 모든 사람이 인간답게 일하면서 안온한 생활을 누리는 것, 보편적인 가치가 존중되는 사회에서 인간의 존엄성을 지키는 것, 경제발전을 지속하고 민주주의적 자유와 권리가 보장되는 사회를 실현하는 것, 지구적 차원에 걸쳐 환경을 보호하는 것, 국가 간, 지역 간의 격차를 줄이고 균형을 유지하는 것, 산업정책이나 기업경영에서 경제민주주의와 노동의 인간화를 실현하는 것, 사회적 불평등과 빈곤을 해소하는 것, 사회정의와 도덕적 가치를 바로 세우는 것, 평화를 유지하고 국내외의 갈등을 해결하는 것 등이 바로 그것이다. 이런 지향 목표는 인류의 보편적인 소망일 수 있고, 그 소망의 줄기찬 추구가 곧 미래의 희망일 수 있을 터이다.

이렇게 본다면, 21세기는 지배계급·지배세력·지배블록이 빚어내는 역사의 진보에 대한 반동과 피지배계급·피지배세력·피지배블록이 추구하는 변혁 사이의 격심한 갈등과 충돌이 전개될 것으로 전망된다.

불확실성 속의 노동운동 전망

"노동의 생애는 불확실성으로 가득 차 있다. 물론 우리는 이러한 상황을 두고, 뭐 특별히 새로울 것도 없으며 옛날부터 노동의 생애는 늘 불확실성으로 가득했다고 말할 수도 있다. 그렇지만 현재의 불확실성은 아주 새로운 것이다. 여기에는 한 사람의 생계와 미래의 전망이 쑥밭으로 만들 수 있는 끔찍한 재앙이 담겨 있다. 이 재앙은 세력을 모으거나 연합해서 저항하거나, 또는 함께 토론하고 의견을 모으고 수단을 강구해서 막아볼 수 있다든지, 최소한 저항하고 어떻게든 바꿔볼 수 있는 그런 재앙이 아니다. 가장 두려운 재앙은 아주 기이한 논리를 내세우거나 아니면 아예 논리도 없이 닥치는 대로 그 희생자들을 때리고 발길질하며 제멋대로 이들에게 주먹을 휘두르는 것이다. 그래서 누가 불행한 운명에 빠지고 또 누가 구원받을 것인지 예견할 도리가 없다. 오늘날의 불확실성은 극심하게 개별화하는 힘이다."

제35차 국제노동사학자대회에서 발표한 지그문트 바우만(Zygmunt Bauman)의 『노동의 대두와 몰락』에 나오는 글 대목이다.

21세기를 맞을 노동운동이 갖가지 중대 도전에 맞닥뜨리게 되리라는 것은 분명하다. 노동운동을 둘러싼 상황과 정세의 급격한 변화 그 자체가 하나의 큰 도전으로 작용할 수 있다. 또 자본과 국가권력의 새로운 통제와 지배 형태가 엄청난 도전이 될 수 있다. 그리고 노동자계급의 요구 확대나 요구의 다양화가 역시 노동운동으로서는 중대 도전으로 받아들일 수밖에 없다.

이런 도전들 말고도 노동운동 앞에 다가설 최대의 도전은 극심한 '개별화'를 극복함과 동시에 노동자계급의 잠재적 성장 역량을 구체적인 운동의 발전 역량으로 발현시키는 일이 될 것이다.

에릭 홉스봄은 노동운동의 발전을 낙관적으로 전망한다. 그는 『노동운동의 세기』라는 글에서 이렇게 밝힌다. "우리는 오늘날 노동운동사의 새로운 단계에 와 있다. 노동운동은 아직 존재한다. 브라질과 한국의 예가 보여주듯이, 신흥 산업국가에서 노동운동은 아직 성장기에 있다. 그곳에서 아직 산업노동자층이 축소되었다고 이야기할 수 없다. 구(舊) 산업 세계의 부유한 국가들에서도 노동운동은 지속될 것이다." 그는 그 근거로서 첫째, 마르크스가 예언했듯이 최소한 피고용자로서 이해관계가 고용주와 본질적으로 다른 임금·봉급 소득자가 다수 존재하고 있고, 둘째 계급으로 불리든 아니든 간에 사회계층, 즉 상반되는 이해관계를 가진 사회집단들이 존재하고 있으며, 셋째 국가가 소멸하지 않았기 때문이라는 점을 제시한다.

노동운동의 새 지평을 열기 위해

한국 노동운동도 새로운 세기를 맞아 거대 도전에 직면하여 주체적인 주요 과제들을 해결해 나가지 않으면 안 될 시점에 놓여 있다. 산별노조 건설이라는 조직형태 개혁을 비롯하여, 제도·정책 개선을 위한 공동투쟁·통일투쟁의 전개, 정치세력화의 구체적 추진, 21세기에 대응하기 위한 노동운동 노선과 운동 기조의 설정 등이 그것이다. 결코 만만한 과제가 아니다.

이런 과제의 해결은 노동운동의 자기 개혁에서 출발하지 않으면 안 된다. 어떻게 할 것인가? 무엇보다 먼저 노동운동의 권위를 확립하는 일이 급선무라고 판단된다. 노동운동의 권위는 조직역량, 투쟁역량, 정치역량, 운동이념 등 여러 요건에 의해 규정된다. 다음으로 노동운동의 주체적 개혁 추진이 매우 중요하다고 보인다. 조직 운영의 체계화·합리화·집중화 등이 필요하고, 노조 민주주의의 충실한 이행과 자주적 규율의 확립을 위한 노력이 필수적인 요건이 될 것이다. 그리고 노동운동의 풍토개혁이 요구된다. 마치 황량한 겨울 대지와도 같이 메말라 보이는 노동운동의 판세를 인간에 대한 사랑을 확인할 수 있을 정도의 생명력 넘치는 '운동판'으로 바꾸어내는 일이 더할 데 없이 중요하기 때문이다.

21세기 한국 노동운동 발전 전망은 한국 사회발전을 위한 추진 주체의 성장이라는 의미도 함께 지닌다. 새로운 세기를 '인간의 세기', '희망의 세기'로 이끌기 위해서는 노동운동의 발전이 필수적 요건이기 때문이다.

새로운 세기가 던지는 불확실성이 사람들의 심중을 답답하게 만들고 있듯이 노동운동 또한 불확실성을 극복하지 못하고 있는 형편이다. 미래에 대한 불확실성과 우려를 떨치는 데는 방향성의 상실에서 비롯되는 무관심을 극복하는 일이 무엇보다 중요하다.

엘리 위젤(Eliezer "Elie" Wiesel)의 『무관심 극복의 필요성』이라는 글 대목을 떠올린다. "사랑의 반대는 증오가 아니라 무관심이다. 또한 이것은 다른 개념에도 적용된다. 교육의 반대는 무지가 아니라 무관심이다. 아름다움의 반대는 추함이 아니라 무관심이다. 삶의 반대는 죽음이 아니라 삶과 죽음에 대한 무관심이다."

출처 한국노동사회연구소(2001), 『노동사회』(제50호), 한국노동사회연구소.

민족통일의 세기를 열어가자

21세기를 맞았다. 인류는 '파괴의 세기', '폭력의 세기' 그리고 '혁명의 세기'로 불린 20세기를 마감하고, 불확실성과 우려에 찬 21세기에 들어섰다. 인간을 사랑하고 진보적인 사람들은 이런 가운데서도 21세기를 관통할 화두를 던진다. '평등 세상', '인간공동체의 회복', '열린 노동정치의 시대', '민족통일 실현을 통한 한반도 시대' 등이 그것이다. 표현은 서로 다르고 강조하는 대목이 같지는 않을지라도, 크게 보면 '인간의 세기'로 집약될 수 있을 것이다.

'인간의 세기'를 향하여

새로운 세기를 맞아 인간의 세기를 향한 출발에서 불현듯이 다가서는 것은 계급문제와 민족문제 그것이다. 우리 사회의 발전에서 떠올라 있는 기본과제이기 때문이리라. 계급문제는 줄곧 다루게 될 주제여서 이 자리에서는 잠시 접어두기로 하고, 여기서는 민족통일과 노동자계급의 책무에 관해 접근한다.

마침 나는 지난 12월 11일부터 14일까지에 걸쳐 금강산에서 열린 '6·15 남북공동선언 지지·관철을 위한 남북노동자 통일 대토론회'에 참석하게 되어, 통일운동과 노동운동에 관한 더욱 구체적인 움직임을 직접 대할 수 있었다.

민주노총과 한국노총 간부 30여 명과 북측 〈조선직업총동맹〉 렴순길 위원장을 비롯한 간부, 대표 40여 명이 토론회에 참석했다. 참석자들은 남북을 막론하고 한결같이 토론회 진행 광경을 '감동' 또는 '감격'으로 표현했다. 그것은 민족분단 이래 처음으로 남북의 '노동운동단체'가 공식적으로 만나 조국통일 추진에 대한 토론회를 열게 되었다는 사실과 각 조직이 행한 주제 발표와 토론 내용이 매우 진지하면서도 공통된 통일원칙을 담고 있었다는 점, 그리고 민족통일에 대한 노동자들의 굳건한 의지를 드러냈기 때문이었던 것으로 생각된다.

통일운동의 역사에서 획기적인 일로 기록될 '남북노동자 대토론회'가 이 시점에서 열리게 된 것은 「남북공동선언」 채택에 따른 정세 변화가 직접적 계기인 것은 분명하지만, 그동안 목숨과 온 정성을 바쳐 통일운동을 추진한 통일열사와 통일운동가들의 고귀한 희생의 결과임을 결코 간과해서 안 될 것이다.

통일운동에서 노동자계급의 역할과 책무가 막중하게 규정되는 까닭은 무엇인가? 노동자계급은 사회의 유지·발전과 역사 발전에서 원동력이고 선도자이고, 한국 사회의 구조적 성격에 비추어 계급문제와 민족문제를 동시에 해결해 나갈 주체이며, 나아가 노동자계급은 광범한 역량을 지닌 조직되고 단결되고 자주적인 세력이라는 사실 때문이다. 이런 특성을 가진 노동자계급이 조국통일의 주축 세력으로 등장하는 것은 '통일 시대'를 여는 데서 중대한 의미를 지니는 것이다.

민족통일 실현을 위한 노동자계급의 책무

남북노동자 대토론회가 채택한 「공동호소문」은 민족통일 시대를 열 노동자계급의 의지를 분명한 형태로 담고 있다. "조국통일 3대 원칙과 그 구현인 6·15 남북공동선언을 공동의 강령으로 삼고 조국통일의 기수가 되어 그 관철을 위해 힘차게 전진해 나가자.", "남과 북의 노동자들은 외세의 지배와 간섭을 반대하고 우리 민족을 전쟁의 참화 속에 몰아넣으려는 외세의 그 어떤 시도도 단호히 배격하자.", "조국애와 민족애, 민족자주 정신을 민족대단결의 기초로 삼고 남과 북의 노동자들이 단합하고 전 민족이 대단결하여 조국통일운동을 힘차게 전개해 나가자.", "민족의 화해와 단합을 가로막는 대결과 분열의 법적·제도적 장치를 철폐하기 위해 더욱 힘차게 투쟁해 나가자.", "6·15 남북공동선언을 부둥켜안고 나라의 통일과 민족번영의 새 세기를 열어나가는 우리 겨레의 앞길은 밝고 승리는 확고하다."라는 내용 등이 그렇다.

남북공동선언 지지·관철을 구체적으로 추진하는 데서 제기되는 과제들은 그리 만만한 것이 아니다. 그것은 남북공동선언이 안은 한계와 문제점들을 극복하고 해결하는 일이기 때문이다. 이를테면, 전쟁 종결 처리 문제를 해결하기 위한 평화협정 체결, 남북 사이에 상호 국가적 실체를 인정하는 문제와 관련한 남북기본합의서와 남북공동선언에 대한 의회 동의, 그리고 남북공동선언의 확고한 이행을 위한 제도적 장치로서 '남북통일협정' 체결 등이 그것이다.

남북 노동운동단체는 남북공동선언 지지 관철을 위한 자주적 교류·협력 방안들을 내놓았다. 간추리면 이렇다. 민족 자주성 수호를 위한 투쟁 전개, 남북 노동자 통일 단결을 바탕으로 민족대단결 촉진, 반통일 제도와 요소 철폐, 상호 교류·협력과 공동사업 개발 추진 등이다. 이번 남북노동자 통일 대토론회는 노동자계급의 자주적 교류·협력을 위한 출발점이라 할 수 있다.

남북 노동운동이 민족자주와 조국통일을 실현하기 위한 사업들을 추진하는 데는 다음과 같은 사항들이 중요하게 고려되어야 할 것이다. 먼저 비록 진행이 더디더라도 착실하게 성과들을 일구어야 하며, 또 통일운동이 간부 중심이 아니라 대중적·조직적으로 전개되어야 하고, 나아가 그것은 단순한 끊어진 국토의 통일을 목적으로 하는 것이 아니라 역사 발전과 일치되는 방향에서 추진되어야 할 것이다.

인간의 공통된 요구가 역사 발전의 추진력

모름지기 인간은 공통적인 기본 욕구를 지니고 있다. 굶주리지 않고 헐벗지 않으며, 일할 권리와 안락한 주거 조건을 확보하고 교육과 의료를 완전하게 보장받을 뿐 아니라 억압과 착취에 대해 저항할 수 있는 기본권리를 확보하는 일 등이 그렇다. 민족통일은 이런 '인간 조건'을 실현하기 위한 기본과제라 할 것이다. 노동자계급을 위시한 '일하는 사람'들은 희망에 찬 미래를 열어 가는 데 대한 확신을 바탕으로 광범하고 확고한 대중적·민중적 힘을 결집하여 사회운동, 민중운동 그리고 민족운동을 활기차게 전개해 나가야만 한다. 그것은 새로운 세기를 '노동의 세기', '평등의 세기', '평화의 세기', '민중의 세기', '인간의 세기'로 이끌어 갈 동력이 될 것이기 때문이다.

출처 한국노동사회연구소(2001), 『노동사회』(제51호), 한국노동사회연구소.

민주노총 새 지도부가 걸머진 무거운 책무

지난 1월 18일 열린 민주노총 정기대의원대회는 제3기 집행부를 출범시켰다. 단병호 위원장을 중심으로 하는 지도 체제가 새롭게 구성된 것이다. 한국 노동운동의 대내외적 상황이 표현 그대로 '엄중한' 형편인 점에 비추어, 새 지도부가 걸머진 책무가 무척이나 무거워 보인다. 노동운동이 부닥친 도전이 절대 만만치 않고, 주체적으로도 해결해야 할 과제가 막중한 형태로 떠올라 있기 때문이다.

치열한 경합을 통한 새 집행부 출범

이번 새 지도부 탄생에서 눈길을 끄는 대목은 임원선거에서 세 후보 진영이 치열한 경합을 거쳤다는 사실이다. 그것은 민주노총이 큰 어려움에 부딪혀 있는 상황에서 그 대응을 둘러싼 다양한 견해 차이를 드러내고 있을 뿐 아니라, 주체적인 측면에서 자기 개혁에 대한 강력한 요구를 반영한 것으로 해석된다. 그런 점에 비추어 새 지도부는 민주노총 조직 안의 요구를 충실히 수렴하는 방향에서 활동과 사업을 추진해야 할 것은 물론이다.

먼저 조직의 통일·단결을 공고히 하는 일이다. 노동자의 계급적 단결과 조직적 통일은 노동운동 발전에서 요구되는 최대의 덕목이다. 그런데 현재 상황에 비추어 본다면, 편향과 분파주의에 따른 조직적 분열이 통일·단결을 크게 제약하고 있다. 노동운동이 위기 국면에 놓이면, 흔히 타협주의와 경제주의가 합리화되기도 하고 반대로 모험주의와 극좌주의가 한껏 목소리를 높이기도 한다. 그런 가운데 분파주의가 내부 혼란을 부추기도 하고, 때로는 '편 가르기'를 통해 파쟁을 불러일으킨다.

노동운동이 대중운동인 한, 다양한 견해와 주장 그리고 사상과 신조를 포용해야 한다. 노동운동은 동일한 이념과 노선을 지지하는 사람들로 조직된 정당과는 다르다. 그런데도 노조는 대중성과 계급성을 바탕으로 공통의 이해관계를 추구하는 조직이다. 그래서 각국의 노동운동은 독자적으로 지향하는 전략적 목표와 기조, 운동 방침을 설정하게 되는 것이다.

그렇다면 노동운동 내부의 편향과 분파주의는 어떻게 극복해야 할 것인가? 자주적이고 조직적인 방법을 통해 해결하는 것이 바를 터이다. 전국중앙조직이 결의기구를 통해 총노선을 설정해야 하겠지만, 이 과정에서 각급 조직 차원에서 대중토론을 통해 조직 구성원의 견해와 주장을 집약하는 것이 빼놓을 수 없는 요건이다. 특히 현장 토론을 통한 민주집중의 원칙이 관철되어야만 할 것이다. 새 지도부가 민주노총의 통일·단결을 위한 사업과 방침, 그리고 대중적 포용력을 발휘하지 못한다면, 오히려 내부 분열과 파쟁은 더욱 커지게 될 것으로 보인다.

통일·단결의 공고화가 최우선 과제

다음으로 민주노총 새 지도부가 해결해야 할 주요 과제의 하나는 자기 개혁을 단행하는 일이다. 새 지도부 출범은 자기 개혁을 위한 중요한 계기가 될 수 있다. 조직 측면에서는 기업별노조 형태를 산업별 체제로 전환하는 일이야말로 핵심적인 개혁 과제로 떠올라 있다. 또 조직 운영에서 각급 조직의 체계화와 조직 운영의 합리화, 상급조직의 기능 강화, 조합민주주의와 민주집중제의 실현, 현장활동의 충실한 강화 등이 조직 측면의 주요 개혁 과제가 되고 있다. 조직의 개혁 없이는 다른 부문의 개혁을 이끌 수 없기 때문이다.

노조활동과 투쟁 측면에서는 전략 목표의 명확한 설정을 비롯하여 올바른 전술 구사, 경제투쟁과 정치투쟁의 원칙적 결합, 대중 주체의 투쟁 방식 실현 등이 개혁 과제로 제기되고 있다. 그리고 정치세력화의 적극적 추진과 노동운동 이념·노선 정립 등이 노조운동의 자기 개혁에서 주요한 대상이 아닐 수 없다.

또 노동운동의 자기 개혁에서 중요하게 요구되는 것은 노동운동의 권위를 확립하는 일이다. 권위는 권세와 위력을 말한다. 새 지도부는 현재 한국 노동운동의 권위가 추락해 있다는 사실을 깊이 인식할 필요가 있다. 노동운동의 권위는 위세만으로 이룩되는 게 결코 아니다. 그것은 조직과 투쟁, 그리고 정치역량의 확대 강화 등을 통해 실질적으로 발휘될 수 있는 것이다.

노동운동의 자기 개혁 단행해야

민주노총 새 지도부는 임원선거에서 주요한 공약을 내걸었고, 노동운동 발전에 대한 밝은 전망도 제시했다. 말하자면 노동운동의 미래에 대한 청사진일 수 있고, 달리 보면 그것은 낙관주의의 표현일 수 있다. 단병호 후보 진영이 내세운 공약들은 충실한 근거를 갖춘 낙관주의로 평가하기 어려운 게 사실이다. 그런 점에서 새 집행부는 노동운동의 미래에 대한 진정한 낙관주의를 세워야 한다.

노동운동이나 사회운동에서 낙관주의는 중요한 무기다. 온갖 난관과 반동의 벽을 무너뜨리고 새로운 변혁의 지평을 열어 가는 데서 낙관주의는 강력한 무기로 작용할 수 있기 때문이다. 그뿐 아니라 낙관주의는 정체와 패배를 딛고 고양과 승리로 나아가는 데 대한 믿음을 담고 있기 때문에 진보를 위한 표지 구실을 하게 된다. 그러나 근거 없는, 그야말로 맹목적인 낙관주의는 갖가지 패배주의가 활개 칠 수 있는 온상이 될 수 있다. 노동 대중이 다 함께 고뇌하고 대중토의를 활발하게 추진하며 노동운동 발전의 자기 논리를 존중하는 가운데서 이룩되는 낙관주의야말로 대중의 힘을 묶어내는 바탕 구실을 하게 되는 것이다.

세상 변화가 실로 급격하다. 그런 변화의 구조를 제대로 읽어내기조차 힘든 형세다. 더욱이 그 변화에 대응하려면 낡은 사고와 굳어진 행동 방식을 극복하지 않으면 안 된다. 노동운동을 둘러싼 상황과 조건은 급변하는데도 활동 방식이나 조직 운영이 낡은 틀에 고정되어 있다면, 그것은 바로 낙후이고 퇴보이며 패잔(敗殘)의 지경으로 떨어질 수밖에 없다.

창의적 사고와 행동 방식을 개발하는 데서 노동운동에서 요구되는 기본 원칙을 내팽개치자는 게 결코 아니다. 노동운동의 장구한 역사에서 축적된 원칙이 기본 바탕이 되고 실천을 통해 얻은 귀중한 경험들이 존중되는 가운데, 치밀한 상황 진단과 대중토의를 통해 획득된 실천 방침이 창의적인 사고와 새로운 행동 방식을 개발하게 되는 것이다. 민주노총 새 지도부가 명심해야 할 사항일 것으로 판단된다.

한편, 노동운동의 풍토를 바꾸는 일이 빼놓을 수 없는 과제라 할 것이다. 현재의 노동운동 풍토는 안팎의 정황을 반영하듯 황량한 겨울 대지와도 같이 메말라 보인다. 삭막한 풍토에서는 생명력 있는 운동역량의 성장을 기대하기 어렵다. 노동운동 풍토를 바꿀 수 있는 것은 사람에 대한 사랑이다. 노동운동의 경우, 그것은 동료애고 동지애일 것이다. 동료애는 서로에 관한 관심과 현장조직을 통한 일상적인 만남, 토의 그리고 노조활동에 대한 참여, 조직 사이의 깊은 연대 등을 매개로 하여 넓어지고 깊어진다. 이런 작업을 조직 전체로 확산시키는 것이 노동운동 풍토 개선을 위한 필수적인 사업일 터이다.

민주노총 새 지도부가 걸머진 책무는 이처럼 실로 막중한 편이다. 그것은 시대적이면서 어쩌면 역사적 성격마저 띠고 있다. 이런 책무를 이행하는 데는 엄청난 고통이 수반될 것이 분명하며, 한편으로 새 지도부에 영광이 함께 하길 기대한다.

출처 한국노동사회연구소(2001), 『노동사회』(제54호), 한국노동사회연구소.

투쟁의 미학
그 실현을 위하여

"한 사람을 해치는 건 모두를 해치는 일이다." 〈남아프리카노동조합회의(COSATU)〉의 슬로건이다. 이것은 노동자계급의 정체성을 직접 표현하는 것으로 해석된다. 현재 우리 사회에서 벌어지는 노동정치의 실상에 비추어, 노동자계급이 당하는 고통에 대해 노동자 자신들이 갖는 분노도 바로 이런 계급성의 발로라 할 수 있다.

한국 노동조합운동은 2001년 투쟁을 큰판으로 이끌 계획을 세우고 있다. 이것은 노동운동이 부딪힌 도전이 거세게 다가서고 있고, 그것에 대한 대응의 필요성이 매우 절박하다는 사실을 반영한다. 피지배세력이 자신의 권리와 자유를 위해 벌이는 저항과 투쟁은 역사적으로 대부분 정당성을 지닌다. 그것은 때로는 참담한 패배를 경험하기도 하고, 또 때로는 찬란한 승리를 획득하기도 한다. 노동자계급의 저항과 투쟁은 패배든 승리든 그것을 떠나 전 계급적인 형태로 장렬하게 추진될 때, 그것은 말 그대로 훌륭한 미학을 연출하게 된다.

한 사람을 해치는 것은 모두를 해치는 일

노동운동이 부딪힌 도전의 양상부터 보자. 도전은 실로 광포하고도 교활한 성격을 드러내고 있다. 구체적으로 국제화의 진행이 노동 사회를 무척이나 핍박하게 만들고, 신자유주의 공세가 노동자들의 노동·생활 조건을 꼼짝 못 하게 옥죄고 있는 데다, 자본 측이 진행하는 경영합리화가 노동통제를 극심하게 강화하고 있기 때문이다. 이처럼 자본과 국가권력이 엮어내는 새로운 통제와 지배 형태가 엄청난 도전으로 작용하고 있는 것이 오늘의 현실이다. 한편, 노동자계급의 요구 확대와 다양화도 도전의 한 갈래를 이루고 있음은 분명하다.

이런 거대 도전에 대응하고 노동자계급의 절박한 요구 실현을 위한 노동운동의 투쟁 방침은 어떠한가? 민주노총이 설정한 2001년 투쟁 기조는 이렇다. "2001년 노동자투쟁은 3년간 강행된 신자유주의 구조조정 정책의 총체적 실패를 분명히 드러내고, 기존 신자유주의 정책의 폐기와 더불어 반제·반김대중 정권의 기조를 분명히 하는 방향으로 전개되어야 한다." 이런 기조 위에서 투쟁 목표는 "신자유주의 저지·김대중 정권 퇴진"으로 설정했다.

투쟁 요구는 다음과 같다. ① 신자유주의 구조조정 저지·정리해고 철폐 ② 임금인상(12.7%) 및 단협 쟁취 ③ 비정규직 정규직화, 차별 철폐와 노동기본권 쟁취 ④ 노동시간 단축 ⑤ 사회개혁(의료, 교육, 언론, 조세개혁) ⑥ 국가보안법 철폐와 민족자주권 쟁취 등이 그것이다. 이런 요구 해결을 위한 투쟁 방식은 6월 12일을 기점으로 삼은 전 조직적인 총력 투쟁으로 결정했다.

한편, 한국노총 이남순 위원장은 지난 4월 30일 무기한 단식농성에 들어가면서 정부에 7개 항의 요구를 제기했다. ① 민심 이반과 국가 위기 극복을 위한 거국내각 구성 ② 노동정책의 위상 재정립 및 부당노동행위 근절 ③ 일방적 구조조정 즉각 중단 ④ 공권력 폭력행위 진상규명과 책임자 처벌 및 금융노조 간부 등 구속노동자 즉각 석방 ⑤ 3대 개혁입법, 주 5일 근무제, 모성보호법의 입법화 ⑥ 실업자를 위한 사회안전망 확충 및 비정규직 보호 ⑦ 통일노동절 행사에 대한 지원 및 국가보안법 폐지 등이다.

또 한국노총은 「제111주년 세계노동절 결의문」에서 "세계화와 신자유주의의 공세는 빈익빈 부익부 현상을 심화시키고 노동자의 노동권와 생존권을 위협하고 있다."라면서 "1,300만 노동자의 인간다운 삶을 보장하는 한편 일방적 구조조정을 저지하고, 2001년 공동 임·단투 승리를 위해 총력 투쟁해 나갈 것"을 다짐했다. 투쟁 과제로서는 주 40시간·주 5일 노동제 쟁취, 비정규노동자에 대한 조직화와 생존권 확보를 위한 제도 개선, 공무원 및 교수 노동조합의 법제화, 의료정책의 전면적인 수정과 건강보험 재정통합 방침의 철회, 공공·금융산업 및 기업에 대한 일방적이고 강압적인 구조조정 정책에 대한 대응, 기업연금제 도입과 월차·생리휴가 폐지 등 근로조건 개악 음모 저지, 산전·후 휴가의 확대를 위한 근로기준법의 즉각적인 개정과 모성보호 비용의 사회 분담화, 공안정국의 중단과 구속 노동운동가에 대한 즉각적인 석방, 신자유주의적 노동정책을 저지와 적정 임금 확보 및 노동조건의 개선 등을 제기했다.

신자유주의 저지와 국가권력에 대한 대응

민주노총과 한국노총이 내세운 투쟁 목표는 노동·생활 조건의 개선에 머무는 것이 아니라 매우 광범한 영역에 걸쳐 있고, 또 그것은 제도·정책의 개혁과 맞물려 있는 내용들이다. 또 투쟁 기조도 파업을 포함한 총력 투쟁으로 집약되고 있다. 이런 투쟁 목표와 투쟁 기조는 노동자계급의 노동·생활상의 직접적 요구와 기본권리 확보에 대한 강력한 의지를 담고 있으며, 결연한 대응 태세를 나타내고 있다.

그렇다면 노동운동이 설정한 2001년 투쟁 기조는 과연 올바른 것이고, 승리를 담보할 수 있는 것인가? 투쟁 전략 설정과 투쟁 목표, 그리고 전술 운용 문제와 관련하여 몇 가지 숙고해야 할 대목이 있다.

먼저 2001년 투쟁의 전개와 노동운동의 보편적 전략 실현 문제부터 보자. 노동운동의 보편적 전략은 노동자계급의 단결을 촉진하고 조직역량·투쟁역량을 강화하며, 노동자계급의 자주적 의식을 향상하여 정치적 발전을 꾀하는 데 있다. 또 노동자투쟁의 전개는 현장을 기초로 산업별 통일투쟁을 축으로 삼아 지역적·전국적 통일투쟁으로 발전해야 하고, 나아가 전 민중적 공동투쟁을 주도하고 민족문제의 해결을 위한 통일전선 체제의 강화로 이어져야만 하는 것이다.

노동운동이 추구하는 이런 보편적 전략에 비추어, 2001년 투쟁 기조는 '산별연맹과 지역본부를 통한 현장의 조직'과 '현장 조합원 조직' 등의 내용을 담고는 있으나, 계급적 단결 촉진과 조직·투쟁역량의 강화, 그리고 정치적 전진을 위한 명확한 목표를 확립하지 못하고 있다. 2001년 투쟁은 비정규직을 포함한 미조직 노동자에 대한 조직화 전략을 비롯하여 산업별노조 체제 구축을 위한 조직노선, 공동투쟁·통일투쟁의 강화를 통한 경제투쟁과 정치투쟁의 정확한 결합, 국민의 이해관계를 직접 대변할 민중연대 투쟁의 올바른 전개, 민족자주와 민족통일 촉진을 위한 실천 방침 등을 구체화하는 가운데 전개되어야 한다.

다음으로 투쟁 목표와 관련된 것이다. 2001년 투쟁 목표인 '신자유주의 저지와 김대중 정권 퇴진'은 민주노총의 조직적 결정이다. 이 투쟁 목표가 노동자계급의 이해와 요구를 반영하고 있음은 부인하기 어렵다. 하지만 이 투쟁 목표는 자본주의 체제의 변혁이나 민주노총이 강조해 왔던 '한국 자본주의의 근본적 개혁'이라는 전략 목표를 전제로 하지 않으면, 투쟁 목표로서 자기 구실을 하기 어려울 것이다. 전략 목표와 투쟁 목표가 통일을 이루지 못할 경우, 투쟁의 전개가 올바른 방향으로 이루어지지 못할 뿐만 아니라 투쟁의 성과도 낮은 차원에서 벗어나지 못할 수 있기 때문이다.

따지고 본다면 신자유주의는 현대자본주의의 본질적 속성을 말하는 것이고, 김대중 정권은 한국 자본주의의 온전한 유지를 위한 보수정권임이 틀림없다. 그런 점에서 '신자유주의 저지와 김대중 정권의 퇴진'은 현대자본주의 체제의 변혁과 한국 자본주의의 근본적 개혁을 전제하지 않는 한, 그야말로 개량주의적인 요구가 될 뿐이다. 한편으로, 노동운동이 계급문제와 민족문제를 함께 해결해야 할 상황에서, 「6·15 남북 공동선언」의 지지·관철이 노동운동에 맡겨진 시대적 책무라는 사실도 결코 간과해서는 안 된다.

그리고 2001년 투쟁의 전개는 올바른 전술지도를 통해 뒷받침해야 한다. 올바른 전술지도에서 요구되는 것은 무엇인가? 정확한 정세 진단, 명확한 요구 설정, 전술의 대중적·민주적 결정과 실행, 투쟁의 방향에 대한 유연한 전술지도, 투쟁 결과에 대한 엄정한 총괄과 평가 등이 그것이다. 현재 노동조합운동이 내놓은 투쟁 전술의 내용들은 그다지 충실하다고 평가하기 어렵다.

요컨대 2001년 투쟁은 노동운동 발전으로 이어져야 하고, 노동운동 발전에서 요구되는 근본적인 변화는 노동자계급이 사회·정치적으로 얼마나 강력한 리더십을 발휘하는가에 달려 있다.

노동자계급의 강력한 리더십 구축이 노동운동 발전

노동자계급의 리더십 구축은 사회의 모든 영역에서 노동자들의 목소리와 조직, 그리고 행동 프로그램을 강화하고, 노동자계급의 관점과 비전을 펴기 위한 폭넓은 사회적 지지를 획득하는 걸 의미한다. 노동운동이 이기주의 집단으로 치부되거나 뒷골목 '싸움꾼'으로 몰려 고립된다면, 광범한 사회적 지지를 받기는 불가능할 것이다.

그런 점에서 2001년 투쟁은 노동운동의 권위를 회복하는 계기가 되어야 할 것이다. 권위는 사회의 다양한 영역에서 어떤 개인이나 조직이 행사하는 공인된 영향력을 의미한다. 권위는 모든 형태의 조직에 내재하는 원리라고 할 수 있다. 노동운동이 자본주의 체제의 근본적 개혁과 자기 해방을 추구하는 과정에서 조직과 지도자들의 도덕적·정치적 권위는 성립되고 또 존중된다. 이런 권위는 노동자 대중과 국민의 이익에 복무하는 올바른 정책을 수행함과 동시에, 조직의 기본노선과 방침 그리고 사회적 의무를 이행하기 위해 혼신의 노력을 기울일 때 비로소 향상된다. 물론 이런 과정에서 노동운동 지도부의 리더십과 권위도 함께 증대될 수 있는 것이다.

이처럼 올바른 전략과 전술에 바탕을 둔 노동자계급의 투쟁은 노동자계급의 자기 해방 능력과 역사적 책무 이행을 위한 계급 역량 증대를 가져오게 된다. 2001년 투쟁이 이런 성과를 쌓고, 그리하여 그야말로 투쟁의 미학을 실현하길 기대한다.

출처 한국노동사회연구소(2001), 『노동사회』(제58호), 한국노동사회연구소.

평양의 8월 하늘
2001년 8·15 민족통일 대축전 참관기

'어떻게 온 평양이던가.' 지난 8월 15일 12시께 인천공항을 출발하여 1시간가량 뒤 '조선민주주의인민공화국' 수도 평양의 순안공항에 당도했을 때 머릿속을 스친 생각이 그러했다. 숱한 곡절을 거쳐 오게 된 연유 때문이기도 하거니와, 좀 과장해서 표현한다면 오매불망에 가까울 정도로 와 보고 싶었던 곳이기 때문이다. 세계에서 마음대로 갈 수 없는 유일한 땅, 분단의 벽을 걷어내고 하나로 통일해야 할 조국 영토, '혁명'과 '주체'의 나라, 한 핏줄을 지닌 사람들이 '고난의 행군'을 겪는 지역, 바로 그곳에 발을 딛은 감회는 실로 벅차면서 착잡했다.

어떻게 온 평양인데

공항에는 수백 명에 이르는 사람들이 붉은 꽃술을 들고 '조국통일'을 연호하며 남쪽에서 온 사람들을 환영했다. "2001년 민족통일대축전에 참가하기 위하여 평양에 오는 남녘 동포들을 열렬히 환영합니다"라고 적힌 붉은 색 대형간판이 눈길을 끌었다. 연합취주악대의 연주가 계속되기도 했다. 이런 환영 행사에 남쪽 사람들은 적잖이 당혹해하는 기색을 보였다. 익숙하지 않은 광경일 뿐만 아니라 미처 예상하지 못한 일이었기 때문으로 짐작된다. 환영 인파 속에는 사회단체 대표들이 나와 남쪽 대표들을 영접했고, 얼굴이 익은 〈조선직업총동맹(직총)〉 리진수 부위원장은 특히 노동조합 쪽 사람들을 반갑게 맞았다.

공항에서 평양 시내를 거쳐 '고려 호텔'에 도착한 것은 오후 2시 반이 넘어서였다. 고려호텔은 1985년 8월에 준공되었고, 총건평은 8만 4천 제곱미터이며, 쌍탑식 2개 동 45개 층의 여러 가지 편의시설을 갖춘 특급 호텔이다. 객실 내부도 잘 정돈되어 있을 뿐 아니라 공간도 널찍했다. 그러니까 이 호텔에 묵게 된 남쪽 손님들은 귀빈 대접을 받게 된 셈이다. 1주일 동안의 일정을 통해서도 드러난 바이지만, 대축전에 초청받은 사람들이 그야말로 '칙사대접'을 받았다는 사실은 그 누구도 부인하지 못할 듯하다.

점심 식사를 마친 '방북단'은 '2001년 8·15 민족통일 대축전' 행사 참관을 둘러싸고 복잡하면서도 혼돈에 찬 논의를 장시간 동안 벌였다. 〈2001년 민족공동행사 남측 추진본부〉의 집행부 주류는 "조국통일 3대 헌장 기념탑 앞에서 거행하는 민족통일 대축전 행사에는 '참관' 형식으로라도 가지 않겠다는 각서를 집행 책임자들이 정부 당국에 제출하고서 방북 승인을 얻었기 때문에 행사에 참관할 수 없다."라는 주장을 폈다. 양대 노총을 비롯한 사회·민족민주운동 진영의 '통일연대'는 "각서를 제출한 사실은 여기 올 때까지 듣지도 못했으며, 통일축전에 참여하지 않는다면 이번에 여기 올 어떤 명분도 없는 일이다. 우리가 어디 관광을 목적으로 어렵게 여기까지 왔단 말인가. 당연히 참석해야 한다."라고 강조했다. 특히 노동계 대표들은 이미 북측의 직총과 통일대축전을 참관하기로 합의한 바 있고, 이를 통일부에 신고했으며 별도 초청장까지 제출하였으므로 별다른 조건 없이 방북이 승인된 것으로 판단하여 참관을 당연한 것으로 받아들였다.

결국 방북단 340여 명 가운데 통일연대 소속 단체에서 온 사람들을 중심으로 200여 명이 축전에 참여하게 되었다. 7개 종단과 〈민족화해협력범국민협의회(민화협)〉에 속한 사람들도 상당수가 행동을 함께했다. 이 통일축전 참관이 남쪽의 일부 반통일적 시각에서는 '돌출행동'으로 비치게 되었다.

8·15 민족통일 대축전이 열리는 3대 헌장 기념탑까지 2킬로미터가량 되는 연도에는 남녀노소가 어울린 수만 명이 조국통일을 연호하는 가운데, 중간중간에서 학생들과 청년들은 악기를 연주하기도 하고 노래를 합창하기도 했다. 그야말로 열광에 찬 모습들이었다. 남쪽 대표단의 맨 선두에는 민주노총과 한국노총 간부들이 깃발을 앞세운 채 "남북 노동자 앞장서서 조국통일 앞당기자"라는 문구가 적힌 플래카드를 들고 행진했다. 그 뒤를 이어 남쪽 대표단이 환호받으며 걸어 들어갔다. 식장에는 4천여 명이 모여 있었다. 통일축전에 참가한 북쪽 사람들은 오전부터 따가운 햇빛을 받으며 내내 남쪽 대표단이 오기를 고대하고 있었다는 것이다.

민족통일 대축전 개막식은 7시가 넘어서야 시작되었다. 김령성 〈민족화해협의회(북측 민화협)〉 부회장이 개막을 선언했다. 《아리랑》 노랫가락이 연주되는 가운데 한반도를 그린 깃발이 높이 게양되었다. 식장 위에 떠오른 대형 풍선에는 "조선은 하나다", "우리 민족끼리 힘을 합쳐 조국통일 이룩하자"라는 현수막이 내걸렸다. 연단에는 김영대 민족공동행사 북측 추진본부 대표, 김영남 최고인민위원회 상임위원회 위원장, 김용순 노동당 중앙위원회 비서, 해외동포 참가단 대표 등이 자리했다. 식장에는 남쪽에서 북송된 장기수 선생 60여 명이 남쪽 대표단

옆자리에 앉아 있었다.

　김영대 준비위원장은 축하 연설을 통해 "이번 축전이 민족사에 특기할 대경사"라며, "자주성은 민족의 생명이며 어떤 경우에도 양보할 수 없는 민족의 최고이익이다."라고 강조했다. 그는 또 "6·15 남북공동선언을 철저히 이행해 민족의 주체적인 힘을 더 크게 합쳐나가자."라고 밝혔다.[1]

　공식 행사가 끝난 뒤에는 기념식수가 있었고, 여성 4중창과 가야금 연주 등 문화공연이 이어졌으며, 마지막에는 참가자들이 한데 어우러져 늦게까지 춤판을 벌였다. 첫 번째 '돌출행동'은 이렇게 해서 끝났다.

　그렇다면, 과연 '조국통일 3대 헌장'은 무엇이고, 왜 이를 기념하는 탑 앞에서 진행하는 행사가 문제가 되는가? 조국통일 3대 헌장은 자주·평화통일·민족대단결의 조국통일 3대 원칙과 고려민주연방공화국 창립 방안, 그리고 민족대단결 10대 강령을 통칭하여 말한다. '자주·평화통일·민족대단결'은 1972년 「7·4 남북공동성명」에서 합의한 통일원칙이다. '연방제 통일방안'은 1980년 10월에 열린 조선노동당 제6차 대회에서 제시된 통일방안이다. 이 방안은 조국통일 3대 원칙에 따라 남과 북이 현존하는 사상과 체제를 그대로 유지한 채, 쌍방이 연합하여 하나의 연방국가를 형성하는 것을 목표로 한다. 연방정부 구성의 3대 전제조건은 주한미군 철수, 국가보안법 철폐, 분단 고착화 정책 중단 등이 제시되고 있다.

　'전 민족 대단결 10대 강령'은 1993년 4월에 열린 최고인민회의 제9기 제5차 회의에서 발표된 것이다. 자주·평화·중립의 통일국가 창립, 민족애와 민족자주 정신에 기초한 단결, 공존·공영·공리 도모와 조국통

---

1. 『연합뉴스』, 2001년 8월 15일 기사 참조

일 위업에 모든 것을 복종시키는 원칙, 일체의 전쟁 중지, 승공과 적화의 의구 불식과 신뢰와 단합, 민주주의 존중, 개인과 단체 소유의 재부 보호, 접촉과 왕래 및 대화를 통한 이해와 신뢰, 전 민족적 연대성 강화, 조국통일에 공헌한 사람에 대한 높은 평가 등을 주요 내용으로 한다.

이런 3대 헌장을 기념하여 세운《조국통일 3대 헌장 기념탑》은 통일거리 끄트머리 고속도로 입구 양쪽에서 남과 북의 두 여인이 한반도 지도를 높이 쳐들고 있는 모습으로, 높이는 30미터이고 가로는 6·15 공동선언을 상징해 61.5미터며, 탑신에는 60킬로그램이 넘는 화강석 2,560개가 붙어있다. 본체 주변에는 4개의 부제상이 조각되어 있는데, 이 부제상에는 3대 헌장의 내용이 담겨 있다.

남한 정부가 조국통일 3대 헌장 기념탑 근방에서 진행하는 행사에 방북 대표들이 참관 형태라 할지라도 참여해서는 안 된다고 고집한 명분은 북측의 연방제 통일방안에 대한 '고무·동조'와 '찬양' 행동이라는 논거에서다. 그렇다면 6·15 남북공동선언이 담고 있는 "남측의 연합 제안과 북측의 낮은 단계의 연방 제안이 서로 공통성이 있다고 인정하고 앞으로 이 방향에서 통일을 지향시켜 나가기로 하였다."라는 내용을 어떻게 해석해야 할 것인가? 여전히 국가연합은 바른 제안이고 연방제 안은 '불순'하다는 말인가? 또 묻자. 3대 헌장 기념탑 부근 말고 조선인민공화국의 어떤 곳에서 축전을 벌이면 남쪽 대표들이 참관해도 괜찮다는 얘기인가? 참으로 궁색하면서도 구태의연한 발상이 아닐 수 없다. 방북 대표만 해도 통일축전에 참여하지 않을 바에야 왜 여기까지 왔단 말인가? 부문별 교류라면 금강산에서도 훨씬 더 효율적으로 진행할 수 있는 일이다. 그야말로 칙사대접을 받으면서 관광이나 유람할 요량으로 방북을 한 셈인가? 따지고 보면 '돌출'의 실체는 허공에 떠돌고 만다.

이런 가운데서도 밤늦게 11시 조금 전에 예정대로 경축연회가 열렸다. 장소는 두 군데였는데, 그 한군데가 '만수대 예술극장'이었다. 여기에는 남쪽에서 온 사람들 말고도 해외에서 온 사람들도 있었다. 노래와 춤 공연 뒤에 만찬이 시작됐다. 이 자리에서 초청자인 김영남 최고인민위원회 상임위 위원장의 연설이 있었다. 그는 "통일을 지향하는 겨레의 마음과 마음이 하나로 합쳐 막을 올린 오늘의 통일 대축전은 민족의 통일 염원과 혈육의 정이 뜨겁게 분출된 민족대화합이었다."라면서, "우리 민족은 언제나 자기의 존엄을 굳게 지키고, 6·15 공동선언의 기치 밑에 통일 성업의 실현에 더욱 박차를 가해 나가야 할 것이다."라고 밝혔다.[2]

연회가 열린 만수대 예술극장은 1976년에 준공된 대형건물로서 연건축면적이 6만 제곱미터에 이르고, 무대 면적은 2천 제곱미터로, 수천 명이 한꺼번에 출연할 수 있다. 극장 안에는 소극장을 비롯하여 대휴게실, 방송설비 등 각종 부대시설이 갖추어져 있다고 한다. 극장 벽에는 대형 벽화《구룡연 계곡》을 비롯하여 조선화, 조각, 공예품 등이 장식되어 있다는 설명이다.

대형 연회장에서 남과 북, 그리고 해외 참가 대표들은 늦은 시간까지 술잔을 나누며 얘기꽃을 피웠고, 여기저기서 "조국의 자주통일을 위하여"라는 소리가 들리기도 했다. 방북 첫날은 숱한 논란의 여지를 남긴 채, 이렇게 끝이 났다.

우리 민족끼리 힘을 합쳐 조국통일을

둘째 날인 8월 16일 오전 행사로 평양 대동강 구역 '청년중앙회관'에서《새 세기 청춘들의 통일련대 무대》가 연출되었다. 청년중앙회관은

2.『연합뉴스』 2001년 8월 16일 기사 참조

평양축전 준비시설의 하나로 1989년 5월 건립된 종합적인 사회교육·문화시설이다. 건물은 2천 석 규모의 대극장과 수백 석 규모의 소극장 부분, 다목적 중앙홀 부분으로 구성되어 있다. 대·소극장에서는 가극, 음악 및 무용공연은 물론 회의도 할 수 있게 되어 있으며, 4천 명을 수용할 수 있는 다목적 중앙홀은 군중집회를 비롯해 심포지엄과 공연, 전시회 등의 목적에 따라 자유롭게 변형이 가능한 특수시설이다.

이날 행사를 위해 남측에서는 〈한총련〉과 〈한국청년단체연합〉 대표들이 참가했고, 북측에서는 〈조선학생위원회〉, 〈김일성사회주의청년동맹〉, 〈범청학련 북측본부〉 대표들이 참가했으며, 해외 대표로는 〈재일본조선청년동맹〉, 〈재일한국학생협의회〉, 〈재중조선청년연합회〉 등이 참가했다. 청년·학생들은 준비해온 각종 노래, 사물놀이 등 공연과 연설을 통해 친선을 다졌다. 젊은이들이 펴는 무대는 나름대로 생기 넘치고 '자유분방'한 분위기를 자아냈다. 저들이 장년이 되기 전에 민족통일이 기필코 이루어져야 한다는 생각을 차마 떨칠 수가 없었다. 공연장 벽에는 구호가 적힌 현수막이 걸렸는데, "붉은 기는 달려야 펄럭인다"라는 글귀였다.

이날 점심 식사 때는 그 유명한 '옥류관'에서 냉면을 맛보게 되었다. 옥류관은 1960년 8월 15일 문을 연 식당으로, 대동강 기슭 옥류 바위 위에 합각식 지붕을 하고 있었다. 이 식당은 본관과 별관으로 이루어져 있는데 본관의 연건축 면적은 5,800제곱미터이고, 좌석 수는 2,200석이며, 1988년 9월 확장된 별관의 연건평은 7천 제곱미터라고 한다. 놋그릇에 담겨 나오는 옥류관 냉면은 메밀로 반죽한, 면질이 서울 냉면에 비해 부드럽고 육수 맛도 담백한 것이 특징이다. 일행 가운데는 두 그릇을 먹는 사람들도 더러 눈에 띄었다.

오후에는 '인민문화궁전'에 들러 《일제 만행 및 역사 왜곡 책동 공동 사진전》을 관람한 뒤, 거기서 부문별 회의를 열었다. 인민문화궁전은 '근로자의 사상·문화 교육 및 문화적 휴식을 위한 대전당'으로서 크고 작은 방들이 5백 개에 이른다고 한다. 연 건축면적은 약 6만 제곱미터이고 3천 석 규모의 대회의장과 약 7백 석의 대연회장 등이 갖추어져 있다는 것이다.

통일운동의 주축으로 나선 노동세력

　1층의 한 널찍한 회의실에서 한국노총과 민주노총, 그리고 직총 대표들이 서로 인사를 나누고, 그동안 진행된 노동계 교류와 사업을 확인했으며 앞으로 조국통일을 위한 연대조직인 〈조국통일을 위한 남북 노동자회의(통노회)〉 운영을 중심으로 토의했다. 여기서는 통노회 1차 대표자 회의를 빠른 시기에 소집해야 할 필요성이 강조되었고, 남북 노조의 연대와 단합을 산별과 지역조직에까지 폭넓게 실현해 나가야 한다는 데 의견이 모아졌다.

　민족통일을 추진하는 데서 노동자계급의 역할과 책무가 막중하게 규정되는 까닭은 무엇인가? 노동자는 사회의 유지·발전과 역사 발전을 위한 원동력이자 선도자이고, 계급문제와 민족문제를 동시에 해결해 나갈 주체. 그뿐 아니라 노동자계급은 광범한 역량을 지닌 조직되고 단결된 자주적 세력이라는 사실 때문이다. 이런 특성을 가진 노동자가 조국통일의 주체세력으로 등장하는 것은 '통일시대'를 여는 데서 중대한 의의가 있다고 할 것이다.

　오후 5시 조금 넘어 '봉화예술극장'에서 노래와 무용 등 공연을 관람했다. 봉화예술극장은 1982년 준공된 극장으로 2천 석의 대극장과 8백 석 규모의 소극장을 갖추고 있다. 이 극장에는 직경 10미터의 이동식 회

전무대를 비롯하여 악사승강무대, 방창이동무대, 수평이동무대 등이 있어 무대를 교체하기가 편리하게 되어 있다. 이 극장에서는 연극, 음악, 무용 등의 공연을 주로 하고 있으며 〈평양예술단〉의 주된 활동무대다.

이날 공연에는 남과 북, 그리고 해외 대표들이 참석한 가운데 다채롭게 진행되었다. 남쪽에서 온 가수의 노래가 공연되었고, 임수경 씨의 시 낭송 -문익환 목사의 통일에 관한 시- 도 참석한 사람들의 관심을 모았다. 마지막에 공연된《눈이 내린다》는 무용은 눈 내리는 장면을 영상으로 기묘하게 처리하여 그것을 배경으로 삼아 '붉은 여전사'가 압제에 저항해 이를 이겨내는 내용을 형상화한 것으로 깊은 인상을 던져주었다. 이 무용극은 김정일 국방위원장이 직접 연출했다는 설명이다.

저녁에는 통일축전 폐막식 참여를 둘러싸고 다시 논란이 일었다. '3대 헌장 기념탑에서 2킬로미터가량 떨어진 통일거리 낙랑구역 통일다리에서 행사에 합류하기로 한다.'라는 방안이 추진본부 일각에서 나오기도 했으나, 통일연대 소속 인사들은 밤 9시 넘어 폐막식장으로 향했다.

폐막식은 간단히 끝났고, 경축연회 예술공연이 뒤이어 열리고 폭죽이 터지는 가운데 "조국통일 만세", "통일된 조선민족 만세" 등을 외치는 모습이 여기저기 목격되었다. 마지막에는 군중들이《통일 아리랑》노래에 맞춰 기차놀이를 하면서 "조국통일"을 연호하기도 했다.

'만경대 정신'의 왜곡과 편파적 매도

원칙과는 거리가 먼, 내용 없는 토의가 지루하게도 오전 내내 계속되었다. 셋째 날인 8월 17일 오전의 방북단 일정이 그러했다. 통일축전 개·폐막식 참관을 둘러싼 이른바 '돌출행동'에 대한 남쪽 언론 보도 대응과 수습책에 관한 논의는 분명한 결론을 이끌 수도 없으려니와, 설사 결론이 난다 해도 남쪽에 돌아가 현실적으로 대응할 수밖에 없는 일이었다.

오후 2시께 일정이 시작되어, 먼저 배를 타고 대동강을 유람하면서 평양의 여러 모습을 살필 수 있었다. 4시 반 무렵에는 만경대에 들려 김일성 주석 생가를 방문했다. '만경대 고향집'은 오래전 평양의 어느 지주가 묘지기를 위해 지은 집으로, 김 주석의 중조부가 말년에 지주의 산과 묘지를 지키며 살았던 집이다.

"김일성 동지께서 1912년 4월 15일 이 집에서 탄생하시여 어린 시절을 보내시였다. 위대한 수령님께서는 일찍이 10대의 나이에 고향집을 떠나 혁명의 장도에 오르시였으며 조국광복의 새봄을 안고 개선하시여 이 력사의 집에서 조부모님들과 감격적인 상봉을 하시였다."

생가 들머리에 놓인 표지석에 새겨진 글귀다. 생가에는 조상들의 사진이 방안에 걸려 있고, 부엌과 곡간에는 가재도구들이 전시되고 있었다.

여기서 또 하나의 '돌출행동'이 벌어졌는데, 다름 아닌 "만경대 정신 이어받아 통일 위업 이룩하자.", "노동자계급이 앞장서서 조국의 자주적 통일 앞당기자." 등의 서명란 기록 관련 일이다. 결국 서명자에 대한 구속으로까지 사건이 확대되었는데, 이것은 서명자의 본래 의도와는 아무런 관계없이 언론과 반통일 수구세력의 반격으로 진실이 왜곡되고 편파적으로 매도된 데서 빚어진 사악한 결과다. '공화국'을 방문한 처지에서 보면, 이런 일은 예사로운 것일 뿐 결코 '튀는' 행동일 수는 없기 때문이다.

만경대 생가를 나와 광복거리에서 남포까지 42킬로미터 10차선 고속도로를 둘러보게 되었는데, 이 도로를 건설할 때 젊은 사람 5만여 명이 참가했다는 설명에서 건설 장비의 빈약함을 헤아릴 수 있었다. 이는 다른 한편으로 '공화국'이 겪는 '고난'이 에너지와 식량 문제를 핵심으로 하고 있음을 말해주는 것이기도 하다.

해가 서산으로 기우는 오후 6시 무렵, 방북단 일행은 '동명왕릉'과 '정릉사'를 찾았다. 이 능은 고구려 시조 동명왕의 분묘로서, 동명왕 탄신 2,291주년인 1993년 5월 개축되었다.

분묘는 높이 11.5미터로 160여 개의 큰 돌을 32미터 사방으로 쌓아올려 만들어졌다. 1993년 5월에 개건(改建)된 동명왕릉의 기단(基壇)은 한 변 길이가 32m, 분묘 높이는 11.5m다. 묘 앞의 좌우 양편에 호랑이·문무관·말 등의 석조상이 나란히 서 있고, 능 앞에는 돌 제단이 놓여 있다. 동명왕릉 묘역에 들어서는 입구 오른쪽에 개건 기념비를 세워놓았다. 제당에는 시조왕의 생애를 그린 회화, 풍속화, 고구려인의 군사적 위용을 나타낸 회화가 새겨져 있다.

1970년대 초 동명왕릉 내부 구조가 다시 조사되었는데, 이때 벽면을 덮고 있던 석회를 씻어내리면서 벽화가 발견됐다. 벽화는 지름 12센티미터의 연꽃무늬를 4.2센티미터 간격으로 해 사방연속무늬로 무려 6백여 개를 덮은 것으로 발굴보고서는 전하고 있다. 무늬의 바탕은 보라색이고 연꽃은 붉은 자색이었다고 한다.

왕릉 아래쪽에는 정릉사가 자리하고 있는데, 1만 제곱미터의 넓은 부지에 8각 7층 탑을 중심으로 보광전, 용화전, 극락전이 조화를 이루고 있다. 정릉사는 동명왕의 명복을 빌고 동명왕릉을 지키기 위한 나라의 원찰(願刹)이었다고 한다.

이날 마지막 일정은 '인민대학습당' 방문이었다. 이곳에 도착한 것은 8시가 넘어서였다. 이곳에는 밤늦은 시간인데도 책을 보고 있는 사람들이 많았다. 천장이 높은 데 비해, 조명은 밝지 못해 안타깝다는 느낌마저 들었다. 인민대학습당은 중앙도서관 또는 종합사회교육시설 개념의 건축물로서, 1982년 김일성 주석의 70회 생일을 기념하여 평양 남산에 건립되었다. 10층 규모로 북한 최대의 '조선식 건물'인 학습당 내에는 3천만 부의 장서를 자랑하는 서고를 비롯해 6천 석 규모의 열람실, 강의실, 통보실, 문답실, 음악감상실, 시청각학습실 등이 있으며, 1일 수용 인원은 약 1만 2천 명이나 된다고 한다.

묘향산도 백두산도 조국의 산하인데……

18일과 19일의 일정은 묘향산과 백두산 탐승(探勝)이었다. 평양에서 버스로 두 시간 남짓 걸려 묘향산에 도착한 것은 오전 9시 조금 넘어서였다. 묘향산은 행정구역상 평안북도 향산군과 자강도 희천시, 평안남도 영원군의 경계에 있다. 묘향산은 산세가 기묘하고 수려하며 장엄한 산으로 알려져 있다. 흔히 인용되는 서산대사의 표현은 이렇다. "금강산은 수려하나 장엄하지 못하고, 지리산은 장엄하나 수려하지 못하지만, 묘향산은 장엄하고도 수려하다." 묘향산 어구 향산천 기슭에 있는 '보현사'는 '공화국'에서 가장 큰 절일 뿐만 아니라 불교의 총림 격이라고 한다. 보현사에는 조계문, 해탈문, 천왕문, 만세루, 대웅전이 일직선의 축선을 이루고 있고, 만세루의 뒤뜰 안에 유명한 8각 13층 탑이 서 있다. 대웅전 왼쪽으로 관음전, 영산전, 서산대사와 사명당, 그리고 처영 스님의 영정을 모신 '수충사'가 별채로 있다.

또 묘향산에는 김일성 주석과 김정일 국방위원장이 외국으로부터 받은 선물을 전시해 놓은 '국제친선전람관'이 자리 잡고 있다. 1978년 8월 건립된 국제친선전람관은 김 주석이 받은 선물을 전시하는 6층 규모의 한식 건물과 김 국방위원장이 받은 선물을 전시하는 2층짜리 양식 건물(1989년 3월 건립)로 이루어져 있다. 이 전람관에는 세계 여러 나라의 당과 국가수반, 여러 국제기구와 단체, 정치계와 사회 각계 지도자와 인사들이 보낸 수많은 진귀한 선물들이 전시되어 있다. 이 전람관을 대강대강 둘러보는 데만도 꽤 긴 시간이 걸렸다. 점심 식사는 '향산호텔'에서 했는데, 음식이 매우 정갈했다. 이 향산호텔은 세모뿔 모양의 15층 건물로, 이는 주변의 산세를 막지 않도록 고안한 것이라 한다. 점심 식사를 마치고는 만폭동까지 짧은 등산을 하면서 묘향산의 한 자락을 밟을 수 있었다. 고려호텔로 돌아왔을 때는 오후 8시가 조금 지나서였다.

19일 일정은 백두산 등정이었다. 오전 8시 15분 순안공항을 출발하여 1시간가량 걸려 삼지연공항에 도착했다. 공항에서 소형버스로 출발하여 백두산 꼭대기까지 올랐다. 백두산은 해발 2,750미터로서 한반도에서 가장 높은 산이다. 백두산은 약 100만 년 전 깊은 땅속으로부터 분출한 용암으로 형성된 화산체다. 총면적은 5,350제곱킬로미터다. 서기 1117~1167년에 화구에서 흰 부석(浮石)이 분출하여 백두산 일대를 덮었으며, 그 뒤 화구에서 물이 솟아 오늘의 천지가 형성되었다고 한다. 자연호든 화산호든 간에 백두산 천지처럼 고지대에 위치하고, 이처럼 크고 깊은, 독특한 자연경관을 이루고 있는 호수는 세계 어디에도 없다고 한다. 천지의 둘레 길이는 14.4킬로미터고, 평균 수심은 213.3미터(최대 깊이 394미터)다.

방북단이 백두산에 올랐을 때, 하늘은 화창하게 개어있었고 천지는 온몸을 송두리째 드러내고 있었다. 언제 구름이 몰려와 비바람을 몰아칠지 모른다는 생각에 다들 사진 촬영하기에 바빴다. 그러나 한 시간 반가량 머무는 동안 신기하게도 날씨는 변화의 기색을 보이지 않았다. 이런 광경은 정말 드문 일이라는 것이 백두산을 여러 번 찾은 사람들이나 안내자들의 공통된 얘기였다. "조국통일을 위해 애쓴 사람들에 대한 하늘의 은총이다."라는 말이 실감을 자아내는 대목이었다.

백두산에서 내려오는 길에 풀밭에서 도시락으로 점심 식사를 마치고, '백두밀영 고향집'과 '삼지연'을 둘러볼 수 있었다. 백두밀영은 김일성 주석이 1936년부터 1943년 봄 무렵까지 사용한 밀영(密營)으로, 김정일 국방위원장의 생가라 하며, 당시 사용하던 물건들이 전시되고 있었다. 삼지연은 백두화산과 그 주변 화산의 분출물이 흘렀던 천을 따라 물이 모여 이룬 호수로, 3개가 나란히 있어 삼지연으로 불린다. 삼지연 호반에는 김일성 주석이 1939년 5월 21일 '인민혁명군' 주력부대를 이끌고 무산 지구에 진출하여 승리한 것을 기념하여 건립한 기념비가 있다. 여기에는 김일성 주석 동상을 중심으로 많은 대형 조각이 설치되어 있다. 백두산 관광을 마치고 호텔에 돌아왔을 때는 오후 8시 반을 지나서였다. 어제 둘러본 묘향산과 오늘 오른 백두산도 분명 조국의 산하인데, 언제 다시 찾을 수 있을 것인지에 생각이 미치자 아득하다는 느낌이 다가왔다.

'애국렬사릉'에 잠든 '남조선의 혁명가'

　평양에서 보내는 날 오전에 '애국렬사릉'을 찾았다. "조국의 해방과 사회주의 건설, 나라의 통일위업을 위하여 투쟁하다가 희생된 애국렬사들의 위훈은 조국청사에 길이 빛날 것이다."라는 묘비 구역 입구 정면 추모비에 새겨진 문구는 이곳에 잠든 인물들의 면모를 대강이나마 짐작케 한다. 여기에는 5백여 개에 이르는 하얀 비석이 줄지어 늘어서 있다. 묘비의 상단에는 묻힌 이의 '돌사진'이 부착돼 있고, 그 아래로 이름과 생전의 신분, 생몰 연월일이 차례로 새겨져 있다.

　"조국의 독립과 인민의 자유·해방을 위하여 영웅적으로 싸운 혁명렬사" 1백여 명은 대성산 '혁명렬사릉'에 안치되어 있다고 한다. 여기에는 과거 김일성 주석과 함께 항일 빨치산 투쟁을 했거나 그와 직간접으로 연계를 맺고 활동한 인물이 묻혀 있다.

애국렬사릉에는 여러 부류의 사람들이 안치돼 있다. '남조선 혁명가'에 해당하는 김삼룡, 리현상, 김달삼, 리덕구, 방준표, 박영발, 최백근 등의 묘비가 있고, 남쪽에서 북으로 올라간 사람들 가운데는 허헌, 홍명희, 리극로, 백남운, 리기영, 김석형 '선생'의 묘비가 있다. 그리고 비전향 장기수로 북쪽에 송환되어 올해 죽은 '불굴의 통일애국투사' 윤용기, 리종환의 묘도 있다.

애국렬사릉을 뒤로하고 내려오면서 머리를 스치는 생각은 민족통일이 이루어졌을 때, 여기 묻힌 사람들의 '위훈(偉勳)'은 과연 어떻게 평가될까 하는 것이었다. 어떤 방식으로 통일이 이룩되든, 다른 나라 경우처럼 다양한 형태의 사적(史跡)으로 보존될 수 있을지를 떠올리는 것은 허망한 일일까?

다음으로 찾은 곳은 대동강 변에 높이 솟아 있는 《주체사상탑》이다. 이 탑은 김일성 주석 탄생 70주년인 1982년 4월 15일 제막식을 했다. 주체사상탑은 150미터의 탑신 정상에 높이 20미터 무게 45톤의 봉화 형상이 올려져 있다. 봉화는 주체사상의 진리성과 그 빛나는 승리를 상징한다고 한다. 탑의 정면에는 높이 30여 미터의 3인 상이 건립되어 있는데, 노동자와 농민, 그리고 지식인이 망치와 낫, 붓을 맞잡고 추켜든 모습이다.

기단 전면에는 《누리에 빛나라 주체사상이여》라는 헌시가 새겨져 있다. "만민의 념원이 하나로 모여 / 여기 탑으로 솟아오르고 / 인류가 맞이한 새 시대를 밝히며 / 주체의 홰불은 누리에 타오른다."라고 시작하는 이 헌시는 중간에 "세상에서 가장 귀중한 것은 사람 / 가장 힘있는 존재도 사람 / 사람이 세계의 주인 자기 운명의 주인임을 / 인류에게 밝혀주신 / 주체의 위대한 태양 김일성 동지!"라는 구절을 담고 있다. 탑신 좌우에는 6개의 부주제 군상이 화강암 조각상으로 표현되어 있다.

탑의 꼭대기까지 승강기로 오르면, 이곳은 평양 시내를 굽어볼 수 있는 전망대 구실을 한다. 대동강과 강변의 공원, 푸른 숲, 고층 건물, 대형 분수 등이 조화를 이루어 아름다운 풍광을 펼쳐 보인다.

주체사상탑을 둘러본 뒤 방문한 곳은 '쑥섬'이었다. 쑥섬은 김일성 주석이 1948년 5월 2일 남북연석회의(4월 개최)에 참가한 김구 선생을 비롯한 남측 대표들과 협의회를 조직했던 곳으로 유명하다. 섬에는 아직도 당시의 원두막, 회의 장소, 나룻배가 원상대로 보존되어 있으며, 높이 13.5미터의 《통일전선탑》이 높이 서 있다. 탑의 뒷면에는 쑥섬 협의회 참가 정당, 사회단체 이름이 새겨져 있고, 참가 대표들이 명시되어 있다. 김일성 주석을 비롯하여 김책, 김구, 김규식, 홍명희, 백남운, 조소앙, 엄항섭 등이다.

오후 일정은 '평양학생소년궁전' 방문이었다. 이곳은 학생 소년의 과외 교육의 전당이라는 설명이다. 1963년 9월에 창립된 이 건물은 연 건축면적이 약 5만 제곱미터이고, 여기에는 200여 개의 각종 연구실과 서클 활동실을 포함하여 500여 개의 방이 있으며, 도서관, 실내 체육실, 대형 극장 등이 갖추어져 있다. 시내 각 학교의 소년 소녀들이 방과 후 이곳에 와 서클별로 과외 활동을 한다는 것이다. 방마다 노래, 가야금, 수예, 붓글씨 등의 과외 활동을 하는 소년 소녀들이 많았고, 실내 수영장에서는 수영을 하고 있었다. 과외 활동을 둘러본 뒤, 극장에서 공연을 관람하게 되었다. 학생 소년들의 노래와 연주, 그리고 춤은 매우 경쾌하고 씩씩하여 청중들을 매료하고도 남음이 있었다.

마지막으로 찾은 곳은 '만수대창작사'였다. 만수대창작사는 1959년 11월 17일 창립된 조선노동당 중앙위원회 직속의 창작단체이다. 여기에는 조선화창작단, 유화창작단, 벽화창작단, 조각창작단, 수예창작단, 보석화창작단, 만년화창작단, 공예창작단, 도자기창작단, 출판화창작단, 부동산개발창작단 등 분야별로 세분된 20여 개의 창작단과 제작단에, 100여 명의 인민예술가, 공훈예술가가 있고, 4,500여 명의 성원(창작가와 지원 인원, 만수대해외개발회사그룹 및 고려무역상사 포함)들이 소속되어 회화, 조각, 공예, 출판미술, 산업미술, 건축장식미술 등 각종 순수예술과 공예 예술품을 창작하고 있다는 설명이다. 만수대창작사에는 조선화를 비롯해 그림, 수예, 조각, 도자기, 공예 등이 전시되어 판매하고 있었다. 방문자들은 그림, 수예품, 도자기 등 각자 몇 점씩을 구입하고는 바쁘게 돌아왔다.

이날 밤에는 남측 추진본부가 주최한 만찬이 대동강 '양각도 호텔'에서 열렸다. 여러 가지 곡절과 논란을 빚기도 했지만, 1주일 동안의 빠듯하고 분주한 일정이 마무리되었다. 그동안 줄곧 함께 지냈던 남쪽 대표들과 북쪽 관계자들 사이에도 친숙함이 익은 듯했다. 노동계의 경우는 '동지'라는 호칭이 조금도 어색하지 않을 정도였다. 만찬은 밤늦게 마무리되었다.

통일운동의 새 장을 열어가기 위해

8월 21일, 방북단 일행은 남으로 내려갈 채비를 서두르면서 그다지 홀가분한 기색은 아니었다. 오전 회의에서도 그동안 부문별 회의에서 합의한 사항들을 강조하는 한편, 「공동보도문」에 상당한 기대를 거는 듯한 느낌마저 받았다.

「2001 민족통일대축전 공동보도문」의 주요 내용은 이러했다. 6·15 남북공동선언의 적극적 실천, 자주적 평화통일 실현과 민족의 안전·평화를 정착시키기 위한 민간 단체들의 연대, 2002년 광복절 57돌 서울 행사에 북측 대표단의 서울 방문, 다방면적인 협력 교류 활성화, 일제 만행 및 역사 왜곡에 대한 공동 대응 등이 그것이다. 마지막 회의에서 확인된 부문별 성과는 남북 종교인들 사이의 대화와 교류, 비무장 지대의 평화적 이용을 위한 평화촌 개최, 조국통일을 위한 남북 노동자 회의(통노회)의 조속한 개최, 남북 여성 통일대회 개최, 농민단체의 교류·협력 확대, 남북 청년학생 통일대회 개최, 김정일 위원장 답방 환경 조성을 위한 민간 단체의 노력 등에 걸친 합의 등이었다.

2001년 민족통일 대축전 참여를 위해 '조선인민공화국'을 방문한 남측 대표 340여 명이 이날 서울 김포공항에 도착했을 때는 미처 예상하지 못한 일들이 벌어졌다. 대표 16명에 대한 연행 사태가 벌어지고, 극우 반통일 세력들이 목소리를 한껏 높이고 있었다. 결국 범민련 남측본부 간부들과 동국대 강정구 교수가 구속되고, 임동원 통일부 장관의 해임안이 국회를 통과하는 일까지 벌어졌다.

이런 퇴행적 상황에도 불구하고, 8·15 통일축전 방북은 그 규모가 3백 명을 넘고, 신조와 사상, 이념을 달리하는 다양한 부문과 계층에 속한 사람들이 동행했을 뿐만 아니라 6·15 공동선언 실천을 위해 함께 노력하기로 모두가 뜻을 모았다는 점에서 매우 큰 의의를 지닌다고 할 수 있다. 조국통일은 결국 이런 과정들이 이어지고 쌓이며 차원을 높여나감으로써 그 실현의 구체적 방도에 접근할 수 있기 때문이다. 북쪽에서 머무는 동안, 평양의 8월 하늘은 드높고 푸르렀다. 이것이 통일축전에서 분출된 조국통일에 대한 소망이 기어코 이루어질 수 있음을 상징한다고 믿고 싶다.

출처 한국노동사회연구소(2002), 『노동사회』(제61호), 한국노동사회연구소.

노동자계급의
자존심 회복을 위하여

2002년 새해를 맞는다. 노동현장이나 노동운동 측의 형편으로는 새해를 맞는 감회가 그다지 밝아 보이지 않는다. 그도 그럴 것이 노동자의 노동·생활조건 개선이나 노동운동을 둘러싼 안팎의 정황이 도무지 낙관적으로 전망되지 않기 때문이리라. 현재 한국 노동운동은 어쩌면 '좌절과 희망'의 고심참담(故心慘憺)한 갈림길에 서 있다고 할 수 있을 것 같다.

'좌절'과 '희망'의 교차 지점에서

노동운동이 부닥친 도전의 양상은 과연 어떠한가? 노동운동을 둘러싼 상황과 정세의 급격한 변화 그 자체가 큰 도전임이 분명하다. 더 구체적으로는 지구촌화(globalization)의 파고가 세계를 휩쓸면서 노동사회를 무척이나 핍박하게 만들고, 신자유주의 공세가 현대자본주의의 잔혹한 속성을 적나라하게 드러내고 있는 데다, 자본이 펴는 경영합리화가 노동통제를 극심하게 강화하는 형편이다. 한편으로 노동자계급의 요구 확대와 다양화도 도전의 한 갈래로 작용하고 있음이 분명하다.

이런 거대 도전들에 대응하여 이를 제압·극복하기 위해서는 무엇보다 주체역량의 성장·강화가 핵심 과제라 할 것이다. 말하자면 노동운동의 발전이 곧 도전과 당면 과제를 극복하고 해결하는 추진력이 된다는 의미다. 노동운동 발전에서 운동주체의 주요 과제로 올라 있는 것은 산업별노조 건설을 뼈대로 하는 조직형태 개혁과 조직의 확대·강화, 임금·노동조건 개선과 함께 정책·제도 개선 및 정치 개혁을 위한 공동투쟁·통일투쟁의 결합과 투쟁역량 향상, 노동운동의 사회세력화와 노동자 중심의 정당 건설을 핵심 내용으로 하는 정치세력화, 그리고 21세기 새로운 변화에 능동적으로 대응하기 위한 노동운동 노선과 기조의 설정 등이다.

이런 중대 과제의 해결은 그 추진 주체인 노동자계급의 성장·발전을 전제로 한다. 말하자면 계급으로서 정체성 확립과 자기 성장이 노동자계급의 시대적 책무 수행의 불가결한 요건이 된다는 것이다. 노동자계급의 성장과 발전은 계급의식의 고양과 이해를 달리하는 계급 사이의 투쟁 과정을 통해 진행된다. 현재의 노동운동 상황에 비추어 볼 때, 첨예한 계급 대립이 전개되는 가운데 계급 의식화와 계급 조직화의 필요성이 절실하게 요구되고 있다.

구체적으로 노조운동은 노동자계급의 성장·발전을 위해 무엇을 해야 할 것인가? 노동자의 노동자의식과 노조 의식을 높일 수 있어야 하고(의식화), 조합원이 노조의 주인으로서 노조활동에 적극 참여할 수 있어야 하며(주체화), 노조활동과 투쟁을 현장의 각 단위에서 추진해야 하고(실천화), 대중 주체의 원리가 활동 속에서 실현되어야 하며(민주화), 전체 조합원들이 노조활동의 크고 작은 몫을 담당할 수 있어야 한다(간부화). 이런 노동자계급의 성장과 사회적·정치적 역량 강화를 이끄는 일은 노동운동 지도부와 간부들에게 맡겨진 막중한 시대적 책무가 아닐 수 없다.

노동운동 자기 개혁은 최우선 과제

노동운동 지도부와 간부들이 이런 책무를 충실하게 이행하는 데서 긴요하게 요구되는 것은, 아마도 노동운동 발전을 위한 자기 개혁, 투쟁 전략의 올바른 설정, 노동운동의 권위 확립, 편향과 분파주의 극복, 노동운동 풍토의 획기적 쇄신 등을 위한 노력일 것으로 판단된다.

노동운동 발전에서 요구되는 근본적인 변화는 노동자계급이 어느 정도로 지도력을 발휘하는가에 달려 있다. 노동자계급 지도역량의 구축은 사회의 모든 영역에서 노동자들의 목소리와 조직, 그리고 행동 프로그램을 강화하고 노동자계급의 관점과 비전을 펴기 위한 폭넓은 사회적 지지를 획득하는 것을 뜻한다. 이렇게 본다면, 노동운동 지도부는 노동자계급 지도역량을 강화하는 방향에서 자기 개혁의 노력을 집중적으로 쏟지 않으면 안 된다. 노동운동 지도부가 사회체제 변혁과 정치 개혁, 그리고 작업현장의 민주적 개편을 주장하면서 정작 자신의 개혁을 소홀히 한다면 그것은 일종의 기만일 수 있다. 그래서 사회를 개혁하려면 먼저 자기 자신과 조직을 개혁해야 마땅한 일이다.

노동운동 지도부가 자기 개혁을 추진하는 데서 특히 강조되는 것은 무엇일까? 쉽게 해답을 구하려는 조급성을 버리고 성실한 물음부터 떠올리는 일이 중요하고, 근거 없는 낙관주의가 아닌 진지한 고민과 토론, 그리고 끊임없는 학습을 통한 자기 확신이 지도역량 강화에서 중요한 요건이 되며, 원칙과 경험, 그리고 대중토의를 바탕으로 한 새로운 사고와 행동 방식의 체현이 자기 개혁에서 필수적일 것으로 보인다. 그뿐 아니라 노동운동 지도부는 철저한 역사 인식을 지녀야 하고, 다른 사람의 비판을 겸허하게 수용하는 자세를 갖추어야 할 것은 물론이다.

노동운동 지도부는 자기 개혁과 관련하여 사회발전과 개인의 역할 사이의 관계를 바르게 인식할 필요가 있다. 사회발전은 따지고 보면 개인의 행위에서 비롯된다. 그러나 개인은 자기가 태어난 사회가 이루고 있는, 자신으로서는 어쩔 수 없는 조건의 제약을 받으면서, 그 사회관계 속에서 행동하는 것이다. 개인은 이런 전제조건에서 출발하여 이를 통제, 이용, 발전시킴으로써 자신의 사회적 환경과 실천적 삶의 과정을 변화시킬 뿐만 아니라, 스스로를 변화시켜 개성을 발전시키고 능력과 관계를 개선해 나가게 되는 것이다.

노동운동의 권위 확립을

다음으로 노동운동 지도부는 21세기 노동운동의 미래를 위한 전략의 올바른 설정과 그 실현을 위한 노력을 성실하게 경주할 필요가 있다. 민주노총『노동운동발전전략 보고서』는 '사회변혁적 노동조합운동'을 운동 기조로 내세우고 있으며, 한국노총은 '인본주의'를 강조하면서 "노동운동은 인간 중심의 인본주의 이념에 바탕을 두고서 시장 제일주의로부터 인류와 인간적 가치를 지켜내기 위한 투쟁을 전개해야 한다."라고 밝혔다.

21세기는 역사의 진보를 둘러싸고 지배세력 또는 지배블록의 수구·반동과 피지배세력 또는 피지배블록의 저항과 투쟁이 엮어내는 모순과 충돌을 특징으로 하며, 한국 자본주의의 종속적·독점적 자본축적 구조의 심화·강화와 이에 대한 노동자계급을 중심으로 한 민중적 항거가 치열할 것으로 전망된다. 이런 상황에서 사회발전의 추진력으로서 노동운동이 걸머진 책무는 클 수밖에 없고, 노동운동의 과학적인 전략 설정에서 리더들의 역할과 사명은 실로 중대하다.

한편, 모든 사회운동이 그러하듯 노동운동도 어려운 국면에 놓일수록 권위 확립이 절실한 과제가 된다. 권위는 사회의 다양한 영역에서 어떤 개인이나 조직이 행사하는 공인된 영향력을 의미한다. 권위는 모든 형태의 조직에 내재하는 원리라고 할 수 있다. 노동운동이 자본주의 체제의 근본적 개혁을 추구하고 자기 해방을 추구하는 과정에서 조직과 지도자들의 도덕적·정치적 권위는 성립되고 또 중요시된다. 이런 권위는 노동자 대중과 국민의 이익에 봉사하는 올바른 정책을 수행함과 동시에, 조직의 기본노선과 방침 그리고 사회적 의무를 이행하기 위해 혼신의 노력을 기울이는 데서 중대되는 것이다.

현시기 노동운동 발전을 가로막는 제약 요인의 하나는 조직 내의 편향과 분파주의다. 노동운동이 정체 국면에 놓이게 되면, 흔히 타협주의와 경제주의가 합리화를 주장하게 되고 반대로 모험주의와 경험주의가 한껏 목소리를 높이기도 한다. 그런 가운데 분파주의가 내부 혼란을 부추기고, 때로는 '편 가르기'를 통해 파쟁을 불러일으킨다. 분파주의는 노동자계급의 통일 단결을 깨뜨리고 노동운동 발전을 가로막는 해악적인 경향이다.

대중을 안아 들이는 넓은 품이어야

노동운동이 대중운동인 한, 다양한 견해와 주장 그리고 사상과 신조를 포용해야 한다. 노동운동은 동일한 이념과 노선을 지지하는 사람들로 조직된 정당과는 다르다. 그러나 노동운동은 대중성과 계급성을 바탕으로 공통의 이해관계를 추구하기 때문에 편향과 분파주의의 극복은 항상적인 실천 과제가 된다. 노동운동 지도부는 올바른 전략 목표와 운동 기조의 설정을 통해 총노선을 확립하고 조직 내 민주주의를 충실하게 실현하는 한편, 각급 조직 차원에서 대중노선의 관철을 일상화·체계화함으로써 운동 내부의 편향과 분파주의를 극복하지 않으면 안 될 것이다.

노동운동 리더들이 노력을 쏟아 해결해야 할 주체적 과제가 또 있다. 다름 아닌 노동운동 풍토의 쇄신이다. 현 단계 노동운동이 큰 도전에 부딪혀 위기 상황을 맞고 있는 가운데, 분파주의를 비롯한 그릇된 경향들이 고개를 쳐들면서 노동운동 풍토가 마치 겨울 대지와도 같이 황량한 모습을 드러내고 있다. 메마른 토양에서는 생명력 넘치는 운동 역량의 성장을 기대할 수 없다.

노동운동은 노동자 대중들을 푸근히 안아 들일 수 있는 넓은 품이어야 한다. 그래서 노동운동 리더와 간부는 모름지기 대중들의 가슴을 이어주는 연결고리 구실을 해야 하는 것이다. 메마른 풍토를 바꿀 수 있는 것은 사람에 대한 사랑이다. 노동운동의 경우, 그것은 동료애이고 동지애일 터이다. 동료애는 서로에 관한 관심과 현장조직을 통한 일상적인 만남과 토의, 그리고 노동운동에 대한 참여와 조직 사이의 깊은 연대를 통해 넓어지고 깊어진다. 그런 점에서 노동운동 리더는 인간주의자가 되어야 할 것이다.

출처 한국노동사회연구소(2002), 『노동사회』(제64호), 한국노동사회연구소.

물음을 떠올릴 때다

"인간의 진정한 가치는 그가 평온과 확신의 때에 어떻게 행동하느냐가 아니라 논쟁과 도전의 때 어디에 서 있는가에 달려 있다."

- 마틴 루터 킹(Martin Luther King Jr.)

한국의 노동운동이 혼돈과 미망 속에서 헤매다 못해 추락하고 있다면 너무 가혹한 표현일까? 안타깝게도 현재로서는 그 추락의 끝이 어디인지 가늠하기조차 힘들다. 특히 4월 2일 '발전노조 합의'를 둘러싼 민주노총 내부의 혼란은 어렵고 힘겨운 노동운동의 처지를 다시 한번 확인시켜 주었다.

사실 오래전부터 노동운동의 진로에 대한 우려의 목소리가 안팎에서 제기되어 왔지만, 정작 노동운동은 제대로 자각하지 못했다고 해도 과언이 아니다. 외부의 도전은 거세지는 데 반해 이에 대한 노동운동의 냉철한 인식과 철저한 대응은 이뤄지지 못했고, 그 결과 노동자들의 자존심은 구겨지고, 노동운동의 주체역량은 정체되고 위기 국면에 이르게 된 것이다.

좌절과 희망의 교차점에 선 노동운동

먼저 노동운동의 정체와 혼돈은 크게 보아 외부 변화에 대한 대응력이 취약한 데서 기인한 것으로 보인다. 그동안 세계화, 신자유주의, 자본의 신경영전략 등 거대 도전에 대한 노동운동의 주체적 대응은 소극적·수세적이었으며, 나아가 노동자계급의 요구 확대와 다양화를 제대로 따라잡지 못한 게 사실이다. 위기 국면에는 예상치 못한 결과가 예고되는바, 시대의 도전에 능동적이고 적극적으로 대응하지 못한 결과가 지금의 갈등과 혼란으로 이어지고 있는 것이 아닌가 싶다.

물론 아직 노동운동의 잠재 역량은 건재하며, 이는 운동 주체의 자기 개혁과 노동운동의 권위 회복, 나아가 노동자계급의 자존심 복원이 이뤄진다면, 현재의 위기 국면을 운동 발전의 원동력으로 바꿔낼 수 있는 토대가 존재함을 뜻한다. 하지만 지금까지 이러한 토대를 현실로 만들어낼 운동 진영의 작업은 제대로 이뤄지지 못했다. 양대 노총이 밝힌 2002년 노동운동의 방향을 보더라도 신자유주의에 대한 대응은 크게 강조되고 있는 반면, 운동 주체의 개혁 프로그램에 대해서는 별다른 대목이 없는 것이 단적인 예다. 이런 까닭에 4월 2일 발전노조 합의를 둘러싸고 일고 있는 민주노총 내부의 혼미는 마침내 올 것이 오고야 만, 당연한 사태의 귀결로 볼 수 있는 것이다.

아무튼 전략 목표도 뚜렷한 형태로 정립되어 있지 못하고, 당면 과제들에 대한 대응 방책도 확립되지 못하고 있는 지금 상황에서, 이번 사태를 노동운동의 새 지평을 열어가기 위한 계기로 반전시키기 위해 운동 전선에 몸담은 사람들이 해야 할 일은 무엇일까?

무엇을 할 것인가

우선 시급한 것은 성실한 물음부터 떠올리는 일이다. 작금의 상황에 대한 대응 논리를 개발하고 그 해법을 빨리 강구하는 것도 중요하지만, 이보다 더 시급한 과제는 '왜 이런 일이 벌어지게 되었는가?'라는 물음을 떠올려 보는 일이다. 쉽고 섣부른 해답을 찾기보다 사태의 원인을 철저하게 규명하는 작업을 무엇보다 우선해야 할 것이다.

그리고 성급하고 근거 없는 낙관주의를 버리고, 이번 사태를 노동운동이 부딪힌 도전과 과제를 고민하고, 토의하고, 학습하는 계기로 만들려는 성실하고 진지한 태도가 필요하다. 지금 상태로는 노동운동의 자기 발전을 기하기가 어렵다는 점을 자각하고, 간부와 조합원의 고민을 모으고, 함께 토의하고 학습하는 과정에서 현재의 위기 국면을 타개하기 위한 해답을 찾아야 할 것이다.

또한, 얼음처럼 굳어진 사고와 행동 방식으로는 더 이상 운동을 이끌어가기 힘들다는 점을 명심하고, 창의적 사고와 행동 방식을 개발해야 할 것이다. 세상의 변화에 대응하려면 낡은 사고와 굳어진 행동 방식을 극복해야 하며, 이를 위해서는 치밀한 상황 진단과 더불어, 실질적인 현장 토의를 광범위하게 조직하는 작업이 절실하다.

마지막으로 노동운동의 풍토를 바꾸는 일 또한 빼놓을 수 없는 과제라 할 것이다. 지금부터라도 노동자계급의 품성과 기품, 도덕을 살리는 운동을 대대적으로 벌여야 한다. 노동자로서 자존심과 동료애·동지애를 저버린 삭막한 풍토에서는 생명력 있는 운동을 기대하기 어렵다. 동료애는 서로에 관한 관심과 현장조직을 통한 일상적인 만남, 토의, 그리고 노조활동에 대한 참여, 조직 사이의 깊은 연대 등을 매개로 하여 넓어지고 깊어진다. 노동운동의 풍토를 개선하기 위해 이런 작업을 조직 전체로 확산시켜 나가야 할 것이다.

노동운동이 위기 국면에 놓이게 되면, 타협주의와 경제주의가 합리화되기도 하고 반대로 모험주의와 극좌주의가 목소리를 높이기도 하면서 분파주의가 고개를 쳐든다. 분파주의는 노동자계급의 통일 단결을 깨뜨리는 해악적인 경향이다. 이를 극복하기 위해서는 대중 주체의 원칙을 살리고 대중적 포용력을 발휘하며, 특히 현장 토론을 통한 민주집중의 원칙을 관철해야 할 것이다. 패배주의도 안 되지만, 투쟁주의와 맹동주의도 안 된다는 점을 바로 인식하고, 노동운동 발전에서 요구되는 최고의 덕목인 노동자의 계급적 단결과 조직적 통일을 위해 더욱 매진해야 할 터이다.

노동자의 계급적 단결과 조직적 통일을 위해

지금 노동운동을 둘러싼 안팎의 정황은 도무지 낙관적으로 보이지 않는다. 그리고 4월 2일 발전노조 합의를 둘러싼 사태는 한국 노동운동의 현주소를 다시 한번 분명하게 보여주었다. 이런 점에서 한국 노동운동은 좌절과 희망의 갈림길에 서 있으며, 노동운동이 부딪힌 좌절을 희망으로 바꿔내기 위해서는 엄청난 고통과 자기희생이 필요하다.

도전이 거대하고 과제가 막중하면, 자칫 노동운동의 나아갈 길이 막막하게 보일 수 있다. 이럴 때 필요한 것이 물음을 다듬어 떠올리는 일이다. 진지한 물음은 해답을 얻기 위한 필수적 요건이기 때문이다. 상황이 어려울 때일수록 성실한 고민과 광범한 토의, 그리고 집중된 학습활동이 전개되지 않으면 안 된다. 그래야만 패배주의를 이겨냄과 동시에 근거 없는, 그야말로 맹목적인 낙관주의의 허상도 깰 수 있는 것이다.

출처 한국노동사회연구소(2003), 『노동사회』(제72호), 한국노동사회연구소.

변화를 두려워하는가

"사람은 같은 강물에 두 번 들어설 수 없다." 고대 그리스 철학자 헤라클레이토스가 세계 만물은 강물처럼 끊임없는 운동 상태에 있다는 사실을 설명하면서 한 말이다. 모든 사물은 변화하고 고정 불변하는 사물은 없다. 그래서 변화는 물질세계의 모든 사물과 현상이 영원한 고정상태나 부동(不動)상태에 머물러 있지 않고 항상 변이(變移)한다는 사실을 반영한다.

변화는 운동 형태의 공통된 본질

전체 세계는 가장 작은 것에서부터 가장 큰 것에 이르기까지, 자연계에서부터 인류 사회에 이르기까지 어느 때나 운동하는 상태에 있다. 그래서 운동은 물질의 근본 속성이며, 물질의 존재 방식이다. 물질에 적용 가능한 운동이 곧 변화이다.

변화는 여러 가지 기준으로 구분된다. 사물 또는 성질의 변화냐 관계의 변화냐, 구조의 변화냐 체계와 기능의 변화냐, 공간의 변화냐 시간의 변화냐, 우연적 변화냐 필연적 변화냐, 본질적 변화냐 비본질적 변화냐 등이 그것이다. 또 발전과 관련지어 보면 양적 변화와 질적 변화로 대별되며, 상호 밀접한 관련을 맺고 있다.

질적 변화의 특수한 형식이 '발전'이다. 변화 자체가 바로 발전으로 이어지는 것은 아니다. 그러나 변화가 발전의 계기라고 한다면, 양적 변화의 결과로 한층 더 높은 질이 등장한다. 모든 발전은 변화이고, 모든 변화는 일정한 시간이 지나면 어떤 발전의 계기가 될 수 있다.

"변화와 발전의 속도가 너무 빨라 우리는 방향 감각을 잃어버리고 말았다. 2차대전 이후의 사람들이 믿었던 거의 모든 가정은 더 이상 유효하지 않다. 그러나 그것을 대신할 새로운 가정이나 신념도 아직까지 등장하지 않았다."

사이프러스공화국 대통령이었던 바실리우(George V. Vassiliou)가 '미래에 대한 불확실성과 우려에 찬' 21세기를 두고 한 얘기다.

21세기를 맞아 인류는 실로 감당하기 어려운 거대 변화를 경험하고 있다. 세계적인 석학으로 알려진 홉스봄(Eric Hobsbawm)도 "우리는 우리가 어디로 가고 있는지를 모른다."라고 고백하는 판국이다. 우리를 둘러싼 세상 변화가 큰 도전이 되고 있음은 결코 부인할 수 없다. 그런 점에서 변화에 대한 성찰이 변화를 발전으로 전이하기 위한 기본 요건이다. 오늘날처럼 삶의 궁극적인 목적에 관해 '왜?'라는 의문을 제기한 없을 터이다. 분명 갖가지 혼돈 속에서 새로운 세기를 맞게 된 것이다.

미래를 전망하기 위해서는 과거와 현재를 냉철하게 숙고해야 한다는 말은 옳다. 독일에서 연구 활동을 하는 송두율 교수는 『21세기와의 대화』에서 이렇게 주장한다. "미래를 전망하는 문제가 어려우면 어려울수록 불안도 커지게 마련이고, 이에 따라 우리는 관습적 사고에 더욱 매달리게 된다. 이것이 바로 교조주의적 사고와 행동양식이다. '참선하는 이가 화두를 의심하지 않으면 큰 병이 된다(參禪者 不疑言句 是爲大病)'는 불가의 말처럼, 미래의 전망이 어려우면 어려울수록 지금까지 품었던 사고와 행동에 대해서 더 큰 의심을 해보아야 한다."

현재에 대한 숙고

21세기 예측에서 떠오르는 불확실성과 혼돈, 그리고 우려는 따지고 보면 지배계급·지배세력·지배블록이 세계정세와 상황을 주도한다는 가정에서 비롯된 것들이다. 현재로서 이 가정은 정당하다. 더 구체적으로는 지구촌화(globalization)의 파고가 세계를 휩쓸면서 노동사회를 무척이나 핍박하게 만들고, 신자유주의 공세가 현대자본주의의 잔혹한 속성을 적나라하게 드러내고 있는 데다, 자본 측이 펴는 경영합리화가 노동통제를 극심하게 강화하는 형편이다. 한편으로 노동자계급·민중의 요구 확대와 다양화도 도전의 한 갈래로 작용하고 있음이 분명하다.

지배하는 쪽이 추구할 이런 가정들에 대응해 지배당하는 쪽이 지향할 목표는 그것과 정면으로 다를 수밖에 없다. 모든 사람이 인간답게 일하면서 안온한 생활을 누리는 것, 보편적인 가치가 존중되는 평등한 사회에서 인간의 존엄성을 지키는 것, 경제발전을 지속하고 민주주의적 자유와 권리가 보장되는 사회를 실현하는 것, 지구적 차원에 걸쳐 환경을 보호하는 것, 국가 간·지역 간 격차를 줄이고 균형을 유지하는 것, 산업정책이나 기업경영에서 경제민주주의와 노동의 인간화를 실현하는 것, 사회적 불평등과 빈곤을 해소하는 것, 사회정의와 도덕적 가치를 바로 세우는 것, 평화를 유지하고 국내외의 갈등을 해결하는 것 등이 바로 그것이다.

이런 지향과 목표는 인류의 보편적인 소망일 수 있고, 그 소망의 줄기찬 추구가 곧 미래의 희망일 수 있을 터이다. 이렇게 본다면, 21세기는 지배계급·지배세력·지배블록이 빚어내는 역사의 진보에 대한 반동과 피지배계급·피지배세력·피지배블록이 추구하는 변혁 사이의 격심한 갈등과 충돌이 전개될 것으로 전망된다. 노동운동의 전략적 목표도 이런 관점에서 정립될 수밖에 없다. 여기서 우리는 노동운동의 미래를 전망하게 되는 것이다.

대통령 선거라는 큰 변화 양상

변화는 지금 이곳 바로 우리 눈앞에서 분명한 형태로 벌어지고 있다. 제16대 대통령 선거 결과가 그런 변화를 집약적인 형태로 드러냈다. '노무현 정권'의 등장은 변화의 중심축 또는 핵으로 작용하면서 정치·경제·사회·문화 전반에 걸친 변화를 주도할 기세다. 대통령 선거 결과를 두고 진보적 소장 학자들은 '민주화와 개혁을 열망한 국민의 승리', '민주주의의 공고화', '개혁적 보수 세력의 사회적 중심세력으로 정착' 등으로 평가한다.

마침 대통령직 인수위원회가 1월 7일 노무현 정권의 「10대 국정 의제」를 발표했는데, 그 내용은 이렇다. 한반도 평화 체제 구축, 동북아경제 중심 국가 건설, 자유롭고 공정한 시장 질서 확립, 과학기술 중심 사회 구축, 참여복지와 삶의 질 향상, 국민통합과 양성평등사회의 구현, 교육개혁과 지식문화강국 실현, 지방분권과 국가균형발전, 부패 없는 사회·봉사하는 행정, 정치 개혁 실현 등이다.

눈에 띄는 내용을 보면, 북핵 문제 해결과 군사적 신뢰 구축, 평화 체제 구축을 위한 대화 통로 마련, 경제시스템 개혁, 기업하기 좋은 나라(규제 개혁 등), 일자리 창출, 과학기술 인력 양성, 전 국민 건강보장제도 실현, 국민복지 증진, 계층통합, 노사 화합, 차별 해소, 공교육 내실화, 지식정보사회의 전면화, 지방분권화, 국가시스템 혁신, 행정개혁, 중·대선거구제 등 선거제도의 개선, 정치자금 투명성 확보 등이다. 이런 의제들은 아직은 극히 추상적이고 일반적이며, 이전 '국민의 정부'의 정책 방향과 별로 구별되지 않는다.

'한반도 평화 체제 구축'이라는 의제에서 국가보안법 철폐, 평화협정 체결이나 군비 축소, 그리고 국가 자주성 확립 등의 내용은 찾을 수 없다. 브라질의 룰라(Luiz Inacio Lula da Silva) 대통령이 취임하자마자 7억 달러(8,400억 원) 이상의 전투기 구입 비용을 빈곤퇴치 자금으로 사용하기로 한 것과는 매우 대조적이다.

'자유롭고 공정한 시장질서 확립'에서는 공약에서 강조했던 재벌개혁은 자취를 감추었고, 대신 장기적·점진적·자율적 재벌개혁이 강조되었다. '참여복지와 삶의 질 향상' 내용에서 특기할만한 것은 없으며, '노사 화합'도 낡을 대로 낡은 정책구호일 뿐이다. '정치 개혁'에서도 특별한 청사진은 발견할 수 없다. 물론 의제(agenda)는 어디까지나 의제일 뿐이다.

노무현 대통령 당선자의 선거 공약이나 국정 의제를 통해서 볼 때, 노무현 정권의 성격을 어떻게 볼 것인가? 거대 야당인 한나라당 서청원 대표는 "노무현 정권은 좌파 정권이다."라고 큰 소리로 외친다. 얼토당토않은 얘기다. 한마디로 노무현 정권은 부르주아 또는 자유 민주주의 실현을 추구하는 '개혁적 보수 세력'을 대표한다고 볼 수 있다. 그래서 노무현 정권이 집중해서 해결해야 할 중심 과제는 아마도 민주주의 심화·발전과 실질적인 국민통합, 재벌 개혁과 시장경제의 민주적 개혁, 그리고 사회적 형평 실현 등이 될 걸로 전망된다. 노무현 정권의 등장은 새로운 정치 지형의 형성과 한국 사회의 구조 변화를 촉진할 것으로 보인다. 이런 상황 변화에 노동운동은 어떻게 대응할 것인가?

노동운동이 미래를 열어갈 힘인가

　노동운동 발전에서 이런 큰 변화는 분명 한 가지 도전이다. 끊임없이 진보를 추구해 나가는 노동운동에 대해 변화가 도전으로 다가서는 것은 어김없는 역설이다. 말하자면 노동운동이 그 변화를 유리하게 이끈다면 발전의 동인으로 삼을 수 있고, 그렇지 못하면 변화가 무거운 짐으로 압박할 수밖에 없기 때문이다. 그런 의미에서 노동운동을 둘러싼 상황의 급격한 변화는 발전을 위한 뚜렷한 계기가 될 수도 있고, 반대로 그것이 운동 발전을 가로막는 완강한 벽으로 작용할 수도 있는 것이다. 시대적 격변기를 전환기로 표현하는 것도 이런 이유 때문이다.

　먼저 노동운동이 추구하는 전략 목표에 비추어 대응 방책을 모색해야 할 것이다. 노동운동은 보편적으로 정치적 민주주의의 완전한 실현과 자본주의 체제의 근본적 개혁을 추구한다. 그것은 국내외 독점자본과 국가권력의 자본 중심적 정책을 규제하고, 경제를 전체 국민의 이익에 합치되는 방향으로 운영해야 한다는 목표를 기본 내용으로 한다.

　현 단계에서 노동운동이 추구하는 전략 목표는 경제구조의 민주적 개혁, 재벌 해체와 독점자본에 대한 규제 강화, 공기업과 국민기업 확대, 노동시장 유연화 반대와 고용보장, 사회보장제도 확충을 비롯한 정책·제도 개혁, 국가정책 결정과 기업경영에 대한 실질적 참여 보장, 국민의 자유와 기본권의 완전 보장 등이 될 것이다. 이것은 신자유주의 세계화에 대한 반대 명제가 될 수 있다.

　이런 전략 목표에 비추어 노동운동은 노무현 정권에 어떻게 대응해야 하는가? 노동운동과 정권 사이에는 전략적으로 볼 때 대립과 갈등, 모순과 대결의 요소를 가득 내포하고 있다. 그것은 어쩌면 계급 대립의 성격마저 띠고 있다. 정권의 처지에서 본다면 노동운동은 통제의 대상 또는 포섭의 대상이고, 노동운동의 처지에서 본다면 정권은 철저한 규제의 대상이고 나아가서는 극복의 대상이 될 수도 있다. 여기에는 경우에 따라 엄청난 괴리와 반목과 충돌이 있을 수 있다.

그런데 전술적 과제에 비추어서는 노동운동이 어떻게 대응해야 하는가? 노동운동의 관점에서 노무현 정권은 '타고넘어야 할 대상'이 될 것이다. 민주노총은 「향후 5년간 운동 방향」에서 '평등·자주·연대'를 슬로건으로 내걸고 ① 신자유주의·세계화 분쇄 ② 중소영세 비정규직 조직화, 산별 건설, 민주노총 혁신·강화 ③ 민중연대 전선 구축과 제 민주세력의 연대·강화 ④ 민족자주권 쟁취와 조국의 평화적 통일 ⑤ 노동자 중심의 진보정당 강화로 정치세력화 실현 등을 5대 운동 방향으로 설정했다.

노무현 정권이 추구할 중심 과제라 할 민주주의 심화·발전, 실질적인 국민통합, 재벌개혁과 시장경제의 민주적 개혁, 그리고 사회적 형평 실현 등은 노동운동이 추구하는 민중적 민주주의의 발전과 자본주의적 제도의 개혁을 위한 기초와 토대가 되므로, 노동운동은 국가권력과 자본으로부터 일정한 개량과 양보를 끌어내지 않으면 안 된다. 여기서는 노동운동이 이런 과제 해결을 위한 정권의 노력에 대해 한편으로 지지하고 촉구하고 연대할 필요도 있을 터이다.

다른 한편으로 노동운동은 노동통제를 겨냥한 신자유주의와 독점자본 편향의 정책, 대외종속적·분단고착적 국정 방침, 보수 정치세력 주도의 정치 구도, 반동·수구 세력의 지위 유지, 부패와 특권적 사회구조 온존, 노동통제와 노동배제 정책 등에 대해서는 비판과 견제, 나아가서는 투쟁으로 대응해야 할 것이다.

한국 노동운동이 현재와 같은 격변기 또는 전환기에서 기본적인 전략과 전술을 어떻게 정확하게 통합하고 전술 운용에서도 원칙을 얼마만큼 충실하게 실천하는가는 노동운동 발전을 좌우할 정도로 중대한 과제가 아닐 수 없다.

노동운동의 자기 개혁이 최우선 과제

세계와 사회를 개혁하는 데서 기본 전제가 되는 것은 노동운동의 과감한 자기 개혁이다. 노동운동의 자기 개혁을 통한 역량과 세력의 강화 없이는 거대 도전에 짓눌려 패잔자(敗殘者)의 위치로 전락할 수밖에 없기 때문이다. 노동운동 발전에서 요구되는 근본적인 변화는 노동자계급이 어느 정도로 스스로 지도력을 발휘하는가에 달려 있다. 노동자계급 지도역량의 구축은 사회의 모든 영역에서 노동자들의 목소리와 조직, 그리고 행동 프로그램을 강화하고 노동자계급의 관점과 비전을 펴기 위한 폭넓은 사회적 지지를 획득하는 것을 뜻한다. 이를 위해서는 노동자계급 지도역량을 강화하기 위한 과감한 자기 개혁이 추진되지 않으면 안 될 것이다. 노동운동이 사회체제 개혁과 정치 개혁, 그리고 작업현장의 민주적 개편을 줄기차게 주장하면서 정작 자신의 개혁을 소홀히 한다면 그것은 일종의 기만일 수 있다. 사회를 개혁하려면 먼저 자기 자신과 조직을 개혁해야 마땅하다.

노동운동이 자기 개혁을 추진하는 데서 특히 강조되는 것은 무엇일까? 먼저 노동운동의 장기 전략 수립을 바탕으로 하여 조직운영과 일상활동에 대한 엄격한 점검과 대대적 개혁이 이루어져야 할 것이다. 또 편향과 분파주의 극복을 위한 노동운동의 풍토 개선이 동시에 이뤄져야 한다. 진지한 고민과 토론, 그리고 끊임없는 학습을 통한 지도역량 강화, 원칙과 경험 그리고 대중토의를 바탕으로 한 새로운 사고와 행동방식의 체현이 자기 개혁에서 필수 요건일 것으로 보인다. 그뿐 아니라 노동운동 지도부는 철저한 역사 인식을 지녀야 하고, 다른 사람의 비판을 겸허하게 수용하는 자세를 갖추어야 할 것은 물론이다.

모든 사회운동이 그러하듯 노동운동도 어려운 국면에 놓일수록 권위 확립이 절실한 과제가 된다. 권위는 사회의 다양한 영역에서 어떤 개인이나 조직이 행사하는 공인된 영향력을 의미한다. 권위는 모든 형태의 조직에 내재하는 원리라고 할 수 있다. 노동운동이 자본주의 체제의 근본적 개혁을 추구하고 자기 해방을 추구하는 과정에서 조직과 지도자들의 도덕적·정치적 권위가 성립되고, 또 중시된다. 이런 권위는 노동자 대중과 국민의 이익에 봉사하는 올바른 정책을 수행함과 동시에, 조직의 기본노선과 방침 그리고 사회적 의무를 이행하기 위해 혼신의 노력을 기울이는 데서 증대되는 것이다.

또 활동과 투쟁을 체계화·집중화·합리화함으로써 조직 안팎의 신뢰와 역량을 확보하는 한편, 노동운동에 본래적이고 특유한 전문성을 개발·정착시키고, 자주적인 규율을 확립함과 동시에 간부의 양성과 능력 향상을 위한 프로그램과 사업을 추진할 필요가 있다.

노동자계급의 자존심 회복을 위하여

노동운동 발전은 그 추진 주체인 노동자계급의 성장·발전을 전제로 한다. 말하자면 계급으로서 정체성 확립과 자기 성장이 노동자계급의 시대적 책무 수행의 불가결한 요건이 된다는 것이다. 노동자계급의 성장과 발전은 계급의식의 고양과 이해를 달리하는 계급 사이의 투쟁 과정을 통해 진행된다. 현재의 노동운동 상황에 비추어 볼 때, 첨예한 계급 대립이 전개되는 가운데 계급 의식화와 계급 조직화의 필요성이 절실하게 요구되고 있다.

구체적으로 노조운동은 노동자계급의 성장·발전을 위해 무엇을 해야 할 것인가? 노동자의 계급의식과 노조 의식을 높일 수 있어야 하고(의식화), 조합원이 노조의 주인으로서 노조활동에 적극 참여할 수 있어야 하며(주체화), 노조활동과 투쟁을 현장의 각 단위에서 추진해야 하고

(실천화), 대중 주체의 원리가 활동 속에서 실현되어야 하고(민주화), 전체 조합원들이 노조활동의 크고 작은 몫을 담당할 수 있어야 하며(간부화), 노동운동을 통해 인간에 대한 사랑을 몸에 익힐 수 있어야 한다(인간화). 이런 노동자계급의 성장과 사회적·정치적 역량 강화를 이끄는 일은 노동운동 지도부와 간부들에게 맡겨진 막중한 시대적 책무가 아닐 수 없다.

노동운동의 전략 목표와 자기 개혁의 목표가 확고할 때, 미래에 대한 무관심이나 우려는 극복될 수 있을 것이다. 이와 관련하여 어느 프랑스 지식인의 말을 떠올리게 된다. "위기 속에서만 전진한다는 것을 우리는 알고 있다. 진보는 행복이 아니다. 투쟁을 통해서만 전진할 수 있다. 선보다 악에 대항하기 위해 더 쉽게 뭉친다." - 베르나르 쿠시네 (Bernard Kouchner), '냉소주의의 거부' 가운데서.

출처 김금수·이병훈·정이환, 『87년 노동자대투쟁 20년: 산별시대 노동운동 과제』, 토론회 자료집, 한국노동사회연구소

87년 노동자대투쟁 20년과 노동운동 과제

"역사는 오늘날 우리가 살고 있는 삶을 낳은 사건들의 연속이다. 역사는 우리가 어떻게 오늘날의 우리가 되었는지에 관한 이야기이다. 역사를 이해하는 것은, 오늘날 우리가 살고 있는 세계를 변혁할 수 있는지와 어떻게 그렇게 할 수 있는지를 알기 위한 열쇠다."

- 크리스 하먼(Chris Harman)

현재 시점에서 돌아보면 1987년 7~9월 노동자대투쟁은 오늘을 있게 한 역사다. 그렇게 인식할 때 앞의 크리스 하먼 얘기를 떠올리게 된다. 1987년에서 꼬박 20년의 세월이 흐른 현재의 시점에서 노동자대투쟁이 노동운동 발전에서 갖는 역사적 위치를 짚어보고, 지난 20년 동안 전개된 노동운동의 침체와 고양, 패배와 승리의 변증법적 진행 과정을 살펴보는 것은, 노동운동의 현주소를 바르게 파악하는 데 매우 긴요한 일로 여겨진다. 이를 바탕으로 노동운동의 발전을 위한 주요 과제들을 떠올려 함께 논의하는 일도 물론 중요하다.

역사가 된 1987년 노동자대투쟁

　87년 노동자대투쟁은 1960년대와 1970년대에 걸친 노동자계급의 잠재적 역량 축적을 바탕으로 하여, 1980년대 전반기의 진통기 또는 준비기를 거쳐 진행된 노동운동 발전의 결과이자 성과였다. 노동자대투쟁은 우리나라에서 노동계급이 형성된 이래 최대 규모의 파업투쟁이었으며, 대중적 항쟁의 성격을 띠었다. 그런 점에서 87년 노동자대투쟁은 우리 노동운동의 발전과정에서 중요한 도표(道標)이자 획기적 계기라 할 수 있었다. 노동자대투쟁은 첫째, 광범한 노동자를 단련시키고 계급적 의식과 조직을 발전시킨 계기였다. 노동자 대중이 스스로 투쟁의 전면에 나섬으로써 자신들을 억압하는 체제와 각종 제도의 구조를 인식하게 되고, 투쟁 과정에서 조직적 지도성의 중요성과 넓은 범위에 걸친 연대의 필요성을 인식하게 된 것이다.

　둘째, 노동운동의 새로운 주체 형성을 촉진했다. 신규 노조의 결성이 결코 거스를 수 없는 대세가 되면서 '민주노조운동' 진영이 본격적으로 형성·강화되었다. 셋째, 억압적 통제체제를 무너뜨리고 기본권리의 확보를 위한 조직적 토대를 마련했다. 넷째, 사회적 민주주의 쟁취 투쟁의 첫걸음이 되었다. 노동자대투쟁은 「6·29 선언」으로 집약되는 절차적·정치적 민주주의 요구를 넘어서, 노동자들이 일하는 노동현장에서 민주주의를 정착시키고 실질적·사회적 민주주의를 쟁취하기 위한 투쟁의 시발이었다. 다섯째, 노동계급의 정치적 진출을 위한 대중적 토대를 마련했다. 여섯째, 사회개혁 또는 사회변혁적 노동운동이념과 노선을 모색하는 중요한 계기가 되었다.

　이렇듯 87년 노동자대투쟁은 노동운동 발전을 위한 주요 계기들을 창출했음에도 불구하고 주요 측면에서 분명한 한계를 드러냈다. 우선 지적할 수 있는 부분은 조직과 투쟁의 측면에서 자연발생적 경향이 강했고 조직 지도력이 취약하여 매우 강고한 투쟁을 벌이고도 투쟁 성과가 광범한 조직적 역량의 결집·강화로 이어지지 못했다는 점이다. 투쟁 방식의 측면에서는 사업장단위에서 고립·분산적 형태를 취했으며, 연대투쟁이나 공동투쟁이 폭넓게 추진되지 못했다. 투쟁 목표의 설정에서도 투쟁이 사업장 차원의 요구사항에 집중된 채 계급적·제도적 요구 관철로 발전하지 못했다. 이런 한계는 당시 노동운동의 전반적인 발전단계를 반영한 것이었다.

1987년에서 2007년까지, 고양과 침체의 변증법적 전개 과정

1) 조직 측면

1987년 이후 2007년까지, 노동운동 고양과 침체의 변증법적 전개 과정을 조직, 투쟁, 운동 기조, 정치세력화 등의 측면에서 살펴보자. 먼저 조직의 측면을 보겠다. 1987년 노동자대투쟁 직후 노동운동은 노조 조직역량의 확대를 통해 고양의 흐름을 나타냈다. 노동자대투쟁 직전인 1987년 6월 말 당시의 노조 수는 2,742개, 조합원 수는 105만 명으로 조직률은 15.7%였는데, 1987년 노동자대투쟁 이후 노동조합운동이 활성화하면서 노조 수와 조합원 수가 급증해, 1989년에는 노조 수 7,883개, 조합원 수 193만 명, 조직률은 19.8%였다. 그러나 이러한 흐름은 1989년 이후에 하락세로 반전하여 노조 조직률은 1997~2001년 12%대, 2002~2003년 11%대, 2005년에는 10.3%로 저하되었다. 현재 조합원 수도 150만 명에 머무르고 있다.

노동자대투쟁 이후 조직 확대는 미조직 사업장의 조직화와 더불어 미조직 부문에서 노조조직이 빠르게 확대되면서 나타났다. 특히 언론,

병원, 정부출연·투자기관, 대학, 경제단체, 유통 부문 등과 재벌그룹 산하 계열기업, 사무 직종 등에서 진행된 노조 조직화는 전체 노동운동의 판도를 크게 변화시켰을 뿐만 아니라 노동운동의 영역을 한층 더 확대했다. 1989년 결성된 〈전국교직원노동조합〉이 1999년 합법화되고, 2006년 공무원 노조법이 시행되면서 〈교수노조〉 말고는 거의 합법적 지위를 차지하게 되었다.

한편, 노동자대투쟁 이후 노조조직의 확대에 따른 노동운동의 전체적인 구도 변화와 함께, '민주노조운동'의 대두·발전 역시 노동운동의 지형 변화를 가져왔다. 민주노조운동은 한국노총 주도의 기존 노조운동과 구별되는 새로운 흐름을 형성했고, 노동운동의 주축으로까지 자기 역할을 지향하게 되었다. 새로 결성된 노조와 조직개편을 통해 한국노총에서 탈퇴한 노조들은 1987년 말부터 지역, 산업(업종), 재벌그룹별로 별도의 조직으로 결집하게 되었다. 지역노조협의회들은 〈전국노동조합협의회(전노협)〉로 결합했고, 산업별 또는 업종별 협의체는 노조연맹체로 개편되었으며, 그룹협의체는 노동조합총연맹 결성 과정에 합류하면서 해체되었다.

이런 민주노조운동의 흐름은 1995년 〈전국민주노동조합총연맹(민주노총)〉의 출범으로 집약됐다. 민주노총 결성은 일제시대부터 이어진 자주적 노동운동의 계승이면서, 1987년 이후 새롭게 형성되고 발전한 민주노동운동의 집약된 성과였다. 또한 그것은 10여 년 동안에 걸친 투쟁의 결실이었고, 자본과 권력에 대응할 수 있는 교두보의 구축을 의미했다.

이와 더불어 기존 〈한국노동조합총연맹(한국노총)〉에서도 개혁 시도가 이어졌다. 한국노총은 대투쟁이 발생한 1987년의 다음 해인 1988년 2월 정기 대의원대회 선언문에서 "지난날의 노동운동에 대한 냉철한 자기성찰과 겸허한 자기비판을 통하여 운동 태세를 획기적으로 쇄신하고 전진적이고 창조적인 자기혁신과 발전을 적극 도모하지 않으면 안 될 중차대한 전환기적 시점에 처해 있다."라고 했다. 한국노총은 '제2의 탄생'을 표방하면서 △국가권력의 부당한 지배·개입 거부 △여당 편향적인 정치 활동 탈피 △공동투쟁 전개 △산별노조 건설 등을 주요 과제로 내세웠다. 1990년대에 들어서는 운동 기조를 바꾸기도 하고 조직 강화와 조직형태 전환에 대한 논의를 제기하기도 했다.

이런 가운데서도 한국노총은 1993년과 1994년에는 이른바 「노총·경총 중앙 임금인상 합의」를 체결함으로써 개혁 시도의 허점을 드러냈다. 그러나 1996년에는 노동관계법 개정에 항의하는 총파업을 전개하면서 민주노총과 공조하기도 했다. 이후 한국노총의 개혁은 지도부 개편 때마다 강조됐으며, 자기혁신을 위한 노력이 더디게나마 이어져 왔다.

또한 노동자대투쟁 이후 노조 조직형태 개편·발전을 위한 노동운동의 실천적 노력 역시 주목해야 한다. 1989년 법외노조로 출발한 전교조는 결성 때부터 산별노조 형태를 취했다가 1999년 합법성을 확보함으로써 조직의 체계 정비와 산별노조 체제를 확립하게 되었다. 또 〈전국병원노조연맹〉은 1998년 〈전국보건의료산업노조〉로 조직형태 전환을 단행했고, 〈전국대학노조연맹〉 역시 산별 체계로 조직형태를 변경했다. 1999년에는 〈전국화물운송노조연맹〉이 〈전국화물운송하역노조〉로 조직체계를 바꾸었다. 2000년에는 〈전국언론노조연맹〉과 한국노총 산하 〈전국금융노조연맹〉이 산별 체제로 조직형태를 변경했다. 그리고 2001년에는 민주노총 산하 〈전국금속산업노동조합연맹〉 소속의 114개 기업단위 노조가 결합해 〈전국금속노조〉를 창립했다. 2002년에는 법외노조로 출범한 〈전국공무원노조〉가 산별 형태로 그 모습을 드러냈다. 이러한 노력은 최근까지 이어져, 2006년 자동차산업 완성차 4개 노조가 금속노조에 가입하고, 철도노조 등이 '운수산별노조 건설'을 결정하는 등 산별 체계로 조직형태 개편 작업이 계속되고 있다. 2005년 현재 전국 규모의 산별노조는 51개이고, 그 가운데 대(大)산별에 속하는 것은 8개이다. 조합원 수는 47만 8,385명으로 집계되고 있다.

한편, 산별 체계로의 개편은 아니지만, 초기업단위 노동조합 형태인 지역업종노조와 직종노조도 꾸준히 확대되었다. 2005년 현재 단위노조 5,934개 노조 가운데 지역업종·직종노조는 374개에 달한다. 초기업단위 노조에 속한 조합원 수는 60만 4천 명으로 전체 조직노동자의 40.1%를 차지하고 있었다. 2년이 지난 2007년 지금에는 그 비율이 절반을 넘었을 것으로 추측된다.

이상에서 본 바와 같이 1987년 노동자대투쟁 이후 노조조직의 확대와 조직형태 발전을 통해 고양과 성장이 진행됐지만, 침체 또는 정체의 측면 역시 존재했다. 먼저 지적할 수 있는 부분은 조직률의 저하와 조합원 수의 정체이다. 조직률은 10.3%까지 저하되었고, 앞으로도 조직 확대를 위한 특별한 활동이 전개되지 않는 한 떨어질 공산이 커 보인다. 이에 따라 조합원 수도 150~160만 명 수준에서 등락을 되풀이할 것으로 전망되고 있다. 이것은 기업단위 노조 형태가 갖는 조직 확대 시도의 한계, 노동시장 유연화에 따른 비정규직 노동자의 확대, 노조 상급조직과 지역조직의 조직 확대를 위한 활동의 취약성, 조직형태 발전의 지연 등에서 비롯된 것이다.

다음으로 민주노조운동이 노동운동의 한 축을 형성한 것은 분명하나, 그 특성이라 할 자주성, 민주성, 투쟁성, 연대성, 이념성을 지켜내고 발전시키는 데서는 일정한 한계를 드러냈다는 점을 지적할 수 있다. 어느 연구자의 진단처럼 민주노조운동을 포함한 전체 노동운동이 정체성 위기, 연대성 위기, 계급대표성 위기, 공공성 위기, 도덕성 위기, 조직민주주의 위기마저 겪고 있는지도 모른다. 민주노조 진영은 '전투적 노조운동'이라는 허울을 덮어쓴 채 노동운동의 주도적 역할을 포기하다시피 함으로써 새로운 주체로서 자기 역할을 방기하고 있다. 그리고 또 한편으로, 한국노총은 1987년 이후 지속적인 '개혁전략' 노력에도 불구하고 "냉철한 자기성찰"이나 "겸허한 자기비판"을 철저하게 수행하지 않은 채, 운동 태세의 쇄신과 창조적인 자기혁신을 위한 구체적인 행동전략을 펼치지 못했다. 그리하여 조직 운영이나 활동 방식, 그리고 운동 기조의 정립에서 상당한 개선을 이룩하긴 했으나, 결코 종래의 낡은 틀을 극복하지는 못했다.

물론 노동자대투쟁 이후 산별노조 건설이 많은 우여곡절을 겪으면서도 뚜렷한 추세를 형성하게 된 것은 노동운동 발전에서 매우 중대한 성과로 평가할 수 있다. 기업별노조 체제에서 산별노조 체제로 전환된 경우는 어느 나라에서도 찾아보기 어렵기 때문이다. 그렇지만 산별노조 체제는 아직 보편적인 정착단계에 접어들지 못한 채 초보 단계에 머물러 있다. 산별노조 체제에서 집중성과 통일성이 관철되지 못하고 있고 대중성과 지도성의 원칙을 미처 실현하지 못한 채 기업별노조의 타성이 극복되지 못한 실정이다. 단체교섭 방식에서도 산별교섭이 안정적으로 시행되지 않고 있다. 그뿐 아니라 본부조직의 기능과 지도역량이 산별 체제를 이끌어갈 정도로 성숙하지 못하고 있는 것은 산별노조의 현주소를 반영한 것으로 볼 수 있다.

이 밖에도 노동자대투쟁 이후 조직 측면에서 노조 민주주의와 각급 조직의 지도역량, 노동전선의 통일 등에서 두드러진 진전을 이룩했으나, 아직도 뚜렷한 한계를 드러내고 있다. 특히 양대 노총의 분열과 갈등은 노동운동의 정체 국면을 부추기고 있다.

2) 투쟁 측면

1987년 이후 전개된 노동자투쟁의 전반적인 상황은 노동쟁의 추이를 통해 우선 파악할 수 있다. 1986년에는 쟁의행위 건수가 276건이던 게 1987년에는 3,749건, 1988년 1,873건, 1989년 1,616건이었다. 이후 1990년에는 322건으로 급격하게 감소했고, 1993년부터 1999년까지는 100건 대를 유지하다가 2000년 이후 200~300건 대를 나타내고 있다(2004년은 462건). 이렇듯 1987~1989년 시기 쟁의행위가 폭발적인 양상을 나타냈는데, 이것은 노사관계의 정상적인 구조에서 제기되었다기보다는 노동자의 요구와 불만이 일시에 분출된 '노동항쟁'의 성격을 띤 것이었다.

1987년 이후 전개된 노동자투쟁은 여러 측면에서 양태와 성격의 변화를 보였다. 이것은 투쟁의 질적 성장을 의미하는 것이었다. 일반적으로 노동운동의 투쟁은 기업이나 사업장 단위의 고립·분산적 투쟁에서 지역·산업별 및 전국적 연대조직을 기초로 한 연대·공동투쟁 및 통일투쟁으로, 즉 자연발생적 투쟁에서 조직적·계획적 투쟁으로 발전한다. 또한 경제투쟁 위주에서 경제투쟁과 정치투쟁의 결합 형태로 진전되며, 정치투쟁도 자본과 군사력의 통제에 대항하는 수세적인 것에서 정책·제도 개선이나 사회개혁을 요구하는 공세적인 투쟁으로 발전한다. 1987년 이후 전개된 노동자투쟁의 각종 사례에서도 이런 노동자투쟁의 보편적 양상과 특징들은 분명하게 드러난다. 이런 양상과 특징은 특히 1996년 12월의 총파업투쟁을 통해 집약적으로 나타났다.

1996년 12월 총파업은 정부·여당의 노동관계법 개정 날치기 처리에 항의하여 결행되었고, 1996년 12월 26일부터 1997년 2월 28일까지에 걸쳐 민주노총과 한국노총이 공동전선을 형성한 가운데 진행되었다. 당시의 공동파업은 대한민국 정부 수립 이후 최초의 총파업이었고, 노동법 개정에 반대하는 정치투쟁의 형태를 취했다. 또 특정 지역이나 특정 산업의 범위를 뛰어넘은 전 산업·전국 규모의 파업이었고, 조직적이고 계획적인 성격을 지닌 투쟁이었다. 그리고 총파업은 국민적인 지지와 국제노동운동과 연대를 과시했다. 그런 점에서 1996년 12월 총파업은 1987년 노동자대투쟁보다 한 단계 고양된 정치적·대중적 투쟁이었다.

1997년 말 한국 사회는 〈국제통화기금(IMF)〉 관리체제에 들면서 심대한 위기 국면을 맞게 되었다. 국가권력이 신자유주의 정책을 강도 높게 시행하는 가운데 자본 측이 적극적인 경영합리화 방침을 추진함에 따라, 노동운동 역시 큰 난관에 봉착하게 되었고, 노동자투쟁도 침체 국면에 빠져들게 되었다. 그러나 이런 상황에서도 한국 노동운동은 구조조정과 노동시장의 유연화에 대한 대응, 노동·생활조건의 유지 개선, 비정규직 노동자의 권리 보장, 사내하도급과 관련한 원청업체의 사용자 책임 요구, 특수고용직의 법적 노동자성 인정, 노동 관련 정책·제도 개선 등을 위한 투쟁을 다양한 형태로 전개해 나갔다.

이렇듯 1987년 7~9월 노동자대투쟁을 비롯한 몇 년 동안의 수많은 건수에 이르는 파업투쟁과 1996년 12월 총파업을 정점으로 하는 투쟁의 획기적 고양에도 불구하고, 노동운동의 발전과정에서는, 한편으로 전략적 투쟁 목표의 설정을 비롯하여 노동운동이 부딪친 도전에 대한 대응 양상, 경제투쟁과 정치투쟁의 결합, 투쟁 전술 등의 측면에서 침체와 한계를 드러내기도 했다.

조직형태가 산별 체제로 전환 추세를 보이고는 있으나 노동조합이 추진하는 활동과 투쟁은 주로 기업 또는 사업장 차원에서 크게 벗어나지 못하고 있다. 이에 따라 투쟁은 분산적으로 진행되었으며, 지역·산업·전국 차원의 공동투쟁이나 통일투쟁이 활발하게 이루어지지 못했다. 또한 투쟁에서 제기된 요구도 주로 경제적 성격의 것이었고, 신자유주의 정책과 경영합리화 방침에 따른 공세에 수세적으로만 대응했다. 그리고 노동관계법 개정이나 「한·미자유무역협정(FTA)」 체결에 반대하는 투쟁을 전개하기도 했으나, 제도와 정책 개혁을 위한 적극적인 활동을 펼치지는 못했으며, 민중적·국민적 요구를 폭넓게 대변하지 못했다.

3) 운동이념의 측면

노동운동의 전개에서 조직이 확대·강화되고 투쟁이 고양됨에 따라 운동이념이나 기조가 발전하게 되는 것은 필연적 현상이다. 노동운동 이념의 발전은 운동의 방향과 전략 목표의 정립, 운동 기조의 설정 및 자본·권력의 이념 공세에 대한 대응에서 구체화한다. 1987년 노동자대투쟁 이후 한국 노동운동의 이념 변화는 어떠했는지를 보자.

한국노총은 1991년 전국대의원대회에서 「90년대 한국노총의 운동 기조와 활동 방침」을 채택했다. 한국노총은 노동운동의 이념을 '민주복지사회 실현을 위한 노동조합주의'로 설정했다. 이것은 "경제적 조합주의와 정치적 조합주의의 한계와 단점을 우리의 상황 속에서 극복해 나가는 것으로 노동자의 주체적 역량 강화와 국민적 연대 속에서 통일민주복지국가를 건설해 나가는 기본 이념"인 것으로 풀이되었다.

운동 기조로서는 △자주적·민주적 노동운동의 전개 △노동자와 일반 국민 생존권 보호 △한국 자본주의 구조적 개혁 추진 △국가정책 결정 과정에 적극적 참여 △정치 활동 전개 △노동조직의 통일 및 시민운동과 연대 등이 제시되었다. 이후 한국노총은 1995년 대의원대회에서 「2000년대를 대비한 노총의 운동 기조와 활동 방침」을 채택했다. 그러나 이념이나 기조에서 큰 변화는 없었다. 2001년에는 '인본주의'를 지도이념으로 하고 '반신자유주의적 연대'를 전략개념으로 하는 운동 방향을 제시하고, △교육 강화 △산별 전환 △실질적 총파업 전개 △양대 노총 및 범(凡)진보 세력 연대 강화 △진보 세력의 정치세력화 △자주 재정 확보 등 주체적 역량 강화 6대 과제를 설정했다.

2006년에는 한국노총 설립 60주년을 맞아, 그동안의 운동 역사에 대한 단절과 계승, 발전과 도약이라는 대명제 하에 운동이념으로서 '평등복지사회 실현을 위한 참여와 사회연대적 노동조합주의'를 채택했다. 또한 노동운동의 사활이 걸린 △조직 강화와 확대 전략 △노동의 유연화에 대항하는 반(反)신자유주의 연대투쟁이라는 두 가지의 운동 전략, △산별노조 건설을 통한 조직 확대 및 강화 △사회개혁(공공성) 투쟁 강화 △사회적 대화 체제 구축 등 3대 운동 방향을 설정했다. 2007년 들어서는 '참여와 연대의 사회개혁적 노동조합주의'를 운동이념으로 내세우면서, △조직 강화 △노동운동 위상과 역할 강화 △사회연대와 사회개혁을 3대 운동의 목표로 설정했다.

민주노총은 노동운동이념 설정과 관련해 2000년도 사업보고서에 「노동운동발전전략 보고서 요지」를 자료로 실었다. 이 보고서는 〈노동운동발전전략위원회〉가 약 1년 동안 진행한 작업의 결과였다. 이 보고서는 대의원대회에서 공식적으로 토의되지 않았고 채택되지도 않았다. 그러나 민주노총이 목적의식적으로 추진한 사업을 통해 도출된 결과이므로 상당한 무게를 지닌 것으로 평가된다.

민주노총은 이 보고서를 통해 '착취와 억압에서 해방되어 인간이 주인 되는 평등사회'를 지향한다고 밝혔다. 평등사회는 "자본주의 사회의 모순을 극복하고 평등을 실현하여 모두가 함께 인간다운 삶과 존엄성이 보장된 사회"라고 규정했다. 평등사회의 운영원리를 △공공적 소유가 지배적인 사회 △자원배분이 사회적으로 조절되는 사회 △민주적인 참여와 통제가 이루어지는 사회로 설명했다. 평등사회로 이행하기 위한 정책으로서, △공공적 소유를 지향하는 사회화 정책을 비롯해, △시장적 조절의 제한과 국가적 조절의 확대·강화 △자본가적 통제를 제한하는 민주적 노동자 통제 △대외종속적 자본주의의 청산과 개방적 자립경제로의 전환 등을 강조했다. 이 밖에도 보고서에는 정치·연대·통일 전략, 정책 및 제도 개선 방향, 조직 발전 전략 등이 포함되어 있다.

이상에서 살펴본 바와 같이 한국의 노동운동은 21세기를 맞는 전환기에도 미래에 대한 전략을 세우지 못했을 뿐만 아니라 현시점에서도 노동운동의 이념과 노선을 정립하지 못하고 있다. 한국노총은 '평등복지사회 실현을 위한 참여와 사회연대적 노동조합주의' 또는 '사회개혁적 노동조합주의'를 표방하고 있으나 '참여'와 '사회연대'에 대한 기본 개념도 확립하지 못하고 있으며, 사회개혁에 대한 구체적인 목표와 실천계획도 제시하지 못한 채, 조직적 논의를 추진하는 과정을 밟고 있다.

민주노총은 노동운동 이념의 시안으로 제시된 바 있는 '사회변혁적 노동조합주의'를 2001년 이후 지금까지 더 이상 논의하지 않는 실정이다. 이는 현실적으로 민주노총이 노동운동의 이념이나 노선을 공식적으로 채택하지 않고 있다는 의미다. 말하자면 노동운동이 지향하는 전략 목표가 아직 정립되지 못한 것이다. 어쩌면 노동운동 침체 양상을 극명하게 표현하는 현상인 듯하다.

4) 정치세력화의 측면

1987년 노동자대투쟁 이후 노동운동의 정치적 역량은 크게 증대되었고, 노동자 또는 노조의 정치세력화가 여러 측면에서 확대되고 강화되었다. 이것은 노동자계급의 정치적 요구가 높아졌음을 반영하는 것이고, 조직역량과 투쟁역량의 발전 결과로도 볼 수 있다. 한국 노동운동이 추진해 온 정치세력화는 정당 건설을 비롯하여 선거 활동, 그리고 다른 선거운동이나 시민운동과의 연대 등 다양한 방식을 통해 이루어졌다.

한국노총은 1991년 이후 정기대의원대회에서 줄곧 정치방침들을 결의했다. 특히 1997년 대통령 선거를 앞두고는 「21세기 정치 활동 플랜」을 발표했다. 이는 △1997년 대통령 선거에서 정책연합의 실천을 담보할 수 있는 친노동자 후보 지지 △2000년 총선에서 노동계 및 친노동계 후보 20개 의석 확보 △2002년 대통령 선거에서 정당 제휴를 통한 정권 참여 △2004년 총선에서 독자정당 건설과 원내 교섭단체 구성 △2007년 대선에서 독자 후보 추대를 통한 수권 가능 세력으로 부상 △2008년 총선에서 제1야당 지위 확보 등을 그 내용으로 했다. 이 플랜은 야심 찬 것이었으나 제대로 실현되지는 못했다.

이후에는 독자적인 정당 건설과 선거 참여가 실천되었다. 한국노총은 2002년 10월, 〈(가칭)민주사회당 창당준비위원회〉를 발족시켰고, 11월 3일 〈민주사회당〉 창당대회를 열어 독자적인 정당을 건설했다. "오늘 우리는 자유·평등·연대·평화통일을 갈구하는 모든 국민 대중의 열망을 한데 모아 민주사회당 창당을 선언한다."라면서, "민주사회당은 노동자, 농민, 빈민, 여성, 청년, 양심적 지식인과 종교인, 서민층을 포괄하는 대중정당"이라고 밝혔다. 2003년 3월 정기 전당대회에서는 당명을 〈녹색사민당〉으로 개칭했다. 녹색사민당은 2004년 4월15일 실시한 제17대 국회의원 선거에 28개 지역구에 출마했으나 한 명도 당선되지 못하여 실패하였고, 5월에는 정당 해산을 단행했다.

한편, 한국노총은 1991년 이후부터 본격적인 선거 활동을 추진하여 지방선거에서 기초의회와 광역의회에 진출하게 되었다. 이들 당선자의 대부분은 기존 정당의 공천을 받은 사람들이었다. 그리고 한국노총은 사회시민단체들과의 연대활동을 전개해왔는데, 사회 양극화 해소, 농민투쟁 연대, 과거사·민족문제 관련 연대사업, 통일단체와 연대활동 등을 추진했다.

다음으로, 민주노총은 1995년 결성 당시 강령에서 "우리는 노동자의 정치세력화를 실현하고 제 민주세력과 연대를 강화하며 …… 조국의 평화적 통일을 실현한다."라고 밝혔다. 민주노총의 조직적 결의를 토대로 하여 2000년 1월30일 〈민주노동당〉이 창당되었다. 우리 진보정당의 역사에서 노동자 대중이 주축이 되고 노동조직의 결의를 통해 정당이 결성되기는 민주노동당의 경우가 처음이다. 민주노동당은 "인류사에서 면면히 이어져 온 사회주의적 이상과 원칙을 계승 발전시켜 새로운 해방공동체를 구현할 것"을 목표로 하는 이념 정당이고, 노동자 중심의 민중 정당 성격을 지닌다.

민주노총은 민주노동당 결성 이전부터 대통령 선거와 국회의원 선거, 그리고 지방선거에 노동계 후보를 내세워 참가했다. 그러한 과정에서 2004년 총선에서 민주노동당 소속 10명이 국회에 진출하게 되었다. 그리고 2006년 5·31 지방선거에서는 81명(광역 비례 10명, 광역의원 5명, 기초비례 14명, 기초의원 52명)이 당선되었다. 한편으로 민주노총은 시민·사회단체와의 연대활동 역시 폭넓게 전개해왔는데, 민중연대사업, 파병반대 국민행동, 민주화운동정신계승국민연대, 통일연대, 언론개혁시민연대, 사회양극화해소국민연대, 신자유주의 세계화반대민중행동, 한미FTA저지범국민운동본부 등을 통한 활동이 그것이다.

1987년 노동자대투쟁 이후 노동운동이 전개한 정치세력화 운동은 이전과 비교도 하지 못할 정도로 전진의 양상을 보였다. 그럼에도 한국노총은 독자적인 정당 활동 추진에서 실패한 뒤 현재 '정책연대'를 모색하고 있다. 정책연대에 대한 명확한 원칙이나 방침도 설정되지 않은 채, 특정 대선 후보와 연대해서 임기 내에 정책을 수용하도록 하겠다는 것은 매우 소극적이며, 심대한 우려마저 자아낸다. 정치세력화 노선마저 정립하지 못하고 있어 더욱 그렇다. 그리고 지방선거에서 기존 보수정당의 공천으로 지방의회에 진출하는 것에 대해서도 비판의 여지가 커 보인다.

민주노총은 민주노동당의 창당에서는 주도적 역할을 담당했으나, 민주노총이 스스로 강조한 '노동자 주도성'과 '계급연합 정당'을 실현하는 데서 일정한 한계를 보였다. 우선 전체 민주노총 조합원 가운데 민주노동당 당원의 비중이 5% 미만이고, 노동조직과 정당 사이에 기본원칙으로 강조되는 '자율적 대등과 독자성을 바탕으로 한 상호협력과 지지'가 제대로 실현되지 못하고 있다는 점에서 이러한 한계가 드러나고 있다. 그리고 시민사회단체와의 연대활동 전개에서 폭넓은 참가는 이루어지나 노동계가 실질적으로 주도하지 못하고 있다는 사실은, 조직역량, 투쟁역량, 정치역량의 한계를 반영한 것으로 볼 수 있다.

노동운동의 미래를 위한 전략 목표 세워야

노동운동은 침체와 고양, 패배와 승리, 정체와 도약의 과정을 거치면서 발전하며, 또한 그 과정에서 급격한 발전 시기와 완만한 발전 시기가 교차한다. 그것이 노동운동 발전의 자기 논리라 할 수 있다. 급격한 발전 시기에는 조직이 확대되고 정치조직과 정치 활동의 필요성에 대한 인식이 높아질 뿐 아니라 이념이나 노선을 확립하고자 하는 노력이 강화된다. 반면에 완만한 발전 시기에는 조직률 저하가 두드러지게 나타나고 내부 분열이 드러나는가 하면, 활동과 투쟁이 위력을 발휘하지 못할 뿐 아니라, 이념과 노선의 혼돈을 겪게 되는 것이 일반적 양상이다.

이렇게 볼 때 한국 노동운동의 현재 상황은 어떤가? 소위 '87년 체제'는 가고 '새로운 체제'는 오지 않은 그 빈자리에서, 희망과 절망이 교차하는 가운데 미래를 열기 위한 몸부림이 세차게 일고 있는 형국이다. 더 이상 침체와 추락 그리고 위기의 양상은 계속되어서는 안 된다. 87년 노동자대투쟁 20주년을 맞는 시점에서 노동운동의 미래를 열어가기 위한 발전 방향과 전략 목표를 세우지 않으면 안 된다.

이를 위해서는 '노동운동의 미래를 위한 위원회'나 '노동운동발전전략위원회' 아니면 '노동운동혁신위원회'와 같은 기구를 조직 내외의 간부와 전문가들로 구성해 설치하고, 전 조직에 걸친 현장 토론을 광범하게 조직하여 노동자의 불만과 요구, 그리고 노동운동의 비전에 대한 의견들을 집약해야 한다. 동시에 노동운동 발전에 관한 연구활동과 각계각층과의 토론을 통해 노동운동의 미래를 열어가기 위한 비전, 전략 목표, 총노선(조직, 투쟁, 정치, 조직혁신 등)을 정립할 필요가 있다. 그리고 전략 목표들은 그 실행을 위한 방도를 구체적으로 강구해야만 비로소 운동의 발전으로 이어질 수 있다. 이러한 맥락에서, 노동운동이 현재 겪고 있는 침체를 딛고 돌파구를 뚫고 나가 고양하기 위해서는 다음과 같은 과제들이 중요하게 제기된다.

1) 산별노조 체제의 정착

한국 노동운동이 산별 체제를 구축하려는 것은 단순히 조직형태의 변화를 꾀하는 데 그치는 것이 아니다. 이는 노동운동의 새로운 전환을 위한 큰 계기를 창출하는 데 그 목표를 두고 있다. 노조 조직형태는 구체적으로 조직률을 결정짓는 기본 요건으로 작용하고 조직적 결집과 통일의 정도를 결정하며 활동과 투쟁의 폭과 성격을 규정할 뿐만 아니라, 운동이념의 실현과 정치적 역량 발휘와 직접 관련되기 때문이다.

현재 상황에서 노동조합운동의 산별노조 체제 전환은 초보적 시동 단계라고 할 수 있다. 조직노선의 설정을 통한 목적의식적이고도 본격적인 운동이 전개되지 않으면 안 된다. 산별노조 체제로의 전환을 위한 발전전략에서는, 첫 번째 단계가 기업별노조 체제의 극복이 될 것이고, 두 번째 단계는 조직체계와 운영의 정비·강화가 될 것이며, 세 번째 단계는 산별노조 체제 확립이 될 것이다.

이러한 맥락에서 산별노조 체제 구축을 위한 현 단계적 과제로서는, △조직형태 발전을 위한 조직노선의 설정 △상급 조직의 기능과 지도력 강화 △조직 운영의 민주적 개편 △기업단위 조직의 정비·강화와 초기업단위 노조의 조직 운영 체계 개선 △공동투쟁과 통일투쟁의 확대 등이 제기된다. 산별노조 체제의 구축은 중소사업장과 하청업체에 속한 노동자와 비정규 노동자의 조직화를 추진함과 동시에, 노조 민주주의 실현과 지도역량을 강화하고 노동전선의 통일을 이룩하기 위한 활동을 효과적으로 전개할 수 있게 하는 계기가 될 것이다.

2) 정책·제도 개혁 투쟁 강화

노동운동이 신자유주의적 세계화와 자본의 경영합리화 전략에서 비롯되는 크고 작은 도전에 대응하여 투쟁을 전개하기 위해서는, 올바른 투쟁 전략과 투쟁역량의 확대·강화를 필요로 한다. 그중에서도 특히, 노동운동이 새로운 고양의 돌파구를 열기 위해서, 정책과 제도 개혁을 위한 활동과 투쟁이 강조될 수밖에 없다. 정책·제도 개혁을 위한 활동과 투쟁은 전체 노동자의 이익을 위한 것이고, 정치운동이며 계급운동이다. 각종 제도나 정책 개선은 노동·생활조건과 기본권리의 보장을 위한 불가피한 요건일 뿐만 아니라, 자본주의 제도의 근본적 개혁을 위한 역량 증대라는 점에서 '예비적 조직화'의 의의를 지닌다.

그런데 제도·정책 개선은 자본 측이나 국가권력의 일정한 양보를 전제로 한 것이고, 그것은 개량적인 성격을 갖는다. 양보와 개량은 노동자들을 체제 내로 편입시킨다는 측면에서는 노동자에 대한 통제와 본질적으로 맥을 같이 한다. 그러나 양보와 개량이 노동계급의 육체적·정신적 퇴화를 막고, 투쟁의 성과로서 더 큰 단결과 폭넓은 활동을 촉진하고 체제 개혁에 대한 목표에 다가가도록 할 수 있다면, 이러한 개량은 노동운동의 맥락에서도 적극적인 의의를 갖게 된다.

노동운동이 정책·제도 개혁을 추진하기 위해서는 정책참가 또는 정책개입이 필수적인 요건이 된다. 물론 노조의 정책참가가 중요하다고 해서 모든 형태의 참가가 긍정적인 의미를 갖는 것은 아니다. 정책이나 제도 결정 기구에 노조 대표가 참가하는 것은 국가나 자본의 이해나 방침을 관철하기 위한 형식적 절차라는 성격을 동시에 지니고 있기 때문이다. 그래서 노조의 정책참가는 목표와 원칙을 올바르게 설정하는 것이 무엇보다 중요하다. 다음으로 기구 운영의 민주화와 다양한 참가 방식의 활용이 요구되며, 조직과 투쟁이 병행 추진되어야 하고, 노조의 정책역량 향상이 긴요하다. 또한, 제도와 정책의 개혁을 위해서는 정치세력화의 강화 역시 필수적이다.

3) 노동운동 이념 정립

노동운동을 둘러싼 상황의 변화와 도전의 중대성, 그리고 노동자의 요구 변화 등은 노동운동의 올바른 이념 정립을 절실하게 촉구하고 있다. 더욱이 한국노총과 민주노총은 운동이념과 노선을 확립하지 못한 채 모색의 단계에 있다. 말하자면 전략 목표 또는 총노선을 확립하지 못한 것이다. 참으로 안타까운 일이 아닐 수 없다. 한국노총은 '사회개혁적 노동조합주의'를 더욱 충실화할 필요가 있을 것이며, 민주노총은

2000년 노동운동발전전략위원회가 마련한 안을 중심으로 이념을 설정하든지, 아니면 다른 방식을 통해 이념과 노선 그리고 그것에 기초한 운동 기조를 정립하는 일이 필요한 것으로 보인다.

그러한 과정에서 노동운동이 보편적으로 추구하는 정치적 민주주의의 완전한 실현과 자본주의 체제의 근본적 개혁이 전략 목표로 설정될 수밖에 없다. 그것은 국내외 독점자본과 국가권력의 자본 중심적 정책을 규제하고, 경제를 전체 국민의 이익에 합치되는 방향으로 운용해야 한다는 목표를 기본 내용으로 한다.

현 단계에서 노동운동이 추구하는 전략 목표는 △경제구조의 민주적 개혁 △재벌 해체와 독점자본에 대한 규제 강화 △사회적 공공성 강화 △노동시장 유연화 반대와 고용보장 △제반 정책과 제도의 개혁 △국가정책 결정과 기업경영에 대한 실질적 참여 보장 △국민의 자유와 기본권리의 보장 등이 될 것이다. 이러한 내용들은 신자유주의 세계화에 대한 반대명제가 될 수 있다. 이 밖에도 노동운동이 강조해왔던 민족자주권 쟁취와 민족의 평화적 통일, 민중연대 전선 구축과 제 민주세력의 연대 강화 등이 전략 목표로 설정될 수 있을 것이다.

4) 정치세력화의 적극적 추진

노동자 정치세력화는 노동자의 '사회세력화'와 '정당 조직화'를 기본 토대로 한다. 여기서 말하는 사회세력화는 노동운동의 발전을 비롯하여 계급으로서 정체성과 사회적 영향력 확보, 다른 민중운동 및 사회세력과의 정치적 연대와 동맹 강화를 의미한다. 노동자정당은 노동자 조직의 최고 형태이다. 일반적으로 노동자정당은 자본주의 제도의 전면적 개혁을 지향한다. 이런 정당은 노동자의 사회세력화가 뒷받침되지 않고서는 사실상 자기 사명과 역할을 충실하게 수행하기 어렵다.

현 단계에서 노동운동이 정치세력화를 활성화하기 위해서는 다음과 같은 기본 방침이 요구되는 것으로 보인다. 첫째, 노동조합이 주장하는 '노동자 주도성'과 '계급연합정당'을 실현하고 강화하는 일이다. 현재 유일한 진보정당인 민주노동당에 가입한 조합원이 전체 조직노동자의 5%에도 미치지 못하고 있는 현실에서, 노동자 주도성을 실현하기 위해서는 당원 확대를 위한 노력이 우선적으로 필요하다. 그리고 노동자 정치세력화가 노동자들만의 배타적 방식으로 추진될 수는 없기 때문에 노동세력을 주축으로 하고 민중세력과 사회운동 진영을 주도 세력으로 하여, 광범위한 참여와 지지를 끌어내 주체역량을 확대 강화하는 것이 요구된다.

둘째, 정당 활동과 대중투쟁의 유기적 결합이 중요하다. 노동운동이 추구하는 전략적 목표는 정당의 의회 활동만으로 실현되기는 어려운 조건이므로 대중투쟁과 의회 공간 활용의 결합은 필수적인 요건이다. 특히, 노동조합 처지에서는 노동현장에서의 정치 활동 강화가 강조된다. 민주노총은 정치 활동에 대한 자체 평가에서 현장 정치사업의 활성화를 지속적으로 강조하고 있으며, 또한 이를 위해 당원 확대 사업을 비롯하여 정치실천단 조직, 정치교육과 선전 활동 등이 필요하다고 제기하고 있다.

셋째, 정당 내부의 정파 또는 각종 분파 사이의 갈등을 해소하기 위한 구체적인 방책을 강구할 필요가 있다. 이를 위해 브라질 〈노동자당(PT)〉의 경험을 참고할 필요가 있겠다. 노동자당은 1987년에 열린 5차 전당대회에서 당내 정파의 기능에 대한 결의를 했는데, "전당대회는 분파의 권리를 승인하며 …… 당은 이러한 권리가 PT의 강령을 채택하지 않거나 PT의 민주주의와 규율을 받아들이지 않는 집단에게는 허용될 수 없음을 알고 있다. 같은 맥락에서 분파의 권리는 PT 이외의 정당에서의 활동을 허용하는 것도 아니다."라는 내용이었다. 그리고 당내 정파 사이의 갈등을 해소하기 위한 '아르띠꿀라사옹(articulao, 연결, 통합)'의 활동이 당내에서 주목을 끌었다. 이 조직에는 정파 가운데 최대 그룹이었던 ABCD 지역의 금속노조를 중심으로 지식인과 가톨릭 활동가들이 참여했으며, 그 활동이 비교적 일관되게 당의 목표와 위상을 제시함으로써 당의 지도력을 공고히 하는 데 중심을 두었다.

넷째, 지역조직의 기능 강화와 지역 차원의 사업 충실화가 중요할 것으로 보인다. 정당 활동이나 선거 정치는 지역적 토대 구축이 중요하기 때문이다.

출처 한국노동사회연구소(2008), 『노동사회』(제135호), 한국노동사회연구소.

학습과 토론은 모든 운동의 기본이자 출발이다

"그제서야 한 가지 생각이 외서댁의 머리를 스쳤다. 음마, 염병허네웨. 끙께로 저것도 새끼들헌테 미리 학습얼 시키는 것 아니라고? 외서댁은 기가 차기도 하고, 희한하기도 해서 헛바람 새는 웃음을 흘렸다. 그녀는 암탉이 병아리들을 데리고 그런 연습을 시키는 것을 목격하기는 처음이었다. 달구새끼가 저러는디 빨치산에서 날마동 학습허고 토론허고 허는 것이야 당연지사제. 이나저나 목심 보존허자는 것이야 달블 것이 하나또 읎는 일잉께. 외서댁은 고개를 주억거리며 토방으로 올라서고 있었다."

목숨과도 같은 '물음'을 다잡기 위하여

조정래의 대하소설 『태백산맥』에 나오는 대목이다. 학습과 토론의 중요성을 이를 데 없이 생생하게 표현하고 있는 것으로 보인다. 동물들의 세계는 본능적인 거라 치더라도, 빨치산의 생활이야 그야말로 생사를 넘나드는 극한적인 상황일 터인데도 학습과 토론을 필수적인 일과로 삼는 것은, 그것이 "목심(목숨) 보존"과 세상을 바로 세우는 일에 맞닿아 있기 때문일 것이다.

다른 부문은 제쳐두고라도, 노동운동이 현재의 위기와 침체를 극복하고 자기 발전의 계기를 뚜렷이 창출하기 위해서는 학습과 토론의 활성화가 무엇보다 긴요하다는 사실은 그 누구도 부인하기 어려울 것이다. 그 근거로 다음과 같은 몇 가지를 들 수 있을 것이다.

첫째, 성급하게 해답을 구할 것이 아니라, 그 이전에 우선 '물음'부터 떠올리기 위해서다. 물음은 개념을 다듬는 전제조건이고, 문제제기식 교육을 통해서만이 끊임없이 현실을 벗겨내고 그것을 변혁하기 위한 해답에 접근할 수 있기 때문이다.

이를테면 이런 물음들이다. 노동자의 상태와 내부 구성은 투쟁과 어떤 관련을 갖는가? 노동자의 계급적 의식을 높이는 요인은 무엇인가? 노동자계급의 형성에서 공통점은 어떠하고 특수성은 또 어떤가? 노동운동의 고양과 침체를 규정하는 주된 요건은 무엇인가? 파시즘에 대항한 노동운동의 역사적 경험에서 무엇을 배울 수 있는가? 노동자 정치세력화의 경로는 어떻게 유형화할 수 있는가? 21세기 노동운동은 변혁 지향적 노선을 포기한 것인가? 이처럼 수없이 많은 물음이 제기될 수 있다. 학습과 토론은 이런 물음과 진지하게 대결하는 가운데 활동가들이 내실을 다질 수 있도록 할 것이다.

둘째, 새로운 상황 변화에 능동적으로 대응하기 위해서다. 노동운동을 둘러싼 정세의 변화도 급격할 뿐만 아니라, 주체적 조건(내부 구성, 상태, 의식, 조직 상태, 타 세력과의 연대 등)도 이전에 비해서는 빠르게 변화하고 있다. 이런 변화에 대응하기 위해서는 노동운동의 역사에서 도출된 원칙과 자신들의 경험을 바탕으로 대중적인 토의를 통해 새로운 행동양식을 개발할 필요가 있다. 브라질의 민중교육 운동가 파울루 프레이리(Paulo Freire)의 "인간은 세계라는 매개체를 통해 서로를 교육한다."라는 말은 그러한 맥락에서 토론의 중요성을 강조한 것이다.

  셋째, 파벌주의의 극복을 위해서다. 파벌주의는 개인주의, 소영웅주의, 주관주의를 바탕으로 한다. 오늘 우리의 현실에 비추어 보면 치열한 노선 투쟁으로 파벌이 조성되는 경우보다는 오히려 헤게모니의 장악을 위한 분파 형성으로 비롯되는 측면이 더 크다. 그런 점에서 파벌주의, 분파주의는 조직과 투쟁을 해치고 노동운동의 발전을 가로막는 '병폐'다. 파벌주의를 극복하기 위해서는 조직적으로 상호 비판의 자세를 갖추는 것도 중요하겠지만, 일상적인 학습과 토론을 진행하는 것 또한 유력한 방책이 될 수 있다. 학습과 토론이 간부들과 활동가들의 이론과 사상 수준을 높임과 동시에, 다양한 견해의 교류를 통하여 공통의 가치를 발견하도록 할 수 있기 때문이다.

  넷째, 활동가의 육성과 노동운동 풍토 개선을 위해서다. 노동운동은 언제 어디서나 유능하고 성실한 노동운동가를 절실하게 요구한다. 대중운동 발전에서는 헌신적인 간부나 활동가의 역할이 이를 데 없이 중요하기 때문이다. 현재의 노동운동 상황을 냉정하게 진단하건대, 노동조합 간부와 활동가들 가운데 열성적으로 학습과 토론을 수행하는 사람은 그다지 많지 않은 것 같다. 노동운동이 지금 놓인 상황에 비추어 매우 실망스럽고 우려되는 일이 아닐 수 없다.

  노동운동가는 열성이나 성실한 자세만으로 자기 역할을 다할 수 있는 것이 아니다. 끊임없이 이론과 실천을 닦아야 하고, 이를 위해서는 집단적인 학습과 토론이 뒷받침되어야 한다. 간부나 활동가의 이런 노력 축적될 때만이 노동운동 풍토 개선으로 이어질 수 있다.

학습과 토론에 관한 어느 작은 사례

여기서 학습과 토론에 관한 한 가지 사례를 소개해두고자 한다. 한국노동사회연구소가 주관하여 약 1년 전부터 운용되고 있는 〈세계노동운동사 학습반〉의 경우다. 열 명 남짓 되는 노조 간부들이 모여서 '학습반'을 구성하고, 한 달에 두 번 정도 학습과 토론을 진행해 오고 있다. 한 사람이 미리 준비된 『세계노동운동사』 교재의 한 절 정도를 발제하고, 개념에 관한 질문과 답변을 마치면 토론할 대목을 설정하여 토론을 진행했다. 토론은 오늘의 노동운동 현실과 관련지어 행해질 수밖에 없었으며, 과거와 현재가 자연스럽게 연관되어 해석되고 평가되기 마련이었다. 발제와 토론이 끝나면 총괄 강의로서 마무리가 된다. 그 뒤로도 뒤풀이 장소에서 토론은 이어지고 새로운 주제들이 나오기도 한다.

학습의 내용은 대체로 이러했다. △노동자계급의 형성과 노동운동의 발생 △정치적 자립을 향한 노동운동 전진 △국제노동운동의 출범과 사회주의 이념의 대두 △독점자본주의 단계의 노동운동 △파리 코뮌 △제2인터내셔널과 식민지·종속국 노동운동의 초기 발전과정 △20세기 초두 노동자계급 투쟁의 새로운 단계 △제1차세계대전과 대중적 노동자계급운동 △사회주의 혁명과 국제노동자계급 등등. 폭넓은 측면에서 노동운동 선배들이 걸어온 발자취의 아주 작은 일면들이다.

맹목과 독선 가운데 다시 기본을 생각한다

세계노동운동사 학습은 '지식 쌓기'를 위한 것이 결코 아니다. 노동운동의 흐름을 역사적 관점에서 파악하기 위한 것이며 토론을 위한 대상을 역사적인 사실로 설정했을 뿐이다. 비단 1백 년 또는 2백 년 전에 일어난 사건에 관해 학습하고 토론하는 경우에도 오늘의 현실과 관련지어 이루어지는 것은, 그야말로 "역사는 과거와 현재의 대화"로 구실하기 때문이다. 그런 점에서 학습과 토론의 주제는 학습 참가자들 스스로가 설정하면 그것이 어떤 것이든 상관없는 일일 터다.

학습과 토론은 모든 사회운동의 기본이자 출발이다. 그런 점에서 학습과 토론이 죽어있는 운동 판에서는 맹목과 독선이 판치기 마련이다. 노동운동의 미래를 열어가는 데서 학습과 토론의 활성화가 하나의 중요한 계기가 될 수는 없는 것일까?

출처 한국노동사회연구소(2010), 『노동사회』(제150호), 한국노동사회연구소.

민중 주체의 민주화를 위해 다 함께 나설 때다

새해를 맞으면서, 가슴 툭 터일 만한 시원한 일이 생기길 바라는 심정이다. 지난 한 해 동안 늘 답답하고 억울하고 화가 치미는 그런 정황 속에서 지내 그런지도 모르겠다.

새해를 맞으며, 다시 민주주의를 열망하며

이런 때일수록 다시 민주주의를 열망하게 된다. 민주주의야말로 억압과 착취가 없는 '사람 세상'으로 가는 길목 구실을 하기 때문이다. 그 민주주의는 단순히 절차만의 민주주의나 자유민주주의를 가리키는 건 아니다. 한마디로 민중이 주체가 되는 그런 민주주의를 말한다.

이명박 정권이 시행하는 노동 관련 정책에서 얼핏 얼핏 파시즘의 자락들을 대할 때면, 이대로 넘길 수만은 없다는 생각이 앞선다. 지난날 오랜 세월에 걸쳐 민주주의를 위해 겪은 수많은 고초와 희생을 떠올리면, 더 이상 우리는 물러설 땅을 찾을 수 없다. 지금이야말로 노동자계급을 비롯한 민중세력이 다 함께 나서야 할 때이다.

먼저 민중 투쟁의 역사에서 교훈을 찾아야 할 것 같다. 1922년 이탈리아에서 무솔리니의 파쇼 정권이 들어선 과정과 1936년 프랑스에서 인민전선 정권의 성립 과정이 극히 대조적인 사례로 떠오른다.

정치권력권 위기와 노동운동 패배가 야기한 이탈리아 '암흑의 해'

1919년 무솔리니는 새로운 운동, 곧 〈전투 파쇼〉라는 정치단체를 발족시켰다. 자본가들과 지주들로부터 막대한 재정적 지원을 받은 '파시스트 무장행동대'는 1921년부터 노동자조직과 진보단체에 대한 본격적인 국내 전쟁을 시작했다. 파시스트의 공격에 대한 저항은 수동적이고 분산적이었다. 노동자조직은 정치적으로나 투쟁역량에서 반격의 준비가 되어 있지 못했으며, 노동자투쟁은 애초부터 방위적 성격을 띠었다.

1921년 11월 전투 파쇼는 30만 명 이상을 포괄하는 〈파시스트 국민당〉을 창립했다. 이 당의 강령은 사회조직의 지배적 형태로서 '통일적 민족 이념'을 내걸고, 강력한 정권의 수립과 '위대한 이탈리아'를 창조할 수 있는 '정치적·군사적·경제적 유기체' 건설을 주창했다.

파시스트는 1922년 10월 나폴리에서 당 대회를 개최했는데, 거기서 4만 명의 파시스트 행동대원들이 '로마 진군'을 요구했다. 1922년 10월 28일 파시스트들은 드디어 로마 진군을 시작했고, 국왕은 파시스트 운동을 호의적으로 관망하던 군과 민족주의자들의 압력 때문에 반란군 진압을 거부한 채, 무솔리니에게 내각 구성을 요청했다. 이렇게 해서 쿠데타로 무솔리니가 정권을 장악하게 된 것이다.

노동운동의 처지에서 볼 때, 무솔리니가 권력을 장악한 해인 1923년은 '암흑의 해'였다. 공산당뿐만 아니라 사회당, 민주주의파, 자유주의파, 가톨릭교도들까지를 대상으로 한 테러가 저질러졌는데, 테러는 단순히 파시스트에 의해서만이 아니라 국가기관까지 합세한 가운데 이루어졌다. 사실상 파업은 중지되었고 임금은 저하되었으며, 노동조합은 영향력을 완전히 잃게 되었다.

이탈리아의 파시즘 형성 요인을 니코스 풀란차스(Nicos Poulantzas)는 '정치권력권(power bloc) 내의 위기'와 '노동운동의 패배'에서 찾는다. 노동운동의 패배는 노동자의 경제주의적 이데올로기 위기와 조직적 분열에 따른 변혁적 조직 위기의 귀결이라고 분석했다.

강력한 대중투쟁과 연대로 극우세력 결집 막아낸 프랑스 인민전선

프랑스의 인민전선 성립은 이탈리아의 경우와는 극명하게 대비된다. 1934년 들어 '정치적 폭발'로 표현되는 극심한 위기의 징후들이 나타났다. 그해 1월에는 〈프랑스 행동단〉, 〈애국청년단〉, 〈불의 십자가〉 등의 극우단체가 산발적으로 시위를 벌이다가, 2월 6일에는 대규모적인 시위를 벌였다. 일종의 극우세력 폭동이었다. 경찰과 충돌을 빚어 시위에 참가한 사람 가운데 15명이 죽고, 1,435명이 부상을 입게 되었다.

이에 〈프랑스노동총동맹(CGT)〉는 파시즘에 반대하는 총파업을 2월 12일 결행하기로 했다. 총파업에는 노동총동맹 말고도 〈통일노동총동맹(CGTU)〉과 〈사회당〉, 〈공산당〉까지 합류하여 전국적으로 450만 명이 참가했고 시위에는 100만 명이 참가했다. 이러한 총파업과 위력적인 시위는 파시즘의 위협을 격퇴했으며, 국내 극우세력의 결집을 막을 수 있었다. 1934년 '2월 행동'은 인민전선 운동의 출발점이 되었다. 인민전선 운동은 지속적으로 추진되어 1934년 3월부터 5월까지 전국에 걸쳐 247개의 '반파쇼(투쟁)위원회'가 다양한 형태로 조직되었으며, 1934년 2월 12일부터 1936년 5월 5일까지 1,063건의 시위, 행진, 소요가 있었다.

인민전선 운동은 구체적인 실천 계획에 따라 1934년 7월 27일 사회당과 공산당이 「통일행동협정」을 체결했으며, 다음 해인 1935년 7월 14일에는 〈급진당〉이 합류하게 되었고, '인민전선 형성'이 선언되었다. 1936년 1월 2일에는 「인민전선 강령」이 발표되었다. 1936년 6월에는 의회 선거를 거쳐 인민전선 정권이 대두하게 되었다.

프랑스에서 전개된 인민전선 운동은 불과 4년 정도밖에 계속되지 않았으나 프랑스 정치 정세를 주도함으로써, 파시스트 독재체제를 수립하려 한 극우 반동세력의 기도를 저지했을 뿐만 아니라 노동자계급과 중간층의 동맹을 성취하여 민주주의 제도를 지켜냈다. 또 부르주아 제도에서도 인민전선 정부는 노동자계급과 인민대중의 노동·생활조건과 기본권리의 개선·신장에서 큰 성과를 이룩했다.

지금 여기 짙어지는 파시즘의 그림자, 무엇을 할 것인가

이탈리아와 프랑스의 사례에 비추어, 지금 우리의 통치체제를 파시즘으로 규정하기에는 여러 가지 무리와 곤란이 따를 수 있다. 그러나 파시즘으로 다가갈 가능성은 짙게 안고 있다. 그것은 틀림없는 위협이기 때문에 기필코 막아야 한다. 그것이 민주주의를 지키는 길이다.

무엇을 해야 할 것인가? 우선 사태의 심각성에 대한 인식부터 공유할 필요가 있다. 무엇보다 중요한 것은 진보 정치세력과 대중조직이 중심이 되어 반민주·반민족·반민중 세력에 대항하기 위한 '통일전선' 또는 '민중전선'을 공고하게 구축하는 일이다. 여기서는 하층 전선을 기본으로 하여 상층 전선을 융통성 있게 결합하는 일이 중요한 것으로 보인다.

또 낮은 형태의 공동투쟁으로부터 차츰 높은 형태의 공동투쟁으로 발전시키고, 부분적인 연합으로부터 전면적인 연합으로 발전시키는 것이 올바른 방식일 것이다. 전선에 참가하는 단체와 조직들의 자주성을 존중하면서 설득과 교양의 방법을 통해 그들이 스스로 전선 운동에 참여하도록 하는 일이 중요하다.

그리고 전선 운동을 확대·강화하는 데서 노동운동이 주도적 역할을 담당하기 위해서는, 정치교육, 정책·제도 개혁 투쟁, 그리고 정치투쟁을 강화하고, 직장과 지역에서의 정치 활동을 활발히 전개할 필요가 있다. 또 노동전선의 계급적 통일을 위해 집중적인 노력을 기울여야 하고, 지역 차원에서 전선을 확대·강화하는 일이 중요하다.

노동자계급이 주축이 되어 파시즘의 위협을 막아내고 민중 주체의 민주주의를 실현하기 위해서는 현재의 위기 극복과 고양을 위한 확고한 계기를 창출하지 않으면 안 된다. 전략 목표의 설정을 비롯하여 조직노선, 투쟁노선, 정치노선의 정립이 주요 과제로 제기되고 있다. 이제 이런 과제의 해결을 위한 실천 방도는 노동운동 스스로가 강구해야만 한다. 그것은 민중 주체 민주주의의 실현을 위한 출발이자 그 토대 구실을 하게 될 것이다.

출처 한국노동사회연구소(2014), 『노동사회』(제174호), 한국노동사회연구소.

역사 앞에서 묻는다

"역사는 혁명과 반란에 관한 기록"

갑오년 새해를 맞는다. 속에서 우러나오는 감격보다는 차라리 궂은 일 당하지 않길 바라는 심정이 앞선다. 옛날 어른들이 새해 덕담으로 했던 '무해무득(無害無得)'이란 말이 얼핏 떠오른다. 피해도 없고 얻는 것도 없이 무사하게 지내라는 뜻이었을 게다. 오죽 숱한 피해가 있었으면 그랬을까? 묵은해를 보내고도 밝은 미래보다는 불확실성이 더 크게 다가오는 오늘의 현실이다. 아마도 오늘 우리 상황이 예측하기 어려울 정도로 혼돈에 차 있고, 걷어내야 할 어두운 그림자가 짙게 드리워져 있기 때문인 것 같기도 하다. 이런 때일수록 근본에 가까운 물음을 떠올리게 된다. 물음은 해답을 이끌기 위한 개념화의 단초이기 때문이다.

사람이 사람답게 살아갈 수 있는 세상은 어떠해야 하는가? 그러한 세상은 누가 어떻게 만들어낼 것인가? 이러한 일을 이룩하는 데서 일하는 사람들이 해야 할 역할과 임무는 무엇인가? 그래서 노동자계급 투쟁의 연속에서 우리는 무엇을 배워야 하는가? 우리의 현재와 관련하여 역사 앞에서 이와 같은 물음을 떠올리게 된다.

역사란 무엇인가. 흔히 역사를 얘기하면서 에드워드 카(E.H Carr)의 "역사는 과거와 현재의 끊임없는 대화이다"라는 말을 인용한다. 그보다 몇 세기 앞선 14세기의 이븐 할둔(Ibn Khaldūn)의 역사 정의가 오늘 우리에게는 더 큰 의미를 던진다.

"역사는 인간 사회나 세계 문명에 대한 기록이다. 역사는 인간 사회의 본질적인 변화에 대한 기록이며…… 한 집단이 다른 집단에 대항하여 일으킴으로써 다양한 층으로 구성된 왕국과 국가를 낳는 혁명과 반란에 관한 기록이다. 역사는 상이한 인간 활동과 직업에 대한, 즉 일상 생활인이나 다양한 과학과 기술 분야에 종사하는 사람들에 대한 기록이다. 따라서 일반적으로 말해 역사는 사회가 본질적으로 겪는 모든 변화에 대한 기록이다."

자본주의 사회에 국한해서 본다면, 사회 변화의 기본 동력은 노동자계급의 활동과 투쟁이라 할 것이다. 그렇다면 노동자계급 투쟁의 역사, 즉 노동운동의 발전과정을 관통하는 핵심 논리는 어떤 것일까를 떠올리게 된다. 몇 가지 주요한 역사적 사실을 들자면 이렇게 요약할 수 있을 것이다.

노동운동 발전의 자기 논리

먼저 초기 단계 노동운동은 자본 측의 강권과 착취에 대항하는 고립·분산된 노동자의 자연발생적 투쟁으로 출발하지만, 자본주의 발전에 따라 노동자 수도 증가하고 노동과정의 집단 규율에 따라 조직되고 훈련되고 단련된 노동자들은 지속적이고 조직적인 투쟁을 전개한다. 그와 같은 투쟁이 때로는 폭풍과도 같은 거대한 혁명 상황까지 만들어

내면서 수 세기에 걸쳐 발전을 거듭해 왔다.

또, 노동운동은 노동자 대중이 진정한 주체가 되어 경제·일상적 요구의 실현을 위한 경제투쟁과 아울러 정치투쟁을 전개하는 가운데, 자본주의 체제와 제도의 개량·개혁 나아가서는 지양을 끊임없이 추구한다.

그리고 노동운동은 침체와 고양, 패배와 승리, 정체와 도약의 과정을 거치면서 발전하고, 급격한 발전의 시기와 완만한 발전의 시기를 나타낸다. 노동운동은 구체적으로 조직·활동과 투쟁이념과 노선, 정치세력화에 바탕을 두고 전개돼왔다.

노동운동은 단순히 노동자계급의 지위 향상이나 권리 보장을 위해서만 전개되는 것은 결코 아니다. 노동자계급은 초기 부르주아 혁명을 통한 민주주의의 실현과 공화제의 수립을 위해 투쟁했으며, 식민지·종속 국가들에서는 민족해방운동의 주력부대로서 역할을 담당했다. 그뿐 아니라 파시즘 체제에서는 반파시즘 투쟁과 전쟁 위협에 반대하는 투쟁을 전개했다. 더 나아가 노동운동은 어떤 형태로든 자본주의의 개혁과 변혁을 끊임없이 추구해 왔다. 오늘날의 자본주의 체제에서는 노동자계급의 인간다운 삶이 절대 보장되지 않기 때문이다.

이와 같은 노동운동 발전의 합법칙성에 비추어 오늘날의 노동운동 상황을 어떻게 보아야 할 것인가? 현재 상황은 전반적으로 정체와 패배의 국면으로 규정할 수 있을 것이다. 전 세계적으로 국제독점자본 또는 신자유주의 지구촌화 공세에 눌려 국제노동운동 전선조차 확고하게 형성하지 못한 채 세계 전반에 걸쳐 퇴조기에 들어 있음이 분명하다. 지난날 식민지 종속국이었던 개발도상국가의 노동운동은 조직과 투쟁, 그리고 정치세력화 측면에서 발전의 굳건한 토대마저 구축하지 못하고 있고, 새로운 발전을 위한 뚜렷한 계기를 창출하지 못하고 있는 현실이다.

그렇다면 한국 노동운동의 실상은 과연 어떤가? 여러 정황에 비추어 심각한 위기 국면을 맞고 있는 것으로 보인다. 아직 운동의 전략 목표도 명확히 세우지 못하고 있고, 조직·투쟁·정치 노선도 제대로 설정하지 못하고 있다. 게다가 분파 활동의 폐해가 우려스러운 양상을 보이는 가운데, 현장조직마저 충실하게 가동되지 못하고 있는 데다 지도역량의 취약성마저 드러나고 있다. 그래서 바로 지금이 노동운동의 역사에서 그 발전을 위한 길을 열정 다해 찾아야 할 때라 할 것이다.

낙관적 전망

이럴 때 절실하게 요구되는 것은 무엇보다 낙관적인 전망일 터이다. 오늘날 노동운동이 나타내는 퇴조와 정체는 한편으로는 앞으로의 전진과 고양을 위한 역량의 잠재적 축적으로 해석할 수 있기 때문이다. 노동운동 발전이 주기성(週期性)을 보이는 것이 그런 사실을 반증한다. 그렇다고 하여 그 시기가 오기만을 가만히 앉아서 대기해서는 그런 낙관적 전망은 한갓 무위로 끝나고 말 것이다.

결국은 대중의 결속된 힘을 바탕으로 한 활동과 투쟁만이 승리와 도약의 계기를 창출할 수 있다. 현재에도 어떤 형태로든 활동은 계속 추진되고 있고, 크고 작은 투쟁은 곳곳에서 벌어지고 있다. 그 대표적인 사례가 철도노조의 파업투쟁이다.

민주노총과 철도노동조합은 △'수서발 케이티엑스(KTX) 주식회사 설립' 이사회 결의 철회 △국토교통부 면허 발급 중단 △국회 국토교통위원회 산하에 '철도발전소위'(가칭) 구성 △사회적 논의기구 구성 △고소·고발과 직위해제 철회 등 노조 탄압 중단 등 5대 투쟁 요구를 내세웠다.

철도노조 투쟁은 전체 조합원들의 적극적인 파업 참여와 일반 국민의 광범위한 지지를 이룩한 가운데, 파업투쟁의 수위를 높여가고 있다. 이에 대해서는 정부와 공사 측의 물불 가리지 않는 무거운 탄압이 저질러지고 있다. 겉으로 보기에는 노동조합의 승리를 누구도 장담할 수 없는 형편이다. 오히려 정부를 상대로 한 투쟁이기 때문에 패배의 높은 가능성을 안고 있고, 대량 구속·해고 등의 희생이 뒤따를 수도 있다.

그러나 내막을 주의 깊게 살피면, 철도노조 파업은 승리를 기약하는 투쟁이라 할 수 있다. 비록 요구를 실현하지 못하고 잔혹한 희생이 수반된다고 하더라도 그렇다. 노동조합은 이번 투쟁을 통해 조직의 혁신과 강화를 이룩할 수 있을 것이고, 투쟁력을 복원함과 동시에 조합원들 사이에 짙게 깔려있던 좌절감과 패배 의식을 능히 극복할 수 있을 것은 분명하다. 또 노동자들은 정권과 공사의 정책·방침이 갖는 기만성과 반(反)노동자적 성격을 명확히 파악하게 되고, 정책 개혁 또는 정치적 요구가 얼마나 중요한가를 두루 깨닫게 될 것이다. 그리고 이와 같은 노동자와 국민 일반의 이해관계와 권리 보장을 위해서는 노동조합운동의 정치역량 강화 또는 정치세력화가 더할 데 없이 중대한 과제임을 인식하게 하는 계기가 될 수 있다.

철도노조 파업을 비롯한 최근 전개되고 있는 노동자투쟁은 전체 노동운동이 짙은 어둠과도 같은 침체와 패배 국면을 극복하고 새로운 도약과 승리를 위한 중대한 계기가 되고, 굳건한 발판이 될 수도 있다. 그런 점에서 올 한 해 동안 이 땅의 노동자와 인민대중이 복되고 찬란한 희망을 안게 되길 소망한다.

출처 이원보 외, 『전태일의 삶과 노동의 미래』, 아름다운청년 전태일기념관.

노동운동사의 관점에서 본 한국 노동운동의 미래

1. 전태일과 함께 한 50년

지난 50년 세월 동안 우리는 전태일 열사와 늘 함께해 왔다. 그는 마지막 '결단'을 내리면서 "나를 아는 모든 나여, 나를 모르는 모든 나여, 부탁이 있네, 나를, 지금 이 순간의 나를 영원히 잊지 말아 주게. …… 잠시 다니러 간다네, 잠시 쉬러 간다네."라고 유서와 다름없는 글에서 이렇게 표현했다.

그렇다. 그는 곧 다시 돌아왔다. 우리는 그의 소망대로 그를 결코 잊지 않았다. 그가 떠난 뒤 곧바로 결성된 〈청계피복노동조합〉을 통해서, 이소선 어머니의 열성적인 활동을 통해서, 1970년대의 민주노동조합 운동을 통해서, 1981년 〈전태일 기념사업회〉 설립을 통해서, 1987년 노동항쟁을 통해서, 1988년의 '전태일 정신 계승 전국노동자대회'를 통해서, 1995년 〈전국민주노동조합총연맹〉 창립을 통해서, 영화 《아름다운 청년 전태일》을 통해서, 2019년 〈아름다운 청년 전태일 기념관〉의 건립을 통해서, 그리고 오늘 이 '범국민 행사위원회 국제포럼'을 통해서 우리와 함께하고 있다.

이제 우리는 전태일의 "어떠한 인간적 문제이든 외면할 수 없는 것이 인간이 가져야 할 인간적인 과제이다."라는 '인간 선언'을 바탕으로 현재 노동운동이 놓여 있는 상황을 살펴보고 노동운동의 미래를 열어 가기 위한 장기 전략 과제를 제시하고자 한다.

2. 역사가 우리를 일깨운다

노동운동이 어려운 침체에 들면, 지난날의 장구한 역사에서 그 발전을 위한 길을 모색하기 마련이다. 노동운동은 침체와 고양, 패배와 승리, 정체와 도약의 과정을 거치면서 발전해 왔다. 기나긴 역사의 과정에서 노동운동은 무수한 패배를 통해 승리의 발판을 구축하게 되었고, 정체 속에서 고양의 계기를 마련할 수 있었다. 그 과정은 극심한 고난과 시련의 연속 그것이었다. 거기에는 참혹한 희생이 따르기도 했다. 그런 가운데서도 노동운동은 끊임없이 발전해 왔다. 그리하여 노동운동의 역사는 우리에게 소중한 교훈을 남겨주었다.

노동운동은 단순히 노동자계급의 지위 향상이나 권리 보장을 위해서만 추진되는 것은 아니었다. 노동자계급은 초기 부르주아혁명 전개를 통한 민주주의의 실현 또는 공화제의 수립을 위해 투쟁했으며 식민지 종속국에서는 민족해방운동의 주력부대로서 역할을 담당했다. 또 파시즘 체제에서는 반파시즘과 전쟁 위협 반대를 위한 투쟁을 전개했다. 노동운동 발전과정에서 때로는 폭풍과도 같은 혁명 상황을 만들어내기도 했다. 나아가 노동운동은 어떤 형태로든 자본주의 체제의 개혁과 변혁을 끊임없이 추구해 왔다.

3. 노동운동이 직면한 중대 도전

현재 시점에서 볼 때 노동운동의 미래는 대단히 불확실하고 불안정한 것으로 판단된다. 노동운동이 직면하고 있는 도전과 현재 상황에 비추어 볼 때, 한마디로 정체와 패배 국면에 가깝다고 할 수 있으며, 한국 노동운동은 심각한 위기 상황을 맞고 있는 걸로 보인다. 아직 전략 목표도 명확히 세우지 못하고 있고, 조직노선, 투쟁노선, 그리고 정치노선을 제대로 설정 못 하고 있다. 또 분파 활동의 폐해가 심각한 양상을 보이는 가운데, 현장조직이나 현장활동이 가동되지 못하고 있을 뿐 아니라, 지도역량의 취약성이 드러나고 있는 데서 확인된다. 바로 지금이 노동운동의 역사에서 그 발전을 위한 길을 열정을 다해 찾아야 할 때라고 여긴다.

오늘날의 노동운동은 공통적으로 세계화, 신자유주의, 기술혁신, 코로나 팬데믹, 그리고 기후변화 등의 중대 도전에 부닥쳐 이를 밀쳐내고 명확한 진로를 찾기 위해 심한 고난과 시련을 겪고 있다.

1) 세계화

세계화(globalization)는 통상적으로 자본, 상품, 기술, 서비스, 정보, 노동 등이 주권과 국경을 넘어 지구 차원에서 조직, 교류, 조정되는 자본주의 발전과정이다. 세계화는 자본의 지구촌화를 골간으로 한다.

슬라보예 지젝(Slavoj Žižek)은 세계화를 거칠기는 하지만 매우 실감나게 표현한다. 그는 "글로벌화의 슬로건은 갈수록 세를 키우고 있다. 모든 지역적이고 민족적인 전통, '국민국가(Nation State)'라는 형태까지도 위협하는 통합된 시장이 무자비하게 들어서고 있다."라고 지적했다.

　세계화는 노동자계급에 대해서나 노동운동에 대해 막강한 영향력을 행사하고 있다. 그 영향력은 긍정적이기보다는 부정적인 측면이 훨씬 더 큰 편이다. 세계화를 주도하는 다국적기업들은 개발도상국가들에 진출하여 흔히 저임금과 장시간 노동, 열악한 노동조건을 강요할 뿐만 아니라, 노동시장의 유연성을 강화함으로써 고용불안정을 확대·심화시킨다. 노자관계에서도 노동조합 조직을 막거나 깨뜨리려 하고, 단체교섭을 거부하거나 해태(懈怠)하는 한편, 단체교섭의 분권화를 통해 노동 측 교섭력의 약화를 꾀한다. 그뿐 아니라 단체교섭 결렬에 따른 노동조합의 단체행동도 자본의 '탈출' 위협에 직면하여 온전하게 행사되지 못하게 된다.

　글로벌기업의 '반(反)노동적' 행태에 대해 노동조합운동의 대응은 오래전부터 수행되어 왔다. 그러나 세계화에 대한 노동운동의 대응 능력은 상대적으로 턱없이 취약하다. 세계화에 대한 장기 전략도 마련되지 못하고 있으며, 국제적인 투쟁 전선마저 공고하게 구축되지 못하고 있다. 세계화에 대한 노동자계급의 대응은 결국 각국의 노동운동이 뒷받침되지 않아서는 국제적 세력을 구축하기 어렵다. 세계화는 신자유주의를 수반하고 있음을 간과해서는 안 된다.

2) 신자유주의

　신자유주의(neoliberalism)는 세계화 흐름에 기반한 새로운 형태의 경제적 자유주의라 할 수 있다. 신자유주의가 쇠퇴하였다고는 하지만, 아직도 신자유주의가 추구하는 시장만능주의, 효율성의 극대화, 자유경쟁 실현, 각종 규제 철폐, 공기업 민영화, 노동의 유연화 등은 노동운동에 대해서는 크게 불리한 요소를 안겨 준다. 이와 같은 신자유주의가 추구하는 방책들은 보편적으로 노동시장에서 비정규 노동을 양산하거나 정규직 노동자를 포함한 노동자 전체의 노동조건 수준을 저하시킬뿐만 아니라 노동운동의 조직력을 낮추고 운동역량을 약화한다는 사실을 많은 연구가 지적하고 있다. 이처럼 신자유주의는 노동운동에 대해 큰 도전임이 틀림없다.

3) 기술혁신

현재 기술혁신이 노동운동의 발전에서 감당하기 어려울 정도의 도전으로 작용하고 있다. 기술혁신은 단순한 기술 발전이 아니라, 상품 생산방식의 획기적인 발전을 비롯하여 새로운 서비스의 개발, 자원의 개척, 그리고 경영조직의 혁신 등에 따라 일어나는 경제·사회구조의 변화를 의미한다. 오늘날 기술혁신은 '제4차 산업혁명'으로 불릴 정도로 정치·경제·사회·문화 전반에 걸쳐 빠르고 폭넓게 진행되고 있다. 새로운 기술은 새로운 어려움과 함께 기회를 가져다주기는 하지만, 노동운동 발전에 대해서는 희망보다는 더 큰 우려를 자아내고 있다.

빅데이터, 인공지능, 자율주행, 로봇 공학, 3D인쇄, 사물인터넷 등을 활용한 기술혁신의 진행에 따라 그 중심에 자리 잡은 디지털 전환은 노동세계에서도 활발하게 이루어지면서 노동 개념 자체의 변화를 초래하고 있다. 〈국제노동기구(ILO)〉 '일의 미래 글로벌 위원회'는 『더 나은 미래를 위한 일』이란 보고서에서 일의 세계가 급변하고 있는 가운데 "특단의 행동을 취하지 않는다면, 불평등과 불확실성이 확대되고 사회적 배제가 심화된 미래를 맞게 될 것이고, 이것은 정치·사회·경제적으로 파괴적인 결과를 가져올 것이다."라고 경고 있다.

4) 노동의 미래 구상

노동의 디지털화에 대한 대응은 여러 차원에서 진행되고 있다. ILO 일의 미래 글로벌 위원회 보고서와 독일 정부의 노동 4.0백서, 한국의 경제사회노동위원회 보고서, 대통령 직속 4차산업혁명위원회의 대정부 권고 등을 통해 노동의 미래 구상이 제시되고 있다.

이들 보고서, 백서, 권고안 등의 주요 내용을 간추리면 대략 다음과 같이 집약될 수 있겠다. 이 자료들은 현재의 노동 세계를 이끌어가는 사회변동의 주요 추동력은 디지털화, 글로벌화, 가치와 요구의 변화 등이라고 설명한다. 핵심 의제는 '인간 중심'이다. 인간 중심의 일터 혁신과 기술에 대한 인간 주도, 인간 능력에 맞는 투자 확대를 통한 직업훈련과 평생교육이 공통적으로 강조되고 있다.

다음으로 양질의 일자리를 촉진하기 위한 경제 개혁, 디지털 전환을 통한 신(新)산업 육성과 새로운 일자리 창출, 일자리 이동에 대한 지원, '좋은 노동조건'의 강화, 노동기본권 보장, 노동시간의 자율성(시간 주권) 보장, 사회안전망 강화, 성평등 촉진, 단체 대표성 강화와 사회적 대화 체제 수립 등이 제시되고 있다.

이와 같은 내용들은 노동 세계의 디지털화에 대한 대응 방향과 가이드라인이라 할 수 있다. 이것은 기술혁신의 진행 속도보다 한층 뒤처져 있다. 그뿐 아니라 아직 구체적인 정책이나 제도화로까지 나아가지 못하고 있으며, 더구나 노동조합운동은 기술혁신에 대한 올바른 방책조차 내놓지 못하는 실정이다. 크게 우려되는 상황이 아닐 수 없다.

이 밖에도 코로나19 팬데믹이나 기후변화 등으로 수많은 사람이 고통당하고 있다. 대량실업과 엄청난 자연재해 등으로 인해 노동운동의 발전이 크게 제약당하고 있음은 우리들이 직접 경험하고 있는 일이다.

4. 노동운동의 장기 전략

지금까지 노동운동을 둘러싼 상황과 노동의 미래 구상에 대해 살펴보았다. 자본의 지구촌화, 신자유주의, 기술혁신 특히 노동의 디지털화, 그리고 팬데믹이나 기후 위기 등은 노동운동 발전에 대해서는 크고 무거운 도전임이 분명하다. 이러한 조건에서 노동운동이 중대 도전에 적극적이고도 효율적으로 대응하고 노동의 미래 구상을 주도하지 못한다면, 노동운동은 쇠락의 길로 접어들게 될 수밖에 없다.

1) 장기 전략 목표(총노선)

무엇보다 먼저 노동운동이 장기 전략(총노선)을 세우는 일은 필수적인 과제이다. 여기서 우리는 전태일의 '인간 선언'과 그가 추구했던 '인간 조건'이 장기 전략의 바탕이 될 수 있을 것으로 생각된다.

진수성찬은 아니더라도 굶주리지 않고, 사치스러운 의상은 아니더라도 헐벗지 않고, 고대광실은 아니더라도 편안히 쉴 곳이 있고, 아플 때 돈 없이도 치료받을 수 있고, 배우고 싶은 사람 누구나 무상으로 교육을 받을 수 있고, 일할 능력이 있는 사람은 안전하고 건강하게 일할 기회를 가질 수 있고, 착취와 억압을 당할 때 저항할 수 있는 권리를 행사할 수 있는 것이 인간 조건의 기본 요건일 것이다. 대한민국 헌법 제34조는 "모든 국민은 인간다운 생활을 할 권리를 가진다."라고 규정하고 있다. 그러나 이 조항은 현실에서는 사문화된 것과 다름없다.

인간 조건은 자본주의 체제에서는 그 실현이 극히 어려울 것으로 판단된다. 그렇기 때문에 노동운동의 장기 전략은 '인간 조건 실현 사회주의' 또는 '인간 조건 실현 변혁적 노동조합운동'으로 채택할 것을 제안한다. 이와 같은 전략 목표는 민주노총이 한때 표방했던 '사회변혁적 노동조합운동'과도 일맥상통한다고 할 것이다.

2) 조직노선

노동자가 지닌 힘의 원천은 '수의 다수'에 있다. 아무리 수가 많다 하더라도 조직되지 않으면 힘을 발휘할 수 없다. 그리고 노동조합의 조직형태는 노동자계급의 단결과 통일, 투쟁과 활동, 정치적 영향력과 이념의 실현을 규정하는 중요한 요건으로 작용한다. 그래서 노동조합운동은 조직노선을 결정하지 않으면 안 되는 것이다. 조직노선에서는 조직의 확대와 조직형태에 관한 기본적 방향 설정이 핵심 과제가 될 수밖에 없다.

노동세계의 구조 변화에 따라 비정규직 노동자, 불안정 노동자, 이른바 특수고용직 노동자, 재택근무 노동자 등이 급증하고 있는 상황에서 이들 대다수가 중소·영세 사업장 노동자들과 더불어 미조직 상태에 놓여 있다. 노동조합 조직률은 2018년 현재 11.8%에 지나지 않는다.

이들 미조직 노동자들의 조직화는 기업별노동조합이나 사업장별노동조합으로는 어렵기 때문에 산업별노동조합이나 전국적 일반노동조합의 형태로 포괄하는 방침을 설정할 필요가 있다. 미조직 노동자의 조직화를 위해서는 조직노선에 따른 확고한 방침을 기반으로 훈련된 조직활동가(Organiger)가 배치되어야 하며, 조직할동을 위한 요건이 갖추어지지 않으면 안 된다.

노동운동 전개에서 조직형태는 산업별노조 형태가 가장 강력하고 통일적인 것이기 때문에 형식과 내용이 일치하는 산업별노조 건설이 주요 목표로 설정되어야 함은 굳이 강조할 필요가 없겠다. 산업별노조 형태가 아니고서는 산업별 또는 업종별 단체교섭을 요구하기 어려울 수밖에 없다. 한국의 경우, 초기업단위 노동조합 조합원 전체의 57.9%이다. 산업별노동조합으로 전환하는 데는 몇 가지 원칙이 요구된다. 자주성과 민주성의 원칙, 집중성과 통일성의 원칙, 대중성과 지도성의 원칙, 목표지향성과 계획성의 원칙이 그것이라 하겠다.

3) 투쟁노선

다음으로 노동운동이 현재 밀어닥치고 있는 거대 도전에 대응하기 위해서는 투쟁노선을 올바르게 설정하고 투쟁 전선을 굳건히 구축할 것이 요구된다. 현장을 비롯하여 지역 또는 전국 차원에서 체계적인 전선을 통해 유기적으로 작동할 수 있어야만 하겠다.

투쟁의 형태로는 단체교섭과 단체행동 이외에도, 노동운동이 정책과 제도 개혁을 위한 사회적 교섭 기구를 통해 거기서 협의, 교섭, 합의의 주도권을 행사하는 방식도 빼놓을 수 없는 일이다. 정책과 제도 개혁은 기업 단위에서는 논의조차 불가능한 상태에 있다. 업종별·지역별 사회적 교섭체계도 활용할 필요가 있겠다. 여기서 요구되는 것은 노동운동 정책역량의 획기적 강화일 것이다. 이와 함께 정치적·정책적 요구 관철을 위한 위력적인 정치적 총파업 태세의 정비도 요구된다. 국가권력과 총자본에 맞서 힘의 대결을 벌여야 할 때도 있을 것이기 때문이다. 이를 위해서는 작은 규모의 투쟁 성과들이 축적되어야 할 것이고, 각급 조직 사이의 조직적 통일이 일상적으로 이루어져야만 하겠다.

4) 정치노선

그리고 정치노선의 정립이 중요하게 요구되고 있다. 노동조합운동이 벌이는 경제투쟁과 정치투쟁은 기본 임무이다. 노동자의 정치적 요구를 실현하기 위해 다양한 형태의 정치 활동을 벌이게 되고, 정치세력화를 추구하게 된다. 여기서 말하는 정치세력화는 노동조합이 추진하는 정치 활동의 일환으로서 독자적인 정당을 건설하고 각급 선거에 참여하여 국가정책 결정 기구로 진출하거나 국가권력의 일부 또는 전부를 점유하는 것이라 할 수 있다.

현재 시점에서 볼 때 한국의 노동운동은 정치투쟁 또는 정치세력화에 대한 노선을 아직 세우지 못하고 있다. 먼저 정당 건설에 대한 기본 방침을 채택할 필요가 제기된다. 노동자 중심의 정당·사회주의 이념을 수용하는 정당·계급문제와 민족문제를 통일적으로 추구하는 정당 건설을 주도해야 할 임무를 지고 있다. 이를 통해 현재 존재하는 진보정당의 통일을 추동할 수 있을 것이다. 이와 더불어 진정한 민주주의와 민족의 자주화·통일을 위한 인민전선의 구축하는 일도 요구된다.

5) 국제연대활동 강화

신자유주의적 세계화와 노동세계의 디지털화가 빠르고도 폭넓게 진행되는 상황에서 노동조합운동의 국제연대 활동 강화가 그 어느 때보다 중요시되고 있다.

한국의 노동조합은 〈국제노동조합총연맹(ITUC)〉과 〈국제산업별노동조합연맹(GUFs)〉, 〈OECD노동조합자문회의(OECD-TUAC)〉에 가입하고 있으며, 지역적으로는 〈아시아·태평양지역기구(ITUC-AP)〉에 속해 있다. 그리고 〈국제노동기구(ILO)〉를 통해서도 각국 노동조합의 교류가 이루어지고 있다.

이와 같은 조직과 기구를 통해 국제노동운동 전선을 더욱 공고히 하고 조직 사이의 연대활동을 폭넓게 강화할 필요가 있다. 국제적으로나 지역적으로, 그리고 산업별 차원에서 공동활동과 공동투쟁을 조직해야 하고, 이를 위해서는 일상적인 상호협력과 상호교류를 활발하게 추진해야 할 것으로 생각된다.

6) 미래를 위한 자기 개혁

노동운동이 현재 직면하고 있는 거대 도전을 극복하고 미래를 개척하기 위해서는 자기 개혁이 필수적인 요건이다. 이를 위해서는 노동조합 상급조직 지도부에서부터 현장단위의 활동가에 이르기까지 전 조직의 각급 단위에서 일정 기간(6개월 또는 1년)에 걸쳐 노동운동 기조와 자기 개혁에 대한 현장 토의를 전개할 필요가 있다. 현장 토의에서 나온 결과들을 집약하여 노동운동의 발전 방향과 자기 개혁의 프로그램을 수립할 수 있어야만 하겠다.

끝으로 한국 노동운동이 스스로의 발전을 위한 새로운 좌표를 설정하고 힘있게 미래를 열어가길 간절히 소망한다.